우리 아이 우리말 부자만들기 프로젝트

초등 새 국어사전

감수 : 류 훈

가,나,다
아기곰

부록

우리말, 글 바르게 쓰기
문장 부호 바르게 쓰기
문장 표현 여러가지
논설문 / 설명문

(유)태평양저널

감수 柳 薰 來歷

교학사 동아 출판사, 민족 문화, 한샘 출판사, 주부생활(간추린), 능력 개발, 우먼센스(서울 교육), 동화사, 삼화 출판사 등 遍歷하며 編輯部長, 編輯委員 등 歷任. 時調로 登壇하여 '韓國時調詩人協會' 會員.

제9회 大韓民國, 書藝大展에 人選을 筆頭로, 大韓民國書藝展覽會에 제3회~제14회 사이에 人選과 特選을 함.
文人畵 부문에서 게[蟹] 그림으로 特選함. 日本東京國際展인 '全人展'에서 藝術賞 받음.

▶ 조엄의 일본 기행 ▶ 가랑잎 만한 무게로 ▶ 우리나라 역사 인물 이야기 ▶ 세계 역사를 만든 사람들 ▶ 사나이 중의 사나이 君子 ▶ 3체 천자문 ▶ 千字文 ▶ 트위터 三國志[上·下] ▶ 『方外에 노닐며』를 펴냄

머 리 말

　한글의 우수성은 이제 우리나라에만 국한되는 것이 아니라, 세계 여러 나라에서도 많은 학자들과 대학에서 「한국어 연구」, 「한국어과」란 독립적 학문으로 자리 매김하고 있는 실정입니다.

　한 나라의 말과 글은 오랜 역사와 전통 가운데서 이루어져 가며 그 나라 민족의 정신과 문화를 담고 또한 재창조해 내는 것입니다.

　따라서 말과 글은 그 민족 가운데서 태어나고 자라고 발전하며 그리고 사멸의 과정을 밟게 되는데, 훌륭한 사전이란 오늘의 현재 속에서 생명력 있게 살아 있는 낱말은 헤아릴 수 없어 여기서는 아직 뜻이 확정되지 않은 낱말은 제외했습니다. 그리고 역사 속에서 사라지는 낱말들도 삭제했습니다. 이를테면 「동독」, 「소련」이라는 단어는 이제 쓰지 않기 때문입니다.

　초등학교 전과목 교과서에서 나오는 주요 낱말을 빠짐없이 수록하도록 특별한 노력을 기울였습니다. 또 이러한 낱말들을 이해하고 활용하는데 손쉽게 접근할 수 있도록 적절한 예문을 제시하였습니다. 사전의 생명은 정확·풍부·편리에 두고 정성을 다해 만들었습니다.

　특히, 초등학생의 수업을 돕기 위해 삽화·사진 들을 도입해 넣었으므로 명실 공히 학습의 기초 자료로써 독자 여러분의 좋은 친구가 되어 줄 것이라고 생각합니다.

기획 · 편집 **박 종 수**

일 러 두 기

I 낱말의 선정

1. 국어 학습과 전교과목에 두루 걸쳐 필요하다고 여겨지는 낱말을 널리 모았다.
2. 최신 신문·잡지·방송·음악·체육 등에 흔히 보고 듣게 되는 일상의 낱말을 되도록 많이 실었다.
3. 상급 학교에 진학한 후의 학습과 또한 장차 사회 생활에서 필수적으로 알아야 할 낱말들을 최대한 수록하였다.
4. 교과서에 나오는 인명·지명·나라명·책명·사건명 등의 중요 학습 사항을 간추려 실었다.
5. 최근 새로 생겨나 일상 생활에 자주 쓰이는 낱말을 실었다.

II 낱말(표제어)

1. 낱말의 표제어는 굵은 활자체인, 고딕 서체로 나타내었다.
2. 활용되는 낱말은 그 낱말이 쓰일 때 변화되는 예를 표제어 옆에 괄호로 묶어 나타냈다.
   ※ 보기 돕다(도우니, 도와서) 살다(사니, 살아서)
         가깝다(가까우니, 가까워서) 묻다(물으니, 물어서)
3. 한자 말은 【 】에 넣어 제시하였다.

Ⅲ 낱말의 배열
우리 한글은 글자 한 자 한 자가 닿소리와 홀소리 글자 둘 이상이 맞춰져서 이루어진 것이다. 예를 들면 「학교」라는 두 글자는 「ㅎㅏㄱ」「ㄱㅛ」라는 다섯 개의 낱자로 구성되어 있다.
1. 표제어의 낱말은 첫소리(닿소리)와 가운뎃소리, 끝소리(받침)의 차례로 벌여 놓았다.
   (1) 첫소리의 차례(자음)

   ㄱ ㄲ ㄴ ㄷ ㄸ ㄹ ㅁ ㅂ ㅃ ㅅ ㅆ ㅇ ㅈ ㅉ ㅊ ㅋ ㅌ ㅍ ㅎ
   (2) 가운뎃소리의 차례(모음)

   ㅏ ㅐ ㅑ ㅒ ㅓ ㅔ ㅕ ㅖ ㅗ ㅘ ㅙ ㅚ ㅛ ㅜ ㅝ ㅞ ㅟ ㅠ ㅡ ㅢ ㅣ
   (3) 끝소리의 차례(받침)

   ㄱ ㄲ ㄳ ㄴ ㄵ ㄶ ㄷ ㄸ ㄹ ㄺ ㄻ ㄼ ㄽ ㄾ ㄿ ㅀ ㅁ ㅂ ㅃ ㅄ ㅅ ㅆ ㅇ ㅈ ㅉ ㅊ ㅋ ㅌ ㅍ ㅎ

2. 소리와 글자가 같으나 뜻이 다른 말은 그 낱말의 오른쪽에 각각 1, 2, 3, …의 번호를 붙여 구별하였다.

Ⅳ 낱말의 풀이
1. 낱말의 뜻은 이해하기 쉽게 풀이하였으며, 이해를 돕기 위해 예문을 제시하거나 속담 등을 실어 도움이 되도록 하였다.
2. 낱말의 뜻이 여럿인 경우는 많이 쓰이는 뜻을 우선으로 하여 차례로 ①, ②, ③ …의 번호를 붙여 풀이하였다.
3. 낱말의 뜻을 분명히 하고, 정확한 이해의 도움을 위해 비슷한 말, 반대말, 준말, 본말, 큰말, 작은말, 센말, 거센말, 높임말, 낮춤말 등을 두루 실었다.

V 읽는 소리

1. 낱말 중에서 길게 소리나는 글자(장음)에는 긴소리 부호인 :를 붙였다.

   보기 건:설 풀이…, 방:송국 풀이…

2. 낱말이 표기와는 다르게 발음이 되는 것은 낱말 다음의 [ ] 안에 그 소리를 표시하였다.

   보기 밟:다[밥따] 좋:다[조타] 활동[-똥]

VI 한자 기재

한자는 일상 생활에 자주 대하는 글이므로 가급적 모두 표기하였다.

■ 이 사전에 쓰인 부호에 대하여

:	긴소리 표시	예	예문
[ ]	발음 표시	비	비슷한 말, 같은 말
( )	표제어의 활용	반	반대말, 맞선말
【 】	한자	본	본딧말
-	표제어·발음의 생략 부분	준	준말
→	참고 자료	작	작은말
<	큰 말 앞에	큰	큰말
>	작은 말 앞에	센	센말
×	틀린 말 앞에	거	거센말
보기	실제의 보기	여	여린말
*	참고로 알아 둘 일	높	높임말
		낮	낮춤말

ㄱ

ㄱ[기역] 한글 자모의 첫째 글자. 자음의 하나. 무성음. [낫 놓고 기역자도 모른다] 매우 어리석고 무식하고 아무것도 알지 못함의 뜻.

ㄱ자집 건물의 평면을 「ㄱ」자 모양으로 지은 집.

가: ①물건의 바깥 쪽으로 향하여 끝난 곳. ^비가장자리. ^반가운데. ②일정한 표면의 한계선이 되는 곳. ^예어린아이가 물~에 있다.

가가 호:호【家家戶戶】집집마다. ^예~자동차가 거의 다 있다.

가감【加減】①덧셈과 뺄셈. ②알맞게 조절함. ^관승제. -하다.

가감승제 더하기·빼기·곱하기·나누기 법을 통틀어 이르는 말.

가:게 ①작은 규모로 물건을 파는 집. ②길가나 장터같은 데서 물건을 벌여 놓고 파는 곳.

[가게]

가격【價格】물건의 값. ^예공장도 ~으로 팔다. 공장도 ~으로 사세요.

가:결【可決】의논하여 좋다고 결정함. ^반부결. -하다.

가계₁【家計】집안의 수입·지출의 살림살이. 생계. ^예~부를 작성함.

가계₂【家系】대대로 이어온 한 집안의 계통. ^비가문. 혈통. 혈육.

가곡【歌曲】노래 또는 노래의 곡조.

가공₁【加工】원료나 재료 등에 손질을 더하여 새로운 물건을 만듦. ^예~무역. 가공되다. 가공하다.

가공₂【可恐】두려워할 만함. ^예~할 만한 위력적인 무기. -하다.

가구₁【家具】집안에 놓고, 살림살이에 쓰이는 옷장. 책상. 의자. 침대 등 큰 도구. ^예~점. ^비세간.

가구₂【家口】함께 살고 있는 독립된 한 가정. ^예한집에 두 ~가 산다. ^비세대. 집안 식구. 한집안 사람.

가극 무대에서 여러 사람이 노래

도 부르면서 하는 연극. 오페라. ^예서울 시립 ~단. ^비악극. 대가극.

가:급적【可及的】 될 수 있는 대로. ^예~빨리 오너라.

가까스로 ①간신히 겨우. ^예웃음을 ~ 참았다. ②어떤 기준에 빠듯하게. ^예어려운 고비를 ~ 넘겼다.

가까이 가깝게 가까운 데 ^반멀리

가까이하다 ①허물없이 사귀다. ②무엇을 좋아하다. ^예책을~

가깝다[-따] ①거리가 짧다 ②사이가 친하다. ③어떤 기준에 거의 비슷하다 ④촌수가 멀지않다. ^반멀다. ⑤멀리 떨어져 있지 않다.

가꾸다 ①식물이 잘 자라도록 보살피다. ②꾸미다. 올바르게 하다.

가끔 어쩌다가. 드문 드문. ^비간혹. 종종. ^반언제나. 자주. 늘.

가나다순 한글의 가·나·다…의 차례로 매긴 순서. ^예각국 선수들의 ~으로 입장했다.

가난 살림살이가 넉넉하지 못함. ^비빈곤. 구차. ^반부유. -하다.

가난뱅이 가난한 사람을 낮잡아 이르는 말. ^반부자. 갑부. 재벌.

가내【家內】 ①한 집안. ^예~편안하십니까? ②가까운 일가. 가정.

가내 공업 단순한 기술과 기구를 써서 집안에서 하는 작은 규모의 공업. 비수공업. ^반공장 공업.

가냘프다 가늘고 약하다. ^비연약하다. ^반억세다.

[가냘프다]

가누다 ①몸이나 정신을 겨우 가다듬어 바르게 하다. ②일을 휘어잡아 처리해내다. ③정신을 바로 가다듬었다.

가느다랗다 아주 가늘다. ^예~란 팔뚝. ^반굵다랗다. 길고 가늘다.

가늘다 ①굵지 않다. ②소리가 작다. ^예목소리가 매우 ~. ^반굵다. ③넓이가 좁다. 아주 작고 약하다.

가늠 ①목표에 맞고 안 맞음을 헤아리는 표준. ②일이 되어 가는 형편이나 기미를 살펴 얻은 짐작. ③시세의 기미를 엿보는 눈치. 가늠되다. 가늠하다. -하다.

가:능【可能】 될 수 있음. 할 수 있음. ^예그 일은 실현이 ~하다. 통화~. ^반불가능. -하다.

가:능성【可能性】[-썽] ①일이 장차 실현될 수 있는 성질. ②완성될 수 있는 성질.

가다 ①목적한 곳을 향하여 움직이다. ^반오다. ②입맛·정신 따위가 변하다. ③죽다. ④계속하다.

가다가 이따금. 간혹. ^예간혹~.

가다듬다[-따] ①매만져서 곱게 하다. ^예앞 머리를 ~. ②정신이나 마음을 바로 차리다. ^예정신을 ~.

가담【加擔】한편이 되어 일을 같이 함. 예독립 운동에 ~하다.
가동【加動】사람이나 기계가 움직여 일함. 예엔진을 ~시키다.
가두 길거리. 예~시위대. ~행진.
가두다 ①드나들지 못하게 한정된 곳에 넣어두다. ②잡아다가 유치장에 넣다. 예감옥에 ~.
가득 꽉 차게. 그득. 물건의 분량이 한도에 차도록 많이. -하다.
가라앉다 ①뜬 것이 밑바닥에 이르다. 예배가 ~. 반뜨다. ②조용해지다. 준갈앉다. 가라앉게 하다.
가락 ①소리의 길이와 높낮이. ②음악의 곡조. 비장단. ③일의 솜씨나 능률. 예~에 맞추어 부르다.
가락국【駕洛國】[국명] 42년경 낙동강 하류에 있던 고대 국가. 6세기 신라에 병합됨. 가야(伽倻)
가락지 주로 여자 손가락에 끼는 고리.
가락지나물 [가락지] 들의 습기 있는 곳에 자라며, 뿌리 잎은 잎자루가 있고 여름에 꽃이 핀다. [가락지나물]
가랑비 가늘에 조금씩 내리는 비. 비이슬비. [가랑비에 옷 젖는 줄 모른다] 대수롭지 않은 것이라도 자꾸 거듭되면 무시하지 못할 것이 된다. 관폭우.
가랑이 끝이 갈라진 부분. 두 다리의 사이. 예~를 벌리다.
가랑잎[-닢] ①저절로 떨어진 마른 잎. ②떡갈잎. 비낙엽. 준갈잎. [가랑잎에 불 붙듯]성질이 조급하고 아량이 적음을 비유하는 말.
가래나무 중부 이북 지방에 자라며 줄기는 곧고 꽃은 녹황색이며 여름에 피고 열매가 달림. [가래나무]

가:량 대강 어림쳐서 나타내는 말.
가려내다 여럿 가운데에서 분간하여 추려 내다. 예불량품을 ~.
가려지다 ①무엇이 사이에 가리게 되다. ②「가리어지다」의 준말. 예커튼으로 창 밖에 강한 햇빛이 ~.
가:련하다 ①신세가 불쌍하다. 가엾다. ②애틋하다. 예집 없는 소녀가 ~. ③가엾고 불쌍하다. -히.
가렵다 살갗을 긁고 싶은 느낌이 나다. 긁고 싶다. 예벌레에 물려 ~.
가:령【假令】이를테면. 예컨대 내가 ~대통령이 된다면 정치를 잘 할 텐데. 비가상. 만일.
가로₁ ①좌우로 건너지른 모양새. 반세로. ②옆으로 누운 모양.
가로₂【街路】시가지의 넓은 도로. 예 ~변. 비가도. 도로.
가로되 말하기를. 이르기를. 예공자 ~. 높가라사대. 말씀하시기를.
가로등【街路燈】큰 도로나 주택가

가로막 젖먹이 동물의 가슴과 배 사이에 있는 힘살로, 호흡하는 데 중요한 구실을 하며, 대소변이나 토할 때 배에 힘을 주는 구실도 함. ᵇⁱ횡격막. ᵉ ~이 아프다.

가로막다 ①옆에서 무슨 일을 못하게 하다. ᵉ말을 ~. ②앞을 가로질러 막다. ③앞에서 막다.

가로세로 ①가로와 세로. ②가로로 또는 세로로.

가로수 길가의 양쪽에 잇달아 나린히 심은 나무.

가로쓰기 글씨를 가로로 써 나가는 방법. ᵇᵃⁿ세로쓰기.

가로젓다 반대하는 뜻으로 좌우로 고개를 흔들어대다. ᵇᵃⁿ끄덕이다. [가로수]

가로지르다 옆으로 건너지르다. ᵉ대문에 빗장을 ~. ᵇᵃⁿ세로 지르다.

가로채다 남의 것을 옆에서 별안간 탁 쳐서 빼앗다. ᵉ남의 말을 ~.

가로축 좌표 평면에서 가로로 놓인 수직선. 횡축. ᵇᵃⁿ세로축.

가로획 글자의 가로 긋는 획. 횡축. ᵇᵃⁿ세로획. 가로로 긋는 줄.

가루 잘게 부스러진 물건. ᵇⁱ분말. [가루는 칠수록 고와지고 말은 할수록 거칠어진다] 이러니저러니 하고 시비가 길어지면 말다툼에까지 이를 수 있음을 경계하는 말.

가르다 ①나누다. ᵉ편을 ~. ᵇᵃⁿ합치다. ②시비를 판단하다.

가르치다 ①지식을 가지게 하다. ᵉ한문을 ~. ᵇⁱ지도하다. ②모르는 일을 알아듣게 하다. ᵇᵃⁿ배우다.

가르침 ①가르쳐 알게 함. ②가르치는 내용. ᵇⁱ교훈. ᵉ~을 받다.

가름 ①함께 하던 일을 서로 나누기. ②구별. -하다.

가리개 ①가리는 물건. ②사랑방 같은 데 치장으로 치는 병풍의 하나. 두 폭으로 만듦. -하다.

가리다 바로 보이지 아니하게 가로막다. ᵉ자욱한 안개가 시야를 ~.

가리비 가리빗과의 바닷조개를 통틀어 이르는 말

[가리비]

가마₁ 숯·질그릇·기와 따위를 굽는 곳. ᵉ벽돌~.

가:마₂ 사람을 가마 속에 태우고 앞뒤에서 멜빵에 걸어메고 들고 감.

가마₃ 「가마니」의 수효를 세는 말. ᵉ몇~.

[가마]

가마니 곡식, 소금 등을 담는 짚

으로 만든 큰 자루.

가마솥 쇠로 만든 크고 우묵한 솥.

가마우지 깃이 검으며 윤이 나고 한곳에 산다. 물고기를 잘 잡는 큰 바다 물새.

[가마우지]

가만히 남모르게 살그머니. 움직임이 매우 조용하게. 예운동장 구석에서 ~있어라.

가:망【可望**】** 될 만한 희망. 바랄 만한 희망. 예살 ~이 있다.

가맹【可盟**】** 어떤 단체에 가입한 것.

가:면【假面**】** ①속마음을 감추고 거짓으로 꾸민 언행. ②나무·종이 등으로 만든 얼굴의 형상. 비탈.

가:면극【假面劇**】** 배우나 연기자들이 가면을 쓰고 하는 연극.

가:명【假名**】** 본 이름이 아닌 가짜 이름. 예~을 쓰다. 반본명. 실명.

가무【歌舞**】** 노래와 춤. 예~가 어우러진 극. 우리 민족은 ~를 즐긴다.

가무잡잡하다 얼굴이 가무스름하다. 예저 아이는 얼굴이 매우 ~. 큰거무접접하다. 센까무잡잡하다.

가문【家門**】** ①대대로 내려오는 그 집안의 신분 또는 지위. 예 ~이 좋다. ②집안. 관문중.

가물가물 생각이 날듯말듯한 모양.

가물거리다 ①불빛 따위가 희미하여 자꾸 사라질 듯 말 듯하다. ②정신이 맑지 못하고 희미하다. 예방 안에 등잔불이~.

가물다(가무니, 가물어서) 오랫동안 비가 내리지 않아 땅이 메마르게 되었다. 예날이 ~. 반비가 온다.

가물치[동물] 가물치과의 민물고기. 몸길이가 30~60cm로 길며, 진흙물에서 사는데, 산란기에는 물가의 얕은 곳으로 이동함. 식용함. 예~는 산모(産母)에게 좋다.

[가물치]

가미 ①음식에 양념 등을 넣어 맛이 더 나게 함. ②본래의 것에 다른 요소를 보태어 넣는 것. -하다.

가발【假髮**】** 머리털로 여러 가지 모양을 만들어 머리에 쓰는 물건. 예머리에 ~을 썼다. 비모발

가방 흔히 가죽이나 두꺼운 천 등으로 만들어, 물건을 넣어 들고 다니기에 편하도록 만든 용구.

가볍다 ①무겁지 않다. 반무겁다. ②경솔하다. 점잖지 않다.

가보【家寶**】** 한 집안의 보배가 될 만한 물품. 예~로 전해 내려오다.

가:부【可否**】** ①옳고 그름. ②표결에서의 가와 부. 예투표로 ~를 결정 짓자. 문고의 설치를 ~결정하다.

가:분수【假分數**】**[-쑤] 분자와 분모가 같은 수. 반진분수.

가뿐하다 ①마음이 아주 가볍다.

②들기에 좋을 정도로 아주 가볍다. ③걸리는 것이 없다. ^반무겁다.
가쁘다(가쁘니, 가빠) ①힘에 겹다. ^예숨쉬는 것이 ~. ②숨이 차다. ^예언덕을 빨리 올라왔더니 숨이 ~. ^비헐떡거리다.
가사₁【家事】 집안의 살림살이에 관한 일. ^예~에 쫓기다. 집안일.
가사₂【歌詞】 노래의 내용이 되는 글. ^비노랫말.
가산₁【加算】 더하여 셈함. ^예이자를 ~하다. ^비합산. ^반감산.
가산₂【家産】 한 집안의 재산. ^예~을 물려받다. ~을 탕진하다.
가ː상₁【假想】 실제에 관계 없이 미루어 생각함. ^예~의 적. ^반실제.
가상₂【嘉尙】 착하고 기특하여 칭찬함. ^예~한 어린이. 갸륵하다.
가ː설₁【假說】 임시로 속히 꾸민 것. ^예무대가 꾸며진 원형 극장. ~극장. 가설하다. 가설되다.
가설₂【架設】 건너질러서 설치하는 일. ^예~공사. 전화~. 다리~공사.
가세₁【加勢】 세력이 점점 더하여짐.
가세₂【家勢】 집안 살림의 정도. ^예~가 기울다. 차는 ~가 좋으면 사자.
가ː소롭다(가소로우니) ①대수롭지 않다. ②우습고 아니꼽다.
가속【加速】 속도를 더함. 속도가 더해짐. ^예~운동. ^반감속. -하다.
가솔린 석유를 증발시켜 만든 기름. 휘발유. 자동차·비행기 등의 연료로 쓰임. ^예~이 없으면 못 간다.

가솔송 북부 지방 고산 지대에서 자라며 봄에 홍자색 꽃이 핀다.
가스(Gas) 기체. ①등불이나 땔감으로 쓰이는 기체. ②위나 장 등 소화기 안의 기체.

[가솔송]

가스 레인지 연료를 가스로 해서 쓰는 서양식 조리용 가스대.
가슴 ①배와 목 사이의 부분. ②마음. ^예~이 벅차서 마구 뛴다.
가시 ①식물의 줄기나 잎에 바늘처럼 뾰족하게 돋아난 것. ②미운 사람의 비유. ^예눈의 ~. ③생선의 잔뼈. ^예손톱 밑에 ~가 박혔다.
가시다 ①본래의 모양이 없어지거나 바뀌어지다. ^비사라지다. ^반생기다. ②깨끗이 씻어 새롭게 하다. ^예식사 후 입 안을 ~.
가ː식【假飾】 말이나 행동을 거짓으로 꾸밈. ^예그의 ~ 없는 행동이 좋다. ^반진정. ^비꾸밈.
가야국【伽倻國】[국명] 지금의 경상남도 김해 지방에 있었던 나라. 신라 유리왕 때에 김수로왕의 6형제가 각각 세운 여섯 나라를 전부 말함. 육가야.
가야금【伽倻琴】 악사 우륵이 만듦. 12개의 줄을 손가락으로 퉁겨서 소리를 내는 한국 현악기의 한 종류임.

가얏고 가야금.

가업【家業】 한 집안에 대대로 내려오는 직업. ᵉ~을 이어 가다.

[가야금]

가:없다 그지없다. 한량없다. ᵉ부모님의 사랑이 ~. ᵇ한없다.

가:연성【可燃性】[-썽] 불에 타기 쉬운 성질. ᵇ불연성.

가:엾다 딱하고 불쌍하다. ᵉ가난하여 공부를 못 하니 ~. ᵇ측은하다. 불쌍하다. 아주 딱해 보인다.

가오리 몸이 넓적한 마름모꼴이고 꼬리가 가늘고 긴 바닷물고기 ᵉ~찜.

가옥【家屋】 사람이 사는 집. ᵉ~을 매매하다. ᵇ집.

가요【歌謠】 널리 불 [가오리]
리는 노래. 민요·동요·유행가 등을 통틀어 이르는 이름. ᵉ건전 ~.

가:용성【可溶性】 액체에서 녹을 수 있는 성질. 설탕·소금 등이 녹는 일. ᵉ~이 강한 물질.

가운₁【家運】 집안의 운수. ᵉ~이 기울다. 우리 집은 ~이 번창하다.

가운₂ ①여자들이 행사 때에 입는 긴 망토 모양의 옷. ②의사·신부·판사·검사 등이 입는 위생복이나 법복. ᵉ수술 ~을 입었다.

가운데 ①어느 쪽으로도 치우치지 않는 곳. ᵉ~토막. ②복판. ᵇ중간.

③사이. 속. ᵉ마을 ~에 산다.

가위₁ 옷감·종이 따위를 오리는 데 쓰이는 기구. ᵉ~질을 한다.

가위₂ 우리나라에서 옛날부터 전해오는 명절의 하나. 음력 8월 15일. 추석. 한가위. ᵉ추석한~.

가을 한 해 네 철의 셋째 철. 날씨가 선선함. 입추에서 입동 전까지. ᵇ봄. ᵇ봄. 여름. 가을

가입【加入】 단체·조직에 들어감. ᵉ수영부에 ~하다. ᵇ가담. ᵇ탈퇴. -하다.

가자미[동물] 가자미과의 바닷물고기. 몸이 위 아
래로 하고 한쪽은 갈색 뒷면은 [가자미]
흰색이며 두 눈이 오른쪽에 몰려 붙어있으며 주로 바다 밑바닥에서 살아간다. 접어.

가작【佳作】 ①꽤 잘 지은 글이나 작품. ②당선 다음가는 작품.

가장₁ 여럿 중에서 어느 것보다 더. ᵉ나는 우리 반에서 공부를 ~잘한다. ᵇ제일. 으뜸.

가장₂【家長】 집안의 어른. ᵉ우리 집 ~은 아버지이시다.

가장 행렬 모습을 바꾸어 떼를 지어 다니는 행렬. ᵉ운동회 때 ~을 하다. -하다.

가재[동물] 게와 새우의 중간 모양으로 개울의 바위틈에 사는 집
게발이 달린 동물. [가재]

뒷걸음질을 잘함.

가전 제품【家電製品】가정에서 일상적으로 사용하는 전기 제품을 줄여서 이르는 말. 냉장고·세탁기·텔레비전 따위.

가정₁【家庭】①한 가족이 모여 살고 있는 생활 공동체. 예화목한 ~. ②자기 집. 예~생활.

가:정₂【假定】사실과 관계 없이 임시로 정함. 예내가 선생님이 되었다고 ~하자. -하다.

가정 교:육 가정에서 집안 어른들의 일상생활을 통해 자녀들이 받는 교육. 전통 따위를 가르침.

가정 상비약【家庭常備藥】집안에서 구급약이나 간단한 치료를 하기 위하여 항상 준비해 두는 약품.

가정 통신【家庭通信】아동의 교육 지도상 필요한 사항을 교사와 가정 상호간에 주고받는 통신.

가족【家族】혼인 관계나 혈연 관계 등으로 한 집안을 이룬 사람들. 어버이와 자식·부부 등. 예부양~. 비식구. 반남의 집.

가족 계:획 자식을 알맞은 정도로 낳아 기르려고 계획하는 일.

가죽 ①동물의 몸을 싸고 있는 물질. ②짐승의 껍질을 손질하여 만든 물건. 구두·장갑·가방·옷 등을 만드는데 씀. 예악어 ~손가방.

가중【加重】①더 무거워짐. ②형벌을 더함. 예~처벌. -하다.

가:증【可憎】얄밉고 괘씸함. 예~스러운 녀석. -하다.

가지[식물] 보라꽃에서 긴 열매가 여름에서 가을까지 열리며 식용으로 사용한다.

[가지]

가지각색 여러 가지 모양과 빛깔. 비가지가지.

가지다 ①몸에 지니다. ②차지하다. 반버리다. 준갖다

가지런하다 들쭉날쭉하지 않고 고르게 되어있다. 고르다. 정연하다. 예배열이 ~. 반허트러지다.

가짜 진짜같이 꾸민 것. 예~참기름. 반거짓. 비진짜. 정품.

가창【歌唱】노래. 노래를 부르는 것.

가:책【呵責】꾸짖어 책망함. 예양심에 ~을 느껴 본 적이 있나요.

가첩【家牒】한 집안의 혈통적 계통을 적은 책. 예우리 집 ~이다.

가축 집에서 기르는 짐승. 개·닭·돼지 따위. 비집짐승. 반맹수.

가축 병원【家畜病院】집에서 기르는 짐승을 치료하는 병원.

가치【價値】①값어치. 값. 예~있는 물건. 반무가치. ②보람. ③인간의 욕망을 충족시키는 재화의 중요 정도. 예사용 ~. 관값어치.

가치관【價値觀】사람이 자신을 남에게 포함한 세계나 만물에 대하여 가지는 평가의 근본적인 태도나 생각.

가친【家親】자기 아버지를 일컫는 말. 가부. 가엄.

가톨릭 천주교. 그리스도 교의 구파. 카톨릭. 예~신자. ~의과 대학.
가풍【家風】 한 집안의 독특한 풍습이나 규율. 비가품.
가필【加筆】 ①글이나 그림에 붓을 대어 고침. ②글을 고쳐 써 넣거나 지움. -하다.
가해【加害】 남에게 해를 끼치거나 상처를 입힘. 반피해. -하다.
가호【加護】 ①잘 보호하여 줌. ②신의 힘을 베풀어 보호해 줌. 예 신의 ~가 있기를 빈다.
가:혹【苛酷】 매우 까다롭고 독함. 예~한 처벌. 탄압하다. -하다.
가화 만:사성【家和萬事成】 집안이 화목하면 다른 모든 일이 다 잘 되어 나간다는 뜻. 한문 문장. -하다.
가훈【家訓】 ①집안 어른들이 자녀들에게 주는 교훈. ②선대부터 그 집안의 도덕적 실천을 기준으로 삼아 전해 내려오고 있는 가르침.
각【角】 ①모퉁이. ②두 직선의 끝이 서로 만나 이루어지는 도형. ③각도의 준말. 예각진 돌이 잘 맞는다.
각 개인 각각. 서로 다른 사람.
각계【各界】 사회의 여러 가지 분야. 예~각층의 사람들이 다 모였다.
각계 각층 사회 각 방면의 여러 층. 예~의 의견을 종합하다.
각고 고생을 견디며, 몹시 애를 씀.
각광【脚光】 ①무대 위 배우의 몸을 비추는 광선. ②많은 사람들로부터 주목을 받다. 예~받다.
각국【各國】 각 나라. 여러 나라.
각기【各其】 사람마다 각기 다르게.
각기둥 밑면은 다각형이고 옆면은 직사각형이나 정사각형이 다면체.

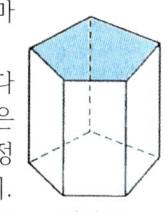
[각기둥]

각도【角度】 ①각의 크기. 예90도 ~. 준각. ②사물에 대해 생각하는 관점.
각도기 각 크기를 재는 기구. 또 도구.
각다귀 긴 다리를 가졌으며 큰 모기 같고 어른벌레는 며칠만 살다 죽으며 여름에 나타남.

[각다귀]

각막【角膜】 눈동자의 양쪽 중앙에 있는 동그랗고 작은 투명한 기관.
각박【刻薄】 성질이 모가 나서 인정이 없고 아주 인색함. -하다.
각본【脚本】 연극의 무대 장치, 배우의 대사 등을 적은 글. 극본. 대본.
각뿔 밑면은 다각형이고 옆면은 여러 개의 삼각형으로 둘러싼 도형.
각색【脚色】 소설·시 등을 극본으로 만드는 일. -하다.
각서【覺書】 ①어떠한 일의 이행을 약속하는 뜻으로 적은 글. ②나라끼리 교환되는 외교 문서의 한 가지. 예앞으로 잘한다고 ~를 썼다.
각성 ①깨달아 정신을 차림. ②눈을 떠서 정신을 차림. -하다.
각시붕어 물이 얕고 물풀이 우거진 강에 살며 물풀을 먹고 조개의 몸 속에 알을 낳는다.

[각시붕어]

각양각색【各樣各色】 서로 다른 각 가지 모양. 예~의 민족 의상.
각오【覺悟】 미리 깨달아 마음을 작정함. 예욕을 먹는 건 ~해야 한다. 비결심. 단단히 결심을 하다.
각자【各自】 ①각각의 자신. 예~의 책임을 다하다. ②제각기. 따로.
각축전 승부를 다투는 싸움. 예월드컵을 놓고 치열한 ~이 벌어진 것이다. 회사를 인수하기 위한 ~이다.
간₁ 짠맛의 정도. 예음식은 ~이 맞아야 한다. 음식이 ~이 맞는다.
간₂【肝】 뱃속 오른쪽 위에 있는 적갈색 소화 기관으로 해로운 물질을 걸러내고 영양분을 저장하는 중요한 구실을 함. 비간장.

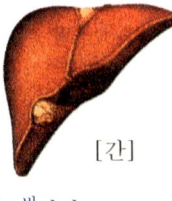
[간]

간:격【間隔】 ①물건과 물건과의 사이. ②시간과 시간과의 동안. ③사람들 사이의 심리적 거리감.
간:결【簡潔】 간단하고 요령 있음. 예~한 문장이다. 비복잡. -하다.
간계【奸計】 ①간사한 꾀. 예~를 부리다. ②나쁜 꾀. 비간책.
간과【看過】 ①대강 보아 넘김. ②관심을 두지 않고 예사로이 보아 내버려 둠. 예중요한 일에 ~한다.
간교【奸巧】 간사하여 나쁜 꾀가 많음. 예그는 여우처럼 ~하다.
간:단【簡單】 간략하고 단출하여 복잡하지 않음. 쉽고 복잡하지 않음. 예~한 옷차림. 비단순. 반복잡.
간담【肝膽】 ①간과 쓸개. ②'깊은 속마음'을 달리 이르는 말. 예~을 서늘케 하다.
간:략【簡略】 [갈-] 손쉽고 간단함. 간단하고 짤막함. 예설명이 ~했다. -하다. 반번잡.
간만【干滿】 썰물과 밀물. 예서해안은 ~의 차가 심하다.
간밤 지난 밤. 어젯밤. 예~에 떠났다.
간병【看病】 환자의 옆에 있어 보살피며 뒷바라지를 하여 줌. 예~을 받다. 비간호. -하다. 병구완.
간부【幹部】 단체나 모임의 중심이 되는 사람. 예~회의.
간사【奸詐】 간교하게 남을 속임. 제 잇속을 차리기 위하여 교활하게 알랑거리는 것. 또는 그 성질. 예그는 매우 ~스럽다. 마음이란 참 ~스럽다. -하다.
간:선제【間選制】 간접 선거에 의해 선거하는 제도. 반직선제. -하다.
간섭【干涉】 남의 일에 참견함. 권

간소 한 밖의 일에 참견하여 일을 보살핌. 예엄마는 매우 ~이 심하다. 비참견. 반방임. -하다.
간소 수수하고 꾸밈이 없음. 비검소. 예음식 상을 ~하게 차림.
간수₁【看守】①교도소에서 죄인을 감독하는 사람. 또는 그 직책. ②보살피고 지킴. 간수하다.
간수₂ 물건을 이상 없이 보관함.
간식【間食】세 끼의 식사 사이에 과자나 과일 등을 먹는 것. -하다.
간신배 간사한 신하들의 집단.
간신히 겨우. 가까스로. 예~턱걸이를 해냈다. 반수월히. -하다.
간악【奸惡】간사하고 못됨. 예여우는 참 ~한 동물이다. -하다.
간:암【肝癌】간장에 생기는 암을 통틀어 이르는 말. 간장암.
간:염【肝炎】간에서만 생기는 염증.
간:의【簡儀】조선 시대 세종 17년 해·달·별 따위의 움직임을 보기 위해 만든 기계.
간장₁ 음식의 간을 맞추는 액체. 예음식에 ~을 넣다. 준장.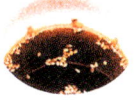
간장₂【肝腸】뱃속에 있는 간. 창자. [간장]
간:절【懇切】지성스럽고 절실함. 예나의 ~한 소망은 친구의 병이 빨리 낫는 것이다. 비간곡. -하다.
간:절히 진정으로 바라는 마음으로.
간:접【間接】바로 대하지 않고 중간에 남을 통하여 서로 대함. 예~선거 제도. 반직접.

간조【干潮】하루 중에서 바다의 썰물이 가장 낮게 된 상태. 반만조.
간주【看做】그런 양으로 보아 둠. 그렇다고 침. 간주되다. 간주하다.
간지【干支】천간과 지지. 즉 「갑·을·병·정…」의 십간과 「자·축·인·묘…」의 십이지를 이르는 말.
간지럼 무엇이 닿아 간지러운 느낌.
간직 잘 간수하여 둠. 예소중히 ~하다. 비보관. 간수. 잘 보관함.
간척지【干拓地】바닷가에 둑을 쌓고 그 안에 물을 빼내고 흙으로 메워 만든 땅. 예~를 조성하다.
간첩【間諜】적지에 들어가 군사 정보·군사 기밀을 수집하는 자.
간청【懇請】간절히 부탁함. 예도와 달라고 ~하다. 비애원. -하다.
간추리다 ①중요한 것만 골라서 간략하게 추리다. ②가지런히 정돈하다. 예인쇄할 종이를 ~.
간:택【揀擇】①임금이나 왕자의 신부 감을 고르는 일. ②분간하여 선택함. 간택되다. 간택한다. -하다.
간파【看破】겉으로 보아서 속뜻을 확실히 알아 냄. 예그 사람의 속뜻을 ~했다. 간파되다. 간파하다.
간판【看板】가게 이름 따위를 적어 일정한 장소에 내건 표지.
간편【簡便】간단하고 편리함. 예~한 의자. 비간단. 반복잡. -하다.
간행【刊行】책 따위를 인쇄하여 발행함. 출판. 예~물. -하다.
간호【看護】병든 환자를 보살펴 주거나, 늙은이·어린이 등을 돌보아 줌. ᵇⁱ간병, 구완. -하다.
간:혹【間或】이따금. 어쩌다가. ᵇⁱ혹간. ᵉˣ아기가 ~토한다.
갇히다[가치-] 가둠을 당하다. ᵉˣ감옥에 갇힌 동료를 위로하다.
갈겨니 피라미와 비슷하나 비늘이 작고 눈이 크며, 옆구리에 희미한 세로 띠가 있는 작은 민물고기.

[갈겨니]

갈고리 걸어서 당기는 데 쓰는 도구.
갈구【渴求】몹시 애타게 구함. ᵉˣ자유를 ~하다. ᵇᵃⁿ여유. -하다.
갈근【葛根】칡의 뿌리
갈:기 말이나 사자 같은 짐승의 목덜미에 난 긴 털. ᵉˣ숫사자의 ~.
갈기갈기 여러 가닥으로 찢어진 모양. ᵉˣ친구의 편지를 ~찢었다.
갈기다 후려치다. 급히 때리다.
갈다 새것으로 바꾸다. ᵉˣ커튼을 새것으로 ~.
갈대[-때][식물]
①물가나 축축한 곳에 나는 대나무 비슷한 풀.
[갈대]
②포아풀과의 여러해살이풀. ᵖʳᵉ갈.
갈등【葛藤】①일이 얽히어 풀기 어려운 형편. ᵉˣ~이 생긴다. ②서로 사이가 좋지 않아 다툼. ᵇᵃⁿ화해.
갈라지다 ①하나이던 것이 깨어져 쪼개지다. ᵉˣ벽이 ~. ②사이가 멀어지다. ᵉˣ형제 사이가 ~. ᵇᵃⁿ뭉쳐지다. ③금이 가거나 틈이 생기다.
갈래 둘 이상으로 갈라진 부분. ᵉˣ두 ~개로 갈리진 길. ᵇᵃⁿ줄기.
갈림길[-낄] 몇 갈래로 갈라진 길. ᵉˣ우리는 ~에서 헤어졌다.
갈망【渴望】간절하게 열망하는 것.
갈 매 기 [동물]
갈 매 깃 과 의 물새. 빛이 희며 바다에서 흔히 볼 수 있음. 물갈퀴가 있으며, 바닷가에서 물고기들을 잡아먹고 삶. ᵇⁱ백구.

[갈매기]

갈비 ①가슴통을 둘러싼 뼈. ᵇⁱ늑골. 가리. ②소의 갈비뼈를 요리의 재료로 이르는 말. ᵉˣ돼지~.
갈비뼈 가슴의 양옆구리에 만져지는 뼈. 활처럼 휘어서 앞은 가슴뼈에, 뒤는 등뼈에 붙어서 가슴통을 이루며, 내장을 보호함.
갈빗대 심장과 허파를 둘러싼 뼈.
갈색[-쌕] 검은 빛을 띤 주황색. 밤색. ᵉˣ저 여자의 옷은 ~같다.
갈아엎다 논이나 밭 등을 갈아서 흙을 뒤집어엎어 놓다.
갈증【渴症】[-쯩] 목이 말라서 물을 몹시 마시고 싶은 감각.
갈채【喝采】기뻐서 크게 소리를 내어 떠들며 칭찬함. -하다.
갈치[동물] 갈칫과의 바닷물고기 몸

길이 약 1.5m로 띠처럼 길고 얄팍함.

갈퀴나물 산과 들에서 자라며, 덩굴손으로 감아 오르며 여름에 홍자색 꽃이 피고 씨앗은 가을에 영근다.

[갈치]
[갈퀴나물]

갈팡질팡 방향을 잡지 못하고 이리저리 헤맨다.

갈피 ①겹치거나 포갠 물건의 하나하나의 사이. 예책~. ②일의 갈래가 구별되는 것.

갉아먹다 ①이로 조금씩 갉아서 먹다. 예쥐가 고구마를 ~. ②남의 재물을 조금씩 없애거나 손상함.

감: 감나무의 열매. 빛이 붉으며 가을에 익음. 비곶감. [감]

감:각【感覺】 ①눈과 귀와 코와 혀의 살갗으로 아는 느낌. ②사물을 느껴서 받아들이는 힘.

감:개 무량【感慨無量】 사물에 대한 느낌이 한이 없음. 예고향 산천을 대하고 보니 정말 ~했다. -하다.

감:격【感激】 ①매우 고맙게 느낌. 예~의 눈물을 흘리다. 비감동. ②크게 느끼어 분발함. -하다.

감:광【感光】 물질이 빛을 받아 화학적 변화를 일으키는 일. 예필름이 ~되다.

감귤「귤」과 [감귤] 「밀감」을 아울러 이르는 말.

감금【監禁】 지정된 장소에 가두어 자유를 속박하고 감시함. 예~생활. 감금되다. 감금했다. -하다.

감기【感氣】 두통이나 열이 나는 병.

감:다1[-따] 머리를 물에 씻다.

감:다2[-따] 실·끈·줄 등을 무엇에 말거나 두르다. 반풀다.

감당【堪當】 일을 능히 맡아서 해냄. 예그 일을 ~하기엔 너무 어리다. 비감내. -하다.

감독 ①보살피어 잘못이 없도록 시킴. 또는 그 직무를 맡은 사람. 비감시. 반방임. ②연극·영화 등에서 연기자들을 지도하는 사람

감:동【感動】 마음에 깊이 느낌. 예그가 하는 얘기를 듣고 큰 ~을 받다. 비감격. -하다.

감:면【減免】 형벌이나 세금 따위를 적게 해 주거나 면제함. 예형벌을 ~하다. 감면되다. 감면하다.

감:명【感銘】 깊이 느끼어 마음에 새김. 예깊은 ~을 받았다. -받다.

감미롭다 단맛이 있다.

감방【監房】 죄수를 가두어 두는 방.

감별【鑑別】 물건의 종류나 진짜와 가짜를 살펴 가려냄. 예병아리 ~.

감사 ①고마움. ②고마운 뜻을 나타냄. 예선생님께 ~의 인사를 드림.

감:상₁【感想】 마음 속에 느끼어 일어나는 생각. 예읽은 책의 ~문을 쓰다. 비소감. -하다.

감상₂【鑑賞】 영화·문학·미술·음악 등의 예술 작품을 깊이 맛보고 즐기고 평가하는 것.

감소【減少】 수량이 줄어드는 현상.

감:속【減速】 속도를 줄임. 예커브 길에서는 차를 ~해야 한다. 반가속. -하다.

감수【甘受】 ①달갑게 받음. 예어머니께 혼날 것을 ~해야 한다. ②주어진 것을 어쩔 수 없는 일이라 생각하고 받아들임. 예그 일만은 ~한다. -하다.

감:수성【感受性】[-썽] 외부로부터의 자극을 받아들이는 능력.

감시【監視】 잘못되는 일이 생길까 주의하여 늘 지켜 봄. -하다.

감싸다 ①몸이나 물건 따위로 덮어 주다. 예이불로 온몸을 ~. ②약점을 덮어 주다. 반내치다.

감안 아울러 생각함. 예이런 저런 집안 사정을 ~할 때 진학은 무리다.

감언 이:설【甘言利說】[-니-] 듣기 좋은 말과 이로운 조건을 내세워 꾀는 말. 예~에 속으면 안 된다.

감:염【感染】 ①병균이 몸 안에 들어와 병이 듦. 예세균에 ~되다. ②나쁜 버릇이나 풍습을 닮아 물이 듦. 감염되다.

감영【監營】 조선 시대에 각 도의 관찰사가 나라 일을 보던 관아. 예경상~. 충청~. 경기~.

감옥【監獄】 죄인을 가두어 두는 곳.

감:원【減員】 현재 근무하고 있는 사람의 수를 줄임. 반증원. -하다.

감자 땅 속에서 자라며, 녹말이 많아 식품이나 알코올 원료로 쓰임 [감자]

감:전【感電】 전기가 몸에 통하여 충격을 받음.

감:점【減點】 점수를 낮춤.

감:정【感情】 사물에 대해서 느끼어 일어나는 마음. 예인간은 ~의 동물이다. 비기분. 심정.

감:지덕지【感之德之】 분에 넘친 듯이 대단히 고맙게 여기는 모양. 예작은 도움에도 ~한다. -하다.

감쪽같다 꾸미거나 고친 표가 나타나지 아니하다. 예분장한 것이 ~.

감천 지극한 정성에 하늘이 감동함. 예지성이면 ~이라.

감초[식물] ①콩과 여러해살이풀. 높이가 1m정도며 여름에 노란 꽃이 핌. ②한방에서 감초의 뿌리를 약재로 사용함. 예약방에~. [감초]

감:촉【感觸】 ①외부의 자극에 접하여 느낌. ②몸에 닿았을 때의 기분. 예밍크의 ~이 부드럽다.

감추다 ①숨기다. ②남에게 알리

지 아니하다. 예흉터를 ~.
감:칠맛 ①음식이 입에 당기는 맛. 예~이 나는 김치. ②사람의 마음을 끌어들이는 힘을 비유적으로 이르는 말. 예음식이 ~이 난다.
감:탄사 감동·놀람 등의 느낌을 나타내는 말. 예~를 연발하다.
감:퇴【減退】체력·기세 등이 줄어져 약해짐. 예식욕~. 반증진.
감투 ①말총 따위로 만들어 관리들이 쓰는 옛날 모자의 한 가지. ②벼슬. 예~를 쓰다.
감:하다 줄이다. 적어지다. 줄다.
감:행【敢行】어려움을 무릅쓰고 일을 용감하게 행함. -하다.
감:형【減刑】형벌을 감함. 사면의 한 가지. -하다.
감화【感化】좋은 영향을 받아서 마음이 변함. 예우리들은 그의 따뜻한 마음에 ~되다. -하다.
감:회【感懷】마음에 느끼어 생각함. 예~가 새롭다. 비회포.
감:히 ①두려움을 무릅쓰고. 예~거역하느냐. ②송구함을 무릅쓰고. 예~ 말씀드립니다.
갑갑하다 ①마음속이 시원히 트이지 아니하여 마음이 후련하지 않다. ②너무 더디거나 지루하여 견디기가 지겹다. 예집에 있긴~.
갑골 문자 거북이 등이나 짐승의 뼈에 새긴 중국 고대의 상형 문자.
갑론을박 서로 자기 주장을 내세우고 상대방의 주장을 반박함.
갑문【閘門】운하·도크 등에서 선박을 통과시키기 위하여 수면의 높낮이를 조절하는 장치.
갑시다 바람이나 물 따위가 갑자기 목구멍으로 들어갈 때 숨이 막히다.
갑야【甲夜】지난 날. 하루의 밤 시간을 다섯으로 등분한 첫째 시간. 지금의 오후 7시~9시

[갑옷]

갑옷 옛날에 싸움을 할 때에 몸을 보호하기 위하여 입던 전투복임.
갑인자【甲寅字】조선 세종 16년 (1434, 갑인년)에 만든 구리 활자.
갑자기 돌연. 별안간.
갑작스럽다 갑자기 일어나 뜻밖임.
갑작스레 갑작스럽게. 매우 급하게.
갑절 어떠한 수량이나 분량의 두 배를 말함. 비곱절. 배.
갑판【甲板】군함이나 큰 배 등의 윗 부분에 철판이나 나무로 깐 넓고 평평한 바닥. 데크.
값 ①대가. ②사고 파는데 주고받는 돈. 예이 장남감 ~이 얼마요.
값어치[가버-] 일정한 값에 해당하는 적당한 분량이나 정도. 예이 물건들은 ~가 나간다. 비가치.
갓₁ 옛날에 어른이 된 남자가 외출할 때 머리에 쓰던 모자.

[갓]

갓₂ 금방. 이제 막. 이제 금방.

갓길 고속 도로나 자동차 전용 도로 밖의 가장 자리의 도로. 구급차 경찰차 등이 사용하는 길. 예구급차~ 전용 도로.

갓나다 이제 막 세상에 태어나다.

강【江】 넓은 땅을 지나 바다나 호수나 다른 강으로 흐르는 물줄기.

강강술래 부녀자들이 하는 민속적인 춤. 남쪽 지방에서 성행함.

[강강술래]

강:개【慷慨】 불법을 보고 의기가 복받쳐 원통해 하고 분개하는 일. 예비분 ~.

강건【強健】 몸이 튼튼하고 굳건함. 반유약하다. 예친구는 몸이 ~하다.

강국【強國】 경제력과 군사력이 뛰어나 국제 사회에서 우위를 인정받는 나라. 반약소국.

강군【強軍】 ①싸우는 힘이 쎈 군대. ②운동 경기에 있어서 강한 팀. 예저 팀은 ~이다.

강:권【強勸】 억지로 권하는 것. 예~에 못 이겨 필요 없는 것을 샀다.

강낭콩 긴 꼬투리에 콩이 여러 개 들어 있는, 흰빛, 분홍 또는 갈색의 길죽한 큰 콩.

[강낭콩]

강:단【講壇】 강의나 강연, 설교를 하기 위해 올라서게 만든 자리.

강:당【講堂】 학교·회사 등에서 많은 사람을 모아 강의나 의식 따위를 하는 큰 방. 예~에 모였다.

강도₁【強度】 강한 정도. 예~가 높다.

강도₂【強盜】 폭행으로 남의 재물을 빼앗는 사람. 비도둑.

강:등【降等】 등급이나 계급을 내림. 예1등급 ~되다. 반승진. -하다.

강력【強力】 강한 힘. 힘이 굳셈. 예~한 국방력. 반무력. -하다.

강렬【強烈】 강하고 매우 열렬하다.

강령【綱領】 ①일하는 데 으뜸이 되는 큰 줄거리. ②정당이나 조합 등 어떤 단체의 기본 방침.

강:림【降臨】 신이나 부처가 인간 세상에 내려옴. 반승천. -하다.

강:매【強賣】 강제로 팜. 예~행위를 엄단하다. -하다.

강:박 관념【強迫觀念】 떨쳐 버리려 해도 자꾸 마음에 떠오르는 불안하거나 불쾌한 생각.`

강:사【講士】 강습회·연설회 등에서 연설하는 사람.

강산【江山】 ①강과 산. 자연. 비산천. 강토 ②나라의 영토

강:설【降雪】 눈이 내림. 또는 내린 눈. 예~량. 관강우량.

강성【強盛】 세력이 강하고 왕성함.

강세【強勢】 ①세력이 강함. ②물가나 시세가 올라가는 기세. 반약세.

강소풍【强素風】 강쇠 바람. 초가을에 동쪽에서 불어오는 센 바람.

강속구【强速球】 야구에서 투수가 던지는 강하고 빠른 공. 속구(速球)

강:수량【降水量】 하늘에서 내린 물의 총량. 단위는 mm. ᵇⁱ강우량.

강:습【講習】 학문·기술 따위를 연구하여 익힘. ᵉˣ우리 고유의 탈춤을 학교에서 ~받다. ᵇⁱ학습.

강:습회 여러 사람을 한 자리에 모아놓고 어떤 것을 가르쳐 주기 위한 모임. ᵉˣ요리 ~.

강아지풀 잎이 좁고 길며 가는 줄기 끝에 잔털이 촘촘히 났고 이삭이 손가락 만하게 맺는 한해살이풀. [강아지풀]

강압【强壓】 강한 힘으로 억누름. ᵉˣ~적 통치. ᵇⁱ억압. -하다.

강약 셈과 약함. 소리의 높음과 낮음.

강:연【講演】 여러 사람에게 강의하는 식으로 연설함. ᵇⁱ연설. -하다.

강:요【强要】 무리하게 요구함. 억지로 하도록 함. -하다.

강:우량【降雨量】 일정 기간 중에 그 지방에 온 비의 양. ᵇⁱ강수량.

강:의【講義】 학문이나 기술의 일정한 내용을 체계적으로 설명하여 가르치는 것. -하다.

강인【强靭】 굳세고 끈끈하고 강함.

강자【强者】 힘이 대단히 강한 사람.

강점 남의 땅이나 물건을 강제로 점거함. 우수함.

강정 찹쌀가루를 반죽하였다. 기름에 튀겨서 고물에 묻힌 것.

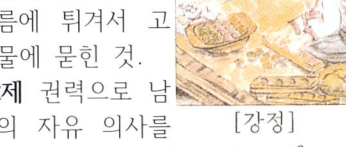

[강정]

강:제 권력으로 남의 자유 의사를 억누른 것. 억지로 시킴. ᵉˣ~노동. ᵇᵃⁿ순리. 자유.

강조【强調】 어떤 부분을 특별히 강하게 주장하거나 두드러지게 하는 것. ᵉˣ~사항. -하다.

강좌【講座】 대학에서 교수가 강의를 분담하는 학과. ᵉˣ철학~.

강직【剛直】 마음이 굳세고 곧음. ᵉˣ~한 군인 정신. -하다.

강진【强震】 벽이 갈라질 정도의 아주 심한 지진. 진도 5이상.

강철【鋼鐵】 여러 가지 기계나 칼날 같은 데 쓰이는 가장 강한 쇠.

강타【强打】 ①세게 침. ᵉˣ주먹으로 얼굴을 ~하다. ②치명적인 타격을 가함. 큰 피해를 주다. -하다.

강타자【强打者】 야구에서 공을 잘 치는 선수. ᵉˣ장훈 선수는 ~였다.

강:탈【强奪】 억지로 빼앗음. ᵉˣ~한 재물. 강재로 빼앗아 가다. -하다.

강토【疆土】 나라의 국경 안에 있는 땅. ᵇⁱ영토. 국토.

강:평【講評】 작품·실습 등에 대해 총괄적으로 분석하고 평가하는 것. ᵉˣ작품 발표회에 대한 선생

님의 ~이 있겠습니다. -하다.

강:행【强行】 ①강제적으로 행함. ②어려움을 무릅쓰고 억지로 행함. 예훈련을 ~하다. -하다.

강호【强豪】 ①힘이 강하여 대적하기 힘든 상대. ②아주 강한 팀. 예~를 물리치다. 관강적. 강팀.

강화1【强化】 부족한 점을 보충하여 강하게 함. 예공격을 ~하다. 정도를 더 심하게 하는 것. -하다.

강:화2【講和】 싸움을 하던 나라끼리 평화를 위하여 서로 의논함. 예~도 조약을 체결하다. -하다.

강화3【强火】 불길이 센 불.

강화4【講話】 강의하듯이 쉽게 풀어서 이야기함. 또는 그 이야기.

강화도【江華島】 [지명] 마니산 꼭대기에 단군 성지가 있음.

갖바치 [갇-] 가죽신을 만드는 일을 직업으로 삼던 사람. 신발 장사.

갖추다 필요한 것을 미리 차리다.

같다 ①서로 다르지 않다. 예나이가 ~. ②다른 것과 비교하여 비슷하다. 반다르다. 비비슷하다.

같은 또래 어떤 정도나 연령이 비슷한 사이. 예영미와 호빈이는 ~이다. ~들이 모여 농구 시합을 했다.

갚다 꾸거나, 빌리거나, 받는 것을 도로 돌려 주다. 물려 주다. 비보답하다. 반꾸다. 신세 진 것을 되돌림.

개:1 [동물] 가정에서 흔히 기르는 짐승.

[개]

귀가 밝아 도둑을 잘 지킴.

개2【介·個·箇】 낱으로 된 물건의 수효를 세는 말. 예사과 세~. 토마토 다섯~. 참외 두~.

개:가【改嫁】 시집 갔던 여자가 다시 다른 남자에게 시집 감. -하다.

개간【開墾】 버려진 땅을 개척하여 논밭을 만듦. 예자갈밭을 ~하다. 산을 ~하여 논을 만들다. -하다.

개:과 천:선【改過遷善】 지나간 허물을 고치어 착하게 됨. -하다.

개관【開館】 도서관·회관 따위를 설비하여 놓고 처음 엶. 예~식을 갖다. 반폐관. -하다.

개교 기념일 학교를 세우고 교육을 시작하는 것을 기념하는 행사.

개구리 [동물] 양서류 동물의 하나. 올챙이 때는 아가미로 숨을 쉬지만, 자라면 허파로 숨을 쉼.

[개구리]

개구쟁이 짖궂은 장난이 심한 아이. 장난꾸러기. 개구쟁이(×)

개국【開國】 나라를 처음으로 열어 세움. 예고려의 ~공신. -하다.

개국 공신 나라를 처음으로 세울 때에 공훈이 있는 훌륭한 신하.

개그 연극·영화·텔레비전 프로 등에서, 관객을 웃기기 위하여 임기 응변으로 하는 대사나 몸짓. 예~맨. 비코미디. -하다.

개근【皆勤】하루도 빠지지 아니하고 출석·출근함. -하다.

개기 월식【皆旣月蝕】달이 지구의 그림자에 완전히 가리어 태양의 빛을 전혀 받지 못하는 현상.

개기 일식 달이 해를 가려서 해가 완전히 보이지 않는 현상. -하다.

개:나리[식물] 이른 봄에 노랗게 꽃이 피는 나리의 한 가지. [개나리]

개:념 대충의 내용과 뜻을 하나로 요약한 생각

개:다 비가 그치고 날이 맑아지다. 날씨가 활짝 빛났다. 반흐리다.

개도국【開途國】개발 도상국을 줄인 말로, 후진국에서 선진국으로 가는 중간 단계의 나라를 말함.

개:똥벌레[동물] 여름밤에 배 끝에 파르스름한 불을 켜는 물가의 풀밭에 사는 벌레. 반디.

[개똥벌레]

개:량【改良】품질이나 성능 등을 고치어 좋게 함. 예농사 짓는 법을 ~하다. 비개선. 개조. 반개악

개리 오릿과의 겨울 철새. 크기는 기러기만 하며 몸 길이는 90cm 안팎이다.

개막【開幕】막을 열어 연극을 시작함. 무슨 일이 시작됨. 예연극이 ~되다. 서해안 시대의 ~. 반폐막.

개:명【改名】이름을 고침. 또는 바꾼 이름. 예~을 원한다. -하다.

개문【開門】문을 여는 것. 반폐문.

개:미[동물] 땅 속이나 썩은 나무에 집을 지어서 질서 있는 생활을 하는 곤충을 [개미] 일종으로 부지런한 사람을 개미 같다고 부른다.

개발【開發】①미개지를 살기 좋도록 개척하여 발전시킴. ②지식이나 능력 등을 더 나아지도록 이끄는 것. ③산업이나 경제 등을 흥하도록 발전시키는 것. -하다.

개방【開放】①제한되어 있던 것을 마음대로 드나들도록 터놓음. 반폐쇄. ②숨김없이 터놓음. -하다.

개벽 ①하늘과 땅이 처음으로 열림. ②하늘과 땅이 어지럽게 뒤집힘. 예천지 ~. -하다.

개별【個別】하나하나 낱낱이 바로 나눔. 예집에 ~통지를 하였다.

개봉【開封】①싸거나 봉한 것을 떼어 냄. 예편지를 ~하다. ②영화를 처음으로 상영함. 예~극장

개불알꽃 깊은 산 고지대의 음지에서 자라며 잎은 타원형이고 여름에 홍자색 꽃이 피고 뿌리

개비 쪼갠 나무 도막의 조각. 또는 그것을 세는 단위. 예성냥 한 ~가 온 산을 태운다. [개불알꽃]

개:선₁【改善】 나쁜 것을 고치어 좋게. 예생활을 ~하다. 비개량. 바개악. 부족한 것을 더 좋게 함.

개:선₂【凱旋】 싸움에 이기고 돌아옴. 예~장군. -하다.

개:선문【凱旋門】 전쟁에서 이기고 돌아오는 군사를 환영하고 기념하기 위하여 세운 문.

개:선 장군【凱旋將軍】 적과의 싸움에 이기고 돌아온 장군.

개설【開設】 ①처음으로 설치함. ②특별한 성질. 남과 다른 특성.

개:성【個性】 개인이 가지고 있는 특별한 성질. 남과 다른 특성.

개시 처음으로 시작함. 비시작.

개:신교【改新教】 장로교·감리교 등의 그리스도 교의 한 파.

개:악 처음보다 도리어 나쁘게 고치는 것. 예법을 ~. 반개선. 선악

개암나무 갈잎떨기나무. 산기슭 양지에 자라며, 잎은 가장자리가 들쭉날쭉한 심장 모양이고, 꽃은 이른 봄에 피며. [개암나무] 열매는 10월에 익고 약재로 씀.

개업【開業】 영업을 시작함. 비개점.

개:요【概要】 대강의 요점. 대요. 예한국 역사의 ~를 서술하다.

개운하다 기분이 산뜻하고 가볍다. 예목욕을 하니 참~.

개울 시내. 골짜기에서 흘러내리는 작은물. 비개천. 냇물. 도랑물.

개:인【個人】 국가나 사회를 이루고 있는 하나하나의 사람. 반단체. 집단. 예~의 존엄성을 지키자.

개:인기【個人技】 개인의 기술. 특히 단체 경기를 하는 운동에서의 개인의 기량. 예그는 ~가 좋다.

개:입【介入】 사이에 끼여 들어감. 사건에 관여함. -하다.

개:작【改作】 고치어 다시 지음. 예~하여 다시 발표하다. -하다.

개장【開場】 어떠한 장소를 열어 입장을 하게 함. 예수영장을 ~하다.

개점 ①처음 영업을 시작함. ②아침에 가게 문을 열어 장사를 시작함. 예~시간은 오전 9시이다.

개:정 ①잘못된 것을 바로잡는 것. ②법정을 열어 재판을 시작함.

개:조【改造】 고치어 다시 만듦. 예~한 지붕은 깨끗하고 아름답다.

개:찰【改札】 차표 따위를 들어가는 곳에서 조사함. -하다.

개척 ①거친 땅을 처음으로 갈고 일구어서 기름지고 좋은 땅으로 만드는 일. ②새 분야에 처음 손을 대어 발전시킴. 예해외 시장을 ~. 비개간. 반미개척. 개척되다.

개척자【開拓者】 ①미개지를 개척하는 사람. 예~정신. ②새로운 분야의 길을 여는 사람. 비선구

개천절【開天節】 국경일로 단군께서 우리 나라를 세우신 것을 기념하는 날. 양력 10월 3일.

개체【個體】 따로따로 떨어진 낱낱의 물체. ^반집합체.

개최【開催】 어떤 모임을 주장하여 여는 일. ^예궐기 대회를 ~하다.

개통【開通】 새로 낸 도로나 철도·다리 등의 길을 열어서 통하게 함. ^반불통. -하다.

개펄 갯가의 개흙이 깔린 뻘.

개:편【改編】 고쳐서 엮거나 조직을 다시 짜서 이름. -하다.

개학【開學】 학교에서 방학을 마치고 다시 수업을 시작함. ^반방학.

개항【開港】 항구를 열어서 외국과 무역을 시작함. -하다.

개:헌【改憲】 헌법의 일부 또는 전부의 내용을 바꿈. -하다.

개:혁【改革】 제도나 기구 따위를 새롭게 뜯어 고침. -하다.

개화【開化】 사람의 지혜가 열리어 새로운 문화를 가지게 됨. ^반미개.

개화파【開化派】 조선 말기 낡은 제도를 바꾸고 발달된 서양 문물을 받아들여 개화한 나라를 만들자고 주장한 당파. ^반수구파.

개회【開會】 회의나 모임을 시작하는 것. ^예~를 선언하다. ^반폐회.

객【客】 손님. 손. 집에 찾아온 사람.

객고 객지에서 곤란을 당하는 고생

객관【客觀】 나와의 관계를 벗어나서 제3자의 입장에서 사물을 보는 일. ^반주관

객지【客地】 자기 집을 떠나 임시로 있는 곳. ^예~생활, ^비타향.

객차【客車】 사람을 옮겨 나르는 자동차나 기차. ^반화물차.

갤런 액체의 약의 단위. 영국 1갤런은 약 4.54ℓ, 미국 1갤런은 약 3.78ℓ

갯마을 강물이나 시냇물이 바다로 흘러 들어가는 곳에 위치한 마을.

갯물 개펄에 흐르는 물.

갯바닥 개의 개흙 바닥.

갯바람 개에서 뭍으로 불어오는 바람.

갯바위 갯가에 있는 바위.

갯밭₁ 윷판의 둘째 말밭.

갯밭₂ 갯가의 개흙 밭.

갯버들 냇가나 개울가에 자라며 잎이 어긋나고 이른 봄에 잎보다 먼저 꽃이 핀다. ^비강아지꽃

갯벌 바닷물이 드나드는 개흙 벌판.

갱【坑】 ①광물을 파내기 위하여 땅속을 파 들어간 굴. 구덩이. ②「갱도」의 준말.

갱도【坑道】 ①땅 속으로 뚫은 길. ②광산에서 갱내로 통한 길. ③운반하거나 통풍 등의 목적으로 뚫은 길.

갱:신【更新】 ①다시 새로워짐. 다시 새롭게 고침. ^예기록을 ~하다. ②계약 기간이 만료되었을 때, 그 기간을 연장하는 일. ^예임대 계약을 ~하다. 주민 등록증 ~기간.

갸륵하다 하는 일이 장하고 착하다. ^예효성이 ~. 비장하다.

갸름하다 가늘고 좀 긴 듯하다. ^반둥

그스름하다. 예얼굴이 ~.

갸우뚱거리다 무엇을 생각하느라 고개를 이쪽저쪽으로 기울어지게 흔들다. 예고개를 ~.

거₁ 「것」의 준말. 예먹을 ~있니?

거₂ 「그것」의 준말. 감탄할 때 내는 소리. 예~정말로 맛있다.

거간【居間】 사이에 들어 물건을 사고 파는 일을 거듦. 또는 그 사람. 본거간꾼. -하다.

거구【巨軀】 사람의 신체가 큰 사람.

거국【擧國】 온 나라의 모두. 전국. 국민 전부. 예~적인 행사.

거금【巨金】 큰 액수의 돈. 많은 돈. 거꾸로 차례나 방향이 반대로 바뀌게. 예천장에 ~매달리다.

거꾸로여덟팔나비 여름 5월까지 산의 계곡 주변이나 숲 근처에서 활발하게 날아다녀 자주 볼 수 있는 나비. [서꾸로여덟팔나비]

거느리다 손아랫사람을 데리고 있다. 예부하를 많이 ~.

거:대【巨大】 굉장히 큼. 예~한 몸. 비막대. 반미미. -하다.

거:동【擧動】 사람의 행동하는 것이나 태도. 예~이 수상하다. -하다.

거두다 ①널려 있는 것을 모아들이다. 예빨랫줄에서 마른 빨래를 ~. ②뒤를 잘 보살펴 주다. ③목숨이 끊어지다. ④익은 열매를 모으다.

거:두 절미 ①머리와 꼬리를 잘라 버림. ②앞뒤의 잔 사설을 빼어 버림. 예~하고 용건만 말하시오

거:드름 잘난 체하는 태도. 예~을 부리다. 반겸손함.

거:들다(거드니, 거들어서) 남이 하는 일을 도와주다.

거들떠보다 눈을 치뜨며 아는 체하고 보다. 반거들떠 보지 않다.

거들먹거리다 신이 나서 도도하게 함부로 행동하다. 비거들먹대다.

거듭 벌써 한 일을 되풀이하는 일. 예중요한 부분은 ~말하다. 비되풀이. -하다.

거:래【去來】 돈을 서로 꾸고 갚거나 물건을 서로 사고파는 일.

거:래처【去來處】 거래를 하는 장소.

거:론【擧論】 어떤 사항을 문제로 삼아 논의하거나 말하는 것.

거룻배 돛이 없는 작은 배로 옛날부터 사용하였으며 사람들이 강을 건너다니기 위하여 만들어진 배들이다.
[거룻배]

거르다₁ 찌꺼기가 있는 액체를 체 같은데 받쳐 국을 짜내다.

거르다₂ 순서를 건너뛰다. 예점심 식사를 ~. 청소 당번을 ~.

거름 나무·풀·농작물 등이 잘 자라게 하기 위하여 주는 양분. 예논밭에 ~을 주다. 비비료. -하다.

거리₁ 사람이나 차가 많이 다니는 길. ᵉ번화한 명동 ~. ᵇ길거리.

거:리₂【距離】 서로 떨어진 사이의 길이·정도. 「길거리」의 준말.

거:만【倨慢】 남을 업신여기고 잘난 체하여 교만함. ᵉ태도가 ~하다. ᵇ교만. ᵖ겸손. -하다.

거:머리[동물] ①논·못에 살며 동물의 살에 붙어 피를 빨아먹는 물벌레. ②남에게 달라붙어 괴롭게 구는 사람. ᵉ몸에 ~가 붙다.

거머쥐다 힘있게 쥐다. 꽉 움켜쥐다.

거:멓다 매우 검다. 꾀 검다. ᵖ희다.

거:목【巨木】 나무가 대단히 큰 나무. 거무스름하다 약간 검다. ᵉ~한 얼굴에 건강한 체격. ᵖ하얗다.

거문고 국악기의 하나. 동동나무의 긴 널로 속이 비게 짜고 그 위에 여섯 줄을 건 현악기의 하나.

[거문고]

거:물【巨物】 ①학문이나 정치·세력 등이 중요한 위치에 있는 사람. ᵉ~급 인사. ②큰 물건.

거뭇거뭇 군데군데 검은 모양. ᵉ기미가 ~낀 얼굴.

거미[동물] 절지동물이며, 그물 같은 집을 지어 놓고 벌레가 걸리면 그것의 양분을 빨아먹고 사는 벌레

[거미]

거:부₁【巨富】 아주 큰 부자. 큰 재산. ᵇ갑부. 재벌.

거:부₂【拒否】 ①상대편의 요구·제안 따위를 승낙하지 않고 물리침. ②회의의 결의를 부인함. ᵉ회담 제의를 다 ~하다. ᵇ거절. ᵖ수락.

거:부권 ①남의 의견이나 요구를 거부할 권리. ②입법부를 통과한 의안에 대하여 대통령이 동의를 거부할 권리.

거북선 조선 선조 때 이순신 장군이 왜군을 무찌르기 위하여 쇠로 만든 거북 모양의 배. [거북선]

거:북하다 ① 몸이나 마음이 편안하지 아니하다. ②말하기가 어렵다. ᵉ거절하기가 ~.

거:사₁【巨事】 매우 큰 일. ᵉ~를 벌이다. ᵇ거행. -하다.

거:사₂【擧事】 혁명과 같은 큰일을 일으키는 것. ᵇ거행. -하다.

거:상【巨商】 밑천을 많이 가지고 장사를 하는 사람. ᵖ소상.

거세다 거칠고 세다. 굉장히 세다. ᵉ성질이 ~. ᵖ순하다.

거센말 뜻은 같으나 말의 느낌을 강하게 하기 위하여 거센소리를 쓰는 말. 「캄캄하다」「까맣다」따위.

거센소리 ㅊ·ㅋ·ㅌ·ㅍ·ㅎ 따위의 거센 숨을 따라 나는 소리. 격음. 기음.

비된소리. 예사소리.

거:수 경:례 모자를 썼을 때는 오른손을 모자챙 옆, 모자를 벗었을 때는 눈썹 언저리까지 올려서 하는 경례. 예~를 붙이다. -하다.

거스르다(거스르니, 거슬러서) ①순리를 벗어나다. ②거스름 돈을 내주다. ③순종하지 아니하고 거역하다. 예명령을 ~.

거스름돈[-똔] 큰 돈에서 받을 것을 제하고 되돌려 내주는 남은 돈. 우수리. 잔돈. 예~을 세어본다.

거슬리다 순순히 받아들여지지 않고 언짢은 느낌이 들다.

거실【居室】 ①거처하는 방. 리빙룸. ②가족이 일상 모여서 생활하는 공간. 예넓은 ~.

거:역【拒逆】 윗사람의 명령이나 뜻을 어김.

거울 ①빛의 반사를 이용하여 물체의 형상을 비추어 보는 물건. ②본받아 배울 만한 본보기.

[거위]

거위[동물] 집에서 기르는 새의 일종. 기러기과의 새. 몸빛은 희고 목이 길며 부리는 황금색임. 헤엄은 잘 치나 날지 못함.

거의 어느 한도에 매우 가까운 정도. 예숙제가 ~다 되어 간다. 비대개. 거반. 거진. 조금 모자라게.

거:인【巨人】 ①몸이 아주 큰 사람. ②뛰어나고 위대한 사람. 예학계의 ~. 반소인.

거:장【巨匠】 과학·문화·예술계에서 특히 뛰어난 사람.

거적대기 짚으로 엮어서 짠 큰 덮개.

거:절【拒絶】 남의 요구나 제의를 물리침. 예그는 나의 부탁을 ~했다. 비거부. 반승낙. -하다.

거점【據點】 어떤 활동의 근거지로 삼은 곳. 예전략상의 ~.

거접【居接】 한동안 몸을 맡기어 머물러 삶. 주접(住接)

거정【居停】 지난 날 귀양 간 사람이 머물러 있는 곳을 이르는 말.

거제【居第】 사람이 들어 사는 집.

거주【居住】 일정한 곳에 자리를 잡고 머물러 살고 있음. 예~이전의 자유. 비주거. 거주한다. -하다.

거주민【居住民】 일정한 곳에 자리를 잡고 사는 백성. 국민. 준주민.

거주자【居住者】 한곳에 거주한 자.

거주지【居住地】 현재 생활하는 곳.

거:중기【擧重機】 무거운 물건을 들어 올리는 재래식 기계.

거:즈 무명실로 성기게 짠 천. 흔히 붕대로 사용하는 가볍고 부드러운 무명베. 관붕대.

거:지 남에게 얻어먹고 사는 사람. 비걸인. 예~신세는 면해야 한다.

거지주머니 열매가 여물지 못한 과실의 헛 껍데기를 이르는 말.

거:지 왕자[책명] 미국의 마크트웨인의 소설. 예~와 백설 공주.

거:짓 사실과 어긋나게 말하는 일. ^비허위. ^반참말. ^예~을 유포한다.

거:짓말[-진-] 사실과 다르게 꾸미어 하는 말. ^반참말. -하다.

거:짓말쟁이[-진-] 거짓말을 잘 하는 사람. ^반진실만 말하는 사람.

거처【居處】 한 군데에 자리잡고 삶. 또는 그 곳. 일정한 기간 묵음.

거:추장스럽다 ①다루기가 거북하고 주체스럽다. ②번거로운 갈래나 절차가 많아서 거치적거려 성가시다. 방해가 되어 불편하다.

거친 말: 난폭하거나 막되고 세련되지 못한 말.

거친박쥐 작은 박쥐를 잡아 먹어, 예부터 거친 박쥐를 흡혈 박쥐 라고 불렀다. [거친박쥐]

거칠다 ①바탕이 부드럽거나 매끄럽지 않고 거칠하다. ②베나 천의 발이 굵고 성기다 ③가루나 모래 따위의 알갱이가 굵다.

거침없:다 중간에 걸리거나 막히는 것이 없다. ^예차가 달리는 데 ~.

거:포【巨砲】 아주 대단히 큰 대포. 거푸 잇달아 거듭. ^예바둑을 몇 판 째 ~졌다.

거품벌레 개구리처럼 먹이가 되는 식물 위를 뛰어다니며 식물의 줄기에 알을 낳아 [거품벌레]

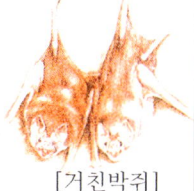

침같은 액체로 덮어 두는 곤충.

걱정 어떤 일에 근심이 되어 속을 태우는 일. ^예그는 몸이 약해서 ~이다. ^비근심. ^반안심. -하다.

걱정거리[-쩡꺼-] 걱정이 되는 일. ^비근심거리.

건₁【巾】 ①헝겊 따위로 만든 쓰개의 총칭. ②「두건」의 준말.

건₂【件】 문젯거리가 되는 사건의 수.

건강【健康】 몸에 병이 없고 튼튼함. ^예~한 몸. ^비건전. ^반허약. ^예등산은 ~에 좋다. -하다.

건:강 관:리【健康管理】 건강을 지키기 위하여 보살피고 다스림.

건강미 건강한 육체에서 나타나는 아름다움. ^예얼굴에 ~가 넘친다.

건:강 식품 건강 유지에 좋다는 여러 가지 식품을 이르는 말.

건:강 진:단【健康診斷】 몸에 병이 있고 없음의 상태를 검사하는 일.

건국【建國】 나라를 세움. ^예~신화. ^비개국. -하다.

건국 신화【建國神話】 나라를 처음 세운 것에 따른 신화.

건국 이:념【建國理念】 나라를 세움에 있어서, 최고의 이상으로 삼는 근본정신. ^예~이 강하다.

건:너다 물 위를 넘어서 맞은편으로 간다. ^예배를 타고 강물을 ~.

건:너편 서로 마주 보고 있는 반대쪽. ^예~으로 간다. ^관맞은편.

건:넌방 대청을 건너 안방의 맞은편에 있는 방. ^반안방.

건:널목 사람이나 차가 다니는 길이

건네 주다 건너게 하여 주다. 예나를 거룻배로 강을 ~.

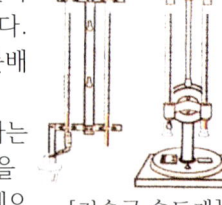
[건습구 습도계]

건달【乾達】하는 일 없이 남을 피해 주고 게으름을 부리는 자. 백수(白手).

-건대 앞으로는 일을 미리 말하여 둘 때 쓰는 말끝. 예내가 생각하~ 그것은 사실이 아니다.

건:립【建立】[걸-] 건물·절·탑·동상 따위를 만들거나 지어서 세움. 건설. -하다.

건:망증[-쯩] 기억 장애의 하나. 보고 들은 일을 전혀 기억하지 못하거나, 드문드문 기억하거나 또는 어떤 시기 이전의 일을 기억하지 못하는 등의 증상이 있음.

건:물【建物】사람이 살거나 그 밖의 여러 가지의 목적으로 지어 놓은 건조물. 예그 사람은 ~을 가졌다.

건:반【鍵盤】피아노·타자기 따위의 손으로 치는 부분. 키보드.

건반 악기 건반을 가진 악기의 총칭. 오르간, 피아노, 챔발로 등.

건방지다 말과 행동을 너무 지나치게 잘난 체하다. 반겸손하다.

건사하다 잘 간수하여 지키다. 예서류를 ~. 내몸 하나를 잘 ~.

건:설【建設】①건물이나 조직 따위를 새로 만들어 세움. 예주택~. 비건립. 반파괴. ②사회나 국가 따위를 새로 이룩하는 것. 예복지 사회~. 공장~. 도로~. 반파괴.

건성【乾性】메마른 성질. 대강 한 것.

건습구 습도계 물의 증발 속도를 습도에 따라 다른 것을 측정하는 장치.

건:아 몸이 씩씩하고 건강하고 튼튼하면서 건장한 사나이. 예대한의 ~들이여! 올림픽에서 좋은 성적을 내라.

건어물【乾魚物】생선·조개류 따위를 말린 식품. 준건어.

건:의【建議】의견이나 희망을 내어 말함. 예~사항. 되다. -하다.

건:장【健壯】몸이 크고 힘이 굳셈. 예신체가 ~한 사나이. -하다.

건재상【建材商】건축 재료를 파는 가게. 또는 그 사람. -하다.

건:전【健全】튼튼하고 착실하여 탈이 없음. 예~한 사고 방식. -하다.

건전지 전기 에너지를 내는 약품을 녹말이나 종이에 흡수시켜 쏟아지지 않게 한 전지. 반습전지.

건조₁【建造】건물이나 선박 따위를 만드는 일. 예선박을 ~하다. 물기가 말라서 없어진 것. -하다.

건조₂【乾燥】습기나 물기가 없음. 예공기가 ~하면 감기에 걸리기 쉽다. 날씨가 ~하여 목이 마르다.

건조기【乾燥機】기후가 건조한 시기.

건조대【乾燥帶】강우량이 아주 적

고 초원이나 사막이 많은 지대.
건조제 다른 것의 수분을 제거하기 위하여 쓰는 물질. 염화칼슘. 황산.
건초【乾草】베어서 햇빛에 말린 풀.
건:축 흙·나무·시멘트 등으로 집·창고 따위의 건조물을 세움
건:축가【建築家】[-까] 건축 사업에 대한 전문적인 지식과 기술을 지닌 사람. 예삼촌은 ~다.
건:평【建坪】건물이 자리 잡은 터의 평수. 예친구내 집은 ~이 넓다.
건포도【乾葡萄】포도 열매를 말려 단맛과 향기가 있게 만든 음식.
걷다₁ ①구름이나 안개 따위가 흩어지거나 없어지다. ②내리던 비가 그치다.
걷다₂ ①두 발을 번갈아 바닥에 내딛어 나아가다. ②일정한 방향으로 나아가다.
걷어들이다 흩어지거나 널리 있는 것을 거두어 모으다.
걷어치우다 흩어진 것들을 정리하다. 예사업이 잘 안되어서 ~.
걷히다 끼었던 구름이나 안개 따위가 없어지다. 예검은 구름이 ~.
걸걸하다 외양이 훤칠하고 성질이 쾌활하며 우렁차고 힘차다.
걸레 방·마루 등 더러운 곳을 훔치는데 쓰는 누더기 헝겊.
걸레질 걸레로 닦거나 훔치는 일. 예~을 깨끗이 하다. -하다.
걸리다 ①마음에서 떠나지 않고 거리끼다. 예어린 아이를 혼자 보낸 것이 마음에 ~. ②시일이나 시간이 얼마 동안 들다.
걸리버 여행기[책명] 영국의 소설가 쉬프트가 쓴 풍자소설.
걸림돌 무슨 일의 진행을 가로 막는 것과 방해를 빗대어 이르는 말.
걸맞다 격에 알맞게 잘 어울리다. 예이 옷차림은 파티에 ~.
걸:상[-쌍] 걸터앉을 수 있게 된 의자. 비의자. 책상. 예~에 낮다.
걸:스카우트 전 세계에 퍼져 있는 소녀들의 수양·교육 단체.
걸:식【乞食】여러 사람에게 먹을 것과 입을 것을 구걸하는 것.
걸음걸이 사람이 걸음을 걷는 모양.
걸음마 어린 아이가 걸음을 배울 때의 걸음걸이. 예아기가 ~를 시작함.
걸인【乞人】빌어먹는 사람. 비거지.
걸작【傑作】[-짝] 아주 잘 된 훌륭한 작품. 비명작. 걸작품. 반졸작.
걸출【傑出】남들보다 훨씬 뛰어남. 또는 그 사람. -하다.
걸치다 ①서로 이어지게 하다. ②옷 따위를 입다. 예망토를 ~.
걸:터앉다[-따] 의자나 걸상 같은 데에 온몸의 무게를 싣고 앉다. 예책상에 온몸을 ~.
걸핏하면 무슨 일이 있기만 하면 자주 자주. 예~화를 자주 내는 자.
검:【劍】무기로 사용하는 칼. 관칼.
검:객【劍客】칼을 잘 쓰는 사람. 비검사. 예일등 ~.
검:거【檢擧】수사 기관이 죄 지은 사람을 잡아 감.

예범인을 ~하다.

검:다[-따] ①빛깔이 먹빛과 같다. ⊕희다. ②마음이 음침하다.

검:도 ①검술을 닦는 방도. ②승패를 놓고 시합을 하는 검도 경기 장면.

[검도]

검:문【檢問】 경찰·군사 경찰 등이 사람의 신분을 조사하여 옳고 그름을 물음. 예불심 ~을 실시하고 있다.

검버섯[-섣] 늙은이의 살갗에 생기는 거무스름한 점. 예~이 낀 얼굴. 나이가 든 사람은 ~이 낀다.

검불 마른 풀이나 나뭇잎 따위. ⊕검부러기. 예마당에 ~을 태우다.

검:붉다[-따] 조금 검은 빛을 띠면서 붉다.

검:사₁【檢事】 죄지은 사람을 조사하고, 공판절차의 추구, 재판을 통하여 벌을 받도록 하는 일을 맡은 사법 행정관. 검찰관. ⊕변호사. 판사.
[검사]

검:사₂【檢査】 사실을 조사하여 옳고 그름을 판단함. 예숙제 ~를 하다. ⊕검열. 조사. -하다.

검:색【檢索】 조사하여 찾아봄.

예검문 ~을 하다. -하다.

검소【儉素】 사치하지 않고 꾸밈이 없이 수수함. 예~한 생활. ⊕소박. ⊕사치. 화려. -하다.

검약【儉約】 헛되이 쓰지 않고 절약하여 아낌. ⊕검소. -하다.

검:역【檢疫】 차량·선박·비행기 등 교통 기관의 승객을 진찰 또는 소독함. 예배를 ~하다. -하다.

검:열【檢閱】 검사하여 통제하는 것.

검:인【檢印】 서류나 물건을 검사하고 그 표로 찍는 도장. -하다.

검정₁ 검은 빛깔. 검은 먼지 덩어리.

검:정₂【檢定】 자격이나 조건 등을 알아보기 위해 국가에서 보는 시험.

검정바리 큰 물고기로 양쪽에 불규칙한 무늬가 있고 다 크면 바다로 간다.

[검정바리]

검지 두 번째 손가락. 집게손가락.

검:진【檢診】 병이 있나 없나 검사하는 진찰. -하다.

검찰【檢察】 ①검사하여 살피는 것. ②범죄를 수사하여 증거를 수집하여 고발하며 일하는 정부 기관.

검찰청【檢察廳】 법무부 장관에 속하여 검찰 사무를 보는 관청.

겁【怯】 무섭고 두려움에 떠는 것.

겁쟁이 겁이 많은 사람. 겁장이(×).

겁탈【劫奪】 남을 위협하여 그 사람의 것을 함부로 빼앗음. -하다.
겉 물건의 밖으로 드러난 쪽. 비거죽. 반속. 밖으로 드러난 모습.
겉모습[걷-] 겉으로 나타나 보이는 모습. 비외관. 외모.
겉보기[걷-] 겉으로 보이는 모양새. 예~가 아주 좋다.
겉옷[걷-] 겉에 입는 옷. 외의. 반속옷. 내의. 잠옷.
겉치:레 눈에 보이는 곳만 잘 꾸민 것. 외면치레. 예~만 한다. -하다.
게₁「거기」의 준말. 예~섰거라.
게₂ [동물] 몸은 단단한 껍데기에 싸여, 다리가 다섯 쌍인 물에 사는 동물. 옆으로 기어다니며 식용으로 함.

[게]

게릴라 적의 빈틈을 엿보아 기습을 가함으로써 적을 교란시키는 소규모의 비정규 부대.
게:시판【揭示板】 게시를 하려고 한곳에 세워 둔 판. 게판.
게:양【揭揚】 깃발 따위를 높이 달아 올림. 예국기를 ~하다. -하다.
게:양대【揭揚臺】 국기나 깃발 같은 것을 달기 위하여 높이 만들어 놓은 대. 예국기~.
게우다 먹었던 것을 삭이지 못하고 도로 토하다. 준게다.

게으름 행동이 느리며 게으른 버릇이나 태도. 예나는 ~을 피웠다.
게으름쟁이 행동이 느리고 움직이기를 싫어하는 사람. 비게으름뱅이. 예나는 ~는 되기 싫어요.
게임 운동 경기. 시합. 한 판의 승부.
겨 벼나 밀·보리 따위를 찧을 때에 벗겨져 나오는 껍질.
겨:냥 ①목표를 겨누는 일. ②겨누어 정한 치수나 모양. -하다.
겨누다 목적물을 맞히려고 방향과 거리를 똑바로 보다.
겨드랑이 양편 팔이 몸에 붙은 아래의 오목한 곳. 예~에서 땀이 난다.
겨레 ①같은 핏줄을 가지고 나온 사람들. ②한 조상에서 태어난 자손들. 비민족. 동포.
겨루기 태권도에서 기술의 활용과 시간에 아무런 제한 없이 공격과 방어법을 동시에 단련하는 일. 자유 겨루기와 맞춰 겨루기 등이 있음. 비대결하다. 맞붙다.
겨우①힘들게. 가까스로. 예~먹고 산다.②기껏해야 고작. 비간신히. 가까스로, 기껏해야 반넉넉히.
겨우살이 나무에 붙어 사는 늘푸른떨기나무 물과 양분을 빼앗아 먹는다.

[겨우살이]

겨울 네 철 중 가장 추운 계절.

겨울 방학 겨울의 추운 동안 학교에서 일정한 기간 수업을 중지하는 일. ^반여름 방학. -하다.

겨울새[동물] 겨울을 우리나라에서 지내고 봄이 되면 다시 날아가는 철새. 기러기·천둥오리·두루미·개똥지빠귀 등 여러 가지 종류가 있다. ^반여름새.

겨울잠 개구리·뱀 등과 같이 땅속에서 활동하지 않고, 겨울을 지내는 일. ^비동면.

겨자[식물] 겨자과의 한해살이풀 또는 두해살이풀. 밭에서 재배함. 씨는 맵고 향기로워 양념과 약재로 씀. ^예냉면에 ~를 넣어라.

격노【激怒】[겅-] 몹시 화를 내는 것. ^비격분. -하다.

격돌【激突】 갑자기 심하게 부딪침.

격동【激動】 ①몹시 움직임. ②깊이 느껴 마음이 움직임. -하다.

격려【激勵】 무엇을 더욱 잘 하도록 부추김. ^예장학금을 주어 ~하다.

격려사【激勵辭】 격려하여 주는 말.

격리【隔離】 사이를 막거나 떼어 놓음. ^예몹쓸 병에 걸리어 ~시키다.

격멸【擊滅】 상대방을 쳐서 없앰.

격식【格式】 격에 맞는 방식. ^예~을 차리다. ^비양식. 일상적인 상식.

격앙 감정이 심하게 움직여 높아짐 ^예~된 감정이 솟구쳐 말을 잊다.

격언【格言】 훌륭한 분들이 남긴 말들로 교훈이 될 만한 짧은 말 토막. 웅변은 은. 침묵은 금. ^비금언.

격월【隔月】 한 달을 거르거나 한 한달씩을 거르는 것. 간월.

격일【隔日】 하루를 거르거나 하루씩 거르는 것. ^예~제 근무. 간일

격전【激戰】 매우 심하게 싸움. ^예~지. 왜적과 ~을 벌리다. -하다.

격증【激增】 수량이 갑자기 많이 늘어 불어남. ^예~하는 자동차. ^반격감. 감소. 감축. -하다.

격차【隔差】 품등·자격·가격 등의 차이. ^예~가 생기다.

격찬【激讚】 몹시 칭찬함. ^예~을 받은 예술 작품. -하다.

격추【擊墜】 적의 비행기 등을 쏘아 떨어뜨림. ^예JAL기가 ~되었다.

격침【擊沈】 적의 군함을 공격하여 침몰시킴. ^예적을 ~함. -하다.

격퇴【擊退】 적군을 쳐서 물리침. ^예적군을 ~하다. -하다.

격투【格鬪】 서로 맞붙어 싸우는 것. ^예~가 벌어지다. -하다.

격파【擊破】 단단한 물체를 깨뜨림.

격하【格下】 자격·등급·지위 등의 격을 내림. ^예~운동. ^반격상.

겪다 ①어렵거나 경험될 만한 일을 치르다. ^예고난을 ~. ②손님이나 여러 사람에게 음식을 차려 대접하다. ^예손님 대접에 어려움을 ~.

견고【堅固】 굳세고 튼튼함. ^예수비를 ~히 하다. ^반허술. -하다.

견디다 ①잘 참다. 이겨내다. ^예아픔을 ~. ^비참다. ②살림살이의 어려움을 이겨 나가다. 견디어 내다.

견:문【見聞】①보고 들음. ②보고 들어 얻은 지식. 예~을 넓히다. 비문견. -하다.

견:물생심【見物生心】물건을 보면 그것을 가지고 싶은 욕심이 생김.

견본【見本】전체의 질이나 상태 등을 알리기 위하여 본보기로 보이는 물건. 샘플. 예책 ~. -하다.

견습【見習】남의 하는 일을 보고 그대로 연습하여 익힘. 수습. 예~기자. 반숙련. -하다.

견:식【見識】보고 들어 아는 지식과 학식. 예~이 넓다.

견우성【牽牛星】독수리자리의 수성의 이름. 칠석에 은하수를 건너 직녀성과 만난다는 전설로 유명함.

견우직녀 견우성과 직녀성을 말함.

견원지간【犬猿之間】개와 원숭이 사이라는 뜻. 서로 사이가 나쁜 두 사람을 빗대어 이르는 말.

견인차 자동차를 부득이 이동하고자 할 때 사용하는 차. 도로에 불법 주차를 신속하게 견인할 때 사용하는 차.

[견인차]

견:적【見積】비용 따위를 미리 대강 어림잡아 계산함. -하다.

견제【牽制】지나치게 자유 행동을 하거나 세력을 펴는 것을 못 하도록 누르는 일. -하다.

견주다 ①비교하여 가리다. 예실력을 ~. ②맞대어 보다. 예서로의 키를 ~. 비교하다. 견주어 보다.

견직물【絹織物】명주실로 짠 천.

견:학 실지로 가보고 지식을 넓힘. 예인쇄소에 ~을 갔다. 박물관을 ~하고 있다. 비견습. -하다.

견해【見解】어떤 사물에 대한 생각이나 의견

결 나무·돌·살갗 따위에 무늬와 짜임새가 나타나는 줄. 예나무~.

결과【結果】어떤 원인으로 말미암아 생긴 결말의 상태. 예~가 중요하다. 비결말. 반원인.

결국 일의 마무리 단계. 끝에 가서는. 결론에 가서는. 비결말. 필경.

결근【缺勤】회사·학교 등에 나가지 아니함. 반출근. -하다.

결단【決斷】딱 잘라 일을 결정함. 예~이 서지 않는다. -하다.

결단성【決斷性】결단을 내린 성질.

결론1【結論】죽 늘어놓은 말이나 글의 끝맺는 부분. 반서론. 본론.

결론2【決論】의론의 가부와 시비를 따지어 결정함.

결리다 ①가슴 등이 잡아당기는 것처럼 아프다. 예옆구리가 ~. ②눌려서 기를 펴지 못하다.

결막【結膜】눈꺼풀의 안쪽과 눈알의 흰자 부분을 각막 주위까지 덮고 있는 얇은 막.

결막염【結膜炎】결막에 생긴 염증.

결말【結末】일을 마무리하는 끝.

끝장. ^비결과. ^반시작. ^예싸움의 ~.
결명자 노란 꽃이 피고, 식물의 씨를 볶아서 차로 마시면 눈이 밝아지고 두통에 아주 좋다.
결백【潔白】 깨끗하고 남에게 의심을 받을 만한 일이 없음. ^비청백. ^예제 [결명자] 발 저의 ~을 믿어 주십시오. ~을 주장하였다.
결부【結付】 연결시켜 붙임. ^예그 일을 ~시키지 마라. -하다.
결빙【結氷】 물을 얼려서 얼음이 됨.
결사적【決死的】 죽음을 각오하고 막무가내로 덤비는 것. ^비한사코.
결산【決算】 일정 기간 들어오거나 나간 돈의 액수를 계산하는 것. ^예연말 ~. -하다.
결석【缺席】[-썩] 출석해야 할 곳에 나가지 아니함. ^예학교에 ~하는 것은 나쁘다. ^반출석. -하다.
결승【決勝】 최후의 승패를 결정함.
결승전【決勝戰】 운동 경기 등에서 마지막 승부를 가리는 싸움.
결식【缺食】 음식을 만들 곡식이 없어 밥을 먹지 못하는 것. ^반포식.
결실【結實】 ①열매가 맺힘. ②일이 잘 이루어짐. ^예노력의 ~이었다.
결심【決心】[-씸] 단단히 마음을 정함. ^비각오. 결의. -하다.
결여【缺如】 있어야 할 것이 빠져 있음. ^예책임감이 ~된 사람.

결연【結緣】 인연을 맺음. ^예학교 학생들과 자매 ~을 맺다. -하다.
결의₁【決意】 뜻을 굳게 정함. ^예필승의 ~를 다지다. ^비결심. -하다.
결의₂【決議】 의논하여 결정함. 만장 일치로 ~하고 회의를 마쳤다. ^비의결. ^반부결. -하다.
결전【決戰】[-쩐] 승패나 흥망이 결정되는 싸움. ^예~의 날이 다가 오다. -하다.
결점【缺點】[-쩜] 부족하거나 잘하지 못한 점. ^예~이 많은 사람. ~이 적은 사람. ^비단점. ^반장점.
결정【決定】[-쩡] 어떻게 하겠다고 작성함. ^예내가 ~할 문제다. ^비작정. 확정. ^반미정. -하다.
결코 절대로. 딱 잘라 말할 수 있게. ^예불의는 ~ 정의를 이길 수 없다.
결투【決鬪】 서로 사이에 원한이나 말다툼이 있을 때 힘으로 싸워서 승패를 결정함. ^예~를 신청했다.
겸상【兼床】 한 상에 두 사람이 마주 앉아 먹도록 차린 상. ^예~을 차리다. ^반외상. 독상. -하다.

[겸상]

겸손【謙遜】 남을 높이고 자기를 낮춤. ^예~한 태도. ^비공손. 겸허. ^반거만. -하다.
겹 ①넓고 얇은 것이 포개어짐.

②사물이 여러 개가 합쳐서 거듭됨.
겹집 여러 채가 모여서 겹으로 된 집.
겹치기 두 가지 이상의 일을 한꺼번에 맡아서 하다. -하다.
경【經】 ①경서. 기도문과 주문. ②부처의 가르침을 적은 책. 불경. 예소 귀에 ~읽기
경각심【警覺心】 정산을 가다듬어 조심하는 마음. 예~을 일으킴.
경감【輕減】 덜고 줄여서 가볍게 함.
경거 망:동【輕擧妄動】 경솔하게 함부로 행동함. 예~을 삼가라.
경:건【敬虔】 공경하는 마음으로 삼가며 조심성이 있음. -하다.
경계【境界】 서로 이어 맞닿는 자리. 예국사 ~선. 비계경. -하다.
경고【警告】 미리 조심하라고 알림.
경공업 부피에 비하여 무게가 가벼운 제품을 만드는 공업. 섬유·화학·식료품 따위. 반중공업.
경과【經過】 ①때를 지남. 예두 시간 ~. ②일을 겪어 온 과정. -하다.
경국대:전[책명] 조선 시대 정치의 기준이 된 법전. 세조 때 최항·노사신 등이 왕명으로 6전의 체제를 갖춘 법전 제작을 시작했다.
경금속 알루미늄·마그네슘 등의 가벼운 쇠붙이. 반중금속.
경기₁【景氣】 매매나 거래 등에 나타는 호황·불황 따위 경제 활동의 상태. 예호~.
경:기₂【競技】 ①「경기 운동」의 준말. 비시합. ②기술이 낫고 못함을 겨루는 일. -하다.
경기도【京畿道】[지명] 우리 나라 14도의 하나. 한반도의 가운데에 위치함. 도청 소재지는 수원.
경내【境內】 정해 놓은 구역의 안.
경단【瓊團】 찹쌀 가루를 익혀 동그랗고 작게 빚어 끓는 물에 넣고 삶아 볶은 참깨나 붉은 콩가루나 검은깨가루를 고명에 묻힌 떡. [경단]
경:대【鏡臺】 옛날 조선 시대 양반집 여인들이 주로 사용하던 거울. 화장을 할 때 거울을 꺼내 봄. [경대]
경도【經度】 경선의 위치를 「도」로 나타낸 것. 적도를 360 등분하여 그리니치 천문대를 0°, 동·서를 각각 180°로 나타낸다.
경량 가벼운 무게. 예~급 역도 선수.
경력【經歷】[-녁] 여러 가지 겪어온 일들. 겪어 지내온 특별한 경험.
경련【痙攣】 근육이 오그라들거나 떨린 현상. 예몸이 ~으로 뒤틀림.
경:례【敬禮】[-네] 공경의 뜻을 나타내는 몸짓. 준예. -하다.
경:로효:친【敬老孝親】[-노-] 노인을 공손히 대하고 존경하며, 어버이를 잘 받들어 섬김.
경륜【經綸】 ①일을 짜임새 있게

계획함. 또 그 계획. ②천하를 다스림. ③오랜 경험에 의한 인생의 판단.

경리【經理】 회계에 관한 사무를 처리함. 혹은 처리하는 사람.

경:마【競馬】 말을 타고 일정한 거리를 달리는 경기. 예~대회.

경:매【競賣】 살 사람이 값을 부르게 하여 그 중에 높은 가격의 사람에게 파는 일. 예~를 붙이다.

경멸【輕蔑】 깔보고 업신여기는 것.

경:보【競步】 육상 경기의 한 가지. 한쪽 발이 땅에서 떨어지기 전에 다른 발이 땅에 닿게 하여 빨리 걷는 경기.

경:보기【警報器】 특이한 소리나 빛 따위를 이용하여 급한 위험이나 고장을 알리는 기구. 예화재 ~.

경:복궁 조선 시대 초기 태조 3년(1394)에 지은 궁궐. 1592년 임진왜란 때 불탔는데, 고종 임금 때 다시 세웠음. 사적 117호이다.

경부선【京釜線】 서울에서 대전·대구·부산에 이르는 철도. 길이 444.5km. 1905년에 개통.

경비행기 연습용이나 사무 연락용, 스포츠용 등으로 민간이 사용하는 작은 비행기. 라이트 플레인.

경사₁【傾斜】 비스듬히 한 쪽으로 기울어짐. 예~진 비탈길.

경사₂【慶事】 경축할 만한 즐겁고 기쁜 일. 예~가 겹치다. 비기울기.

경상【輕傷】 가벼운 부상. 예~이라 다행이다. 반중상.

경상도【慶尙道】[지명] 우리 나라의 옛날 행정 구역의 하나로, 지금의 경상남도·북도를 일컫는 말.

경솔【輕率】 말이나 행동이 조심성이 없고 가벼움. -하다.

경수로 원자로 내에서 핵 분열이 발생하는 중성자의 속도를 감독하기 위해 천연수를 사용한 원자로.

경시【輕視】 가벼이 여김. 예전통을 ~하다. 비넘봄. 반중시. -하다.

경신【更新】 ①옛것을 고치어 새롭게 함. ②기록 경신에서, 종전의 기록을 깨뜨리는 것. 예기록~. 여권을 ~하고 온다. 비갱신. -하다.

경악【驚愕】 나쁜 일에 깜짝 놀란 것.

경:연【競演】 연극·음악 따위의 재주를 겨룸. 예~대회. -하다.

경외₁【境外】 경계하는 곳의 바깥 쪽.

경:외₂【敬畏】 조심하며 높이 받들다.

경:우【境遇】 그 일이 생긴 때의 형편이나 사정. 예최악의 ~. 비처지. 형편.

경운기【耕耘機】 기계의 힘으로 움직여 논이나 밭을 가는 데 쓰는 도구.

[경운기]

주로 농사 일에 사용함. 농기구.

경원선【京元線】 서울 청량리역에서 시작하여 강원도 철원을 거쳐 원산 사이를 잇는 철도.

총길이 223.7km. 1914년 개통.
경위【涇渭】어떤 일이 진전되어 온 내력. ①사건의 ~. ②직물의 날과 씨
경유₁【輕油】석유의 원유를 끓일 때 섭씨 200~300도에서 얻는 기름. ⁿ중유.
경유₂【經由】거치어 지나감. ᵉ대구를 ~하여 부산으로 가다. -하다.
경:의【敬意】우러러 존경하는 마음.
경의선【京義線】서울과 신의주 사이를 잇는 철도. 총 길이 499.3km.
경이【驚異】놀라고 이상하게 여김.
경인【京仁】서울과 인천을 아울러 부르는 말. ᵉ~지방.
경인 공업 지대【京仁工業地帶】서울·인천·부천·안양·수원 등을 중심으로 중화학 및 경공업이 발달한 우리나라 최대의 공업 지대.
경작【耕作】논밭을 갈아 농사를 지음. ᵉ~지. ⁿ농작. -하다.
경쟁【競爭】서로 이기려 싸우는 것.
경:쟁률 경쟁에서 이길 수 있는 비율.
경:쟁심 경쟁하려는 마음. 다른 사람에게 지기 싫어하는 마음.
경:적【警笛】위험을 알리기 위하여 울리는 고동. ᵉ자동차의 ~.
경제【經濟】①생활에 필요한 모든 물건을 얻어내고 쓰고 하는 모든 활동. ②돈이나 물건을 절약함.
경제 개발 계:획 자원을 개발하고 산업을 발달시켜 나라의 살림을 튼튼히 하고 국민 생활을 넉넉히 하기 위한 국가의 경제 개발 계획.
경제력【經濟力】국가나 개인이 지닌 경제적인 힘. 금전적인 힘.
경제 사회 이:사회 유엔의 주요 기관의 하나. 경제·사회·문화·교육 등의 문제를 다루고 의결한다.
경제순환【經濟循環】경제 활동에서의 생산·분배·지출의 순환.
경제 작물【經濟作物】농가의 수입을 높이기 위하여 짓는 특용 작물.
경주【慶州】[지명] 경상 북도에 있는 한 시. 옛 신라의 도읍이며, 불국사·석굴암·다보탑 등의 많은 고적이 있음.
경중【輕重】①가벼움과 무거움. ②중요한 것과 중요하지 않은 것. ᵉ일의 ~을 가리다. -하다.
경지【耕地】농사를 짓는 밭이나 논.
경직【硬直】부드럽지 않고 딱딱함.
경:진【競進】①서로 다투어 앞으로 나아감. ②생산품이나 제품 따위의 좋고 나쁨을 겨룸. ᵉ국산품 ~대회. -하다.
경:찰관 경찰 공무원의 통칭.
경:찰서 경찰 관청의 하나. 대도시의 각 구 및 시·군에 설치함.

[경찰관]

경:천【敬天】 하늘을 우러러 공경함. 예~사상. -하다.

경청【傾聽】 귀를 기울여 주의해 들음. 예연설을 ~하다. -하다.

경축【慶祝】 사회적으로 기쁘고 좋은 일을 축하함. 예~식. 비경하.

경춘선 서울에서 춘천을 잇는 경춘선 철도. 총길이는 92.9km이다.

경치【景致】 자연의 아름다운 모습과 경관의 구경거리. 비풍경. 경관.

경치다 ①호된 꾸지람을 듣거나 벌을 받다. ②못마땅하게 여겨 이르는 말. ③매를 맞다.

경칩【驚蟄】 땅 속의 벌레가 겨울잠에서 깨어 꿈틀거리기 시삭하는 시기. 24절기의 셋째. 양력 3월 5일경.

경:칭【敬稱】 공경하는 뜻으로 사용하는 칭호. 각하·선생 등.

경쾌【輕快】 ①정신이 산뜻함. ②걸음걸이가 가볍고 힘차다. -하다.

경탄【敬歎】 ①아주 놀라 탄식함. 예한라산의 경치에 ~을 금치 못했다. ②몹시 칭찬함. -하다.

경포대 강원도 강릉시 동북쪽 7km 지점에 있는 다락집. 관동 팔경의 하나로 고려 때 지음.

[경포대]

경:품【景品】 판 물건에 곁들이거나 제비를 뽑아서 손님들에게 주는 선물. 예~을 타다. 비상품뽑기.

경:하【慶賀】 경사스런 일에 기쁜 뜻을 나타냄. 비축하. -하다.

경합【競合】 상대방과 서로 경쟁함.

경험【經驗】 몸소 겪어 봄. 예내 ~에 의하면 그것은 사실과 다르다. 비체험. 반무경험. -하다.

경:호 신변에 위험이 없도록 경계하고 보호함. 예대통령을 ~한다.

경황【景況】 흥미나 재미를 가질 수 있는 마음의 여유. 예너무 바빠서 자세한 이야기를 들을 경황이 없다

경:회루 임금과 신하들이 모여 잔치를 하던 곳. 서울 경복궁 안 서쪽 연못 한 가운데 있는
[경회루]
큰 누각으로 태종 12년(1412)에 지었음.

곁들이다 ①한 그릇에 여러 가지 음식을 담다. ②주된 일에 다른 일을 검하여 하다. ③함께 하다.

계:1【契】 옛날부터 우리나라에 내려오는 것으로 상호 부조의 한 가지. 사람들이 협동을 목적으로 이루어진 조직. 예마을~를 조직함.

계:2【係】 사무나 직업 분담의 작은 갈래. 과의 아래 단위임. 우두머리는 계장임. 관과. 부.

계곡【溪谷】 산 사이로 물이 흐르는 골짜기. 산골짜기.

계급【階級】 오랜 습관에 정한 신분.

계급장【階級章】 군인 등의 복장에 달아 계급을 나타내는 표.

계:기₁【契機】 어떤 일을 일으키고 경험하는 기회.

계:기₂【計器】 물건의 무게·길이·양 등을 재는 기구. 미터기·저울 따위. ~로 알아보다.

계란【鷄卵】 암탉이 낳는 알을 말함.

계:략【計略】 남을 해치려 생각한 꾀.

계:량【計量】 분량이나 무게를 재는 것. 계측. ᵉ~기. -하다.

계:량기【計量器】 길이·부피·무게·시각·각도·온도 따위를 재는 기구. ᵉ~를 검사한다.

계면쩍다「겸연쩍다」의 변한 말.

계명【階名】 음계의 이름. 계이름.

계:모【繼母】 자기를 낳은 어머니가 죽고, 아버지가 새로 맞이한 아내.

계:몽【啓蒙】 배우지 못하여 무식한 사람을 깨우쳐 줌. 계명.

계:미자【癸未字】 조선조 태종 3년 계미년(1403)에 주자소를 두고 만든 구리 활자.

계:발【啓發】 슬기와 재능을 펴서 깨우쳐 줌. ᵇ계몽. -하다.

계:산【計算】 수나 수량을 셈한 것.

계:산기 셈을 빠르고 정확하게 해주는 기계. 주판·컴퓨터 따위.

계:속【繼續】 끊이지 않고 이어서 나아감. ᵇ지속. 연속. ᵇ중단. 중지.

계:수【計數】 수를 계산하는 것. 또는 그 결과로 얻은 값.

계:승【繼承】 뒤를 이어받음. ᵉ가업을 ~하다. ᵇ승계. -하다.

계:시【啓示】 ①일깨워 가르침. ②신이 영감으로 알게 함. ᵉ신의 ~. ᵇ묵시. -하다.

계:약【契約】 두 사람 이상의 사이에 서로 뜻이 맞아 앞으로 법의 효과가 날 수 있도록 맺은 약속.

계:엄령 국가의 원수가 계엄 실시를 선포하는 명령. ᵉ비상 ~선포.

계:열【系列】 사물이 어떤 공통점에서 서로 같은 계통이나 조직.

계:유 정난 조선 단종 원년(1453)에 수양대군이 김종서·황보인 등을 없애고 정권을 잡은 사건임.

계:율【戒律】[계-/게-] 불교에서 중이 지켜야 할 율법. ᵇ율법.

계:절【季節】 ①봄·여름·가을·겨울의 네 철을 말함. ᵉ사~. ᵇ철. ②알맞은 시절.

계:절풍 계절에 따라 불어 오는 바람. 여름에는 동남 계절풍, 겨울에는 북서 계절풍이 불어옴.

계:좌【計座】 예금을 할 수 있도록 만든 자리. 예금 계좌.

계:주【繼走】 몇 사람이 한편이 되어 이어달리는 경기. 이어달리기.

계:책【計策】 일을 하기 위해 짜낸 꾀.

계:측【計測】 물건의 무게·길이·부피 등을 재어 계산하는 것. ᵉ~기. ᵇ측정. -하다.

계층【階層】 사회적 지위가 거의 비슷한 사람들의 층. ᵉ사회 ~.

계:통【系統】 ①이치나 성질 등에 따라 갈라놓은 순서. ②같은 핏줄을 잇는 것. 서로 비슷한 성격 집단.

계:피 한방에서 「계수나무 껍질」을 약재로 이르는 말. 열대 지방에서 자라는 계수나무의 붉은 갈색의 속껍질을 벗겨 말린 것. [계피]

계:획【計劃】앞으로 해 나갈 일을 생각하여 세우는 일. -하기

고 옷고름·노끈 등의 매듭이 풀리지 않게 한 가닥을 고리처럼 맨 것. 예~를 매다.

고가₁【高架】땅 위로 높이 가로질러 가설하는 것. 예~도로.

고:가₂【古家】지은 지 꽤 오래 된 집.

고가₃【高價】비싼 값. 반염가. 저가.

고가 도:로【高架道路】땅 위에 기둥을 세워 그 위에 설치한 도로.

고갈【枯渴】물·돈·물자 등이 말라서 없어짐. 예자원이 ~되었다.

고갯마루 산이나 언덕의 높은 부분.

고견 ①뛰어난 선생님들 의견. 예~을 들었다. ②남의 의견을 높임말.

고결【高潔】성품이 고상하고 깨끗하다. 예~한 성품. -하다.

고고학【考古學】옛적의 유물이나 유적에 의하여 고대 인류의 생활 전체를 연구하는 학문. 반신학문.

고구려[국명] 삼국 시대의 한 나라. 기원 전 37년 동명왕이 우리나라 북쪽에 세운 나라. 지금의 한강 이북에서 만주에 걸쳐 세워졌음. 668년에 신라와 당나라에 짐.

고:구마[식물] 메꽃과의 여러해살이풀. 뿌리에 둥글고 긴 덩어리가 달리는 농작물. 단감자
[고구마]

고:국【故國】조상 때부터 살던 나라. 비본국. 반타국. 외국

고:국 산천 조국의 산과 강과 자연.

고:궁【古宮】옛날에 임금님이 살던 궁궐. 옛 궁궐. 옛 왕궁.

고귀 ①지체나 신분이 높고 귀함. ②훌륭하고 귀중함. 높고 귀함. 예한 생명. 비존귀. 반비천.

고:금【古今】옛날과 지금에 이른 것.

고급 ①지위나 신분이 높은 것. ②품질·수준 모양 따위가 높은 것.

고기₁ ①「물고기」의 준말. ②동물의 살. 예강으로 ~를 잡으러간다.

고기₂ 그 곳. 그 곳에서 바로 그 곳.

고기압 주위의 기압보다 높은 기압.

고기잡이 낚시나 그물 등으로 물고기를 잡는 일. 어업. 예어제 강에 나가 ~를 하였다. -하다.

고깃간 쇠고기·돼지고기 등을 파는 가게. 비푸줏간. 정육점.

고깃배 강과 바다에서 고기 잡는 배.

고깔 중이 쓰는 모자의 일종으로 세모진 것. 주로 베 조각으로 만듦. 예영찬이가 ~모자를 쓰고 논다.

고난 매우 괴롭고 어려운 것.

고난도 체조 등에서 기술적으로

해내기 어렵고 까다로운 난이도.

고뇌 괴로움과 번뇌

고니[동물] 부리가 노란 색이며 물새 중에서 제일 큰 새. 날개의 길이가 60~70cm 되며 온 몸이 순백 색임. 비백조 [고니]

고단하다 일이나 운동 등을 너무 많이 해서 몸이 나른하다.

고달프다 몹시 고단하고 피곤하다.

고:대₁【古代】 아주 먼 옛날. 반현대.

고대₂【苦待】 애를 태우며 몹시 기다림. 예그가 돌아오기를 학수 ~하다. 빨리 통일이 되기를 ~한다.

고:대 문명【古代文明】 오래 전 시대의 문명. 반근대 문명.

고도【高度】 수평선부터의 높이임.

고도 성장 발전의 속도나 규모가 높은 정도로 빨리 이루어짐. -하다.

고독【孤獨】 나 혼자 있어서 외로움.

고동 ①배나 기차가 내는 소리. 예뱃~소리. ②틀에서 작동시키는 기계 장치. 예뱃~ 소리가 들린다.

고드밥 밥을 되게 지어 밥알이 굳은 밥을 말함. 비된밥. 반지른밥.

고되다 하는 일이 힘에 겨워 고단하다. 예건설 현장에서 하는 일이 ~.

고드름 낙숫물이 흘러 떨어지다가 처마 끝에서 길게 얼어붙어 매달린 얼음. 처마에 ~이 달라붙음.

고들빼기[식물] 국화과의 두해살이 풀. 씀바귀와 비슷하며 산이나 들에 저절로 남. 어린 순은 식용함. 고채.

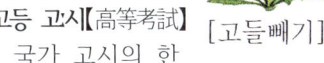
[고들빼기]

고등 고:시【高等考試】 국가 고시의 한 가지. 일반 행정 고급 공무원·기술 고급 공무원·외교관·사법관의 임용 자격 시험. 관행정 고시

고등 교:육【高等教育】 고도의 지식을 터득하게 하는 동시에, 전문적 직업에 필요한 지식·기술을 터득하게 하는 교육의 총칭. 전문대학 이상의 교육. 관초등 교육

고등 동:물【高等動物】 진화의 정도가 높은 동물. 보통 무척추동물에 대하여 척추 동물을 이르는 말. 반하등 동물.

고등 법원 지방 법원의 위, 대법원의 아래인 중급 법원. 제 2심 판결을 담당하는 법원. 준고법.

고등어[동물] 고등엇과의 바닷물고기. 몸은 갸름하고 통통하며 등은 녹색이고, 배는 은백색임. 몸길이 40~50cm임. 식용으로 사용함. [고등어]

고등 학교【高等學校】 중학교를 졸업

고딕체【Gothic】 획이 일정하게 굵은 글자 꼴. 판필기체. 명조체.

고라니 몸이 갈색인 작은 노루의 하나. 뿔이 없고 송곳니가 아주 길다.

고락 괴로움과 즐거움. 불행과 행복.

고란사 충청남도 부여 백마강 왼편 기슭에 있는 작은 절. 바위 틈에 저절로 자라는 고란초가 있다.

고랑 ①밭고랑 사이의 낮은 곳. ②「쇠고랑」의 준말.

고래[동물] 동물 중 제일 큰 물고기로 젖을 먹여 새끼를 기르고, 허파로 숨 쉬는 짐승. 젖먹이 동물.

[고래]

고래고래 목소리를 한껏 높여서 큰 소리로 부르짖는 모양. 예밥을 달라고 ~소리를 질렀다. 흉내말.

고랭지【高冷地】 높이가 600m이상으로 높고 한랭한 지방.

고려【高麗】[국명](918~1392)태조 왕건이 후삼국을 통일하고 개성에 도읍하여 세운 나라. 이성계에 의해 멸망함.

고려 인삼 우리나라에서 나는 인삼을 흔히 일컫는 말.

고려 자기 고려 시대에 만든 자기. 무늬와 빛깔이 아름답고 예술적 가치가 높음. 청자가 가장 유명함.

고려장 고구려 때의 풍속으로 늙은이를 산채로 무덤 속 구덩이에 두었다가 죽으면 그 곳에 매장하는 일.

[고려자기]

고령【高齡】 많은 나이. 나이가 많음.

고료【稿料】 글을 써 주고 받는 돈. 「원고료」의 준말. 예~를 받다.

고르다₁ 아무 차별 없이 똑같다. 예우리 반 학생들 성적이 대체로 ~.

고르다₂ 여러 가지 중에서 쓸 것이나 좋은 것을 가려 내거나 뽑다. 비가리다. 선택하다.

고름₁ 종이가 곪아서 생기는 희고 누른 액체. 농. 예~을 짜다.

고름₂ 저고리 앞에 달아 양쪽을 여밈.

고리 ①긴 것을 구부려 둥글게 만든 것. ②「문고리」의 준말.

고리 대:금【高利貸金】 ①이자가 비싼 돈. ②비싼 이자를 받는 돈놀이. 예~업자. 준고리대. -하다.

고린내 고린 냄새. 썩은 냄새. 예발에서 ~가 난다.

고릴라[동물] 포유류 유인원과의 힘이 좋은 큰 짐승. [고릴라]

고립 도와 주는 사람 없이 혼자

있음. 외롭게 삶. 예풍랑을 만나 무인도에 ~되었다.

고막【鼓膜】 귓구멍 속에 들어 공기의 진동에 따라 움직이는 얇은 막. 비귀청. 예귀안 ~이 이상함.

고:맙다 남의 은혜나 신세에 감사하다. 반귀찮다.

고매 인품이나 학식이 높고 뛰어남. 예~한 인격을 형님은 가지셨다.

고명딸 아들이 여럿 있는 집의 외딸.

고모 아버지의 누이. 예~가 오신다.

고모부【姑母父】 고모의 남편.

고:목₁【古木】 오래 되어 묵은 나무. 고목나무. 비노목. 반묘목.

고무 열대 지방의 고무나무에서 나오는 액체를 굳혀 만든 탄력성이 강한 물질. 프랑스 어 gomme의 말.

고무래 곡식을 긁어 모으거나 밭의 흙을 고르는 데 쓰는 기구의 일종.

고무신 고무로 만든 신.

고무장갑 손에 끼는 고무로 만는 장갑.

고문₁【拷問】 죄를 진 혐의가 있는 사람에게 견디기 어려운 고통을 주며 묻는 말. -하다.

고:문₂【古文】 ①옛 글. 우리나라의 갑오경장 이전의 글. ②중국 한 문제의 하나.

고문₃【顧問】 어떤 분야에 전문적인 지식과 풍부한 경험을 가지고 자문에 응하여 의견을 제시하는 사람. 예~변호사.

고물₂ 떡의 거죽에 묻히는 가루. 콩·팥·녹두 등을 이용. 예콩~.

고민【苦悶】 몹시 괴로워서 속을 태움. 비번민. -하다.

고:발【告發】 피해자가 아닌 사람이 범죄 사실을 신고함. -하다.

고배 ①쓴 술잔. ②쓰라린 일을 당함을 비유하여 이르는 말.

고:별【告別】 이별을 고 함.

고:본【古本】 헌 책. 오래 된 고서.

고봉【高峰】 높은 산 봉우리.

고부간 시어머니와 며느리의 사이.

고:분 옛날에 만든 커다란 무덤.

고분고분 말이나 행동이 공손하고 부드러운 모양. -하다. 흉내말.

고비 어떤 일의 가장 막다른 처지. 비막바지. 반시초.

고삐 소나 말을 끌고 다니기 위하여 동물의 목에 밧줄을 얽어 매어 손으로 잡고 손쉽게 끌고 다니는 줄.

고:사₁【故事】 옛날부터 전해 오는 일. 예~성어를 익히면 유익하다.

고:사₂【考査】 학교에서 학생의 평소 성적을 검사함. 예학기말~.

고사₃【苦辭】 간절히 거절하고 사양함.

고사리[식물] 참고사리과에 딸린 산나물로 산림의 햇볕이 잘 드는 곳에서 자라는 풀. 어린 잎과 줄기는 나물을 하여 먹음.

[고사리]

고사장【考查場】시험을 보는 곳.
고사포【高射砲】항공기를 공격하는 데 쓰이는 큰 대포.
고산병【高山病】높은 산에 올라갔을 때 낮아진 기압 때문에 일어나는 병. 얼굴이 붉어지고 코피가 나며, 구토·메스꺼움 등의 증세가 나타남. 산악병.
고상【高尚】품은 뜻이 드높고 깨끗함. 예~한 품위를 지닌 신사. 비고결. 반저속. -하다.
고생【苦生】①어렵고 구차하고 가난한 생활. 비고통. 반안락. ②몹시 애쓰고 수고함. -하다.
고ː생대【古生代】지질 시대의 4대 구분 중선캄브리아대 후, 중생대전의 시대. 곧 지금부터 약 5억 7천만 년 전부터 약 2억4천만 년 전까지의 기간.
고ː서【古書】아주 오래 된 옛날 서적.
고성【高聲】높은 목소리. 예~방가.
고성능【高性能】품질이 좋은 성능.
고ː소【告訴】피해를 본 사람이 직접 검사나 경찰에 신고함. 예경찰서에 ~하다. 비고발. 고소되다.
고소하다 ①깨소금이나 참기름 같은 맛이나 냄새가 나다. 예참기름 냄새가 ~. ②미운 사람이 잘못되어 기분이 좋다.
고속【高速】속도가 매우 빠름. 예~버스. 비쾌속. 반저속.
고속 국도 고속으로 달려가는 국도.
고수머리 머리카락이 곱슬곱슬한 머리. 곱슬머리.
고수 부지【高水敷地】큰 물이 날 때에만 물이 잠기는 하천 부지.
고숙【姑叔】고모부를 부르는 호칭.
고슴도치[동물] 포유류 고슴도치과의 하나. 몸빛은 암갈색에 주둥이가 뾰족하고 다리가 짧음 등과 몸 양편에 가시가 돋혀 있으며 젖먹이 동물임. [고슴도치]

고습【高濕】공기 중에 습기가 높음.
고승【高僧】①학덕이 높은 중. ②지위가 높은 승려.
고ː시【告示】관청에서 일반에게 널리 알림. -하다.
고ː시조 옛 시조. 갑오개혁 이전에 지어진 시조. 아주 옛날에 지은 시.
고심【苦心】애쓰고 마음과 힘을 다함. 예~한 끝에 결심하다. -하다.
고아【孤兒】부모가 없는 가엾은 아이. 예전쟁으로 ~된 어린이.
고압 ①높은 압력. 예~가스. ②높은 전압. 예~전선이 지붕 위로 지남.
고압선【高壓線】센 전류를 보내는 전선. 예~은 항상 주의해야 한다.
고액 많은 금액. 반아주 작은 금액.
고ː약하다[-야카-] 성질이나 날씨, 냄새 등이 좋지 않다. 비괴팍하다. 반착하다. 마음씨가 곱다.
고양이[동물] 쥐를 잘 잡아먹고, 둥근 머리에 긴 꼬리를 가졌으며,

온 몸에 부드러운 털을 가진 젖먹이 동물. 밤에도 잘 본다. [고양이]

고온【高溫】 높은 온도. ^반저온.

고요 잠잠하고 고요하고 조용한 것.

고욕 견디기 어려운 불명예스러운 일. ^예~을 참다.

고용【雇用】 삯을 주고 사람을 부림. ^예~주. 사람을 ~하였다. -하다.

고유【固有】 ①본디부터 있음. ^예~의사. ②어느 물건에만 특별히 있음. -하다.

고유 명사【固有名詞】 어느 특정한 사물에 한정하여 그 이름을 나타내는 명사. 인명·지명·상호 등.

고을 한 도를 몇으로 나눈 군이 소재하는 행정 구역의 하나. ^비고장. 지방. 읍. ^준골. 마을.

고음【高音】 최고로 높게 나는 소리.

고의【故意】 일부러 한 태도와 행동.

고:이 ①정성을 다하여. ②곱게. ③삼가 조심하여.

고:인【故人】 세상을 떠난 사람.

고인돌 선사 시대의 무덤. 납작한 돌을 세우고 그 위에 평평한 돌을 얹음. 지석묘. [고인돌]
^비관돌.

고자세 거만과 교만하게 구는 태도.

고:자질 남의 허물을 몰래 일러 바치는 일. -하다.

고장₁ ①태어나거나 자란 곳. 고향. ②지방. ^예우리 ~은 인삼이 유명하기로 전국에 소문이 났다.

고:장₂【故障】 사고로 생기는 탈. ^예라디오가 ~나다.

고:적【古蹟】 ①남아 있는 옛 물건. ②옛 물건이 있는 자리. 사적. ^예~답사. ^비유적. 유물.

고전【苦戰】 몹시 힘든 괴로운 싸움. ^비고투. -하다.

고:전미【古典美】 고전적 아름다움.

고정【固定】 일정한 장소·상태에 있어 움직이지 않음. -하다.

고조【高調】 ①높은 가락. ②의기를 돋움. ^예사기를 ~시키다. ③시나 노래로 크게 흥겨움이 일어나는 일. ^반저조.

고조모【高祖母】 할아버지의 할머니.

고조부【高祖父】 할아버지의 할아버지. 아버지의 증조 할아버지.

고:조선【국명】 우리 민족이 제일 먼저 세운 부족 국가로 기원 전 2333년에 단군이 세운 나라.

고주파【高周波】 주파수가 높은 파동이나 전파. ^반저주파.

고증【考證】 증거를 대어 설명함. ^예학계의 ~을 거치다. -하다.

고:지₁【告知】 고하여 알림. 통지함. ^예등록금 ~서. -하다.

고:지₂【高地】 ①평지보다 높은 땅. ^예~대. ^반저지. 평지. ②이루어야 할 목표나 목적.

고지식하다 ①성질이 곧아서 융통성

고진 감래【苦盡甘來】쓴 것이 다 하면 단 것이 온다는 뜻. 고생 끝에 즐거움이 옴. -하다.

고질【痼疾】병이 오래 되어 고치기 어려운 병. 예~병.

고집【固執】제 의견이나 생각을 굳게 내세움. 예~을 세우다.

고초【苦楚】심한 어려움과 괴로움.

고추[식물] 가짓과의 한해살이풀. 붉고 매운 열매가 열리는 채소. 매운 맛을 내는 양념으로 쓰임.

고추잠자리[동물] 긴 몸을 가진 곤충. 잠자리과의 곤충. 수컷은 몸이 붉고 암컷은 노르스름하여 [고추잠자리] 「메밀잠자리」라고 하며 가을에만 볼 수 있다.

고추장 메줏가루에 질게 지은 밥이나 익은 떡가루를 넣어 섞고 고춧가루와 소금을 넣어 담근 매운 장.

고충【苦衷】괴로운 심정이나 사정.

고층 ①2층 이상의 높은 층. 예~아파트. ②높은 건물의 위층을 말함.

고치 누에가 실을 토하여 제 몸을 싸서 만든 집. 명주실을 뽑아 내는 원료가 됨.

고치다 ①잘못된 것을 다시 만들다. ②손질하여 다시 쓸 수 있게 하다.

고치다 ①잘못된 것을 다시 만들다. ②손질하여 다시 쓸 수 있게 하다.

고통【苦痛】몹시 견디기 어려움. 예~이 심하다. 비고초. 반안락.

고투【苦鬪】힘겨운 싸움을 하는 것.

고풍【古風】아주 오랜 옛날의 풍속.

고프다 뱃속이 비어 밥을 먹고 싶다.

고하【高下】높음과 낮음. 위 아래. 예지위의 ~를 막론하고 평등하다.

고학【苦學】제 손으로 학비를 벌어서 공부함. 예~생. -하다.

고함【高喊】큰 소리로 부르짖는 목소리. 예~을 치다.

곡괭이 양쪽이 길고 뾰족한 곳으로 단단한 땅을 파는 연모. 쇠붙이의 머리 부분이 황새의 부리처럼 길고 좁고 뾰족이 생겼음.

[곡괭이]

곡면【曲面】원기둥이나 공의 겉면과 같이 평평하지 않고 굽은 편.

곡명【曲名】노래나 악곡의 이름들.

곡목【曲目】연주할 곡명을 적어 놓은 목록. 프로그램.

곡물 사람의 식량이 되는 쌀·보리·콩·조 따위의 총칭. 곡식. 예올해는 모든 ~이 대풍년이다.

곡선【曲線】①부드러운 선. ②구부러진 선. 반직선.

곡선미【曲線美】①몸에 곡선이 나

타나는 아름다움. ②건축·그림·조각 등에서 곡선을 써서 나타내는 아름다움. ^반직선미.

곡식【穀食】사람이 먹고 있는 곡물의 이름. 쌀·보리·콩·조·수수 같은 것을 통틀어 이르는 말. ^비곡물. 곡류.

곡예【曲藝】몸을 아슬아슬하게 놀려서 하는 재주. ^예줄타기 ~.

곡절【曲折】복잡하게 얽힌 사정. ^예~이 많은 인생. ^비연유. 사정.

곡조【曲調】노랫소리의 높은 것과 낮은 것. 음악의 가락. ^비가락.

곡창【穀倉】①곡식을 쌓아 두는 창고. ②곡식이 많이 나는 지방. ^예우리 나라의 ~지대는 김해평야.

곡해 사실과 어긋나게 잘못 이해함. ^예친구의 의도를 ~하다.

곤ː경【困境】곤란하고 어려운 처지.

곤ː궁【困窮】가난하고 매우 어려움.

곤두박질 몸을 갑자기 거꾸로 떨어지는 것. -하다.

곤두서다 거꾸로 꼿꼿이 서다. ^예시끄러워 신경이 ~.

곤ː란【困難】일의 처리나 살림살이가 매우 어려움. ^예~에 빠지다. ^비곤궁. ^반용이. -하다.

곤ː룡포 임금이 입던 정복. ^준용포.

곤봉【棍棒】체조 용구의 하나. 단단한 나무를 깎아서 손 잡는데는 가늘고 그 반대쪽은 굵게 만든 것. 단단한 박달나무로 곤봉을 만들어 잘 부러지지 않고 오래 간다. ^예~체조 선수단.

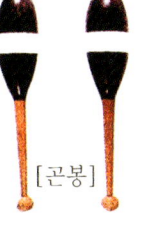
[곤봉]

곤장【棍杖】나무를 길고 넓적하게 깎아 만들어 죄를 지은 사람의 볼기를 때리는 도구.

[곤장]

곤죽 몹시 질어서 질퍽질퍽한 것을 이르는 말임.

곤지 시집가는 새색시가 단장할 때 이마에 연지로 찍는 붉은 점.

곤충 머리·가슴·배와 3쌍의 다리, 2쌍의 날개가 있으며, 한살이를 하고 몸이 단단한 껍질로 쌓임.

곤ː하다【困一】몸의 기운이 풀려서 나른하다. 피곤하다.

곤ː혹 곤란한 일을 당하여 어찌 할 바를 몰라 혼란스러워한다.

곧 ①바로. 즉시. ②다시 말하면.

곧다 ①구부러지지 않고 똑바르다. 앉은 자세가 ~. ②마음이 바르다.

곧이듣다[고지-따] 남의 말을 그대로 믿다.

곧잘 ①제법 잘. ②걸핏하면. ③자주.

곧장 ①똑바로 곧게. ②쉬지 않고 계속. ^예~간다.

골₁ ①생각하고, 외우고, 몸을 움직이고, 각 기관이 정상적으로 작용하게 하는 등의 일을 맡아 하는 우뇌. 머리뼈로 보호되어 있음. ②골수.

골₂ 벌컥 성이 일어나는 기운. ᵉ그는 ~을 잘 낸다. ᵇ화.

골격【骨格】 동물을 떠받치는 뼈대.

골고다 [지명] 예수가 십자가형을 받은 예루살렘 교외의 언덕. 갈보리. ᵉ수학 여행을 ~로 간다.

골고루 ①더하고 덜함이 없이 고르게. ②「고루고루」의 준말. ᵇ고르게. ᵉ시멘트와 모래를 ~섞다.

골:다 잠잘 때 드르렁드르렁 콧소리를 내다. ᵉ자면서 코를 ~.

골동품 오래 되고 귀한 물건이나 고미술품.

골:드 금. 황금. ᵇ돌.

[골동품]

골똘하다 한 가지 일에 온 정신을 쏟아 딴 생각이 없게 집중함.

골:라잡다 여럿 가운데서 골라 가지다. ᵉ마음대로~.

골목 집과 집 사이에 난 좁다란 길. ᵉ~대장. ᵇ골목길.

골몰【汨沒】 한 가지 일에만 온 정신을 쏟음. ᵇ열중.-하다.

골무 바느질할 때 손가락에 끝에 끼는 물건. 가죽이나 헝겊으로 만듦.

[골무]

골반【骨盤】 신체의 허리 부분을 형성하는 좌우의 엉덩이뼈·궁둥이뼈·꼬리뼈에 둘러싸인 뼈 부분.

골:방 큰 방의 뒤쪽에 딸린 작은 방. ᵉ~에서 놀다. ~에서 잔다.

골수 분자【骨髓分子】[-쑤-] 가장 핵심이 되는 구성 요인.

골수염【骨髓炎】 세균의 감염으로 골수에 생기는 염증.

골육【骨肉】 ①뼈와 살. ②핏줄이 같은 사람. 골육지친.

골육 상쟁【骨肉相爭】 가까운 혈족 사이에 서로 싸움. 골육 상잔.

골재【骨材】[-째] 시멘트와 섞어서 콘크리트를 만드는 모래·자갈 등의 재료. 건축 자재.

골절【骨折】 뼈가 충격으로 부러짐.

골짜기 두 산 사이의 움푹 패어 들어간 곳. ᵉ산. ᶻ골짝. ᵇ등성이.

골치 골머리. 머릿속의 속된 말임.

골탕 몹시 당하는 손해나 욕을 먹음.

골:판지 물결 모양으로 골이 진 판지의 한 쪽 또는 양쪽에 다른 판지를 붙인 깃. ᵉ~상자.

곪:다[-따] 상처가 난 곳에 고름이 들다. ᵉ상처가 ~.

곯다 먹는 것이 모자라서 늘 배가 고프다. ᵉ하루 종일 배를 ~.

곰:[동물] 몸집이 크고 털빛이 흑색, 갈색, 백색의 여러 종류가 있으며, 밤, 딸기, 나무 뿌리, 개미,

[곰]

물고기, 곡식 등을 먹으며 겨울엔 굴에서 겨울잠을 잔다.

곰:곰이[-고미] 깊이 깊이 생각하는 모양. 곰곰.

곰방대 짧은 담뱃대. ^반장죽.

[곰방대]

곰:살궂다 성질이 부드럽고 친절하며 다정하다.

곰지락 가볍게 천천히 움직이는 모양. ^센꼼지락. ^큰굼지럭. ^예~거림.

곰:취[식물] 국화과의 여러해살이풀. 깊은 산 숲에 자람. 높이는 1m내외. 잎은 큰 심장형이며 여름에 노란 꽃이 피며 식용임.

[곰취]

곰팡이 습기가 있는 곳이나 축축한 음식물에 자라며 쾌쾌한 냄새를 내는 미생물로 해롭다.

곱 앞의 수와 뒤의 수를 거듭 합친 것.

곱:다(고와, 고우니) 겉모양이 산뜻하고 아름답다. ^반거칠다.

곱:다랗다 매우 아름답고 고와 보임.

곱돌 납석(蠟石).

곱:살스럽다 얼굴 모습이 보기에 곱고 얌전하다.

곱셈 어떤 수를 몇 곱절하는 계산. ^반나눗셈. ^비덧셈, 뺄셈. -하다.

곱셈구구 곱셈에 쓰이는 기초 공식. 1에서 9까지의 각 수를 수끼리 서로 곱하여 곱을 나타냄.

곱슬머리 곱슬곱슬한 머리카락.

곱자 나무나 쇠로 90도 각도로 만든 「ㄱ」자 모양의 자.

곱절 같은 수량의 몇 번 합치는 일.

곱창 사람이 먹는 소의 작은창자.

곳 장소. ^예그 ~을 찾아 가고 있다.

곳간[고깐] 곡물을 쌓아 두는 창고. ^예~열쇠. ^비창고.

곳곳 여러 곳. 이곳저곳. 거의 전부.

공:₁ 고무나 가죽 따위로 둥글게 만들어 차거나 치고 노는 기구.

공₂【功】①「공로」의 준말. ②일에 애쓴 보람.

공₃【空】①속이 텅빈 것. 아무것도 없는 것. ②숫자「0」을 말함.

공간【空間】①비어 있어 아무것도 없는 곳. ②무한히 퍼져 있는 장소. ^예무한한 우주~.

공:갈【恐喝】무섭게 으르고 위협함. ^예~협박.

공:감【共感】남의 생각이나 의견에 대하여 자기도 그렇다고 느끼는 것. ^예의견에 ~을 느낀다. -하다.

공개【公開】널리 드러내어 알림. ^비개방. ^반비밀. -하다.

공:격【攻擊】①나아가 적군을 쳐부숨. ^비공략. ^반방어. ②남을 몹시 꾸짖거나 반대하고 나섬. ^예인신~을 하다. -하다.

공경【恭敬】공손하게 섬김. ^예윗

사람을 ~하라. -하다.
공고₁【公告】세상에 널리 알린다.
공:고₂【鞏固】매우 굳세고 튼튼함
공고라 털 빛깔은 누렇고 주둥이는 검은 말.
공고문【公告文】공고하는 글.
공골말 털 빛깔이 누런 말.
공공【公共】①여러 사람과 힘을 같이 함. ②일반 사회. 예~기관.
공공 복지 여러 사람의 행복과 이익.
공과금【公課金】국가나 공공 단체에 내는 돈. 세금·조합비 따위.
공관【公館】①공공용으로 쓰는 건물. ②정부 고관의 공적 저택.
공군【空軍】공중에서의 전투를 맡은 군대. 예~이 하늘을 지킨다.
공권력【公權力】[-꿘녁] 국가나 공공 단체가 국민에 대하여 명령·통제하는 권력. 예~을 발동하다.
공금【公金】나라나 공공 단체의 돈. 예~횡령. 국가의 ~을 횡령하였다.
공:급【供給】①필요에 따라 물품을 대어 줌. ②바꾸거나 팔 목적으로 시장에다 상품을 내놓음. 반수요. 예물건을 ~하기로 약속함. -하다.
공기₁【空氣】①지구를 둘러싸고 있는 무색·무취의 투명한 기체. 질소·산소의 혼합 기체. 비율은 4:1. ②숨 쉴 때 마시고 내뿜는 기체.
공기₂【空器】①빈 그릇. ②밥이나 국등을 덜어 먹는 데 쓰는 그릇.

공기총【空氣銃】압축 공기를 이용하여 탄알이 발사되도록 만든 총.
공기 펌프 밀폐된 용기 속의 공기를 뽑아 내거나 넣는 펌프.
공단【工團】국가 사업의 법인 단체.
공대말 공대하는 말. 높임말. 존댓말.
공덕【功德】여러 사람을 위해 착한 일을 많이 하는 일. 예부처님의 ~을 기리다. ~비를 세웠다.
공·동【共同】여러 사람이 힘을 합하여 함께 함. 비합동. 반단독.
공·동 묘:지【共同墓地】여러 사람이 공동으로 쓸 수 있게 일정한 곳에 마련하여 둔 묘지. 반사설 묘지.
공·동체【共同體】운명이나 생활을 같이 하는 조직체. 공동사회.
공들이다 마음과 힘을 다하다. 열성을 바치다. 예초등 교육에 ~.
공:약【攻略】군대의 힘으로 적의 영토나 진지를 공격함. -하다.
공력【功力】[-녁] 애 쓰는 힘. 힘들여 이루는 공.
공로【功勞】힘들여 일한 보람. 비공훈. 반죄과. 준공. 공적.
공론【公論】[-논] 여러 사람의 의견. 예~을 모으다. 반여론. -하다.
공룡【恐龍】아주 오래 전에 지구 위에 살다가 지금은 없어진, 몸이 몹시 큰 동물. [공룡]

공리【公利】[-니] 일반 공중의 이익이나 공공 단체의 이익.

공립【公立】정부 단체에서 설립하여 유지하는 일. 또는 그 시설.

공명₁【功名】공을 세워 이름을 떨침. 예부귀 ~.

공명₂【公明】바르고 떳떳함. 예~선거. 반부정. -하다.

공명 정:대 하는 일이나 행동에 사사로움이 없이 떳떳하고 바르다.

공모【公募】여러 사람들에게 널리 알리어 뽑음. 예창작 동화를 전국 초등 학교에 ~했다. -하다.

공무원【公務員】국가나 지방 공공 단체의 사무를 담당하는 사람.

공문서【公文書】공무원이 직무상 작성한 서류. 예~작성완료.

공:물【貢物】옛날에 백성들이 세금으로 나라에 바치는 물건.

공민권 선거권·피선거권을 가지고 정치에 참여할 수 있는 자격.

공병【工兵】군대에서 길·다리 등을 건설 또는 파괴하는 일을 맡아 하는 군인. 예~장교 임관.

공보【公報】관청이나 국민 또는 일반에게 널리 알리는 일. 반사보.

공:방전【攻防戰】쌍방 간 공격하고 방어하는 전투. 예여당과 야당 간에 치열한 ~이 벌어졌다. -하다.

공배수【公倍數】두 개 이상의 정수에 공통되는 배수. 반공약수.

공백【空白】아무것도 없어 텅 빔. 예~기간. 비여백.

공:범【共犯】두 사람 이상이 짜고 범한 죄. 또는 그 사람. 반단독범.

공복【空腹】아침에 아무 음식도 먹지 않은 배. 예~을 채우다.

공부【工夫】배우고, 익히고, 슬기를 닦는 일. 예~를 잘한다. 비학습. 반놀다. 배워 지식을 얻다. -하다.

[공북루]

공북루 공산 성 북으로 옛 망북루 터에 2층으로 세운 조선 시대 대표적 문루.

공비₁【工費】공사에 드는 돈. 예~가 상당히 많이 들었다. 비공사 대금.

공:비₂【共匪】공산당 유격대. 예~를 사로잡다.

공사₁【工事】집을 짓거나 다리를 놓는 일. 예~현상. 비역사. -하다.

공사₂【公私】단체의 일과 개인의 일. 예~을 분명히 하다.

공사₃【公使】외국에 있으면서 본국을 대표하는 외교관의 하나. 대사의 아래. 예주미~ 임명장.

공산【公算】확실성의 정도. 확률. 예반장에 당선될 ~이 크다. 비가망. 예어업에 종사할 ~이 크다.

공산주의 모든 재산을 다 같이 나누고 개인 자산을 없애자는 주장이지만, 실지에 있어서는 국민에게 자유를 주지 않고 기계처럼 부림.

공상【空想】이루어질 수 없는 일을 머리 속에서 생각하는 것. 예쓸데 없는 ~에 잠기다. -하다.

공상 과학 소:설 시간과 공간의 테두리를 벗어난 일을 과학적 가상을 바탕으로 묘사한 이야기. 과학 소설. 에스에프.

공:생 서로 같은 곳에서 함께 삶. 종류가 다른 두 생물이 한 곳에서 서로 이익을 주고받으며 삶. [공생]

공석【空席】①빈 자리. ②결원이 된 자리. 예과장 직위가 현재 ~이다.

공설 운:동장【公設運動場】국가나 공공 단체에서 설립한 운동장.

공:세 공격하는 태세. 예선심 ~.

공소【公訴】검사가 형사 사건을 법원에 재판을 요구하는 일. -하다.

공손 예의 바르고 상냥함. 예~한 태도. 비겸손. 반거만. -하다.

공수₁【空輸】비행기로 사람·짐을 보냄. 예육군 ~부대. -하다.

공:수₂【攻守】공격과 수비를 일컬음.

공습 경:보【空襲警報】적의 비행기가 습격해 왔음을 알리는 소리.

공시【公示】공공 기관이 일정한 내용을 공개적으로 게시하여 일반에게 널리 알리는 것. -하다.

공식【公式】셈의 방법을 보이는 식. 틀에 박힌 방식. 비정식. 반비공식.

공신【功臣】나라에 큰 공로가 있는 신하. 예개국 ~의 반열에 오르다.

공안【公安】사회의 질서가 편안히 지켜지는 상태.

공약 여러 사람 앞에서 약속함. 또는 그 약속. 예선거 ~. -하다.

공약수【公約數】어떤 둘 이상의 수의 공통되는 약수.

공:양【供養】①웃어른께 음식을 드림. ②부처 앞에서 음식물을 바침. 예~미. 비불공. -하다.

공:양미【供養米】부처에게 공양드리는 데 쓰이는 쌀. 예~삼백석.

공언【公言】①공개하여 하는 말. ②공정한 말. ③모든 사람에게 알림.

공업【工業】자연물에 사람의 힘을 보태거나 기계로 쓸모 있는 물품을 만드는 일. 예마산 ~단지.

공업 단지【工業團地】경제 성장을 위하여 공장들을 한곳에 모아 놓은 지역. 준공단. 예구미~건설.

공업 폐:수【工業廢水】공업 생산의 과정에 생기는 오염된 물.

공연₁ 여러 사람 앞에서 무용·연극·음악 등을 공개함. 예공연하다.

공:연₂【共演】연극이나 영화에 함께 출연함. 예~을 성공함. -하다.

공영₁【公營】관청이나 공공 단체의 경영. 예~방송. 반민영. -하다.

공:영₂【共榮】서로 함께 번영함.

공예【工藝】물건을 예술적으로 만

드는 솜씨. 제작의 기술.
공용₁【公用】①공적인 용무. ②국가·공공 단체가 사용하는 것.
공ː용₂【共用】공동으로 사용함. 예남녀 ~휴게실. 반전용. -하다.
공원【公園】누구든지 자유로이 휴식을 하기 위하여 만들어 놓은 놀이터. 예어린이 대~ 놀이터.
공ː유【共有】어떤 물건을 두 사람 이상이 공동으로 가지는 일. 예산을 ~했다. -하다.
공작 긴 꼬리 깃을 부채 모양으로 펴면 매우 아름다운 열대 지방의 새. 수놈이 더욱 아름다움. [공작]
공ː제【控除】예사원 ~ 조합. 받을 돈, 수량에서 일정 수량을 뺀 것. -하다.
공조₁【工曹】고려·조선 시대 때 관청의 하나. 예~판서
공ː조₂【共助】여럿이 서로 돕는 것. 예~체제. -하다.
공조 판서【工曹判書】고려·조선 시대 공조의 으뜸 벼슬.
공ː존【共存】①서로 다른 두 가지 이상의 물건이나 일이 있음. ②함께 살아감. -하다. 예자연과의 ~.
공주₁【公主】임금의 딸. 비왕녀. 반왕자. 세자. 예백설 ~와 마녀.
공주₂【公州】[지명] 충청남도에 있는 도시. 옛 백제의 도읍이었음.

당시 이름은 웅진.
공중【空中】하늘과 땅 사이의 빈 곳. 비공간. 예비행기가 ~에서 낢.
공중 도ː덕【公衆道德】여러 사람들이 공동 생활을 할 때 함께 지켜야 할 도리. 예~을 지키다.
공중 전ː화【公衆電話】모든 사람들이 요금을 내고 수시로 사용하도록 공공 장소에 설치한 전화.
공지【公知】일반에 널리 알리는 것.
공채【公債】나라의 큰 사업 또는 전쟁 따위로 재정이 모자랄 때, 나라나 공공단체가 지는 빚. 예국가가 ~를 발행하다. 반사채.
공책 무엇을 쓸 수 있도록 백지나 줄로 된 책. 노트.
공청회【公廳會】나라에서 중요한 일을 결정하기 전에 여러 사람의 의견을 듣는 모임. 예~를 열자.
공ː탁【供託】①물건을 맡겨 보관을 의뢰하는 것. ②법령의 규정에 따라 금전·유가 증권 따위를 공탁소에 맡겨 두는 것. -하다.
공ː통 분모【共通分母】여러 개의 서로 다른 분수를 크기가 변하지 않게 통분한 분모.
공ː통점【共通點】[-쩜] 여럿 사이에 서로 통하는 점. 반차이점.
공판【公判】그 사람의 죄가 있고 없음에 관하여 판정하는 법원의 심판. 예판사가 ~을 함. -하다.
공평【公平】한 쪽으로 기울지 않고 공정함. 반불공평. -하다.
공포₁【公布】모든 사람에게 널리

알림. ᵉ헌법 ~, 국회에서 법을 ~함.

공ː포₂【恐怖】 두려움과 무서움.

공포탄 화약은 들어 있으나 탄알이 없는 탄약. 위치 확인 등에 씀.

공표 세상에 널리 알림. ᵉ~하였다.

공ː학【共學】 남학생과 여학생이 한 학교에서 함께 배움. ᵉ남녀~.

공항【空港】 비행기가 뜨고 내릴 수 있게 만든 곳. ᵉ인천 국제~.

공해₁【公海】 세계 각국의 선박들이 공통으로 사용할 있는 바다. ᵇ영해. ᵉ비행기들이 ~를 지남.

공해₂【公害】 산업이 발달함에 따라 생기는 대기 오염, 수질 오염 등이 사람에게 끼치는 해.

공허【空虛】 속이 텅 비어 허전함. ᵉ~한 마음. 보람이나 뜻이 없다.

공ː헌 어떤 일을 위하여 힘들여 이 바지함. ᵉ인류 문화에 ~하다.

공ː화국【共和國】 주권이 모든 국민에게 있는 나라. 곧 민주 정치를 하는 나라. ᵉ제5~. ᵇ전체국.

공회당【公會堂】 여러 사람의 회합 등에 쓰기 위하여 지은 집.

공훈【功勳】 나라를 위하여 세운 공로. ᵇ공적. 공로. ᵉ형은 ~을 세움.

공휴일【公休日】 나라에서 쉬도록 제정한 날. 국경일이나 일요일 따위. ᵇ공휴.

-곶[곧] 지명 아래에 붙어 반도 모양으로 바다로 내민 작은 땅을 이르는 말. ᵉ장산~.

곶감 껍질을 벗겨 말 [곶감]

린 감. ᵉ~장사. ᵇ건시. 연시

과【課】 관청·회사 등의 업무 조직의 한 구분. 계의 위, 부의 아래 단위임. ᵉ경리~장이 차장으로 승진을 하였다.

과ː감【果敢】 일을 함에 있어서 결단성이 강하고 용감함. -하다.

과ː객【過客】 잠깐 머물다 가는 행인.

과거₁【科擧】 옛날에 국가 관리를 뽑기 위하여 보았던 시험.

과ː거₂【過去】 지나간 시간. ᵇ미래.

과격【過激】 지나치도록 격렬하다.

과ː꽃[식물] 국화과에 속하는 한해살이풀. 산에 나는데 줄기의 높이가 30~60cm 정도며 가을에 보라·연분홍·흰색 등의 꽃이 핌. 관상용으로 집의 정원이나 길에 심는다. [과꽃]

과년【瓜年】 결혼하기에 적당한 여자의 나이. ᵉ~한 딸. -하다.

과ː다【過多】 지나칠 정도로 많음.

과ː단성【果斷性】[-썽] 일을 딱 잘라서 결정하는 성질.

과ː당【過當】 정도가 보통보다 지나침.

과ː대₁【過大】 너무 큼. ᵇ과소. 미세.

과대₂【誇大】 작은 것을 너무 크게 떠벌림. ᵉ~광고. ᵇ과소. -하다.

과ː도【過度】 정도에 지나침. ᵉ~한 운동은 건강을 해친다. -하다.

과ː로【過勞】 지나치게 일을 하여

고달픔. 예~로 쓰러지다.
과목₁【科目】학문의 여러 가지 구분.
과:목₂【果木】과실이 열리는 나무. 비과실 나무
과:반수【過半數】반이 넘는 수. 예~의 찬성으로 미나가 반장이 되다.
과:보호【過保護】어린이 등을 필요 이상으로 소중히 기르는 일.
과:분【過分】처지에 비하여 지나침.
과:산화수소 수소와 산소의 화합물의 하나. 무색 투명한 폭발성 액체. 강한 산화성이 있음.
과:세₁【過歲】묵은 해를 보내고 새해를 맞음. 설을 쇰. -하다.
과세【課稅】세금을 맞게 매기는 것.
과:소【過少】지나치게 아주 작은 것.
과:소비【過消費】정도에 지나치는 소비. 예~추방 운동. -하다.
과:속【過速】자동차 따위의 속도를 너무 빠르게 하는 것. -하다.
과:수원【果樹園】과실 나무를 가꾸는 농원. 준과원.
과시【誇示】①뽐내어 보임. ②사실보다 크게 나타내어 보임. -하다.
과:식【過食】지나치게 많이 먹음. 반소식. -하다.
과:신【過信】실제 이상으로 지나치게 믿음. 예실력을 ~하다. -하다.
과:실₁【過失】①허물. ②잘못. 반공.
과:실【果實】먹을 수 있는 나무의 열매. 예~이 많이 열렸다. 비과일.
과업【課業】마땅히 해야 할 업무.
과:연【果然】알고 보니 참으로. 정녕. 예경치가 ~ 아름답다.

과:열【過熱】지나치게 뜨겁게 된 것.
과:오【過誤】과실과 잘못. 예~를 인정하다. 비과실. -하다.
과외【課外】정해진 학과 외에 따로 하는 공부나 과업. -하다.
과:욕【過慾】지나친 욕심. 욕심쟁이.
과:용 정도에 지나치게 쓰는 것. 예약을 ~하면 우리 몸에 해가 된다.
과:일 과실. 실과. 맛이 좋은 열매 등
과:잉【過剩】예정한 수효나 필요 수량보다 남음. 예~생산.
과장₁【課長】관청이나 회사 등에서 한 과의 책임자. 예~으로 승진함.
과장₂【誇張】실지보다 지나치게 나타냄. 예~이 심하다.
과:정 일을 해 나가는데 밟아야 할 순서. 예결과보다 ~이 중요하다. 비경로.
과제【課題】과에서 해결해야 할 문제. 예당연한 ~. 비숙제.
과제물【課題物】과제의 결과 자료물.
과:중【過重】지나치게 힘에 겨운 것.
과:즙【果汁】과일을 짤 때 나온 액체.
과:하다₁ 정도가 지나치다. 넘치다.
과하다₂ 세금 등을 매겨서 내게 하다. 예이번에 낼 세금이 ~.
과학【科學】자연에 속하는 모든 것을 알아내기 위하여 다루는 학문.
과학자【科學者】과학 분야 전문가.
과:히 ①너무 지나치게. ②그다지. 예~크지 않다. 비그러하게
곽란【광난】음식이 체하여 별안간 토하고 설사가 심하게 나는 급성 위장병. 곽기. -하다.
관₁【冠】관복이나 예복을 입을 때 머

리에 쓰는 모자의 하나.
관₂【棺】시체를 넣는 길쭉한 상자.
관₃【貫】무게의 단위의 하나. 1관은 3.75kg임. ᵉ토마토 한~. ᵖ근.
관가【官家】지방의 일을 맡아 다스리던 곳. ᵉ~에 머물다. ᵇ민가.
관개 수로 농사에 필요한 물을 논밭에 대기 위하여 만든 물길.
관계₁【關係】①둘 이상의 사물이나 사람이 서로 걸림. ᵉ부부 ~. ②어떤 방면이나 영역. ᵉ교육 ~의 서적. ③사물이나 현상 사이의 상호 연관. ᵉ시간~상 끝납니다.
관계₂【官界】국가의 각 기관. 관리들의 사회. ᵉ~ 진출.
관공서【官公署】국가나 지방 공공 단체의 기관. ᵇ관청.
관광【觀光】다른 고장의 문물과 풍토를 가서 구경함. ᵉ~객. -하다.
관권【官權】국가 기관 또는 관리의 권력. ᵉ~선거. ᵇ민권.
관:내【管內】공무원이 맡고 있는 구역 안. ᵉ구청장이 ~를 순시했다.
관념 사물에 대한 견해나 생각.
관덕정 세종 30년 병사의 무예 수련장으로 제주도에 목재 건물로 지었다. 보물 제 322호.

[관덕정]

관동 팔경 동해안의 여덟 명승지. 간성 청간정. 강릉 경포대. 고성 삼일포. 삼척 죽석루. 양양 낙산사. 통천 총석정. 울진 망양점. 평해 월송정.
관람【觀覽】연극이나 영화를 구경.
관람석【觀覽席】[괄-] 연극·영화·경기 등을 구경하는 좌석.
관련【關聯】[괄-] 여럿이 서로 관계가 있음. ᵇ관계. 연관. -하다.
관:례【慣例】오랜 습관처럼 된 전례.
관:록【貫祿】[괄-] 경력·지위 등에 의하여 갖추어진 위엄이나 권위. ᵉ~이 붙다.
관료【官僚】[괄-] ①같은 관직에 있는 동료. ②관리나 공무원. ③특수한 권력을 가진 관리들.
관:리₁ ①아랫사람을 통제하고 지휘 감독함. ᵉ부하 ~. ②시설이나 물건의 유지·개량 따위를 꾀함. ᵉ물품 ~. 아파트 ~사무소.
관:리₂【官吏】[괄-] 관청의 일을 맡아 보는 사람. ᵇ공무원.
관문【關門】①국경이나 요새의 성문. ②경계에 세운 문. ③어떤 일을 하기 위하여 통과해야 할 대목.
관보 정부가 일반에게 널리 알릴 사항을 실어 발행하는 인쇄물.
관복【官服】관리들의 공적인 제복.
관북 지방【關北地方】함경남도와 함경북도를 합쳐서 이르는 말.
관비【官費】관청에서 내는 비용. 공비. ᵉ~로 비용을 쓰다. ᵇ사비.
관사【官舍】관청에서 지은 관리 집.
관상₁【觀賞】관찰하면서 즐기는 것.
관상₂【觀相】사람의 상을 보고 그의 운명이나 성질을 판단하는 일. ᵉ~을 보다.

관서 지방【關西地方】 평안남도와 평안북도를 합쳐서 이르는 말.

관세【關稅】 외국에서 들여오는 물건에 대하여 부과하는 세금.

관세음보살【觀世音菩薩】 보살의 하나. 괴로울 때 그의 이름을 정성으로 외면 그 음성을 듣고 구제하여 준다고 함. ^준관음보살.

관:솔불 소나무 송진에 붙인 불.

관심【關心】 마음이 끌리어 잊지 못함. ^비주의. ^반무관심.

관아【官衙】 지난 날 관원이 모여 나라일을 처리하던 곳. ^관관공서.

관:악【管樂】 관악기로 연주한 음악.

관:악기【管樂器】 나팔, 피리처럼 입으로 불어서 긴 대롱 속의 공기를 진동시켜 소리를 내는 악기.

관용【寬容】 너그럽게 이해하거나 용서함. ^예죄인들에게 ~을 베풀다.

관음송 단종의 애끓는 심정을 보고 들었다 하여 관음송이라 함. 600년 된 한국에서 제일 큰 소나무 천연 기념물 제 349호 임.

관:저【官邸】 높은 관리가 살도록 정부에서 관리하는 집. ^반사저.

관전【觀戰】 전쟁·운동이나 바둑 등의 승부 다툼을 구경함. -하다.

관절【關節】 뼈와 뼈가 연결되어 있는 부분. ^비뼈마디.

관제【管制】 나라 권한의 통제 제도.

관제 엽서【官製葉書】 정부에서 만들어 파는 우편 엽서. ^반사제 ~.

관:제탑【管制塔】 비행장에서 비행기가 이륙·착륙 등 모든 사항을 지시하는 탑. 항공 관제탑.

관중석【觀衆席】 관중이 앉는 자리.

관직【官職】 관리가 국가로부터 위임받은 일정한 범위의 직무. 또는 그 지위. 벼슬. ^예형이 ~에 오르다.

관찰【觀察】 무엇을 주의해 살펴봄.

관찰사【觀察使】[-싸] 조선 시대 팔도에 파견된 벼슬 이름. 지금의 도지사와 같음. 지방의 행정·군사·사법권을 맡아 다스림.

관철【貫徹】 자신의 생각·주장 등을 처음부터 끝까지 밀고 나가 기어이 목적을 이루는 것. -하다.

관측소 ①기상·천문·지리학 등을 연구하기 위하여 자연 현상을 관찰·측정·기록하는 곳. ②군에서 적의 움직임을 관측하기 위하여 설치한 곳. ^예~에서 천체를 본다.

관통【貫通】 바로 뚫거나 꿰뚫는 것.

관:행【慣行】 이전부터 습관을 따라서 하는 것. ^예~에 따르다.

관:현악 현악기·타악기·관악기에 의한 합주 음악. ^비교향악.

관혼 관례는 성혼식, 혼례는 결혼식.

관혼상제 일정한 형식으로 행하는 관례(성혼식)·혼례(결혼식)·상례(장례식)·제례(제사)의 네가지의 전통적인 예식을 말한다.

괄호【括弧】 물음표. 숫자나 글의 어떤 부분을 분명하게 나타내기 위하여 쓰는 부호. ( )·[ ] 등.

광:1【廣】온갖 물건을 넣어 두는 곳.

광:2【光】매끈거리고 어른어른하는 윤기. 광택. 예~을 내다.

광경【光景】일이나 현상이 벌어짐.

광고【廣告】글이나 말로 세상에 널리 알림. 비공고. -하다.

광년 빛이 일 년 동안에 가는 거리. 약 9조4,670억 km에 해당함.

광대나물 꿀풀과의 한해살이풀. 잎은 줄기를 싸고 봄에 자홍색 꽃이 핀다. [광대나물]

광도【光度】빛의 강함과 빛의 약함.

광릉[-능] 조선 시대 세조와 정희 왕후의 능. 경기도 남양주시 진접읍 부평리에 있음.

광명【光明】①밝고 환함. 반암흑. ②밝은 빛. ③밝은 희망을 비유한 말. ④기쁨과 희망.

광:물 땅속에 들어 있는 천연의 무기질. 금·철·석탄·구리 따위.

광복【光復】잃었던 주권을 도로 찾음. 비해방. -하다.

광복군【光復軍】제2차 세계 대전 중에 중국에서 편성된 우리나라의 항일 독립군. 일본군과 싸운 군대.

광복절【光復節】국경일의 하나. 1945년 8월 15일. 우리나라가 일본으로부터 해방된 날.

광:부【鑛夫】광산에서 쓸모 있는 광물을 캐는 일꾼. 비갱부.

광산【鑛山】유용한 광물을 캐는 산.

광석【鑛石】유용한 광물을 많이 함유하여 캐내면 이익을 얻을 수 있는 광물의 집합체.

광선【光線】밝은 물체에서 나는 빛.

광섬유【光纖維】빛을 써서 정보를 전달할 때 빛의 통로로 쓰이는 지름 0.1mm 정도의 가는 유리 섬유.

광속도 진공 상태에서 빛이 나가는 빠르기. 1초에 약 30km.

광신【狂信】어떤 사상이나 종교 등을 미치다시피 덮어 놓고 믿는 것.

광야【廣野】굉장히 넓은 벌판. 비들.

광양 제:철소【光陽製鐵所】전라남도 광양군 금호도의 남쪽 바다를 메워 세운 제철소. 관포항 제철소.

광:어【廣魚】넙치의 다른 이름. 둥글고 납작한 바다물고기임.

[광어]

광:업【鑛業】광물질을 파내는 사업.

광:역【廣域】넓은 구역이나 범위. 예~행정 도시. 울산 광역시에 산다.

광:역시【廣域市】인구·산업의 과밀을 막고, 주변의 저개발 지역을 개발하기 위한 넓은 지역에 걸친 도시. 예인천~.

광:역 자치 단체 1989년 12월 19일 통과된 지방 자치법에 따른 도단위의 지방 자치 단체. 특별시·광

역시·도 15개로 되어 있음.
광:장 여러 사람이 모임을 가질 수 있는 넓은 마당. 예여의도 ~.
광적【狂的】 정상이 아닌 미치광이와 같은 상태인 것. 예~인 야구 팬.
광주리 나무줄기, 싸리 따위로 엮어서 만든 그릇.

[광주리]

광주 학생 운:동【光州學生運動】 1929년 11월 3일 광주에서 일어난 학생들의 항일 투쟁 운동. 광주의 2000여 학생이 항일 투쟁을 하고 전국으로 확산됨.
광체【光體】 스스로 빛을 내는 물질. 찬란한 빛. 비발광체.
광택 곱게 윤이 나는 빛. 비광. 윤기.
광통신【光通信】 전기 신호로 바꾼 레이저 광선을 광섬유를 통하여 보내는 통신 방법. 광섬유 통신망.
광학【光學】 물리학의 한 분야로서 빛의 성질과 현상을 연구한 학문.
광학유리【光學琉璃】 광학 기계의 렌즈나 프리즘을 만드는 데 쓰이는 맑고 투명한 유리.
광:한루【廣寒樓】[-할-] 전라북도 남원시에 있는 정자. 조선 시대 태조 때의 건물로, 경내에 춘향의 사당이 있음. 보물 제 281호.
괘【卦】 「점괘」의 준말. 점의 결과.
괘:념【掛念】 마음에 걸려 잊지 않음.
괘:도【掛圖】 벽에 걸게 된 학습용의 그림이나 지도.
괘종 시계 벽이나 기둥에 거는 시계.
괜찮다 ①별로 나쁘지 않다. ②상관할 일이 아니다.
괭이갈매기 몸이 하얗고, 날개와 등은 검은 회색인 바다에 사는 물새임. 울음 소리가 고양이 비슷함.

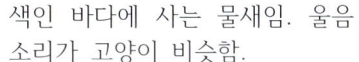
[괭이갈매기]

괴:기【怪奇】 이상하고 별나게 생김.
괴:기 소설 이상한 사건이나 환상을 소재로 하여 괴기한 분위기를 나타내고 공포감을 주는 소설.
괴:다1 우묵한 곳에 물 같은 것이 많이 모이다. 예우물에 물이 ~.
괴:다2 밑을 받치어 고정시키다.
괴:담【怪談】 정상적이지 않은 말들.
괴로움 몸과 마음이 편하지 못함. 비고통. 반즐거움.
괴롭히다 못살게 굴다. 예친구를 ~.
괴:뢰군【傀儡軍】 남의 앞잡이가 되어 이용당하는 군대. 예북한~.
괴:멸【壞滅】 파괴되어 멸망하는 것.
괴:물【怪物】 괴상하게 생긴 물건이나 동물. 비귀신.
괴:벽【怪癖】 이상하고 고약한 버릇.
괴:상【怪狀】 이상 야릇함. 비괴이.
괴수【魁首】 나쁜 짓을 하는 무리의 우두머리. 비두목. 반졸개.
괴:이 괴상하고 이상야릇함. -하다.
괴:짜 이상한 짓을 하는 사람을 속되게 이르는 말.

괴팍하다 성미가 까다롭고 고집이 세며 성을 잘 낸다.

괴:한【怪漢】 차림새나 거동이 수상한 사람. 예집에 ~이 침입하다.

굉음【轟音】 아주 요란한 짧은 소리.

굉장【宏壯】 아주 큼직하고 훌륭함.

교:가【校歌】 학교의 기풍을 떨치기 위하여 특별히 만들어 부르는 노래. 학교의 공적인 노래. 관애국가.

교각【橋脚】 다리를 받치는 기둥.

교:감【校監】 학교장을 보좌하고 교무를 감독하는 사람. 관교장.

교:과【教科】 가르치는 입장에서 계통을 세워 조직한 일정한 과목. 국어·수학·사회 등. 교과목.

교:과서【教科書】 각급 학교에서 가르치는 데 쓰는 책. 예국정~.

교관【教官】 학교에서 교련을 가르치는 장교. -하다.

교:권 교사로서의 권위와 권리.

교:기【校旗】 학교를 나타내는 기.

교:내【教內】 학교의 안. 예~체육회.

교:단【校壇】 교실에서 선생님이 가르칠 때 올라서는 단.

교대【交代】 서로 번갈아 대신함. 비교체. 예청소를 ~하다. -하다.

교:도소【矯導所】 죄를 지어 형을 받은 사람을 가두는 곳. 예서울~.

교두보【橋頭堡】 ①다리를 지키기 위하여 쌓은 진지. ②아군의 상륙이나 도하 작전을 위한 발판으로, 적군 점령지의 한 모퉁이에 마련한 작은 진지.

교란【攪亂】 사람들을 뒤흔들어 어지럽게 하거나 혼란하게 하는 것.

교량【橋梁】 사람이 다닐 수 있는 다리.

교류【交流】 ①근원이 다른 것이 서로 섞이어서 흐르는 전류. ②문화·사상 등이 서로 통하는 것.

교묘【巧妙】 솜씨는 꾀가 재치 있고 묘하다. 예~한 속임수. -하다.

교:무실【教務室】 교사들이 수업 준비를 하거나 사무를 보는 사무실.

교민【僑民】 다른 나라에 살고 있는 우리나라 국민.

교:사【教師】 일정한 자격을 가지고 초·중·고교에서 학생을 가르치거나 사무를 돌보는 사람. [교사]

교섭 ①어떤 일을 이루기 위해 서로 만나 의논함. ②관계를 가짐.

교:수【教授】 대학에서 전문적인 학문을 가르치는 사람. 예대학~.

교신【交信】 통신 기계로 주고 받음.

교:실【教室】 학교에서 학생들이 수업을 하는 방. 예1학년 5반 ~.

교:양【教養】 ①학문·지식 따위를 바탕으로 하여 닦은 마음이나 행동. ②가르쳐 기름.

교역【交易】 물품을 서로 교환하여 장사함. -하다.

교외【郊外】 도회지에서 약간 떨어진 곳. 비야외. 반시내.

교우1【交友】 친구를 사귐. 친구와 벗.

교우2【校友】 같은 학교에서 같이 배우고 있는 벗.

교:육【教育】지식이나 기술을 가르치어 품성을 길러 줌. 예학교 ~. 가정~. 누구나 ~을 받을 수 있다.

교:육감【教育監】특별시와 광역시 및 각도의 교육 위원회의 사무를 관장하는 별정직 공무원.

교:육 대학 초등학교 교사 양성을 목적으로 하는 대학. 준교대.

교:육비 교육을 시키는 데 드는 비용.

교:장【校長】학교를 대표하는 어른. 비학교장. 교장 선생님.

교:재【教材】학생을 가르치는 데에 필요한 교과서와 재료. 예부~.

교전【交戰】서로 맞붙어 싸우는 것.

교:정₁【校訂】글자가 잘못된 것을 대조하여 바르게 잡음. -하다.

교정₂【校庭】학교의 정원과 운동장.

교제【交際】개인이 서로 사귀는 것.

교:주 한 종교 단체를 이끄는 사람.

교:지₁【教旨】조선 시대 임금이 신하에게 내리던 사령장.

교:지₂【校誌】학생들이 교내에서 편집·발행하는 잡지.

교:직【教職】학생을 가르치는 직업.

교집합 두 집합에서 공통인 원소들로 이루어진 집합. 예⋂으로 나타냄.

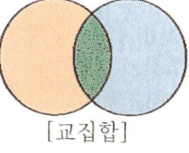
[교집합]

교차【交叉】가로 세로로 엇갈림. 예~로. 서로 엇갈려 다니다. -하다.

교차로【交叉路】서로 엇갈리는 길.

교착 ①단단히 달라붙음. ②어떤 상태로가 고정되어 좀처럼 변화가 없음. 예회담이 ~상태에 있다. 공사가 ~상태에 있다. -하다.

교체【交替】일정한 것들을 바꾼 것.

교:칙【校則】학생이 지킬 학교 규칙.

교통【交通】사람이나 물건이 오고 가는 것. 비왕래. 예~경찰관.

교통량 일정한 곳에서 일정한 시간에 도로를 왕래하는 교통의 분량.

교통 법규【交通法規】사람이나 차가 왕래할 때 지켜야 할 규칙.

교통 신:호 교통이 번잡한 도로에 설치하여 사람이나 차량이 질서 있게 길을 가도록 하는 신호.

교:편 ①교사가 수업함. ②가르칠 때 교사가 가지는 회초리.

교포【僑胞】외국에 가서 살고 있는 동포. 예미국에 재미~가 많이 산다.

교향곡【交響曲】관현악을 위하여 작곡한 보통 4악장으로 된 곡.

교향악 관현악을 위하여 만든 음악.

교:회【教會】같은 종교인들이 모여서 예배를 보기 위하여 지은 집.

구₁【球】공같이 둥글게 생긴 물체. 또는 그 모양.

구₂【區】①「구역」의 준말. ②특별시·광역시 등에 딸린 행정 구역. 예성북~. 동대문~. 성동~청.

구간【區間】일정한 두 곳의 사이.

구:강【口腔】입안. 입에서 목구멍에 이르는 부분.

구관조 사람의 말을 잘 흉내내며 애완

[구관조]

용으로 사육함.

구걸 남에게 돈·곡식 등을 거저 달라고 비는 일. -하다.

구구【區區】①각각 다름. ②잘고 구차함. 예~한 변명을 늘어놓다.

구구법【九九法】곱셈에 쓰는 공식. 1에서 9까지의 수로 두 수끼리 서로 곱한 것을 나타낸 것.

구:국 나라를 위기에서 구하는 것. 예많은 청년들이 ~운동을 하였다.

구금【拘禁】사람을 일정한 장소에 가둠. 예~을 당하다. -하다.

구:급【救急】위급한 환자를 구원함.

구:급차 위급한 환자나 부상자를 신속히 병원으로 실어 나르는 차.

[구급차]

구기 공을 사용하여 운동하는 경기.

구기다 마구 접혀서 쭈그러지다.

구기자나무 갈잎떨기나무 집 부근에 심으며, 꽃은 자주색. 열매는 붉고, 차와 약재료 사용함.

[구기자나무]

구독【購讀】신문·잡지를 사서 읽음.

구:두1【口頭】직접 입으로 말함.

구두2 가죽·베·고무 등으로 만든 서양식의 신. 반고무신.

구두쇠 돈과 물건을 너무 지나치게 아끼는 사람. 준구두.

구:두 시:험【口頭試驗】시험관이 묻는 말에 구두로 대답하는 시험.

구렁 움푹 패여 들어간 땅. 깊이 빠진 곳. 예~에 빠지다.

구렁이[동물] 길고 몸통이 굵은 뱀.

구렁텅이 험하고 깊고 좁은 골짜기.

구:령 여러 사람의 움직임을 통일하기 위해 지르는 소리.

구르다1 데굴데굴 돌면서 옮겨 가다.

구르다2 발로 밑바닥이 울리도록 쿵쿵내디디다.

구름 대기 속의 수분이 작은 물방울 얼음의 상태로 떠다니는 수증기.

구릉【丘陵】별로 험하지 않은 언덕.

구리 빛이 불그스름한 쇠붙이. 동. 예~선. 전기와 열을 전달하는 광물.

구리다 ①똥 냄새 같은 것이 나다. ②행동이 의심스럽다. 수상하다.

구린내 구리게 나는 냄새. 고약 냄새.

구릿빛 흑색을 띤 적색. 햇빛에 검붉게 탄 빛.

구매【購買】물건을 사들임. 반판매. 구멍 파냈거나 뚫어진 자리. 예쥐~. [구멍을 보아 말뚝 깎는다]

구멍 가:게 동네에 조그맣게 차린 가게. 또는 동네 가게. -하다.

구:면【舊面】전부터 알고 있는 사람.

구명1【究明】깊이 연구하여 밝힘. 예사고 원인을 ~했다. -하다.

구:명2【救命】사람의 목숨을 구함. 예~보트. ~정. ~대. -하다.

구:명정 사고가 났을 때 사람의 목숨을 구하는 데 쓰는 보트.

구:미1【口味】①입맛. ②가지고 싶

어하는 마음. 욕심.
구미₂【歐美】①유럽과 아메리카. ②유럽과 미국. ᵇⁱ서구.
구별【區別】①종류에 따라 갈라 놓음. ②차별함. -하다.
구보【驅步】달음질. 뛰어가는 것.
구분【區分】따로 구별하여 갈라 놓음. ᵉˡ남녀별로 ~. -하다.
구불구불 이리저리 구부러진 모양. ᵉˡ~한 산길. ˢᵉⁿ꾸불꾸불. 흉내말.
구사일생【九死一生】[-쌩] 죽을 고비를 여러 번 겪고 겨우 살아남.
구상【構想】①생각을 함. ②예술 작품의 내용·표현·형식 등의 짜임을 생각함. 또는 그런 생각들임.
구색【具色】전체의 모양에 어울림.
구ː석기 시대 석기 시대 중에서 가장 오래 된 시대. ᵇᵃⁿ신석기 시대.
구석지다 한쪽 구석으로 치우치다.
구ː설【口舌】시비하거나 헐뜯는 말.
구성【構成】얽어서 만듦. ᵉˡ소설 ~의 3요소. ᵇⁱ편성. -하다.
구성지다 천연덕스럽고 흥을 돋다.
구ː세【救世】세상 사람들을 고통과 죄악에서 구하는 것. ᵉˡ~군.
구ː세주 ①인류를 죄악에서 구원하는 예수 그리스도를 일컫는 말. ②어려움이나 괴로움에서 구해 주는 사람을 비유하여 이르는 말.
구속【拘束】제 마음대로 못 하게 가두어 둠. ᵇᵃⁿ석방. -하다.
구수하다 ①맛이나 냄새가 비위에 맞고 좋다. ②말을 듣기에 그럴듯하게 하다.

구슬 ①보석으로 둥글게 만든 물건. ②사기나 유리로 둥글게 만든 아이들의 장난감.
구슬땀 구슬같이 맑고 둥글게 맺힌 땀방울. 많이 흘리는 땀.
구슬프다 처량하고 슬프고 쓸쓸함.
구실₁ 응당 제가 해야 할 일. ᵉˡ사람은 제 ~을 해야 한다. 역할. ᵇⁱ소임. ᵉˡ옛날에 향교가 학교~을 함.
구ː실₂【口實】핑계삼을 일. 핑계.
구심점【求心點】[-쩜] 구심력의 중심이 되는 점. ᵉˡ~이 되다.
구애₁【拘碍】어떤 일을 스스로 못함.
구애₂【求愛】이성의 사랑을 구하는 것. ᵉˡ~를 받아들이다. -하다.
구ː약 성ː서 기독교의 성서의 하나. 예수 탄생 이전부터 전해지는 유대교의 가르침을 모은 책. ᵇᵃⁿ신약.
구역【區域】사이를 갈라 놓은 경계 안. ᵇⁱ지역. ᵉˡ이~은 출입금지임.
구역질 ①속이 메스꺼워 토하는 짓. ②아니꼬운 생각이 들다. -하다.
구ː원【救援】어려움에 처할 때 도와 줌. ᵇⁱ구제. -하다.
구ː원자 도와 주는 사람. 구원할 자.
구유 말과 소의 먹이를 담아 주는 토막 따위를 움푹 파서 만든 나무통. 일명 소나 말, 염 소의 밥그릇.
[구유]
구이 고기나 생선에 양념을 발라 구운 음식. ᵉˡ생선 ~전문점.
구인【救人】쓸 사람을 구함. ᵉˡ~광

고를 내다. ᵇ구직. -하다.

구입【購入】물건을 사들임. ᵉ승용차를 ~하다. ᵇ판매. -하다.

구장 축구·야구 등 구기 운동 경기를 하는 운동장. 특히 야구장.

구직【求職】일자리를 구함. ᵉ~광고.

구절【句節】①한 토막의 글 또는 말. ②구와 절. ᵉ~마다 끈다.

구절초 잎이 여러 갈래로 갈라져 자라고 가을에 붉은 색, 흰색 꽃이 피는 국화의 일종. 산에 저절로 자라는 여러해살이풀. 한방에서 말려서 약재로 사용됨. [구절초]

구:정₁【舊正】음력으로 새해 설을 말함. '신정'은 양력 설날이다. 구정은 음력 1월 1일. ᵇ신정. 설날.

구:정₂【舊情】전부터 사귀어 온 정. ᵉ~을 못 잊다. ~이 참 그리웁다.

구:제₁【救濟】어려운 사람을 도와서 잘 살게 함. ᵇ구호. 구원.

구제₂【驅除】해충 따위를 몰아 내어 없애 버리는 것. ᵉ송충이 ~, 전염병을 ~하기 위하여. -하다.

구:조₁【救助】어려운 사람을 구원하고 도와줌. ᵇ구원. -하다.

구조₂【構造】부분들을 꾸미어 만듦.

구:차하다 ①살림이 넉넉하지 못하고 군색하다 ②떳떳하지 못하다. ᵇ넉넉하다. ③매우 가난하다.

구청【區廳】구의 행정 사무를 맡아 보는 관청. ᵉ종로 ~장 출마.

구축₁【構築】만들어 쌓아 올리는 것.

구축₂【驅逐】몰아서 쫓아내는 것.

구축함 소형 고속함. 어뢰, 폭뢰를 장착하고 호위, 초계, 대공격에 임함.

[구축함]

구풍【舊風】예전부터 이어져 내려오는 풍습.

구피【狗皮】개가죽.

구필【口筆】붓을 입에 물고 쓴 글씨.

국 ①나물·고기·생선 등에 물을 많이 부어 끓인 음식. ②「국물」의 준말. ᵉ미역~이 먹고 싶다. ᵇ탕.

국가₁【國家】땅과 국민들과 한 정부.

국가₂【國歌】한 나라의 이상과 기개를 나타내는 애국 정신을 북돋우는 노래. ᵍ애국가.

국가 보:훈처【國家報勳處】[-까-] 중앙 행정 기관의 하나. 원호 대상자에 대한 원호와 군인 보험에 관한 사무를 관장함.

국경【國境】나라와 나라 시이 경계.

국경선【國境線】나라와 나라 사이의 경계선. ᵉ~을 넘다.

국경일【國慶日】정부에서 경사스러운 날이라 정하여, 온 국민이 기념하는 날. ᵇ국치일.

국고【國庫】국가 소유의 현금을 출납·보관하는 곳. 중앙 금고.

국교【國交】나라와 나라 사이의 교제. 또는 외교 관계. ᵉ~ 정상화.

국군【國軍】우리 나라의 군대. 육군·공군·해군을 통틀어서 말함.

국기₁【國旗】그 나라를 표시하기 위하여 만들어 놓은 기.

국기₂【國技】그 나라의 대표적인 운동경기. 씨름. 태권도 등.

국난【國難】나라의 위태로움과 혼란스러운 일. ᵉ~ 극복.

국내【國內】국가의 영토 안. ᵇ해외.

국내선【國內線】나라 안의 교통이나 통신에만 이용되는 철도·항공노선·전화선 등. ᵇ국제선.

국내성【國內城】[궁-][지명] 고구려의 옛 도읍. 지금의 중국 지린성 지안 만주 지방에 있음.

국도₁【國道】나라에서 지정하여 관리하는 도로. ᵇ지방도.

국도₂【國都】한 나라의 수도. ᵇ서울.

국란【國亂】나라 안에서 일어나는 변란. 내란. ᵉ나라에 ~이 일어남.

국력【國力】한 나라가 가진 세력. ᵉ~이 강한 우리나라. ᵇ국세.

국립【國立】나라에서 세워 관리함.

국립 공원 자연 풍경을 대표하는 뛰어난 명승지를 국가가 지정하여 유지·관리하는 공원. ᵉ설악산 ~.

국립 묘:지 나라를 위해 싸우다 전사한 군인들과 국가에 큰 공이 있는 분을 모신 곳.

국립 민속 박물관 옛 조상들께서 사용하던 귀중한 자료를 보존하고 전시하여 관람하는 장소.

[국립민속박물관]

국립 박물관 나라에서 설립하여 문화재를 관리·진열해 놓은 곳.

국립 의료원 국민 보건의 향상 및 국민 의료를 위한 종합 의료 기관.

국면【局面】[궁-] ①어떤 일이 되어 가는 형세. ᵉ어려운 ~에 부닥치다. ②바둑·장기의 승패의 변화. ᵉ나라가 어려운 ~에 있다.

국명【國名】나라의 이름. ᵇ국호.

국무 위원 국정에 관하여 대통령을 보좌하며 국정을 심의하는 국무 회의를 구성하는 각부의 장관.

국무 총:리 대통령을 도와 행정부의 각 부서 장관들의 우두머리.

국무 회:의 정부의 권한에 속하는 중요 정책을 심의하는 정부의 최고 정책 심의 회의.

국문【國文】그 나라의 고유한 글. 「국문학」의 준말.

국문법【國文法】국어의 정한 규칙.

국민 복지 연금【國民福祉年金】늙거나 질병·사망 등에 대하여 연금을 지급함으로써 국민의 생활 안정과 복지 증진에 기여하고자 하는 사회 보장 제도.

국민 소:득【國民所得】국민 전체가 일정한 기간, 보통 1년 동안에 생산하여 얻는 것을 돈으로 따져 놓은 액수. ᵉ~이 증대되다.

국민 의례【國民儀禮】[궁-] 국가적·사회적 의식이나 그 밖의 행사 등에서 행하는 국기 배례·애국가 제창·묵념 등의 의례.

국민장【國民葬】국가에 대한 공로가 큰 자에게 국민 전체의 이름

국민 투표 국가의 중대한 일에 대하여, 국민 전체가 하는 투표.

국민 학교 초등 학교의 전 이름.

국밥 더운 국에 밥을 만 음식.

국방【國防】[-빵] 외적으로부터 나라를 지킴. 예자주 ~. ~의 의무.

국방부 행정 각부의 하나. 국방 및 군사에 관한 사무를 맡아 봄.

국법【國法】 나라에서 정해 놓은 모든 법률이나 법규.

국보【國寶】 나라에서 보배로 지정한 문화재. 예~제 1호.

국부【國父】 나라를 세우는 데 공이 있어 국민으로부터 존경을 받는 사람. 예간디는 인도의 ~이다.

국비【國費】 나라에서 지출하는 돈. 예~장학생. 반사비.

국빈【國賓】 나라의 손님으로 국가적인 대우를 받는 외국 사람.

국사₁【國事】 나라에 관한 일. 또는 한 나라의 정치에 관한 일.

국사₂【國史】 ①한 나라의 역사. ②우리 나라의 역사.

국사 편찬 위원회 우리나라 역사에 관한 연구·수집·간행 등의 일을 맡아 처리하는 곳.

국산품 자기 나라에서 생산되는 여러 가지 물건. 예~애용. 반외래품.

국세【國稅】 나라에서 국가의 경비에 쓰려고 국민에게 부과하여 받아들이는 세금. 관지방세

국세청【國稅廳】 세금을 매기고 거둬들이는 일을 맡고 있는 관청.

국수₁ 밀가루나 메밀 가루를 반죽하여 가늘게 썰거나 국수틀로 가늘게 뺀 음식의 한 가지.

국수₂【國手】 바둑·장기 등의 기량이 나라에서 으뜸가는 사람.

국시【國是】 그 나라의 근본이 되는 통치 원칙. 예조선의 ~는 유교임.

국악【國樂】 우리 나라의 고유 음악.

국악기【國樂器】 국악을 연주하는 데 쓰이는 악기.

국어【國語】 ①그 나라의 말. ②우리나라의 말. 반외국어.

국어 사전【國語辭典】 자기 나라 말을 모아서 일정한 차례로 벌여 싣고 그 발음·어원·뜻·쓰임에 대하여 풀이한 책. 관영어 사전.

국영【國營】 나라에서 직접 경영함.

국왕【國王】 그 나라의 임금. 반백성.

국외【國外】 나라 밖. 예~로 출장을 간다. 비외국. 반국내.

국위 선양【國威宣揚】 나라의 위엄, 위력을 다른 나라에 알림. -하다.

국익【國益】 국가의 이익. 국리.

국자[-짜] 오목하고 동그란 작은 그릇에 긴 자루 달린 국물을 뜨는 데 쓰이는 부엌 가구의 한 종류. [국자]

국자감 ①고려 시대에 유학을 가르치던 학교. 성종 11년(992) 종래의 경학을 개편하여 설치함. ②「성균관」의 전에 쓰던 다른 이름.

국장 나라에 큰 공이 있는 사람이 죽었을 때 국비로 지내는 장례.

국적【國籍】 그 나라 국민으로서의 신분과 자격. ^예중국 ~의 비행기.

국정 감사【國政監査】 국회가 특정한 국정에 관한 일을 직접 감독하고 조사하는 일.

국정 교과서 교육 과학 기술부가 저작권을 가지고 편찬한 교과서.

국제【國際】 나라와 나라 사이의 교제. 또는 그 관계. ^예~공항. ~사회.

국제 공항【國際空港】 국제 간을 운항하는 항공기가 이륙·착륙할 수 있도록 정부에서 지정한 공항.

국제 기구 세계 여러 나라가 서로 힘을 합쳐서 만든 조직체.

국제 기능 올림픽 대회 국가 간의 직업 훈련·기능 수준 향상·국제 친선 등을 도모하기 위하여 기계 조립·용접 등의 31개 부분의 산업 기능을 겨루는 구제 대회. ^예제 1회 ~에서 우리나라가 일등을 함.

국제 노동 기구【國際勞動機構】 세계 노동자들의 노동 조건을 개선할 목적으로 활동하고 있는 국제 연합의 전문 기구. 아이엘오(ILO).

국제법 국제 간의 합의에 따라 국가간 관계를 규칙으로 정한 법.

국제선【國際線】 국제 교통과 통신에 이용되는 각종의 선. ^반국내선.

국제 연합【國際聯合】 제2차 세계 대전 후, 세계 평화와 안전을 유지하기 위하여 만든 여러 나라의 단체. 약칭은 유엔(UN).

국제 연합 총회【國際聯合總會】 국제 연합에 가입한 전체 회원국으로 구성됨. 국제 연합 헌장에 있는 모든 문제를 의논하는 기구.

국제 올림픽 위원회 4년마다 행해지는 올림픽 경기 대회를 운영·주관하는 단체. 아이오시(IOC).

국제 우편 나라와 나라 사이에 왕래 되는 우편. ^반국내 우편.

국제항【國際港】[-째-] 외국 선박이 많이 드나드는 항구. ^반국내항.

국제 회의 국제적 이해 사항을 토의·결정하기 위하여 여러 나라의 대표자가 모여서 여는 회의.

국채 나라에서 자금을 마련하기 위하여 발행하는 증권. ^비공채.

국책【國策】 국가의 정책에 의한 것.

국치일【國恥日】 나라를 빼앗긴 치욕적인 날. 곧 1910년 8월 29일 한일 합방이 조인된 날을 말함.

국토【國土】 한 나라의 땅. 또는 나라의 주권과 권력이 미치는 곳. ^비영토. 강토. ^예~개발 계획.

국토 방위【國土防衛】 국토를 적의 침공으로부터 막아 지킴.

국토 분단【國土分斷】 국토가 갈림.

국학【國學】 ①자기 나라의 고유한 학문. ②통일 신라 때 관리를 양성할 목적으로 세운 일종의 국립 대학. 신문왕 2년(682)에 세웠으며, 경덕왕 때 태학감으로 이름을 고친 후 해공왕 때 다시 국학이 됨. ^예~을 연구하는 단체.

국한【局限】 어떤 부분에만 제한하여 정함. 예한번으로 ~함. -하다.

국호【國號】 나라의 이름. 비국명.

국화1【國花】 한 나라의 상징으로 그 나라 사람들이 사랑하고 중하게 여기는 꽃. 우리나라의 국화는 무궁화임. 예무궁화는 한국의 ~다.

국화2【菊花】 잎은 쑥과 비슷하고 꽃은 여러 색깔이 있으나 희거나 노랗고 향기가 좋으며 가을에 핀다. 여러해살이 풀임.

[국화]

국회【國會】 국민이 선출한 국회 의원으로 조직된 입법 기관. 비의회.

국회 의사당 국회가 열리는 건물.

국회 의원 국회에서 나라의 일을 결정하거나 법률을 정함.

군1【郡】 지방 행정 구역의 하나. 도의 아래. 읍면의 위.

군2【君】 손아랫사람이나 친구를 부를 때 성이나 이름 아래에 쓰는 말. 예김~의 건투를 비네.

군3【軍】 「군대」의 준말. 예육~.

군가【軍歌】 군대의 사기를 돋우기 위해 부르는 노래.

군계 일학 평범한 사람 가운데의 뛰어난 사람을 이르는 말.

[군계 일학]

군관【軍官】 군사를 맡아 보는 관리.

군국주의【軍國主義】 군비를 튼튼히 하고 국제 간의 분쟁을 무력으로 해결하려는 주의.

군기1【軍旗】 군의 각 단위 부대를 나타내는 깃발. 예~를 보관한 곳.

군기2【軍紀】 군대를 통제하는 규율.

군대 육군·해군·공군 집단.

군대개미 한 곳에 오래 머물지 않고 집도 짓지 않는다. 딴 곤충을 겁 주고 알을 낳을 때 같이 있다.

[군대개미]

군:더더기 ①쓸모없이 덧붙은 물건. 예~가 없는 문장. ②까닭 없이 남을 따라다니는 사람.

군도1【軍刀】 ①군인이 차는 칼. ②전투에 쓰는 칼. 예허리에 ~를 참.

군도2【群島】 무리를 이룬 많은 섬.

군락【群落】 ①많은 부락. ②같은 식물이 떼를 지어 자람.

군량【軍糧】 군대에서 쓰는 양식. 쌀.

군:말 하지 않아도 좋을 때에 쓸데 없이 하는 말. 비군소리. -하다.

군:민【郡民】 행정 구역인 군 안에서 사는 사람. 예~체육 대회

군:밤 불에 구워서 익힌 밤. 비찐밤.

군법【軍法】 군인들이 지켜야 할 법.

군부【軍部】 군사에 관한 일을 맡아 보는 모든 기관.

군비【軍備】 전쟁에 대비한 국방상의 모든 군사 설비. 예~를 갖추다.

군사1【軍事】 군대·군비·전쟁에 관

계되는 일.

군사₂【軍士】 군대에서 계급이 낮은 군인. ᵇⁱ병사. 군졸.

군사 동맹 군사 행동에 대하여 나라 또는 여러 나라가 맺은 동맹.

군사력 군대 병력. 장비. 경제력의 힘.

군사부 일체【君師父一體】 임금·스승·아버지의 은혜는 같다는 말.

군사 분계선【軍事分界線】 6·25 사변의 휴전 협정에 의하여 정해진 군사 활동 금지 구역의 한계선.

군사 우편【軍事郵便】 군인·군무원이 발송한 우편물이나, 그들에게 가는 우편물의 원활한 취급을 위하여 마련된 특별 우편 제도.

군사 정전 위원회【軍事停戰委員會】 휴전 협정에 의하여 그 협정의 실행 상태를 토의하기 위한 모임.

군살 없어도 됨. 괜히 붙어 있는 살.

군:색 ①살림이 어려움. ②일이 뜻대로 되지 않아서 어려워 보임.

군:소리 쓸데 없는 말. ᵇⁱ군말.

군:수₁【郡守】 한 군의 행정 사무를 맡아 보는 우두머리.

군수₂【軍需】 군사상에 필요한 물자. ᵉ~품이 부족하면 전쟁에 진다.

군신【君臣】 임금과 신하와의 관계.

군신 유:의【君臣有義】 오륜의 하나. 임금과 신하 사이의 도리는 의리에 있음을 말함.

군악【軍樂】 군대에서 사기를 돋우기 위하여 또는 의식이 있을 때 연주하는 음악.

군용【軍用】 군사적인 목적으로 씀.

군용 도:로【軍用道路】 군사상에 필요에 따라 만들어 놓은 도로.

군의관 군대에서 병들거나 다친 군인을 치료하는 장교. ᶻᵘⁿ군의.

군인 군대의 장교·하사관·병졸을 통틀어 일컫는 말. ᵉ직업 ~.

군인 계급【軍人階級】 이등병, 일등병, 상등병, 병장, 하사, 중사, 상사, 원사, 준위, 소위, 중위, 대위, 소령, 중령, 대령, 준장, 소장, 중장, 대장으로 되어 있음.

군자【君子】 학식이 뛰어나고 행실이 어질며 신분이 높은 남자.

군자금【軍資金】 군사에 필요한 돈.

군자란 잎이 크고 길며 여러 개가 양쪽에 나란히 난다. 봄에 꽃이 피며 관상용 임.

[군자란]

군정【軍政】 군대에서 맡아 하는 정치. ᵇᵃⁿ민정.

군졸【軍卒】 군대의 하급 병사. 병졸.

군주【君主】 임금. ᵇⁱ왕.

군중【群衆】 한 장소에 모인 사람의 무리. ᵇⁱ대중. 사람의 떼거리.

군집【群集】 많은 사람·짐승 등이 떼를 지어 한곳에 모임. -하다.

군:청【郡廳】 행정 구역의 하나인 군의 일을 맡아 보는 관청.

군축【軍縮】 군사상의 준비. 전쟁을 위한 준비를 줄이는 것. -하다.

군:침 먹고 싶을 때 입 속에 도는 침. ᵉ떡을 보니 ~이 난다.

군항【軍港】 군사상 특수 설비를 갖

춘 항구. 예잠수함이 ~에 정박함.
군화【軍靴】군인들이 신는 구두.
군건하다 뜻이 굳세고 하는 일이 건실하다. 예굳건한 의지. -하다.
굳다₁ ①단단하고 야물다. ②뜻이 한결같다. 굳어. 굳은. 굳습니다.
굳다₂ 습관이 되다. 버릇이 되다.
굳세다 단단하고 힘이 세며 뜻한 바를 굽히 않고 나아가다. 예의지가 ~. 반약하다.
굳어지다 굳게 되다. 단단하여 지다.
굳이[구지] 고집을 부려서. 예말리는데도 ~ 그 일을 하려고 한다.
굳히다 ①엉기어 단단하게 하다. ②움직이지 않게 하다.
굴₁ 굴과에 속하는 동물의 총칭. 바닷물에 잠긴 바위에 붙어 삶.
굴₂【窟】①땅이나 바위 안으로 벌어져 깊숙이 들어가 생긴 곳. ②터널. 예여우는 ~속에서 산다.
굴곡【屈曲】이리저리 꺾이고 굽음.
굴뚝 불을 땔 때 연기가 밖으로 빠져 나가는 데 원활하게 만든 장치.
[굴뚝새]
굴뚝새 꼬리는 항상 위로 쳐들고 있고 곤충이나 거미를 먹고 산다.
굴레 소·말을 부리기 위하여 목에서 고삐에 걸쳐 얽어매는 삼밧 줄.
굴비 소금에 절여서 말린 조기.

[굴비]

굴착【掘鑿】땅을 파서 뚫음 예~기. -하다.
굴착기 흙·바위 등을 파내거나, 뚫는데 쓰이는 기계. 예~로 땅을 팜.
굴참나무 잎이 큰 타원형이고 도토리란 열매가 열리며 목재들은 가구로 쓰고

[굴참나무]
껍질은 코르크의 원료로 쓰이며 입이지는 큰키나무이다.
굴하다 ①뜻을 굽히다. 예설득에 ~. ②힘에 딸리고 부치어 넘어지다.
굵다[-따] 물체의 둘레가 크다. 반가늘다. 예다리가 굵어서 싫다.
굶주림[굼-] 먹지 못하여 배가 고픔. 기아. 예흉년에 ~이 심하다.
굼:뜨다(굼뜨니, 굼떠서) 동작이 몹시 느리다. 반날래다.
굼:벵이 ①매미의 애벌레. 누에와 비슷하나, 몸 길이가 짧고 뚱뚱함. ②동작이 몹시 느리며 미련한 사람을 비유하는 말이다.

[굼벵이]
굽다₁ 한쪽으로 휘다. 구부러지다.
굽:다₂(구우니, 구워서) 불에 익히거나 약간 타게 하다.
굽이굽이 ①굽어져 나간 마디마다. ②물이 굽이쳐 흐르는 모양.
굽히다 ①굴복하다. 예자기의 뜻을 ~. ②앞으로 구부리다. 꺾이다.

굿[굳] 무당이 귀신에게 복을 비는 일. 귀신들을 쫓는 행위. -하다.
굿모닝 「안녕하십니까」의 영어로 오전 인사를 할 때 사용하는 단어.
굿바이 영어로 「안녕」의 뜻으로 작별 인사를 할 때 사용하는 언어.
궁궐 임금이 사는 집. ^비대궐. 왕궁.
궁금증[-쯩] 궁금하여 답답한 마음. ^비답답증. 매우 궁금한 느낌.
궁도【弓道】①활 쏘는 법을 닦는 일. ②활 쏘는 데 지켜야 할 도리.
궁둥이 엉덩이의 아래 부분. 곧 앉으면 바닥에 닿는 부분.
궁리【窮理】좋은 도리를 발견하려고 곰곰이 생각하고 이치를 깊이 연구함. ^비연구. -하다.
궁여지책 몹시 곤궁한 나머지 생각다 못하여 억지로 꾸며 짜낸 꾀.
궁전【宮殿】임금의 식구와 임금이 살고 있는 큰 대궐. ^비궁궐.
궁중【宮中】대궐 안. ^비궐내. 궁궐 내.
궁중 무:용 궁중에서 추던 춤.
궁중 음악【宮中音樂】궁중에서 연주되던 음악. ^예궁정악.
궁지【窮地】어려웁고 힘겨운 경우.
궁터 오래 전에 궁전이 있던 자리.
궁핍【窮乏】곤궁하고 가난함. ^예~한 생활. -하다.
궂다 ①언짢고 거칠다. ②날씨가 나쁘다. ^예날씨가 ~. 궂습니다.
-권【圈】어떤 낱말이나 지역에 붙어서 한정된 구역을 나타내는 말. ^예수도~에 집이 밀집해 있다.
권:고 남에게 무슨 일을 하도록 타이르는 말. ^반만류. -하다.
권:농【勸農】농사를 장려하는 행위.
권력【權力】남을 자기 의사에 복종시키는 권리와 힘. ^예~남용.
권리【權利】자기의 이익을 주장하고 누릴 수 있는 힘. ^예나도 물어 볼 ~가 있다. ^비권익. ^반의무.
권:말【卷末】책의 맨 끝. ^예~ 부록.
권모 술수【權謀術數】목적 달성을 위해 남을 교묘하게 속이는 꾀.
권:법【拳法】주먹을 써서 찌르고 막아 내고 하는 격투 기술.
권:선【勸善】착한 일을 권함. -하다.
권:선 징악 착한 일을 권하고 나쁜 일을 물리치고 벌을 줌.
권세【權勢】권력과 세력. ^비위세.
권:유【勸誘】권하여서 하도록 함. ^예운동을 ~하다. ^비권고. -하다.
권익【權益】권리와 이익. ^예~보장.
권:장【勸奬】권하여 장려하는 것. ^예~도서. ^비장려. 계몽. -하다.
권:총【拳銃】한 손으로 발사할 수 있는 짧고 작은 총.
권:투【拳鬪】링 위에서 글러브를 손에 끼고 공격하고 방어하는 경기. ^예~시합. [권투]
권:하다 어떤 행동을 권하도록 부추기다. ^예술을 ~, 나는 손님에게 음식을 ~.
권한【權限】그 사람의 판단으로 처리할 수 있는 범위. ^예그것은 내 ~

밖의 일이다. 그 사람 ~이 강함.

궐기【蹶起】①벌떡 일어남. ②많은 사람이 힘차게 들고 일어남. 예~대회를 종합 운동장에서 갖는다.

궤:【櫃】물건을 넣도록 나무로 네모나게 만든 상자. 예돈~.

궤:도【軌道】①기차·전철 따위가 다니는 길. ②천체가 공전하는 일정한 길. 예정상~를 달리고 있다.

궤:변【詭辯】이치에 맞지 않는 변론. 예~가. ~을 늘어 놓았다.

귀 듣는 기능을 가진 감각 기관의 하나. 얼굴 양쪽에 있으며 소리를 듣거나 몸의 균형을 잡는 일을 맡아 봄. 예~로 소리를 듣고 있다.

귀가 집으로 돌아가거나 돌아옴.

귀감【龜鑑】본보기가 될 만한 모범. 예모든 학생의 ~이 된다. 본보기.

귀경【歸京】서울로 돌아가거나 돌아오는 것. 예~차량. -하다.

귀국₁【歸國】자기 나라로 돌아가거나 돌아옴. 비한국. 반출국. -하다.

귀:국₂【貴國】상대방의 나라를 국가 간 의전상 높이어 일컫는 말.

귀:금속【貴金屬】금·백금 따위의 귀하고 변하지 않는 쇠붙이.

귀기울이다 정신을 가다듬어 잘 듣다. 예남의 말에 ~.

귀뚜라미[동물] 어둡고 습한 곳에 사는 곤충. 늦은 여름부터 가을에 덤불 속에서 날개를 비벼 소

[귀뚜라미]

리를 냄. 예가을 밤의 ~.

귀띔 눈치로 알아차릴 만큼 일깨워 줌. -하다.

귀머거리 소리를 듣지 못하는 사람. 비농자. 청각 장애인.

귀:부인【貴夫人】신분이 높은 부인.

귀:빈【貴賓】귀하거나 중요한 손님.

귀성【歸省】부모를 뵙기 위하여 객지에서 고향으로 돌아가거나 돌아오는 것. -하다.

귀순병【歸順兵】귀순하여 온 병사.

귀:신【鬼神】①죽은 사람의 넋. ②어떤 일에 재주가 많은 사람. 예~ 같다. 비마귀. 잡귀.

귀:애하다 귀엽게 여겨 사랑하다.

귀양 죄를 지은 사람은 먼 외딴 곳으로 쫓아 보내어 자유를 주지 않고 혼자 살게 하는 법. 예제주도로 ~을 보냈다. 비유배. 유형.

귀엣말 남의 귀에 대고 작게 소곤거리는 말. 비귓속말. -하다.

귀:엽다(귀여우니, 귀여워서) 보기에 사랑스럽다. 반얄밉다.

귀:인【貴人】신분이나 지위가 높은 사람. 인품이 높은 사람. 반천인.

귀:재【鬼才】세상에 드물게 뛰어난 재능. 또는 그런 재능을 가진 사람. 예저 사람은 우리나라 ~이다.

귀:족【貴族】문벌이나 지위가 높은 사람. 비양반. 반평민. 예귀족 문학.

귀주머니 네모지게 지어서 아가리께로 절반을 세 골로 접고, 아래 양쪽으로 귀가 나오게 한 주머니.

귀:중₁【貴重】 귀하고도 소중함. 예~한 물건. 비소중. 반비천. -하다.
귀:중₂【貴中】 편지를 받을 단체의 이름 옆에 쓰는 말.
귀찮다 마음이 싫증나고 성가시다.
귀:천【貴賤】 어떤 일에 귀함과 천함.
귀퉁이 ①귀의 언저리. ②물건의 쑥 내민 모퉁이. ③장소의 구석진 곳.
귀틀집 큰 통나무를 「井」자 모양으로 층층이 맞추어 얹고 그 틈을 흙으로 메워 지은 집.
귀:하【貴下】「……께 드림」의 뜻을 나타냄. 귀하신 분.
귀:하다 ①신분이나 지위가 높다. ②귀염을 받을 만하다. 반천하다.
귀향【歸鄕】 고향으로 돌아감. 상경.
귀화【歸化】 다른 나라의 국적을 얻어 그 나라의 국민이 됨. 예한국에 ~한 미국인들이 늘어난다.
귀환【歸還】 다시 제자리로 돌아옴. 비복귀. -하다.
귓속말 남의 귀 가까이에 입을 대고 소곤소곤하는 말. -하다.
규격【規格】 제품의 모양·크기·품질 등에 대하여 정해진 표준. 예상품의 ~ 표시
규범【規範】 본보기. 모범. 사회 ~.
규수【閨秀】 ①시집 안 간 여자를 높여 부르는 말. 예양반 집 ~. ②학문에 뛰어난 여자. 예남의 집 ~.
규약【規約】 서로 지키기로 정한 규칙. 예우리들 서로 ~을 지키자.
규장각 조선 시대 임금들의 글·글씨·문서 등을 보관하던 곳.

규정【規定】 어떤 일에 규칙을 정함.
규제【規制】 규칙을 세워 정함.
규칙【規則】 여러 사람이 의논해서 정해 놓은 반드시 지켜야 할 약속. 예~을 준수하다. 비법칙.
규:탄【糾彈】 잘못이나 허물을 잡아내어 따지고 밝힘. 예부정 선거를 ~했다. -하다.
규:합【糾合】 어떤 일을 꾸미려고 사람을 모으는 것. 예동지를 ~함.
균【菌】 ①세균. ②병균. 박테리아.
균등【均等】 고르고 가지런하여 차별이 없음. 반차등. -하다.
균열【均熱】[규녈] ①거북이 등의 껍질 모양처럼 갈라져서 터짐. ②사람 사이에 마음이 맞지 않아 틈이 생김. 예집에 ~이 생겼다.
균형 어느 한 쪽으로 치우침 없이 쪽 고름. 비평균.
귤【橘】 귤나무의 열매.
귤나무[식물] 주황색 껍질에 속은 여러 쪽으로 되어 있고 속살은 새콤달콤하다. 운향과의 상록 활엽 교목
[귤]

그 「그것」,「그이」의 준말. 예~게 진짜다. 그 사람. 관이. 저.
그까짓 겨우 그 정도의. 예~일로 울다니. 준그깟. 관이까짓.
그늘 빛이 물체에 가리워져 어두워지는 상태. 또는 그 자리. 비응달.
그대 ①「자네」보다 높임말. ②애인끼리 「당신」이라는 뜻으로 쓰는 말. 예~는 장미처럼 아름답다.

그득 그득하게. 그득히. 넘칠 듯하게.
그득히 넘칠 정도로 그득차게.
그따위 그러한 종류의 뜻을 나타내는 말. 예~거짓말은 하지마라.
그때 일이 항시 생길 때마다.
그라운드 운동장. 경기하는 운동장.
그랑 프리 가요제·영화제 등의 경연에서 최우수자에게 주는 상·대상. 예~에 출품한 영화.
그래서 「그리하여서」·「그러하여서」의 뜻의 접속 부사.
그래프 수량의 변화를 한 눈에 볼 수 있도록 나타낸 표.
그래픽 영상. 인쇄의 그림과 사진.
그램 무게 단위의 하나. g으로 쓰며, 1g은 4°C의 물 1cm³의 무게와 같음. 예고기 600 ~을 주세요.
그러기에 그러기 때문에. 비그러나.
그럭저럭 되는 대로. 하는 것 없이.
그럴 듯하다 ①그렇다고 할 만하다. ②상당하여 괜찮다. ③제법이다.
그렇게 그러하게. 그런 정도로.
그렇고말고 「그러하고 말고」의 준말. 예~, 좋은 사람이다.
그로기 권투에서 심한 타격을 받아 몸을 가누지 못하고 비틀거리는 상태. 예일본 선수가 ~상태다.
그루 ①한 해에 한 땅에 농사짓는 횟수. ②나무를 뿌리째 셀 때 쓰는 말. ③포기. 비주.
그루터기 풀이나 나무 등을 베어 내고 남은 뿌리와 그 부분.
그룹: 여럿이 같은 목적으로 모이는 모임. 집단. 예삼성~ 야구단.
그르다 ①옳지 못하다. ②이룰 수 없게 되다. ③잘 될 가망성이 없다.
그릇 물건을 담는 기구의 총칭. 세는 단위는 개·벌·죽. 예밥 먹는 ~.
그리고 단어·구·절·문장 등을 병렬적으로 연결할 때 쓰는 접속 부사. 예봄, 여름, 가을~ 겨울.
그리니치 천문대 영국에 있는 세계적인 천문대. 이 곳을 지나는 자외선이 세계 경도의 중심인 본초 자외선임. 태양이 이곳을 지날 때를 정로로 하여 세계의 지방시·표준시로 정하고 있음.
그리다₁ 몹시 생각하여 보고 싶은 마음을 품다. 예고향을 ~. 비사모하다. 보고 싶어하다.
그리다₂ 물건의 모양을 그림으로 나타내다. 표면에 나타내다.
그리스 고대 그리스 문명의 발상지. 수도는 아테네[13만 2천 km³]
그리스 정교회 동로마 제국의 국교. 콘스탄티노플을 중심으로 발전한 크리스트 교회.
그리스도 왕. 구세주라는 뜻. 이름은 예수.
그리움 보고 싶은 마음. 그리운 마음.
그리워하다 보고 싶어하다.
그린:벨트 도시 주변의 경치를 아름답게 하고 자연 환경을 보존하기 위하여 개발을 제한하고 있는 지역. 녹지 지역. [greenbelt]
그:림 사람이나 물체의 모습, 또는 자연의 경치 등을 그려서 나타

낸 것. 예~을 그리다.

그:림 엽서 한쪽 면에 사진이나 그림을 인쇄한 우편 엽서. 예~발매.

그:림 일기 보고 듣고 한 것을 그림과 글로 느낀 것을 나타낸 일기.

그림자 물체에 빛이 비치어 그 반대 쪽에 나타내는 어두운 부분.

그:림 지도 고장의 명소·유적·철도 등을 알아보기 쉽게 그림으로 나타낸 지도.

그:림책 그림을 모은 책. 예동화~.

그립다 보고 싶은 마음이 간절하다. 예고향이 ~.

그만 더하지 말고 그 정도까지만.

그만큼 그 만한 정도로. 그 정도만큼.

그만하다 크지도 작지도 덜하지도 더하지도 않고 비슷하다.

그맘때 그 때쯤.

그물 새나 물고기 따위를 잡을 때 쓰는 실이나 노끈으로 가로 세로로 구멍이 생기도록 짠 도구. 어망.

그믐날 한 달의 마지막이 되는 날. 반초하루날.

그믐달[-딸] 음력으로 매월 그믐께 돋는달. 달의 왼쪽 부분이 칼날 같다. 반초승달. [그믐달]

그야 그것은 물론. 더 말할 것 없이.

그야말로 말한 바와 같이 참으로. 예~괜찮은 사람들이다.

그윽하다 ①깊숙하고 고요하다. ②뜻이 깊다. 예난의 향기가~.

그을다 볕이나 연기 따위에 오랫동안 쐬어 빛이 검게 되다.

그저 ①그대로 사뭇. ②아무 생각 없이. 예~잠만 자는구나.

그제야 그 때에 이르러 비로소.

그중 여러 가지로 많은 가운데 가장.

그지없다 ①끝이 없다. 한이 없다. ②이루 다 말할 수 없다.

그처럼 그 모양으로. 예그처럼 예쁜

그치다 계속되던 움직임이 멈추다. 비중단하다. 반시작하다.

극₁【極】 ①자석에서 자력이 가장 센 두 끝. ②북극과 남극.

극₂【劇】 연극과 대본의 문학 작품.

극기【克己】 자기의 욕심·충동·감정 등을 눌러 이김. 비자제.

극기 훈:련 극기력을 키우기 위한 매우 힘들고 고된 훈련. -하다.

극난【極難】 몹시 어려움. 극한 상황.

극단₁【極端】 ①맨 끄트머리. ②중용을 잃고 한 쪽으로 치우침.

극단₂【劇團】 연극 상연을 목적으로 조직된 단체. 예유랑~.

극동【極東】 아시아의 가장 동쪽에 위치한 지역. 한국·중국·일본 등을 말함. 반근동.

극락【極樂】 ①지극히 안락하여 아무 걱정이 없는 경우와 처지. ②「극락 세계」의 준말. 비천당.

극렬【極烈】 지극히 열렬함. 예~한 항의를 하다. -하다.

극복【克服】 ①적을 이겨 굴복시킴. ②괴로움을 이겨냄. 예역경을 ~하다. 비극기. -하다.

극본【劇本】 연극을 할 수 있도록 나

오는 사람의 움직임, 말 따위를 적은 글. ᵇ ᴵ대본.

극비【極秘】중대한 비밀. ᵉˣ~문서를 공개하다. 알면 안 될 ~문서.

극성【極盛】성질이 독하고 과격함.

극성스럽다 극성맞은 데가 있다.

극악 무도【極惡無道】더 없이 악하고 도덕심이 없음. ᵉˣ~한 죄인.

극약【劇藥】독약보다는 약하나, 적은 분량으로도 사람이나 동물에게 치명적인 위험을 주는 약품.

극작가【劇作家】연극의 각본을 쓰는 일을 업으로 하는 사람.

극장【劇場】무대나 관람석을 갖추고 영화나 연극 등을 상연하는 곳. ᵉˣ노천~. ᵇ ᴵ영화관.

극적【劇的】연극을 보는 것과 같이 감격적이거나 인상적인 모양. ᵉˣ~인 순간. ~인 장면이다.

극점[-쩜] ①극도에 다다른 점. ②위도 90도의 지점.

극지【劇地】지구상 맨 끝에 있는 땅.

극진히 예의바르고 정중하게 대함.

극찬【極讚】매우 높이 칭찬하는 것.

극치【極致】힘을 다하여 마지막으로 도달하는 곳. ᵉˣ예술의 ~.

극한 상황【極限狀況】더 할 수 없이 막다른 지경에까지 이른 상태.

극형【極刑】더할 수 없이 무거운 형벌. ᵉˣ~에 처하다.

극화【劇化】[그콰] 사건·소설 등을 극의 형식으로 바꿈. -하다.

극히 ①매우. ②대단히. ③몹시. ᵉˣ~사소한 일이다.

근【斤】척관법에 의한 무게의 단위. 1근은 16냥인 600g이지만 375g으로도 씀. ᵉˣ고기 두 ~.

근간₁【近間】요사이. ᵉˣ~서적.

근간₂【根幹】①뿌리와 줄기. ②어떤 사물의 바탕이나 가장 중심이 되는 부분.

근거【根據】①사물의 근본. ②사물의 토대. ᵉˣ너의 ~를 대라.

근:거리 아주 가까운 거리. ᵇ ᴵ원거리.

근검【勤儉】부지런하고 사치하지 않고 검소함. ᵉˣ~절약하는 사람.

근:교【近郊】도시 변두리의 마을이나 들. ᵇ ᴵ원교. ᵉˣ~농업. ᵇ ᴵ교외.

근근이 겨우. 간신히. ᵉˣ~살아감.

근:대【近代】지나간 지 오래지 않은 시대. ᵇ ᴵ근세.

근대[채소] 잎이 길고 줄기가 두꺼우면서도 연하고 국이나 나물을 만드는 채소.

[근대]

근:대화【近代化】현대 문명에 뒤떨어지지 않게 낡은 것을 바꿈. ᵉˣ농촌의 ~. -하다.

근:래【近來】요사이. ᵇ ᴵ최근. 요즘.

근력【筋力】[글-] ①근육의 힘. ②일을 능히 해 내는 힘.

근로【勤勞】[글-] 일정한 시간 동안 일에 종사함. ᵉˣ~기준법. ᵇ ᴵ노동. 부지런히 일하는 것.

근:린【近隣】가까운 이웃. ᵉˣ~관계.

근면【勤勉】부지런히 힘씀. ᵇᵃⁿ나태.

근무【勤務】일터에 나가 일함.

근본【根本】 사물이 발생하는 근원. 예일의 ~은 윤택한 미래.

근성【根性】 ①사람에게 뿌리 깊이 박힌 성질. 예못된 ~. 나쁜 ~을 버려라. ②바탕이 되는 성질.

근:시【近視】 가까운뎃 것은 잘 보이나 먼데의 것을 잘 못 보는 시력. 반난시. 약시.

근:신【勤愼】 잘못에 대하여 반성하고 행동을 삼감. 비걱정. 염려.

근심 애를 태우는 마음. 비걱정. 염려. 반안심. -하다.

근원【根源】 ①물줄기가 나오기 시작하는 곳. ②사물이 비롯되는 본바탕. 기원. 예행복의 ~은 화목.

근:위병【近衛兵】 옛날, 임금을 가까이에서 지키던 병사. 예~열병식.

근육【筋肉】 몸의 운동 기능을 맡은 힘줄과 살. 힘살. 예몸의 ~운동.

근절【根絶】 어떤 일이 다시 일어나지 못하도록 뿌리째 끊어 없애 버림. 예밀수 ~. -하다.

근:접【近接】 가깝게 접근하거나 접하는 것.

근정전【勤政殿】 경복궁 안에 있는 궁전. 조선 시대에 임금이 조회를 행하던 곳.

[근정전]

근:처 가까운 곳. 비근방. 부근.

근:하 신년 삼가 새해를 축하한다는 인사말. 연하장 등에 쓰는 말.

근:해【近海】 육지에서 가까운 바다. 예지중해 ~. 고기가 ~에 많다.

근:화【槿花】 무궁화. 우리 나라 국화.

근:황【近況】 요즈음 돌아가는 형편.

글 생각이나 느낌을 글자로 쓴 것.

글라디올러스 붓꽃과의 여러해살이풀. 알뿌리로 번식하며 줄기 위쪽은 꽃, 아래쪽은 잎이 달리는데 꽃은 적. 노랑. 흰색임.

[글라디올러스]

글 모음 동요·동시 등을 모으는 일. 또는 모아서 엮은 책.

글벗 글을 같이 익히는 친구. 동창.

글썽글썽 눈에 눈물이 괴어 곧 넘칠 듯한 모양. 예눈에 눈물이 ~한다.

글쎄 ①이런지 저런지 확실치 않을 때 쓰는 말. ②자기의 뜻을 강조할 때 쓰는 말. 예~말이다.

글씨 말을 글로 적은 표. 비글자.

글자[-짜] 사람의 말을 적는 일정한 부호. 비문자.

글짓기 생각·느낌 등을 글로 적는 일. 비작문. 예제7회 ~대회.

글피 오늘부터 사흘째 되는 날.

긁다[극따] ①손톱이나 기구 등으로 문지르다. 예가려워 ~. ②갈퀴 따위로 끌어 모으다.

금₁ 물건의 값. 가격. 상품의 가격.

금₂ ①접거나 구겨서 생긴 선. 줄. 예~을 긋다. ②가늘게 갈라진 흠. ③물건이 갈라지는 현상.

금₃【金】 누런 빛깔의 귀금속의 하나. 예~메달. 반동메달.

금강산 강원도 북쪽에 있는 경치 좋기로 세계적으로 이름난 산. 묘한 바위가 많으며, 1만 2천이나 되는 봉우리에 폭포·못·절이 있고, 철에 따라 봄에는 금강산, 여름에는 봉래산, 가을에는 풍악산, 겨울에는 개골산이라 일컬음.

금고【金庫】 돈과 중요한 서류를 간수하여 보관하는 데 쓰는, 쇠로 만드는 궤. 예새마을~.

금관【金冠】 황금으로 장식한 임금의 왕관. 예신라~.

금관 가야[국명] 6가야의 하나로, 지금의 경상남도 김해 부근에 자리했던 고대 국가의 하나.
[금관]

금관 악기 쇠붙이로 만든 관악기. 트럼펫·트럼본·호른·플루트 등.

금광【金鑛】 금을 캐 내는 전용 광산.

금괴【金塊】 일정한 모양의 금덩어리.

금:기【禁忌】 ①꺼려서 싫어하거나 금하는 것. ②약이나 음식을 좋지 않은 것으로 여겨 쓰지 않는 일.

금낭화【錦囊花】 잎이 둥글게 갈라져 있으며 늦은 봄에 작은 주머니 같은 분홍 꽃들이 줄기에서 피는 여러해살이풀.
[금낭화]

금년【今年】 올해.

금당 벽화【金堂壁畵】 고구려 영양왕 때에 승려인 담징이 일본 호류사의 금당에 그린 벽화.

금도금【金鍍金】 금속 재료의 표면에 금의 얇은 막을 입히는 것.

금메달 금으로 만들거나 금도금 한 메달. 예올림픽에서 ~를(을) 땄다.

금명간【今明間】 오늘이나 내일 사이. 예~에 발표할 것이다.

금:물【禁物】 해서는 절대 안 될 것.

금박【金箔】 금을 두드려 종이처럼 아주 얇게 만든 물건.

금발【金髮】 금빛 나는 머리털.

금붕어[동물] 잉어과에 속하는 민물고기. 붕어의 변종으로 원산지는 중국. 종류가 많고 빛깔이 여러 가지이며 아름다움. 관상용으로 가정에서 기름.

[금붕어]

금:상 첨화【錦上添花】 좋은 일에 또 좋은 일이 더함을 이르는 말.

금성【金星】 지구의 바로 안쪽에서 태양의 주위를 도는 행성, 수성, 다음으로 태양에 가까운 별. 샛별. 계명성이라 함.

금속【金屬】 철·금·은·구리 등의 쇠붙이. 비쇠붙이. 예~기계 공업.

금속 활자【金屬活字】[-짜] 금속으로 만든 활자. 활판 인쇄에 쓰임.

금수【禽獸】 ①날짐승과 길짐승. 곧 모든 짐승. ②무례하고 추잡한 행실을 하는 사람의 비유.

금:수【錦繡】 수를 놓은 비단.

금:수 강산【錦繡江山】 비단에 수를 놓은 듯이 아름다운 강산. 곧 우리 나라를 일컬음.

금·식【禁食】 어떤 계율 때문에, 또는 어떤 결심을 보이기 위하여 얼마 동안 음식을 먹지 않는 것.

금슬【琴瑟】 부부 사이의 화목한 즐거움. 예~이 좋은 부부.

금언【金言】 우리에게 생활의 본보기가 될 만한 귀중한 내용을 가진 짧은 말. 비격언.

금·연【禁煙】 담배 피우는 걸 금함.

금오신화【金鰲新話】[책명] 조선 세조 때 김시습이 한문으로 지은 우리 나라 최초의 한문 소설.

금융 기관【金融機關】[-늉-] 돈의 수요·공급을 맡아 하는 기관. 은행·보험 회사·상호 신용 금고 등.

금의 환향【錦衣還鄕】 성공하여 자기 고향으로 돌아옴. -하다.

금일【今日】 오늘. 예~방송 계획표.

금일봉【金一封】 금액을 밝히지 않고 종이에 싸서 봉하여 주는 상금·격려금·기부금 전별금 따위.

금자탑【金字塔】 후세에 전해질 만한 큰 업적. 예수출 5억 불~.

금잔디[식물] ①벼과의 여러해살이풀. 뿌리 줄기가 옆으로 뻗고, 잎은 길이 2~5cm임. 우리 나라 중부 이남에 분포함. 잎에 털이 나 있음. ②잡풀이 없이 탐스럽게 자란 잔디. 예운동장에 ~를 깔았다.

금전 출납부 돈이 나가고 들어오는 것을 적은 장부.

금잔화 노란 꽃잎이 쪼글쪼글한 키가 큰 [금잔화]

한해살이 여름 화초다.

금주1【今週】 이번 주일 내내.

금·주2【禁酒】 술을 마시지 못하게 금하는 것. 예~는 건강에 좋다.

금·지【禁止】 법이나 명령으로 못함.

금지 옥엽【金枝玉葉】 금으로 된 가지와 옥으로 된 잎이라는 뜻으로, 귀한 몸을 이르는 말.

급격【急激】 갑자기 빠르고 세차다.

급등【急騰】 물가가 갑자기 올랐음.

급료【給料】[금뇨] 일한 대가로 주는 월급이나 일급. 예~를 받다.

급류【急流】[금뉴] 물살이 급한 강물이나 냇물. 예~에 떠내려감.

급소【急所】 ①몸 가운데 조금만 다쳐도 목숨과 관계되는 곳. ②사물의 중요한 곳. 예명치는 ~다.

급식【給食】 학교나 공장 등에서 아동·종업원에게 음식을 주는 일. 예학교~. 군대~. -하다.

급우【級友】 학급에서 공부하는 친구.

급제【及第】 시험에 합격됨. 예과거에 ~하다. 비합격. 반낙제. -하다.

급증 갑자기 늘어나거나 늘리는 것. 예세계 인구가 ~하다. -하다.

급훈【級訓】 그 학급에서 교육 목표로 필요하다고 내세운 교훈.

급히 매우 빠르게. 반천천히. 서서히.

긋·다(그으니, 그어서) 줄을 치거나 금을 그리다. 예선을 ~.

긍·정【肯定】 옳다고 인정함. 반부정.

긍·지【矜持】 스스로 자신이 있어 자랑하는 마음. 예~를 가져라.

기1【旗】 헝겊이나 종이에 그려 대

끝에 달아 공중에 세우는 물건. ^비깃발. ^예국경일에 태극~를 닮.

기₂【氣】 ①활동하는 힘. 기력. ②있는 힘을 전부. ^예~가 차다.

기간【其間】 일정한 시기의 사이. ^예휴가~에 고향에 간다.

기갑 부대【機甲部隊】 기계화 부대와 장갑 부대의 총칭.

기강【紀綱】 기본적인 규율과 질서.

기개【氣槪】 강한 의지와 정신적인 힘.

기계【機械】 사람의 힘을 쓰지 않고 어떤 일을 하기 위해 일정한 운동을 되풀이하도록 만든 장치. ^예~를 가동시키다.

기계 공업【機械工業】 기계를 사용하여 각종 기계나 부품을 생산·가공하는 공업. ^반수공업.

기계 체조【器械體操】 철봉·뜀틀·평행봉·링·평균대 등의 운동 기구를 사용하는 체조. ^반맨손 체조.

기고【寄稿】 신문·잡지 등에 싣기 위하여 원고를 써서 보내는 것.

기고 만장【氣高萬丈】 ①뜻대로 일이 잘 되어 기세가 등등하다. ②펄펄 떨 만큼 성이 나 있음. -하다.

기골【氣骨】 남이 보기에 좋은 체격.

기공【起工】 공사를 시작함. ^예~식. ^반준공. ^비착공. -하다.

기관₁【汽罐】 열·증기 등을 운동에 필요한 힘으로 바꾸는 장치. 보일러·증기 기관 등을 말함.

기관₂【氣管】 숨쉴 때 공기의 통하는 길. 호흡기의 일부. ^비숨관.

기관₃【器官】 생물체를 구성하고 특별한 기능을 갖는 조직.

기교【技巧】 뛰어난 솜씨나 기술력.

기구₁【氣球】 수소나 헬륨을 넣어 공중에 띄우는 공 모양의 주머니. 경기구. 풍선.

기구₂【器具】 세간이나 그릇·연장 등의 총칭. ^비도구.

기권【棄權】 자기의 권리를 포기함. ^예이번 투표에서 ~했다. -하다.

기근【饑饉】 흉년으로 인하여 먹을 것이 없어 굶주림. ^비기아.

기금【基金】 일의 기초가 되는 돈. ^예~을 마련하다. ^비자금.

기꺼이 기쁘고 즐거운 마음으로.

기껍다(기꺼우니, 기꺼워서) 은근히 마음 속으로 기쁘게 여기다. ^예기꺼이 승낙하다.

기:껏 힘이 미치는 데까지. 힘을 다하여. ^비겨우. 최대 한도로 해서.

기:껏해야 많이 한다고 하더라도.

기:나긴 매우 긴. 긴긴. ^예~세월 동안. 아주길은 세월을 말한다.

기네스 북 영국 기네스 맥주 회사에서 발행하는, 진기한 세계 기록을 모은 책. 1956년 이래 매년 신판이 나오고 있음.

기념【紀念·記念】 어떤 일을 기억하여 잊지 않음. ^예개교 ~일에 휴교를 함.

기념비 어떤 일을 기념하기 위하여 세운 비석으로 나라를 위하여 이룩한 업적이 거룩하여 후대에까지 전하고자 그 분의

[기념비]

기념식【記念式·紀念式】 어떤 일을 기념하기 위하여 행하는 의식. -하다.

기념일【記念日·紀念日】 어떤 일을 잊지 않으려고 마음 깊이 새겨 두는 날.

기:능₁【技能】 기술에 관한 재주와 능력. ^비기술. ^예특별한 ~을 가짐.

기능₂【機能】 활동하는 힘이나 어떤 물건이 가지고 있는 능력.

기다리다 ①오기를 바라다. ②끝날 때까지 있다. ^비대기하다.

기단【氣團】 공기가 수평으로 넓게 퍼져 있는 공기 덩어리.

기대【期待】 마음 속으로 어떠한 일이 이루어지기를 바라고 기다림. ^비소원. -하다.

기도₁【祈禱】 소원이 이루어지기를 신에게 비는 일. ^비기원. -하다.

기도₂【企圖】 계획하여 이룩하려 함.

기독교【基督敎】 세계 3대 종교의 하나. 예수 그리스도가 일으킨 종교.

기동₁【起動】 몸을 일으켜 움직임. ^예허리를 다쳐 ~을 못 한다.

기동₂【機動】 상황에 따라 조직적이며 신속·적절하게 대처하는 행동. ^예~훈련. ~타격대. -하다.

기둥 ①집을 버티고 서 있는 나무. ②집안이나 단체·국가의 가장 중요한 사람. ③힘이 있어 의지함.

기:량【技倆】 기술적인 재주나 솜씨.

기러기[동물] 늦가을에 와서 봄이 되면 날아가는 철새. 몸 모양이 오리와 비슷하나, 목이 길고 다리가 짧음. 강·바다·늪가에 산다.

기로【岐路】 길이 갈라짐. 갈림길.

기록【記錄】 ①사실을 적음. ②운동 경기 등의 성적.
^예~갱신. -하다.

기류【氣流】 공기의 흐름. ^예상승~.

기르다(기르니, 길러서) 동·식물을 가꾸거나 자라게 하다.

기름지다 ①기름기가 많다. ②땅이 기름져 곡식들이 잘 자란다.

기리다 좋은 점이나 잘 하는 일을 추어서 말하다.

기린[동물] 기린과의 동물. 키는 6m. 이마 양쪽에 짧은 뿔이 있으며, 목과 다리가 특히 김. 아프리카의 초원이나 숲에 삶. [기린]

기마【騎馬】 말을 타는 것. 타는 말.

기마전 말을 타고 하는 싸움을 본뜬 아이들의 놀이의 한 가지.

기막히다[-마키-] 놀라거나 일이 너무 지나쳐 어이없다.

기만【欺瞞】 남을 속임.

기미 독립 운동【己未獨立運動】 1919년 3월 1일을 기하여 우리나라의 자주 독립을 목적으로 일제에 항거하여 일어난 민족적인 의거. 3·1 운동.

기백【氣魄】 씩씩한 정신과 앞으로 나아가려는 기운. ^비기개.

기별【寄別】 소식을 알림. 그 소식.

기병【騎兵】말을 타고 싸우는 군사.
기본【基本】일의 기초와 근본. 예~실력. 비본바탕.
기분【氣分】마음 속 느낀 감정 상태.
기쁨 기쁨느낌과 기뻐하는 마음.
기사₁【記事】①사실을 기록한 글. ②신문이나 잡지에 실린 글.
기사₂【騎士】①말을 타고 싸우는 무사. ②중세기 유럽의 무인 계급. 예~들의 격투가 벌어진다.
기사 회생【起死回生】중병으로 죽을 뻔하다가 다시 살아남. -하다.
기상₁【氣象】대기 중에서 일어나는 날씨·기압 등의 여러 가지 현상. 예~통보. 비기후.
기상₂【氣象】타고난 성질과 정신. 예대한 남아의 씩씩한 ~.
기상 위성【氣象衛星】대기권 밖에서 지구상의 구름을 촬영하여 지구상으로 송신, 기상 예보의 자료를 보내 주는 위성.
기상청 우리 나라의 기상 상태를 관측하고 예보하는 중앙 행정 기관.
기색₁【氣色】얼굴에 나타나는 마음을 움직임. 예~이 안 좋은 것을 보고 왔다. 비안색.
기색₂【起色】생각과 감정이 나타남.
기생【寄生】스스로 생활하지 못하고 다른 사람을 의지하여 생활하는 것. 예~충 박멸. -하다.
기생충【寄生蟲】①회충·요충 따위와 같이 다른 생물의 몸에 붙어서 사는 벌레. ②다른 사람의 힘에 의해서 생활하는 사람의 비유.

기선【汽船】증기 기관의 힘으로 움직이는 배. 증기선.
기성 세:대【旣成世代】현재 사회에서 활동하고 있는 나이 먹은 층.
기세【氣勢】영향을 줄 기운찬 모습.
기수₁【騎手】①말을 타는 사람. ②경마에 나가 말을 타는 사람.
기수₂【機首】비행기의 앞머리 부분.
기수₃【旗手】기를 가지고 신호하는 사람. 예~의 지시.
기숙사【寄宿舍】학교나 공장 등에서 먹고 자고 할 수 있도록 시설을 갖춘 집. 예~에 있다.
기:술【技術】만들고 배운 것을 실지로 이용하는 재주. 비기예.
기:술자【技術者】[-짜] 기술을 가진 사람. 예~가 부족하다.
기슭[-슥] ①비탈진 곳의 끝자리. ②산의 아래쪽. 비산자락.
기습【奇襲】적이 모르게 습격함. 예~ 공격. 비습격. -하다.
기악【器樂】악기를 사용하여 연주하는 음악. 반성악.
기안【起案】공문 따위의 초안을 만듦. 예~작성. -하다.
기암【奇巖】기이하게 생긴 바위들.
기약【期約】때를 정하여 약속함. 예~없이 떠나다. -하다.
기억【記憶】지나간 일을 마음에 새겨 두고 잊지 아니함. 예~이 없다. 반망각. -하다.
기억력【記憶力】생각해 내는 능력.
기업【企業】돈을 벌기 위해 계속하는 사업. 또는 그 사람.

기여【寄與】이바지함. 예국가에 크게 ~하다. 사회에 도움이 되는 것.

기역 한글의 닿소리 가운데에서 첫째 글자.「ㄱ」

기온【氣溫】대기의 온도. 공기 온도.

기와 진흙으로 구워 만든 지붕을 덮는 물건. 개와. 예~지붕.

기와집 붕을 기와로 이은 집. 와가(瓦家). 와옥(瓦屋). 예고래등 같은 ~.

[기와집]

기용【起用】어떤 사람을 중요한 자리에 뽑아 쓰는 것. -하다.

기우제【祈雨祭】하지가 지나도록 가물 때에 비 오기를 비는 제사.

기운 ①하늘과 땅 사이에 가득차서 만물이 나고 자라는 힘의 근원. ②생물이 살아 움직이는 힘.

기울다(기우니) ①한편으로 쏠리다. ②마음이나 생각을 한 가지 일에 쏟다. ③해가 저물어 가나.

기웃 무엇을 보려고 고개를 기울이는 모양. 작갸웃. 센끼웃. -하다.

기원₁【起源】어떤 일이 생겨난 근본. 비근원. 발상.

기원₂【祈願】바라는 일이 이루어지기를 빎. 예통일을 ~한다. -하다.

기이【奇異】기묘하고 이상함. 예바위가 ~한 모습이다. -하다.

기인【起因】일이 일어나게 된 까닭. 예너로 ~하여 친구와 헤어졌다.

기일【忌日】사람이 죽은 날. 제삿날. 예아버지의 ~이 내일이다.

기입【記入】문서나 장부를 적는 것.

기입장【記入帳】내용을 적는 공책.

기자 신문·잡지 등에 기사를 쓰고 편집을 하는 사람. 예신문~.

기자 회견 기자들과 만나서 질문을 받고 답하는 형식의 회견. -하다.

기적₁【汽笛】배나 기차에서「뚜우」하고 울리는 소리. 예~소리.

기적₂【奇蹟】사람의 생각이나 힘으로는 도저히 할 수 없는 신기한 일. 예~적으로 살아난 사람.

기절【氣絶】깜짝 놀라 잠시 정신을 잃음. 비실신. 졸도. -하다.

기점【起點】시작하는 지점. 출발점.

기조【基調】사상이나 학설 등의 기본적인 사고 방식. 예~연설.

기존【旣存】이미 자리잡고 있는 것.

기준【基準】기본이 되는 표준. 예판단의 ~. 왼쪽에 있는 사람의 ~.

기중기 무거운 물건을 동력으로 끌어올려 상하·좌우·전후로 이동시키는 기계. 크레인.

기증【寄贈】물건 등을 보내 선사함.

기지₁【機智】경우에 따라서 그때 그때 재치 있게 대응하는 슬기.

기지₂【基地】①부대 주둔지나 군사 활동의 근거가 되는 장소. 예공군~. ②터전. 예여기가 세종~이다.

기지개 피곤할 때에 몸을 쑥 펴고 팔다리를 뻗는 짓. 예나는 팔을 쭉 펴고 기지개를 켰다. -하다.

기진【氣盡】기운이 빠져 힘이 없음.

기진 맥진【氣盡脈盡】기운과 의지력을 다하여 스스로 가누지 못할 지경이 됨. 기진. 역진. -하다.
기질【氣質】개인이나 집단의 특별한 성질이나 성격. 기력과 체질. 예누나는 예술가의 ~을 타고 났다.
기차【汽車】증기나 전기나 디젤 기관을 원동력으로 하여 일정한 궤도 위를 달리는 차량. 비열차.

[기차]

기척 있는 줄을 알 만한 소리나 자취. 예~도 없이 조용하다. -하다.
기체【氣體】공기, 산소·수소 등과 같이 일정한 모양과 부피가 없는 물질. 공기·가스 따위.
기초₁【基礎】일이나 물질의 밑바탕이나 근본. 예~가 튼튼해야 한다. 비토대. 근본. 기본.
기초₂【起草】문장의 초안을 잡는 것.
기초 자치 단체 1989년 12월 19일 통과된 지방 자치법에 따른 군 단위의 지방 자치 단체 시·군·구 260개로 되어 있음.
기침 ①호흡기의 병. 해수. ②목의 자극으로 생겨 갑자기 터져 나오는 숨소리. 비헛기침. -하다.
기타₁【其他】그 밖의 다른 것. 다름.
기타₂ 팔자형 모양의 나무로 된 공명 상자와 여섯 가닥의 현 악기.

[기타]

기탁【寄託】부탁하여 맡겨 두는 일. 예~업무. 상금을 ~했다. -하다.
기포【氣胞】고체나 액체의 내부에 기체가 들어가 거품처럼 둥그렇게 부풀어 있는 것. 예~가 생김.
기품【氣品】인격이나 작품 등이 고상하게 보이는 품격. 예~있는 몸가짐. ~이 흘러 넘치고 있다.
기한【期限】미리 정하여 놓은 때. 예~이 촉박하다.
기합 비상한 힘을 내기 위한 정신과 힘의 집중. 또는, 그 집중을 위하여 내는 소리. 예단체~.
기행【紀行】여행하는 동안에 보고 듣고 느낀 것을 적은 문장이나 글. 예~문. 그는 ~문을 남긴다.
기형【畸形】동·식물의 정상이 아닌 형태. 예~아. 한쪽 귀가 ~이다.
기호₁【記號】무슨 뜻을 나타내는 표. 예발음 ~. 비부호.
기ː호₂【嗜好】어떤 것을 즐기고 좋아함. 예~ 식품.
기회【機會】①어떤 일을 해 나가는데에 가장 알맞은 때. 좋은 때. ②기다리던 그 때. 예~는 바로 지금이다. 반실기. 비찬스.
기획【企劃】시작. 과정. 끝을 계획함.
기후 ①날씨. ②춥고, 덥고, 비가 오고, 맑고 하는 등의 모든 현상.
긴ː 기다란. 예머리칼. ~꼬리표.
긴급【緊急】중대하고 또 급히 처리하려 함. 예~출동. -하다.
긴장【緊張】마음을 단단히 먹고 특히 조심함. 반이완. -하다.
긴축【緊縮】지출을 아주 줄이는 것.
길₁ 다닐 수 있도록 만들어 놓은 땅위. 예큰 ~. 관도로.

길₂ 사람의 키의 한 길이. ᵉ담의 높이가 한 ~이나 된다.

길₃ ①익숙해진 솜씨. ②짐승을 잘 가르쳐서 부리기 좋게 된 버릇. ③손질을 잘하여 생기는 윤.

길:다 사이가 멀다. ᵇ짧다.

길동무[-똥-] 길이 함께 가는 동무. 길벗. -하다. ᵉ~ 함께 하고 감.

길들다 ①물건에 손질을 잘 하여 윤기가 나다. ②버릇이 되다.

길림[지명] 중국 지린성의 성도. 쑹화강 상류에 있는 도시. 목재·약재 등의 집산지로 제재·화학 공업이 성함.

길마 짐을 싣기 위하여 소의 등에 얹는 안장.

길쌈 옷감을 짜는 일. -하다.

[길쌈]

길이₁ 한 끝에서 다른 끝까지 이르는 거리. ᵉ~를 재다.

길이₂ 오래오래. 오래도록. 언제까지나. ᵉ~보존하세. 마을을 ~간직하겠다.

길일【吉日】길한 날. 좋은 날. ᵉ~을 택하다. 오늘은 ~이다.

길잡이 길을 인도하는 사람. 비선도.

길조【吉兆】좋은 일이 있을 조짐임.

길흉【吉凶】좋은 일과 나쁜 일. 행복과 불행. ᵉ~을 점치다.

김:₁[직물] 바다 속 바위에 이끼처럼 붙어 자람. 자주색. 적자색이고 양식을 하며 식용을 함.

김₂ 물 따위가 열을 받아 변하는 기체. 수증기. ᵉ주전자에 ~이남.

김₃【金】성씨의 하나.

김이 새다 '흥'이 깨지다를 속되게 이르는 말.

김국 맑은 육수나 맑게 끓인 장국에 김을 구워 넣고, 달걀을 고르게 풀어 끓인 국.

김:매기 논이나 밭에 나는 잡초를 뽑는 일. 제초. ᵉ논에서 ~한다.

김반대기 여러 겹으로 접은 김에 찹쌀 풀을 발라 말린 다음, 기름에 튀긴 반찬.

김:밥 김에 밥을 말아서 싼 음식.

김장 겨울부터 봄까지 먹을 김치나 깍두기를 담그는 일. -하다.

김장감 김장에 쓰이는 무·배추와 양념감. 김장거리.

김치 무·배추 따위를 소금에 절여서 양념을 하여 익힌 반찬. -하다.

김포【金浦】[지명] 경기도 김포시의 시청 소재지로 시. 김포 평야의 중심지이며 쌀이 생산됨.

김포 공항 서울 특별시 강서구 공항 동에 위치한 국내선 비행장.

깁:다 해어진 데를 조각을 대고 꿰매다. ᵉ구멍난 양말을 ~.

깃대돔 튀어나온 입을 가진 물고기로 몸의 폭이 넓고 등지러미가 넓다.

[깃대돔]

깃들이다 ①짐승이 보금자리를 만

들어 그 속에 들어 살다. ②속에 머물러 살다. 예새집에 ~.

깃발【旗-】 깃대에 달린, 천이나 종이로 된 부분. 기폭. 기.

깃털 ①새의 깃과 짐승의 털. ②깃에 붙어 있는 털. 예새들의 ~.

깊다 ①얕지 않다. ②마음이나 생각이 듬쑥하고 신중하다. ③거리가 멀었다. 예그는 생각이 ~. 반얕다.

깊이 ①깊게. ②잘. 자세히. 예~생각하고 행동하고 결정했다.

ㄲ

ㄲ[쌍기역] 「ㄱ」의 겹쳐 쓴 된소리.

까까머리 머리털을 깡그리 깎은 머리. 또는 그런 사람.

까:뀌 한 손으로 나무를 찍어 깎는 연장. 예나무를 ~로 다듬는다.

까놓다 ①껍질을 까서 놓다. ②마음속의 비밀이나 생각을 모두 털어 놓다. 예속에 있는 마음을 ~.

까다 ①껍질을 벗기다. ②알을 품어서 새끼로 변하게 하다.

까:다롭다 ①성질이 이상하다. ②너그럽지 못하다. 예식성이 ~.

까닥이다 머리를 앞뒤로 흔들다.

까닭 ①이유. ②일의 원인. 예지각을 할 때는 ~이 있다. 비까닭이.

까마귀[동물] ①까마귓과의 새. 몸빛은 윤이 나며 텃새이다. 인가 부근 침엽수림에 무리지어 삶. ②몸이 까맣게 된 것을 이르는 말.

까마득하다 아주 멀어서 아득하다.

까마득히 잘 보이지 않을 만큼 멀리.

까먹다 ①껍데기를 벗기고 먹다. ②밑천을 헛되이 다 없애다. ③기억하던 것을 잊어 버리다. 써 없애다.

까무러치다 갑자기 숨이 끊어져 정신을 잃다. 기절하다. 예몹시 놀라서 ~. 까무라치게 흔들다.

까불다 ①몹시 아래위로 흔들리다. ②경솔하게 행동하다.

까지 ①동작이나 상태가 마침을 나타내는 말. ②시간 또는 공간.

-까짓 이·그·저·요·네 등에 붙어 「하잘 것 없는 정도」임을 나타내는 말. 그 ~거쯤 이야….

까지다 껍질 따위가 벗겨지다.

까:치[동물] 까마귓과의 텃새. 머리·등은 검고 가슴이 희며 꼬리가 긴 새. 날개 길이는 20~22 cm이며 집 주위에 삶.

[까치]

까칠까칠 윤기가 없고 매끄럽지 않은 모양. 큰꺼칠꺼칠. -하다.

까투리 「암꿩」의 다른 이름. 반장끼.

까풀 여러 겹으로 된 껍질이나 껍데기의 층. 큰꺼풀.

깍두기 무를 잘게 썰어서 양념에 버무린 반찬. 예~김치.

[까마귀]

깍쟁이 ①인색하고 이기적인 사람. ^예~처럼 굴다. ②몸집이 작고 얄밉게 약빠른 사람.

깍지 ①콩 따위의 꼬투리에서 알맹이를 까 낸 껍질. ②껍질

깜박 ①잠깐 흐려지다가 밝아지는 모양. ②눈을 잠깐 감았다 뜨는 모양. ^예~잊어 버리다. -하다.

깜박거리다 비쳤다가 어두웠다 함.

깜짝 ①갑자기 놀라는 모양. ②눈을 잠깐 감았다 뜨는 모양. 흉내말.

깜찍하다 ①나이에 비해 너무 약다. ②영리하다. ③악착스럽다.

깝대기 ①달걀·조개 등의 겉을 싼 단단한 물질. ②알몸을 배어낸 겉의 물건. ^큰껍데기.

깡총하다 키가 작고 다리가 길다. ^큰껑충하다. ^예저 사람은 ~.

깡충깡충 토끼처럼 짧은 다리로 힘있게 두 다리를 높이 들면서 뛰는 모양. 깡충깡충(x). 흉내말.

깡통 ①얇은 쇠붙이로 만든 그릇. ②아는 것이 없어 머리가 텅 빈 사람. ^비통조림통. 음료수통.

깨 참깨·들깨의 총칭에서 깨라 함.

깨끗이 더러운 것이 없이 깨끗하게.

깨끗하다 ①때가 끼지 않고 말끔하다. ②흐리지 않고 맑다. ③가지런히 잘 정돈되어 있다.

깨다₁ ①부서지게 하다. ②일을 중간에서 못 이루게 하다.

깨ː다₂ ①배워서 알게 되다. ②자다가 눈을 뜨다. ^반잠들다.

깨닫다 ①생각하던 끝에 알게 되다. ②잘못된 것을 알다.

깨물다 깨지거나 으스러지게 물다.

깨소금 참깨를 볶아 소금을 넣고 빻아서 만든 양념. ^예~맛이다.

깨알 같다 물건들이 대단히 작은 것.

깨우치다 이치나 사리를 깨닫게 하다. ^예잘못을 ~. ^비깨치다.

깨ː지다 ①단단한 물건이 쪼개지거나 **갈라지다** ②일이 틀어지다. ③상처를 입다. ④어떤 난관이나 기록이 돌파되다. ^반붙다.

깻묵[깬-] 들깨나 참깨에서 기름을 짜낸 깨의 찌끼. 사료로 사용한다.

깻잎 깨의 잎. 들깨나무에서 딴 잎.

꺼뜨리다 불을 꺼지게 하다.

꺼ː리다 ①피하거나 [깻잎] 싫어하다. ②어려워 피하려 한다.

꺼림칙하다[-치카-] 매우 꺼림하다. 께름칙하다. 불쾌하다.

꺼지다₁ ①불 따위가 사라져 없어지다. ^예연탄불이 ~. ②거품 따위가 스러지거나 가라앉다. ^예거품이 ~. ③노여움이 가라앉다.

꺼지다₂ ①우묵하게 들어가다. ^예배가 ~. ②내려앉아 빠지다. ^예방바닥이 ~. ③땅바닥이 내려앉다.

꺽지 물이 맑고 자갈이 많은 강의 상류에 살며 우리나라 특산종임.[꺽지]

꺾다 ①가지를 부러뜨리다. ②마음을 굽히다. ③방향을 옆으로 틀다.
꺾어지다 부러져 두 동강이 나다.
껄끄럽다(껄끄러우니) ①껄그러기 따위가 살에 닿아서 자꾸 뜨끔거리다. ②미끄럽지 못하고 껄걸하다.
껌 천연 고무에 당분·박하·향료 등을 넣어 만든 과자. 삼키지는 않고 씹기만 함.
껌껌하다 ①몹시 어둡다. ②조금도 모른다. ^작깜깜하다.
껍데기[-떼-] 겉을 덮은 단단한 껍질 ^반알맹이.
껍질 물체의 겉을 둘러서 싸는 것.
-껏 다른 낱말에 붙어 「있는 대로 다하여」의 뜻을 나타내는 말. ^예정성~. 마음~. 뛰어 놀아라.
껑충 긴 다리로 힘 있게 솟구어 뛰는 모양. ^작깡충. -하다. 흉내말.
껑충껑충 신이 나서 긴 다리로 힘차게 솟구어 뛰는 모양. 흉내말.
-께 때나 곳을 중심잡아 그 가까운 범위. ^예이 달 말~나 보자. 그믐~. 보름~. 에게의 높임말.
껴입다 옷을 입은 위에 또 옷을 입다.
꼬까신 아기들이 신는 꽃무늬가 있는 예쁜 신발. 때때신.
꼬르륵 통·그릇 속의 액체나 뱃속이 끓어 오를 때 나는 소리. -하다.
꼬리 동물의 꽁무니나 몸뚱이의 끝에 가늘고 길게 내민 부분.
꼬리 곰탕 소의 꼬리를 진하게 고은 음식.

꼬리지느러미 물고기의 꼬리 끝에 있는 지느러미.
꼬마 어린아이.「꼬마둥이」의 준말. ^예~친구. ~야 너 몇 살이니.
꼬마둥이 키나 몸집이 남달리 작은 사람. ^준꼬마. ^예~가 재롱을 부림.
꼬막 꼬막은 우리나라 서해 바다에서 자라며 가을부터 봄에 식용하는 조개이다. [꼬막]
꼬박 어떤 일을 계속하는 모양. 밤을 새우는 모양. ^센꼬빡.
꼬박꼬박 ①꼬박거리는 모양. ②어기지 않고 그대로 계속하는 모양.
꼬이다 일이 제대로 되지 않다.
꼬장꼬장 ①가늘고 긴 물건이 빳빳하거나 곧은 모양. ②사람의 성질이나 마음이 꼿꼿하고 까다롭다.
꼬치 ①꼬챙이에 꿴 음식. ②「꼬쟁이」의 준말. ^예닭~, 떡~.
꼬치꼬치 ①몸이 여위어 꼬챙이 같이 마른 모양. ②샅샅이 따지고 캐어묻는 모양. ^관미주알. 고주알.
꼭 ①지긋이 힘주어 조이는 모양. 눈을 ~감다. ②어기지 아니하고. ③틀림없이.
꼭꼭 ①잇달아 힘을 주거나 죄는 모양. ^예빨래를 ~ 밟다. ②매우 단단히 숨거나 들어박힌 모양. ^예~숨어라.
꼭대기 ①여럿 중의 우두머리. ②맨 위쪽. 상위층.
꼭두각시 무대 위에 놓고 놀리는

이상야릇한 탈을 씌운 인형. ᵉ~놀음. ᵇ괴뢰.

꼭지[-찌] 잎이나 열매를 붙어 있게 하는 줄기. ᵉ사과 ~.

[꼭두각시]

꼭지점[-쩜] 각을 이루고 있는 두 변이 만나는 점이나 다면체의 셋 이상의 면이 만나는 점.

꼴₁ 사물의 생김새나 됨됨이. ᵉ~같잖다. 사람의 모양과 됨됨이.

꼴₂ 말·소 등의 짐승에게 먹이는 풀. ᵉ~을 베다. ~지게.

꼴깍 ①적은 양의 액체 따위가 목구멍이나 좁은 구멍으로 넘어갈 때 나는 소리. ②분함을 간신히 참음.

꼴딱 밤을 새우는 모양을 나타낸다.

꼴뚜기[동물] 두 종류의 연체 동물로 생김새는 낙지와 비슷함. 여러 개의 발이 있다.

꼴불견 겉모양이나 하는 짓이 비위에 거슬리고 우스워서 차마 볼 수 없다는 말. ᵉ그 사람 ~이다.

꼴찌 맨 끝 차례.

꼼꼼하다 찬찬하여 빈 틈이 없다.

꼼짝 약하고 느리게 움직이는 모양. 「곰작」의 센말. ᵏ꿈쩍. -하다.

꼽다 ①수를 세려고 손가락을 하나씩 꼬부리다. ᵉ손을 ~아 헤아리다. ②쳐주다. 지목하다.

꼿꼿하다 ①마음이나 뜻이 곧고 굳세다. ②매우 곧다.

꽁꽁 어떤 물질이 매우 단단하게 언 모양. ᵉ강물이 ~ 얼다.

꽁무니 ①짐승이나 새의 등마루 뼈의 끝이 되는 부분. ②엉덩이를 중심으로 한 몸의 뒷부분. ③사물의 맨 뒤나 맨 끝. ᵇ뒤 꽁무니.

꽁보리밥 쌀을 안 넣고 보리로 한 밥.

꽁지 새의 꼬리에 달린 것. ᵃ꼬리.

꽁지깃 새의 꽁지에 달려 있는 것.

꽁초 피우다 남긴 담배의 끝 부분.

꽁·치[동물] 꽁칫과의 바닷물고기. 몸길이 40cm 정도로 옆으로 납작하며 턱이 부리처럼 나왔음. 몸은 가늘고 긺. 한국·일본 등에 분포.

[꽁치]

꽁하다 섭섭하고 못 마땅히 여긴다.

꽂다 박아서 세우다. 박아 세웠다.

꽃 모양과 색이 다양하며, 꽃받침·꽃잎·암술·수술로 이루어짐. 뒤에 열매를 맺고 씨를 만듦. 세는 단위는 포기·송이·다발 등.

꽃가루 수꽃술이 속에서 나는 고운 가루가 암술 끝에 붙는다. ᵇ화분.

꽃게 크기가 어른 손바닥 만 하고 배는 희며 집게발 두 개가 아주 큰 바다 게. 식용으로 인기가 좋음.

[꽃게]

꽃구름 여러 가지 빛깔로 아롱진 아름다운 구름.

꽃다발 여러 개의 꽃을 한데 묶어

만든 다발. 예졸업식에 ~을 받다.
꽃말 꽃의 특성에 따라 각각 어떤 뜻을 붙인 말. 예장미의 ~은 사랑.
꽃망울 아직 피지 않은 어린 봉오리. 준망울. 관꽃봉오리.
꽃밭 여러 가지 꽃을 심어 가꾸는 밭.
꽃병 꽃을 꺾어 꽂는 병. 책상 위의 ~. 비화병.
꽃봉오리 맺히어 아직 피어나지 않고 있는 꽃. 준봉오리. 관꽃망울.
꽃분 꽃나무를 심어 두는 흙으로 만든 그릇. 비화분.
꽃사슴 몸에 흰 점이 드문드문 있는 작은 사슴.
꽃샘 이른 봄철 꽃이 필 무렵의 추위. 예~ 추위.
꽃샘추위 봄에 꽃이 필 즈음의 추위. 예~가 제법 맹위를 떨치다.
꽃송이 꽃꼭지 위로 붙은 전부의 꽃을 말하는 것.
꽃잔디 잎이 빳빳하고 짧고 질기며 촘촘하게 자라며 꽃이 피는 여러해살이 풀. 예우리 집 마당에~.
꽈리[식물] 가짓과의 여러해살이풀. 여름에 황백색의 꽃이 핌. 열매의 씨를 빼고 아이들이 입에 넣고  불어서 소리를 낸다.
꽉 ①무엇이 가득 찬 모양. ②힘을 들여 누르는 모양.
꽉차다 물건이 한정된 부분에 차다.
쾅 ①무겁고 단단한 물건이 바닥에 떨어지거나 부딪쳤을 때 요란하게 나는 소리. ②대포나 총의 소리. 센쾅. 흉내말.
꽤 생각보다 좀 심한 모양. 상당히.
꽹과리 모양이 징보다 작은 것에 줄을 매어 늘어뜨리고 치는 놋쇠로 만든 농악기의 하나.
꾀 일을 잘 꾸며 내는 묘한 생각. 비계책. 예~ 부린다.
꾀꼬리[동물] 몸 길이 26cm쯤 되고 노란색이며 꼬리와 날개 끝은 검으며, 「꾀꼴꾀꼴」하고 우는 새.
꾐 어떠한 일을 할 기분이 생기도록 남을 꾀어 속이거나 충동하는 일. 예친구의 ~에 빠지다.
꾐:수[-쒸] 남을 속여서 자기가 생각하는 대로 행동하게 하려는 수단 방법. 남을 속이다. 비속임수.
꾸다₁ 남의 것을 잠시 빌려 쓰다. 예돈을 ~. 비빌다. 꾸어. 꿉니다.
꾸다₂ 꿈을 이루다. 예태몽을 ~.
-꾸러기 일부 낱말에 붙어서 어떤 버릇이 많은 사람의 뜻으로 나타내

는 말. 예잠~.
꾸러미 ①꾸려서 뭉쳐 싸 놓은 물건. 예짐~. ②짚으로 길게 묶어 중간 중간 동인 것. 예달걀 두~.
꾸미다 ①겉모양이 나도록 장식하다. 예집을 ~. ②거짓인 것을 사실처럼 그럴 듯하게 만들다.
꾸밈 ①겉모양을 보기 좋게 만듦. ②속이기 위하여 만듦. 비가식.
꾸벅 졸거나 절을 할 때 머리와 몸을 앞으로 숙였다가 드는 모양. 예~인사를 하다. 센꾸뻑. 흉내말.
꾸벅거리다 졸거나 절할 때, 머리와 몸을 자꾸 꾸벅이다.
꾸벅꾸벅 ①머리와 몸을 자꾸 꾸벅이는 모양. 예~ 졸다. ②시키는 대로 순종하는 모양. 센꾸뻑꾸뻑.
꾸준하다 한결같이 부지런하고 끈기 있다. 거의 변함이 없다.
꾸짖다 따끔하게 잘못을 나무라다.
꾹 ①힘주어 누르거나 죄는 모양. 예모자를 ~ 눌러 쓰다. ②굳이 참고 견디는 모양. 예아픔을 ~ 참다. 작꼭. 흉내말.
-꾼 ①어떤 일을 전문적·습관적으로 하는 사람임을 나타내는 말. 예나무~. ②어떤 일에 모이는 사람임을 나타내는 말.
꿀 꿀벌이 꽃에서 따다가 저장하여 둔 먹이. 단맛. 벌꿀.
꿀단지 꿀을 그릇에 넣어 두는 단지.
꿀벌[동물] 꿀벌과의 곤충. 동양 [꿀벌]
종으로 몸빛은 어두운 갈색이며, 날개는 희고 투명함. 꿀을 빨아 먹기도 하고 나르기도 하는 벌. 몸길이 14mm.
꿀꺽 목구멍으로 음식물을 한꺼번에 넘기는 소리. 예~ 삼키다.
꿇다 무릎을 구부려 바닥에 대다.
꿇어앉다 무릎을 꿇고 앉다. 예복도에 ~. 아버지 앞에 .
꿈 ①잠자는 동안 보이는 환각의 상태. ②현실을 떠난 생각. 반현실. 생시. ③희망이나 소망.
꿈결[-결] 꿈꾸는 사이. 예~에 너와 싸웠다. ~에 잠이 깨다.
꿈꾸다 어떠한 일을 이루려고 꾀하거나 희망을 걸고 생각하다.
꿈나라 ①꿈속의 세계. ②「잠」을 이르는 말. ③실현될 수 없는 환상적인 세계. 예~로 간다.
꿈틀꿈틀 몸을 이리저리 꾸부리어 자꾸 움직이는 모양. 흉내말.
꿋꿋하다 굳세고 곧다. 작꼿꼿하다.
꿍꿍이 속으로 몰래 일을 꾸미는 것.
꿍꿍이셈 남을 속이고 어떤 꾸미는 일이 있는 것.
꿩 닭과 비슷하나 꼬리가 길고 몸의 털이 알록달록하며 수꿩을 장끼, 암꿩을 까투리라고 한다. [꿩]
꿰:다 가운데를 뚫고 나가게 꽂다. [구슬이 서 말이라도 꿰어야 보배] 아무리 좋은 것이라도 쓸모 있게 만들어 놓아야 가치 있다.

꿰:뚫다[-뚤타] 이쪽에서 저쪽까지 꿰어서 뚫다. 예총알이 ~.

꿰:매다 해지거나 뚫어진 곳을 깁다. 예찢어진 바지를 ~.

끄나풀 ①길지 않은 끈의 나부랭이. 예~로 동여매다. ②남의 앞잡이 노릇을 하는 사람을 욕으로 함.

끄다(끄니, 꺼서) ①불이 못 타게 하다. 예촛불을 ~. ②덩어리로 된 것을 깨어 헤뜨리다. 예얼음을 ~.

끄덕끄덕 고개를 앞뒤로 꺾어 흔드는 모양. 큰끄떡끄떡. 흉내말.

끄르다 ①맺은 것이나 맨 것을 풀다. 예보따리를 ~. ②잠긴 것을 열다. 예자물쇠를 ~. 반잠그다.

끄트머리 ①맨 끝 부분. 예나무 ~를 꼭 잡아라. ②일의 실마리.

끈 물건을 묶기도 하고 붙잡아 매는데 쓰는 가늘고 긴 줄.

끈기 참을성 있어 끝끝내 이어 가는 기운. 비인내심. 참을성.

끈기 있게 ①줄기 차게. ②그침이 없이. 예~ 행한다.

끈끈이주걱 경기 강원도에 자라며, 잎이 난 홍자색 긴털 끝에 끈끈이 액을 내어 벌레를 잡는 여러해살이풀임. [끈끈이주걱]

끈끈하다 ①끈기가 많다. 예송진은 ~. ②몸에 땀이 배거나 때가 끼어 갑갑하다. 비끈적끈적하다.

끈질기다 끈기 있게 줄기가 질기다.

끊기다 끊음을 당하다.

끊다[끈타] ①자르다. ②손을 떼고 그만두다. 예밧줄을 ~.

끊음표[끄늠-] 음악 연주에서 한 음표씩 끊어서 연주함을 나타내는 기호. 스타카트.

끊임없다 잇대어 계속 끊이지 않다.

끌 나무에 구멍이나 홈을 파는 연장. [끌]

끌끌 못마땅하여 연거푸 혀를 차는 소리를 나타낸다.

끌:다 ①바닥에 댄 채 잡아 당기다. 예밥상을 ~. ②주의를 한데 모으게 하다. 예관심을 ~.

끌려 가다 힘이 센 사람에게 강제로 잡혀 가다. 예엄마에게 끌려가서 충치 치료를 받았다. 반끌려 오다.

끌려 나가다 원하지 않은 곳으로 강제로 잡혀서 나가다. 반끌려 들어오다.

끌려 오다 끌어서 자기 앞으로 가져 오다. 예준언이는 옆에 있는 의자를 끌어 왔다. 전선에 강제로 ~.

끓다 ①물이 높은 열을 받아 부글부글 솟아오르다. ②많이 모여 우글거리다. 반식다.

끓어오르다 그릇의 물이 세게 부글부글 끓다. 예라면을 넣자 냄비의 물이 끓어 올랐다.

끓이다 국을 뜨겁게 해서 끓게 하다. 예차를 마실 수 있도록 물 좀 끓여라. 찌개를 만들다.

끔벅거리다 눈을 잠깐씩 자꾸 감았다가 떴다 하다. 예소는 큰 눈을 끔벅거리며 풀을 뜯어 먹고 있다.

끔적거리다 큰 눈을 자꾸 감았다 떴다 하다. ᵉ황소가 눈을 끔적 거렸다. 노인이 몸을~.

끔쩍 갑자기 놀라는 모양. ᵃ깜짝. -거리다. -하다. 흉내말.

끙끙거리다 앓거나 힘드는 일에 부대끼어 자꾸 끙끙거리는 소리를 내다. ᵃ깽깽거리다. 끙끙대다

끝 ①물건의 꼭대기나 맨 아래. ②어떤 일의 결과. 마지막. ᵇ시작.

끝나다 ①어떤 일이 끝에 이르다. ᵉ숙제가 끝났으면 나가 놀아라. ②어떤 결과로 끝을 맺다. ᵉ실패로 ~.

끝내 끝까지 내내, 마지막에 이르도록 ᵉ내 어찌 네 정성을 끝내 모른 척할 수 있겠느냐?

끝내다 어떤 일을 더 할 것 없이 마무리 하다. ᵉ1시간 안에 집안 청소를 다 끝낼 수 있니? ᵇⁱ끝마치다.

끝내주다 아주, 대단히 마음에 든다. ᵉ고기 국물 맛이 끝내 줍니다.

끝눈 겨울 눈이 달리는 위치는 식물에 따라 다르며 가지 끝은 끝눈, 겨드랑이는 곁눈이라. 함.

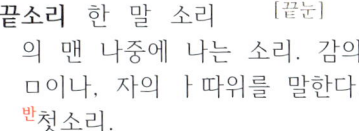
[끝눈]

끝소리 한 말 소리의 맨 나중에 나는 소리. 감의 ㅁ이나, 자의 ㅏ따위를 말한다. ᵇ첫소리.

끝자락 맨 아래의 넓적한 가장자리나

끝부분 ᵉ소매 끝자락에 기름이 묻었다. ᵇ앞자락.

끝장 일의 마지막, 결말, 실패, 죽음 같은 불행한 마지막 최후. ᵉ서로 양보하지 않는다면 끝장엔 모두가 불행합니다. ᵇ시작.

끼 「끼니」를 셀 때 쓰는 말. ᵉ한 ~를 굶었다. 하루 세~. 점심 한~.

끼니 아침·점심·저녁으로 정한 때에 밥을 먹는 일. 또는 그 밥. ᵉ~를 걸렀다. ᵇⁱ식사.

끼니때 끼니를 먹을 때. ᵉ~가 다가 오다. 식사를 할 시간.

끼닛거리 끼니로 할 감. 식사의 재료.

끼:다₁ 때나 먼지 같은 것이 묻다. ᵉ먼지가 ~. 하늘에 구름이 ~.

끼다₂ 끌어안거나 겨드랑이 밑에 넣어 조이다. 몸에 꽉 달라붙다.

끼룩끼룩 기러기나 두루미나 갈매기의 우는 소리를 나타낸다. ᵉ~ 갈매기 울음 소리가 들립니다. 여러 새가 짝을 찾는 소리.

끼어들다 자기 순서가 아닌데 억지로 끼어들다. ᵉ우리 차 앞에 트럭 끼어 들었다.

끼얹다 모래가루를 흩어지게 뿌리다. 예내 등에도 물을 좀 끼얹다.

끼인각 서로 만나는 두 직선이 이루는 각.

끽 자동차가 빨리 달리다 갑자기 설 때 나는 소리를 나타낸다.

낄낄낄 웃음을 억지로 참으면서 입 속으로 웃는 소리나 모양을 나타내는 말. ᵉ영화를 보면서 낄낄낄 소리내어 웃었다. 흉내말.

청소를 ~. ^비끝마치다.

끼우다 ①두 가락의 사이에 꼭 박혀 있게 하다. ^예신문을 대문 틈에 ~. ②여럿 사이에 끼여 들게 하다. ^준끼다. ③같이 있게 하다.

끼치다₁ 살갗에 소름이 돋아나다.

끼치다₂ ①남에게 폐나 괴로움을 주다. ^예걱정을 ~. ②뒷세상에 남기다. ③남에게 걱정을 주게 하다.

끽소리[-쏘-] 조금이라도 반항하려는 태도를 이르는 말. ^예~도 못하다. ^작깩소리.

낌새 일이 되어 가는 형편. ^예회사의 ~가 이상하다. ^비기미. 조짐.

낑 몹시 아프거나 벅찬 일에 부대끼어 괴롭게 내는 소리. ^작깽.

낑낑 ①몹시 아프거나 벅찬 일에 부대껴 괴롭게 내는 소리. ②어린이가 자꾸 조르거나 보채는 소리. ^작깽깽. ^거킹킹. 흉내말.

낑낑거리다 계속해서 낑낑 소리 냄.

---

1. '長(장), 短(단)'의 발음

   우리는 흔히 '長'을 글자 뜻대로 길게 발음을 하고, '短' 자를 짧게 발음하는 경우를 많이 본다.
   '長'의 발음은 짧게 '短'의 발음은 길게 하는 것이 옳은 발음이다. 흔히 '長短(장단) 맞추다'를 '장-단 맞추다'로 '장'을 길게 발음한다. 틀렸다. '長'은 짧게 '短'은 길게 발음한다.
   단, 예외는 있다.
   '長大(장대)'는 짧게, '長男(장:남), 長女(장:녀) 는 길게 발음한다.
   '長程(장정)'은 길게, '長老(장:로)'는 길게 발음한다.
   '長生不死(장:생불사)'는 길게, '長孫女(장:손녀)'는 길게 발음한다.
   이러한 것을 파악하자면 국어 사전을 열심히 뒤져 보고 찾아보며 공부를 하는 수밖에 없다.

ㄴ[니은] 한글 자모의 둘째 글자.
나₁ 자기를 스스로 가리키어 일컫는 말. 저. ^반너. ^예그 빵 ~줄래.
나가다 ①안에서 밖으로 가다. ^반들어오다. ②목표를 향하여 가다.
나각 옛날에 소라 껍데기 끝 [나각] 에 구멍을 뚫고 그 구멍에 입술을 대고 불어 소리를 내던 악기.
나귀 「당나귀」의 준말.
나그네 ①제 고장을 떠나서 객지에 가 있는 사람. ②먼 길을 여행하는 사람. ^비길손.
나긋나긋하다 ①감촉이 몹시 연하고 부드럽다. ②친절하고 부드럽다. ③살결이 보드랍다.
나날이 날마다. 매일.
나누다 ①가르다. ②구별하다. ③여러 몫을 내다. ^반합치다.
나다 ①사물이 생겨 이루어지다. ^예서울에서~. ③생산되다. ④어떤 현상이 일어나다. ⑤동안을 지내다. ^예자꾸자꾸 웃음이~.
나돌다 ①밖에 나가서 돌아다니다. ②소문이나 어떠한 물건 따위가 여기저기 퍼지거나 나타나다. ^예헛소문이 ~. 나도는, 나돌아다님.
나뒹굴다(나뒹구니) ①이리저리 마구 뒹굴다. ②여기저기 어지럽게 널려 있다. ^예방바닥에 책들이~.
나들이 멀지 않은 곳에 잠깐 나가는 일. ^예봄~. ^비외출, 나들이하다.
나라 ①국가. ②어떤 특수한 사물의 세계. ^예달~에는 사람이 안 산다.
나락 「벼」의 사투리.
나란히 들쭉 날쭉 안 하고 가지런함.
나래 논밭을 골라서 반반하게 하는 농기구. 써레와 비슷하나 아래에 발 대신 널빤지를 가로대어 자갈·흙덩이를 밀어냄.

나루 강가, 냇가, 바닷가 따위에 나룻배가 도착 하였다. 떠나는 곳.
나루터 나룻배로 강 건너다니는 곳.
나룻배 나루를 건너 다니는 배.
나르다 물건들을 이 곳에서 저 곳으로 옮기다. 예이삿짐을 ~.
[나룻배]
나른하다 몸이 피곤하여 힘이 없다. 예몸이 나른한 게 잠이 온다.
나름 「됨됨이나 하기에 달림」을 나타내는 말. 예~ 정도에 달린 것.
나:리 ①아랫사람이 벼슬아치를 높여 부르던 말. ②지체가 높은 사람을 높여 부르는 말.
나리꽃 산과 들에 자라며 관상용으로 키움. 꽃은 황적색 바탕에 흙자색 점이 있고 뒤로 말리는 여러해살이풀.
[나리꽃]
-나마 불만스럽지만 아쉬운 대로 양보함을 나타내는 연결 어미. 예누추한 집이~ 편히 쉬어라.
나막신 나무를 파서 만든 신. 진 땅이나 비 올 때 신기에 좋음.
나머지 ①어느 한도에 차고 남은 부분. ②미치지 못한 부분. ③나누어 똑 떨어지지 않고 남는 수. 예~일. 안타까운~ 눈물을 흘리셨다.
나무 ①줄기와 가지가 단단하게 된 식물. ②집을 짓거나 물건을 만드는 데 쓰는 재목. -하다.
나무라다 잘못을 꾸짖어 알아듣게 하다. 비꾸중하다.

나뭇잎 나무의 줄기나 가지에 달린 잎. 예은행 ~이 무성하다.
나물 사람이 먹을 수 있는 풀이나 나뭇잎 등을 모두 다 가리키는 말.
나뭇잎[-문닙] 나뭇가지나 줄기의 잎.
나박김치 무를 얄팍하고 네모지게 썰어 절인 다음, 고추·파·마늘·미나리 등을 넣고 국물을 부어 만든 김치. 예~를 담그다.
나발 옛날 관악기의 하나. 놋쇠로 긴 대롱같이 만드는데, 위로 가늘고 끝이 퍼짐.
[나발]
나불나불 ①가볍게 흔들리는 모양. ②계속해서 입을 함부로 놀리는 모양. 거나풀나풀. 흉내말.
나붙다 밖으로 눈에 띄는 곳에 붙다. 예여기저기 벽보가 ~.
나비₁ 옷감이나 종이 따위의 너비. 폭. 참넓이.
나비₂[동물] 두 쌍의 날개를 가졌고 꽃으로 날아다니며 꿀을 빨아먹는 곤충임.
[나비]
나쁘다 ①좋지 않다. 예건강이 ~. ②옳지 않다. 예그 짓은 ~.
나삐 나쁘게. 예요즘 눈이 ~되었다.
나사₁ 1958년에 설립한 미국의 우주 개발 계획을 추진하는 정부 기관. 예~에서 우주 왕복선 발사.
나사₂【螺絲】 ①「나사못」의 준말. ②소라의 껍데기처럼 빙빙 비틀려 고랑이 진 물건.

나사3【羅紗】양털 따위로 짜서 양복감으로 쓰는 모직물. 관양복점.

나선형 소라 껍데기나 용수철처럼 빙빙 감아 올린 것과 같은 모양으로 돌아가 있는 꼴. 예~건물 계단.

나아가다 ①앞으로 가다. ②점점 좋아지다. 예앞으로 자꾸 ~.

나:약 의지가 굳지 못함. 예정신력이 ~한 사람들은 곤란하다.

나열【羅列】①죽 벌여 놓는 것. ②한 줄로 서는 것. -하다.

나오다 ①안에서 밖 또는 앞을 향하여 오다. 예방에서 ~. ②속에서 밖으로 솟아나다. 예잡지와 신문에 얼굴 사진이 ~.

나이 사람이나 생물이 세상에 나서 지낸 햇수. 비연령.

나이스 ①좋음. 훌륭함. 예~볼. ②멋짐. 근사함. -하다.

나이지리아[국명] 아프리카 서부 기니만에 접한 연방 공화국. 1960년에 영국으로부터 독립함. 카카오·야자유·바나나 등의 농산물과 석유를 산출함. 수도는 라오스.

나이테 나무와 줄기를 가로로 자르면 보이는 둥근 테. 비연륜. 나이. 세월.

[나이테]

나이프 작은 칼. 주머니칼. 예~을 이용해 잘라라.

나:인 고려·조선 시대에 궁궐 안에서 임금이나 왕비를 가까이 모시던 여자들을 통틀어 이르는 말.

나일 강 아프리카 대륙의 북동부를 남쪽에서부터 북쪽으로 흐르고 있는 세계에서 제일 큰 강. 길이 6,690km이다.

나일론 석탄·물·공기를 원료로 만든 아주 질기고 가벼운 인조 섬유.

나전【螺鈿】광채가 나는 자개 조각을 여러 가지 무늬 대로 잘라 붙이는 공예 기법.

나전 칠기 광채가 나는 자개 조각을 여러 가지 무늬로 박아 넣거나 붙인 칠기.

[나전칠기]

나절 ①하루 낮의 절반 정도. 한 ~. ②낮의 어느 무렵이나 동안. 예아침 ~.

나중 얼마 동안 지난 뒤. 예~에 가자. 비결국. 반처음.

나지막하다 비교적 조금 나지막 함.

나직이 나직하게. 작고 낮은 목소리.

나체 벌거벗은 몸. 누드. 비벌거숭이. 알몸뚱이. 알몸.

나치스 히틀러가 당수로 한 독일의 파시스트당. 1939년에 제2차 세계 대전을 일으켰으나, 1945년에 패전하여 몰락함.

나침반【羅針盤】방위판 위에서 자기의 힘으로 자침이 돌아 남북의 방향을 가리키도록 한 기구.

나:태 게으르고 느린 것. 나태하다.

나토 북대서양 조약 기구. 예~에

나트륨 알칼리 금속 원소의 하나. 기호 Na, 원자 번호 11, 원자량 22.98989. 은백색의 연한 금속으로 지구상에 다량으로 존재함.

나팔 금속으로 만든 관악기의 한 종류. 「나발」의 원말.

나팔꽃[식물] 덩굴이 길게 뻗는 한해살이풀. 아침 일찍 나팔 모양의 꽃이 피었다가 낮에 시드는 꽃.

[나팔꽃]

나포 ①죄인을 붙잡는 것. ②전시에 적 또는 중립국의 선박 및 그 화물을 해상에서 잡아 자기의 지배 하에 두는 행위. -하다.

나풀나풀 바람에 날리어 자주 흔들리는 모양. 큰너풀너풀. 흉내말.

나프탈렌 좀약 등으로 많이 쓰이는 약품. 특별히 냄새가 있으며 공기 중에서 기체 상태의 분자가 튀어나와 나쁜 냄새를 없애는 데 쓰임.

나흘 4일. 4일 동안. 96시간 동안.

낙【樂】 재미가 즐거움. 즐거운 재미.

낙관₁【落款】 글씨나 그림에 작가가 자신의 이름이나 아호를 쓰고 도장을 찍는 일.

낙관₂【樂觀】 ①세상을 좋게 보는 일. 일이 잘 될 것으로 봄. 예~적으로 보다. -하다.

낙농업【酪農業】 소나 염소 등의 젖을 짜서 이를 원료로 하여 치즈·버터 등을 만드는 농업. -하다.

낙담 ①일이 뜻대로 되지 않아 맥이 풀리는 것. ②너무 놀라서 간이 떨어지는 듯하는 것. -하다.

낙도 육지에서 멀리 떨어진 섬.

낙동강【洛東江】[525.15km] 태백산에서 흘러나와 경상 남북도를 지나 남해로 흘러들어가는 강.

낙동강 전선 6·25 때 국군과 공산군이 낙동강을 중심으로 맞붙어 치열한 전투를 벌인 지역.

낙랑【樂浪】[낭낭] 한사군의 하나. 지금의 청천강 이남 황해도 자비령 이북에 있었던 군현. 고구려에 합병됨.

낙뢰[낭뇌] 벼락이 땅에 떨어지는 것.

낙루[낭누] 눈물을 떨어뜨림.

낙마【落馬】 말에서 떨어짐. 반승마.

낙방【落榜】 시험에 떨어짐. 반합격.

낙서【落書】 아무데나 함부로 글자를 씀. 예~금지. -하다. 장난 글씨.

낙석【落石】 산 위나 벼랑 등에서 돌이 떨어지는 것. 또는 그 돌. 예~에 주의하라. 반석축

낙선【落選】 ①선거에서 떨어짐. 반당선.

낙성【落成】 집·다리 따위의 공사가 끝남. 예~식. 반기공.

낙승【樂勝】 힘들이지 않고 쉽게 이기는 것. 반신승. 예-하다.

낙심【落心】 바라는 일을 이루지 못하여 희망이 없어짐. 낙망. 비낙담. 반희망 -하다.

낙엽 떨어진 나뭇잎.

낙엽송[식물] 소나무과의 나무. 높이 30m가량. 잎은 바늘 모양으로 뭉쳐남. 건축·선박 등에 쓰임.

낙오【落伍】[나고] 지쳐 뒤떨어짐. 예달리기 경주 대열에서 ~되다.

[낙엽송]

낙원【樂園】 편안하게 걱정 없이 즐겁고 살기 좋은 곳.

낙제【落第】 ①시험에 붙지 못함. ②성적이 나빠서 윗 학교나 윗 학년에 진학 또는 진급하지 못함. 예~생. 낙제하다.

낙지[동물] 연체동물 낙짓과의 한 종. 몸은 길고 둥글며, 몸통에는 여덟 개의 발이 있고 거기에 빨판이 있음. 몸길이는 발끝까지 70cm 정도임.

[낙지]

낙차【落差】 높은 곳에서 떨어지거나 흐르는 높낮이의 차. 예~가 큰 커브를 던지다.

낙천적 세상이나 미래를 즐겁고 밝게 보는 것.

낙타[동물] 포유류 낙타과의 한 종류. 등에 지방을 저장하는 혹 모양의 육봉이 있고, 위에는 물을 많이 넣을 수 있으며, 다리가 길고 발바닥의 살이 두꺼워 사막을 걷기에 적당함.

[낙타]

낙하[나카] 아래로 떨어져 내리는 것. 예~훈련을 하다. -하다.

낙하산 항공기에서 뛰어내릴 때에 쓰는 큰 양산처럼 생긴 물건. 예~을 타고 내려오다.

낙향【落鄕】[나컁] 사는 곳을 시골로 옮김. -하다. 반상경. -하다.

낙화암【落花岩】[나콰-] 충청남도 부여의 백마강에 잇닿는 부소산 서쪽의 절벽을 이룬 큰 바위. 백제가 망할 때 삼천 궁녀가 이 바위에서 백마강에 몸을 던져 죽었다고 함.

낙화 유수【落花流水】 떨어지는 꽃과 흐르는 물. 곧 쇠하고 시들며 보잘 것 없이 된다는 것을 비유.

낚시[낙씨] 미끼를 꿰어 물고기를 낚는 작은 쇠갈고리. -하다.

낚싯줄 낚시를 매어 단 가는 줄.

낚아채다 갑자기 힘을 주면서 세게 잡아당기다.

난【欄】 책이나 신문·잡지 등의 지면에 그림·글 따위를 싣기 위하여 둘러 놓은 선의 안 부분. 예빈~에 무슨 글을 올리겠습니까?

난간【欄干·欄杆】 층계나 다리 등의 가장자리에 떨어지지 않게 세로 세워 놓은 쇠로 만든 살.

난공 불락【難攻不落】 공격하기 어려워 좀처럼 함락되지 않음.

난:국₁【亂局】 사회의 어지러운 상황.

난국₂【難局】 어려운 시국. 혼란 시국.

난:대【暖帶】 열대와 온대의 중간으로 기후가 따뜻한 지대. 평균

온도 13°C~20°C가량.

난:도질 칼로 마구 베거나 잘게 다지는 짓. 예-하다.

난동₁【暖冬】따뜻한 겨울철. 반엄동.

난동₂【亂動】질서를 어지럽히는 것.

난로【煖爐】방 안의 공기를 덥게 하는 기구. 비스토브.

난무【亂舞】함부로 나서서 마구 날뛰는 것. 예~한 거리. -하다. 어지럽게 추는 춤.

난민【難民】전쟁 등으로 인하여 어려움을 겪는 사람.

난:방【煖房】①따뜻한 방. ②방을 덥게 함. 반냉방. -하다.

난:방 시:설【煖房施設】방 안을 따뜻하게 하기 위하여 설치한 기구. 난로·스토브 등. 반냉방 시설.

난:색₁【暖色】보기에 따뜻한 느낌을 주는 빛깔. 노랑·빨강 등.

난색₂【難色】어렵게 생각하는 기색.

난:생【卵生】알로 새끼를 까는 일.

난시 눈의 굴절 이상 증세. 수정체의 구면이 고르지 않아서 들어오는 광선이 한 점에 모이지 않으므로 물체가 똑바로 보이지 않는 상태. 또는 그런 눈. 비근시. 원시.

난이도 시험이 어렵고 쉬운 정도.

난:입【亂入】어지럽게 함부로 들어감. 예건물에 ~하다. -하다.

난:잡 지저분하고 추하고 어수선함.

난제 해결하기 어려운 문제. 예~를 하나하나 풀어 아주 재미는 있다.

난:중 일기[책명] 조선 시대 선조 때 이순신 장군이 임진왜란에 출전하여 전투 중에 진중에서 적은 일기. 1592년 5월부터 1598년 9월 까지를 적은 일기. 충남 아산군 현충사에 보관. 국보 제76호이다.

난처하다 이럴 수도 없고 저럴 수도 없이 딱하다.

난청 ①청각 기관의 장애로 소리를 잘 들을 수 없는 상태. ②라디오 따위의 방송이 잘 들리지 않는다.

난초【蘭草】[식물] 주로 6월경에 많이 피는 여러해살이 화초. 줄기가 없고 꽃은 빛이 곱고 향기가 좋으며 잎은 뿌리에서 나옴.

[난초]

난치 치료하기가 대단히 어려운 것.

난파선【難破船】폭풍우를 만나 부서진 배.

난:폭【亂暴】몹시 거칠고 사나움. 예~한 행동을 하는 아이. ~한 운전을 하고 다닌다. 비포악. -하다.

난항【難航】①폭풍우나 파도가 거칠어 어려운 항해를 함. ②일을 하는 데의 어려움. 예협상이 ~을 거듭하다. 반순항. 순풍.

난해 까다로워 풀기가 아주 어려움.

낟:가리 낟알이 붙은 채로 있는 곡식을 쌓아 둔 더미. -하다.

낟:알[나달] 추수한 곡식의 알맹이.

날₁ ①하루의 동안. ②날씨. 예~이

좋다. ③날짜. 예~을 잡다.

날2 물건을 베고 찍고 깎고 하는 날카로운 부분. 예칼~.

날3 피륙·자리·가마니·짚신 따위의 세로 놓인 실이나 새끼. 예짚신이 닳아 ~이 보인다.

날개 ①새나 벌레의 등에 붙어 있는 날아다니게 하는 기관. ②비행기의 앞뒤 양 옆으로 붙은 넓은 조각. 예새의 ~.

날개쥐치 몸에 난 비늘에는 작은 가시줄기가 많고 바다 밑에서 무척추 동물과 바닷풀을 먹는다.

[날개쥐치]

날갯짓 날개를 펴고 아래 위로 세게 움직이는 것. -하다.

날것 고기, 채소 따위를 말리거나 익히거나 가공하지 않은 것.

날고기 말리거나 익히거나 가공하지 않은 고기. 생고기.

날뛰다 ①날 듯이 껑충껑충 뛰다. 예좋아 ~. ②함부로 덤비거나 거칠게 행동하다.

날라리 우리나라 고유의 관악기. 여덟 구멍이 뚫린 나무 관에 깔때기 모양의 놋쇠를 달았음. 태평소. 대평소. 태평소의 잘못.

날래다 움직임이 나는 듯이 힘차고 빠르다. 예동작이 ~. 비날쌔다. 반굼뜨다. 느리다.

날로1 날이 갈수록. 예기술 산업이 ~ 발전하다. 비나날이. 매일매일.

날로2 날것 그대로. 생으로. 예고기를 ~먹으면 병에 걸릴 수 있다.

날름 ①혀가 밖으로 빨리 나왔다가 들어가는 모양. 예혀를 ~ 내밀다. ②손을 빨리 내밀어 날쌔게 놀리는 모양. 예~ 집어먹다. -하다.

날마다 매일. 하루도 빠짐없이.

날밤 부질없이 새우는 밤. 비생밤.

날벼락 뜻밖에 당하는 아주 나쁜 일.

날쌔다 동작이 날래고 재빠르다.

날씨 맑음·흐림 등의 일기. 예~가 흐리다. 비기후. 일기.

날씬하다 몸이 가늘고 키가 커서 맵시가 있다. 예다리가 ~.

날아가다 ①공중으로 날면서 가다. 예기러기가 ~. ②갑자기 날리어 떨어져 나가다.

날인 [捺印] 도장을 찍음.

날일 [-릴] 날삯을 받고 하는 일.

날조 [捏造] [-쪼] 사실이 아닌 것을 사실인 것처럼 거짓으로 꾸미는 것. 예역사의 ~. -하다.

날짜 ①어떤 일에 소요되는 날의 수효. ②작정한 날. 예결혼~.

날치 날개처럼 생긴 지느러미의 도움으로 물 위로 솟구쳐 오르거나 날면서 적을 피한다. 한 쌍의 가슴지느러미를 가지고 있으며 아주 빠르다.

[날치]

날치기 남의 물건을 재빨리 채뜨려 가는 것. 또는 그런 도둑. 예핸드백을 ~당하다. -하다.

날카롭다(날카로우니, 날카로워서) ①끝이 뾰족하다. ②성질이 느긋하지 못하다. ⁽반⁾뭉툭하다. 무디다.

낡다 ①오래 되어 헐어서 못 쓰게 되다. ⁽예⁾방식이 ~. ⁽비⁾헐다. ⁽반⁾새롭다. ②구식이 되다.

남₁ ①나 밖의 다른 사람. ⁽비⁾타인. ⁽반⁾자기. ②관계가 돈독하지 않거나 유대감이 없는 사람.

남₂【男】 남자. 사내. ⁽반⁾여자. 계집.

남₃【南】 남쪽. 남한의 준말. ⁽반⁾북쪽.

남국【南國】 남쪽의 나라. ⁽반⁾북국.

남극【南極】 지구의 남쪽 끝. ⁽반⁾북극.

남극 대:륙[-때-] 남극점을 중심으로 펼쳐져 있는 고원 대륙. 지표의 대부분이 두꺼운 빙설로 뒤덮여 있음. ⁽반⁾북극 대륙.

남극 세종 기지 남극의 자원을 개발하기 위해 1984년에 우리나라가 킹조지 섬에 세운 기지.

남극 지방【南極地方】 남극을 둘러싼 지역의 일대. ⁽반⁾북극 지방.

남기다 ①처져 있게 하다. ⁽예⁾고향에 식구를 ~. ②나머지가 있게 하다. ⁽예⁾많은 이익을 ~.

남김없이 조금이라도 남기거나 여유를 두지 않고 있는 그대로 모두. ⁽예⁾형에게 ~ 있는 것을 주었다.

남녀【男女】 남자와 여자.

남녀 공:학 남자와 여자가 같은 학교나 학급에서 함께 공부를 함.

남녀 노:소【男女老少】 남자와 여자, 늙은이와 젊은이. 곧 모든 사람. ⁽예⁾~를 막론하고 즐길 수 있는 운동은 무슨 운동이 있나 말하세요.

남녀평등 남녀가 권리나 차별이 없음.

남:다[-따] ①다 처분되지 않거나 그 일부가 그대로 있게 되다. ②따로 처져 있다. ⁽반⁾모자란다.

남다르다(남다르니, 남달라서) 다른 사람과는 유난히 다르다.

남달리 남보다 다르게. 유난히, 유달리. ⁽예⁾~ 수영을 잘 한다.

남대문 태조 5년에 세워졌으며 우리나라 국보 제1호인 숭례문을 보통 부르는 이름.

[남대문]

남루【襤褸】 ①누더기. ②옷 같은 것이 해져서 너절함. -하다.

남매【男妹】 오빠와 누이. 또는 누이와 남동생. ⁽비⁾오누이.

남바위 옛날 추울 때 머리에 쓰는 모자의 하나.

남방【南方】 ①남쪽 방향. ②남쪽 지방. ⁽반⁾북방.

남부럽다(남부러우니) 남의 좋은 점이나 잘 되는 것이 부럽다.

남부 지방 ①남쪽 지방. ②우리나라의 부산·대구·광주 등의 광역시와 경상 남북도·전라 남북도·제주도를 포함한 지역.

남북【南北】 남쪽과 북쪽. ⁽반⁾동서. ⁽예⁾~적십자 회담. ~교류.

남북 대:화 우리 나라가 휴전선을 경계로 대치하고 있는 상태를 해소

하고 조국의 평화적 통일을 목적으로 하는 남북한 사이의 정치적 대화. -하다. 예판문점에서 ~함.

남북로 남북으로 연결되어 있는 길.

남북 적십자 회:담【南北赤十字會談】 남북 이산 가족의 사정을 알아보고, 이들의 소식을 알려 주며, 재회를 알선하는「가족 찾기 운동」을 구체적으로 협의하기 위하여 열린 남북한 적십자사의 회담.

남북 전:쟁[1861~1865] 미국 링컨 대통령 때 남부와 북부 사이에 일어났던 노예 해방 전쟁. 1861년 노예 제도를 폐지하자는 북부와 이에 반대하는 남부간의 의견 대립으로 전쟁이 일어나 결국 노예제도를 폐지하자는 북부 지방의 승리로 노예를 해방하게 되었음.

남북 통:일【南北統一】 둘로 갈라진 남한과 북한을 하나로 합쳐 한 나라를 만드는 일. 예~은 국민의 뜻.

남비「냄비」의 사투리.

남사당 무리를 지어 이곳저곳으로 떠돌아다니면서 노래와 춤을 파는 남자.

남사당패 남사당의 무리. 또는 무리.

남산【南山】①남쪽에 있는 산. ②서울의 남쪽에 있는 산. 옛날 이름은 목멱산임.

남산 공원【南山公園】[지명] 서울 남산에, 쉬고 놀 수 있도록 마련해 놓은 놀이터. 예~에서 놀다.

남생이[동물] 냇가나 연못에 살며 거북과 비슷하나 작다. 등은 진한 갈색의 딱지로 되어 있으며, 6~8월에 모래 속에 구멍을 파고 4~6개의 알을 낳고 모래를 덮음.

[남생이]

남서 남쪽과 서쪽의 가운데를 말함.

남서풍【南西風】 남서쪽에서 불어오는 바람. 서남풍.

남성₁【男性】 남자. 반여성. 여자.

남성₂【男聲】 남자의 목소리.

남실거리다 ①탐이 나서 목을 쑥 빼어 늘이고 슬그머니 자꾸 넘겨다보다. ②물결이나 긴 혓바닥이 넘실거리다. 예영신이 혀가~.

남아【男兒】 ①사내 아이. 반여아. ②남자다운 남자를 이르는 말.

남아돌다 남는 것이 많이 있게 되다. 남아돌아가다. 예배추가 ~.

남아메리카 아메리카의 남부.

남아프리카 공:화국[국명] 아프리카 남단에 있는 공화국. 1961년까지는 영연방 내의「남아프리카 연방」이었음. 수도는 프리토리아. 준남아공.[122만 6천km²]

남자【男子】 남성으로 태어난 사람. 사나이. 반여자. 여성. 여자 아이.

남작【男爵】 옛날, 서양에서 나라에 공이 있는 사람에게 주던 다섯 등급의 벼슬 중의 맨 아래 등급. 예윌리엄 ~.

남장【男裝】 여자가 남자처럼 차림.

남장 미인【男裝美人】 남장을 한 아름다운 여자.

남존 여비【男尊女卑】 사회적 지위가 남자는 높고 귀하며, 여자는 낮고 천하다는 말. ^반여존 남비.

남진【南進】 ①남으로 진출함. ②남하. ^반북진. -하다.

남짓 무게·분량·수효 따위가 어떤 한도에서 조금 더 됨을 이르는 말. ^예열 살 ~의 소년.

남쪽 해가 돋는 쪽을 향하여 오른쪽. ^예~나라. ^비남방. ^반북쪽.

남천 자나뭇과의 상록 관목. 중국 원산의 관상용 식물. 초여름에 꽃이 피고 열매는 붉다. [남천]

남측 남쪽. ^예~대표. ^반북측.

남침【南侵】 남쪽을 침략함. ^반북침.

남파【南派】 남쪽으로 파견함. -하다.

남편【男便】 여자의 짝이 되어 사는 남자를 일컫는 말. 배우자. ^예~이 없다. ^반아내.

남풍【南風】 남쪽에서 불어오는 바람. ^반북풍. ^비동풍, 서풍.

남하 남쪽으로 향하여 내려오는 것.

남한【南韓】 해방 후 휴전선 이남의 한국. ^반북한.

남한강【南漢江】 한강의 한 줄기. 강원도 태백산 북쪽의 오대산에서 시작하여 강원도·충청북도를 거쳐 경기도 남양주시에서 북한강과 합류함. ^비북한강.

남한 산성[지명] 경기도 광주군 남한산에 있는 산성. 조선 14대 선조 때 만들었음. 높이 7.2m둘레 7.2km. 사적 제57호이다.

남해 남쪽에 있는 바다. 여수·마산·충무·부산 근방의 바다.

남해 고속 도로【南海高速道路】 순천에서 부산 간을 잇는 고속 도로. 1973년에 개통. 길이 177km.

남해 대교 경상남도 하동군과 섬인 남해군 사이를 잇는 다리. 길이 660m, 너비 12m, 탑 높이 60m이며 한려수도의 명물이다. 우리 나라 최초의 현수교임. 1973년 개통됨. ^예~는 아름답다.

남해안【南海岸】 남쪽 해안을 말함.

남행【南行】 남쪽으로 감. ^반북행.

남향【南向】 남쪽으로 향힘. ^반북향.

남향집 대청이 남쪽을 향하여 있는 집. ^반북향집. ^예~은 해가 잘 든다.

납 무르고 불에 잘 녹으며 금속 중 가장 무거운 청백색의 금속.

납골 시체를 화장하여 그 유골을 그릇이나 납골당에 모시는 것.

납골당【納骨堂】 유골을 모셔 둔 곳.

납기【納期】[-끼] 세금과 공과금 등을 내는 시기나 기한.

납득[-뜩] 남의 말·행동 등을 잘 알아 이해하는 것. ^예~이 되느냐.

납량【納凉】[남냥] 여름철에 더위를 피하여 서늘함을 맛보는 것.

납부 관공서에 물건이나 돈을 보냄.

납세【納稅】 세금을 나라에 바친 것.

납세 의:무【納稅義務】 세금을 나라에 내야 하는 국민의 의무.

납입【納入】 세금, 등록금을 내는 것.

납자루 몸길이가 6~10cm 물풀이

우거진 깊은 강에 살며 곤충의 애벌레나 풀을 먹는 잡식성 어류임. [납자루]

납치【拉致】아무도 모르게 억지로 끌어감. -하다.

납품 계약한 곳에 물품을 바치는 것. 예관청에 책을 ~하다.

낫 곡식·풀 따위를 베는 자「ㄱ」모양의 연모. [낫]

낫:다(나아, 나으니) 다른 곳보다 이것이 더 좋다.

낭군【郎君】예전에, 젊은 아내가 남편을 사랑스럽게 이르는 말.

낭:독【朗讀】글·시·산문 등을 소리 내어 읽음. 예동시 ~을 듣고.

낭떠러지 깎아지른 듯이 가파른 언덕. 비절벽·벼랑.

낭랑₁【琅琅】[-낭] 맑게 들리는 소리. 예목소리가 ~하고 아름답다.

낭랑₂【朗朗】[-낭] ①빛이 매우 밝은 모양. ②소리가 매우 흥겹고 명랑한 모양. -하다.

낭:만【浪漫】이상적으로 사물을 파악하는 심리적 상태. 또는 그런 심리 상태로 인한 감미로운 분위기.

낭:비【浪費】시간이나 재물 따위를 헛되이 씀. -하다.

낭:송 소리 내어 글을 외움. 낭송.

낭자₁【娘子】젊은 여자. 미혼 여성.

낭자₂【郎子】옛날에 남의 집 총각을 점잖게 이르던 말.

낭:패【狼狽】일이 뜻대로 안 되어 몹시 딱하게 됨. -하다.

낮[낟] 해가 떠 있는 동안. 해가 떨어질 때까지의 시간. 예한~. 반밤.

낮다[낟따] ①높이가 짧다. ②주위보다 얕다.

낮은음자리표 낮은 음정을 나타내는 기호. 반높은음자리표. [낮은 음자리표]

낮잠[낟짬] 낮에 자는 잠. 반밤잠.

낮추다 ①낮게 하다. ②자리를 낮게 만들고 사양하다. ③남에게 겸손하다. 예말을 ~. 반높이다.

낮춤말 자신을 낮추어 쓰는 말.

낯[낟] ①얼굴. ②남을 대할 만한 면목. 예부탁드리기 ~이 뜨겁다.

낯가림[낟까-] 어린아이가 낯선 사람 대하기를 싫어하는 것. 예아이가 ~하네. -하다.

낯설다 처음으로 대하여 눈에 서투르다. 비생소하다. 반낯익다.

낯익다[낟닉따] 여러 번 접하여, 쉽게 친숙하거나 알아볼 만하다.

낱:[낟] 셀 수 있는 물건의 하나하나. 따로 떼어 놓은 것. 예~ 개.

낱개 비슷한 여러 개 중에 한 개.

낱:권 따로따로의 한 권 한 권의 책.

낱:말[난-] 어떤 뜻을 나타내거나 어떤 구실을 하고 있는 하나하나의 말. 예모르는 ~이 아주 많다.

낱:셈 개수를 하나하나씩 세는 셈.

낱자 하나하나의 글자. ㄱ·ㄴ·ㄷ…ㅏ·ㅑ·ㅓ·ㅕ·ㅗ·ㅛ…등.

낳다[나타] 아이나 새끼·알 등을 뱃속에서 내어 놓다.

내: 시냇물보다 크고 강물보다는

작은 물줄기. ^비개울. 개천.
내:각【內閣】국가의 행정권을 맡아 보는 최고 기관. 국무 총리 및 여러 국무 위원과 또는 장관으로 조직된 행정 중심 기관이다.
내객【來客】찾아온 손님을 말함.
내:걸다 ①밖에 내어 걸다. ^예간판을 ~. ②앞세우거나 내세우다. ^예조건을 ~. ③목숨·명예 따위를 내어 놓다. ^예송아지를 상품으로 ~.
내과【內科】내장의 기관에 생긴 병을 외과적 수술에 의하지 않고 고치는 의술.
내과피【內果皮】열매의 속에서 씨앗을 감싸고 있는 가장 안쪽 부분임.
[내과피]
내:국세【內國稅】국세 가운데서 관세 등을 제외한 모든 세금의 총칭.
내:규【內規】어떠한 기관이나 단체가 그 실정에 따라서 따로 정하여 그 내부에서만 시행하는 규정. 내직. ^예회사의 ~가 까다롭다.
내:근【內勤】회사 안에서 근무하는 것을 말함. ^예~하는 기자. ^반외근.
내기 돈 따위를 내어 놓고 이기는 사람이 따기를 다투는 일. -하다.
내:내 처음부터 끝까지. 계속하여.
내년【來年】올해의 다음 해. ^비명년. ^반작년. 금년.
내:놓다 ①물건을 밖으로 꺼내 놓다. ②신체 부위를 바깥으로 노출하다. ③팔려고 하는 물건임을 알도록 드러내다. ④의견이나 문제를 제시하다.
내:다 ①돈이나 물건을 주거나 바치다. ②서류나 문서를 제출하다. ^예사표를 ~. ③편지나 통지 등을 보내다. ④출판물을 발행하다. ^예책을 ~. 곡식을 시장에 ~팔았다.
내:달리다 앞을 보고 힘차게 달리다.
내:던지다 아무렇게나 힘껏 던지다.
내:두르다 이리저리 마구 흔들다.
내:디디다 ①앞이나 바깥쪽으로 디디다. ②걸음을 내걷다.
내:란【內亂】나라 안에서 일어나는 난리. ^비내전. ^반외란.
내려가다 ①높은 데서 낮은 곳으로 향하여 가다. ②값이 떨어지다. ^반올라가다. ^예방학 때 시골에 ~.
내려서다 높은 데서 낮은 곳으로 내려와 서다. ^예아래로 ~.
내려쓰다 모자 따위를 이마보다 아래로 내려서 쓰다.
내력【來歷】지금까지 지내온 과정.
내:륙【內陸】바다에서 멀리 떨어진 육지. ^예~지방. ^반해안.
내리긋다 줄(금)을 아래로 향하여 긋다. ^예아래로 ~.
내리다 ①높은 데서 낮은 데로 옮기다. ②탈 것에서 내리다. ③윗사람이 아랫사람에게 주다. ^예사단장이 올빼미 작전 명령을 ~.
내리닫다 아래로 향해 힘차게 뛰다.
내리막 내려가는 길. 또는 바닥. ^반오르막. ^예자동차가 ~으로 간다.
내리쬐다 볕이 세차게 내리비치다.

내림표 한 음에서 반음을 내리라는 기호. 'b'로 표기함.

내:막【內幕】겉으로 드러나지 않은 속의 일. 셈속. 예~을 충분히 알 겁니다.

[내림표]

내몰다(내모니) ①밖으로 몰아내어 쫓다. 예소를 우리 밖으로 ~. ②앞으로 급히 달리도록 몰다. 예차를 ~. 그를 위선자로 믿고 ~.

내:무부 내무 행정의 중앙 기관. 지방행정·선거·지방 자치 단체의 감독·치안·소방 등의 사무를 총괄함. 지금은 행정 안전부로 바뀜.

내:뱉다 ①입 밖으로 뱉어 내보내다. ②마음에 내키지 않거나 못마땅한 어조로 짧게 말하다.

내:버려 두다 건드리지 않고 그대로 두다. 예동생을 혼자 놀게 ~.

내:부【內部】안쪽 부분. 반외부.

내:분【內紛】내부에서 저희끼리 일으키는 분쟁. 내홍.

내:비치다 ①빛이 앞이나 밖으로 향하여 비치다. ②속의 것이 겉으로 드러나 보이다. 예속 옷이 ~.

내빈【內賓】모임에 초대 받고 온 손님. 예여러 ~을 모시고.

내:빼다「달아나다」를 속되게 이르는 말. 준빼다. 예일을 안 하고 ~.

내:사【內査】은밀히 조사하는 것. 뒷조사를 한다. 예~에 착수하다.

내:세우다 ①나와 서게 되다. 예맨 앞에 ~. ②나서게 하거나 나서서 행동하게 하다. 예대표로 ~. ③눈에 잘 뜨이게 내놓다. 예간판을 ~. 형은 계속 자기 입장만 ~.

내:심【內心】속마음. 예~을 안드러냄.

내왕【來往】오고감. 비왕래. 래왕.

내:외【內外】①안과 밖. 안팎. ②남편과 아내. 부부.

내:용【內容】속에 담긴 자세한 사실. 예~이 좋다. 반형식.

내:의【內衣】속에 입는 옷. 속옷.

내일【來日】오늘과 바로 다음 날. 비명일. 반어제. -하다.

내:전【內戰】국내에서의 전쟁. 특히 내란 등을 이르는 말. 반외전.

내:젓다(내저으니, 내저어) 앞뒤로 마구 흔들다. 내저었다.

내:정₁【內政】①집안 살림살이. ②나라 안의 정치. 예~간섭을 한다.

내:정₂【內定】드러내지 않고 남모르게 작정하는 것.

내:조 아내가 남편을 도와 주는 것.

내:지【乃至】①얼마에서 얼마까지. 예한 달 ~ 석 달 동안. ②또는, 혹. 예서울 ~ 부산에서나 볼 수.

내:지르다(-지르고. -질러) ①앞이나 밖을 향하여 힘껏 지르다. ②갑자기 큰 소리를 지르다. ③알이나 새끼를 낳다의 속된 말.

내:통【內通】①남 몰래 적과 통하는 것. ②몰래 알리는 것. ③남녀가 아무도 몰래 정을 통하는 것.

내:팽개치다 ①냅다 팽개치다. ②보살피거나 돌보지 않다.

내:포【內包】어떠한 뜻을 속에 포함하는 것. -하다.

내:화【耐火】 불에 타지 않고 잘 견디는 것. 예~ 벽돌.
냇:가 흘러가는 물의 옆 가장자리.
냇:둑[내뚝] 물이 흐르는 냇가 둑.
냇:물[낸-] 냇가에서 흘러가는 물.
냉:담【冷淡】 태도가 차고 무관심함.
냉:대₁【冷待】 쌀쌀하게 대접함. 비푸대접. 예~를 당했다. -하다.
냉:대₂【冷帶】 온대와 한대의 중간에 있는 지역. 대체로 남·북위 40°~67°의 지역. 반온대.
냉:랭하다 ①온도가 싸늘하다. 예방바닥이 ~. ②태도가 쌀쌀하다.
냉:면【冷麪】 차게 해서 먹는 국수의 한 가지. 물냉면·비빔 냉면·회냉면 등이 있음. 예평양~.
냉:방【冷房】 ①찬 방. ②방 안을 차게 하는 일. 예~시설. -하다.
냉:소【冷笑】 차가운 태도로 비웃음.
냉:수【冷水】 차가운 물. 반온수.
냉:수 마찰 찬물에 담근 수건으로 살갗을 문지르는 건강법의 일종.
[냉이]
냉이[식물] 겨자과의 일년초. 봄에 들이나 산에 돋아나는 풀. 어린 잎으로 봄에 국을 끓여 먹는다.
냉:장고【冷藏庫】 음식물을 얼리거나 저온 보존하기 위한 상자 모양의 장치. 저장실과 냉각 장치로 구성되며, 냉각하는 방법에는 얼음·전기·가스 따위를 쓰는 여러 가지 방법이 있음.

냉:전【冷戰】 무기를 쓰지는 않으나 전쟁을 하는 듯한 국제 간의 심한 적대적 대립 상태. 예~시대가 막을 내리다. 반열전.
냉:정₁【冷情】 마음이 아주 매정함. 반온정. 다정. -하다.
냉:정₂【冷靜】 침착하여 감정에 치우치거나 사물에 통하지 아니함. 예~해라. 반흥분. -하다.
-냐 받침 없는 말 끝에 붙어 묻는 뜻을 나타낼 때 쓰는 말. 예배가 고프~?
냥【兩】 돈이나 중량의 단위를 나타내는 말. 한 냥은 한 돈의 열 곱임. 금·은·동. 한약재를 무게로 잼.
너구리[동물] ①여우보다 작고 살이 찌고 주둥이가 뾰족한 산짐승. ②능청스러운 사람을 비유함.

[너구리]

너그럽다(너그러우니) 마음이 넓고 관대하다. 반옹졸하다.
너무 정도가 지나치게. 예~친절함.
너무나 심하게. 대단히.
너비 가로 퍼진 길이. 비폭. 참넓이.
너와집 지붕을 이는 데 쓰는 소나무 토막을 쪼갠 널빤지로 덮어 만든 집.
[너와집]
너트 볼트에 끼어 돌려서 물건을 움직이지 않도록 죄는 것. 관볼트.
너희[-히]「너」의 여럿을 말함. 예~집은 넓고 깨끗하고 아름답다.
넉: 넷(4). 예~냥.

넉가래 곡식·눈 따위를 한 곳에 밀어 모으는 데 쓰는 기구. [넉가래]

넉넉하다 계산한 것보다 남음이 있다. 예집안 살림이 ~. 비충분하다. 반부족하다. -하다.

넋 사람의 몸에 붙어 있으면서 정신 작용을 한다고 생각되는 것. 비정신. 얼. 영혼. 반육체.

넌지시 밖으로 드러나지 않게 가만히.

널: ①널뛰기를 하는 얇고 넓게 만든 널빤지. ②관. 비널판지.

널:다 볕에 쬐거나 바람을 쐬기 위하여 펼쳐 놓다.

널따랗다 생각보다 대단히 넓다.

널:뛰기 긴 널빤지의 중간을 괴어 놓고 양 끝에 한 사람씩 올라가서 발을 굴려 번갈아 공중으로 올라갔다 내려왔다 하는 여자들의 놀이. 고려 때부터 있었으며 정월에 많이 뜀. 예-하다.

[널뛰기]

널름거리다 ①혀나 손 또는 불길이 자꾸 빨리 나왔다 들어갔다 하다. ②탐을 내어 자꾸 고개를 내밀어 보이다. 예강아지가 혀를 ~.

넓다[널따] ①넓이가 크다. 반좁다. ②마음이 너그럽다. 예정원이 ~.

넓디넓다 매우 넓다. 예땅이 ~.

넓이[널비] 한정된 평면이나 곡면이 차지하는 크기. 면적.

넓이뛰기[널비-] 폭이 넓게 멀리뛰기를 겨루는 경기. 비멀리뛰기. -하다. 예준언이는 ~한국 대표다.

넓적다리[넙쩍따-] 다리의 무릎 관절 위의 부분. 대퇴부를 말한다.

넘기다 ①물체를 장애물 위로 넘어가게 하다. 예공을 네트 위로 ~. ②서 있는 것을 넘어지게 하다. 예다리를 걸어 ~. ③음식물을 목으로 넘어가게 하다. ④권리나 책임 따위를 내주다. 예재산을 자식에게 ~. 시험지 문제를 뒤로 ~.

넘:다 ①기준을 벗어나 지나다. 예쉰 살이 ~. ②칼날 따위를 지나치게 갈아 날이 한 쪽으로 쏠리게 되다. ③어려운 고비를 지나다. ④경계를 지나다. 밖으로 나오다.

넘버 번호나 차례를 나타 내는 수.

넘버 원 첫 번째. 가장 좋은 일.

넘:보다 업신여겨 낮춰 보거나 깔보다. 예상대를 ~. 비얕보다.

넘치다 가득 차서 밖으로 밀려 나가다. 예강물이 ~.

넙죽[-쭉] ①입을 넓게 벌렸다가 다무는 모양. ②몸을 바닥에 대며 엎드리는 모양. 흉내말.

넙치[동물] 넙칫과의 바닷물고기. 몸길이 60cm 정도. 몸은 위아래로 넓적한 긴 타원형이며, 두 눈은 몸 왼쪽에 있고 입이 크다. 광어.

[넙치]

넝마 해어져서 입지 못하게 된 헌 옷 따위. 예~를 입고 다닌다.

네₁ 너의. ᵉ⁾꼬마야~ 이름이 뭐냐?

-네₂ ①사람의 한 무리를 나타내는 말. ᵉ⁾우리~. 아낙~. ②집안이나 가족 전체를 들어서 나타내는 말. ᵉ⁾영희~ 집에 그네가 있다.

-네₃ 감탄의 뜻을 나타내는 종결어미. ᵉ⁾산에는 꽃 피~ 꽃이 피~. 들에도 꽃피~ 꽃이 피~.

네눈고기 2개의 눈으로 물 위와 물속의 먹이를 동시에 볼 수 있어 마치 4개의 눈이 있는 것처럼 보임.

[네눈고기]

네덜란드[국명] 유럽 북서쪽에 있는 나라. 국토의 5분의 3이 바다보다 낮으며 낙농과 튤립 등 원예농업이 발달됨. 화란. 홀란드. 수도는 암스테르담. [3만7천km²]

네트워크 ①방송망. ②복수의 컴퓨터를 유선·무선의 통신 매체로 연결하여 데이터를 주고 받는 통신망. ᵉ⁾컴퓨터 네트워크.

네팔[국명] 히말라야 산맥 중에 있는 작은 왕국. 산지가 많고 농업과 목축이 성행함. 수도는 카트만두.[14만7천km²]

녀석 ①남자를 욕으로 이르는 말. ᵉ⁾나쁜 ~. ②사내아이를 귀엽게 이르는 말. ᵉ⁾신통한 ~.

년₁ ①여자를 욕으로 이르는 말. ᵉ⁾망할~. ②여자 아이를 귀엽게 이르는 말. ᵇ⁾놈. ᵉ⁾저런 나쁜~.

년₂【年】①해를 세는 단위. 1년은 365.25일임. ②일정하게 순서가 정해진 해를 세는 말. ᵉ⁾서기 2000~. ᵇ⁾해.

노₁【櫓】손으로 저어, 물을 헤치는 힘으로 배를 앞으로 나가게 하는 기구. ᵉ⁾~를 저어 배를 움직였다.

노₂【老】일부 낱말에 붙어「늙은·나이 많은」의 뜻을 나타냄. ᵉ⁾~처녀. ~총각. ᵇ⁾아기.

노고【勞苦】중요한 일을 하느라 힘들이고 애쓰는 것. 수고하는 것. ᵉ⁾~가 많다. ~가 크다.

노고지리[동물] 종달새의 옛 이름. 몸은 참새보다 조금 크고, 긴 날개를 가졌음.

[노고지리]

노곤【勞困】힘이 빠져 피곤함. 고단함. ᵉ⁾몸이 몹시 ~하다. -하다.

노:골적【露骨的】[-쩍] 숨김 없이 드러내는 것. ᵉ⁾~으로 말한다.

노:구【老軀】나이를 먹어 마음대로 움직일 수 없게 된 늙은 몸.

노끈 종이 등으로 꼬아서 여러 가닥으로 만든 가늘고 긴 끈.

노:년【老年】늙은 나이. ᵇ⁾만년.

노다지 금·은 등 광물이 막 쏟아져 나오는, 가치가 매우 높은 광맥.

노동【勞動】마음과 힘을 써서 일함. ~의 대가. ᵇ⁾근로, 노동하다.

노동당【勞動黨】①노동자 계급의 이해를 대표하는 정당. ②영국

노동부【勞動部】 근로자들에 대한 문제를 처리하고 그들을 보호하는 사무를 맡아 보는 행정 기관.

노동자【勞動者】 일을 해서 받은 품삯으로 살아가는 사람. 반자본가.

노동 조합 노동자가 스스로 근로 조건을 유지·개선하고, 경제적·사회적 지위를 향상시킬 목적으로 조직하는 단체. 노조라고도 한다.

노래 ①곡조를 붙이어 부르는 소리나 말, 또는 글. 예~부르다. ②시·시조 같은 운문. -하다.

노래기 햇빛이 안 드는 축축한 땅이나 바위 틈, 낙엽 속에서 사는 벌레이며 고약한 냄새를 풍겨 자기 몸을 보호한다. [노래기]

노량 해전【露梁海戰】 조선 선조 31년(1598) 정유재란 때 노량 앞 바다에서 왜군을 격파한 이순신 장군의 마지막 해전. 장군은 이 해전에서 전사함.

노려보다 눈에 매서운 기를 띠고 쏘아 보다. 겨누어 보다.

노력₁【努力】 힘을 들여 애를 씀. 반태만. -하다. 예앞으로 ~하겠다.

노력₂【勞力】 ①힘을 들이어 일함. ②물건을 생산하기 위한 육체적·정신적 활동. 노력하다.

노련【老鍊】 경험을 쌓아 익숙하고 능란함. 예~한 것.

노루 사슴과 비슷하나 조금 작은 산짐승. 뿔은 작고 가지가 셋인데 겨울에 빠졌다가 봄에 다시 생긴다.

노루목 노루가 지나다니는 길목.

노르스름하다 산뜻[노루] 하지 않고 아주 엷게 누르다. 큰누르스름하다.

노르웨이[국명] 스칸디나비아 반도의 서부를 차지하는 입헌 군주국. 1905년 스웨덴으로부터 독립함. 임업·공업·어업이 성하며 사회 보장 제도가 발달됨. 수도는 오슬로. [38만 7천 km^2]

노른자위 ①어떤 사물의 중요한 부분. ②알의 흰자위에 둘러싸인 둥글고 노란 액체.

노릇 어떠한 구실이 되는 일. 비역할. 어떤 일의 딱한 처지나 형편.

노릇노릇하다[노른노르타다] 군데군데 노르스름하다.

노리개 ①여성의 몸치장으로 한복 저고리 고름이나 치마허리 등에 다는 물건. 패물. ②취미로 가지고 노는 물건. [노리개]

노린재 몸에서 고약한 노린내를 풍겨 적을 방어하며 해충이나 애벌레를 잡아

[노린재]

먹고 산다.

노:모【老母】늘은 어머니. ^반노부.

노무【勞務】급료를 받으려고 육체적·정신적 노력을 들여 하는 노동 근무. ^예~자. 공장~ 관리자.

노발 대:발【怒發大發】어른들이 매우 화가 나서 크게 분노하는 것.

노:벨상 노벨의 유언에 의하여, 인류의 행복을 위하여 노력한 사람에게 주는 상. 1896년 12월 10일 그가 세상을 떠날 때 남긴 900만 달러로 기금을 만들어 1901년부터 물리·화학·의학·문학·평화·경제상을 그가 세상을 떠난 날인 양력 12월 10일에 매년 시상하고 있음. ^예~은 권위 있는 상.

노:변【路邊】길가. 도로의 갓길.

노:병【老兵】①늙은 병사. ②군대에 오래 있어서 경험이 많고 노숙한 병사. ^예~은 죽지 않는다. 다만 사라질 뿐이다.

노:비₁【勞費】여행하는 데 쓰이는 돈. ^비여비. 노자.

노비₂【奴婢】사내 종과 계집종을 통틀어 이르는 말. ^반양반.

노사【勞使】일을 하는 사람과 일을 시키는 사람. ^예~ 관계. 노무 관계.

노:송【老松】늙은 소나무.

노심 초사【勞心焦思】마음으로 애를 쓰며 속을 태움. -하다.

[노송]

노:약자【老弱者】늙은이와 약한 사람.

^예~ 보호석.

노:여움 노여운 마음. 화가 난 마음.

노역【勞役】①몹시 힘든 노동. ②노무에 종사하는 것. -하다.

노예 짐승처럼 자유가 없고 남의 부림만 받는 사람. ^예~ 해방 운동. ^비종. ^반상전. 자유인. 주인.

노예 제:도【奴隸制度】노예에 대한 집단적·계급적 지배로써 성립된 사회 조직. ^예~의 폐지.

노예 해:방 노예 제도를 철폐하고 자유인으로서의 권리와 능력을 주는 일. 1863년에 링컨 대통령이 노예 해방을 선언하였고, 1926년에는 국제 연맹에서 노예 매매를 세계적으로 금지하였음.

노:인【老人】늙은이. ^반젊은.

노:인장「노인」어른을 높여 이른말.

노:인정 마을 노인들이 모여서 놀 수 있도록 지어 놓은 정자.

노:인회【老人會】한 지역의 노인들이 중심이 되어 만든 모임.

노임【勞賃】일해 준 품삯. ^예~문제.

노:자【路資】먼 길을 여행하는 데 드는 돈. ^비여비. -하다.

노:적봉[지명] ①서울 북쪽의 삼각산에 있는 봉우리의 하나. ②전라남도 목포시에 있는 유달산의 산봉우리 이름.

노조【勞組】「노동 조합」의 줄인 말.

노즐 끝이 작은 구멍에서 액체나 기체를 분출시키는 통 모양으로 된 장치의 총칭.

노:출【露出】밖으로 훤히 보이는 것.

노:친【老親】늙으신 부모님을 말함.
노크 방에 들어갈 때 문을 가볍게 두드림. -하다.
노:터치 ①손을 대지 않음. ②어떤 일에 관계하지 않음. -하다.
노:트 ①공책. 필기장. ②배가 달리는 속도의 단위.
노트르담 성:당 성모 마리아를 축복하기 위하여 프랑스 파리·아미앵·랭스·마르세유에 세워진 대성당. 파리의 노트르담 성당이 유명함.
노:파【老婆】늙은 여자. 비할머니.
노:화【老化】생물 또는 물질의 기능이나 성질이 시간이 경과함에 따라 쇠약해지는 현상. 노화하다.
노:환【老患】늙어서 생기는 병.
노:획【鹵獲】싸워서 적의 군용품과 여러 물품을 빼앗는 것. -하다.
노:후1【老朽】낡아 아주 쓸모가 없음.
노:후2【老後】늙은 뒤. 예~대책임.
녹1【祿】벼슬아치에게 봉급으로 주던 쌀·보리·돈 등을 통틀어 이르는 말. ~을 받다.
녹2 쇠붙이가 산소의 작용으로 변한 물질. 예~이 철판을 부식한다.
녹각【鹿角】[-깍] 사슴의 뿔.
녹나다 녹이 생기다.
녹두 작고 동그란, 녹색의 낟알. 묵, 빈대떡, 숙주나물의 재료이며 콩 종류의 한 가지 곡식. [녹두]
녹말【綠末】[농-] 쌀·밀·감자 등의 주성분. 흰색의 가루이며, 우리 몸에 흡수되어 열과 힘의 바탕이 되는 영양소. 비전분.
녹색 혁명 품종 개량으로 많은 수확을 올리는 농업상의 혁명. 1960년대에 개발 도상국에서 일어난 비약적 현실적 농업 증산을 일컫는 말.
녹용 사슴의 뿔은 피를 보충하고 심장을 강하게 하는 힘이 있어 보약으로 귀하게 쓰임. [녹용]
녹음1【錄音】소리를 넣어 나중에 다시 들을 수 있도록 테이프나 레코드에 옮겨 놓은 일. -하다.
녹음2【綠陰】푸른 잎이 우거진 나무의 그늘. 예~이 우거진 숲.
녹음기【錄音器】소리를 다시 들을 수 있도록 테이프 등에 음성을 녹음하거나 다시 들을 수 있는 기계.
녹지 풀과 나무가 아주 많은 푸른 땅.
녹지대【綠地帶】나무나 풀을 심은 땅.
녹초 아주 힘이 풀어져 맥을 못 쓰는 상태. 예축구 선수늘이 ~가 되다.
논 물이 괴게 하여 벼를 심기 위하여 만든 땅. 답. 예~을 갈다.
~에 물을 대다.
논갈이 논을 가는 일. 마른갈이와 물갈이가 있음. -하다.
논고【論告】법정에서 검사가 피고의 범죄 사실을 밝히고 형벌을 요구하는 것. -하다.
논공【論功】공이 있고 없음이나 크고 작음을 논하여 정하는 것.
논공 행상 공과 사를 따져서 상을 줌.
논농사 논에 짓는 농사. 벼농사 따위.

ᵇᵗ밭농사. -하다.
논란[놀-] 잘못을 따져 비난하는 것. ᵉ~의 여지가 없다.
논리【論理】[놀-] 이치에 맞도록 올바르게 생각하는 것.
논문 어떤 문제에 대한 학술적인 연구를 체계적으로 적은 글.
논바닥[-빠-] 농사를 짓는 바닥.
논박【論駁】 어떤 주장이나 견해를 논하여 잘못을 말하는 것.
논밭 논과 밭. ᵇⁱ전답.
논병아리 물에서 사는 새로 뭍으로 올라오는 일은 거의 없다. [논병아리]
논술【論述】 의견을 논하여 진술하는 것. 또는 그 서술. -하다.
논스톱 멈추지 않고 바로 감. ᵇⁱ스톱.
논어【論語】[책명] 사서의 하나. 공자와 그의 제자들의 언행을 적은 유교의 경전.
논의【論議】 서로 의논하여 토의함.
논쟁【論爭】 서로 다른 의견을 가진 사람이 자기의 주장을 내세워서 말이나 글로 다툼. -하다.
논제【論題】 토론·논의·논문 등의 제목이나 주제.
논평【論評】 논술하여 비평하는 것. 잘 되고 못됨을 따져서 비판하여 말함. -하다.
놀:다(노니) ①일이 없어 한가히 세월을 보내다. ②물자나 시설 따위가 쓰이지 않고 있다.

놀:라움 뜻밖의 일에 갑자기 일어나는 느낌.
놀:랍다(놀라우니) ①장하고 갸륵하다. ②놀랄 만하다.
놀래기 곤충과 플랑크톤을 먹고 살며 번식기에 수컷은 오렌지색 암컷은 흰색을 띠고 강에 알을 남.

[놀래기]

놀부 ①흥부전에 나오는 주인공의 한 사람. 마음씨가 나쁘고 심술궂음. ②욕심꾸러기를 비유하는 말.
놀이₁ 여럿이 함께 모여 재미있게 노는 일. ᵉ공기~. -하다.
놀이₂ 봄날에 벌들이 떼를 지어 제집 앞에서 날아다니는 일.
놀이터 여러 가지 놀이를 할 수 있도록 꾸며진 곳. ᵉ어린이 ~.
놈 ①동물이나 물건을 가리키는 말. ②사내를 낮추어 일컫는 말들.
농:【弄】 실없는 장난. 우스갯소리.
농경【農耕】 논이나 밭을 갈아 농사를 지음. ᵉ~생활. ᵇⁱ경작지.
농경지【農耕地】 농사를 짓는 농지.
농구₁【農具】 농사를 짓는 데 쓰는 기구. ᵇⁱ농기구. 농기계.
농구₂【籠球】 공을 손으로 몰고 가서, 상대편 바스켓에 넣어 득점하는 경기. 한 팀은 5명씩.

[농구]

농군【農軍】 농사짓는 일꾼. 비농부. 농사일이 직업임.

농기계【農機械】 농사 짓는 데 쓰이는 기계. 트랙터·콤바인 등.

농기구【農器具】 농사 짓는 데 쓰이는 여러 가지 기계나 기구. 삽·호미·쇠스랑·낫·괭이·경운기 등.

농ː담₁【弄談】 실없이 하는 장난의 말. 반진담. -하다.

농ː담₂【濃淡】 색체·명암 등의 짙음과 옅은 정도.

농도【濃度】 용액의 진한 정도. 용액 속에 녹아 있는 각 성분의 양. 예술의 알코올 ~.

농락【籠絡】[-낙] 남을 속여 휘잡아서 제 마음대로 놀리는 것.

농로【農路】 농사에 이용되는 길.

농수산부【農水産部】 행정 각부의 하나. 농산·잠업·식량·농지·수리 및 축산, 어업, 어촌에 관한 사무를 맡아 봄.

농민【農民】 농사를 짓고 사는 사람. 비농부. 농군. 농사꾼.

농번기【農繁期】 농사일이 바쁜 시기. 반농한기.

농부【農夫】 농사를 평생 직업으로 하여 생활하는 사람. 비농민. 농군.

농부가【農夫歌】 농부가 농사일을 할 때에 매김소리를 받아 여러 사람이 부르는 노래. 예~를 부른다.

농사【農事】 논밭을 일구어서 곡식·채소 등 농작물을 거두는 일. 예~를 짓다. 비농업. -하다.

농산물【農産物】 농업에 의하여 생산된 물품. 예~을 가공하다.

농성 목적을 이루기 위하여 줄곧 한 자리에 머물러 있음. -하다.

농수산【農水産】 농업과 수산업.

농수산물【農水産物】 농산물과 수산물을 통틀어 일컫는 말. 예~ 시장.

농아 듣지 못하고 말하지 못하는 사람.

농아 학교【聾啞學校】 농아 교육을 하는 특수 교육 기관.

농악【農樂】 농부들이 하는 우리 나라 특유의 음악. 나팔 불고, 북·장고·징·꽹과리·소고 등의 악기를 씀. 예~대가 오고 있다.

농악대 농악을 연주하는 사람들의 무리. 예~가 우리 마을을 돈다.

농어 몸이 납작하고 입과 지느러미가 크며 단단한 등이 검푸른 잿빛 바닷 물고기. [농어]

농어민【農漁民】 농사를 짓는 사람과 고기잡이로 생활하는 사람.

농어촌【農漁村】 농촌과 어촌. 농사를 짓거나 고기잡이를 해서 살아가는 사람들의 마을.

농업 협동 조합 농가의 이익과 생산력을 늘리기 위하여 만든 조합.

농요【農謠】 농부들이 농사 일을 하며 부르는, 전해져 불리는 노래.

농자 천하지대본「농사는 온 세상 사람들이 생활해 나가는 근본이다」라는 말. 주식은 우리의 필수품.

농작물【農作物】 논밭에 심어 가꾸는 곡식·채소·화훼·과일의 총칭.

농장【農場】농사를 짓기 위하여 마련한 땅, 또는 시설이 있는 곳. 예~주. 비농원. 반공장. -하다.

농촌【農村】농사를 짓고 생활하는 사람들이 모여 사는 마을. 반도시. 도회지. 예여름에 ~에 간다.

농촌 지도자【農村指導者】농촌을 개발하여 농민을 잘 살 수 있도록 이끌어 가는 사람. -하다.

농촌 진ː흥청 농촌의 발전을 위한 일을 맡은 정부 기관. 농수산부에 딸림. 경기도 수원에 있다.

농축【濃縮】즙액 등이 진하게 바짝 졸아드는 것. 예~ 우라늄.

농토【農土】농사 짓는 데 쓰이는 땅. 비농지. 경작기 예~를 졌다.

농한기【農閑期】농사 일에 바쁘지 않은 시기. 반농번기.

농협「농업 협동 조합」의 줄인말.

농후【濃厚】①맛·빛깔·성분 등이 매우 짙음. ②어떤 경향이나 가능성이 강하거나 크다. 예결손 가정의 아이들은 빗나갈 일이 ~.

높낮이 높거나 낮은 정도. 비고저.

높다 ①위로 길게 솟아 있다. 예천장이 ~. ②남보다 위에 있다. ③수준이 뛰어나다. 예학력이 ~. ④널리 알려져 있다. 예이름이 ~. ⑤소리나 강도가 높다. 예소리가 ~.

높다랗다 매우 높다. 썩 높다.

높새바람 뱃사람이「북동풍」을 이르는 말. 봄부터 초여름에 분다.

높이다 ①높게 하다 예목청을 ~. ②존대하다. ③존경하는 마음으로 올려 받들다.

높이뛰기 일정한 거리를 달려 공중으로 가로대를 뛰어넘어 그 높이를 겨루는 육상 경기의 하나.

높은음자리표 높은 음역을 적은 악보임을 나타내는 기호의 이름.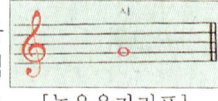
[높은음자리표]

놓다[노타] ①그대로 두다. ②총포 따위로 쏘다. ③하던 일을 그치다. 예일손을 ~. ④실로 수를 만들거나 무늬를 넣다. 예꽃수를 ~. ⑤시설·가설하다. 예전화를 ~.

놓아 기르다 가축을 보살피거나 가두지 아니하고 제멋대로 자라게 하다. 예닭을 ~.

놓치다 잡거나 얻거나 가졌던 것을 도로 잃어 버리다.

뇌【腦】머리뼈로 싸여 있으며, 중추 신경계의 대부분을 차지하고, 특정 다수의 신경 세포가 집합하여 온몸의 신경을 지배하고 있는 부분. 기억·분별력이 있음.

뇌관【雷管】포탄·탄환 등 폭발물의 화약을 점화하기 위하여 사용하는 금속으로 만든 관.

뇌물【賂物】자신의 목적을 이루기 위하여 몰래 주는 정당하지 못한 돈이나 물건.

뇌빈혈【腦貧血】뇌의 피가 적어서 생기는 병. 예~이 생기다.

뇌사【腦死】뇌가 회복 불능의 기능

뇌성 벽력 천둥 소리와 벼락.
뇌성 소:아마비 태어날 때부터 뇌에 이상이 있어 팔다리가 마비 및 지능 장애를 일으키는 병.
뇌염【腦炎】뇌를 싸고 있는 막에 염증이 생기는 병. 모기가 옮김.
뇌우【雷雨】천둥과 함께 내리는 비.
뇌일혈【腦溢血】뇌 속의 혈관이 터져 피가 뇌 속에 흘러나오는 병.
뇌졸중 뇌의 혈관 장애에 의하여 갑자기 의식을 잃고 쓰러지는 병.
누 몸집이 크고 소처럼 생긴 영양류, 아프리카에 살며, 초식 동물. [누]
누:【累】남의 잘못으로 인하여 받는 정신적인 괴로움이나 물질적인 손해. 예~를 끼치다.
누구 이름 대신에 쓰는 대명사. 예~세요. 준뉘.
누:나 사내아이가 손위의 누이를 부를 때 쓰는 말. 비누이. 누님. 반동생. 오빠.
누:누이 여러 번. 자꾸. 예그렇게 하지 말라고 ~ 타이르다. -하다.
누:님 누나를 높여 부르는 말. 누이.
누:렇다 매우 누르다.
누리다₁ 다복과 행복을 오래 즐기다.
누리다₂ ①냄새가 약간 노리다. ②기름기가 많아 메스꺼운 냄새가 있다. 작노리다.

누:명【陋名】사실이 아닌 일로 인하여 더럽혀진 이름. 예~을 쓰다.
누비다 ①두 겹의 피륙으로 안팎을 만들고 그 사이에 솜을 넣어 죽죽 줄이 지게 박다. ②이리저리로 거리낌 없이 산이나 바다로 다니다.
누:설【漏泄】①액체 따위가 밖으로 새는 것. ②비밀이 새어 나가는 것. 예비밀을 ~하지 말라. -하다.
누:수【漏水】물이 새어 나오는 것.
누에[동물] 나방의 어린 벌레. 다 자라면 실을 토해 고치를 지음. [누에]
누에고치 누에가 번데기로 될 때에 그 바깥 둘레에 만드는 일종의 집. 명주실의 원료로 비단을 만듦.
누에나방 누에가 자라서 번데기가 되었다가 다시 변화하여 된 나방. [누에나방]
누이 누나나 누이동생. 비누나. 누님.
누이다 사람의 몸에나 물체를 가로 되게 놓다. 예어린애를 ~.
누이동생 자기보다 나이가 아래인 누이. 여동생. 예나는 ~이 하나다.
누:적₁【累積】포개어져 쌓인 것.
누:적₂【漏籍】호적·병적·학적 등에서 빠짐. -하다.
누:전【漏電】전류가 새어 흐르는 것.
누:진【累進】①지위·등급 등이 차

차 올라가는 것. ②가격이나 수량 따위가 더하여 감에 따라 그에 대한 비율이 점점 높아지는 것. 예~세를 내다.

눈₁ ①빛의 자극을 받아 물체를 볼 수 있는 감각 기관. ②물체의 형상을 분간하는 눈의 능력. 시력. 예~이 나쁘다.

눈₂ 풀이나 나무의 싹이 막 터져 돋아나는 자리. 또는 그 싹. 예~이 남.

눈:₃ 대기 중의 수증기가 찬 기운을 만나 얼어서 땅 위로 떨어지는 하얀 솜 모양의 작은 얼음의 조각.

눈꺼풀 눈알을 덮고 보호하는 꺼풀.

눈꼴사납다 태도나 행동이 보기에 못마땅하여 비위에 거슬리게 밉다. 예태도가 상당히 ~.

눈망울 눈알의 앞쪽이 두두룩한 부분. 또는, 눈동자가 있는 곳.

눈 맞추다 ①서로 눈을 마주보다. ②남녀가 서로 좋아하는 눈치를 보이다. 예아기와 ~.

눈부시다 ①빛이 새어 바로 보기가 어렵다. ②빛이 매우 황홀하다. 비휘황하다. 찬란하다.

눈빛 ①눈에 비치는 빛나는 기운. 예성난 ~. ②눈의 빛깔. 흰빛.

눈시울[-씨-] 눈 언저리의 속눈썹이 난 곳. 예~을 적시다.

눈싸움₁ 눈을 깜빡이지 않나 겨룸.

눈:싸움₂ 눈을 뭉쳐 서로 상대방을 때리는 싸움. -하다.

눈썹 두 눈두덩 위에 가로로 난 짧은 털. 겉눈썹. 예반달 같은 ~.

눈앞 눈에 보이는 바로 앞. 예~이 캄캄하다. 가까운 앞날.

눈짐작 물건의 수량. 모양. 상태 따위를 눈으로 보고 어림잡는 것.

눈짓 눈을 움직여 어떤 뜻을 나타내는 짓. 예형이 나에게 ~한다.

눈초리 ①눈의 꼬리. ②눈이 가는 길. 예사나운 ~. 눈꼬리(×)

눈총 눈에 독기를 올려 쏘아 보는 기운. 예~이 무섭다.

눈치채다 남의 속마음을 너무도 정확하게 알아채다. 예비밀을 ~.

눌:러앉다 그 자리에 그대로 계속 머물러 있다. 예친구 집에 더 ~.

눕다(누우니, 누워) ①등이나 옆구리를 바닥에 대고 몸을 가로 놓다. ②병으로 앓아 자리에서 일어나지 못하다. 반서다.

뉘 「누구의」준말. 예거 뉘시오.

뉘:다 ①눕게 하다. 일으키다. ②대소변을 누게 하다.

뉘우치다 제 잘못을 스스로 깨닫다. 비후회하다. 참회하다.

뉴: 새로운 것. 신기한 것. 신식. 예~패션. ~스를 들어 보자.

뉴:스 신문, 방송의 알리는 새 소식.

뉴:욕[지명] 미국에 있는 세계 제 2의 도시이며 세계 상공업의 중심지. 이 곳에 유엔 본부가 있음.

뉴:질:랜드[국명] 오스트레일리아 남동쪽에 있는 입헌 군주국. 1907년에 영국이 자치령이 되었다가 1947년에 독립함. 수도는 웰링턴. [26만 8808km^2]이다.

느긋이 느긋하게. 서두르지 않고.

느긋하다[-그타-] 마음이 부족함이 없이 흡족하다. 여유가 있다.

느끼다₁ ①마음에 깨달음이 일어나다. ⁽예⁾잘못을 ~. ②마음이 움직이다. ⁽예⁾고마움을 ~.

느끼다₂ 설움이 북받쳐 흑흑 소리를 내며 울다. 감정이 복받친다.

느낌 느껴지는 것. 또는 느끼는 것.

느낌표 마침표의 하나. 감탄이나 놀람·명령 등 강한 느낌을 나타낼 때 사용하는 「!」의 이름. 감탄 부호. ⁽예⁾문장에 ~를 찍으세요.

느리다 동작이 재빠르지 못하고 꾸물거린다. ⁽예⁾거북이는 토끼보다 ~. ⁽비⁾더디다. 둔하다. ⁽반⁾빠르다.

느슨하다 늘어나서 헐겁다. ⁽예⁾허리띠가 풀어져서 ~.

느즈막하다 좀 늦다.

느타리[식물] 느타리과의 버섯. 모양은 조가비 비슷하며, 빛깔은 갈색이나 백색임. 가을에 산림 속 활엽수 나무에 서 자란다.

[느타리]

느티나무 잎은 작고 둥글며 그늘이 넓어 정자 나무로 흔히 심는다.

[느티나무]

늑골【肋骨】[-꼴] 등뼈와 가슴뼈에 붙어 흉곽을 형성하는 활 모양의 긴 뼈. 좌우 12쌍임. 갈빗대.

늑대[동물] 개와 비슷하고 성질이 사나우며 산에 사는 짐승.

[늑대]

늑막【肋膜】 흉곽의 내면과 폐의 표면 및 횡경막의 윗면을 덮고 있는 얇은 막. ⁽예⁾~염.

늑목 체조에 쓰이는 기구의 하나. 기둥이 되는 나무 사이에 많은 가로대를 고정시킨 것으로 몸을 바르게 하는 운동에 씀.

늑장 당장 할 일이 있는 데도 다른 일을 하거나 느릿느릿 꾸물거리는 것. ⁽예⁾아침에 ~을 부림.

늘 언제나. 끊임없이. 항상. ⁽예⁾그는 ~그러하다. ⁽반⁾이따금.

늘리다 본래보다 더 크고 많게 하다. ⁽반⁾줄이다. ⁽예⁾공장과 창고를 ~.

늘비하다 ①죽 늘어놓여 있다. ⁽예⁾가게에 상품이 ~. ②죽 늘어서 있다. ⁽예⁾서울 청계천에 가게가 ~.

늘씬하다 몸이 가늘고 키가 커서 맵시가 있다. ⁽예⁾허리가 ~.

늘어나다 본디보다 커지거나 길어지거나 많아지다. ⁽예⁾주름살이 ~. ⁽비⁾증가하다. ⁽반⁾줄어들다.

늘어뜨리다 물건을 한쪽 끝을 아래로 처지게 하다. ⁽비⁾늘어트리다.

늘어서다 길게 줄지어 나란히 서다. ⁽예⁾한 줄로 ~. 길게~.

늘어지다 ①기운이 없어 몸을 가누지 못하다. ②물체가 길어지다. ③물건의 끝이 아래로 처지다.

늘이다 ①길기가 본디보다 길게 하다. 예고무줄을 ~. ②아래로 길게 처지게 하다.

늙다[늑따] ①나이가 많아지다. 반젊다. ②오래 되다.

늙은이 나이가 많은 사람. 늙은 사람을 얕잡아 이르는 말.

늠·름하다 믿음직스럽고 씩씩하다.

능【陵】임금이나 왕후의 무덤. 예무령왕 ~.

능구렁이[동물] 등은 [능구렁이] 검붉은 색이며 몸통이 굵고 느리게 움직이며, 개구리·쥐를 먹는 독이 없는 뱀.

능글맞다 하는 짓이 능청스럽고 능글능글하다. 예생긴 것이 ~.

능금 사과와 비슷하나 작은 과일.

능동적【能動的】힘이나 작용을 스스로 일으키는 것. 예모든 일에 ~으로 대처하는 사람은 성공한다.

능라 두꺼운 비단과 얇은 비단의 뜻

능란하다 남을 대하는 말솜씨가 매우 좋다. 반서투르다. 미숙하다.

능력【能力】①일을 감당할 수 있는 힘. ②지혜와 힘. ③완전히 자기의 권리를 사용할 수 있는 자격. 비실력. 반무능력.

능숙【能熟】일을 익숙하게 잘 함. 비익숙. 반미숙. -하다.

능지 처참 나라에 대역죄를 범한 사람에게 머리·몸·팔·다리를 토막쳐서 죽이던 극형.

늦가을 늦은 가을. 예~ 추위. 비만추. 반초가을.

늦다 정한 때에 도달하지 못하다. 반빠르다. 이르다.

늦더위 가을철이 되어도 가시지 아니하는 더위.

늦잠 제때에 일어나지 않고 늦도록 자는 잠. 예어제 ~을 잤다.

늦추다 ①느슨하게 하다. ②기한을 멀리 잡다. 반당기다.

늦추위[느-] 겨울이 끝나 갈 무렵에 찾아오는 추위를 말한다.

늪지대 넓은 습지에 풀이 우거진 곳.

니켈 주로 합금을 만들 때나 다른 쇠붙이에 도금을 하는 재료로 쓰이는 흰쇠붙이.

니퍼 철사를 끊는 데 쓰는 가위.

님₁ ①「임금」의 옛 말. ②「사랑하는 [니퍼] 사람」의 존칭어.

-님₂ 남의 이름이나 어떠한 명사 아래에 붙여 존경의 뜻을 나타내는 말. 예선생~. 부모~.

닢 엽전 같은 납작한 것을 세는 말.

ㄷ

ㄷ[디귿] 한글 자모의 셋째 닿소리 글자.

다: ①남김 없이 모두. 있는 대로. ②거의. 완전히. ^비모두.

다가가다 가까이 옮기어 가다. 접근해 가다. 친하게 대하다.

다가오다 ①어떤 데에 가까이 옮기어 오다. ②시간이 닥쳐오다.

다각도【多角度】 셋 이상의 직선으로 둘러싸인 평면 도형을 말한다.

다각형【多角形】 여러 모. 다변형.

다갈색【茶褐色】[-쌕] 조금 검은 빛깔을 띤 적황색.

다감【多感】 느낌이 많고 감동하기 쉬운 모양. 다정다감. 인정 많음.

다과【茶菓】 차와 과자.

다국적 기업 여러 나라에 걸쳐 현지 국적을 얻은 제조 공장과 판매 회사를 거느리는 대기업.

다그치다 얼른 마치려고 몰아대다. ^예세차게 몰고 가다.

다급하다 바싹 닥쳐서 몹시 급하다. -히. ^예집 수리가 ~.

다난【多難】 ①많은 재난이나 곤란. ②재난이 많음. ^예다사 ~하였다.

다녀가다 어느 곳에 들렀다 가다. 왔다가 가다. ^예방학에 ~.

다년간【多年間】 여러 해 동안을 말함.

다능【多能】 여러 가지에 능함. 재주가 많음. ^반무능. -하다.

다다르다(다다르니, 다다라) 목적한 곳에 이르러 닿다.

다닥다닥 곳곳에 조그만 물건이 많이 달라붙은 모양. ^큰더덕더덕.

다달이 달마다. 매월. ^예책이 ~온다.

다도해【多島海】 많은 섬들이 흩어져 있는 바다. 특히, 우리 나라의 남해를 일컬음. 돌산도에서 홍도.

다독【多讀】 책을 아주 많이 읽는 것.

다:되다 완성되다.

다듬다[-따] 매만져서 맵시를 내다.

다듬이벌레
날개가 있는
것과 없는
것이 있다.
덤불과 나무
껍질에 살며,
이끼, 저장 식품을 먹는다.

[다듬이벌레]

다다르다 ①목적지까지 이르러 닿다. ②어떤 기준에 이르러 미치다. ᅠ예설악산 대청봉 정상에 ~.

다라니경【陀羅尼經】 세계에서 가장 오래 된 목판 인쇄물의 하나로, 1966년 불국사 석가탑에서 나온 불경의 하나로 국보로 지정됨.

다락 안방의 아랫목 벽을 트고, 부엌 천장 위에 이층처럼 만들어서 물건을 넣어 두게 된 곳.

다람쥐 쥐와 비슷하게 생긴 산짐승의 하나. 솔씨·과실·곤충 등을 먹으며 나무를 잘 탄다. 성질이 온순하여 가정에서 애완용으로 기르기도 함.

다람쥐 꼬리 높은 산에서 저절로 자라며, 줄기는 가늘고 바늘 모양의 곧은 잎이 많음.

다랑어 등은 검푸르고 배는 희며 살은 검붉은 아주 큰 바닷물고기로 주로 횟감으로 최고의 식품이며, 통조림을 만든다. 참치.

[다랑어]

다래 굵은 넝쿨에 열리며, 가을에 푸르고 노란 빛깔로 익는 작고 동그랗다. 열매는 달다.

[다래]

다래끼 세균의 침입으로 눈에 나는 작은 부스럼 따위.

다량【多量】 많은 분량. ᅠ반소량.

다루다 ①일을 처리하다. ②물건을 맡아 처리하다. ③잘 매만져서 부드럽게 만들다. ④사람을 대우하다. 조종하다.

다르다(다르니, 달라) 같지 않다. 차이가 있다. ᅠ반같다.

다리1 ①사람이나 동물의 몸뚱이 아래에 붙어서 딛고 서거나 걸어 다니거나 하는 일을 맡은 부분. ②물건 아래에 붙어서 그 물건을 받치거나 버티고 있는 부분.

다리2 ①강이나 개천·계곡 등의 위에 사람이나 차가 다닐 수 있도록 만들어 놓은 시설. ②중개. 매개.

다리미 다림질을 하는 데 쓰이는 기구. ᅠ예~로 세탁물을 다린다.

다목적 댐【多目的―】 수력 발전·농업 용수·수도·홍수 조절 등 많은 목적을 위해 만들어진 댐. ᅠ예우리 나라에는 ~이 많다.

다물다(나무니, 다무오) 위 아래 입술을 마주 대다. ᅠ예아이가 입을~.

다발 꽃이나 푸성귀 따위의 묶음. 또는 그것을 세는 말. ᅠ관묶음.

다방면【多方面】 여러 방면과 분야.

다보탑【多寶塔】

[다보탑]

경주 불국사에 있는 화강암으로 만든 높이 10m 가량의 탑. 신라 시대에 세워진 세계적으로 유명한 탑임. 국보 제 20호.

다복【多福】 복이 많음. 반반복, 천복.

다부지다 벅찬 일을 능히 이겨낼 힘이 있다. 끈기가 있고 옹골차다.

다사롭다 조금 몸이 따뜻한 듯하다.

다세대 주택 여러 집이 한 건물에 모여 살도록 지은 집. 공동 주택의 하나. 반단독 주택.

다소【多少】 많음과 적음. 「조금」이나 「어느 정도」의 뜻을 말함.

다소곳하다 고개를 조금 숙이고 말이 없다. 온순하다. 예고개를 다소곳이 숙이다.

다수【多數】 수효가 많음. 많은 수효. 많은 수의 사람. 반소수.

다수결【多數決】 많은 사람의 의견에 따라 가부를 결정하는 일.

다스 물품 12개를 한 묶음으로 하여 세는 말. 타. 예연필 한~.

다스리다 ①나라나 사회·집안 일 같은 것을 보살피고 처리하다. ②죄 지은 사람을 법으로 처리하다.

다슬기[동물] [다슬기] 연체 동물. 하천·연못에 살며, 삶아서 먹을 수 있음.

다시 ①한번 더. 또. ②하던 것을 되풀이로. ③전과 같이.

다시금 「다시」를 힘주어서 하는 말. 또 한번. 또 다시.

다시마 잎이 넓고 길며 쭈글쭈글하고 두꺼우며 주름이 있는 흙갈색, 황갈색의 먹는 바다 식물이다.

다시없다 그보다 더 [다시마] 나을 것이 없을 만큼 완전하다. 기회가 참 좋다.

다액【多額】 많은 액수. 반소액.

다양【多樣】 모양·형식이 여러 가지임. 예~한 색상. 모양과 옷차림.

다음 어떠한 차례의 바로 뒤. 예~ 타자는 누구냐?

다알리아 관상용으로 여름에서 가을에 꽃이 핌. 알뿌리로 번식한다.

다이너마이트 폭발 약의 한 가지. 바위 따위를 깨는 데 많이 쓰임. 스웨덴의 과학자 노벨이 발명함.

[다알리아]

다이빙 높은 데서 [다이빙] 물속으로 뛰어 내리는 운동임. 예-하다.

다이아몬드 금강석. 보석 중에서 제일 단단한 것으로 아름다운 빛을 냄.

다이얼 ①라디오의 사이클 수의

눈금이 그려져 있는 숫자판. ②자동 전화기의 숫자판. ③시계·나침반 등의 지침면.

다정【多情】①인정이 많음. ②매우 정다움. ᵇⁱ친절. ᵇᵃⁿ냉정. -하다.

다지다 ①무른 것을 눌러서 단단하게 하다. ②마음이나 태도 같은 것을 굳게 가다듬다. ③고기나 야채 같은 것을 칼질을 하여 잘게 만들다. ᵉˣ생강과 마늘을 ~.

다짐 확실한 대답을 받음. 다짐함.

다짜고짜 옳고 그름을 가리지 않고 덮어 놓고 막무가내로 따지다.

다채롭다【多彩-】(다채로우니, 다채로워) 갖가지 종류가 조화롭게 어울려 빛나고 다양하다. 다양함.

다치다 부딪치거나 맞거나 하여 상하다. ᵉˣ넘어져 팔과 다리를 ~.

다큐멘터리 주로 역사에 남을 만한 사회적 사건을 허구적 요소 없이 그린 영화나 라디오, 텔레비전의 드라마. ᵉˣ~는 실감이 난다.

다투다 ①서로 옳고 그름을 주장하여 싸우다. ②이기고 짐을 겨룸.

다행【多幸】일이 좋게 됨. 운수가 좋음. ᵇᵃⁿ불행. ᵉˣ합격하여 ~이다.

닥나무 껍질은 한지를 만들며, 서예나 그림을 그리는 데 사용한다. [닥나무]

닥쳐오다 가까이 바짝 다다라 오다. ᵉˣ겨울에는 강추위가 ~.

닥치다 어떤 일이나 물건이 가까이 바짝 다다르다. 닥치는. 닥치니.

닦다 ①문지르거나 훔치거나 씻어서 깨끗하게 하다. ②힘써 배우다.

단:【但】다만. 오직. 단지의 뜻.

단:검【短劍】양날이 있는 짧은 칼.

단결【團結】많은 사람이 한데 뭉침. ᵇⁱ단합. ᵇᵃⁿ분열. ᵉˣ우리는 ~.

단계【段階】일이 차례를 따라 나아가는 과정 또는 그 차례. ᵇⁱ순서.

단골 늘 정하여 놓고 거래하는 관계. 또는 그런 곳이나 손님. -하다.

단:교【斷交】①교제를 끊음. ᵇⁱ절교. ②나라와 나라 사이의 외교 관계를 끊음. ᵇᵃⁿ수교. -하다.

단군【檀君】[인명] 우리 민족이 시조로 받드는 태초의 임금.

단군 신화【檀君神話】단군 임금이 고조선을 세웠다고 전해 오는 내용의 우리 민족의 건군 신화.

단:기간【短期間】짧은 기간. 길지 않은 시간. ᵇᵃⁿ장기간.

단:념【斷念】생각을 아주 끊어 버림. 생각하지 아니함. ᵇᵃⁿ미련.

단단하다 무르지 아니하고 굳다. ˢᵉⁿ딴딴하다. ᵏᵘⁿ든든하다. ᵇⁱ야무지다. ᵉˣ땅 바닥이 ~.

단:도【短刀】짧은 칼. ᵇᵃⁿ장검. 긴칼.

단독【單獨】①단 하나. ②혼자. 단 한 사람. ᵇⁱ독단. ᵉˣ~으로 나옴.

단:두대【斷頭臺】 죄인의 목을 자르는 대. 죄인의 목을 자르는 형틀

단락【段落】[달-] ①일이 다 된 끝. ②긴 문장 중에 끊은 부분.

단란【團欒】[달-] 화목하게 즐김.

단련【鍛鍊】[달-] ①쇠붙이를 불에 달구어 두드림. ②몸과 마음을 닦고 기름. ③배운 것을 익숙하게 익힘. 비훈련. 예몸을 ~한다.

단말기 중앙에 있는 컴퓨터와 통신망으로 연결되어 데이터를 입력하거나 처리 결과를 출력하는 장치. 단말 장치. 예컴퓨터 ~.

단리법【單利法】 원금에만 이자를 계산하는 방법. 반복리법.

단막극【單幕劇】 한 막으로써 극적인 사건을 꾸며 나가는 연극. 일막극. 예어머니는 ~을 좋아한다.

단면【斷面】 베어 낸 면. 끊은 자국이 있는 면. 물체의 잘린 면.

단:명【短命】 목숨이 짧음. 반장수.

단박 그 자리에서 이내. 단번엔 곧바로. 대번에 예~에 끝내 버리다.

단:백질【蛋白質】 3대 영양소의 하나로 동식물의 주요 성분을 이루는 유기 화합물로 구성됨 흰자질.

단벌【單-】 오직 하나 뿐인 물건이나 옷. 예나는 약복이 ~이다.

단색【單色】 한 가지 빛깔을 말한다.

단서【端緖】 사건을 해결하는 방향으로 가는 데 도움이 되는 실마리.

단소 오래 된 대나무로 만든 퉁소보다 짧고 구멍이 앞에 넷, 뒤에 하나인 목관 악기. [단소]

단속【團束】 타일러서 주의를 시키고 단단히 경계를 함. 반방임.

단수【單數】 단 하나의 수. 반복수.

단순【單純】 ①간단하고 복잡하지 아니함. 반복잡. ②제한이나 조건이 없음. 단순하다. -하다.

단숨에【單-】 단번에 내쳐서. 쉬지 않고 단번에. 비한달음에. -하다.

단:시간 짧은 시간. 반장시간.

단:식【斷食】 먹는 일을 끊음. 식사를 중단함. 비금식. 절식. -하다.

단신【單身】 단 하나의 몸. 홀몸.

단:안【斷案】 옳고 그름을 딱 잘라서 판단함. 또는 그 판단. 예~을 내리다. 반포기. -하다.

단애【斷崖】 깎아 세운 듯한 낭떠러지. 아주 가파른 낭떠러지.

단양【丹陽】[지명] 충청북도에 있는 한 군. 명승 고적으로 단양 팔경 등이 있음. [781km^2]

단언【斷言】 주저하지 않고 딱 잘라서 말함. 단언하다. -하다.

단역【端役】 연극이나 영화의 대수롭지 아니한 말단의 역. 그 역을 맡은 사람. 또는 그역. 반주연.

단:연【斷然】 굳게 마음을 먹어 움직이지 아니하는 모양. 예~ 으뜸.

단:연코【斷然-】「단연」을 힘주어 일컫는 말.

단오【端午】 민속 명절의 하나. 음력 5월 5일. 여자는 창포 물에

머리를 감고, 그네를 뛰며, 남자는 씨름을 하고 즐김.

[단오]

단원【單元】 학습 경험이나 학습 활동을 하나로 뭉뚱그린 것. 대단원.

단:음【短音】 짧게 나는 소리. 짧은 소리. 반장음. 길게 나는 소리.

단일【單一】 ①단 하나. ②복잡하지 아니함. ③다른 것이 섞여 있지 아니함. 예~ 민족. ~팀 구성.

단장【丹粧】 ①얼굴을 곱게 하고 머리나 몸맵시를 매만지어 꾸밈. ②산뜻하게 모양을 내어 꾸밈. 비화장. 치장. 단장하다. 단장되다.

단적으로【端的-】[-쩍-] 여러 말할 것 없이 다잡아. 예~ 생각함.

단:절【斷絕】 관계를 끊음. 반수교.

단:점【短點】[-쩜] 낮고 모자라는 점. 비결점. 반장점.

단정₁【端正】 얌전하고 올바름. 단정하다. 비단아. 고운.

단:정₂【斷定】 딱 잘라서 결정함.

단조【單調】 ①소리의 가락이 변함 없이 단일함. ②사물이 단순하고 변화가 없어 싱거움.

단지₁ 목이 짧고 배가 부른 작은 항아리 예~에 꿀을 담는다. [단지]

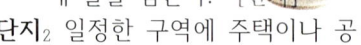

단지₂ 일정한 구역에 주택이나 공장·농장 따위가 집단적으로 들어서 있는 곳. 예아파트 ~에 수영장과 놀이터가 있다.

단지₃【但只】 다만. 겨우.

단짝 매우 친하여 노상 함께 어울리게 되는 짝. 또한 그러한 친구.

단체【團體】 두 사람 이상이 모여서 같은 목적을 이루기 위하여 맺은 모임. 반개인. 예~에 몸 담아.

단:축【短縮】 시간·거리 등을 짧게 줄임. 짧게 주어짐. 반연장. -하다.

단판【單板】 단번에 승부를 결정하는 판. 예~에 승부를 내어라.

단:편【短篇】 ①짤막하게 끝을 낸 글. ②「단편 소설」의 준말. 반장편. 예~영화.

[단풍]

단풍【丹楓】 ①단풍나무. ②늦은 가을에 빛깔이 붉고 누르게 변한 단풍 나뭇잎.

단합【團合】 많은 사람이나 여러 파벌이 한데 뭉치어 힘을 합함. 비단결. 예지금은 국민이 ~할 때다.

단:행【斷行】 딱 결단하여 실행함.

단행본【單行本】 그것만 단독으로 출판되는 책. 반전집.

단호하다【斷乎-】 한 번 결심한 대로 꼭 지켜 변동됨이 없이 엄격하다. 예아버지의 판단과 행동은 ~.

닫다₁ 빨리 가다. 달리다. 도착하다.

달다₂ ①열리어 있는 것을 도로 제자리로 가게 하여 막다. 비가리다. ②장사 시간이 지나서 가게 물건을 안으로 들여놓다. 반열다.

달 ①지구의 위성. 반면에 햇빛을 받아 밤에 밝은 빛을 냄. ②1년을 12로 나눈 것의 하나.

달가닥 단단하고 작은 물건이 맞닿아서 나는 소리. 예~거리며 걷다.

달갑다(달가우니, 달가워) 마음에 만족하다. 불만이 없이 달게 받을 만하다. 마음에 들어 좋다.

달걀 닭이 낳은 알. 계란. 예~은 암탉이 낳다.

달개비 밭이나 길가, 그늘진 빈터에서 잘 자라는 한해살이풀로 진한 하늘색 꽃이 닭벼슬 같다 하여 닭의장풀이라 하며 사료로 이용된다. [달개비]

달구지 말과 소가 끄는 짐수레의 한 가지. [달구지]

달다₁(다니, 다오) ①열을 받아 몹시 뜨거워지다. ②음식 같은 것이 너무 끓어 거의 졸고 지나치게 익다. ③마음이 몹시 조급해져 타다. 예마음이 ~.

달다₂(다니, 다오) ①물건을 걸어서 아래로 늘어뜨리다. ②물건이 일정한 곳에 붙어 있게 하다. ③장부에 셈을 적어 넣다.

달다₃(다니, 다오) 저울로 무게를 달아서 중량을 알아보는 것.

달다₄(다니, 다오) ①설탕의 맛과 같다. ②입맛이 당기어 아주 맛있다. ③마음에 흡족한 느낌이 있다.

달라붙다 ①끈기 있게 바짝 붙다. ②맺어진 관계가 좋아서 깊게 되다.

달라지다 변하여 이전과는 다르게 되다. 예누나는 금방 표정이 ~.

달래다 좋고 부드러운 말로 타이르다. 예아빠가 한비를 간신히 ~.

달러 미국의 화폐 단위. 1달러는 100센트. 불.

달려가다 달음질하여 빠르게 가다.

달려들다(달려드니, 달려드오) ①별안간 덤비다. 와락 대들다. ②어떠한 일에 끼어들다.

달력【-曆】한 해 동안의 날짜와 요일 등을 나타낸 것. 비월력. 일력.

달리 다르게. 틀리게.

달리다 빨리 가게 하다. 빨리 가다. 비뛰다.

달맞이꽃 잎이 가늘고 길며 뾰족하고, 여름 저녁에 노란 꽃이 피는 식물.

[달맞이꽃]

달무리 달 언저리에 둥그렇게 둘린 구름 같은 허연 테.

달변【達辯】막히는 데 없이 술술 잘 하는 말. 반눌변.

달성【達成】[-썽] 목적한 바를 이룸. 뜻한 바를 성취함. ^비성취. ^반미달. ^예그는 목표를 ~하였다.

달싹이다 ①가벼운 물건이 들렸다 가라앉았다 하다. ②마음이 흔들리어 움직이다. ③어깨나 궁둥이가 가벼이 아래위로 움직이다.

달아나다 ①빨리 가다. ②도망가다.

달이다 액체를 끓여서 진하게 만들다. ^예한약을 ~.

달콤하다 ①맛이 알맞게 달다. ②감칠맛이 있게 유쾌하다. 알맞게 기분이 좋다. ^예달콤한 말. 달콤한 꿈.

달팽이 연체 동물의 하나. 나선형의 껍데기가 납작하게 눌린 것 같고 두껍지 아니함. 머리 부분에는 두 쌍의 촉각이 있고

[달팽이]

그 긴 쪽 선단에 명암을 판별하는 눈이 있음. ^예~는 연체 동물이다.

닭[닥] 가축으로 기르는 새의 하나. 머리에 붉은 볏이 있고, 날개는 짧아 잘 날지 못함. 수컷은 때를 맞추어 울고, 암컷은 알을 잘 낳음. 품종이 많음.

[수닭]
[암닭]

닮다[담따] ①저절로 어떤 것과 비슷하게 생기다. ②어떠한 것을 본떠서 그와 같아지다. 닮는. 닮아. 닮습니다.

닳다 물건이 갈리어 부피가 줄어들다. ^예신발 밑이 ~.

닮은 꼴 크기가 틀리는 두 개의 도형에서 대응 변의 비가 다 같고 대응각이 서로 같은 두 도형.

담1 흙이나 돌·벽돌·블록 등으로 높이 쌓아 올려서, 집 같은 것의 둘레를 둘러막은 것. 담장.

담2【膽】①담낭. 쓸개. ②담력 ^예저 사람은 ~이 아주 크다.

담그다(담그니, 담가) ①액체 속에 넣어 두다. ②김치·술·장·젓갈 같은 것을, 재료를 섞어서 만들다. ^예어머니께서 김장 김치를 담그고 계신다. 개울 물에 손과 발을 ~.

담:다[-따] ①물건을 그릇에 넣다. ②어떤 내용을 말이나 글·그림 같은 데에 나타내다.

담:담하다 마음이 고요하고 맑다. 「덤덤하다」의 작은 말.

담당【擔當】어떤 책임의 일을 맡음.

담대【膽大】겁이 없고 용기가 많음. 담력이 큼. ^반담소. -하다.

담력【膽力】[-녁] 겁이 없고 용감한 기운. ^예형은 ~이 대단하다.

담배 ①한해살이 재배 식물의 하나. 줄기에 길고 둥근 잎이 촘촘히 나며, 가을에 이 잎을 따서 「담배」의 원료로 함. ②담배 잎으로 만든 기호품.

담보【擔保】돈을 꾸는 사람이 꾸어 주는 사람에게 틀림없이 갚겠

다는 보증으로 물품을 잡히는 일. 또는 그 물품.

담비[동물] 포유류 족제비과의 동물로 족제비와 비슷하며, 몸 길이 40~50cm 몸빛은 황갈색이다.

담소【談笑】이야기와 웃음. 웃으면서 이야기함. -하다.

담쌓:다 ①담을 만들다. ②교제를 끊다. 또는 인연이나 관계를 끊다.

담:요[-뇨] 털 같은 것으로 굵게 짜거나 두껍게 눌러서 만든 요.

담임【擔任】어떤 일을 책임지고 맡아 봄. 또는 그 사람.

담쟁이덩굴 [식물] 벽·바위·담성 또는 바위에 붙어 뻗어 나가는 덩굴 나무. ^준담쟁이.

담:징【曇徵】[인명](579~631) 고구려의 중이며 화가. 일본에 건너가 호류사의 벽화를 그렸음.

담판【談判】쌍방이 서로 의논하여 옳고 그른 것을 판단함. -하다.

담화【談話】①서로 주고받는 이야기. ②한 단체나 개인이 어떠한 문제에 대하여 그의 태도나 견해를 분명히 하기 위하여 공식적으로 발표하는 말. ^예~를 하였다.

답답하다 ①숨이 막힐 듯하여 괴롭다. ②애가 타고 가슴 속이 갑갑하다. ^반후련하다.

답례【答禮】말이나 동작 또는 물품으로 남에게서 받은 예를 갚는 일. 또는 그 예. -하다.

답변【答辯】어떠한 물음에 대하여 밝히어 대답함. 또는 그 대답. ^반질문. 질의. 답변하다. -하다.

답사₁【答辭】식장에서 식사나 축사 따위에 대답으로 하는 말. -하다.

답사₂【踏査】실지로 현장에 가서 보고 조사함. ^예문화 유적 ~를 간다.

답안【答案】시험 문제의 해답. 또는 해답을 쓴 종이. ^반문제지.

답장【答狀】회답하여 보내는 편지. ^비답서. 회신. ^예~편지를 쓴다.

닷새 ①다섯 날. 5일. ②다섯째 날. 초닷샛날. 한 달의 5일째 날.

당【唐】[국명](618~907)「당나라」의 준말. 중국의 이연이 지금의 서안에 서울을 정하고 세운 나라.

당국【當局】사무나 행정상의 임무·책임을 맡은 관계 기관. 어떤 일의 책임진 정부 부서. ^예수사~.

당근[식물] 미나리과의 한해살이풀 또는 두해살이풀. 높이 1m. 빛깔은 붉고 맛이 달콤하며 독특한 향기가 있고 식용으로 씀.

당기다 ①끌어서 가까이 오게 하다.

②줄을 팽팽하게 하다. ⁿ⁾늦추다. ③정한 시일을 줄여 미리하다. ⁿ⁾미루다. ④마음이 끌리어 움직이다. ⁿ⁾마음이 당기어 돕다.

당나귀 말과의 짐승. 말과 비슷하게 생겼으나 몸집이 작으며 귀가 토끼 귀와 같이 쫑긋함. 성질이 온순하고 힘이 세어 부리기에 알맞음. ⁿ⁾나귀. [당나귀]

당뇨【糖尿】포도당이 많이 섞여 나오는 오줌. 또는 그런 병.

당당하다【堂堂-】매우 의젓하고 떳떳하다. 어엿하고 번듯하다.

당대【當代】①그 시대. ②사람의 한평생. 일대. ⁿ⁾~최고의 배우.

당돌하다【唐突-】①조금도 꺼리거나 어렴성 없이 올차고 다부지다. ②윗사람에게 대하는 짓이 아니꼽고 건방지다. ⁿ⁾그 사람 ~.

당면【當面】눈앞에 일이 닥치는 것.

당번【當番】본인의 차례가 됨. 또는 그 사람. ⁿ⁾비번. ⁿ⁾오늘은 ~이다.

당분간【當分間】앞으로 얼마 동안. 잠시 동안. ⁿ⁾~ 나는 군대에 간다.

당사자【當事者】그 일에 당한 사람. 그 일에 직접 관계가 있는 사람.

당선【當選】선거나 심사에서 뽑히는 것. ⁿ⁾~을 축하한다. ⁿ⁾낙선.

당수【黨首】한 조직체의 우두머리.

당시【當時】일이 생긴 그 때. 바로 그 시대. ⁿ⁾당대.

당연【當然】이치로 보아 마땅히 그러할 것임. 마땅히 그렇다. ⁿ⁾부당.

당장【當場】무슨 일이 있어 바로 그 자리. 바로 그 자리에서 곧. 이 자리에서 바로. ⁿ⁾금방. 즉시. -하다.

당쟁【黨爭】당파를 이루어 서로 싸움. ⁿ⁾노론과 소론이 ~싸움을 함.

당차다 나이·외양·처지 등에 비하여 마음이나 행동이 야무지다.

당첨【當籤】제비뽑기에서 뽑힌 것.

당초【當初】일의 맨 처음. 시작 단계.

당치않다【當-】전혀 이치에 합당하지 아니하다. ⁿ⁾당찮다.

당파【黨派】주의·주장과 이해를 같이하는 사람들끼리 갈라져 나와 뭉쳐진 단체. ⁿ⁾~를 조직함.

당하다【當-】①이르러 맞닿다. 만나다. ②넉넉히 이겨 내다.

당황하다【唐惶·唐慌-】놀랍거나 다급하여 어리둥절한 태도를 보이다.

닻 배를 머물러 있게 하기 위하여 물 속에 내리는 쇠나 나무로 만든 기구. ⁿ⁾항구에 ~을 내리고 쉬자.

닿:다 ①두 물체가 서로 붙어 사이에 빈틈이 없게 되다. ②목적한 곳에 가서 이르다. ⁿ⁾떠나다.

닿소리 사람이 날숨으로 소리를 낼 때 공기가 목, 입속에 막히며 나는 소리. 또 글자. ㄱ, ㄲ, ㄴ, ㄷ, ㄸ, ㄹ, ㅁ, ㅂ, ㅃ, ㅅ, ㅆ, ㅇ, ㅈ, ㅉ, ㅊ, ㅋ, ㅌ, ㅍ, ㅎ의 열 아홉자. ⁿ⁾홀소리.

대₁ ①식물의 줄기. ②가늘고 긴 막대기 같은 것. 예~가 굵고 곧다.

대:가【大家】 학문이나 예술 등의 부분에서 훌륭하고 높은 경지에 다다른 사람. 예고 미술에 ~이다.

대:가다 시간을 어기지 않고 목적한 곳에 이르다. 반대오다.

대:가족【大家族】 많은 가족. 식구가 많은 가족. 반소가족.

대:강【大綱】 일의 가장 중요한 부분. 중요한 부분만 따낸 줄거리. 비대략. 대충. -하다.

대:개【大概】 대부분의 사연. 대체의 줄거리. 그저 웬만한 정도로. 대체로. 비대부분. 예~그 내용이다.

대견하다 ①모자람이 없다. ②마음에 흡족하다. 비대견스럽다.

대:결【對決】 맞서서 승패를 가름함.

대:관절【大關節】 여러 말 할 것 없이 요점만 말하건대. 비도대체.

대:궐【大闕】 임금이 살며 나라의 일을 보던 큰 집. 비궁궐. 궁전.

대구₁【大邱】[지명] 3대 광역시의 하나. 섬유 공업이 크게 발달함.

대구₂ 먹이를 찾아 물 속 깊은 곳까지 헤엄을 친다. 크고 작은 이빨이 많으며 귀중한 식용 어류다. 예~는 큰 바닷물고기이다.

[대구]

대:규모【大規模】 일의 범위가 넓고 큰 규모. 반소규모.

대:금₁【大金】 많은 액수의 돈. 큰 돈. 비거름. 예~을 조심해라.

대:금₂【代金】 물건의 값으로 치르는 돈. 비값. 예신문~.

대기₁【大氣】 지구를 둘러싸고 있는 기체를 통틀어 일컫는 말.

대기₂【待機】 어떤 때나 기회가 오기를 기다림. 대기하다. -하다.

대나무쥐 몸이 통통하고 다리와 꼬리가 짧으며 앞니로 대나무 숲에 땅굴을 파고 대뿌리를 먹음.

[대나무쥐]

대:다수【大多數】 ①대단히 많은 수. ②거의 다. 반극소수.

대:단찮다 「대단하지 아니하다」의 준말. 매우 중요하지 않다.

대:단하다 ①매우 심하다. ②아주 중하다. -히. 비굉장하다.

대:담₁【大膽】 용감하고 겁이 없다.

대:담₂【對談】 마주 대하여 말함. 또는 그 말. 반독백. -하다.

대:답【對答】 ①묻는 말에 답함. ②부름에 응함. 준답. 비응답. 반질문. 예어른이 물으시면 ~하여라.

대:대로 여러 대를 잇달아서. 예~ 전해 내려오는 전통과 예절.

대:덕 연:구 단지 대전 광역시 유성구 대덕 지구에 있는 과학을 연구하는 곳이 많이 모여 있는 곳.

대:동여지도【大東輿地圖】[책명] 김

정호가 만든 우리나라 최초의 지도. 압록강·두만강을 한계로 반도와 섬을 약 1만6천2백분의 1로 그렸음.

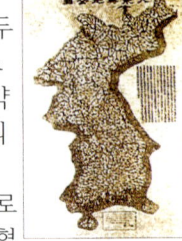
[대동여지도]

대동맥 ①심장으로부터 온몸에 혈액을 보내는 핏줄의 본 줄기. ②한 나라 교통의 가장 중요한 도로나 철도를 이르는 말.

대두【大豆】콩을 말하며 두부, 콩나물 등에 쓰임.

대:등【對等】서로 견주어 낮고 못함이나 높고 낮음이 없음. 양쪽이 같음.

대:뜸 이것저것 생각할 겨를 없이 그 자리에서 바로. -하다.

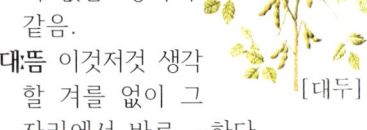
[대두]

대:량【大量】많은 분량이나 수량들.

대:로【大路】넓고 큰 길. ^반소로.

대:륙【大陸】지구 위의 크고 넓은 육지. ^비대지. ^반대양.

대:륙붕【大陸棚】해안에서, 깊이 200m쯤 되는 곳까지 편편하게 뻗어 나간 바다의 밑부분.

대:리【代理】어떤 사람을 대신하거나 일을 대신 처리함. 또는 그 사람. 대리하다. -하다.

대:리석【大理石】석회암의 높은 온도와 강한 압력 밑에서 변하여 된 돌. 부드럽고 아름다워 장식·조각 등에 널리 쓰임.

대:립【對立】①마주 대하여 섬. ②서로 마주 대하여 버팀. 대치.

대마도 대한 해협에 있는 옛날 우리나라 땅이었으나 지금은 일본의 쓰시마임. ^예~는 옛 우리 땅.

대:망₁【大望】애타게 기다리고 바람.

대:망₂【待望】모든 사람이 기다리고 바라는 것. ^예~이 이루어지다.

대:면【對面】서로 얼굴을 마주 보고 대함. ^예20년 만에 친구와 ~.

대:범하다【大泛-】사물에 대하여 까다롭지 않고 너그럽다.

대:법원【大法院】우리나라의 최고 법원. 사건의 마무리 심판.

대:변₁【大便】사람의 똥. ^반소변.

대:변₂【代辯】어떤 개인이나 단체를 대신하여 그의 의견이나 태도를 책임지고 말함.

대벌레 나무의 줄기처럼 생긴 곤충임. 무늬도 같고 식물의 씨와 같은 알을 낳는다.

[대벌레]

대:보름달「음력 정월 보름」을 특별히 일컫는 말. ^반그믐날.

대본【臺本】①연극이나 영화 제작에 있어 기본이 되는 각본. ^예연극 ~. ②어떠한 토대가 되는 책.

대:부분【大部分】반이 훨씬 넘는

수효나 분량. ᵇ일부분. -하다.

대:비【對備】 앞으로 어떤 일이 일어날 것을 미리 생각하고 이에 대한 준비를 함. ᵉ장마에 ~한다.

대사【大事】 큰일. 중대한 일. ᵉ중~를 논한다. ᵇ큰일.

대:상【對象】 활동이나 행동의 목표로 되는 것. ᵉ어린이를 ~으로 하다.

대:서【代序】 대신 남의 글을 써 줌.

대:서 특필【大書特筆】 특히 드러내 보이려고 큰 글자로 씀. -하다.

대:성【大成】 ①크게 이룸. 크게 이루어짐. ②큰 인물이 됨. -하다.

대:세【大勢】 세상 일이나 하는 일의 되어 가는 형편. 일이 돌아가는 큰 형세. ᵉ~가 우리에게 유리하다.

대:수롭다(대수로우니, 대수로워) 중요하게 여길 만하다. ᵉ대수롭지 않은 일로 야단이다.

대:양【大洋】 큰 바다. ᵉ5대양 5대주.

대:여【貸與】 빌려 줌. ᵇ대부. ᵇ차용. ᵉ만화를 ~하였다. -하다.

대:왕【大王】 훌륭하고 뛰어난 왕의 높임말. ᵉ광개토~ 비석.

대:외【對外】 집이나 어떤 기관의 바깥, 또는 외국에 대함. ᵇ대내.

대:용【代用】 다른 것 대신으로 씀. ᵉ~식품. 식사~으로 먹는다.

대:우【待遇】 예의를 갖추어 대함. ᵇ대접. ᵉ~가 아주 좋은 편이다.

대:웅전【大雄殿】 절에서 가장 으뜸이 되는 불상을 모신 법당.

대:응【對應】 ①마주 대함. ②서로 같음. ③상대에 응하여 서로 주고 받음. ᵉ~을 모색하고 있다.

대:의₁【大意】 대강의 뜻. 대충대충.

대:의₂【大義】 바르고 큰 의리. ᵉ~명분을 지키다. ~가 무엇인가요.

대자연【大自然】 넓고 큰 자연 환경.

대:작【大作】 ①남의 잘된 작품을 높이어 부르는 말. ②크게 이루어진 건축·조각·그림 등의 미술 작품. ③아주 잘된 작품.

대:장【大將】 ①군대에서 가장 높은 계급, 또는 군인. ②군인 계급 중 가장 높은 계급임. ᵇ장군. ᵇ졸병. ᵉ지각~. 그는 ~에 진급함.

대장간【-間】 쇠를 달구어서 낫, 호미, 칼등 쇠붙이 연장을 만드는 곳.

대:전₁【大戰】 큰 싸움. ᵉ세계 ~.

대:전₂【對戰】 상대방과 마주보고 승리를 위하여 싸움을 하는 것.

대:접【待接】 ①손님을 맞음. ②음식을 차려서 손님을 대우함. ᵇ접대. ᵇ괄시. 천대. -하다.

대:조【對照】 둘을 마주대서 비추어 봄. ᵇ비교. -하다.

대:중【大衆】 수가 많은 여러 사람. 일반인. ᵉ~문학.

대중 없다 ①미리 헤아릴 수가 없다. ②어떠한 표준을 잡을 수가 없다. ᵉ버스 출발 시간이 ~.

대:지₁【大地】 넓고 큰 땅. ᵇ좁은 땅.

대:지₂【垈地】 건물을 짓는 땅.

대:진【對陣】 ①양쪽의 군사가 서로 마주 대하여 진을 침. ②시합이나 경기에서 두 편이 싸우기 위하여 서로 마주 대하여 섬.

대:책【對策】 어떤 사건 또는 바로 눈앞에 닥친 나라 안팎의 정세에 대한 방책. 예예방 ~이 중요함.

대청봉【大靑峯】 설악산에서 제일 높은 봉우리. 해발 1,708m.

대:첩【大捷】 큰 승리. 크게 이김. 예한산~. 명량~. 행주~을 승리함.

대:체$_1$【代替】 다른 것으로 바꿈.

대:체$_2$ 대관절. 도대체.

대:추 대추나무의 열매.

[대추]

대:출【貸出】 돈이나 물건을 빚으로 꾸어 줌.

[대패]

대:패$_1$ 나무를 곱게 매끈하게 밀어 깎는 연장.

대:패$_2$【大敗】 ①일의 큰 실패. ②싸움에 크게 짐.

대:포【大砲】 화약이 폭발한 힘으로 포탄을 멀리 쏘아 보내는 큰 화기.

대:표【代表】 여러 사람이나 단체, 또는 한 개인을 대신하여 책임을 지고 나섬. 또는 대표하는 사람들.

대:피【待避】 위험이나 피해를 당하지 않도록 일시적으로 피하는 일.

대:필【代筆】 남을 대신하여 글씨를 씀. 또는 그 글씨. 예소설을 ~함.

대:하다【對-】 ①앞에 두고 마주 보다 ②상대하다. 응하다.

대한민국【大韓民國】 우리나라의 이름. 수도는 서울이다. 면적은 [22만 2천km^2](남한은 9만 9천km^{2}이다.) 비한국.

대한민국 임시 정부 1919년 4월 독립 운동가들이 중국 상하이에서 임시 조직한 정부.

대한 적십자사【大韓赤十字社】 우리 나라에서 적십자 사업을 벌이기 위하여 1947년에 만든 조직.

대한제국【大韓帝國】 1897년으로부터 1910년에 일본에 강점될 때까지 쓰던, 우리나라 정식 명칭임.

대:항【對抗】 ①서로 맞서서 버티어 겨룸. ②서로 상대하여 이기고 짐을 다툼. 대항하다. -하다.

대:행【代行】 남을 대신하여 행한다.

대:화【對話】 서로 마주 대하여 이야기함. 또는 그 이야기. 대담.

대:회【大會】 많은 사람의 모임 행사.

댄스 주로 남녀 사교를 위한 서양 춤.

댐 수력 발전·수도·관개 따위를 목적으로 강이나 바닷물을 막아 돌 콘크리트로 쌓아 올린 둑.

댑싸리 마당이나 길가에 저절로 나서 자라고 집 근처에 심기도 하는 줄기가 많고 키가 큰 한해살이풀.

댕기 여자들이 길게 땋은 머리끝에 드리는 헝겊이나 끈.

[댕기]

더 그 위에 보태어. 더욱.
더덕 넝쿨식물로 뿌리는 독특한 향기와 맛이 좋은 식품으로 산이나 들에서 나는 식물.
더듬다[-따] ①손으로 이리저리 만져 보며 찾다. ②말이 순하게 나오지 않고 자꾸 막힌다.
더디다 움직이는 시간이 오래 걸리다. 더딥니다. 더디어. ^반빠르다.
더러₁ ①얼마 쯤. ②이따금. 때때로.
더러₂ 「~에게 대하여」의 뜻을 부사격 조사. 전체 중에 얼마만큼.
더:럽다(더러우니, 더러워) ①때가 묻어 지저분하다. ②천하다. 비겁하고 야비하다.
더미 물건을 모여 쌓인 큰 덩어리.
더부룩하다 풀·나무 같은 것이 우거져 위가 수북하다.
더부살이 남의 집에서 먹고 자면서 계속 일해 주고 삯을 받는 일. 또는 그러한 사람. -하다.
더불어 함께. 상대로 하여. ^예나와~.
더위 여름철의 더운 기운. ^반추위.
더하다 견주어 보아 한쪽이 더 많다. 늘어나다. 더 심하다. ^반빼다.
덕【德】①밝고 올바르며 아름다운 품행. ②덕택. ③이익.
덕망【德望】[덕-] 많은 사람들이 우러러보고 따르는 높은 덕과 인격. ^예~이 높은 분이다.
덕분【德分】 남에게 어질고 고마운 짓을 베푸는 일. ^비덕택. 은공. 은덕.
덕택【德澤】 남에게 미치는 은혜의 혜택. 비덕분. ^예형님 ~에.

덕행【德行】 어질고 덕이 되는 행실.
던지다 물건을 들어 공중을 향하여 힘껏 나아가게 하다.
덜: 어떤 표준이나 한도에 미처 다 차지 못함을 뜻하는 말.
덜:다(더니, 더오) 적게 하다. 줄게 하다. 감하다. ^예밥을 ~.
덜:되다 ①다 되지 아니하다. ②사람의 됨됨이가 온전하지 못하다. 못나다. ^예밥이 ~.
덜미 남의 손에 잡힌 목 또는 뒷덜미.
덜컥 갑작스레 놀라거나 겁에 질리어 가슴이 내려앉는 모양. -하다.
덜:하다 견주어 보아 한 쪽이 심하지 않거나 적다. ^반더하다.
덤: 제 값어치의 물건보다 조금 더 얹어 주거나 받는 물건.
덤덤하다 ①마땅히 말할 만한 자리에서 아무 말도 없이 있다. ②별 느낌이 없이 그저 평범하다.
덤벙거리다 함부로 덤비거나 서둘다.
덤불 어수선하게 엉클어진 수풀.
덤비다 ①함부로 달려들다. ②조급하게 서두르다.
덤프 트럭 짐 싣는 칸을 뒤쪽으로 기울여 한꺼번에 짐을 내릴 수 있도록 만든 트럭. 차량.

[덤프트럭]

덥:다(더우니, 더워) 온도가 높거나 표준 이상의 열이 있다. ^반춥다.
덥석 왈칵 달려들어서 급히 움켜 쥐거나 입에 무는 모양. ^예~ 안긴다.

덧붙이다[-부치-] ①있는 위에 더 붙이다. ②말을 한 위에 더 보태어 말하다. ③더 넉넉하게 넣다.

덧셈: 어떤 수에 얼마를 더하는 셈법. 더하기. ^반뺄셈. -하다.

덧없:다[덛-] ①세월이 속절없이 빠르다. ②무상하다. ③자취도 없다. 덧없이 흘러가는 세월.

덩굴 다른 물건에 감기어 오르거나 땅바닥에 퍼지며 뻗어 나가는 식물의 줄기. 넝쿨.

덩달아 실속도 모르고 남이 하는 대로 따라서. ^예동생은 ~신이 난다.

덫 짐승을 꾀어 잡는 기구. ^예~에 걸린 쥐. ~에 토끼가 걸렸다.

덮다 ①위로부터 얹어서 씌우다. ②뚜껑을 씌우다. ③어떤 사실을 내버려 두거나 숨기다.

덮치다 ①겹쳐 누르다. ②들이닥쳐 휩싸서 치다. ③여러 가지 일이 한꺼번에 닥치다.

데 ①「곳」의 뜻. ②「경우」의 뜻.

데:다 ①뜨거운 것에 닿아 살이 상하다. ②몹시 놀라거나 고통을 겪어 진저리가 나다.

데모 ①시위 운동. ②「데먼스트레이션」의 준말. -하다.

데모크라시 ①민주주의. ②민주 정체. ③민주 정치.

데뷔 ①사교계에서 정식으로 처음 나가는 일. ②음악가·배우들의 첫 무대. 첫 출연. ^예금년에 ~했다.

데생 형태와 명암을 주로 하여 한 가지 색으로 그리는 그림. 특히 목탄으로 그리는 것을 말함.

데이트 ①남자와 여자 서로 사귀려고 만나다. ②이성의 친구와의 만남. 또는 그 약속. ^예하다.

덴마:크[국명] 도이칠란트 북쪽에 있는 유틀란트 반도와 그 부근의 섬으로 된 왕국. 모범적인 낙농업국. 수도는 코펜하겐.

도:【道】①마땅히 지켜야 할 도리. ②깊이 깨달은 지경. ③우리나라의 지방 행정 구역의 하나.

도꼬마리 햇빛이 잘 드는 빈터 및 논과 밭에서 나는 한해살이풀. 어린 잎은 식용으로 하고 씨는 익혀서 먹는다. 열매는 약으로도 쓰인다.

[도꼬마리]

도:구【道具】일에 쓰이는 여러 가지 연장. 제구.

도굴【盜掘】허가를 맡지 않았거나 주인의 승낙 없이 광산이나 옛 무덤 따위를 몰래 파는 일. -하다.

도:금【鍍金】금·은·니켈 따위의 얇은 막을 다른 쇠붙이의 겉면에 입히는 일. ^예그릇에 ~을 한다.

도난【盜難】도둑을 맞는 재난.

도달【到達】어떤 수준이나 목적한 데에 이름. ^비도착. 달성. ^반미달.

도대체【都大體】「대체」의 뜻을 강조하여 쓰는 말. 대관절.

도:덕【道德】사람으로서 마땅히 지켜야 할 바른 도리와 행위. ^예공중

~. ᵇⁿ무질서.

도둑 남의 물건을 훔치거나 빼앗거나 하는 나쁜 짓. 또는 그러한 사람. ᵇⁱ도적.

도라지 초롱꽃과의 여러해살이풀. 산이나 들에 절로 나며 심기도 하는데, 뿌리는 살찌고 길쭉하며 식용 또는 약재로 쓰임.

도랑 물이 계속 흐르는 작은 개울가.

도:량【度量】①너그러운 마음과 깊은 생각. ᵉ~이 넓은 사람. ②일을 알고 잘 다루는 품성. ③길이와 무게. ④길이를 재는 자와 양을 재는 되. ᵇⁱ아량. 여유.

도련님 ①「도령」의 높임말. ②형수가 결혼하지 아니한 시동생을 높이어 일컫는 말.

도:로₁【道路】 사람이나 차가 다닐 수 있도록 만든 길. ᵉ고속~.

도로₂ ① 향했던 쪽에서 돌아서 반대쪽으로 향하여. ②먼저와 다름이 없이 본디대로 다시. 다시 오다.

도롱뇽 몸은 검은 갈색이며 둥근 무늬에 머리는 납작하고 다리는 짧다. 물이 차고 깨끗한 개울, 습지, 못에서 산다. [도롱뇽]

도르래 줄을 걸어서 물건을 끌어 올리거나, 힘의 방향을 바꾸거나 하는 데 쓰는 바퀴.

도:리【道理】①사람이 마땅히 행하여야 할 바른 길. ②일이나 물건의 정당한 이치. ③방도와 사리. ᵉ자식의 ~를 지키다.

도마뱀 머리는 뱀과 비슷하며, 네 다리는 굵고 짧으며 긴 꼬리를 가진 찬 피 동물. [도마뱀]

도막 작고 짤막한 동강. ᵇⁱ토막.

도망【逃亡】 쫓기어 달아남. 피하여 달아남. ᵇⁱ도주. 도피. 줄행낭.

도매【都賣】 물건을 낱개로 안 팔고 묶어서 한꺼번에 파는 것. ᵇⁿ소매.

도모【圖謀】 어떤 일을 이루기 위하여 수단과 방법을 꾀함. -하다.

도무지 ①아무리 해도. ②전혀.

도미 몸통과 지느러미가 붉은 빛을 띠며 몸이 둥글고 납작한 맛좋은 바닷물고기. [도미]

도박【賭博】 돈이나 재물을 걸고 화투·카드 등을 써서 이기고 짐을 겨루는 것. ᵇⁱ노름. ᵉ~을 했다.

도발【挑發】 전쟁이나 전쟁의 위험이 있는 사건 따위를 일으키는 것.

도보【徒步】 타지 않고 걸어서 감. ᵉ~여행. ~로 10분 거리다.

도사【道士】 도의 이치를 아는 사람.

도산매【都散賣】 도매와 산매. 곧 물건을 한꺼번에 많이 파는 일과 낱개로 파는 일. ᵉ~점을 열었다.

도시【都市】 인구가 많으며 상업과

공업이 발달하고 여러 가지 문화적 시설을 갖춘 번화한 곳. ^비도회지. ^반농촌. 시골.

도야【陶冶】 몸과 마음을 닦아 기름.

도약【跳躍】 몸을 날려 뛰어 오른 것.

도:외시【度外視】 문제로 삼지 아니하고 보아 넘김.

도요 강이나 바닷가에서 살며 물고기, 조개, 벌레를 잡아먹으며 적게는 2~3마리 많게는 70~80마리씩 무리를 지어 집단 생활을 하며 산다. [도요]

도움 남을 돕는 일. ^반방해. 무관심.

도이칠란트[국명] 중부 유럽에 있는 나라. 제2차 세계 대전 후 동서로 국토가 갈리었다 다시 통일됨.

도:의【道義】 사람이 마땅히 행하여야 할 도덕상의 의리. ^예~적인 책임. ~적인 행동과 양심.

도:의심【道義心】 도의를 중하게 여기는 마음. ^예~이 강하다.

도:입 끌어들임. 인도하여 들임. 도입하다. 도입되다. -하다.

도자기【陶磁器】 질그릇·오지그릇·사기그릇을 통틀어 일컫는 말. 높은 열에 구워서 만든 그릇.

도:저히【到底-】 아무리 하여도. ^비절대로. ^예~목이 말라 못하겠다.

도적【盜賊】 남의 물건을 훔치는 자.

도전【挑戰】 ①싸움을 걸거나 돋움. ②비유적으로, 어려운 사업이나 기록 경신에 맞섬. ^반응전. -하다.

도주【逃走】 도망쳐서 달아나는 것.

도중【途中】 ①길을 가고 있는 동안. ②일의 중간. ^비중도. 중간. 반쯤.

도:지다 한번 났던 병이 재발하다.

도:착【到着】 목적한 곳에 다다름. ^비도달. ^반출발. 시발. 첫발.

도:처【到處】 이르는 곳마다. 여기저기. 가는곳. 모든 곳. 곳곳.

도청【盜聽】 남의 비밀을 엿듣는 일.

도취【陶醉】 무엇에 마음이 쏠려 취하다시피 됨. ^예아름다운 그림에 ~되다. 도취되다. 도취하다.

도:쿄【東京】[지명] 일본의 수도. 일본의 정치·문화·경제의 중심지. ^예~는 사람이 너무 많이 산다.

도탄【塗炭】 말할 수 없이 어려움. ^예~에 빠진 국민에게 희망을 줌.

도태【淘汰】 여럿 있는 것 중에서 쓸데없는 것이나 알맞지 아니한 것이 없어짐. 또는 없애 버림. ^예자연 ~되다.

도토리 떡갈나무와 참나무의 열매임.

도:표【道標】 방향이나 거리를 적어 길가에 세운 푯말. [도토리]

도피【逃避】 도망하여 몸을 피함. ^예~책을 마련하다.

도형【圖形】 ①그림의 모양. ②입체·면·선·점 따위가 모여서 이루어진 것. ^예변의 길이가 같은 ~.

도화선【導火線】 ①화약이 터지도록 불을 댕기는 심지. ②사건을 일으키게 하는 원인이나 계기.

도회지【都會地】도시. 반농촌.
독 간장이나 술·김치 따위를 담가 두는 데에 쓰는 큰 오지 그릇이나 질그릇.
독립문 중국 사신을 맞이하던 영은문을 헐고 독립 협회가 독립 국가를 알리기 위하여 건립함.

[독립문]

독백【獨白】①혼자서 중얼거림. ②연극에서 배우가 상대자 없이 혼자 하는 말. 모놀로그. -하다.
독불 장군【獨不將軍】①여러 사람과 사이가 틀어져 외롭게 된 사람. ②남의 의견을 무시하고 무슨 일이나 저 혼자 처리하는 사람.

[독사]

독사【毒蛇】7월, 8월에는 특히 독사에 물리면 사람이 죽을 수도 있는 독이 있는 뱀.
독서【讀書】책을 읽음.
독수리【禿-】몸집이 큰 사나운 새. 매·수리와 비슷하며 온 몸이 어두운 갈색임. 날카로운 부리와 발톱으로 작은 동물들을 잡아먹으며 삶.

[독수리]

독신【獨身】①형제 자매가 없는 사람. ②아내나 남편이 없이 혼자 사는 사람. 홀몸. 예~주의.
독약【毒藥】독이 들어 있는 약. 극약보다 더 강함. 비극약.
독자₁【獨子】하나뿐인 아들을 말함.
독자₂【讀者】책이나 신문·잡지 따위를 읽는 사람. 비정기 구독자.
독재【獨裁】①독단으로 사물을 결정하거나 처리해 나감. ②통치의 권력을 가진 자기 마음대로 나라를 다스리는 일. -하다.
독점【獨占】혼자서 모두 독차지함.
독차지【獨-】혼자서 다 차지함. 비독점. 독차지 하다. 반나누다.
독창【獨唱】청중 앞에서 혼자 노래를 함. 솔로. 반합창. 중창. 제창.
독창₂【獨創】제 혼자 힘으로 생각하여 만듦. 반모방. 하다.
독촉【督促】몹시 재촉함. 서둘러 빨리 하도록 다그쳐 조름. 비~하다.
독특하다【獨特-】특별나게 다르다. 견줄 만한 것이 없이 뛰어나다. 반평범하다. 예피자와 빵 맛이 ~.
독학【獨學】스승이 없이 혼자서 공부를 함. 독학하다. -하다.
독해력【讀解力】글을 읽고서 이해하고 소화할 수 있는 능력.
독후감【讀後感】책이나 글을 읽고 난 뒤의 소감.

[돈나무]

돈나무 늘 푸른 떨기나무. 남부 바

돈화문 창덕궁의 정문, 태종 12년에 완공되었으며 조선 초기의 목조 문루이다.

[돈화문]

돋구다 더 높게 하다.

돋다 ①해나 달 같은 것이 솟아오르다. ②속에서 바깥으로 생겨나오다. ③어떤 기색이 표정에 나타나다.

돋보기 작은 물건이 크게 보이는 안경. 알이 두꺼우며 흔히 노인들이 쓴다.

돌 어느 한 때로부터 꼭 일년이 되는데, 또는 일년이 되는 날.

돌격【突擊】 돌진하여 공격함.

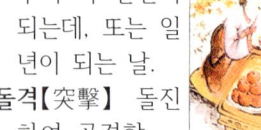
[돌]

돌고래 주둥이가 길고 가늘며 등은 검은 갈색이고 배가 흰 작은 고래.

[돌고래]

돌:다(도니, 도오) ①한 중심에서 동글게 움직이다. ②소문이 신문과 방송을 통해 널리 퍼지다. 예선풍기가 ~.

돌:보다 관심을 두고 뒤를 보살펴 주다. 보호하다. 맡아 관리하다.

돌아보다 ①고개를 뒤로 돌려 보다. ②지난 일을 살피다. 예어린 시절을 ~. ③돌보다. 비회상하다.

돌연【突然】 갑작스러움. 뜻밖. 갑자기. 뜻밖에. 예그는 ~사로 죽었다.

돌진【突進】 곧장 나아감. 거침없이 나아감. 반후퇴 -하다.

돌파【突破】 ①무찌르거나 뚫어 깨뜨림. ②경계나 방어하고 있는 곳을 쳐들어가 뚫고 나가는 곳.

돌하루방 돌로 만든 할아버지라는 뜻, 제주도에서 마을을 보호한다 하여 돌로 만든 노인의 형상.

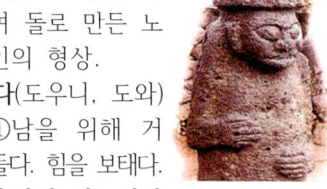
[돌하루방]

돕:다(도우니, 도와) ①남을 위해 거들다. 힘을 보태다. ②어떤 기능이나 상태가 아주 좋아지게 하다. 돕습니다. 도와.

돗자리 왕골이나 골풀의 줄기를 잘라 쪼개어 친 자리.

동【東】 동쪽. 해가 뜨는 쪽. 반서.

동갑【同甲】 같은 나이. 나이가 같은 사람. 예너와 나는 ~이야.

동강 물건을 짤막하게 자른 도막.

동거【同居】 ①가족이 한집에 같이 삶. 반별거. ②가족이 아닌 사람이 한집에서 함께 생활을 함.

동:경【憧憬】 몹시 그리워함. 예~의 대상이 되다.

동고비 산에서 벌레를 먹고 삐잇

하고 울며 몸은 청갈색이다.

동ː구【洞口】마을로 들어오는 길목의 첫머리.

동ː굴【洞窟】자연적으로 된 깊고 넓은 굴. ⁿᵃⁿ동혈. ᵉˣ자연 ~. [동고비]

동그라미 둥글게 그린 그림의 모양. ᵇⁱ원. ⁿᵃⁿ가위표. -하다.

동급생【同級生】같은 학급에서 같이 공부하는 학생들을 일컫는 말.

동기₁【同期】한 부모에서 난 형제 자매.

동ː기₂【動機】일이 일어나게 된 심리적인 이유나 원인. 일의 실마리.

동기생【同期生】같은 때 들어간 자. 졸업 수료 등을 한 사람. ʲᵘⁿ동기.

동나다 ①늘 쓰던 물건이 다 떨어져 없어지다. ②물건이 다 팔리다.

동남【東南】①동쪽과 남쪽. ②동쪽과 남쪽의 사이가 되는 방위 방향.

동ː냥 ①중이 쌀 등을 얻으려고 이 집 저 집으로 돌아다니는 일. ②거지나 동냥아치가 돌아다니며 구걸하는 일.

동ː네【洞-】여러 집이 한 아우리를 이루어 모여 사는 곳. ᵇⁱ마을.

동대문 흥인지문을 보통 이르는 말로, 서울 동쪽의 큰 성문의 뜻.

[동대문]

동댕이치다 ①힘차게 내던지다. ②하던 일을 손을 떼면서 그만두다.

동등【同等】①등급이 같음. ②자격·수완·입장 등이 같음. -하다.

동떨어지다 서로 관계가 없이 자유롭게 행동을 하며 따로 떨어지다.

동ː란【動亂】[-난] 난리가 일어나서 세상이 소란해지는 일. 또는 그러한 상태. ᵉˣ6.25 ~.

동ː력【動力】[-녁] ①열·물·바람·전기 따위의 힘을 이용하여 기계를 움직이는 힘. ②어떠한 일이나 물건을 움직이어 나가는 활동의 능력. ᵉˣ전기는 ~을 이용함.

동료【同僚】[-뇨] 같은 곳에서 같은 일을 보는 사람.

동ː맥【動脈】①심장에서 나오는 피를 온 몸에 나르는 혈관. ⁿᵃⁿ정맥. ②주요한 도로나 철도를 통상적으로 일컫는 말. ⁿᵃⁿ정맥.

동맹【同盟】같은 목적이나 이익을 위해 서로 같은 행동을 할 것을 맹세하여 맺은 약속. ᵉˣ~파업.

동면【冬眠】뱀·개구리·곰 따위의 동물이 겨울 동안 잠자는 상태에서 봄을 기다리는 일. ᵇⁱ겨울잠.

동무 친하게 지내는 사람. ⁿᵃⁿ원수.

동문【同門】같은 학교 또는 같은 선생에게서 배우는 일. 또는 그러한 친구. ᵇⁱ동창.

동문 서답【東問西答】묻는 말에 아주 엉뚱하게 전혀 다르게 대답함.

동ː물【動物】생물을 식물과 함께 크게 나눈 한 부분. 스스로 움직이며 살아가는 모든 생활을 통틀어 일컫는 말. 곧 모든 짐승·조류·곤충·물고기 따위. ⁿᵃⁿ식물.

동:민【洞民】 그 동네에 사는 사람. 동네의 주민. ⁿ타동 사람.

동방【東方】 동쪽. 동쪽 지방. ⁿ서방.

동백나무 이른 봄에 붉은 꽃이 피며 남해안 지역에 많이 자라는 중간 정도 크기의 늘 푸른 나무.

[동백나무]

동봉【同封】 같이 넣어서 함께 봉함.

동부 덩굴 풀로 열매는 9~10월에 수확을 하며 알맹이는 식용함.

[동부]

동:사【凍死】 대단히 추워 얼어 죽다.

동산₁ 집 뒤에 있는 언덕이나 작은 산.

동산₂【動産】 그 성질이나 형상 따위 바꾸지 않고 옮길 수 있는 재산. 현금·물품 따위. ⁿ부동산.

동:상₁【凍傷】 얼어서 살갗이 상함.

동상₂【銅像】 어떤 큰 인물을 오래 기리기 위하여 그 형상을 구리로 만들어 세운 것. ᵒ세종 대왕~임.

동:시【童詩】 어린이의 생활이나 마음의 움직임을 나타낸 시.

동:심【童心】 ①어린이의 마음. ②어린이처럼 순진한 마음. ③어릴 적 마음. ᵒ~의 세계로 초대합니다.

동안 어느 때로부터 어느 때까지의 사이. 시간적인 사이.

동양【東洋】 아시아 일대를 통틀어 이르는 말. ⁿ서양.

동업【同業】 두 사람 이상이 같이 하는 영업. ᵒ그들은 현재 ~중이다.

동:요【童謠】 어린이의 생활 감정을 나타낸 노래. ⁿ동시. -하다.

동:원【動員】 어떤 목을 이루기 위하여 사람이나 물건을 모으는 일. 동원되다. 동원하다. -하다.

동의₁【同意】 같은 뜻. 같은 의견. ⁿ반대. ⁿ찬성, 찬동. -하다.

동:의₂【動議】 회의 도중에, 이미 정하여진 안건 외의 사항을 내는 일. 또는 그 사항. ᵒ긴급 ~.

동일【同一】 ①꼭 같음. ②평등하다.

돛 바람을 받아 배가 나아가도록 하기 위해 돛대에 다는 넓은 천.

돛단배 돛을 달아 바람의 힘을 이용하여 나아가는 배. 돛배. 범선.

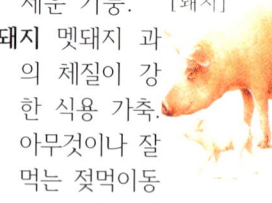
[돛단배]

돛대 돛을 달기 위하여 뱃바닥에 세운 기둥.

돼지 멧돼지 과의 체질이 강한 식용 가축. 아무것이나 잘 먹는 젖먹이동물. 고기가 맛이 좋아 농가에서 기르는 짐승.

[돼지]

돼지코 앞에서 콧구멍이 보이는 코.

되 곡식이나 액체 같은 분량을 되는 데에 쓰는 그릇.

[되]

척관법에 따른 분량의 단위의 하나. 한 말의 10분의 1임.승.

되뇌:다 같은 말을 여러번 되풀이하여 말하다.

되다₁ ①일이나 물건이 만들어지다. 이루어지다. ②어떠한 정도나 수량에 이르다. ③어떠한 때가 돌아오다. 예녹으면 물이 ~.

되:다₂ 말이나 되 따위로 곡식이나 액체·가루 같은 것의 분량을 헤아리다. 예쌀을 말로 ~.

되:다₃ ①물기가 적어서 빡빡하다. 반묽다. ②몹시 켕겨서 팽팽하다. ③고되거나 호되다. 예일이 ~.

되도록 될 수 있는 대로. 가능한 한.

되돌아보다 ①이제까지 지나온 곳을 돌아보다. ②지난 일을 되돌아보고 반성하다.

되묻:다 ①다시 묻다. ②묻는 말에는 대답하지 않고 도리어 묻다.

되새기다 ①소나 염소가 먹은 것을 다시 내어 씹다. ②지난 일을 다시 생각해 보다.

되씹다 ①한 소리를 자꾸 되풀이하다. ②되새기다.

되풀이 같은 말이나 몸짓을 자꾸 함.

된:서리 ①늦가을에 아주 되게 많이 내린 서리. ②모진 재앙이나 타격의 비유. 반무서리.

된:소리 되게 나는 소리. 곧 ㄲ·ㄸ·ㅃ·ㅆ·ㅉ 따위의 소리. 경음.

두건【頭巾】 주로 초상을 당하여 남자가 머리에 쓰는 베로 만든 것.

두:그루갈이 한 해 동안 같은 땅에 자라는 시기가 다른 작물을 두 번 가꾸는 일. 비이모작.

두견이 여름 철새로, 자기 집을 짓지 않고 휘파람새의 둥지에 알을 낳아, 휘파람새가 새끼를 키우게 한다. 두견새.

[두견이]

두근거리다 몹시 놀라거나 겁이 나서 가슴 속이 뛰놀다.

두꺼비 피부가 우툴두툴하며 큰개구리처럼 생긴 찬피동물로 축축한 곳에서 벌레와 곤충을 잡아먹고 산다.

[두꺼비]

두껍다(두꺼우니, 두꺼워) 두께가 크다. 반얇다. 예겨울 옷이 ~.

두께 물건의 두꺼운 정도.

두뇌【頭腦】 사물을 판단하는 슬기. 머리. 준뇌. 예~회전이 빠르다.

두다 ①일정한 곳에 있게 놓다. ②바둑이나 장기를 놓다.

두둑하다 ①매우 두껍다. ②넉넉하다. 풍부하다. ③꽤 두껍다.

두둔 편들어 주고 감싸 주는 것.

두드러지다 드러나서 뚜렷하다. 뚜렷하게 드러나다. 예진영이는 우리 반에서 공부가 ~.

두드리다 가볍게 때리다. 톡톡 치다.

두렁 논·밭 사이의 작은 둑. 예논

~. 밭 ~. 나는 논~을 걸었다.
두레 바쁜 농사철에 공동으로 협력하기도 하고, 모자라는 일손을 덜어 주기도 하는 마을 단위의 공동으로 협력하는 모임.
두레박 줄을 길게 매어 우물 물을 긷는 기구. 바가지·양철·판자 따위로 만듦. 예우물가에 ~이 있다.
두려워하다 ①두려운 마음을 느끼다. 겁을 내다. ②공경하고 어려워하다. 반당당하다.
두렵다(두려우니, 두려워) ①마음에 꺼리어 무섭다. 겁이 나다. ②상대방이 어려워 눌리는 느낌이 있다. 비겁나다. 무섭다.
두루 여러 가지를 빠짐없이 골고루.
두루마기 한복 위에 입는 외투처럼 길게 생긴 겉 옷.
두루미 목, 다리, 부리가 길고 몸은 흰빛이며 날개와 꽁지 깃이 검은 큰새. 천연 기념물로 보호하며, 학이라 한다.

[두루미]

두르다 싸서 가리다. 예머리띠를 ~.
두리번거리다 어리둥절하여 여기 저기를 휘둘러보다.
두만강【豆滿江】백두산 남동쪽에서 시작하여 동해로 흘러드는 강. 길이 521km이다.
두메 도회에서 멀리 떨어져 있는 깊은 산골 지방. 비산골. 벽촌.
두목【頭目】여러 사람 중 그 우두머리가 되는 사람. 반졸개. 부하.
두서【頭緖】일의 순서. 비순서. 예~없는 글을 써 책을 내었다.
두엄 외양간에서 나온 짚이나 산에서 벤 풀·쓰레기 따위를 구덩이를 파고 쟁여 썩힌 거름. 비퇴비.
두텁다(두터우니, 두터워) 인정이나 사랑 따위가 많고 깊다. 작도탑다. 예두터운 우정.
두통【頭痛】머리가 매우 아픈 증세.
두툼하다 꽤 두껍다. 반아주 얇다.
둔ː재【鈍才】둔하고 재주가 없다.
둔ː하다【鈍-】①말과 행동이 느리고 미련하다. ②감정이 무디고 이해가 늦다. 비굼뜨다. 미련하다.
둘러대ː다 ①그럴 듯한 말로 꾸미어 대다. ②돈이나 물건 따위를 차용하여 필요한 곳에 사용함.
둘레 물건의 가로 둘러어진 테두리. 비주위. 근방. 반중앙. 복판. 중심.
둥굴레 산 응달에서 자라며 잎은 타원형이고 땅 속의 줄기는 차나 약재로 사용.

[둥굴레]

둥실둥실 물건이 떠서 움직이는 모양. 작동실동실. 떠다닌다. 흉내말.
둥치 대단히 큰 나무의 아래 덩어리.
뒤ː곁 집채의 뒤에 있는 뜰이나 마당. 비뒤뜰. 뒷마당. 반앞뜰.
뒤끓다 ①뒤섞이어서 마구 끓다.

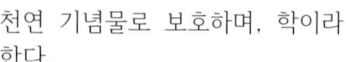

②많은 사람이나 동물이 한데 섞이어서 움직이다.
뒤:늦다 정해진 시간보다 지났다.
뒤덮다 온통 가려서 덮다. 죄다 덮다. 예시꺼먼 구름이 하늘을 ~.
뒤:따르다(뒤따르니, 뒤따라) ①뒤를 따르다. ②뜻이나 사업을 이어받아 계속하다.
뒤뚱거리다 물건이 잇달아 느리게 기울어지면서 양쪽으로 흔들리다.
뒤섞다 물건을 한데 그러모아 함부로 섞다. 예밀가루, 설탕, 물을 ~.
뒤숭숭하다 조금 불안하고 걱정되다.
뒤엎다 갑자기 정반대로 바꿔 놓다.
뒤:이어(뒤이으니, 뒤이어서) 끊어지지 않도록 뒤를 잇다. 계속하여.
뒤적이다 물건을 찾느라고 이리저리 찾고 뒤지다.
뒤쥐 뒤쥐과의 한 가지 쥐보다 꼬리가 짧고 긴 털이 드물게 남.
뒤지다₁ 샅샅이 들추어 찾아내다.
뒤:지다₂ 남보다 떨어지다. 뒤에 처지다. 반앞지르다. 앞에 가다.
뒤집다 ①안과 겉을 뒤바꾸다. 위와 밑을 뒤바꾸다. ②차례를 바꾸다.
뒤집히다 ①일이나 물건이 뒤집어지다. ②야단이 나다. 낭패를 당하여 온통 시끄러워지다.
뒤:치다꺼리 뒤에서 일을 보살펴서 돌보아 주는 것. 비뒷바라지.
뒤:통수 머리의 뒤쪽. 예~를 맞다.
뒤프르[인명](1780~1865) 프랑스의 의사이며 곤충의 생활 습관에 대하여 깊은 연구를 하였는데, 특히 비단벌레를 잡아먹는 사냥꾼 벌에 대하여 연구한 결과를 엮은 「벌 이야기」는 유명함.
뒤흔들다(뒤흔드니, 뒤흔드오) 마구 흔들다. 큰 파문을 일으키다.
뒷:거래【-去來】 불법적으로 하는 거래. 반정상적 거래. -하다.
뒷:날[된-] ①닥쳐올 날. ②다음 날. 예젊은이들 ~을 계획해라.
뒷:면【-面】[된-] 뒤쪽의 면. 반앞면. 예~에는 그림과 글씨가 있다.
뒷:바라지 뒤에서 보살피며 도와주는 일. 예공부하는 것을 ~함.
드나들다(드나드니, 드나드오) 들어갔다 나왔다 하다.
드높다 시원스럽게 매우 드높다.
드디어 무엇으로 말미암아. 마침내. 그 결과로. 비마침내. -하다.
드라마 ①희곡. 각본. 연극 ②극적인 사건. 예방송~. -하다.
드러나다 ①겉으로 보이게 나타내다. ②성제가 쏙로되다. 널리 알려지다. 예영식이의 속임수가 ~.
드러눕다(드러누우니, 드러누워) ①편한 자세로 눕다. ②앓아서 자리에 눕다. ③졸음이 밀려와 눕다.
드리다 ①윗사람에게 물건을 주다. ②여러 가닥의 끈을 꼬아, 한 가닥으로 만들다. 예댕기를 ~.
드리우다 위에서 아래로 늘어지다.
드문드문 ①이따금. ②띄엄띄엄. 센뜨문뜨문. 작다문다문. -하다.
드물다(드무니, 드무오) 찾지 아니하다. 흔하거나 많지 않다.

드보르작[인명](1841~1904) 체코슬로바키아의 음악가. 작품으로는 교향곡 제9번 신세계·위모레스크·슬라브 춤곡 등이 세계적으로 유명하다.

드세다 ①몹시 세거나 사납다. ②어떠한 일이 견디기 힘들게 세차다.

득세【得勢】 ①세력을 얻음. ②형편이 좋게 됨. 예여당이 ~ 심함.

득실【得失】 ①얻음과 잃음. ②이익과 손해. ③성공과 실패. 예~ 따짐.

득실득실 많은 사람이나 동물들이 떼지어 들끓는 모양. 비득실대다.

득점【得點】 시험이나 경기에서 점수를 얻음. 또는 그 점수. -하다.

득표【得票】 투표에서 표를 얻음. 또는 그 표수. 득표하다. -하다.

든든하다 ①굳세고 야무지다. ②실속이 있어 미덥다. 예든든한 후원자. 뱃속이 아주~. ③넉넉하다.

듣다₁ 물이 방울방울 떨어지다. 눈물이 떨어지다. 듣습니다. 들어.

듣다₂ ①귀로 소리를 느끼다. 말하다. ②칭찬이나 꾸지람을 받다. ③이르는 말대로 따라 하다. ④효험을 나타내다. ⑤허락하다.

들· 평평하고 넓게 트인 땅. 비벌판, 평야. 반산. 예넓은 ~판.

들·것[-껏] 사람·물건을 나르는 기구로, 두 사람이 들게 되어 있음. 예위급 환자를 ~에 뉘어 옮기다. ~에 실다.

들깨 향기로운 연한 잎은 날것으로 먹고 씨는 볶아서 들기름을 짜 양념으로 사용한다.

들녘 평야가 많이 있는 곳.

들다₁ 밖에서 안으로 들어가다. 예추운데 [들깨]어서 방으로 드시지요.

들다₂(드니, 드오) 연장의 날이 잘 베어지다. 곡식이 잘 베어진다.

들다₃(드니, 드오) ①손에 잡고 위로 올리다. ②어떤 사실이나 예를 내걸다. ③음식을 먹다.

들뜨다 ①단단한 데 붙은 얄팍한 물건이 떨어져 틈이 생기다. ②마음이 가라앉지 아니하다.

들락날락 자꾸 나갔다 들어왔다 함.

들소 숲 속에 여러 마리가 무리지어 살며 풀이나 마른 나뭇잎을 먹고 산다.

[들소]

들쭉날쭉 조금 들어가기도 하고 조금 나오기도 하여 고르지 아니한 모양. 물건이 들쭉날쭉 삐뚤다.

등급【等級】 신분·값·품질 등의 높고 낮음이나 위 아래를 여러 층으로 나누어 놓은 여러 가지의 차례.

등대【燈臺】 해안·섬에 [등대]

탑을 쌓고 밤에 높은 꼭대기에서 등불을 밝혀 밤중에 뱃길을 목표로 삼거나 위험한 곳을 비추는 대.

등반【登攀】 몸을 건강하게 하기 위한 운동으로 높은 산을 오르는 것.

등:온선【等溫線】 지도 위에 온도가 같은 지점을 이어서 그린 선.

등용【登用】 나라에서 능력 있는 인재를 골라 관리로 씀.

등잔불【燈盞-】[-뿔] 등잔에 경유를 담아 심지에 불을 붙여 방 안을 밝게 하는 기구. ^반전깃불.

등장【登場】 ①무대에 나옴. ^비입장. ^반퇴장. ②무슨 일에 어떠한 사람이 나타남. -하다.

등:한시【等閑視】 마음에 두지 아니하고 예사로 보아 넘김. -하다.

등:호【等號】 두 식 또는 두 수가 같음을 표시하는 부호 「=」. ^반부등호.

등화 관:제【燈火管制】 적의 야간 공습을 막기 위하여 일정한 구역의 등불을 끄고 캄캄하게 하는 제도.

디딜방아[-빵-] 발로 디디는 힘에 의하여 곡식을 찧게 된 방아.

디자인 상품과 옷을 멋있게 고안함.

딛다 땅에 두 발을 대고 서 있는 것.

딩굴다 ①누워서 이리저리 구르다. ②늘 한 곳에서만 팔다리를 아무렇게나 뻗고 편히 앉아 놀다.

ㄸ

ㄸ[쌍디귿] 「ㄷ」을 겹쳐 쓴 닿소리.

따갑다(따가우니, 따가워) ①살갗을 찌르는 것처럼 느끼다. ②뾰족한 끝으로 찌르는 듯이 아픈 느낌이 있다. ^예햇볕이 ~내려 쬐다.

따:귀 얼굴 양 옆 살이 볼록한 부분.

따끈하다 조금 따뜻한 느낌이 있다.

따님 남의 딸을 존칭하여 일컫는 말. ^반아드님. ^예~이 몇인가요?

따다 ①붙어 있거나 매달려 있는 것을 잡아떼다. ②어떤 데서 필요한 부분을 골라 취함. ③노름 등에서 이겨 돈이나 물품을 손에 넣다. ④점수를 얻다.

따돌리다 밉거나 싫은 사람을 한 패거리에서 떼어 내다.

따뜻하다 ①기운이 포근하게 높다. ②정답고 포근하다. ^비따스하다. ^반서늘하다. 차다. ^참덥다.

따라서 그러므로. 그렇기 때문에.

따로 섞이지 않고 별도로 떨어져서.

따르다₁(따라, 따라서) ①남의 뒤를 쫓다. ②복종하다. ^예아버지의 뒤를 따라서 의사가 되다. 따릅니다.

따르다₂(따라, 따라서) 기울여서 쏟거나 붓다. ^반담다.

따분하다 활기가 없이 지루하고 답답하다. ^예오늘은 할 일이 없이~.

따스하다 조금 따뜻하다. ^예방아~.

따오기 해오라기 비슷한 새. 산간의 물논이나 연못에 살며, 물고기·개구리·새우·우렁이·곤충을 잡아

[따오기]

먹음. 천연 기념물 제198호.

따위 ①사람이나 사물을 얕잡아 일컫는 말. ②어떤 명사 다음에 쓰여 「그것과 같은 종류」라는 뜻을 나타내는 말. ^비들. 등.

따지다 ①수를 계산하다. ②일의 잘잘못을 밝히어 가르다.

딱딱거리다 딱딱한 말씨로 소리를 크게 내어 울러대다. 딱딱대다.

딱따구리 숲 속에 살며, 나무 껍질 속에 있는 벌레나 곤충을 잡아 먹고 사는 새.

딱딱하다 ①매우 굳고 단단하다. ② [딱따구리] 말씨나 태도·성격·분위기 등이 부드럽지 않다. 거칠고 꺽꺽하다.

딱하다 ①애처롭고 가엾다. ②처리하기가 어렵다. ^예방석이 ~.

딴 아주 다른 것. 나름대로 판단한 것.

딴판 전혀 또 다른 모양이나 형편들.

딸기 작은 씨가 겉에 박혀 있고 즙이 많 [딸기] 으며 빨간 과일로 봄에서 이른 여름에 수확한다.

딸리다 어떤 것에 매이거나 붙어 있다. 속하다.

땀 사람이나 동물의 살갗을 통하여 피부에 분비되는 진액이나 수분.

땅 ①바다를 제외한 지구의 겉면. 육지. ②영토. ^비대지.

땅거미[-꺼-] 해가 진 뒤로 컴컴하기 전까지의 어슴푸레한 어둠.

땅콩 줄기는 밑에서 옆으로 퍼지며, 여름에 노란 꽃이 핀다. 열매는 씨방이 땅 속으로 들어가 자란다. 고소한 콩.

[땅콩]

땅딸막하다 키가 짤막하고 옆으로 딱 벌어진 것.

땅딸보 키가 작은 사람을 빗대어 하는 말. ^반거인.

때까치 시끄럽게 울며 머리가 빨갛고 날개는 검으며 배가 흰 여름새로 까치보다 작다.

[때까치]

때우다 ①깨어졌거나 뚫어진 물건에 다른 조각을 대어 깁다. ②주식 이외의 다른 것으로 끼니를 넘기다. ^예아침을 빵으로 때우다.

땔감[-깜] 불을 때는 데 쓰이는 재료. ^비땔나무. 연료. ^예겨울용.

떠나다 ①다른 곳을 향하여 옮기어 가다. ②어떤 일에서 벗어나다. ③사라지다. 없어지다. 떠납니다.

떠들다(떠드니, 떠드오) ①시끄럽게 지껄이다. ②소문이 크게 나다.

떠듬거리다 말이나 글이 자꾸 막히어 술술 나오지 아니하다.

떠름하다 ①조금 떫다. ②마음이 썩

내키지 아니하다. 예떨~
떠맡다 남의 할 일을 자기가 맡아서 처리하다. 예형님의 사업체를~.
떠받들다 ①쳐들고 위로 받치다. ②공경하여 섬기다. ③소중히 다루다. 예부모님과 삼촌들을 ~.
떠벌리다 ①지나치게 과장하여 떠들어 대다. ②굉장한 규모로 차리다. 예형님 작은 일도 남한테 ~.
떠보다 남의 속마음을 넌지시 알아보다. 예친구가 내 마음을 슬쩍 ~.
떠오르다(떠오르니, 떠올라) ①뜨거나 솟아서 위로 오르다. ②생각이나 기억이 나다. 떠오릅니다.
떡 쌀가루로 만든 음식. 예시루떡.
떡갈나무 잎이 넓고 도토리 열매가 열리며 나무가 단단하고 결이 좋아 사구나 그릇을 만드는 데 쓰인다. [떡갈나무]
떡잎[-닢] 씨앗에서 처음으로 싹이 터서 나오는 잎.
떡살 떡을 눌러, 여러 가지 무늬를 찍고 만드는 데 쓰던 도구. [떡살]
떨기 ①풀·꽃·나무 따위의 무더기. 무더기진 식물을 셀 때 쓰이는 말. 예한 ~ 국화꽃.
떨떠름하다 ①매우 떨떠름하다. ②마음이 내키지 아니하다.

떨이 팔다가 남은 물건을 모두 한꺼번에 싸게 파는 것. 그 물건.
떨치다₁ ①세게 흔들어서 떨어지게 하다. ②위세나 이름을 널리 알림.
떫다[떨따] 맛이 거세어서 입 안이 부덕부덕하다. 곧, 날감 맛과 같다. 예익지 않은 감은 무척 ~.
떳떳하다 말과 행동이 바르고 어그러짐이 없어서 굽힐 것이 없다.
떼₁ ①흙까지 아울러 뿌리째 떠낸 잔디. ②사람·동물 따위가 한데 많이 몰린 것. 비무리.
떼₂ 이치에 맞지 아니하는 일을 억지로 요구하거나 고집하는 것.
떼어먹다 ①한 덩이가 된 것에서 한 부분을 잘라 먹다. ②갚을 것을 갚지 아니하다.
또래 나이가 어느 정도 같거나 엇비슷한 무리. 반어린이와 노인.
또렷하다 매우 똑똑하고 분명하다. 반희미하다. 큰뚜렷하다.
또박또박 ①뚜렷한 모양. ②차례를 거르지 아니하고 일일이. 예매달 생활비를 또박또박 부쳐 오다.
또아리 짐을 일 때 머리에 받치는 고리 모양의 물건. 짚이나 천으로 틀어서 만듦. 예머리에 ~었다.
또한 마찬가지로. 역시. 거기에다 또.
똑똑하다 ①사리에 밝고 야무다. 분명하고 정확하다. ②분명하여 환히 알 수 있다. 흐린 데가 없이 선명하다. 반미련하다. 비똘똘하다.
똑바로 ①곧바르게. ②아주 바른

되약볕 되게 내리쬐는 여름의 뜨거운 볕. ^반구름낀 날. ^비땡볕.

뚜렷하다 매우 똑똑하고 분명하다. ^작또렷하다.

뚝배기 찌개 따위를 끓이거나 국과 밥을 담을 때 쓰는 오지그릇.

[뚝배기]

뚝심 ①굳세게 버티는 힘. ^예뚝심이 소 같은 녀석. ②미련하게 내는 힘. ③버티거나 당해 내는 강한 힘.

뚫다 ①구멍을 내다. ②길을 통하게 하다. ③이치를 깨닫게 되다. ④틈이 벌어지게 하다.

뚱딴지 빈터에 잘 자라며 뿌리를 얻기 위해 심기도 한다. 가을에 노란 꽃이 피는 여러해살이풀이다.

[뚱딴지]

뛰어나다 여럿 가운데서 훨씬 낫다. 능력이 두드러지게 우수하다.

뜀박질 뜀뛰는 짓. ^비달음박질.

뜀틀 마루 운동에서 달려다가 두 손으로 짚고 뛰어넘는 운동 기구. 또는 뜀틀이라 함.

[뜀틀]

뜨개질 털실로 옷이나 스웨터는 짜는 일.

뜨끈하다 매우 뜨뜻한 느낌이 있다. ^작따끈하다. 따끈따끈하다.

뜨내기 일정한 거처가 없이 이리저리 떠돌아 다니는 사람.

뜨다₁ (뜨니, 떠) ①물 위에 들어나 있다. ②공중에 올라 있거나 솟아오르다. ③공간적으로 사이가 벌어지다. ^예벽지가 물을 먹어 ~

뜨다₂ (뜨니, 떠) 감았던 눈을 열다.

뜨다₃ (뜨니, 떠) 병이나 굶주린 또는 볕을 오래 못 보아서 얼굴 빛이 누렇고 살갗이 부은 것처럼 되다. ^반얼굴이 환하다.

뜨물 쌀을 씻어 내어, 부옇게 된 물.

뜨이다 ①감았던 눈이 열리다. ②없던 것이 눈에 드러나 보이다. ^준띄다. ^반안보이다. ③두드러지다.

뜬구름 ①하늘에 떠다니는 구름. ②덧없는 세상 일을 비유하는 말. ^비부운. ③헛된 일을 목표로 삼다.

뜬눈 밤에 잠을 자지 못하는 눈. ^예~으로 밤을 새우다. ^반감은 눈.

뜬소:문【-所聞】 근거 없이 떠돌아 다니는 소문. 근거 없는 소문.

뜯기다 ①벽보가 떨어지고 떼어지다. ②남에게 재물 따위를 떼이다.

뜯다 붙어 있는 것을 잡아 뜯어내다.

뜰 집 안에 있는 마당 ^예뒤~.

뜸부기 호수나 냇가에 살며 '뜸북 뜸북'하고 울며 벼논에서 달팽이, 우렁이를 먹고

[뜸부기]

사는 천연 기념물 제446호.
뜸ː하다 도수가 잦거나 심하던 것이 한동안 멈칫하다. ^예며칠 동안 ~. 한동안 안 보이고 ~.
뜻 ①글이나 말이 나타내고 있는 것. ②마음에 품은 생각. ^비의미.

뜻밖 전혀 생각이 그 곳에 못 미침.
띄ː다 ①「뜨이다」의 준말. ②「띄우다」의 준말. 띄는. 띕니다. 띄어.
띄우다 ①사이가 벌어지게 하다. ^준띄다. ②편지 등을 보내다. ^예소포를 미국과 영국과 괌에 ~.

ㄹ

ㄹ[리을] 한글 자모의 넷째 글자.

-ㄹ거나 모음으로 끝나는 동사의 어간에 붙어, 애원조로 자문하거나 남의 의견을 물어 볼 때에 쓰이는 종결 어미. 〈예〉어디로 가~.

-ㄹ게[-ㄹ께] 받침 없는 말 끝에 붙어, 「하게」할 상대에게 무엇을 약속 할 때 쓰이는 종결 어미. 〈예〉다시 오~ 내년 이때 다시 올게.

-ㄹ까 말까 받침 없는 동사의 어간에 붙어서 하는 짓을 망설이는 뜻을 나타내는 말. 〈예〉일을 하~.

-ㄹ수록[-ㄹ쑤-] 받침 없는 말에 붙어 어떤 일이 더하여 감을 나타내는 연결 어미. 〈예〉날이 갈~ 태산이다. 놀러 갈수록 재미있다.

라고 받침 없는 체언에 붙어서 그 내용을 가리키는 조사. 〈예〉꽃이 ~.

라는 「라고 하는」의 준말.

라도 받침 없는 말에 붙어서 같지 않은 것을 굳이 가리지 않음을 나타내는 특수 조사.

라듐 방사성 원소의 한 가지. 알파선·베타선·감마선의 방사선을 내며 본래는 은백색의 금속. 1898년 퀴리 부부가 발견하였다.

라디오 방송국에서 보도·강연·음악·방송극 등을 보내는 전파. 또는 그 방송을 듣는 장치.

라마 높은 산에서 무거운 짐을 운반하는 데 쓰이며 초식 동물로 힘이 강하다.

라사의 포탈라궁 포탈라궁은 티베트의 행정적, 종교적, 정치적으로 중심이 되는 건축물이다. 고도 3,700m 상의 라사 계곡 홍산에 있다.

[라사의 포탈라궁]

라오스[국명] 아시아의 농남부 인도차이나 반도에 있는 나라. 수도는 비엔티안.

라이터 담뱃불 붙이는 데 쓰는 도구.

라이트 형제[인명] 미국의 발명가 형제(형:월버, 아우:오빌). 1903년 세계에서 비행기를 만들어 처음으로 하늘을 나는 실험에 성공함.

라일락 이른 봄에 연보라나 흰색의 작은 꽃이 송이를 이루어 피는 향기로운 꽃. 심장 모양의 잎이 마주보고 있다.

[라일락]

라켓 정구나 배드민턴 등에서 공을 받아치는 채.

라쿤 나무에 잘 오르며 밤에 활동하는 야행성으로, 물고기, 쥐, 새를 잡아먹으며 쓰레기통도 뒤져서 먹는다. 먹이를 씻어 먹는 특이한 습성이 있다.

[라쿤]

램프 ①남포등. ②알코올램프 같은 열을 내는 장치.

러닝 셔츠 메리야스로 만든 소매 없는 셔츠.

러시아[국명] 1992년 공산주의 소련이 여러 나라로 갈라지며 독립 국가가 됨. 현재 독립 국가 연합에 속해 있다. 수도는 모스크바 [1707만 5천 km^2]

러시아워 통학·통근 등으로 교통이 몹시 붐비는 시간.

러일 전쟁 1904년부터 1905년까지 한반도와 만주를 지배하려고 러시아와 일본이 벌인 전쟁.

럭비 운동 경기의 하나. 한 팀 15명씩의 선수들이 길고 둥근 공을 손으로 넘기고 발로 차면서 상대방 진지에 공을 갖다 대면 득점함. 하다.

[럭비]

럭스 밝기의 단위. 촉광의 빛으로부터 1m거리에 있는 $1m^2$의 표면의 밝기를 1럭스라 함.

런던[지명] 영국의 수도. 정치·경제·문화의 중심지. 짙은 안개로 유명함.

레몬 맛이 시고 향기가 좋아서 음식이나 차에 넣거나 향수의 원료로 쓰는 귤 비슷한 노란 열매.

[레몬]

레미콘 콘크리트 반죽을 공장에서 섞어 나르는 트럭을 말함.

[레미콘]

영어 ready mixe concrete를 줄여 만든 일본말. 예 동양~.

레바논[국명] 서남 아시아 지중해에 인접한 공화국. 수도는 베이루트.

레슬링 유도와 비슷한 서양식 씨름.

레아 남아메리카에서 가장 큰 새로 여러 마리가 무리 지어 살며 땅 위에 둥지를 틀고 암수가 함께 품어 부화한다.

[레슬링]

레이더 마이크로파를 발사하여 비행기나 배 따위의 위치를 알아내는 장치. 전파 탐지기.

레이스 경주. 경조.

레이시 열대 지방의 과일로 껍질을 벗겨 희고 반 투명한 과육을 먹는데 맛이 아주 좋다. [레이시]

레일 기차·전철 등을 달리게 하기 위하여, 땅 위에 까는 긴 쇠로 된 길. 철길. 비궤도. 선로.

레저 여가. 여가를 이용한 휴식이나 행락. 예~생활. ~산업.

레코드 축음기에 걸고 트는 녹음된 소리판. 축음기판. 비음반. 판.

레크리에이션 공부나 일로 인한 피로를 풀어 새로운 힘을 북돋우기 위한 오락이나 운동. -하다.

렌즈 유리나 플라스틱으로 만든, 빛을 굴절시키는 투명체. 볼록 렌즈와 오목 렌즈가 있음.

로댕[인명](1840~1917) 프랑스의 조각가. 「생각하는 사람」, 「청동 시대」 등 뛰어난 작품은 '생각하는 사람'이 대표작이다.

로마[지명] 이탈리아의 수도. 옛 로마 시대로부터의 유적이 많아 관광지로 유명함. 바티칸 교황청이 있음. [1508km2/285만]. 로마 제국.

로마교 가톨릭 교. 가톨릭 교회를 말함.

로맨스 남녀간의 사랑. 또는 그 이야기. 예~를 즐기는 사람.

로봇 ①전기·자기의 힘으로 행동을 자동적으로 하는, 사람이 만든 기계 인간, 인조 인간. ②제 뜻이 없이 남의 주종에 움직이는 인간. 꼭두각시. 예산업용 ~.

로서 받침이 없거나 ㄹ받침으로 끝나는 체언에 붙어서 어떤 「지위나 신분 또는 자격을 가지고」의 뜻을 나타내는 말.

로스앤젤레스[지명] 미국 캘리포니아 주의 공업 도시.

로써 받침이 없거나 ㄹ받침으로 끝나는 체언에 붙어서 「~를 가지고서」의 뜻을 나타내는 말.

로치 유럽과 아시아의 강에 살며, 연체 동물, 갑각류, 곤충을 잡아먹고 식물도 먹는다. 물고기를 먹이로 하는 새와 포유류의 중요한 먹잇감. [로치]

로커 자물쇠가 매달린 서랍이나 벽장.

로케이션 영화 촬영소 밖, 들과

도로 때로는 건축물 속에서 촬영하는 일.
로케이션 셋 로케이션을 할 곳의 자연을 그대로 배경 삼아 한 셋트.
로케이션 헌팅 그 영화에 알맞은 로케이션 처소를 찾아 다니는 일.
로켓 화약이나 액체 연료를 폭발시켜서 많은 양의 가스를 생겨나게 하여 그 반동으로 추진시키는 기관. 예동해에서 ~포를 발사함.
로키 산맥【-山脈】북아메리카 대륙의 태평양 쪽 남북으로 뻗은 긴 산맥. 길이가 4,500km이다.
로:프 섬유나 철사를 꼬아 만든 밧줄.
롤:러스케이트 바닥에 네 개의 작은 바퀴가 달린 스케이트. 흔히 땅 위나 콘크리트 바닥에서 탐.
롤러카나리아 카나리아 군도에 사는 새로 벌레나 열매를 먹고 살며 목색은 노란색에 일부 검은 털을 가지고 있다.
루기 북대서양에 살며, 커다란 머리에 몸의 위아래가 붉고 화려한 색채를 띤다. 작은 갑각류를 잡아먹고 때로는 작은 물고기나 새우 등도 먹는다.

루머 터무니없는 뜬 소문. 예요즘. 근거 없는 ~가 사회를 떠들썩하게 한다. 사실과 다른~.
루마니아 유럽 대륙 발칸 반도 동북부에 있는 공화국, 수도 부쿠레슈티이다.[23만 7천km²]
루비 붉은 색깔의 단단한 보석 홍옥.
루소[인명](1712~1778) 프랑스의 문학가이며 사상자. 자유, 평등 사상을 널리 퍼뜨리어 프랑스 혁명에 큰 영향을 주었음.
루스벨트[인명] (1882~1945)년 제2차 세계 대전을 승리로 이끌고, 유엔의 기초를 세운 미국 제32대 대통령.
룩셈부르크[국명] 유럽의 중부에 있는 입헌 군주국, 베네룩스 3국 가운데 하나 수도는 룩셈부르크이다. [2586km²]
룰: ①규칙. 법칙. 흔히 운동 경기의 규칙에 쓰임. ②지배. 통치.
-류【流】어떤 사람이나 그 파의 특유한 방식·풍류를 나타내는 접미어. 예야채~. 포유~.
류머티즘 뼈 마디와 그 부근 살이 단단하게 굳고 아파 움직이기가 힘들게 되는 병. 예~을 치료한다.
르느와르[인명](1841~1919) 프랑스의 화가. 주로 풍경·나체·인물 등을 그렸음.
르네상:스 14세기 말부터 16세기 초에 걸쳐 이탈리아에서 일어난 예술 및 문화의 혁신 운동. 중세기의 그리스도교적인 속박에

[롤러카나리아]

서 벗어나 개인과 개성의 해방 운동, 고전 문화의 부흥을 목표로 하였음. 또한 근대 문명의 기초를 이루었음. 문예 부흥.

리 어미「-ㄹ」밑에 붙어서 「까닭·이치」의 뜻을 나타내는 말.

리【里】 길이 단위의 하나. 1리는 약393m임.

리기다 소나무 가지가 넓게 퍼지며, 나무 껍질은 적갈색이고, 5월에 꽃이 핀다. [리기다소나무]

리:그전:【-戰】 운동 경기에서, 전체 참가 팀이 적어도 한 번씩은 다른 모든 팀과 시합을 하게 되는 경기 방식. -하다.

리드: ①지도자, 지휘자. ②신문의 사설이나 논설. -하다.

리드미컬 율동적임. 규칙적이고 장단이 잘맞음. 음율적임. -하다.

리듬 ①율동. ②음의 3요소 중의 하나. 음의 센박자와 여린박자를 규칙적으로 배치하여 시간적인 흐름을 나타냄. ^비장단.

리듬 악기 캐스터네츠, 트라이앵글, 북 따위와 같이 가락은 없지만 셈여림과 길이를 표현할 수 있는 악기. ^비가락악기.

리더쉽 지도자로써 능력 ^예준호는 ~이 있어서 모든 아이들이 좋아한다. ~이 탁월하다.

리모컨 주로 텔레비전, 비디오, 오디오 따위의 가전 제품을 멀리서 조종할 수 있게 하는 장치.

리바이벌 다시 살아나게 하는 것.

리바운드 농구에서 던진 공이 바스켓에 들어가지 않고 튀어나오는 것을 말함. ^예~를 잡는다.

리복 아프리카 남부에서 살며 부드러운 털을 가진 작은 영양이다. 초원이나 덤불이 우거진 숲 속에서 살며, 겁이 많고, 번식기가 되면 암컷을 차지하려고 격렬한 싸움을 하며 풀을 먹고 사는 초식 동물이다.

[리복]

리본 무엇을 묶거나 꾸미는 데 쓰이는 좁은 헝겊. 또는 머리를 묶는데 쓰는 좁다란 헝겊.

리비아[국명] 아프리카 대륙의 북부 지중해 연안에 있는 공화국. 사막이 많고 양과 염소를 기르며 석유가 많다. 수도는 트리폴리이다.[175만 6천km^2]

리사이틀 독주. 독주회. 독창. 독창회. 처음부터 끝까지 혼자 노래함.

리스본[지명] 포르투칼의 수도. 대서양에 인접한 항구 도시.

리스트 목록. 명부. 일람표. 가격표.

리스트[인명](1811~1886) 헝가리의

낭만파 음악가. 「피아노의 왕」이라고 불림. 작품에는 「헝가리 광시곡」, 「단테」, 「피아노 협주곡 제1번」등이 있음.

리아스식 해:안【-海岸】 해안선의 드나듦이 복잡한 해안. 우리 나라의 서해안과 남해안이 대표적인 리아스식 해안임.

리어커 한 사람이 직접 끌 수 있게 만든, 바퀴가 두 개인 작은 수레. ᵇⁱ손수레.

리얼리즘 ①현실주의. ②사실주의.

리치 위 호수나 늪 주위, 얕은 물에서 풀과 물풀을 뜯어 먹으며 발굽이 길어 진흙에서 움직이기 쉬우나 마른 땅에서는 빠르지 못하고 맹수의 위협을 느끼면 물에서 콧구멍만 내놓고 있다. [리치위]

리카온 무리를 지어 누와 같은 사냥감을 공격하여 잡는다. 한때는 가축을 해친다 하여 농부들이 총으로 제거하여 수가 적음. [리카온]

리케차 박테리아 보다 작고 바이러스보다 큰 한 떼의 미생물. 단간상이며 크기는 0.3~0.4 미크론.

리코더 한 끝을 잎에 물고 불며 손가락으로 구멍을 막거나 열어 높고 낮은 소리를 내는, 피리 비슷한 서양 악기. ᵉˣ~를 불고 있다.

리터 기체나 액체의 양을 재는 기본 단위로 섭씨 4도의 물 1000m³ 분량의 단위를 나타낸다.

리트머스 리트머스 이끼에서 짜낸 자줏빛 물질. 염기성을 만나면 푸른 색, 산성을 만나면 붉은 색이 되므로 염기성인지 산성인지를 검사할 때 쓴다. ᵉˣ~시험지.

리트머스 시험지【-試驗紙】 리트머스 용액에 적시어 물들인 종이. 산성·알칼리성을 구별하기 위한 푸른 색과 붉은 색의 두 가지가 있음. ᵉˣ~로 검사를 받았다.

리허:설 연극이나 음악을 공개하기 직전에 무대에서 행하는 연습.

린스 머리를 감고 나서 빨래를 하고 나서 헹굴 때 머릿결이나 빨래의 윤기를 내기 위하여 쓰는 액체.

릴레이 서로 번갈아 바뀌거나 이어져 계속 됨. 교대. 중계. -하다.

림프 고등 동물의 조직 사이에 채우는 색깔이 없는 액체. 혈관과 조직을 연결하며 면역 항체를 나름.

링 ①반지. 고리 또는 고리 모양의 물건. ②둥근 모양 경기장. ③권투 경기장. ᵉˣ권투는 ~안에서 한다.

링 대서양 동북부에 살며, 물 밑에 바위가 많은 곳에서 흔히 볼 수 있으며 물고기와 갑각류를 먹고 산다. 봄과 여름에 번식을 하며 알을 6천 개나 낳는다.
링거 중환자나 출혈이 심한 사람에게 혈액 대용으로 주사하는 액체.
링컨[인명] (1809~1865) 미국의 정치가. 제16대 대통령. 남북 전쟁을 북의 승리로 이끌어 흑인 노예들을 해방 시켰음.

[링컨]

링크 스케이트 경기를 하기 위하여 마련한 얼음판. 또는 롤러스케이트를 지치게 만든 장소. 예~가 깨끗하다.

ㅁ[미음] 한글의 자모 중에 닿소리의 다섯째 글자.

마:[식물] 마과의 여러해살이 덩굴풀. 여름에 자색 꽃이 핌. 산과 들에 나는데, 밭에 재배도 함. 뿌리는 식용하고, 산약이라 하여 강장제로 씀.

마감 일의 끝. 정한 기간의 끝. 예세금 납부 ~일. -하다.

마개 그릇 따위의 아가리에 끼워서 속의 것을 못 나오게 하는 물건. 예병마개.

마고자 한복 저고리 위에 덧입는 옷. 비마괘자. [마고자]

마구 함부로. 되는 대로. 아무렇게나. 예글씨를 ~ 쓰다. 비함부로. 준막. 반조심. 매우 세차게.

마:구간[마구깐] 말을 기르는 곳. 비외양간. 예~을 청소한다.

마구리 긴 물건의 양쪽 머리의 면. 예베개 ~가 아름답다.

마구리판 나무 토막의 양쪽 머리의 면을 직각이 되도록 깎는 틀. 물건.

마귀 요사스런 귀신을 통틀어 일컫는 말. 비악마. 반천사.

마귀 할멈 옛날 이야기에 나오는 못되고 요사스러운 귀신 할머니.

마그네슘 은백색에 가까운 금속 원소. 공기 중에서 가열하면 강한 빛을 내면서 타므로 불꽃놀이 등에 씀. 가벼운 쇠.

마그마 땅 속 깊은 곳에 있는 바위가 녹은 것과 같은 액체 상태의 물질. 온도가 매우 높고 이것이 식어서 굳으면 화성암이 됨.

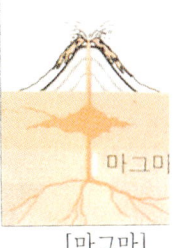
[마그마]

마:나님 나이 많은 부인을 높여서 부르는 말. 반바깥양반.

마냥 ①여느 때와 다름없이 언제나.

예~ 그립다. ②욕심껏 충분히. 예~ 먹어대다. ③한없이. 몹시.

마네킹 백화점 같은 곳에서 진열장에 세워 놓고 옷이나 장신구 등을 입히거나 세워 놓은 사람 모양의 인형.

마녀 괴상한 힘을 가지고 요술을 부린다는 전설 속의 여자. 여자마귀.

마:누라 「아내」의 낮춤말. 반서방.

마늘[식물] 백합과의 여러해살이풀. 밭에 재배하는데, 잎은 가늘고 길며 땅 속에 굵은 비늘줄기가 있음. 특유한 냄새와 매운 맛이 있어 양념으로 쓴다.

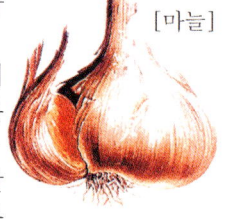
[마늘]

마니산[지명] 경기도 강화군 강화도에 있는 산. 높이 467m.

마:님 옛날부터 지체가 높은 집의 부인을 높여 부르던 말.

마다 「낱낱이 모두」・「늘」의 뜻을 나타내는 말. 비뜰. 예날~ 일기를 쓴다. 싫다고 한다.

마당 ①집 앞이나 뒤에 닦아 놓은 평평한 땅. 비뜰. ②어떤 일이 일어나거나 일을 하는 경우. 예놀이~.

[마당질]

이왕 이렇게 된 ~에 놀아 보자.

마당비 마당을 쓰는 비.

마당질 곡식의 이삭을 떨어 낟알을 거두는 일. 타작. -하다.

마도 갈방아 노래 경상 남도 삼천포시 마도 지방에서 어부들이 전어를 잡으면서 불렀던 노래. -하다.

마디 ①나무줄기에 가지가 붙은 곳. 예~~에 맺힌 꽃봉오리. ②뼈와 뼈가 맞닿은 곳. 예뼈~가 매우 아프다. 비관절. ③말이나 노래 곡조 등의 한 뜻이 끝나는 동아리. 예한 ~로 거절한다.

마디다 쓰기에 오래 가다. 예비누가 ~. 반헤프다. 질기고 탄탄하다.

마땅하다 ①알맞게 잘 어울리다. 예내게 마땅한 일자리 하나 없을까? ②당연하다. 예벌을 받음이 ~.

마라톤 육상 경기한 종목. 정식 마라톤의 달리는 거리는 42.195km임.

[마라톤]

마력 괴상한 힘. 상상할 수 없는 이상한 힘. 예~의 소유자. 끄는 힘.

마련₁ 일이나 물건을 다음에 쓰려고 이리저리 준비하거나 계획을 세움. 예장소가 ~되다. -하다.

마련₂ 그렇게 되도록 되어 있음. 예인간은 불완전하게 ~이다.

마련 그:림 마름질하기 위해 그리

는 그림. 예~ 그리기. 비설계도.
마렵다(마려우니, 마려워서) 오줌이나 똥이 나오려고 하는 느낌이 있다. 관마려운, 마렵습니다.
마루 집안에 바닥과 사이를 띄우고 널빤지를 깔아 놓은 곳. 예쪽~를 청소하였다.
마르다(마르니, 말라서) ①물기가 없어지다. 예빨래가 ~. ②야위어서 뼈만 남다. 예몸이 ~. ③입·목구멍 등에 물기가 적어 갈증이 나다. 예목이 ~. 말라. 마릅니다.
마르코니[인명](1874~1937) 발명가. 이탈리아의 전기 공학자. 무선 전화 장치를 발명하여 1909년 노벨 물리학상을 받았음.
마른 걸레 물에 적시지 않은 걸레. 반물걸레. 예방에 ~질을 해라.
마른 번개 비가 오지 않는 하늘에서 치는 번개. 반우중 번개.
마른 하늘 비가 오지 않고 맑게 갠 하늘. 마른 하늘에 벼락 맞는다. 속뜻밖에 큰 사고를 당하게 된다는 말.
마름 늪이나 못 바닥에 자라며 줄기는 잎을 뜨게 하고 분홍꽃이 여름에 피는 한해살이 물풀. [마름]
마름모 네 변의 길이가 모두 같으나, 모든 각이 직각이 아닌 사각형.
마름질 옷감·재목 따위를 치수에 맞추어 자르는 일. 비재단. -하다.

마리 물고기나 새, 또는 짐승을 셀 때 쓰는 말. 예새 한 ~.
마:마 천연두. 예~자국. ~앓음.
마멸【磨滅】 갈리어 닳아서 얇아지거나 없어짐. 예부속이 ~되다. 돌이 ~되어 간다. -하다.
마모【磨耗】 계속 스치고 비빈 부분이 닳아서 작아지고 없어지는 것.
마무리 어떤 일을 정리하여 끝을 맺음. 예모든 일은 ~가 중요하다. 비마감. 반시작. 시초. 처음. -하다.
마:부【馬夫】 말을 관리하는 사람.
마:분지 빛이 누렇고 질 낮은 종이.
마비 ①신체의 일부분 또는 전체의 감각이 없어지는 상태. 예손이 ~되었다. ②사물의 기능이 정지되거나 소멸되는 일. 예큰 눈으로 교통이 ~되다. -되다.
마산【馬山】[지명] 경상 남도에 있는 항구 도시.「마산 수출 자유 지역」이 있는 공업 도시임.
마소【馬牛】 말과 소. 예~를 기우다.
마수1 첫 번에 팔리는 것으로 미루어 말하는, 그 날의 운수. 예아직 ~.
마수2【魔手】「악마의 손」이란 뜻으로 음흉하고 흉악한 사람의 손길. 예불량배의 ~에 걸리다.
마:술1【馬術】 말을 타는 기술. 예~대회. 비경마. 승마. -하다.
마술2【魔術】 사람의 눈을 속이는 야릇한 재주. 특히, 무대에서 하는 요술. 예~을 부리다. 비요술.
마술사【魔術師】[마술싸] 마술을 전

마스코트 행운을 가져온다고 믿어 간직하거나 위하는 상징물. 예서울 올림픽 ~는 호돌이다.

마스크 ①가면. 탈. ②병균이나 먼지 따위를 막기 위하여 코와 입을 가리는, 가제로 만든 물건. ③야구의 포수나 펜싱 선수 등이 얼굴을 가리기 위하여 쓰이는 기구. -하다.

마시다 ①물이나 술 따위의 액체를 목구멍으로 넘기다. 예커피를 ~. ②냄새·공기 등을 빨아들이다. 예바다 바람을 ~. 공기를 ~.

마약 ①수술 등을 할 때 아픔을 없애기 위하여 마취시키는 약. 마취약. ②아편·코카인 등. 예~중독자. ~은 사람을 중독시킨다. -하다.

마애불 바위 벽에 새긴 불상.

마요네즈 주로 야채 요리에 쓰이는 샐러드용 소스의 한 가지. 달걀 노른자·샐러드유·식초·소금 등을 섞어 만듦.

마운드 야구에서 투수가 공을 던지기 위하여 서는 곳. 예~에 서다.

마운령비【馬雲嶺碑】 신라 때 진흥왕이 영토를 확장하고 친히 영토 안을 순행한 후에 세운 순수비의 하나임. 함경 남도 마운령에 있음.

마을 시골의 여러 집이 모여 사는 곳. 비동리. 촌락. 예~잔치.

마을 문고 농어촌 지역의 마을에 여러 가지 책을 모아 놓고 마을 사람들이 누구나 읽어 볼 수 있도록 꾸며 놓은 곳이나 그 책.

마을 회:관 마을 사람들의 모임을 위하여 지어 놓은 집.

마음 ①사람이 가슴 속에 품고 있는 생각. 예~이 움직이다. ②어떤 자극에 따라 일어나는 기분. 느낌. 예답답한 ~. ③타고난 성격이나 성질. 예~이 곱다. ④인정 또는 인심. 마음이 좋다. 비정신. 준맘.

마음가짐 ①마음을 쓰는 태도. 예~이 훌륭하다. ②결심. 각오. 예~을 굳히다. 그 사람은 ~이 바르다.

마음껏 ①정성을 다하여. 예~돌보다. ②모자람이 없도록. 실컷. 예~뛰놀다. 준맘껏. 비실컷. -하다.

마음놓다 믿고 의심하지 아니하다. 비안심하다. 준맘 놓다.

마음대로 하고 싶은 대로. 준맘대로. 비멋대로. 원하는 대로. -하다.

마음먹다 하고 싶은 생각을 가지다. 마음을 한 군데로 딱 작정하다. 준맘먹다. 결심하다.

마음씨 마음을 쓰는 태도. 예착한 ~. ~가 곱다. 비마음결. 준맘씨.

마이너스 ①뺄셈의 기호「-」의 이름. ②뺌. 덞. 반플러스.

마:이 동풍【馬耳東風】 남의 말을 귀담아 듣지 않음을 일컫는 말.

마이카: 자기 소유의 자동차를 말함.

마이크 ①전화나 라디오의 송화기 등과 같이 음파를 음성 전류로 바꾸는 장치. 특히, 라디오나 확성기에 연결시키는 것을 말함. ②소리를 크게 하여 멀리까지 들리게 하는 장치. ⁱ본ⁱ마이크로폰.

[마이크]

마저 남김 없이 그것까지 다의 뜻. ⁱ예ⁱ비가 오는 데다 바람~ 세차게 분다.

마:적【馬賊】말을 타고 무리를 지어 다니는 도둑. ⁱ예ⁱ~떼들.

마젤란[인명] 처음으로 세계 일주에 성공한 포르투갈의 항해가.

마주 서로 똑바로 향하여. ⁱ예ⁱ~대하다. 남학생과 ~대 하였다. -하다.

마주 서다 서로 똑바로 보고 서다. ⁱ예ⁱ~ 서서 이야기하다. ⁱ준ⁱ맞서다.

마주 앉다 서로 똑바로 보고 앉다. ⁱ예ⁱ정답게 ~. 밥상 앞에 ~.

마주치다 서로 정면으로 부딪치다. ⁱ예ⁱ손뼉도 마주쳐야 소리가 난다.

마중 오는 사람을 맞이하러 감. 나가서 맞이함. ⁱ반ⁱ배웅. -하다.

마지기 논이나 밭의 넓이의 하나. 한 말의 씨를 뿌릴 만한 넓이. 대개 논은 150~300평 안팎, 밭은 100평 내외임. ⁱ예ⁱ나는 열~있다.

마지막 일의 끝판. 맨 나중. ⁱ비ⁱ최후.

마지막 수업 프랑스의 소설가 알퐁스 도데가 지은 소설의 제목. 전쟁에 져서 프로이센의 영토가 되고 만 알자스 지방의 어느 초등학교에서 이제 프랑스 말로는 마지막 수업이 되는 그 날의 광경을 그린 작품임. ⁱ반ⁱ처음 수업.

마:지못하다[마지모타다] 마음에 내키지 않으나 아니 할 수 없다. ⁱ예ⁱ마지못해 허락을 하다.

마:지아니하다 진심으로 그렇게 함을 힘주어 말할 때 쓰는 말. ⁱ예ⁱ도와 주기를 바라~. ⁱ준ⁱ마지않다.

마:차【馬車】말이 사람을 실어 나르거나 짐을 운반하기 위한 도구.

[마차]

마:차부자리 북쪽 하늘의 오리온 자리 북쪽에 있는 오각형의 별자리. ⁱ비ⁱ마부좌.

마찬가지 서로 같음. 매한가지. ⁱ예ⁱ새 것이나 ~이다. 한 가지 같다.

마찰 ①두 물건을 서로 비빔. ⁱ예ⁱ냉수 ~. ②의견이나 뜻이 맞지 않아서 서로 충돌하는 일. ⁱ예ⁱ국제 간의 무역 ~. ⁱ비ⁱ알력. -하다.

마찰 전:기【摩擦電氣】마찰에 의하여 생기는 전기. 양전기와 음전기가 있음. ⁱ비ⁱ정전기.

마취【痲醉】수술이나 상처를 치료할 때 약물을 사용해서 몸의 감각을 없이 하는 일. ⁱ비ⁱ몽혼. -하다.

마치₁ ①거의 비슷하게. 흡사. ⁱ예ⁱ얼굴 모습이 ~나와 비슷하다. ②틀림없이. 이상 없이.

마치₂ 못을 박거나 무엇을 두드리거나 하는 데 쓰는 연장.

마치다 끝내다. 예숙제를 ~. 비끝내다. 오늘 저녁 방송을 마칩니다.

마침 ①어떠한 기회에 알맞게. 예~잘 만났다. ②우연히 공교롭게도. 예일이 ~ 잘 되었다.

마침내 드디어. 기어이. 예기다리던 방학이 왔다. 비결국. -하다.

마침법 음악에서, 악곡을 일단 끝맺기 위하여 쓰이는 화음.

마침표 문장의 끝맺음을 나타내는 부호. 비종지부. 악곡의 끝맺음표.

마카오[지명] 중국 광동만 입구에 있는 항구 도시. 기후가 온화하고 경치가 아름다움.

마크 ①기호. ②상표.

[마패]

마:패 조선 시대 관리들의 지방 출장 때 역에서 말을 빌려 쓰는 증명이 되던 구리로 만든 둥근 패. 암행 어사의 도장으로 사용되었음. 예어사의 ~는 대단했다.

마포구[지명] 서울 특별시의 한 구.

마:한【馬韓】[국명] 삼한의 하나. 기원전 3~4세기경에 지금의 충청 남도와 전라도에 걸쳐 50여 개의 부족 국가로 이루어져 있던 나라. 대개 농업을 주로 하는 부락 공동체였음. 관변한. 진한.

마호메트[인명] 이슬람 교의 창시자. 메카의 있는 히라 언덕에서 알라 신의 계시를 받아 새로운 종교를 창시하였음. 그가 지은 코란은 이슬람 교의 신앙과 생활 규범을 말한 내용임. [570~632].

막₁ ①비바람만 가릴 정도로 임시로 지은 집. 예원두~. ②천을 이어서 넓게 만들어 칸을 막아 가리게 한 물건. 특히, 연극에서 무대 앞을 가리는 것. 예칸~이 공사.

막₂ 이제 곧. 이제 방금. 지금 바로. 예거기서 ~오는 길이다.

막₃ 걷잡을 수 없이. 예~ 달리다. 비몹시. 본마구. 함부로.

막강【莫强】디할 수 없이 매우 강함. 예~한 우리 나라의 군사력. 반쇠약. 예~한 경제력. -하다.

막걸리 맑은 술을 떠내지 아니하고 그대로 걸러 짠 술. 비탁주. -하다.

막내 형제 중 맨 마지막으로 난 아이. 반맏이. 예나는 ~로 태어남.

막내둥이「막내」를 귀엽게 이르는 말. 비막둥이.

막내딸 맨 마지막으로 태어난 딸.

막내아들 맨 마지막으로 태어난 아들. 반첫째아들.

막노동 닥치는 대로 마구잡이로 하는 힘든 일. 비막일. -하다.

막다 두 사이를 가리다. 예앞을 가로~. 통하지 못하게 하다.

막다르다 가다가 앞을 막혀서 더 나아갈 길이 없다. 예가다 보니 막다른 골목이었다.

막다른 골목 끝이 막히어 더 이상 나아가지 못하게 된 골목.

막대 「막대기」의 준말.

막대 그래프 수나 양의 크기를 막대기의 길이로 나타낸 그래프.

막대기 길고 가는 나무 막대의 토막. 준막대. 예~로 담을 치다.

막대 자석 막대 모양의 길쭉한 자석.

막대하다 말할 수 없이 크다. 매우 크고 많다. 예막대한 재산.

막돌 쓸모없이 아무렇게나 생긴 돌.

막둥이 ①「막내아들」의 다른 말. ②잔심부름을 하는 사내 아이.

막론[망논] 말할 것도 없음. 예남녀노소를 ~하고 즐길 수 있는 운동.

막막1[망막] 넓고 멀어서 아득함. 예~한 바다. -하다.

막막2[망막] 의지할 데가 없어서 답답하고 외로움. 예살 길이 ~하다.

막무가내 한번 정한 대로 고집하여 도무지 융통성이 없음. 예가지 말라고 아무리 말려도 ~였다.

막바지 더 이상 갈 수 없는 막다른 곳. 일의 마지막 단계. 예경기가 막바지에 이르다.

막사 임시로 쉬었다가 가기 위하여 천막이나 텐트처럼 허술하게 만든 숙소. [막사]

막상 실제로 어떤 일을 당하여. 예~ 떠나려고 하니 발이 떨어지지 않는다. 생각보다 실제로 닥쳐 보니.

막상 막하【莫上莫下】[막쌍마카] 더 낮고 더 못함의 차이가 없음. 예실력이 ~이다. -하다.

막심 대단히 심함. 예손해가 ~하다.

막아서다 가지 못하게 앞을 막아서다. 앞을 가로 막고 서다.

막연 범위나 내용이 분명하지 않고 어렴풋함. 예~한 대답. 졸업을 하면 ~하고 답답하다. -하다. -히.

막자 사발【-沙鉢】 알약 등의 덩어리를 부수어 가루를 만들 때 쓰는, 유리나 사기로 만든 그릇.

막차 마지막에 떠나거나 도착한 차.

막히다[마키다] 막음을 당하다. 예구멍이 ~. 반트이다.

만1 바다가 육지로 쑥 들어간 곳. 예영일~. 아산~. 반곶.

만2 꽉 참을 나타내는 말. 예~으로 몇 살이냐.

만3 동안이 얼마나 계속 되었음을 뜻하는 말. 예이틀 ~에 돌아왔다.

만:경강[지명] 전라북도 완주군에서 시작하여 서해로 흘러드는 강. 그 유역이 우리나라의 곡창지대인 호남 평야의 중심부임.

만:경 창파 한없이 넓고 푸른 바다.

만:고【萬古】 ①아주 먼 옛날부터 지금에 이르기까지의 오랜 세월. 예~에 변함 없는 강산. ②한없는 세월. 예~에 빛날 업적.

만:국【萬國】 세계의 여러 나라. 예~박람회. 비만방. 여러 나라.

만:국 공법 국제 공법의 옛 이름. 나라들 사이의 합의에 의하여 서로 지키기로 정한 법. 비국제법.

만:국기【萬國旗】 여러 나라 국기.

만ː국 우편 연합【萬國郵便聯合】 국제 연합의 전문 기구의 하나. 세계 여러 나라가 서로 우편을 교환함으로써 경제·문화의 교류를 이룩하자는 것이 목적임. 본부는 스위스의 베른에 있음.

만기【滿期】 정한 기한이 다 참. 예보험이 ~가 되다. ~공군 제대.

만나다 서로 얼굴을 대하고 서다. 반헤어지다. 예집에 오는 길에 ~.

만날 여러 날을 통하여 늘. 예그는 ~ 지각한다. 날마다 계속해서.

만ː능【萬能】 온갖 사물에 능통함. 예~박사. ~기능 로봇.

만담 익살로써 세상과 인생을 풍자하는 이야기.

만돌린 현악기의 한 가지. 줄이 네 쌍 있으며 자라 껍데기나 셀룰로이드 조각으로 튕김. [만돌린]

만두 밀가루를 반죽하여 그 속에 고기나 야채를 넣어 삶거나 찌거나 기름에 튀겨서 만든 음식.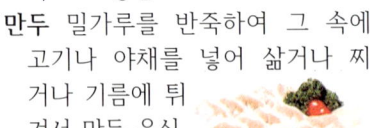

만드릴 숲속에서 살며 나무 잎이나 열매를 먹고 산다. 수놈의 색깔이 고우며 땅에서 생활함.
[만드릴]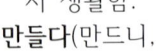

만들다(만드니, 만들어서) ①기술이나 힘을 들여서 목적하는 물건을 이루다. 예인형을 ~. ②새로 장만하여 내다. 예회칙을 ~.

만료【滿了】[말료] 한도나 기간이 차서 끝남. 예임기 ~. -하다.

만ː루[말루] 야구에서 세 베이스에 모두 주자가 있는 경우.

만류【挽留】[말류] 붙들고 못 하도록 말림. 반권고. -하다.

만ː리【萬里】[말리] ①천 리의 열 갑 절. ②매우 먼 거리임을 나타낼 때 쓰는 말. 예~타향. ~장성을 보다.

만ː리 장성 중국의 북쪽에 있는 긴 성벽. 전국 시대부터 있었던 것을 진시황이 더 늘려서 쌓음. 길이 약 2,400km.

[만리장성]

만ː리 타향【萬里他鄕】 멀리 떨어져 있는 다른 지방. 비객지. 타지. 타향.

만만하다 ①무르고 보드랍다. 예상대가 ~. ②우습게 보이다. 쉽게 다룰 만하다. 예만만하게 보면 큰 코 다친다. ③어렵지 아니하여 마음 놓고 대할 만하다. 예오빠보다 언니가 더 ~. 비만만치 않다.

만ː무하다 결코 없다. 전혀 없다. 예그런 말을 했을 리가 ~.

만ː물【萬物】 세상에 있는 온갖 물건.

예인간은 ~의 영장이다.
만:물상【萬物相】[만물쌍][지명] 금강산 중의 외금강 쪽에 있는 바위로 된 산봉우리의 이름.
만:물 전:시장【萬物展示場】세상의 온갖 것을 모아서 벌여 놓고 여러 사람에게 보여 주는 곳.
만:민【萬民】모든 백성들. 예~을 위한 정치를 합시다. 온 국민.
만:민 공:동회【萬民共同會】조선 시대 말인 1898년에 독립 협회 주최로 서울에서 열린 민중 대회.
만:발【滿發】많은 꽃이 한꺼번에 활짝 핌. 예코스모스가 ~하다. 비만개. -하다.
만:방【萬邦】세계의 모든 나라. 비만국. 예양궁이 국위를 ~에 떨침.
만병초 높은 산에서 자라는 고산 식물이며 잎은 타원형이고, 여름에 흰 꽃 또는 연한 분홍 꽃이 피며 열매는 9월에 익는다. [만병초]
만:병 통:치 치료가 불가능한 병이라도 다 고칠 수 있다.
만복사 저포기 김시습이 지은 한문 소설로 「금오신화」에 실려 전함.
만:사【萬事】모든 일. 온갖 일. 예~가 뜻대로 안 된다. ~형통.
만삭【滿朔】아이 낳을 달이 다 참. 또 그 달. 비만월.
만:석꾼 벼 만 섬의 수확이 될 만한 큰 땅을 가진 부자.
만:선【滿船】배에 고기나 물건을 가득 실음. 또 그 배. 반빈배.
만성【慢性】급히 심해지지도 아니하면서 쉽사리 낫지도 아니하는 병의 성질. 반급성.
만세 ①오래 살아 셀 수 없이 많음. ②기쁨을 알리기 위해 두 손을 위로 들고 외치는 소리.
만수국 한두해살이풀로 꽃은 적갈색으로 피며 씨앗은 가늘고 끝에 가시 같은 털이 나며 관상용으로 가꾼다. [만수국]
만수 무강【萬壽無疆】아무 탈 없이 길이 길이 오래 삶. -하다.
만수산[지명] 개성이 있는 산의 이름. 예개성에는 ~이 가장 가깝다.
만:악 혹 그러한 경우에는. 예~네가 못 오면 혼자 가겠다. 비만일.
만:우절【萬愚節】4월 1일. 서양 풍습에서 거짓말을 하여 남을 속이며 즐기는 날. 예~에 깜빡 속았다.
만원【滿員】정해진 인원이 다 참. 예~버스. ~사례.
만:월【滿月】완전하게 둥근 달. 비보름달. 음력 보름에 뜨는 달.
만월대[지명] 개성 북쪽 송악산 남쪽 기슭에 있는 고려의 왕궁 터.
만:유 인력【萬有引力】모든 물체 사

이에서 일어나는 서로 당기는 힘. 영국의 뉴턴이 최초로 발견함.

만:일 혹시. 어쩌다가. 그러한 경우에는. 예~의 사태. 비만약.

만:장 일치【滿場一致】회의장에 모인 모든 사람의 의견이 완전히 같음. 예~의 사태. 비만약.

만점【滿點】[만쩜] ①정해진 점수의 가장 높은 점. 예~을 받다. ②아주 만족할 만한 정도. 예그만 하면 ~이다. 반영점.

만조【滿潮】밀물로 인해 바닷물의 높이가 가장 높아진 상태. 반간조. 예~에 구경을 가자.

만:조 백관【滿朝百官】조정의 모든 벼슬아치. 예~을 거느리다.

만:족【滿足】마음에 흐뭇하여 모자람이 없음. 예~스러운 미소. 비흡족. 반불만. -하다. -히.

만주【滿洲】압록강과 두만강 북쪽에 있는 중국의 땅 이름.

만주족 중국의 만주 일대에 분포하고 있는 남방 퉁구스계의 한 종족으로 숙신·읍루·말갈·여진 등이 같은 계통의 종족들이었다.

만지다 여기 저기를 손으로 주무르거나 문지르다. 예얼굴을 ~.

만지작거리다 자꾸 만져 보다. 예손가락을 ~. 만지작대다.

만:찬회【晩餐會】여러 사람을 청해서 저녁 식사를 하는 모임.

만:천하【滿天下】온 천하. 전 세계. 예~에 대한 독립을 선언하다.

만큼 어느 한도나 수량이나 정도. 또는 「실컷」의 뜻을 나타내는 말. 예싫증날 ~먹다. 같은 정도.

만행【蠻行】야만스러운 행동. 예일본의 ~을 규탄하다.

만화【漫畫】이야기를 그림으로 그려서 나타낸 것. 예시사 ~.

만화경 장난감의 한 가지. 원통 속에 길쭉한 3개의 거울을 짜 맞추고 한 쪽 끝을 유리로 막았음. 안에다 색종이 따위를 넣고 들여다보면 온갖 형상이 나타남.

만화 영화 만화를 사용하여 각 장면을 촬영한 영화의 하나.

만화책 내용이 글씨만으로 된 것이 아니고 그림으로 끝까지 꾸며진 책.

[만화책]

만회【挽回】바로잡아 회복함. 예실수를 ~하다. -하다.

많:다[만타] 사물의 수효나 분량이 일정한 기준을 넘다. 예밥이 너무 ~. 사람이 너무 ~. 반적다.

맏딸 여러 딸들 중에 맏이로 태어난 딸을 말함. 비장녀. 반막내딸.

맏물 맨 처음 나는 푸성귀나 해산물. 또는 곡식이나 과일. 비햇것. 반끝물. 예과일이 ~은 달다.

맏아들 맨 먼저 낳은 아들. 비장남. 반막내아들.

말₁[동물] 말과의 포유 동물. 초식성으로 몸집이 크며 짐을 나르고

말2【末】「끝」의 뜻을 나타내는 말. 예학년~. 반초. 어떤 기간의 끝.

말3 곡식이나 액체 따위를 재는 단위. 몇 년 전까지 수량을 재는 데 꼭 필요한 물건으로 특히 쌀. 보리쌀. 소금. 콩. 참깨를 되는 도구. [말]

말:4 사람의 생각을 조직적으로 나타내는 소리. 상대방과의 이야기나 대화. 비언어. 높말씀. 관글.

말갈족 오늘날의 만주족. 옛날부터 숙신·읍루 등으로 불리었고, 고려 이후로는 여진·야인으로 불리었음. 조선 시대에는 청나라를 세워 중국 대륙을 지배하였음.

말갛다 조금도 다른 것의 섞임이 없이 맑다. 예강물이 ~.

말건 「말거나」의 준말. 예먹건 ~ 무슨 상관이냐. 관심을 두지 말아라.

말고삐 말을 당기는 데 필요한 줄.

말괄량이 얌전하지 못하고 덜렁거려 여자답지 아니한 여자.

말구유 말의 먹이를 담아 주는 그릇. 예말이 ~에서 먹이를 먹는다.

말굽 한 덩어리로 되어 있는 둥글고 큰 말의 발톱. 비말발굽. 말의 발톱.

말굽 자석[말꿉자석] 말굽 모양으로 구부러진 자석. 양극이 서로 가까이 있기 때문에 자력이 오래 지속됨.

[말굽자석]

말:귀[말뀌] 남이 하는 말의 뜻을 알아 듣는 슬기. 예~가 어둡다.

말기【末期】어떤 시기의 끝날 무렵. 예신라 ~. 반초기.

말꼬리 ①말의 끝. 예~를 흐리다. ②말꼬투리. 비말끝. 반말머리.

말끔하다 맑고 깨끗하다. 예말끔한 모습. 큰멀끔하다. 남김없이.

말:끝 말하는 끝. 말꼬리. 예~마다 욕설이다. ~을 흐리다.

말냉이 밭이나 들에서 자라며, 잎은 타원형이고 가장자리에 톱니가 있으며, 흰꽃이 4~5월에 피고 어린 순은 나물로 요리하여 먹는다.

말년【末年】[말련] 인생의 마지막 무렵. 예사람은 ~에 복이 있어야 한다. 비만년. 반초년.

말:놀이[말로리] 말을 잇거나 줄이거나 하여 재미있게 주고받는 놀이. 말로 하는 놀이. -하다.

말다1(마니, 말아서) 밥이나 국수 따위를 물이나 국물에 넣어서 풀다. 예국에 밥을 ~.

말:다2(마니, 말아서) ①하던 것이나 할 것을 그만 두다. 예뛰다 말고 걷기 시작했다. ②「아니하

다」의 뜻을 나타내는 말. 예비가 오거나 말거나 상관 없다. 그만두다.

말:다툼 말로 하는 다툼. 비입씨름. -하다. 예친구와 나는 ~을 했다.

말단【末端】[말딴] ①맨 끄트머리. ②어떤 조직의 제일 아랫자리. 예~ 공무원. ~직원.

말:대꾸 남의 말을 되받아 자기 의사를 타내는 말. 준대꾸. -하다.

말:대답 윗사람의 말에 이유를 붙여 부정의 뜻으로 하는 대답. -하다. 예나는 ~하는 동생이 밉다.

말:더듬이 말을 더듬는 사람.

말:동무[말똥무] 서로 이야기를 나눌 벗. 비말벗. -하다.

말똥가리 논이나 산에 살며 들쥐, 개구리, 새를 먹고 가을에 우리 나라에 와 겨울을 보냄.

말똥구리[동물] 쇠똥·말똥을 먹이로 하는 풍뎅이와 비슷한 벌레.

말똥말똥 눈만 둥글게 뜨고 물끄러미 쳐다보는 모양. 예정신이 ~하다. 큰멀뚱멀뚱. 흉내말.

말뚝 땅에 두드려박아 세우는 기둥이나 몽둥이 모양의 것. 예~에 소의 고삐를 매다. 땅에 ~을 박는다.

말뚝이 우리 나라 대부분의 가면극에 등장하는 중요 인물. 양반의 하인이며, 양반들의 무능력과 부패를 고발하는 역을 맡음.

말라리아 학질 모기가 옮기는 전염병. 일정한 시간을 두고 열이 나고 추워지는 병. 흔히 여름에 걸림. 비학질. 예~예방 백신.

말랑말랑 야들야들하고 부드러운 모양. 송편이 말랑말랑하다. -하다. 예찰떡이 ~하다. 흉내말.

말레이 반:도[지명] 인도차이나 반도 남서부에서 남쪽으로 뻗은 긴 반도. 고온 다습한 열대 기후이며 자원이 풍부함.

말레이시아[지명] 말레리 반도 남부와 보르네오 섬 북북에 걸쳐 있는 나라 고무, 주석, 목재 따위의 자원이 풍부함. 수도는 콸라룸푸르이다.[33만km^2]

말리다 하는 일을 못 하게 하다. 예싸움을 ~. 감기다. 증발하였다.

말:맞추기 앞뒤의 말이 자연스럽게 뜻이 이어지도록 말을 맞추는 놀이. 예~대회를 연다. -하다.

말머리 말에 나오는 첫머리. 예맨 먼저 ~를 꺼낸 사람은 나였다.

말:문 말을 할 때 여는 입. 말의 시작. 예~이 딱 막히다. 말의 시작.

말미암다[말미암따] 사실과 사물의 까닭이나 인연이 되다. 관계되다. 예게으름으로 말미암아 늦다.

말미잘[동물] 분홍 말미잘과의 강장 동물. 바닷물속 바위에 붙어 살며, 꽃 부

[말미잘]

분이 입.
말버릇 늘 써서 버릇이 된 말의 투. ^비말투. 말 습관.
말벌 말벌과의 큰 벌. 벌침에 독이 있다.
말:벗[말뻗] 서로 같이 이야기할 만한 친구. ^비말동무.
말복【末伏】삼복의 마지막 복. 몹시 더운 때.
^예~ 더위. ^관초복, 중복.
말:본 ①말글의 짜임에 대한 법칙. ^예우리말 ~. ^비문법. ②말하는 태도나 모양새. ^관국어책.
말살[말쌀] 있는 사물을 뭉개어 아주 없앰. ^예역사적 사실을 ~하다. 조선어 ~정책. -하다.
말:소리[말쏘리] 말하는 소리. ^비목소리.
말:솜씨 말을 조리 있게 잘 하는 재주. ^비언변. 말재주. 화술.
말썽 문젯거리를 일으키는 말이나 행동. ^예~이 많은 아이. ~꾸러기.
말:썽꾸러기「말썽꾼」의 낮은 말.
말썽꾼 걸핏하면 말썽을 일으키는 사람. 성가신 일을 일으키는 사람.
말쑥하다 모양이 말끔하고 깨끗하다. ^예말쑥한 옷차림. 매무새가 말쑥하고 세련됐다. ^큰멀쑥하다.
말:씀 ①웃어른의 말. ②웃어른에게 하는 자기의 말. ^예~을 올리다. 어른께 ~을 드렸다. -하다.
말씨 말하는 태도. 말투나 버릇.
^예공손한 ~. 충청도 ~. 얌전한 ~.
말엽【末葉】끝 무렵. ^예고려 ~. ^비말기. 20세기~. ^반초엽.
말:익히기 말을 익숙하게 익히는 공부. ^예우리 말을 ~했다. -하다.
말조심 말을 잘못되지 않게 조심해서 함. ^예실수 없도록 ~하여라.
말:주변[말쭈변] 말을 잘 둘러대는 재주. ^예~이 좋은 사람. ^비말솜씨.
말즘 늪이나 냇물 속에 무리지어 자란다. 연한 황갈색 꽃이 이삭 모양으로 피는 여러해살이풀이다.
말짱하다 ①흠이나 탈이 없이 온전하다. ^예말짱한 물건. ②깨끗하다. ^예책상을 말짱하게 치우다. ^큰멀쩡하다. ^반부서지다.
말:참견 남들이 이야기할 때 옆에서 끼여들어 말하는 것. -하다.
말초 신경【末梢神經】뇌 또는 척추에서 나와 전신에 퍼져 중추 신경계와 피부·근육·감각 기관 등을 연락하는 신경의 총칭.
말투 말버릇. ^예~가 거칠다. 어조.
말티 고개[지명] 충청북도 속리산에 있는 고개 이름.
말판 윷놀이 등의 말이 가는 길을 그린 판. 윷놀이 판.
말판쓰기 윷놀이 등에서 말판에 말을 놓는 일. ^예내가 ~를 할게요.
말:하다 ①생각이나 감정을 말로

말하자면 알기 쉽게 다른 말로 바꾼다면. 이를테면. 예쉽게 ~우리 모임에 참석하라는 거다.

맑다[막따] ①깨끗하다. 예물이 매우 ~. ②날씨가 흐리지 않다. 예맑은 하늘. 반흐리다.

맛 ①음식 따위를 혀에 댈 때에 느끼는 감각. 예매운 ~. ②어떠한 체험이나 느낌 또는 기분. 예분위기가 새로운 ~이 있다.

맛들이다(맛드니, 맛들어서) 익어서 맛이 좋게 되다. 예김장 김치가 ~. 고추장이 ~.

맛들이다 재미나 취미를 붙이다. 예바둑에 ~. 학교에서 노는데 ~.

맛보다 ①음식의 맛을 알기 위하여 조금 먹어 보다. 예국을 ~. ②몸소 겪어 보다. 또는 마음으로 느끼다. 예고향의 훈훈함을 ~.

맛있다[마딛따, 마싣따] 맛이 썩 좋다. 예과자가 ~.

맛조개[동물] 긴 맛과의 바다 조개. 몸길이 13cm가량. 껍데기 모양은 둘로 쪼갠 대통 같음. [맛조개]

망1 그물같이 만들어서 가려 두거나 치거나 하는 물건. 예~을 치다.

망2 몰래 숨어서 남의 동정을 살핌. 예~을 보다.

망가뜨리다 물건을 다시 못 쓰게 하다. 예장난감을 ~.

망각【忘却】잊어 버림. 예자기의 책임을 ~하다. 반기억. -하다.

망간 붉은 빛을 띤 회색의 금속원소. 유리·도기의 색칠에 쓰임.

망건【網巾】상투 튼 사람이 가지런히 하기 위하여 상투 밑 머리에 두르는 물건.

망고 열대 지방에 나는 길쭉한 복숭아 비슷한 열매. 복숭아보다 진한 맛이 나고 송진 향기가 남. [망고]

망국【亡國】전쟁이나 내란으로 인하여 나라가 다른 나라의 지배를 받거나 아주 없어진 나라.

망그러지다 물건이나 상품, 제품이 부서지거나 외부의 충격에 의하여 찌그러져 못 쓰게 된 것.

망극 임금이나 부모의 은혜가 그지없음. 예성은이 ~하옵니다 전하.

망나니 ①옛날 죄인의 목을 베던 사람. ②성질이 못된 사람의 비유.

망년회【忘年會】지난 한 해 동안의 온갖 시름을 잊고자 연말에 베푸는 잔치. 비송년회. 반시무식.

망대 적의 동태나 형편을 살펴보기 위해 높이 세운 대. 비망루.

망둥이[동물] 망둥이과의 바닷물고기의 총칭. [망둥이]

망:령1[망녕] 죽은 사람의 영혼.

망령【妄靈】늙어서 정신이 흐려져 이상한 말과 행동을 하는 일. 예~이 난 노인. 비노망.

망:루【望樓】적의 동태를 살펴보는 높은 대.

망막 눈알의 가장 안쪽에 위치하여, 시신경이 분포되어 있는 막.

망망하다 아주 넓고 멀어 아득하다. 예망망한 바다. 바다가~.

망명【亡命】정치·혁명 따위를 하다가 제 나라에 살지 못하고 남의 나라로 피하여 감. 예~ 정권. 영국으로 ~하였다. -하다.

망:발【妄發】①잘못하는 말이나 행동. ②자기 또는 조상에게 욕이 되게 말을 함. -하다.

망:보다 먼 빛으로 바라보아 남의 동정을 살피다.

망:부석【望夫石】아내가 멀리 떠난 남편을 기다리다가 그대로 죽어서 되었다는 전설적인 돌. 또는 그 위에 서서 기다렸다는 돌.

망:상【妄想】이치에 맞지 않는 그릇된 생각. 예~ 속에서 헤매다. 그는 ~을 버려야 한다. 비망념.

망설이다 머뭇거리고 뜻을 정하지 못하다. 비주저하다. 조심하다.

망신【亡身】말이나 행동을 잘못하여 자기의 지위·명예·체면 따위를 깎음. 예톡톡히 ~을 당하다. 반존경. 명예.

망새 궁궐이나 절의 용마루 끝에 사용되던 장식 기와이며 지금도 사용함. [망새]

망아지 말의 새끼.. [망아지] 예굴레 벗은 ~.

망울 ①작고 둥글게 굳어진 덩이. 큰멍울. ②「꽃망울」의 준말.

망:원경 두 개 이상의 볼록 렌즈를 맞추어서 멀리 있는 물체를 크게 보이도록 만든 안경의 하나.

망:원 렌즈 먼 거리의 물건을 촬영하기 위하여 초점 거리를 길게 만든 렌즈. 예사진을 ~로 촬영함.

망:월【望月】음력 15일의 보름달.

망정「-니」·「-기에」등에 붙어, 다행히 그러함의 뜻을 나타내는 말. 예마침 네가 오길 ~이지 참!

망:주석【望柱石】 무덤 앞에 세우는 한 쌍의 돌기둥.

망초 들이나 길가 빈터에서 흔히 자라며 잎은 긴 타원형이고 여름에 흰 꽃이 피는 두해살이풀. 국화과 식물임. [망초]

망측 보통의 상태에서 많이 벗어나 어처구니가 없음. 예~한 행동. 그 무슨 ~한 소리요. -하다.

망치 마치와 비슷하나 훨씬 크고 무거운 연장. 단단한 물건이나 불에단 쇠를 두드리는 데 씀.

망치가 가벼우면 못이 솟는다.
  속 웃어른이 너무 무르면 아랫사람이 순종을 하지 않고 도리어 반항한다는 뜻.
망치다 일을 아주 잘못되게 하다. 예심한 가뭄으로 금년 농사를 ~.
망태 가는 새끼 따위로 엮어 만든 그릇. 물건을 담아 들고 다니는데 씀. 본망태기.

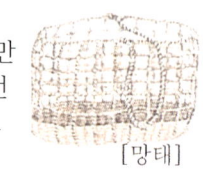
[망태]

망토 소매가 없이 어깨로부터 내리걸치는 외투의 한 가지.
망하다 ①개인·조직 따위가 없어지거나 흩어지다. 예나라가 ~. ②「못된」·「고약한」의 뜻으로 쓰임. 예망할 놈의 자식. 반흥하다.
망:향【望鄕】 고향을 그리워하며 생각함. 타향에서 고향을 그리워함.
맞그네 두 사람이 마주보고 서서 뛰는 그네. 예처녀들이 ~를 뛴다.
맞다₁ ①찾아오는 사람을 기다려 맞이하다. 예손님을 ~. ②자연히 돌아오는 철이나 날을 당하다. 예여름 방학을 ~. ③눈·비 등을 몸으로 맞다. 비를 맞다. ④침 따위의 찌름을 당하다. 예주사를 ~.
맞다₂ ①틀리지 않고 옳게 되다. 예네 말이 ~. ②서로 통하다. 예마음에 맞는 친구. 반틀리다.
맞닿다[맏따타] 마주 닿다. 예바다와 하늘이 맞닿은 곳. 해와 달이 ~.

맞대다 마주 대다. 예이마를 맞대고 의논하다. 서로 닿게 하다.
맞들다(맞드니, 맞들어서) ①양쪽에서 마주 들다. ②힘을 합하다. 예백지장도 맞들면 낫다.
맞먹다 두 사람의 힘이 서로 비슷하다. 서로 같거나 비슷한 정도.
맞물리다 마주 물리다. 예맞물려 도는 톱니바퀴. 예톱니가 ~.
맞바꾸다 물건을 서로서로 바꾸다.
맞바람 양쪽에서 마주 불어오는 바람. 맞은편에서 불어오는 바람.
맞벌이 부부가 모두 직업을 가지고 돈을 버는 일. 예그들은 ~부부.
맞부딪치다 서로 마주 부딪치다.
맞붙다 마주 붙어 겨루다. 예맞붙어 싸우다. 연이어 있다.
맞붙잡다 서로 보면서 마주 붙잡다.
맞서다 ①마주 서다. ②서로 굽히지 아니하고 버티다. 예팽팽히 맞서 싸우다. ③대항하다.
맞선 결혼할 남녀가 직접 만나서 보는 일을 말한다. 예형이 ~을 봤다.
맞이하다[마지하다] ①오는 사람을 맞아들이다. 예손님을 ~. ②어떠한 날이나 때를 맞다. 예입학식을 맞이하여 새 옷을 입었다.
맞잡다 마주 잡다. 예손을 ~. 잡다.
맞장구 남의 말에 덩달아 그렇다고 같이 말하는 모습.
맞추다 ①서로 꼭 맞도록 하다. 예박자를 ~. ②어떤 것을 무엇에 꼭 맞도록 하다. 예시계를 ~. ③미리 일을 약속하여 부탁하다. 예옷을

~. ④정도에 알맞게 하다. 예능력에 ~. 양복점에서 양복을 ~.

맞춤법 글자를 일정한 규칙에 따라 쓰는 법. 비철자법. 본한글 맞춤법 통일안을 발표하였다.

맞춤옷 몸의 치수에 맞게 특별히 재단하여 만든 옷. 예~을 입다.

맞히다 물음에 옳은 답을 하다. 예정답을 알아 ~. 맞게 하다.

맡기다 자기가 할 일이나 물건의 보관을 남에게 의뢰하다.

맡다 ①책임을 넘기어 받다. 예회장을 ~. ②냄새를 들이마시다. ③차지하다. 예자리를 ~. ④주문 따위를 받다. 예주문을 ~.

매₁ 사람이나 짐승을 때리는 막대기·회초리의 일종.

매₂ [동물] 매과의 사나운 새. 독수리보다 작고 부리와 발톱은 갈고리 모양이며 날쌔게 낢. 마을 부근에 날아 돌다가 작은 새나 병아리를 잡아먹음. 사냥용으로 집에서 기르기도 함. 비송골매. 검은 갈색의 사나운 매.

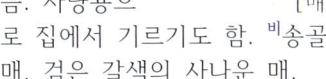
[매]

매개체 둘 사이에 서서 양편의 관계를 맺어 주는 구슬을 하는 것.

매:국【賣國】 자기의 이익을 위하여 나라의 명예나 이익을 남의 나라에 팔아 먹음. 또는 자기 나라에 해를 끼침. 예~행위. 반애국-하다. 예나라를 판~로는 역적임.

매:국노【賣國奴】 자기의 이익을 위해 제 나라의 주권이나 이권을 팔아 먹은 사람. 반애국자.

매기다 값이나 등급을 따져서 정하다. 예순서를 ~. 차례를 ~.

매끄럽다(매끄러우니, 매끄러워서) 거칠지 아니하고 반들반들하다. 예마루 바닥이 ~. 큰미끄럽다.

매끈매끈 흠이나 거친 데가 없이 부드럽고 반들한 모양. 예~한 얼음판. -하다. 흉내말.

매끈하다 흠이나 거친 데가 없이 부드럽고 반들하다. 큰미끈하다.

매년【每年】 해마다. 예~눈이 온다. 매니저 연예인·운동 선수 등의 섭외 교섭이나 시중을 드는 사람.

매:다₁ ①떨어지지 아니하게 동이어 묶다. 예넥타이를 ~. ②어떤 물건을 꾸미어 만들다. 예붓을 ~. ③달아나거나 풀어지지 아니하게 묶어 두다. 예개를 매어 놓다.

매:다₂ 식물이 잘 자랄 수 있도록 잡초 따위를 뽑다. 예김을 ~.

매:달 날마다. 다달이. 비매월.

매:달다(매다니, 매달아서) 묶어서 걸다. 예고양이 목에 방울을 ~.

매:달리다 ①붙들고 늘어지다. 예철봉에 ~. ②줄기에 덧붙다. 예나뭇가지에 매달린 감. ③무엇에 몸과 마음을 쏟다. 예시험 공부에 ~.

매듭 ①물건을 잡아 맨 자리. ②일의 끝. 예일을 ~ 짓다.

매듭 짓다 일을 순서대로 하나씩

결말을 짓다. ᵉ하던 일을 ~.
매력【魅力】 사람의 마음을 움직여 끄는 힘. ᵉ~있는 가수.
매:료 남의 마음을 홀리어 사로잡음. ᵉ청중을 ~하다. -하다.
매만지다 잘 가다듬어 손질하는 일.
매매【賣買】 물건을 팔고 사는 일. ᵉ~계약. ᵇ흥정. -하다.
매몰차다 인정이 없이 독하고 쌀쌀하다. ᵉ매몰찬 성미. 인정이 없다.
매무새 옷을 입은 맵시. ᵉ옷 ~가 곱다. 옷입는 모양.
매:미[동물] 매미과의 곤충. 길이 3~4 cm 가량. 빛은 암록색이며 날개는 투명함. 수컷은 배에 발성기와 공명기가 있어 맴맴하고 욺. [매미]
매:번【每番】 번번이. 어떤 일이 있을 때마다.
매:부【妹夫】 손아랫누이의 남편.
매:부리코 매부리같이 끝이 뾰족하게 내리숙인 코. 또는 그러한 사람. 매의 부리와 같은 코.
매:사【每事】 하나하나의 모든 일. ᵉ~가 그런 식이다.
매산들[지명] 고구려에 있던 땅이름. 이 곳에서 온달이 주나라 무제를 무찔렀다고 함.
매:상【賣上】 물건을 판 수량이나 팔린 물건 값의 총계. ᵉ~이 많다.
ᵇ매상고. ᵇ매입.
매서운 바람 모질고 세찬 겨울 바람.
매섭다(매서우니, 매서워서) 겁을 낼 정도로 성질이나 됨됨이가 모질고 사납다. ᵉ매서운 눈초리. ᵏ무섭다. 매섭습니다.
매:수【買收】 금품이나 어떠한 수단으로 남을 꾀어 제 편을 만듦. 돈으로 ~하다. -하다.
매스 게임 많은 사람이 함께 하는 집단 체조나 무용. ᵉ~경기.
매스껍다(매스꺼우니, 매스꺼워서) 속이 아니꼬와서 토할 것 같다.
매스미디어 많은 정보나 지식 등을 넓은 지역의 여러 사람에게 전달하는 신문·잡지·텔레비전 따위를 말함. ᵉ지금은 ~세상이다.
매스컴 신문·방송·텔레비전 등에 의하여 지식이나 정보를 전달하는 일. ᵇ매스커뮤니케이션.
매:씨【妹氏】 남의 누이를 높이어 부르는 말.
매:양 늘. 번번이. ᵉ~감사합니다.
매:연 그을음이 섞인 연기. ᵉ자동차 ~. 공기 중에 있는 오염 물질.
매우 보통 정도보다 훨씬 넘게. 대단히. ᵉ많다. ᵇ대단히. 무척.
매운 바람 몹시 차고 센 바람.
매:월【每月】 다달이. 달마다. ᵇ달. ᵉ준언이는 ~용돈이 필요함.
매월당【梅月堂】 김시습의 호.
매월당 시 사유록[책명] 조선 단종 때 김시습이 전국을 떠돌며 지은 시를 수록한 책.

매이다 남에게 딸려 부림을 받게 되다. 예남의 집에 매인 몸.
매:일【每日】날마다. 비연일. 하루.
매:일 신문【每日新聞】우리 나라 최초의 순 한글로 된 일간 신문 1898년 1월 26일 창간.
매:입【買入】물건 등을 사들임. 비구입. 반매출. -하다.
매장【埋葬】땅 속에 묻음. 또는 땅 속에 묻히어 있음. 예땅 속에 ~된 지하 자원. -하다.
매장량[매장냥] 광물 같은 것이 땅 속에 묻힌 분량. 예석유~.
매점【賣店】어떤 기관이나 학교 안에서 물건을 파는 작은 가게. 예구내 ~에는 빵이 있다. -하다.
매정스럽다(매정스러우니, 매정스러워서) 인정머리가 없는 듯하다. 예매정스럽게 말하다. 큰무정스럽다. 정이 없고 쌀쌀하다.
매정하다 쌀쌀하여 인정머리가 없다. 예매정한 사람. 큰무정하다.
매:제【妹弟】손아랫누이의 남편임.
매:주【每週】일주일마다. 칠일마다.
매:진1 하나도 남김 없이 모두 팔림.
매:진2 힘써서 빨리 나아감. 예연구에 ~하다. -하다.
매질 매로 때리는 일. 때림. -하다.
매차다 인정 없이 독하고 쌀쌀하다.
매콤하다 조금 매운 맛이 있다. 예매콤하게 양념을 하다.
매트 ①체조·유도·레슬링 등을 할 때 바닥에 까는 푹신한 깔개. ②신의 흙이나 물기 등을 닦아 내기 위하여 방 입구나 현관에 놓아 두는 깔개. 예~에서 경기를 함.
매트 운·동 구르기와 돌기를 기본 동작으로 하여 매트 위에서 하는 운동. -하다.
매:표구【賣票口】표를 파는 창구.
매한가지 마찬가지. 매일반. 예두 사람이 다 어리석기는 ~다.
매:형【妹兄】손윗누이의 남편. 비매부. 반매제. 본자형(姉兄)
매혹 마음이 어떤 것에 완전히 쏠리다. 정신을 어지럽게 하다. -하다.
매혹적 남을 매혹할 만한 데가 있는 것. 예~인 모습.
매화【梅花】[식물] 이른 봄에 백색·연분홍 등의 꽃이 피는 큰 키 나무. 열매는 매실이라 하여 맛이 시며 식용과 한약재로 사용된다. [매화]
매회【每回】한 회 한 회마다.
맥【脈】①기운이나 힘. ②피가 돌아다니는 줄기. 비맥박.
맥박 심장의 운동에 의하여 일어나는 동맥의 율동적인 움직임. 예운동이나 등산을 하면 ~이 빨라짐.
맥문동 산 계곡 나무 그늘에서 자라며, 잎은 밑에 [맥문동]

서 뭉쳐나고 봄에 연한 보라색의 작은 꽃이 핀다. 덩이 뿌리는 약재료 쓰이는 여러해살이풀이다.

맥빠지다 ①기운이 빠지다. ②긴장이 풀린다. ᵇ반기운이 넘치다.

맥아더[인명](1880~1964) 미국의 군인. 육군 원수. 제2차 세계 대전 때 태평양 지구 미군 총사령관으로 전쟁을 승리로 이끄는 데 큰 역할을 함. 6·25 사변 때에는 유엔군 총사령관으로 인천 상륙 작전을 성공시켰음.

맥없다 기운이 없다. 정신이 없다.

맨: 「더할 수 없이」·「가장」의 뜻을 나타내는 말. ᵉ예~ 앞줄. ~ 처음. ~ 마지막.

맨드라미[식물] 비름과의 한해살이풀. 줄기는 곧고 붉은 색을 띤, 높이 90cm 가량의 관상용으로, 7~8월에 꽃이 핌. [맨드라미]

맨손 체조 도구나 기구 없이 하는 체조. ᵇ비도구 체조. ᵇ반기계 체조. -하다. ᵉ예형은 ~를 매일 한다.

맨입[맨닙] 아무것도 먹지 않은 입. 아무 대가도 받지 않은 것.

맨주먹 아무것도 가지지 않은 빈 주먹. ᵉ예~으로 서울에 왔다.

맴: 제자리에서 뱅뱅 도는 장난.

맴:돌다(맴도니, 맴돌아서) 한 군데를 계속 돌다. ᵉ예잠자리가 머리 위를 ~. ᵇ비맴도는. 맴돌아.

맴:맴 ①매미의 울음 소리. ②아이들이 맴을 돌 때에 부르는 소리.

맵다(매우니, 매워서) ①혀가 알알한 맛을 느끼다. ᵉ예작은 고추가 ~. ②인정이 없고 독하다. ᵉ예매운 눈매. ③몹시 춥다. ᵉ예겨울 날씨가 몹시 ~. 청양고추가 몹시 ~.

맵시[맵씨] 곱고 매만진 모양. ᵉ예옷~가 아름답다.

맷돌 곡식을 갈아서 가루를 만드는 데 쓰는 돌로 만든 기구.  [맷돌]
ᵉ예~에 콩을 갈다.

맹:견【猛犬】 몹시 사나운 개. ᵉ예~ 주의. 무섭고 사납고 포악한 개.

맹:공격 맹렬히 공격함. ᵉ예~을 가하다. ᶜ준맹격. 맹공. -하다.

맹꽁이[동물] 맹꽁이과의 개구리. 몸집이 뚱뚱하고 머리는 짧음. 황색 바탕에 청색 또는 흑색의 무늬가 있음. 비가 오거나 흐린 날에는 맹꽁맹꽁하고 요란스레 욺.  [맹꽁이]

맹:랑하다[맹낭하다] ①아주 거짓이 많아 믿을 수 없다. ᵉ예맹랑한 소문이 돌다. ②함부로 만만하게 대할 수 없는 만큼 똘똘하고 깜찍

하다. 예어린 녀석이 아주 ~.

맹:렬하다 기세가 몹시 사납고 세차다. 예맹렬한 공격.

맹목적【盲目的】분간 없이 행동하는 모양. 예~으로 일을 벌여 놓다.

맹문이 일의 옳고 그름이나 일에 대한 분간을 못 하는 사람.

맹사성[인명](1359~1431) 조선 세종 때의 유명한 학자이며 정치가. 글도 잘 짓고, 음악에도 매우 조예가 깊었다.

맹세 굳게 마음을 다짐함. 예충성을 ~하다. 비맹약. 서약. -하다.

맹:수 다른 짐승을 잡아 먹고 사는 사나운 짐승. 예~사냥. 비야수.

맹아1【盲兒】눈이 멀어 못 보는 아이.

맹아2【盲啞】눈 먼 사람과 귀가 먹은 사람. 예~학교에 다닌다.

맹아 학교【盲啞學校】소경이나 벙어리에게 특수 교육을 하는 학교.

맹:연습[맹년습] 맹렬하게 연습함. 몸과 마음을 다해 연습함. 예금메달을 목표로 ~을 하다. -하다.

맹인【盲人】눈이 먼 사람. 시각 장애인. 비소경. 봉사. 장님.

맹:자1【孟子】[인명](기원전 372~기원전 289) 중국 전국 시대의 유명한 학자이며 사상가. 공자의 사상을 발전시켜, 성선설을 주장하였음. 맹자라는 책이 유명함.

맹:자2[책명] 맹자의 제자들이 맹자의 언행을 기록한 책. 논어·중용·대학과 함께 사서의 하나.

맹장1【盲腸】대장의 한 부분으로 소장에 이어진 곳에 자그맣게 내민 부분의 퇴화된 창자.

맹:장2【猛將】용감하고 씩씩한 장수.

맹추1 똑똑하지 못하고 흐리멍덩한 사람을 얕잡아 이르는 말. 큰멍추. 예이~야! 멍텅구리.

맹추2【孟秋】초가을. 음력으로 7월 하순. 가을의 문턱.

맹춘【孟春】초봄. 음력으로 정월 하순. 봄의 문턱.

맹활약【猛活躍】명열 눈부신 활약.

맺다 ①매듭짓거나 끝내기. 예말끈을 ~. ②서로 인연을 가지다. 예형제를 인연을 ~. ③열매를 이루다. 예열매를 ~. ④약속을 하다. 예계약을 ~.

맺히다[매치다] ①꽃망울이나 열매가 생기다. 예꽃망울이 ~. ②눈물·이슬 따위가 방울이 지다. 예풀잎에 이슬 방울이 ~. ③마음 속에 잊혀지지 아니하고 뭉쳐 있다. 예가슴에 원한이 ~.

머금다[머금따] ①입안에 넣다. 예물을 머금고 있다. ②생각·감정 따위를 품다. 예원한을 ~. ③눈물을 글썽하다. 예눈물을 ~. ④웃음빛을 띠다. 예입가에 미소를 ~.

머:나멀다(머나머니, 머나멀어서) 아주 멀다. 멀고도 멀다. 예머나 먼 고향.

머루[식물] 포도

[머루]

의 한 가지로 산에 저절로 자람. 열매의 빛이 검고 포도보다 맛이 심.

머리 ①동물의 목 위가 되는 부분. ②물건의 앞부분. 예비행기의 ~ 부분. ③두뇌. 사고력. 예~가 좋다. 누나는 ~가 명석하다.

머리말 책 첫머리에 그 책에 대하여 적은 글. 비권두언. 서문.

머리맡 누웠을 때 머리쪽이 되는 곳. 예~을 더듬다. ~에 두다.

머리카락 머리털의 낱개. 준머리칼.

머무르다(머무르니, 머물러서) ①도중에서 잠시 그치어 있다. 예잠시 ~. ②그대로 남아 있다. 예미국에 ~. 형은 영국에 ~.

머무적거리다 일을 딱 잘라서 하지 못하고 머뭇거리다. 예길을 가다 ~.

머뭇거리다 무슨 일에 있어 자신이 없어 주춤거리다.

머뭇머뭇 말이나 행동이 분명하게 의사 표시를 못하고 주저주저하며 망설이는 모양을 나타내는 것.

머슴 남의 집에 고용되어 농사짓는 사내. 반지주. 주인.

머슴살이 머슴 노릇을 하는 생활. 예~는 고달프다. -하다.

머슴애 ①머슴 살이하는 사내 아이. ②사내 아이의 낮춤말. 사내놈.

[머위]

머위 집 주변이나 산지의 응달진 빈터에 자라며, 꽃은 봄에 암수 딴 그루로 피며 수꽃은 황백색, 암꽃은 흰색이다. 어린 잎과 긴 잎자루는 나물로 먹는 여러해살이풀이다.

머쓱하다[머쓰카다] ①멋없이 키만 커서 어울리지 않다. ②무안을 당하거나 흥이 꺾이어 기가 죽다.

머플러 추위를 막거나 멋을 부리려고 목이나 머리에 두르는 천.

먹 벼루에 물을 붓고 갈아 먹물을 만드는 재료.

먹구름 먹빛과 같이 몹시 검은 구름. 예~이 하늘을 덮다. 반흰구름.

먹다 ①음식을 뱃속으로 들여보내다. 예과일을 ~. ②꾸지람이나 욕을 듣다. 예호되게 욕을 ~. ③생각을 품다. 예마음을 굳게 ~. ④나이를 더하다. 예나이를 ~. ⑤점수를 잃다. 예한 골 ~. 먹는 개도 아니 때린다 속음식을 먹는 사람을 때리거나 꾸짖지 말라는 뜻.

먹보 밥을 한꺼번에 많이 먹는 사람을 놀리는 말. 미련 맞은 사람.

먹어치우다 모두 먹어 없애다. 예남은 과일을 모두 ~.

먹음 직하다[머금 지카다] 음식이 보기에 맛이 있을 듯하다. 예사과가 ~. 피자가 먹음직해 보인다.

먹이 ①먹을 거리. 식량. 양식. ②가축에게 먹이는 풀이나 곡식. 예염소~. 가을에 가축 ~를 비축한다.

먹이 그물 둘 이상의 먹이 사슬이 복잡하게 얽혀 있는 상태.

먹이다 ①먹게 하다. 마시게 하다. 예아이에게 우유를 ~. ②가축 등을 기르다. 예돼지를 ~.

먹이 다툼 생물들이 서로 제가 먹겠다고 다투는 짓. -하다.

먹이 사슬 초식 동물을 육식 동물이, 그 육식 동물을 다른 육식 동물이 잡아 먹음으로써 이루어지는 관계. 비먹이 연쇄.

먹이 연쇄 생물들이 먹는 쪽과 먹히는 쪽을 차례로 연결하여 이룬 관계. 예~먹이 사슬.

먹장구름 대개 비나 눈을 내리는 빛깔이 매우 검은 구름. 반흰구름.

먹중 ①산대놀음에 쓰이는 탈의 한 가지. ②먹장삼을 입은 중.

먹히다 먹음을 당하다.

먼: 시간·공간 또는 친분 관계에 있어 사이가 떨어져 있는. 예~훗날. ~친척. 반가까운.

먼:동 날이 샐 무렵의 동쪽. 예~이 트다. 동쪽에 ~이 튼다.

먼:발치 조금 멀리 떨어진 곳. 예~에서 배웅하다. ~에 있다.

먼저 시간이나 자리로 보아 앞서서. 예돈을 ~치르다. ~에 있다.

먼지 가늘고 보드라운 티끌. 예~가 나다. 창틀에 ~가 쌓였다.

먼지떨이 먼지를 떠는 기구. 비총채. 예~로 먼지를 떨어라.

멀:다₁(머니, 멀어서) 눈이 보이지 않게 되다. 예눈이 ~.

멀:다₂(머니, 멀어서) ①거리가 많이 떨어져 있다. 예멀고 먼 하늘. ②시간적으로 사이가 크다. 예먼 훗날. ③사이가 친하지 아니하다. 예먼 친척. 반가깝다.

멀:리 많이 떨어져서 사이가 가깝지 않게. 반가까이. 넓이뛰기(×).

멀:리뛰기 체육에서 뜀뛰기 경기의 한 가지. 일정한 거리를 달리기 [멀리뛰기] 하다가 발구름판에서 한 발로 멀리 뜀.

멀:리하다 멀리 떨어져 있게 하다.

멀미 배·비행기·차 따위를 탔을 때 일어나는 메스껍고 어지러운 증세. 예차멀미. -하다.

멀쩡하다 ①흠이 없이 깨끗하고 온전하다. 예정신이 ~. ②터무니가 없다. 예멀쩡한 거짓말.

멀찍이 약간 멀리. 약간 멀게. 예~물러서라. 꽤 멀리. -하다.

멈추다 하던 일이나 움직임을 그치다. 예일손을 ~. 멈춥니다. 멈추다.

멈칫 하던 일이나 움직임을 갑자기 멈추는 모양. 예~섰다가 다시 뛰어가다. ~하였다. -하다.

멋 옷차림·행동·됨됨이 따위가 세련되고 아름다움. 한복의 우아한 옷차림. 예한복은 ~이 있다.

멋대로 하고 싶은 대로. 마음대로. 예~생각하다.

멋없다[머덥따] 격에 맞지 아니하여 싱겁다. 예멋 없이 키만 크다.

멋있다 말쑥하고 아름답다. 예멋있는 차림새. 예옷차림이 ~.

멋쟁이 멋있거나 멋을 잘 부리는 사람. 예영화 배우는 대부분 ~이다.

멋지다 아주 멋있다. 예말솜씨가 ~.

멋쩍다 하는 짓이나 모양이 격에 어울리지 아니하다. 예멋쩍게 웃다.

멍 맞거나 부딪혀서 피부 속에 퍼렇게 맺힌 피.

멍게 크기는 주먹만하고, 노란 속살은 날 것으로 먹는 바다 동물로 껍질은 울퉁불퉁하고 붉다. 우렁쉥이. [멍게]

멍석 곡식을 널리 말리거나 마당에 자리로 쓰는 새끼로 엮은 큰 자리.

멍석말이 지난 날. 세도 있는 집에서 하인이나 상민에게 가하던 형벌의 하나. 사람을 멍석에 둘둘 말아 몽둥이로 치던 일. -하다.

멍에 마소의 목에 얹어 수레나 쟁기를 끌게 하는 둥그렇게 구부러진 막대. [멍에]

멍울 우유나 풀 등에 생기는 작고 둥글게 엉겨 굳은 덩이.

멍청이 어리석고 정신이 흐릿한 사람. 「멍청한 사람」을 얕잡아 부르는 말. 비바보. 멍텅구리.

멍텅구리 어눌하고 답답하여 지능이 아주 낮은, 똑똑하지 못한 사람.

멍:하다 정신이 빠져나간 것처럼 멍청하다. 멍하니 바다만 바라보고 서 있다. 예정신이 ~.

멎다 멈추다. 그치다. 예비가 ~. 비멈추다. 멈추거나 그치다.

메 산의 옛말. 예태산이 높다 하되 하늘 아래 ~이로다.

메가폰 음성이 멀리까지 들리도록 입에 대고 말하는 도구. 확성기.

메:기[동물] 머리가 넓적하고 입이 크며, 입의 좌우로 두 쌍의 긴 수염이 있는 매끄러운 민물고기. [메기]

메기다 ①화살을 시위에 물리다. ②노래나 소리 따위에서, 다른 사람이 받아 부르게 먼저 부르다.

메꽃[식물] 메꽃과의 여러해살이 덩굴 풀. 여름에 나팔 모양의 담홍색 꽃이 피며, 뿌리와 줄기는 식용함. [메꽃]

메뉴 음식점 등에서 음식의 종목과 값을 적은 표. 비차림표. 식단. 음식 종류.

메:다₁ 구멍 따위가 가득 차거나 막히다. 예목이 ~. 구멍에 메어 뚫다.

메:다2 어깨에 걸치거나 올려 놓다. 예짐을 ~. 어깨에 물건을 ~.

메달 표창하거나 무슨 일을 기념하기 위하여, 금·은·동 따위에 여러 가지 모양을 새겨서 개인이나 단체에 주는 패. 예금~이다.

메들리 둘 이상의 곡을 이어서 연주하는 일이나 그런 곡. 비접속곡.

메뚜기 [동물] 여름에 논이나 풀밭에 많은 곤충. 메뚜기도 오뉴월이 한철이라 속제때를 만난 듯이 날뛰는 [메뚜기] 사람을 빗대어 이르는 말.

메리야스 무명 실이나 털실 따위로 신축성 있고 촘촘하게 짠 직물. 내의·장갑·양말 등을 만듦.

메리 크리스마스 「즐거운 성탄절」·「성탄절을 축하합니다」 등의 뜻으로, 크리스마스에 서로 주고받는 인사말. 예~를 축하하였다.

메마르다(메마르니, 메말라서) 땅이 기름지지 않고 바싹 마르다. 반기름지다. 예땅이 ~.

메모 잊지 아니하기 위하여 글로 적음. 또는 그 적은 글이나 쪽지. 예항상 ~하는 습관을 기르자. -하다. 듣고 ~한다.

메밀 [식물] 밭에 재배하는 한해살이 농작물. 가을철 흰꽃이 핌. 열매는 뾰족하고 [메밀] 세모진 것이 여는데, 가루를 내어 국수·묵 등을 만들어 먹음.

메스껍다 속이 언짢아 헛구역질이 나고 자꾸 토할 듯하다. 예차멀미로 속이 ~. 작매스껍다.

메스 실린더 액체의 부피를 재는 기구. 메이저 실린더.

메시지 알림. 여러 사람에게 알리는 성명이나 통고. 예~를 전달하다.

메아리 소리가 무엇에 부딪쳐 되울려 나는 소리. 산울림.

메어치다 어깨 위로 휘둘러서 아래로 내리치다. 준메치다.

메우다 구멍이나 빈 곳을 채워서 메게 하다. 예웅덩이를 흙으로 ~.

메이드 인 코리아 한국에서 만든 물건. 한국 제품. 한국 상품.

메인 이벤트 프로그램 중 제일 중요한 순서. 특히, 권투·레슬링 등에서 최종적으로 제일 중요한 경기를 말함. 예~내용이 훌륭하다.

메조 음악에서.「거의」·「약간」의 뜻. 예~피아노.

메조 포르테 음악의 악보에서, 셈여림을 나타내는 말.「조금 세게」의 뜻. 약호는 mf.

메조 피아노 음악의 악보에서, 셈여림을 나타내는 말.「조금 여리게」의 뜻. 약호에 mp.

메주 콩을 삶아 찧어서 뭉친 덩이. 간장과 된장을 담금.

메추라기 [동물] 꿩과의 새. 날개 길이 10cm 가량이고, 몸 빛은 황갈색에 흑색의 무늬가 있음.

몸은 병아리 비슷한데 꽁지가 짧음. 살과 알은 식용함. ㈜메추리. ㉠물가에 ~가 있다. [메추라기]

메카[지명] 사우디아라비아의 도시. 이슬람 교의 교조 마호메트가 태어난 곳으로, 이슬람 교도의 최고 성지임. [26km^2]

메트로놈 흔들리는 추의 원리를 응용하여 1분 동안의 박자 수를 헤아리는 기계. [메트로놈]

멕시코[국명] 북아메리카에 있으며 미국의 남서쪽과 맞닿아 있는 공화국. 에스파냐 어를 쓰며, 수도는 멕시코 시티이다. [195만 8천km^2]

멕시코패 멕시코에서 많이 나는 속껍질이 아름답게 빛나는 조개. 자개 농의 겉면에 장식 재료로 많이 쓰임. 자개의 원료.

멘델[인명](1822~1884) 오스트리아 출신의 생물 학자. 1865년에 유명한 유전 법칙인「멘델의 법칙」을 발표함.

멘탈 테스트 지능 검사의 한 종류임.
멜로디 높낮이와 리듬과 음의 흐름.
멜로디언 피아노와 오르간과 같은 건반 악기로, 입으로 불어 넣으면서 건반을 눌러 소리를 내는 악기. 어린이용임.

멜론[식물] 서양종의 참외로 향기와 단맛이 있는 고급 과일. [멜론]

멜빵 바지나 치마가 아래로 흘러내리지 않도록 두 어깨에 걸치는 끈 ㉠가방이 무거우니 ~을 하여라. -하다.

멤버 단체를 이루는 한 사람. ㉠그 모임의 ~는 모두 일곱 명이다.

멥쌀 메벼에서 나온 차지는 않는 쌀. ㉘찹쌀.

멧돼지[동물] 멧 돼 지 과 의 산짐승. 몸빛은 흑색 또는 흑갈색이며 주둥이가 매우 길고 목은 짧으며, 날카로운 송곳니가 있음. 고기는 맛이 좋으며 쓸개는 약재로 씀. ㉘산돼지.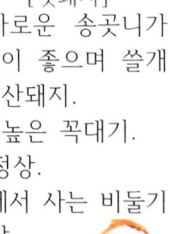
[멧돼지]

멧부리 산의 가장 높은 꼭대기. ㉘산봉우리. 산 정상.

멧비둘기[동물] 산에서 사는 비둘기 벌레나 곤충을 잡아먹고 살아감.

멧새[동물] 몸 길이가 15~16cm 숲 가장자리나 나무가 있는 강의 모래밭에서 산다.
[멧새]

며느리 아들의 아내. ^반사위.

며칠 그 달의 몇째 되는 날. 몇 날. ^예오늘이 ~이지.

멱:감다[멱깜따] 냇물이나 강물 같은 데서 몸을 담그고 씻다. ^본미역감다. 수영을 한다.

멱살 가슴 위와 턱 아래쪽의 살이나 그 부분의 옷자락.

면:₁【面】 ①얼굴. 낯. ^예~이 많은 사람. ②넓이는 있으나 두께가 없는 것. ^예평면. ③겉으로 드러난 쪽의 바닥. ^예책상의 ~이 고르지 않다. ④각각의 쪽.

면:₂【綿】 군에 속한 지방 행정 구역 단위의 하나. ^예~에 친척이 산다.

-면 받침 없는 말에 붙어서 가정하는 뜻을 나타내는 말. ^예그분이 우리 형이 ~얼마나 좋을까

면:담【面談】 서로 만나서 이야기함. ^예~을 요청하다. -하다.

면:도【面刀】 ①수염을 깎는 일. ②「면도칼」의 준말. -하다.

면:도칼 얼굴의 잔털이나 수염을 깎는 데에 쓰는 칼.

면:모【面貌】 ①얼굴의 생김새. ②사물의 모습이나 상태. ^예새 시대의 ~를 갖추다. ^비겉모습.

면:목【面目】 ①얼굴의 생김새. ②남을 대하는 낯. ^예~이 서지 않는다. 나는 너희들 볼 ~이 없구나.

면:목없다 부끄러워서 남을 대할 낯이 없다. ^예날짜를 어겨 정말 ~없습니다. ^비체면. 낯.

면밀【綿密】 자상하고 빈틈이 없음. ^예~하게 조사하다. -하다. -히.

면:박【面駁】 면전에서 꾸짖어 나무람. ^예많은 사람 앞에서 ~을 당하다. 친구가 ~을 준다. -하다.

면:사무소【面事務所】 면의 행정 사무를 맡아 보는 기관.

면:사포【面紗布】 결혼식 때에 신부가 머리에 써서 뒤로 늘이는 흰빛의 엷은 천. ^예~를 쓰다.

면:섬유【綿纖維】 목화에서 얻은 실로 만든 섬유. ^비무명. 면직물.

면세【免稅】 세금을 면제함. ^예~상품. ~품을 쌓다.

면양[동물] 소과의 가축. 몸은 회백색의 잔털로 쌓였음. 털은 옷감으로 쓰임.

[면양]

면:역【免疫】 몸 안에 병균 따위가 들어와도 병이 나지 않을 만한 저항력을 갖는 일. ^예~이 생기다.

면:장【面長】 지방 행정 단위인 면의 우두머리. ^예친척이 ~이다.

면:재 구성【綿材構成】 판지·베니어판·함석·플라스틱 등 면을 재료로 사용하여 꾸민 구성.

면:적【面積】 평면이나 곡면의 넓이.

면:전【面前】 상대방이 보고 있는 앞. ^예어머니 ~에서 나무라다.

면:접【面接】 ①서로 대면하여 만나봄. ②묻는 말에 수험생이 그 자

리에서 대답하는 형식의 시험.
면:제【免除】 책임·의무 따위를 면함. ᵉ병역 ~. -하다.
면직【綿織】 목화를 섬유로 짠 옷감. ᵇ면직물. 무명. -하다.
면:책【免責】 책임으로부터 벗어남. -하다. ᵉ책임을 모두 ~하였다.
면포【綿布】 목화의 솜에서 뽑은 실로 짠 천. ᵇ무명.
면:하다 ①책임이나 의무에서 벗어나다. ᵉ책임을 ~. ②어떤 일을 당하지 아니하게 되다. ᵉ화를 ~. ③재앙을 피하다. ᵉ죽음을 ~. ④어떠한 한계에서 벗어나다. ᵉ셋방살이를 ~. 전셋집을 ~.
면:허【免許】 ①영업 등을 허락하는 일. ᵉ사업 ~. ②어떠한 기술에 대한 자격을 인정하는 일. ᵉ운전~. 의사~. 수출~.
면:회【面會】 직접 얼굴을 대하여 만나 봄. ᵉ~신청. 우리는 형을 ~갔다. ᵇ대면. -하다.
멸공【滅共】 공산주의 또는 공산주의자를 없애 버림. -하다.
멸구[동물] 멸구과의 곤충으로 벼를 해침. ᵉ~가 벼를 먹는다.
멸균【滅菌】 약품으로나 또는 햇볕에 쏘이거나 하여 세균을 죽이는 일. ᵇ살균. -하다.
멸망【滅亡】 망하여 아주 없어짐. ᵉ로마 제국의 ~. -하다.
멸시[멸씨] 남을 업신여기거나 몹시 낮추어 깔봄. ᵇ무시. -하다.
멸악 산맥[지명] 황해도 남북을 가로지르는 구릉성 산맥. 낭림 산맥에서 장산곶에 이르며, 구월산·멸악산 등의 명산이 있음.
멸종【滅種】 생물의 한 종류가 없어짐. 또는 모두 없애 버림. 멸종 위기에 놓여 있는 한국산 호랑이. -하다. ᵉ황새는 ~위기이다.
멸치[동물] 멸치과의 바다 물고기. 우리 나라 근해에서 [멸치] 많이 나는데, 말리거나 젓을 담금.
명₁【名】 사람의 수효를 나타내는 말. ᵉ학생3~.
명:₂【命】 ①목숨. ᵉ~이 길다. ②윗사람이 아랫사람에게 내리는 분부. ᵉ상사의 ~을 받다.
명견【名犬】 이름난 개. 훌륭한 개.
명곡【名曲】 이름난 악곡. ᵉ~감상.
명궁【名弓】 ①활을 잘 쏘는 사람. ②이름난 활. 유서 깊은 활.
명나라[국명] 중국 원나라의 뒤를 이어 세워진 왕조. 도읍은 처음에는 금릉이었으나 후에 북경으로 옮김. [1368~1644]
명년【明年】 올해의 다음 해. ᵇ내년.
명단【名單】 어떤 일에 관계된 사람들의 이름을 적은 것. ᵉ입학생 ~에 들어 있다. 입상자~.
명답【名答】 아주 알맞고 뛰어난 대답. 옳은 대답. ᵐ오답.
명당【明堂】 아주 좋은 묏자리나 집터. ᵇ명당자리. ᵉ집이 ~이다.
명도【明渡】 색의 3요소의 하나. 색의 밝고 어두운 정도. -하다.

명도 대:비【明度對比】명도의 차이가 있는 두 색을 함께 나란히 놓았을 때는 일어나는 효과.

명란【明卵】명태 알.

명랑【明朗】[명낭] 밝고 맑아 걱정스러운 마음이 없음. 예항상 ~한 소년. 비쾌활. 반우울. -하다. -히. 세나는 친구 중에 ~한 소녀다.

명량 대:첩[명냥대첩] 조선 선조 때 임진왜란 당시 이순신 장군이 겨우 12척의 배로 명량에서 왜의 수군을 격파하여 크게 이긴 싸움. 울돌목.

명량 해:협【鳴梁海峽】[지명] 전라 남도 진도와 해남의 화원 반도 사이에 있는 바다의 좁은 부분. 울돌목.

명:령【命令】[명녕] 윗사람이 아랫사람에게 무엇을 하라고 시키는 말. 비지시. 본부. 반복종. 순종. -하다. 예군인은 ~에 복종한다.

명:령문【命令文】남에게 시킴이나 알림의 뜻을 나타내는 문장.

명료【明瞭】분명하여 또렷함. 예간단~한 글. 비명백. -하다. -히.

명륜당 성균관에 딸려 유학을 가르치는 곳.

명마【名馬】 이름이 널리 알려진 훌륭한 말. 비준마.

[명륜당]

명망【名望】널리 알려진 이름과 덕. 예~이 높은 선생님이 오신다.

명:명【命名】어떤 사물에 이름을 지어 붙임. -하다.

명목【名目】①표면상으로 내세우는 이름. 예~뿐인 사장. ②표면상의 이유. 핑계. 예그 일은 ~이 서지 않는다. ~상 간다.

명문₁【名文】아주 잘 지은 훌륭한 글. 명문장이라고 인정하는 글.

명문₂【名門】뼈대 있는 가문. 훌륭한 가문. 예그는 ~출신이다.

명백【明白】아주 뚜렷함. 예~한 증거 의심할 데가 없이 분명하다.

명복【冥福】죽은 뒤에 저승에서 받는 복. 예고인의 ~을 빌다.

명분【名分】사람이 반드시 지켜야 할 분수. 예대의 ~. 비명목.

명사【名士】지식이나 경륜으로 이름이 널리 알려진 사람.

명사 십리[명사심니][지명] 함경 남도 원산에 있는 모래톱. 고운 모래와 해당화로 아름다운 경치를 이루며 해수욕장으로 유명함.

명산【名山】경치가 아름다운 산.

명산물【名産物】이름난 산물. 예한국의 ~은 고려 인삼이다.

명산지【名産地】이름난 산물이 나는 지방. 예전남 완도는 김의 ~이다. 홍도는 홍어의 ~이다.

명상【瞑想】눈을 감고 깊이 생각함. 예~의 시간. -하다.

명석【明晳】분명하고 똑똑함. 예~한 두뇌. -하다.

명성【明星】세상에 널리 떨친 이름. 예야구 선수로 ~이 높다.

명성 황후 [인명] (1851~1895) 조선 시대 고종 황제의 정비. 성은 민씨. 일본인에 의해 시해됨.

명수【名手】 어떤 일에 뛰어난 소질과 솜씨가 있는 사람. ⁿ바둑의 ~. ⁿ명인. 장인. 고수.

명승【名勝】 이름난 경치. ⁿ~고적.

명승 고적 이름난 경치와 지난 날의 유적. ⁿ경주는 ~이 많은 곳이다.

명승지 경치 좋기로 이름난 곳.

명시【明示】 분명하게 보이거나 지시함. ⁿ조건을 ~하다. -하다.

명시도【明視度】 멀리 두고 구별할 수 있는 배색으로, 떨어진 거리의 정도를 가지고 말함.

명심【銘心】 마음 속에 새겨 둠. ⁿ내 말을 깊이 ~해라. -하다.

명심보:감【明心寶鑑】[책명] 어린이들의 인격 수양을 위해, 중국의 여러 고전에서 보배로운 말이나 글을 모아 엮은 책. 조선 시대 때, 글방에서 교과서로 널리 쓰였음.

명아주 [식물] 명아주과의 한해살이풀. 들이나 길가에 절로 나며, 어린 잎과 종자는 식용 함. [명아주]

명암【明暗】 ①밝음과 어두움. ⁿ~이 뚜렷하다. ②즐거워하는 것과 슬퍼하는 것. ⁿ승자와 패자의 ~이 교차하다. 해와 달의 ~차이.

명언【明言】 이치에 맞는 훌륭한 말. ⁿ듣고 보니 ~이다.

명예【名譽】 ①세상 사람들의 좋은 평판을 얻는 일. ⁿ우리 고장의 ~. ②사람의 사회적인 평가나 가치. ⁿ~를 소중히 여리는 사람.

명예 훼:손【名譽毀損】 남의 이름을 더럽히고 떨어뜨림.

명왕성【冥王星】 태양계의 가장 바깥 쪽을 도는 행성. 직경은 지구의 반 정도. 공전 주기는 약 247,796년.

명월【明月】 ①밝은 달. ②음력 8월 보름날의 밤의 달. ⁿ~이 떴다.

명인【名人】 어떤 기술이나 예술에 매우 뛰어나 유명한 사람을 이르는 말. ⁿ명수. ⁿ그는 ~이다.

명일【明日】 오늘의 다음 날. ⁿ내일.

명작【名作】 이름난 훌륭한 작품. ⁿ소년 소녀 세계 ~. ⁿ걸작. ⁿ졸작. 노벨상을 받을 작품은 ~이다.

명작 동:화 어린이들을 위하여 지은 이야기. 보통 시간·장소를 초월하여 공상적·서정적·교양적인 것이 많음. 이름난 훌륭한 작품.

명장【名將】 세상에 널리 이름난 뛰어난 장군. ⁿ이순신 장군은 훌륭한 ~이시다. ~을지문덕.

명절【名節】 전통적으로 내려오는 온겨레가 함께 지키어 즐기는 날. 설·단오·추석 등.

명주【明紬】 명주실로 짠 피륙. ⁿ면주. 실크. ⁿ무명.

명주잠자리 끝이 곤봉처럼 생긴 긴 더듬이를 가지고 있다. 애벌레는 턱에 가시가 돋아 있어 먹이를 사냥함. [명주잠자리]

명주실 누에고치에서 뽑은 실.

명주실꾸리 명주실을 둥글게 감아 놓은 뭉치.

명:중【命中】겨냥한 목표물에 바로 맞음. 또는 바로 맞힘. 비적중. -하다. 적중하다.

명찰1【名札】이름을 써서 다는 표.

명찰2【名刹】유명한 절. 이름난 사찰. 예~순례. 비고찰.

명창【名唱】①잘 부르는 노래. ②노래를 잘 부르는 사람.

명칭【名稱】사물을 부르는 이름. 예~을 붙이다. 관이름. 호칭.

명쾌【明快】명랑하고 쾌활함. 예~하게 답변하다. -하다. -히.

명탐정【名探偵】사건을 해결하는 능력이 뛰어나며 무슨 사건이든 잘 처리하는 이름이 난 탐정.

명태[동물] 대굿과에 속하는 바닷물고기. 대구와 비슷하며 동해에서 많이 잡히는 중요한 수산물.

[명태]

명필【名筆】썩 잘 쓴 글씨. 또는 글씨를 잘 쓰는 사람. 비달필. 반졸필. 예한석봉은 ~이다.

명함【名銜】자기의 주소·성명·연락처 등을 적은 종이쪽.

명화【名畵】①아주 잘 그린 유명한 그림. ②유명한 영화. 예~감상.

명확【明確】명백하고 확실함. 틀림이 없음. 예~한 발음. -하다. -히.

몇 똑똑히 알 수 없는 수를 말할 때 쓰는 말. 예모두 ~개냐.

몇몇 적은 수효를 막연하게 이르는 말. 예~사람이 오지 않았다.

모 옮겨 심으려면 가꾸어 기른 벼의 싹. 비모종. 예논에 ~내기철임.

모:교【母校】자기가 졸업한 학교임.

모:국【母國】외국에서 자기 나라를 이르는 말. 예~ 방문단.

모:국어 자기 나라의 말. 반외국어.

모금1【募金】여러 사람으로부터 돈을 거두어들임. 예~운동. -하다.

모금2 물 따위가 입 속에 차는 분량. 예물 한 ~. 우유 한 ~. -하다.

모금원 물건을 판매한 대금을 수금 사원이 돌아다니며 돈을 받는 것.

모과 잎이 긴 타원형으로 어긋나고 5월에 분홍꽃이 핀다. 열매는 가을에 노랗게 익는데 향기가 좋아 차를 만들어 마시며 또 한약재로 쓰임.

[모과]

모:기[동물] 모깃과의 곤충. 여름철에 동물의 피를 빨아먹고 삶. 갖 [모기]

가지 병균을 옮긴다.

모:기향 제충국 가루를 송진이나 물에 개어 가느다란 막대 모양으로 만들어 불에 태워 모기를 쫓는 물건. 예밤에 ~을 피운다.

모:깃불 연기로서 모기를 쫓기 위해 피우는 불. 예~을 피운다.

모나다 ①물건의 거죽에 각이 생기다. 예모난 바위. ②말이나 행동이 남달리 두드러지다. 예너무 모나게 굴지 마라.

모나리자 이탈리아의 화가 레오나르토 다빈치가 그린 여인상.

모나무 옮겨 심기 위하여 가꾸어 기른 어린 나무. 비묘목.

모내기 모판 모를 논에 옮겨 심는 일.

모내다 모를 못자리에서 논으로 옮겨 심는 일. 비모심다.

모:녀【母女】 어머니와 딸. 반부자.

모노드라마 한 사람의 배우자 하는 연극. 예그는 ~연기자 이다.

모노 레일 하나의 레일로 된 철도. 비단궤 철도. 반철도.

모눈종이 일정한 간격을 두고 서로 직각으로 교차시켜 여러 개의 가로줄과 세로줄을 그린 종이. 비방한지. 예~로 설계도를 그린다.

모니터 방송국·신문사 등의 의뢰를 받아, 프로그램이나 기사에 대한 의견을 제출하는 사람. 예방송국 ~. 컴퓨터 ~를 켠다.

모닥불 잎 나무 따위를 태운 불이나 그 불더미. 집 밖에서 피우는 불.

모델 ①모형. 본보기. 예아파트 ~하우스. ②조각·사진 등의 대상이 되는 사람. 예패션 ~. ③문학 작품의 소재가 되는 실제의 인물. 예출가한 스님을 ~로 한 소설.

모독【冒瀆】 무례하게 굴어 욕되게 함. 예신을 ~하는 행동. -하다.

모두 여럿이 한데 합쳐 놓은 수나 양.

모두머리 외가닥으로 땋아서 쪽진 머리.

모둠발 두 발을 가지런히 같은 자리에 모은 발. 예~을 하고 앉다.

모:든 여러 가지의. 전부의. 여럿을 다 합한. 예세계의 ~나라.

모듬살이 여럿이 집단을 이루고 살아가는 형태. 또는 공동 생활.

모락모락 연기·김·냄새 따위가 조금씩 피어오르는 모양. 흉내말.

모란[식물] 작약과에 속하는 꽃나무. 5월에 꽃이 피며, 꽃송이가 크고 향기가 좋아 정원에 널리 재배됨. 뿌리의 껍질은 약재로 씀.

[모란]

모략【謀略】 남을 해치려고 쓰는 속임수. 예중상 ~. -하다.

모래 큰 돌이 바람이나 물의 힘 등으로 잘게 부수어져서 생긴 작은 알갱이 또는 작은 돌가루.

모래 가마니 모래를 넣어 두는 가

마니로 제방이 무너질 때 사용함.
모래 모판 순의 뿌리가 쉽게 내리게 하기 위하여 모래로 만든 모판. 예묘목은 ~에서 이식함.

[모래무지]

모래무지[동물] 모래가 많은 강 바닥에 살며, 잉엇과의 민물 고기. 알을 낳아 모래 속에 묻는다. 몸 길이 10~20cm.

모래밭 모래가 넓게 깔려 있는 곳. 비백사장. 모래사장. 모래 벌판.

모래 시계 잘록한 유리 호리병 모양의 위쪽에 모래를 넣어 구멍으로 모래가 떨어져 시간을 잼. [모래시계]

모래장난 모래를 가지고 하는 놀이. -하다.

모래주머니 ①모래를 넣은 사루. 특히 겨울철 화재나 빙판에 대비하여 준비함. ②날짐승의 위의 일부분으로 먹이를 잘게 부수는 일을 함. 곡류를 먹는 날짐승에게만 있음. 예닭도 ~를 가지고 있다.

모래찜 여름에 뜨거운 모래에 몸을 묻고 땀을 내어 병을 고치는 일.

모래톱 강가의 모래 벌판. 비모래밭. 모래사장. 쌓인 모래 무더기.

모래판 모래가 많이 깔려 있는 곳. 흔히 씨름 경기장을 일컬음.

모:레 내일의 다음 날. 이틀 뒤.

모르다(모르니, 몰라서) ①알지 못하다. 반알다. ②이해하지 못하다. 예진리를 ~. ③기억하지 못하다. 예전혀 모르는 사실이다.

모르타르 시멘트와 모래를 섞어서 물게 갠 것. 시간이 지나면 물기가 없어지고 도로 바닥 재료로 씀.

모른체 알면서도 모르는 듯이 하는 태도. 반아는 체. -하다.

모름지기 마땅히. 차라리. 예~우리의 소원은 통일하다.

모면【謀免】꾀를 써서 면함. 어려운 고비에서 벗어남. 예위기를 ~ 하다. -하다.

모발 사람의 머리털. 머리카락.

모발 습도계 습도에 따라 신축하는 모발의 성질을 이용하여 만든 습도계. 예~로 습도를 잰다.

모방【模倣】본떠서 흉내냄. 예~작품. 모방은 창조의 어머니. -하다.

모범【模範】본받을 만함. 예~학생. 타의 ~이 되다. 비본보기.

모범생 다른 학생의 본보기가 될 만한 학생. 품행과 학업이 좋은 학생.

모빌 가느다란 철사·실 등에 알루미늄·셀루로이드 판의 조각을 여러 개 매달아 움직이는 아름다움을 나타낸 것.

모사【謀士】꾀를 써서 일을 꾸미는 사람.

모서리 물건의 각이 생긴 가장자리. 면과 면이 서로 맞닿은 선.

모섬유【毛纖維】 동물의 털을 깎아 얻은 섬유. ⁿ인조 ~.

모:성애【母性愛】 자식에 대한 어머니의 본능적인 사랑.

모세[인명] 이스라엘의 예언자이며 지도자.

모세관 ①「모세 혈관」의 준말. ②모세관 현상을 볼 수 있는 정도의 가는 관. ⁿ~이 막혔다.

모세 혈관 동맥과 정맥과의 사이를 잇는 가느다란 혈관. ⁿ실핏줄.

모셔 가다 손윗사람을 안내하여 목적지를 가다. ⁿ모셔 오다.

모셔들이다 조심히 받들어 들어오게 하다. ⁿ모셔 가다.

모:션 ①몸놀림이나 행동. ⁿ~이 빠르다. ②어떠한 행동을 하기 위하여 그에 앞서 취하는 몸짓. ⁿ번트 ~. 투구 ~이 대단하다.

모순【矛盾】 일의 앞뒤가 서로 맞지 아니함. ⁿ~된 생각.

모:스[인명](1791~1872) 미국의 발명가. 모스 부호로 사용할 수 있는 전신기를 발명함.

모:스 부:호 모스가 만든 전신용 부호. 점(짧은 소리)과 선(긴 소리)을 여러 가지로 섞어 글자를 대신함. ⁿ암호에 사용함.

모스크바[지명] 러시아 연방의 수도이며, 전 소련의 수도.

모스크바 삼상 회:의 1945년 12월 모스크바에서 개최된 미국·영국·소련의 외상 회의. 이 회의에서 한국의 신탁 통치 문제가 논의되었음.

모습 사람의 생긴 모양이나 됨됨이. ⁿ어릴 때의 ~. ⁿ모양.

모시 모시풀의 껍질에서 뽑은 실로 짠 피륙. ⁿ~바지 저고리.

모:시다 ①윗어른을 옆에서 돕고 보살피다. ⁿ어머니를 ~. ②윗어른의 제사·장사·환갑 등을 지내다. ⁿ제사를 ~. 어른을 ~.

모시랫들[지명] 충청 북도 충주시 북서쪽에 있는 들판의 이름.

모시조개[동물] 바다 조개로 해안의 얕은 진흙 속에 살며 서해에서 많이 잡히고 식용으로 사용 함.

모시풀 잎은 어긋나고 꽃은 황백색이며, 줄기의 껍질에서 섬유를 뽑아 짠 피륙을 모시라 하며 여러해살이풀이다. [모시풀]

모심기[모심끼] 벼의 모를 못자리에서 논으로 옮겨 심는 일. ⁿ모판에서 ~을 하는 것은 농촌에 중요한 일이다. ⁿ벼베기. -하다.

모양 ①사람이나 물건의 겉으로 나타난 형태. ②어떠한 일의 형편이나 상태. ⁿ사는 ~이 말이 아니다. ③단장하여 곱게 꾸민 것.

모양새 모양의 됨됨이. ⁿ~가 좋다.

모여들다(모여드니, 모여들어서) 약속한 장소나 목적지로 향하여 오다. ⁿ군중이 모여들기 시작했

모:욕 업신여기고 욕되게 함. 예심한 ~을 당하다. 비치욕. -하다.

모으다(모으니, 모아서) ①여럿을 한 곳으로 오게 하다. 예거리의 낙엽을 쓸어 ~. ②돈이나 물건을 저축하다. 예돈을 ~.

모:음【母音】 목소리가 입술·코·목구멍의 장애를 받지 않고 나오는 소리. 비홀소리. 반자음.

모의【謀議】 어떤 일을 꾀하고 의논함. 예친구들과 무전 여행을 ~하다. 역적 ~를 한다. -하다.

모이 닭이나 날짐승들의 먹이. 예비둘기에게 ~를 주다.

모이주머니 날짐승의 목에 있는 주머니 모양의 것으로 먹은 모이를 저장하는 곳. 예~에 모래가 있다.

모임 여러 사람이 어떤 목적을 위하여 한 곳에 모이는 일. -하다.

모:자₁【母子】 어머니와 아들을 말함.

모자₂【帽子】 머리에 쓰는 물건.

모자라다 기준에 미치지 못하다. 부족하다. 예학용품을 살 돈이 조금 ~. 밥이 조금 ~. 반남다.

모자이크 나무·돌·타일·유리 등을 붙여서 나타낸 그림이나 무늬.

모조【模造】 ①모방하여 만들거나, 또는 모방하여 만든 물건. 예~보석. ②「모조지」의 준말.

모조리 하나도 남기지 않고 모두. 비전부. 죄다. 반대강. -하다.

모조지 결이 매끄럽고 품질이 질긴 종이. 준모조. 관아트지.

모조품【模造品】 다른 것을 본떠서 만든 물건. 반진품.

모종 뒤에 옮겨 심기 위해 기른 식물의 싹. 또는 옮겨 심는 일. 예고추 ~. -하다. 반수확.

모지다 ①둥글지 아니하고 모가 나다. ②→ 모질다.

모직【毛織】 양털 따위 재료로 짠 천.

모:질다(모지니, 모질어서) ①마음씨가 몹시 독하다. 예모진 사람. ②견디기 힘든 어려운 일을 잘 배겨 내다. 예온갖 고생을 모질게 이겨 내다. ③기세가 매섭고 사납다. 비모진. 반순하다.

모집【募集】 널리 뽑아 모음. 예신입 사원 ~. 반응모. -하다.

모찌기 모판에서 모를 뽑아 한 다발씩 묶어 놓은 일. -하다.

모차르트[인명](1756~1791) 오스트리아의 고전파 음악가. 음악의 천재라고 불림. 5세 때 미뉴에트를 작곡했고 13세 때는 기곡을 작곡했다고 함. 「피가로의 결혼」·「돈조반니」·「마적」 등의 작품이 있음.

모처럼 ①벼르고 별러서. 예~ 계획한 여행. ②오래간만에. 예~ 왔다가 헛걸음만 하다. 반자주. -하다.

모:체【母體】 ①어머니의 몸. ②근본이 되는 물체. 예재벌 기업을 ~로 한 회사. 기업의 ~를 아세요.

모:친【母親】 어머니를 정중히 이르는 말. 어머니. 반부친.

모:터 전기 에너지를 기계 에너지

로 변환하는 기계. 예~사이클. ~를 돌리다. ~보트를 탔다.

모:터 보:트 모터를 사용하여 나아가는 보트. 똑딱선. 발동기선.

모퉁이 구부리거나 꺾이어 돌아간 자리. 예길 ~에 우체통이 있다. 비귀퉁이. 반가운데. 중앙.

모티프 계기. 동기. 예사랑이 이 소설의 ~가 되었다.

모판 못자리 사이사이를 떼어 직사각형으로 다듬어 놓은 조각조각의 구역.

[모판]

모판흙[모판흑] 채소·화초·수목 등의 모종을 키우는 자리에 있는 흙. 기름진 흙이나 퇴비 가루 따위를 사용함. 예논에 ~을 넣다.

모피【毛皮】털이 붙은 짐승의 가죽. 예~목도리. ~코트.

모함 여러 가지 나쁜 꾀를 써서 남을 어려움에 빠뜨림. 예친구를 ~하다. 예친구들이 나를 ~했다.

모:험【冒險】위험을 무릅쓰고 하는 일. 예~을 즐기다. -하다.

모형【模型】①같은 형상의 물건을 만들어 내기 위한 틀. ②실물의 모양을 일정하게 줄여서 만든 것. 예~비행기. ~자동차.

모호하다 분명하지 않다. 예~한 태도. 알쏭달쏭 하다.

목 ①동물의 머리와 몸통을 이어주는 부분. ②어떤 물체의 목처럼 생긴 부분. 예~이 짧은 유리병.

목거리 목이 붓고 몹시 아픈 병.

목걸이 목에 걸어서 꾸미는 물건의 총칭. 예금 ~. 진주 ~. -하다.

목격 일이 벌어진 광경을 실제로 봄. 예사고의 현장을 ~했다. -하다. 어떤 사건을 직접 보는 것.

목공【木工】나무를 재료로 하여 물건을 만드는 사람. 비목수.

목공소【木工所】목재를 가공하여 가구·창문 등을 만드는 곳.

목공일 나무로 물건을 만드는 일.

목관【木棺】나무로 만든 관. 비석관.

목관 악기 몸통이 나무로 되고 그 악기 자체에 발음체가 달려 있는 관악기. 하모니카·퉁소·피리 등.

목구멍 입 속의 깊숙한 안쪽. 곧 기관이나 식도로 통하는 곳.

목기【木器】나무로 만든 그릇. 비나무 그릇. 예제사에 ~가 사용된다.

목덜미 목의 뒷부분. 예~를 잡다. 저 사람은 ~가 굵다. 준덜미.

목도리 추위를 막거나 모양으로 목에 두르는 물건. 예털~를 두르다.

목돈 푼돈이 아닌 액수가 많은 돈. 뭉칫돈. 예푼돈을 모아 ~을 만들다.

목동【牧童】들에서 말·소·염소 등에게 풀을 뜯기는 아이.

목련[식물] 목련과의 낙엽. 활엽 교목.
[목련]

이른 봄에 꽃이 피고 향기 있는, 흰빛 또는 자줏빛 꽃이 잎보다 먼저 피는 나무.

목례【目禮】[몽녜] 눈으로 하는 인사. ^비눈인사. -하다.

목록【目錄】①책 속의 제목을 적어 놓은 차례. ②물건의 이름을 일정한 순서로 적은 것. ^예도서 ~.

목마【木馬】어린 아이들이 타고 놀 수 있도록 나무로 만든 말.

목마르다(목마르니, 목말라서) ①물을 마시고 싶은 상태. ②무엇을 몹시 바라다. ^예목마르게 기다리던 편지가 왔다. 더워서 ~.

목말 남의 어깨 위에 두 다리를 벌리고 올라 타는 일. ^예~ 태우다.

목메다 ①목구멍에 물건이 막히다. ②설움이 북받치어 목구멍이 막히는 듯하다. ^예목메어 울부짖다.

목면산[지명] 서울에 있는 남산의 본래의 이름.

목민심서【牧民心書】[책명] 조선 시대 순조 때 정약용이 쓴 책. 지방 관리들이 백성을 다스리는 데에 관한 도리를 적은 것으로 근세 사회 연구에 중요한 자료로 쓰임.

목사【牧師】교회에서, 예배를 인도하며 설교를 하는 사람. 신자를 가르치며 교회를 관리함. ^비목자.

목사관 목사가 생활하며 사는 주택.

목석【木石】①나무와 돌. ②나무나 돌과 같이 감정이나 인정이 무딘 사람. ^예~같은 사람.

목선【木船】나무로 만든 배. ^반철선.

목성【木星】태양계의 다섯 번째의 떠돌이별. 여덟 개의 행성 중 가장 큰 별이며 금성과 함께 밝게 빛남. 16개의 위성이 돌고 있다.

목소리 목구멍으로 내는 소리. ^비말소리. 음성.

목수【木手】나무를 다루어 집을 짓거나 나무로 여러 가지 물건을 만드는 사람. 목수가 많으면 집을 무너뜨린다 ^속의견이 너무 많으면 도리어 일을 망친다. ^비목공.

[목수]

목숨 ①살아가는 데 밑바탕이 되는 힘. 생명. ^예~을 건지다. ②수명.

목어 불교에서 예불을 드릴 때 두드리는 기구. 나무를 잉어처럼 깎아 길이가 1m쯤 된다. 속이 비어 있고, 배 부분을 두드려 소리를 냄.

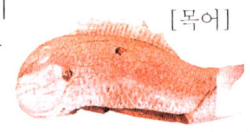
[목어]

목욕【沐浴】몸을 씻는 일. -하다.

목우【牧牛】기르는 소. 소를 기르는 일.

목자【牧者】①양을 치는 사람. ②그리스도 교에서, 목사나 신부 등의 성직자를 이르는 말.

목잠기다 목이 쉬어서 목소리가 제대로 나오지 아니하다.

목장【牧場】 소·말 따위를 많이 놓아 기르는 넓은 산이나 들판.

목재【木材】 건축·가구 따위에 쓰이는 재료로서의 나무. 비재목.

목적【目的】 이루거나 이루려고 마음 먹는 일. 비목표.

목적지【目的地】 가고자 하는 곳. 목표로 삼은 곳. 예~에 도착하다.

목전【目前】 눈앞. 시험 날이 ~에 다가왔다. 바로 앞. 지금 당장.

목조【木造】 나무로 만듦. 또 그 물건. 예~가구. ~건물.

목조 건:물 나무를 주된 재료로 하여 만든 건물. 반철재 건물.

목차【目次】 책의 순서를 나열할 것.

목청 ①소리를 내는 기관. ②목에서 울려 나오는 소리. 예~이 맑고 아름답다. 비성대. 목소리.

목초【牧草】 소·말·양 등을 먹이는 풀. 비꼴. 반건초.

목축【牧畜】 소·말·양 등을 많이 기르는 일. -하다.

목침【木枕】 나무 토막으로 만든 베개. 비베개. 예~을 베고 잔다.

목탁 절에서 염불할 때 쓰는 속이 비고 둥글게 나무로 만든 방울. 비목어.

[목탁]

목탄 ①숯. ②그림 그리기의 도구로 쓰려고 버드나무·오동나무를 태워 만든 숯.

목판【木板】 나무에 글씨나 그림 따위를 새긴 판. 예~에 그리다.

목판화【木版畫】 목판으로 찍은 그림.

목포[지명] 전라 남도 남서쪽에 있는 항구 도시. 호남선의 종착지임.

목표【目標】 목적으로 삼는 것. 일을 할 때의 대상. 예~를 세움. 비목적.

목화【木花】[식물] 무궁화과의 한해살이 풀. 밭에 재배하는데 씨에 붙은 면화는 피륙이나 실의 원료가 됨. 1363년 고려 공민왕 때 문익점이 처음 들여옴. [목화]

몫[목] ①여럿으로 갈라서 가지는 각 부분. 예내 ~. ②나눠 떨어지는 나눗셈의 수. 예~과 나머지를 구하라. 오늘 큰 ~을 했다.

몰- 낱말의 앞에 붙어서「없음」의 뜻을 강조하는 말. 예~지각. ~상식. ~염치. ~매 맞다.

몰골 보기에 흉한 모양새. 예~이 사납다. ~이 흉하다.

몰:다(모니, 몰아서) ①바라는 방향으로 가게 하다. 예양떼를 ~. ②자전거나 자동차를 운전하다. 예자가용을 ~. ③남을 나쁘게 인정하여 다루다. 예도둑으로 ~.

몰두【沒頭】 어떤 한 가지 일에 열중함. 예음악 감상에 ~하다. -하다.

몰:라 보다 알 만한 사람이나 사물을 보고도 모르다. 예할아버지를 ~니. 반알아보다.

몰락【沒落】 재물이나 세력 따위가 쇠하여 보잘것없이 됨. 예~한 집안. 없어지거나 형편없어지는 것.

몰래 남이 모르도록 살짝. 슬그머니. 살그머니. 쥐도 새도 ~. -하다.

몰려 가다 ①떼를 지어 한쪽으로 밀려 가다. 예구경꾼들이 ~. ②억지로 쫓기어 가다. 예개에게 몰려 가는 양떼. 구경꾼이 ~.

몰려 다니다 ①여럿이 떼를 지어 돌아다니다. ②억지로 쫓기어 다니다. 반혼자 다니다.

몰려 들다(몰려 드니, 몰려 들어서) ①여럿이 떼를 이루어 들어오다. 예관중들이 구름같이 ~. ②억지로 쫓기어 들어오다.

몰려 오다 ①여럿이 뭉쳐 한쪽으로 밀려 오다. ②쫓겨 오다.

몰리다 ①여럿이 한꺼번에 모이다. 예전시회에 사람들이 ~. ②몰아냄을 당하다. 예궁지에 ~. ③일이 한꺼번에 많이 밀리다. 예회사 일이 몰리는 휴일도 없다.

몰살[몰쌀] 모조리 죽임. 예포로들을 ~하다. -하다.

몰상식[몰쌍식] 상식이 전혀 없음. 예~한 행동을 하다. -하다.

몰수【沒收】[몰쑤] 강제로 빼앗아들임. 예재산을 ~ 당하다. -하다.

몰아 내다 밖으로 쫓아 버리다. 예침략자를 ~. 우리 마을에서 ~.

몰아치다 ①한 곳에 몰리게 하다. 예심한 바람이 ~. ②한꺼번에 몹시 서두르다. 예밤을 새워 가며 일을 ~. 장마에 비가 ~.

몰염치 염치가 도무지 없는 사람.

몰이꾼 짐승이나 물고기를 잡기 위하여 한 곳으로 몰아 놓는 일을 하는 사람. 예토끼를 ~이 몰아 감.

몰인정【沒人情】 인정이 도무지 없음. 예몰인정한 사람. -하다.

몰지각 알아서 깨달음이 없음. 예~한 행동. ~한 사람들. -하다.

몸 머리에서 발끝까지, 또는 거기에 딸린 모든 것을 통틀어 이르는 말. 비신체. 반정신.

몸가짐 몸의 동작이나 몸을 가지는 품. 예~이 단정한 학생. 비태도.

몸담다[몸담따] 생활 수단을 마련하는 자리로서 어떤 조직이나 판에 몸을 두다. 예은행에 몸 담고 있다. 형은 직장에 ~.

몸뚱이 사람이나 짐승의 몸의 덩치.

몸매 몸의 생김새. 예~가 뚱뚱하다.

몸무게 몸의 무거운 정도. 비체중.

몸부림 ①울거나 떼쓰거나 할 때에 온 몸을 흔들고 부딪는 짓. ②잠잘 때에 이리저리 몸을 뒤치는 짓. -하다. 예찬호는 ~을 쳤다.

몸살 몸이 몹시 피로하여 일어나는 병. 예찬바람에 ~이 났다.

몸서리 ①지긋지긋하게 싫증이 나는 마음. ②무서워 몸을 떠는 짓.

몸소 제 몸으로써 스스로. 예~실천하다. 비친히. 손수. -하다.

몸져눕다(몸져 누우니, 몸져 누워서) 병이 심하여 자리에 누워 있다.

몸조리 몸을 잘 살피고 힘을 돋우는

일. -하다. 예임산부는 ~를 한다.

몸조심 ①건강을 유지하기 위한 조심. ②말이나 행동을 삼감. -하다.

몸집[몸찝] 몸의 부피. 비덩치. 체구.

몸짓 몸을 놀리는 태도. -하다.

몸차림 옷이나 신·모자 따위로 몸을 꾸밈. 또는 그 모양. 예~이 가볍다. 모델들은 ~이 화려하다.

몸체 물체의 몸통이 되는 중심 부분.

몸통 사람의 가슴. 배. 등의 중심 부분.

몹:시 그 이상 더할 수 없이 심하게. 예~덥다. 비매우.

못1 물건을 박는 데 쓰는 쇠붙이를 뾰족하게 만든 물건.

못2 넓고 깊게 팬 땅에 늘 물이 괴어 있는 곳. 비연못. 예~에 고기다.

못가 저수지나 연못의 가장 자리.

못:갖춘마디 악보의 첫머리에 있는 박자표대로 되어 있지 않은 마디. 반갖춘마디.

못난이 못나고 어리석은 사람. 비바보. 반잘난 사람.

못:내 잊지 못하고 언제나. 예~아쉬워한다. 여름을 ~아쉬워한다.

못:되다 성질이나 하는 짓이 악하거나 고약하다. 예~성미. 못된 송아지 엉덩이에서 뿔이 난다. 속사람답지 못한 사람이 교만하게 행동한다는 말. 성공적이 아니다.

못:마땅하다 마음에 들지 아니하다.

못박다 ①물건에 못을 박다. ②남의 마음에 상처를 입히다.

못박히다 못으로 단단히 박아 놓

아 꼼짝 못하게 되다.

못:생기다 잘나지 못하다. 비못나다. 반잘생기다. 예도자기가 ~.

못자리 볍씨를 뿌리어 모를 기르는 논. 또는 그 논 바닥. 비모판.

[못자리]

못줄 모를 심을 때 줄을 맞추기 위하여 대고 심는 줄.

못:지 않다 못하지 아니하다. 예야구 실력이 일본 선수 미국 선수에 ~.

못:하다1[모타다] 서로 비교하여 그 정도나 수준에 못 따르다. 예이제 것보다 ~. 반하다.

못:하다2 할 수가 없다. 예밥을 먹지 ~. 더 이상 계속할 수 없다.

몽고[국명] 중국 본토의 북쪽에 있는 나라. 칭기즈 칸이 몽고족을 통일하여 세움.

몽고족 중국 북부와 동북부, 시베리아 남부에 걸쳐 사는 여러 민족·임. 피부색은 황색, 머리는 감색.

[몽고족]

몽골 러시아와 중국 사이에 있는 나라 목축업이 발달하고 수도는 울란바트로 이다. [156만 7천km^2]

몽구리 머리털을 박박 깎은 머리.

몽당 연필 짧게 닳아서 거의 못 쓰게 된 연필. 반쓰지 않는 연필.

몽둥이 조금 굵고 긴 나무 막대기.

몽땅 ①전부. 예사업의 실패로 재

산을 ~날리다. ②많은 부분을 대번에 자르는 모양. ^예긴 머리를 ~자르다. ^큰뭉떵. ^비송두리째.

몽롱【朦朧】[몽농] ①사물이 어른어른하여 희미함. ^예~한 그림자. ②의식이 흐리멍덩하여 아득함. ^예~한 의식. -하다.

몽:상【夢想】 꿈속 같은 헛된 생각. ^예~에 젖다. -하다.

몽실몽실 통통하게 살쪄서 야들야들하고 보드라운 느낌을 주는 모양. ^예아이의 살결이 ~하다. ^큰뭉실뭉실. 배우들의 피부가 ~하다.

몽은【蒙恩】 은혜를 입음.

몽:유병【夢遊病】 잠을 자다가 자신도 모르게 일어나서 어떤 행동을 하다가 다시 잠에 드는 병적인 증세. 나중에 정신이 나도 자기로서는 전혀 기억을 못함.

뫼: ①사람의 무덤. 묘. ②「산」의 옛말.

묘【墓】 사람의 무덤. ^비묘지. 무덤.

묘:기【妙技】 교묘한 기술이나 재주. ^예~대회. 세계 ~대회.

묘:목【苗木】 옮겨 심기 위하여 가꾼 어린 나무. ^예~을 기르다.

묘:미【妙味】 썩 좋은 재미. 또는 맛. ^예일의 ~를 느끼다.

묘:비【墓碑】 무덤 앞에 세우는 빗돌. ^예~를 세우다. ^비묘석.

묘:사【描寫】 사물이나 마음의 상태를 있는 그대로 그려냄. ^예아침 풍경을 ~한 작품. -하다.

묘소 시신이나 유골을 모은 곳. 묘.

묘:수【妙手】 ①바둑·장기 등에서, 매우 뛰어난. ②기술이 교묘한 사람. ^예공부를 잘 하는 ~를 찾자.

묘:안【妙案】 아주 뛰어난 생각. ^예좋은 ~이 떠오르지 않는다.

묘:역【墓域】 묘소로서 정한 구역.

묘연【杳然】 소식·행방 등이 알 길이 없음. ^예실종 된 대원의 행방이 ~하다. -하다.

묘:지【墓地】 무덤이 있는 땅. ^예공원 ~. ^비뫼. 묘소. 무덤. 산소.

묘:책【妙策】 매우 좋은 꾀. ^예~을 짜내다. 아주 훌륭한 꾀.

묘처【妙處】 매우 빼어난 곳. 묘하게 빼어난 지형. 묘소(妙所).

묘청의 난 고려 인종 13년(1135)에 묘청 등이 서경, 곧 지금의 평양에서 일으킨 난. 김부식을 중심으로 한 반대 세력에 눌려 실패하였음.

묘포 묘목을 심어서 기르는 장소.

묘:표【墓表】 무덤에 묻혀 있는 사람의 이름 따위를 적은 푯말이나 푯돌. ^비묘비. ^예~를 세웠다.

묘:품【妙品】 섬세하고 훌륭한 작품.

묘:하다 ①내용이나 생김에서 색다르고 신기하다. ^예묘하게 생긴 수석. ②매우 공교롭거나 신기하다. ^예묘하게도 같은 옷을 샀다.

묘:향산【妙香山】[지명] 평안 북도 영변군에 있는 산. 서산 대사와 사명 대사가 도를 닦던 곳인 보현사가 있음. 단군이 하늘에서 내려왔다는 전설로 유명함. 높이 1,909m.

무₁ [식물] 채소의 한 가지. 잎과 뿌리는 모두 중요한 채소이며 씨는 한방에서 약재로 씀. 예가을 ~는 맛이 좋다.

무₂【無】 없음. 현존하지 아니함.

무-₃ 어떤 말 앞에 붙어서 그것이 없음을 나타내는 말. 예~ 소식.

무가당【無可當】 설탕 따위의 단 것을 넣지 않음. 예~음료수. ~식료품.

무가치 아무 값어치가 없음. 예~한 생각. -하다.

무감각 아무 느낌이 없음. -하다.

무겁다 (무거우니, 무거워서) ①무게가 있다. 가볍지 않다. 예가방이 ~. ②언행이 매우 신중하다. 예입이 ~. ③비중이나 책임 따위가 많거나 무겁다. 예책임이 ~.

무게 ①물건이 무거운 정도. 예몸~. ②침착하고 의젓한 정도. 예~있는 사람. ③가치나 중요성의 정도. 예~있는 작품. 비중량.

무게 중심 물체를 바늘이나 송곳 같은 것으로 받쳐 기울지 않게 되는 점. 예이 물건은 ~이 같다.

무고₁【無故】 ①아무런 탈이 없이 평안함. ②아무런 연고가 없음. 비무사. 반유고. -하다. -히.

무고₂【無辜】 잘못이나 허물이 없음. 예~한 백성. -하다.

무골 [인명] 주몽을 도와 고구려를 세운 장군.

무공【武功】 나라를 위해 전쟁에서 세운 공적. 예태극 ~훈장.

무관₁【武官】 ①옛날 과거 시험의 하나인 무과 출신의 벼슬아치. ②군대에서 군의 일을 맡아 보는 관리. 반문관. 예그 사람은 ~이 됐다.

무관₂ 아무 관계가 없음. 관심이 없다. 예나와는 ~하다. -하다.

무관심 관심이나 흥미가 없음. 예세상 일에 ~하다. -하다.

무궁【無窮】 끝이 없음. 한이 없다. 예~ 발전. -하다.

무궁 무진 다함이 없고 끝이 없음. 예~한 바다의 자원. -하다.

[무궁화]

무궁화 [식물] 우리나라의 나라꽃. 잎은 뽕나무와 비슷하고, 꽃은 여름부터 가을까지 핌.

무근【無根】 ①뿌리가 없음. ②근거가 없음. 예그 소문은 사실 ~이다. -하다.

무기₁【武器】 전쟁에 사용되는 기구의 총칭. 예~여 잘 있거라.

무기₂【無期】 「무기한」의 준말. 예~징역. 반유기.

무기력 기운이 없음. 반~한 경기를 펼치다. -하다. 예~한 행동이다.

무기명【無記名】 이름을 쓰지 않음.

무기 염류【無機鹽類】 무기산과 염기가 반응하여 생긴 물질. 염화 나트륨·황산 아연·질산 칼슘 등.

무기질 ①생활 기능을 가지지 않은 물질. 물·공기 따위. ②뼈·체액·피 등에 포함되어 있는 영양소의 하나. 칼슘·인·철분 따위.

무기한【無期限】 일정한 기한이 없음. 예비로 인하여 소풍이 ~ 연기되다. 방학이 ~연기 되다. -하다.

무:기화【武器化】 전쟁에 쓰이는 기구로 만듦. 예석유의 ~. -하다.

무난【無難】 ①어려울 것이 없음. 예~하게 문제를 풀다. ②말썽이 나거나 탈 잡힐 것이 없이 무던함. 예~한 태도. -하다.

무남 독녀 아들이 없는 집안의 외딸.

무너지다 ①쌓인 물건이 허물어지다. 예벽이 ~. ②세웠던 계획 따위가 이루어지지 못하다. 예기대가 ~. 태풍으로 담이 ~.

무능【無能】 재주나 힘이 없음. 능력이 없음. 예~한 사람. ~한 장관. ~한 국회 의원. 반유능. -하다.

무능력【無能力】 일을 처리할 만한 힘이 없음. -하다. 반유능함.

무늬[무니] 물건의 표면에 아름답게 나타난 얼룩진 점이나 줄 따위. 예체크 ~. 비문양.

무단 출입 승낙 없이 출입함. 예~금지. 관무단 가출. 무단 외출.

무:당 귀신을 섬기어 길흉을 점치고 굿을 하는 여자. 비무녀. 박수.

무:당벌레[동물] 무당벌렛과의 곤충. 몸길이 7~8mm가량으로 몸은 둥근 바가지 모양이며, 진딧물을 잡아먹는 이로운 곤충임.

[무당벌레]

무:대【舞臺】 ①노래·춤·연극 등을 하기 위하여 높게 만들어 놓은 단. 예~에 서다. ②마음껏 활동할 수 있는 범위. 예정치 ~에서 활약하다. 연극 ~에 서다.

무더기 물건이 한데 쌓여 수북한 것. 예쓰레기~. 감자~.

무더위 뜨겁게 찌는 듯한 더운 날씨.

무던하다 ①정도가 어지간하다. 예그만하면 무던하게 생겼다. ②마음씨가 너그럽다. 예무던한 사람.

무덤 시신을 땅에 묻고 비석을 세워 표시하여 놓은 곳. 비뫼. 산소.

무덥다(무더우니, 무더워서) 찌는 것처럼 덥다. 반서늘하다.

무:도 춤을 춤. 무도회. 비무용. 댄스. 예~는 사교를 하는 데 이롭다.

무:도회【舞蹈會】 여러 사람이 춤을 추면서 사교를 하며 즐기는 모임.

무:동【舞童】 ①지난 날, 나라 잔치 때 춤을 추고 노래를 부르는 아이. ②농악에서 춤을 추는 아이.

무등산【無等山】[지명] 광주 광역시와 전남 화순군에 걸쳐 있는 산. 무등산 수박이 유명함. 높이 1,187m. 예~은 수박이 잘 된다.

무디다 ①끝이나 날이 날카롭지 않다. 예칼날이 ~. ②느끼어 깨닫는 힘이 모자라다. 예눈치가 ~.

무뚝뚝하다[무뚝뚜카다] 성질이 쾌활하지 않고 인정미가 없다. 아기자기한 맛이 없다.

무량사 충청 남도 부여군 만수산에 있는 절. 신라 때 창건한 것으로 여러 차례 중수하였음. 극락전·석등·5층 석탑 등이 있음.

무량수전 고려 중기의 건축으로 우리 목조 건물 가장 오래 된 것.

무럭무럭 ①힘차게 잘 자라는 모양. 예새싹이 ~ 자라다. ②계속하여 많이 일어나는 모양. 예연기가 ~ 난다. 작모락모락. 흉내말.

무력1【武力】 군사상의 힘. 예~을 행사하다. ~충돌. ~항쟁. -하다.

무력2【無力】 ①힘이 없음. 예~한 군대. ②능력이나 활동할 힘이 없음. 예생활에 ~한 사람. 반유력.

무렵 일이 있은 그 때 쯤. 예해 질 ~.

무ː령 왕릉【武寧王陵】[무령왕능] 충청 남도 공주에 있는 백제 25대 무령왕과 그 왕비의 무덤. 1971년 7월에 발견하였는데, 백제 금관을 비롯하여 지석과 수천 점의 유물이 발굴됨.

무례【無禮】 아주 예의가 없음. 예~한 행동. ~를 용서한다. -하다.

무뢰한 일정한 직업이 없이 돌아다니며 불량한 짓을 하는 나쁜 사람.

무료【無料】 요금을 받지 않음. 예~주차장. 비공짜. 반유료. -하다.

무르녹다 ①익을 대로 익어 흐무러지다. 예사과가 ~. ②일이 한창 이루어지려는 고비에 이르다. 예기회가 ~. ③그늘이 짙다. 예신록이 무르녹는 계절.

무르다1(무르니, 물러서) 바탕이 단단하지 않다. 예땅이 ~.

무르다2(무르니, 물러서) 굳은 물건이 푹 익어서 물렁물렁하게 되다. 예감이 ~. 고구마가 잘 ~.

무르다3(무르니, 물러서) ①샀던 것을 돌려 주고 돈을 찾다. 예새로 산 옷에 흠집이 있어 도로 ~. ②바둑 따위에서, 한 번 둔 것을 안 둔 것으로 하고 다시 두다.

무르익다 ①흐무러지도록 푹 익다. 예무르익은 복숭아. ②사물이 적당한 시기에 이름. 예계획이 ~.

무릅쓰다(무릅쓰니, 무릅써서) ①어려운 일을 견디어 내다. 예위험을 ~. ②참고 견디어 내다.

무릇 대체로 보아. 헤아려 생각하건데. 예~노력 없이 성공한 사람은 없다. 비대개.

무릎 다리의 굽혀지는 마디의 앞쪽.

무릎장단 손으로 무릎을 치며 장단을 맞추는 일.

무리1 한패로 모인 여러 사람. 또는 짐승의 떼. 예무리를 짓다.

무리2【無理】 ①이치·정도에 맞지 않음. 예이 책을 초등학생이 읽는 건

~다. ②무턱대고 우겨댐. 예~한 부탁을 하다. ③힘에 부치는 일을 억지로 함. 예내 힘으로는 ~.

무마 어루만지듯이 달래고 위로함.

무:말랭이 반찬거리로 쓰기 위하여 잘게 썰어서 말린 무.

무명₁ 무명실로 짠 피륙. 비면포.

무명₂【無名】이름이 알려져 있지 않음. 예~가수. 반유명.

무명실 목화의 솜을 뽑아서 만듦.

무명 용:사탑【無名勇士塔】세상에 그 이름이 알려지지 아니한 용사들을 기리는 뜻으로 세운 탑.

무모【無謀】앞뒤를 헤아려 생각하는 신중성이나 분별력이 없음. 예~한 도전. -하다.

무미【無味】①맛이 없음. ②재미가 없고 싱거움. 예~건조. -하다.

무방【無妨】해로울 것이 없음. 괜찮음. 예먹어도 ~한 음식. -하다.

무방비【無防備】방어가 안 된 상태.

무보수 보수가 없음. 예~로 일하다.

무분별 사물의 옳고 그름을 분간할 힘이 없음. 예~한 행동을 삼가다.

무사【無事】아무 탈이 없음. 태평함.

무사 태평 아무 탈 없이 편안함. 예~한 세상. 비천하 태평. 평화.

무:산[지명] 함경남도 무산군의 군청 소재지. 국경의 요충지임.

무상【無常】①덧없음. 헛됨. 예인생~. ②일정하지 아니함. 예~출입. ③대가나 보상을 받지 않는 것.

무색【無色】①부끄러워서 볼 낯이 없음. 예그가 화내는 바람에 그만 ~해졌다. ②아무 빛깔이 없음. 예~유리. -하다. 반유색.

무생물 생활 기능이나 생명이 없는 물건. 곧 광물 같은 것. 반생물.

무서움 두려움을 당하여 무서워하는 느낌. 예~을 타다.

무서워지다 ①마음이 불안해지다. ②두려운 느낌이 들다.

무선【無線】①전선이 없음. ②「무선 전신」의 준말. ③「무선 전화」의 준말. 반유선.

무선 부호【無線符號】전파로 통신하기 위해 특별히 정해 놓은 기호.

무:선사【武選士】조선 시대 때 병조의 사무를 처리하던 곳으로 무과에 관한 일을 맡아 보던 곳.

무선 전신 전선을 통하지 않고 전파로 통신할 수 있는 장치.

무선 전화【無線電話】전선 없이 전파로 통신할 수 있는 장치. 준무선.

무섬증[무섬쯩] 무서워하는 버릇. 또는 그런 현상.

무섭다(무서우니, 무서워서) ①겁이 나다. 두려운 느낌이 나다. 예오해할까 ~. ②놀랄 만하다. 예무서운 경제 성장. 작매섭다.

무:성【茂盛】나무나 풀이 우거짐. 예잡초가 ~하다. -하다.

무성₂【無聲】소리가 없거나 소리를 내지 않음. 예~ 영화. 반유성.

무소속【無所屬】소속된 곳이 없음.

무소식 소식이 없음. 예~이 희소식.

무쇠 ①솥 따위를 만드는 재료가 되는 쇠. ②강하고 굳센 것을 비유하여 이르는 일. 예~처럼 힘이 세다. 비선철.

무수하다 수없이 많다. 밤하늘엔 별이 무수히 많다. 셀 수 없이 많다.

무:술【武術】 무인으로서 지니는 기술과 재주. 총쏘기·칼쓰기·태권도 따위. 비무예. 예그는 ~에 능함.

무:술 수업【武術修業】 무사가 갖추어야 할 창·칼·활 따위의 모든 무기를 다루는 재주를 닦고 익히는 일. 반학교 수업. -하다.

무스카리 잎은 가늘고 길게 뭉쳐나고, 봄에 청색, 흰색 등의 꽃이 핀다. 알 뿌리로 번식하며 나릿과의 여러해살이풀로 관상용으로 가꾼다.

[무스카리]

무슨 ①묻는 말. 예여기에 ~일로 왔느냐? ②사물의 내용이나 특성 따위를 모를 때 이르는 말. 예이 곳에 ~ 보물이 있을까.

무승부【無勝負】 운동 경기 따위에서, 승부가 없음. 비비김. -하다.

무시【無視】 업신여기고 상대하지 않음. 깔봄. 예남의 의견을 ~하다. 비멸시. 반존중. -하다.

무시무시하다 몹시 무섭다. 겁나다.

무시험【無試驗】 시험을 치르지 않음. 예~합격. ~입학 제도.

무식【無識】 아는 것이 없음. 배운 것이 아무것도 없음. 비무지. 반유식. 지식이 부족한 것. -하다.

무식쟁이 아는 것이 없는 사람이나 글을 모르는 사람을 낮추어 이르는 말. 반유식쟁이.

무신경 ①감각이 둔함. ②아무 부끄러움도 느끼지 못함. 예~한 사람.

무심【無心】 아무런 생각이나 감정이 없음. 예~한 표정. -하다. -히.

무심코 아무 생각도 없이. 예~말을 하다. 내가 ~한 말이다. -하다.

무안【無顔】 부끄러워 볼 낯이 없음. 예~해서 고개도 못 들었다.

무언【無言】 말이 없음. 말을 하지 않음. 예~의 시위. -하다.

무엇 이름을 모르거나 잘 모르는 일에 대해서 의심을 가질 때 쓰는 말. 예그게 ~이냐. 준무어. 뭣.

무역【貿易】 나라와 나라 사이에 서로 물건을 팔고 삼. 비교역. 통상. 예~회사. 국제~. -하다.

무역항 외국과의 무역의 중심지가 되는 항구. 예부산에 ~이 있다.

무연탄 태워도 연기가 안 나는 석탄.

무열왕[인명] 신라의 29대왕 삼국 통일의 기반을 닦았으며 본명은 김춘추이다. (602~661)

무영탑【無影塔】 연못에 그림자가 생기지 않는다는 탑.

무:예【武藝】 칼·창·활·총 따위를 다루는 재주. 비무술.

무:왕₁[인명] 백제의 제30대 왕(재위 600~641). 수·당과 화친하고 일본에 문화를 전하는 등 국력을

무:왕₂[인명] 발해의 제2대 왕(재위

719~737). 일본과 국교를 열고 무력을 양성하여 크게 세력을 떨쳤음. 예~은 성군이었다.

무:용₁【武勇】날래고 용감하고 빠름.

무용₂【無用】①쓸모가 없음. ②볼 일이 없음. 예~자 출입 금지. 반유용. ③아무데도 쓸모가 없다.

무용₃ 음악에 맞추어 춤을 추는 동작. 예민속 ~. 비무도. -하다. [무용]

무:용담 싸움에서 용감하게 싸워 공을 세운 이야기.

무용지물【無用之物】쓸모가 없는 사람이나 물건.

무위도식【無爲徒食】아무 하는 일도 없이 먹고 놀기만 함. 예~으로 세월을 보내다. -하다.

무의미【無意味】아무 뜻이 없음. 아무런 가치나 뜻이 없다. -하다.

무의식【無意識】의식이 없음. 예~중에 한 행동. ~상태.

무의촌【無醫村】의사나 의료 시설이 없는 촌락. 예~을 순회 진료하다. 섬 마을은 ~이 많다.

무익【無益】이로운 것이 없음. 반유익. 예담배는 몸에 ~함. -하다.

무:인₁【武人】무예를 배워 실력을 닦는 사람. 비무사. 반문인.

무인₂【無人】사람이 살고 있지 않거나 없음. 예무인도. 반유인.

무인도 사람이 살고 있지 않은 섬.

무일푼 가진 돈이 한 푼도 없는 것.

무임【無賃】임금이 없음. 삯을 치르지 아니함. 예~ 승차.

무자격【無資格】일정한 자격이 없음. 예~ 선수들을 뽑았다.

무자비 자비로운 마음이 없음. 예벌레를 ~하게 밟아 죽이다. 반자비. -하다. 비무자비 하게.

무작정 얼마든지 혹은 어떻게 하겠다고 정한 것이 없음. 예~ 상경하다. 그 사람은 ~일을 시작한다.

무:장【武裝】전쟁을 하기 위하여 필요한 무기나 장비를 갖춤. 또는 그 무기나 장비. 예~군인. -하다.

무:장 간:첩 무장을 하고 간첩 활동을 하는 사람.

무적【無敵】겨룰 만한 적이 없음. 예천하 ~. ~함대.

무전기 무선 전신. 또는 무선 전화를 하도록 장치가 되어 있는 기계. 예군인들에게 ~는 중요하다.

무전 여행【無錢旅行】돈을 가지지 않고 하는 여행. 반유전 여행.

무절제【無節制】[무절쩨] 알맞게 조절함이 없음. 예~한 생활. -하다.

무정【無情】인정이나 동정심이 없음. 예~한 말. -하다. -히.

무제【無題】①제목이 없음. ②제목을 붙이지 아니한 예술 작품 등에 제목 대신 쓰는 말.

무제한【無制限】제한이나 그 한정되는 양이 없음. 예~ 생산. -하다.

무조건[무조껀] 아무 조건이 없음. 예~찬성하다. ~사고 본다.

무좀 피부병의 하나. 발가락 사이에나 발바닥에 잘게 물이 잡히어 솟아나는 부스럼. 예발에 ~이 있다.

무죄【無罪】 죄나 허물이 없음. 예~판결로 석방되다. 반유죄. -하다.

무주[지명] 전라북도 무주군의 군청 소재지. 부근에는 구천동·덕유산 등의 명승지가 있음.

무지【無知】 ①아는 것이 없음. ②미련하고 어리석음. ③하는 짓이 우악스러움. 예~한 행동. -하다.

무지【拇指】 엄지손가락.

무지【無智】 ①아는 것이 없음. 지식이 없음. ②어리석음.

무지개 공중에 떠 있는 물방울이 햇빛을 받아 나타나는 반원형의 일곱 가지 빛의 줄기. 흔히 비가 멎은 뒤 태양의 반대

[무지개]

방향에 나타남. 빛깔은 빨강·주황·노랑·초록·파랑·남색·보라임.

무지개 송어 양식을 하는 무지개 송어는 중요한 식용 어류이다. 자연산 송어는 바다에서 보내거나 주로 강에서 지내며, 산란도 강에서 함.

[무지개송어]

무지막지 매우 무지하고 우악스러움. -하다. 짖궂고 거칠고 사납다.

무직【無職】 일정한 직업이 없는 것.

무진장 한없이 많이 있음. -하다. -히. 예~바다에 고기가 ~있다.

무질서【無秩序】[무질써] 질서가 없음. 예~한 생활. -하다. 반질서.

무찌르다(무찌르니, 무찔러서) ①닥치는 대로 함부로 죽이다. ②가리지 아니하고 마구 쳐들어가다. 예침략군을 ~. 중공군을 ~.

무참【無慘】 몹시 참혹함. 예~하게 파괴되다. -하다. -히.

무채색【無彩色】 밝기의 차이는 있으나 색상과 순도가 없는 색. 흰색·검정색·회색 등. 반유채색.

무책임【無責任】 책임이 없음. 예~한 행동. ~한 언행. -하다.

무척 다른 것보다 훨씬. 썩 많이. 대단히. 예이 문제는 풀기 ~어렵다.

무ː청 무의 잎과 잎줄기. 무의 줄기.

무치다 나물에 갖은 양념을 섞어 버무리다. 예산나물을 ~.

무턱대고 아무 요량도 없이. 덮어놓고. 예~반대하다. ~찬성하다.

무표정하다 아무런 감정의 표시가 없다. 예무표정한 얼굴.

무한【無限】 시간·크기·넓이·정도 따위가 한이 없음. ~한 사랑. 반유한. -하다. -히.

무한대【無限大】 한없이 크거나 넓다.

무한 소ː수 소수점 이하가 한없이 계속되는 소수. 반유한 소수.

무한정【無限定】 한정이 없음. 한정 없이. 예~기다릴 수는 없다.

무허가 법적인 허가를 받지 않은 것.

무형 문화재 연극·무용·음악·공예 기술 등 무형의 문화적 소산으로 역사적으로나 예술적으로 가치가 큰 것. ⁿ유형 문화재.

무화과 나무[식물] 뽕나무과의 낙엽 활엽관목. 정원에 심는데 높이 3m. 과실은 가을에 암자 색으로 익으며 먹음.

무효【無效】 효력이 없음. ᵉ~로 간주하다. ⁿ유효. -하다.

묵거[인명] 고구려의 장수. 주몽을 도와 고구려를 세웠음.

묵과【默過】 모르는 체하고 넘겨버림. 말없이 그냥 지나침. ᵉ도저히 ~할 수 없는 일. -하다.

묵념 눈을 감고 고개를 숙이고 마음 속으로 빎. ᵉ순국 선열에 대한 ~.

묵다 ①오래 되다. ᵉ묵은 고추장. ②나그네로서 머무르다. ᵉ시골집에 ~. 나는 설악산에서 ~.

묵독 소리를 내지 아니하고 읽음. ᵉ책을 ~하다. ⁿ음독. -하다.

묵묵히[뭉무키] 잠자코 말없이. ᵉ~ 자기 책임을 다하다. -하다.

묵사발 얻어맞거나 하여 얼굴 따위가 흉하게 일그러짐.

묵상【默想】 말없이 생각에 잠긴 것.

묵인【默認】 모르는 체하고 슬며시 인정함. ᵉ불법 행위를 ~할 수 없다. 교통 위반을 ~할 수 없다.

묵직하다[묵찌카다] 조금 무겁다.

묵화【墨畫】 먹물로만 그린 동양화.

묶다[묵따] ①새끼나 끈으로 잡아매다. ᵉ짐을 ~. ②움직이지 못하게 몸을 얽어매다. ᵉ손과 발을 ~. ⁿ매다. ⁿ풀다.

묶음표 숫자·문자나 문장·수식의 앞뒤를 막아 딴 것과 구별하는 기호. ⁿ괄호. ᵉ이 곳에 ~하세요.

묶이다 묶음을 당하다. ᵉ손발이 ~.

문【門】 드나들거나 물건을 넣었다 꺼냈다 하기 위하여 열고 닫을 수 있도록 만들어 놓은 시설.

문간【門間】 출입문. 대문이 있는 곳.

문간방 대문간 바로 곁에 있는 방.

문갑【文匣】 문서나 문구를 넣어 두는 키가 작고 가로로 길게 만든 궤.

문경 새:재 [지명] 경상북도 문경시와 충청북도 괴산군 사이에 있는 고개. 조령이 라고도 한다.

[문경새재]

문경지교【勿頸之交】 생사를 같이하는 사귐. 또는 그런 벗.

문고【文庫】 ①여러 사람이 읽을 수 있도록 책을 모아서 놓아 둔 곳. ⁿ서고. ②출판물의 한 형식으로 널리 책을 보급할 목적에서, 값이 싸고 가지고 다니기 알맞게 만든 책에 붙이는 이름.

문공[인명] 중국 춘추 시대의 진나

라 제7대 공. 양공의 아들.

문관【文官】 옛날 과거의 하나인 문과 출신의 벼슬아치. ^반무관.

문구1【文句】[문꾸] 글의 구절. ^비글귀. ^예좋은 ~을 발견하면 메모함.

문구2【文具】 붓·종이·먹·벼루·연필 따위의 기구.

문구점 학용품과 사무용품 등을 파는 가게. ^예~에서 공책을 사다.

문단1【文段】 문장을 크게 끊어 나눈 단락. ^예~을 나누다.

문단2【文壇】 시·소설 따위 문학에 종사하는 사람들의 사회.

문단속【門團束】 사고가 없도록 문을 단단히 닫아 잠그는 일. -하다.

문:답【問答】 물음과 대답. -하다.

문둥병[문둥뼝] 나균에 의하여 생기는 **만성** 전염병. 털이 빠지고 살이 문드러짐. ^비나병.

문득 생각이 갑자기 떠오르는 모양. ^예~ 고향이 그리워지다. ^센문뜩.

문:란[물란] 도덕이나 질서·규칙 따위가 뒤죽박죽이 되어 어지러움. ^예풍기가 ~하다. -하다.

문루【門樓】[물루] 성문 따위에 높이 세운 다락집. 경비 초소임.

문맹【文盲】 무식하여 글을 읽거나 쓸 줄을 모름. 또는 그런 사람. ^예~ 퇴치 운동. 지금은 ~인이 없다.

문맹 퇴:치 글 모르는 사람을 가르쳐서 글을 볼 수 있게 하는 일.

문명【文明】 사람의 지혜가 열리고 정신적·물질적 생활이 풍부하고 편리하게 된 상태. ^비문화. ^반미개. 야만. ^예고대~. 현대~.

문명 국가 문명의 발달하여 국민의 생활 수준이 높고 의식 수준이 발달한 나라. ^준문명국. ^반미개국.

문무【文武】 학문과 무예. 곧 글을 읽고 지식을 넓히는 일과 말 타고 활 쏘는 일을 통틀어 가리키는 말. ^예~를 두루 갖춘 인물.

문무 대왕[인명] 신라 제30대 왕. 김유신과 함께 삼국을 통일함.

문물【文物】 문화의 발달로 이루어진 것. 곧 학문·예술·법률·종교 등 문화에 관한 것을 통틀어 이르는 말. ^예서양의 ~. -하다.

문바람[인명] 문이나 문틈으로 들어오는 바람. ^예~이 강하다.

문방구【文房具】 종이·먹·연필·잉크 등 글을 쓰는 데 필요한 도구.

문방사:우 [문방사우] 종이·붓·먹·벼루의 네 가지를 아울러 일컬음.

문벌【門閥】 대대로 내려오는 그 집안의 신분과 지위. ^예훌륭한 ~출신이다. ~과 신분을 가리지 않고 쓰자. ^비가문.

문법【文法】 ①말과 말을 이어서 글을 만들 때의 규칙. ^예우리 나라 국어의 ~. ^비말본. ②문장 구성의 법칙. ^예글을 ~에 맞게 써야 한다.

문:병【問病】 앓는 이를 찾아보고 위

로함. 예환자를 ~하다. 비병문안. -하다.

문살[문쌀] 문짝의 뼈가 되는 나무로 길게 오린 나무와 대나무의 조각. 예문은 ~이 튼튼해야 한다.

문서【文書】 글로써 필요한 사항을 적어 나타낸 것. 예비밀 ~를 만들다. 땅~. 비문건. 서류.

문선【文選】 ①좋은 글을 가려서 뽑음. 또는 그러한 책. ②인쇄소에서 원고대로 필요한 활자를 뽑는 일. -하다. 예저 사람은 ~을 잘 한다.

문신【文身】 살갗을 바늘로 찔러서 먹물 등으로 글씨·그림 따위를 새김. 또는 그렇게 한 몸. -하다.

문:안【問安】 웃어른에게 안부를 물음. 예~ 전화.

문어[동물] 낙지과의 연체 동물. 낙지류 중 최대 형임. 8개의 발이 있음. 살은 연하고 맛이 좋으며, 말려서도 먹는다. 팔대어.
[문어]

문예【文藝】 ①문학과 예술. ②시·소설·희곡·수필 등 말과 글로써 표현한 예술 작품의 총칭.

문예 부:흥【文藝復興】 14~16세기에 이탈리아를 중심으로 유럽 여러 나라에 일어난 예술 운동. 사람이 타고난 성품을 억누르지 말고 자유롭게 발전하도록 하자는 운동임. 르네상스.

문외한【門外漢】 어떤 일에 전문가가 아닌 사람. 또는 직접적인 관계가 없는 사람. 예형은 산에 ~이다.

문:의【問議】 모르는 것을 물어 의논함. 예전화로 ~하다. -하다.

문익점[인명](1329~1398) 고려 공민왕 때의 학식이 뛰어난 선비. 원나라에 사신으로 왔다가 목화씨를 얻어 퍼뜨렸음.

문인【文人】 문학에 종사하는 사람. 반무인. 관~소설가. 시인. 평론가.

문자₁【文字】 말이나 소리를 눈으로 볼 수 있도록 적어 나타낸 일종의 기호. 비글자. 예고대 ~.

문자₂【文字】 예부터 전하여 내려오는 한자 숙어나 속담·격언 따위. 예~를 섞어 말하다.

문장【文章】 ①생각이나 느낌을 글로 나타낸 것. ②글을 뛰어나게 잘 짓는 사람. 예그는 ~가 이다.

문장대[지명] 충청 북도 속리산에 있는 산봉우리의 하나. 높이 1,000m이다.

문장 부호【文章符號】 문장의 뜻을 돕거나 문자를 구별하여 읽고 알아보기 쉽게 하기 위하여 쓰이는 여러 가지 부호. 물음표(?)·느낌표(!)·반점(,) 따위.

문전 성:시【門前成市】 어떤 집 문앞에 방문객이 많아 시장을 이루다시피 함. 예관객이 ~를 이룬다.

문제【問題】 ①해답을 요구하는 물

음. ᵉ시험 ~. ᵇᵃⁿ해답. ②연구·토의하여 해결해야 할 사항. ᵉ주택 ~. 공해 ~. ③성가신 일. 귀찮은 사건. ᵉ~가 생기다.

문제 의식【問題意識】어떤 사회적인 일과 사건을 문제 삼고 그것을 해결하고자 하는 정신이나 태도.

문조[동물] 참새과의 새. 참새와 비슷하며, 부리가 크고 발과 함께 담홍색임. 머리와 꽁지는 검고, 벼나 농작물을 크게 해침. 애완용으로 가정에서 많이 기르고 있다.

[문조]

문종[인명] (1019~1083) 고려 제11대왕. 공음 전시법·사형수 삼복제 등을 제정하였고 양전 보수법을 마련함.

문주란 여름에 흰 꽃이 피고 열매는 둥글며 관상용으로 여러해살이 식물이다.

[문주란]

문지기 문을 지키는 사람.

문지르다(문지르니, 문질러서) 물건을 서로 대고 맞비비다.

문진₁【文鎭】책장이나 종이가 바람에 날리지 않도록 누르는 물건.

문진₂【問診】의사나 환자 사이의 문답으로 진찰하는 방법.

문집【文集】시나 글을 한데 모아 엮은 책. ᵉ학급 ~. 학교 ~.

문체【文體】글의 체제. 글을 특징.
문틈 닫힌 문이 조금 벌어져 생긴 틈.
문패 성명·주소 따위를 적어 문에 다는 패. 나무나 돌로 만든 패.
문풍지【門風紙】문 틈으로 새어드는 바람을 막기 위해 바르는 종이.
문필【文筆】글과 글씨. 글을 짓는 일.
문하【門下】①스승의 집. ②스승 밑에서 가르침을 받는 사람.
문하생【門下生】스승의 집에 드나들며 학문의 가르침을 받는 제자.
문학【文學】①글에 대한 학문. ②자연 과학·정치학·법률학·경제학 따위를 제외한 모든 학문. ②시·소설·희곡·수필 등의 글로써 나타낸 예술 작품. -하다.
문헌【文獻】학문 연구에 참고가 될 만한 기록이나 책. ᵉ참고~.
문호【門戶】①집으로 드나드는 곳. ②출입구가 되는 긴요한 곳.
문호 개방【門戶開放】①문을 열어 누구나 드나들게 함. ②자기 나라의 영토를 다른 나라의 경제 활동을 위하여 터놓음.
문화【文化】사람의 지혜가 깨어 세상이 밝게 됨. ᵇᵃⁿ미개. 야만
문화 민족【文化民族】사회의 예술, 문학, 도덕, 종교가 발달한 겨레.
문화비【文化費】①교육·예술 등 일반문화 발전을 위해 필요로 하는 비용. ②가계비 중에서 사교·교양·오락 등에 충당되는 비용.
문화 생활【文化生活】과학적이고 합리적인 생활. 문화를 누리는 생활.

문화 수준【文化水準】 문화가 발달하여 생활이 편리하게 된 정도.

문화시설【文化施設】 문화를 향상시키는데 필요한 설비. 도서관·체육관·미술관·박물관 등.

문화 영화 교육이나 과학 등 학술 연구를 위하여 만든 영화.

문화 유산 다음 세대에 물려 줄 만한 가치를 지닌 문화적 소산.

문화인【文化人】 ①높은 지식과 교양을 지닌 사람. ᵇ야만인. ②학문이나 예술에 종사하는 사람.

문화재 문화적 가치를 가지고 있는 역사적인 유물. 유형 문화재와 무형 문화재, 기념물 및 민속 자료를 통틀어 이르는 말. ᵉ~는 우리의 재산.

[문화재]

문화 관광부【文化觀光部】 문화·예술·어문·관광 및 체육에 관한 일을 맡아 보는 행정 기관의 하나.

묻다₁ 가루·풀 등이 다른 물건에 들러 붙다. ᵉ옷에 때가 ~.

묻다₂ 흙 또는 물건 속에 넣어 안 보이게 하다. ᵉ단지를 땅 속에 ~.

묻:다₃(물으니, 물어서) 남에게 대답을 구하다. ᵉ모르는 문제를~.

묻히다[무치다] ①묻힘을 당하다. ᵉ죽어서 땅 속에~. ②다른 물건에 달라붙게 하다. ᵉ인절미에 콩고물을~. ③휩싸이다.

물 순수한 상태에서 아무 빛깔도 냄새도 맛도 없는 액체. 생물이 살아가는 데 없어서는 안 될 물질임. ᵉ맑고 깨끗한~. ~을 아끼자.

물가₁[물까] 바다·못·강 등 물이 있는 곳의 가장자리.

물가₂【物價】 ①물건의 값. ②상품이― 시장 가격. ᵉ가 인상되다.

물갈이 더러워진 물을 내보내고 새로운 물로 갈아 넣는 일. -하다.

물갈퀴 오리·개구리·기러기 등의 발가락 사이에 있는 막. 헤엄을 치는 데 편리함. ᵉ오리~.

물감[물깜] ①물들이는 데 쓰이는 재료. ᵇ염료. ②그림을 색칠하는 데 쓰는 재료. ᵇ그림 물감. 안료.

물개[물깨] 북태평양 특산의 바다 짐승. 길이 수컷은 2m, 암컷은 1m 정도임. 몸에는 지느러미가 있어 헤엄도 치고 걷기도 함. ᵇ해구.
[물개]

물건【物件】 자연적 또는 인공적으로 되어 존재하는 일정한 모양·형체를 가진 모든 것. ᵇ물체.

물걸레 물에 빨아서 쓰는 걸레. ᵇ마른걸레. ᵉ~로 청소를 한다.

물결[물껼] 물이 움직이어 오르락 내리락 하는 모양. ᵉ~이 일다. 개혁의~. 민주화의~. ᵇ파도.

물고기[물꼬기] 물에 사는 아가미와 지느러미가 있는 척추 동물의 총칭. ᵉ바다~.

물관 식물의 뿌리로 빨아들인 물기와 양분을 줄기와 잎으로 보내는 관 모양의 조직. 비도관.

물구나무서기 두 손을 짚고 거꾸로 서는 운동, 또는 그러한 동작.

물굽이[물꾸비] 강물 따위의 꾸부려져 흐르게 된 곳.

물귀신[물뀌신] 물 속에 있다고 하는 잡귀. 비미신.

물기[물끼] 축축한 물의 기운. 예~가 많다. 비수분.

물기둥[물끼둥] 기둥처럼 공중에 솟구쳐 오른 물줄기. 예~이 솟다.

물긷다(물길으니, 물길어서) 우물 따위에서 물을 퍼올려 그릇에 담다. 또는 그 물을 운반하다.

물길[물낄] ①배가 다니는 길. 비수로. ②물이 흐르거나 물을 보내는 통로. ③배를 타고 오갈 수 있는 길.

물꼬 논에 물이 넘어 들어가거나 흘러 나가게 만들어 놓은 어귀. 이야기가 시작되는 계기. 예~를 트다.

물끄러미 우두커니 한곳만 바라보는 모양. 예~바라보다. 작말끄러미.~쳐다보고 있다.

물끓듯하다 몹시 와글거리다. 예시장에 사람들이~

물난리 ①많은 물이 흘러서 일어나는 끔찍한 사고. 예장마로 ~가 나다. ②먹을 물이 딸리어 우물이나 수돗물을 다투어 받으려고 하는 소동. 예가뭄으로 ~가 나다. 장마로 ~가 났다.

물다(무니, 물어서) ①책임·의무·도의적인 뜻 따위로 주어야 할 재물을 갚다. 예세금을~. ②이빨이나 집게 따위가 무엇을 사이에 넣고 누르다. 예톱니바퀴가~. ③곤충·벌레 따위가 살을 찌르다. 예모기가~.

물대기 물을 흘려서 논이나 밭에 들어가게 하는 일. -하다.

물동이 물을 긷는 데 쓰는 동이.

물들다(물드니, 물들어서) ①빛깔이 옮아 묻다. 예파랗게~. ②행실·버릇·생각 따위가 그와 같이 닮아가다.

물들이다
염색함.

물떼새 물떼새과의 총칭.

물량【物量】
물건의 분량.
예~공세.

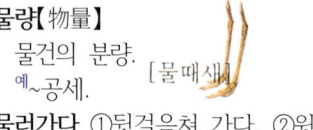
[물떼새]

물러가다 ①뒷걸음쳐 가다. ②윗사람 앞에 왔다가 도로 나가다. ③지위나 하던 일을 내어 놓고 떠나다. 예직장에서~. ④있던 현상이 사라지다. 예추위가~.

물러나다 ①뒤로 가다. 예한 발자국씩만 뒤로 물러나라. ②하던 일이나 지위를 내놓고 나오다. 예현직에서~. 비후퇴하다.

물러서다 ①뒤로 나서다. ②맞서서 버티던 일을 그만두다. 예회사측이 물러서서 협상이 타결되다.

물렁물렁하다 물기가 많고 부드러

물렁뼈 물렁한 여린 뼈. 뼈와 뼈가 이어지는 곳이나 귀·코 등에 있음. 비연골. 예~가 골절됐다.

물렁하다 ①물기가 있고 부드러워 보이다. ②사람의 성질이나 몸이 야무지지 못함. 작말랑하다.

물레 솜이나 털을 뽑아 실을 만드는 기계.

물레나물 산과 들이나 해변가에서 자란다. 꽃은 가지 끝에 노랗게 피는데 약간 붉은 빛이 도는 여러해살이풀이다. [물레나물]

물레방아 내리쏟는 물의 힘으로 큰 바퀴를 돌려 찧는 방아. 비물방아.

물려받다 재물이나 지위를 이어받다. 예사업을~. 반물려 주다.

물려주다 재물이나 지위 따위를 전하여 주다. 예아들에게 재산을.~ 반물려받다. 이어받다.

물론【物論】말할 것도 없음. 예우리 팀도 참가했음은 ~이다.

물리【物理】①모든 물건의 이치. ②「물리학」의 준말.

물리다₁ 다시 대하거나 먹기 싫게 싫증이 나다. 예라면에~.

물리다₂ 시기를 늦추어 뒤로 미루다. 예마감 날짜를 하루~.

물리다₃ 물건을 내놓거나 다른 데로 옮겨 가게 하다. 예밥상을~.

물리다₄ ①벌레에 무는 것을 당하다. ②입으로 무엇을 물게 한다. ③톱니가 서로 꼭 들어맞다.

물리치다 ①적을 쳐서 물러가게 하다. ②주는 것을 받지 아니하다. 예뇌물을~. 나쁜 친구들을~.

물리 치료사【物理治療士】열·전기·공기·광산 따위의 물리적 작용을 이용해서 병을 치료하는 사람.

물리학【物理學】자연 과학의 한 부분. 물질의 성질이나 구조·운동·현상 등을 연구하여, 그 관계나 법칙을 밝히는 학문. 준물리.

물리학과 대학에서 물리학을 전공하는 학과.

물망초[식물] 지치과의 여러해살이풀. 봄·여름에 남색의 작은 꽃이 핌. 관상용 임. [물망초]

물매 한꺼번에 많이 때리는 매.

물매암이[동물] 물매암이과의 곤충. 민물에 살며 물방개와 비슷한데, 길이 7mm의 달걀형이고 빛은 검음. 물에서 만 산다.

물물 교환【物物交換】직접 물품과 품품을 교환하는 일.-하다.

물물 교환 시대【物物交換時代】생산한 물건을 서로 바꾸어 쓰던 시대.

물밀 듯이 물결이 연달아 많이 밀려

오는 것처럼, 연달아 많이 몰려 오는 모양. 예~구경꾼이 몰려 온다.

물바다 홍수로 말미암아 상당한 지역이 침수된 상태를 일컫는 말.

물방개[동물] 물방갯과의 곤충. 연못·물논에 사는데, 길이 4cm, 등은 검은 빛이며 다리는 황갈색임. 겉날개는 딱딱하다. [물방개]

물방아 곡식을 가공하여 식용으로 함.

물방울[물빵울] 조금씩 떨어지는 물의 작은 덩이. 예~이 떨어짐

물벼락 갑자기 세차게 쏟아지는 물.

물벼룩[동물] 물벼룩과에 속하는 아주 작은 동물. 민물에 살며, 배에 있는 다섯 쌍의 다리로 뛰듯이 헤엄쳐 다님. 물고기의 먹이가 됨. [물벼룩]

물보라 물결이 바위 등에 부딪쳐 안개 모양으로 흩어지는 잔 물방울.

물봉선화 산과 들의 습지에 자라며 여름에 봉숭아 꽃과 비슷하게 생긴 붉은 자주색 꽃이 피는 한해살이풀. 사료로 부적합함. [물봉선화]

물뿌리개 화초나 채소 등에 물을 뿌려 주는 도구. 예~로 뿌린다.

물산 장:려 운동【物産奬勵運動】

[물싼장녀운동] 일제 때인 1920년대에 전개되었던 경제 자립 운동. 국산품 애용과 우리 나라 기업의 육성을 목적으로 함.

물살[물쌀] 물이 흐르는 줄기. 예살이 세다.

물새[물쌔] 물에서 사는 새의 총칭.

물색【物色】[물쌕] ①물건의 빛깔. ②쓸 만한 사람 또는 물건을 찾거나 고름. 예적임자를 ~하다. ③까닭이나 형편. 예~도 모르고 웃는다. -하다.

물소 열대 지방에 살며 호수나 강 근처의 풀을 먹고 낮에는 주로 물에서 있다.  [물소]

물수레 ①길에서 먼지가 나지 않게 물을 뿌리는 차. 비살수차. ②물을 싣고 다니는 수레. 예~가 돌아간다.

물시계[물씨계] 물을 이용하여 시간을 재던 옛날 시계. 좁은 구멍을 통해서 물이 일정한 속도로 떨어지게 하여, 그 분량을 헤아려 시간을 계산함. 예~를 봐라.

물씬 냄새가 갑자기 코를 찌르는 모양. 예향기가 ~ 풍기다.

물약[물략] 액체로 된 약. 반가루약. 예약 중에 ~은 쓰다.

물어뜯다 동물의 이빨로 어떤 사물을 물어서 작게 찢어서 헤친다.

물오리[동물] 오리과의 겨울새. 시베리아 등지에서 번식하며, 남쪽에서 겨울을 지내는 철새. 집오리의 일종으로 조금 작으며 연못 등지에 삶.

물옥잠[식물] 늪·못·물가에 나는 한해살이풀. 여름에 자줏빛 또는 흰 빛의 꽃이 핌.

물욕【物慾】 돈이나 물건을 가지고 싶은 욕심. 예가난하면 ~을 버리기 힘들다.

물음 묻는 일. 또는 묻는 말.

물음표 묻는 말이나 의심을 나타낼 때에 그 말의 끝에 쓰는 부호. 「?」

물자【物資】[물짜] ①물건을 만드는 데 필요한 자료. ②물품.

물장구 손이나 발 등으로 물 위를 연거푸 헤엄치는 일.

물장군[동물] 물에 사는 곤충 중 가장 큼. 몸은 납작하고 짙은 회색으로 개구리·물고기 등의 피를 빨아먹는다.

물장난 물에서 놀거나 물을 가지고 노는 장난. 예여름에 ~을 한다.

물정【物情】[물쩡] ①이러하고 저러한 사정이나 형편. ②세상 사람들의 인심이나 심정. 예너는 나이가 어려운 세상 ~을 잘 모를 것이다.

물줄기[물쭐기] ①물이 한데 모여 개천이나 강으로 흘러나가는 줄기. ②힘 있게 내뻗치는 물의 줄.

물지게[물찌게] 물을 져 나르는 지게. 등태에 긴 막대기를 가로 대고, 그 양 끝에 물통을 달게 되어 있음. 예나는 ~를 잘 진다.

물질【物質】[물찔] 물체를 이루는 내용이나 성질. 물건의 본바탕. 예화학 ~. 유기 ~. 반정신.

물질 문명【物質文明】[물찔문명] 자연을 개척하고 물질을 기초로 하여 이루어진 문명. 흔히 기계의 발달이 고도에 이른 현대 문명을 가리킴. 반정신 문명.

물집 살가죽이 부르터 그 안에 물이 괸 것. 예~이 생기다.

물총새 강이나 냇가에 있다 날쌔게 날아서 물속에 개구리나 물고기를 잡아 먹으며 부리가 길고 몸 색깔이 하늘색으로 아름다운 새.

물체【物體】 공간을 차지하며, 일정한 모양이 있는 것. 물건의 형체.

물컹하다 너무 익거나 곯아서 물크러질 듯이 무르다.

물탱크 물을 담을 수 있도록 쇠나 콘크리트로 만든 큰 통.

물통 물을 담거나 긷는 데 쓰는 통.

물풀 물 속이나 근처에서 자라는 풀. 비수초. 예냇가에 ~이 있다.

물품【物品】 쓸 만하고 값어치가 있는 물건. 또는 상품 가치가 있는 것.

묽다[묵따] 물이 많고 건더기가 적다. 예죽이 ~. 반되다. 관묽어. 묽고.

뭇 수효가 많음을 나타내는 말. 예~ 사내. ~짐승. ~매를 맞았다.

뭇 사람 여러 사람. 아주 많은 사람.

뭉게구름 아래는 평평하고 위는 봉우리처럼 둥글게 치솟은 구름. 비솜구름. 적운. 예~이 보인다.

뭉게뭉게 구름이나 솜·연기 같은 것이 계속 피어 오르는 모양. 예연기가 뭉게뭉게 피어오르다.

뭉개다 ①물건을 문질러서 으깨거나 짓이기다. 예벌레를 잡아 발로 밟아 ~. ②일을 빨리 하지 못하고 머무적거리다. 예빨리 처리하지 뭘 그리 뭉개느냐.

뭉치 한 곳으로 뚤뚤 뭉치거나 뭉뚱그린 덩이. 예신문 ~다섯 덩어리.

뭉치다 여럿이 합치어 한 덩어리가 되다. 예온 국민이 한마음으로 ~.

뭉클하다 깊은 느낌이 가슴에 맺혀 풀리지 않다. 복받혀 가슴이 답답하다. 예소식을 듣고 가슴이 ~.

뭉텅이 한데 뭉치어서 이루어진 큰 덩이. 예솜 ~. 종이 ~. 신문 ~.

뭉툭하다 끝이 짧고 무디다. 예뭉툭한 연필. 작몽톡하다.

뭍 ①육지. ②섬 사람들이 본토 땅을 일컫는 말. 예~에 있는 중학교에 진학하다. 반섬.

미【美】 아름다움. 예~남 ~녀.

미각【味覺】 혓바닥을 자극하는 맛의 감각. 단맛·쓴맛·신맛·짠맛의 기본 종류가 있음. 예~이 발달하다. 비미감.

미감【美感】 아름다움에 대한 느낌. 미의 감각. 비미각.

미개【未開】 ①꽃 따위가 아직 피지 않음. ②문명이 발달하지 못한 상태. 비야만. 원시. 반문명. -하다. 예~사회. ~인 마을.

미개인【未開人】 아직 문화가 발달되지 못한 인종. 비야만인. 반문명인. 예옛날에는 ~이 살았다.

미결【未決】 아직 결정되거나 해결되지 아니함. 예~ 사항. 모든 일이 ~된 상태. 반기결. -하다.

미곡【米穀】 쌀 또는 온갖 다른 곡식. 보리쌀. 밀. 콩. 옥수수. 감자 등.

미관【美觀】 아름다운 구경거리. 훌륭한 경치. 예지저분한 벽보는 도시 ~상 좋지 않다.

미국【美國】[국명] 북아메리카에 있는 나라. 50개 주와 하나의 특별구가 연방 공화국을 이룬다. 수도는 워싱톤[963만 km^2]

미군【美軍】 미국의 군대. 미국의 군인. 예~부대. 주한~.

미꾸라지[동물] 논이나 늪의 진흙 속에 사는 민물고기.

[미꾸라지]

길이 10~20cm로 가늘고 길며, 미끄러움. 등은 어두운 녹색. 배는 흼.

미끄러지다 ①미끄러운 곳에서 넘어지다. ②어떠한 시험이나 직장에서 불합격하거나 밀려나다.

미끄럼틀 아이들이 앉아서 미끄러져 내려올 수 있도록 널빤지 따위로 경사지게 만든 놀이 시설. ^비미끄럼대. ^예~을 타러가자.

미끄럽다(미끄러우니, 미끄러워서) 저절로 미끄러져 나갈 만큼 반드럽다. ^작매끄럽다. 미끄러운.

미끈액 뼈마디의 뼈와 뼈 사이에 들어 있는 미끈미끈한 액체. 마디와 마디 사이의 운동을 부드럽게 함.

미끈하다 겉모양이 흠이 없이 곧고 깨끗하다. ^예미끈하게 잘 생겼다. ^작매끈하다. 훤하고 말쑥하다.

미끼 ①낚시 끝에 꿰는 물고기의 낚싯밥. ②사람이나 동물을 꾀어서 이끄는 물건이나 수단. ^예취직을 ~로 금품을 빼앗다.

미나리[식물] 습기가 많은 땅이나 물논에 자라는 여러해살이 풀. 향기가 나고 연하여 잎과 줄기를 식용으로 쓴다. [미나리]

미나리아재비[식물] 산과 들에 나는 여러해살이 풀. 미나리와 비슷하며 높이 30~60cm. 다섯개의 꽃잎이 핌.

미남【美男】얼굴이 잘 생긴 남자. ^반추남. ^본미남자.

미납【未納】아직 내야 할 돈을 납부하지 못함. ^예미납금. ^반완납. -하다. [미나리아재비]

미녀【美女】얼굴과 몸매가 잘 생긴 아름다운 여자. ^비미인.

미농지 닥나무 껍질로 만든 질기고 얇은 종이의 한 가지. 얇고 질기며 깨끗하고 백색이다.

미뉴에트 4분의 3박자 또는 8분의 3박자의 약간 빠른 서양춤 곡.

미늘 물고기가 물면 빠지지 아니하도록, 낚시 끝의 안 쪽에 날카로운 모양으로 만든 작은 갈고리.

미:닫이[미다지] 옆으로 밀어 여닫게 된 문. ^예미닫이 창. ^관여닫이.

미:달【未達】어떤 한도에 아직 이르지 못함. ^예정원 ~. -하다.

미담【美談】칭찬할 만한 이야기들.

미덕【美德】아름답고 갸륵한 덕행. ^예불우한 이웃에게 ~을 베풀다. 양보하는 자의 ~. ^반악덕. -하다.

미덥다(미더우니, 미더워서) 믿음성이 있다. ^예그의 말은 항상 ~.

미:드호[지명] 미국 애리조나 주와 네바다 주와의 경계에 있는, 사람이 만든 호수.

미라 사람이나 동물의 시체가 바짝 말라 원래와 비슷한 상태로 남아 있는 것. ^예피라미드에서 발견된

미:래【未來】 아직 오지 아니한 앞날. 예~의 세계. 비장래. 반과거.

미:래상 미래의 모습. 예나의 ~은 훌륭한 건축가이다.

미려【美麗】 아름답고 고움. 문장이 ~하다. 비수려. -하다.

미련₁ 슬기롭지 못하고 우둔함. 예~한 녀석. -하다. -스럽다.

미련₂ 어떤 일이나 사람을 깨끗이 잊어버리지 못하고 끌리는 데가 남아 있는 마음. 예자꾸 ~이 남는다. 지나간 일에 ~을 두지 말아라.

미련퉁이 꾀가 없이 매우 어리석고 둔한 사람. 비미련쟁이. 멍텅구리.

미루나무[식물] 버들과에 속하는 낙엽지는 나무. 줄기가 곧고 높이 30m가량으로 냇가에나 가로수로 심음. 목재는 성냥개비·건축재로 쓰임. 비포플러. 예~를 잘라 성냥개비를 만듦.

[미루나무]

미루다 ①이미 아는 것으로 다른 것을 비추어서 생각하다. 예지난 일로 미루어 짐작할 수 있다. ②일을 나중으로 넘기다. 예숙제를 뒤로 ~. 관미루어. 미루는. 미룹니다.

미륵 ①「미륵보살」의 준말. ②돌부처를 이르는 말.

미륵 보살 석가모니가 죽은 후 56억 7천만 년 뒤에 이승에 나타나 중생을 구한다는 보살. 비미륵불.

미륵 보살 반:가 사유상 구리에 금을 도금한 삼국 시대의 불상. 크기나 양식에 있어서 삼국 시대의 불상을 대표할 만한 작품임.

미륵 불상【彌勒佛像】 미륵 보살의 모습을 나타낸 그림이나 조각.

미륵사지 석탑
전북 익산시 미륵사터에 있는 백제 무왕 때의 석탑. 우리나라 석탑 가운데 가장 오래 된 것이다. 국보 제11호.

[미륵사지 석탑]

미리 일이 일어나기 전에. 앞서서. 예~준비하다. 비먼저. 반나중.

미리미리 「미리」를 강조한 말.

미:만【未滿】 정한 수효나 정도에 차지 못함. 예20세 ~은 출입할 수 없다. 반초과.

미:망인【未亡人】 아직 죽지 못한 사람이란 뜻으로, 남편이 죽고 홀로 사는 부인. 예전쟁 ~. 비과부.

미:모【美貌】 아름다운 용모. 예쁜 얼굴. 예~의 아가씨. ~의 탤런트.

미모사 잔잎의 긴 모양에 만지면 오므라들고 여름에 꽃이 피며 한해살이 관상용으로 재배함.

[미모사]

미:묘【微妙】 ①섬세하고 현묘함.

②이상야릇하여 잘 알 수 없음.

미미하다 아주 보잘것없다. 예미미한 존재. 반대단하다.

미:비【未備】완전하지 못함. 예아직 준비가 ~하다. -하다.

미사 천주교에서 행하는 성찬 의식. 천주를 찬미하고 속죄를 원하며 다시 은총을 기도하는 것으로서 예수의 최후의 만찬을 본떠서 행함. missa에서 온말. 예주일 ~.

미사일 로켓이나 제트 엔진으로 날아가는 장거리 포탄. 대륙 간 탄도 미사일 등이 있음. 비유도탄.

미:상【未詳】상세하게 밝혀지지 않음. 예작자 ~의 작품. -하다.

미생물 세균·짚신벌레·원충 등과 같이 현미경으로만 볼 수 있는 작은 생물을 통틀어 이르는 말.

미세【微細】알아보기 어려울 정도로 몹시 작음. 예~한 입자. -하다.

미:세기 두 짝을 한편으로 밀어 겹쳐서 여닫는 문.

미소【微笑】소리를 내지 않고 빙긋이 웃음. 예입가에 ~를 짓다. 반울음. 슬픔. -하다.

미·소 공·동 위원회【美蘇共同委員會】 1946년과 1947년에 걸쳐 미국과 소련의 대표가 서울에서 모여, 한국의 통일 문제를 의논한 회의 임

미:수【未遂】자살이나 범죄를 하려다 목적을 이루지 못함. -하다.

미:수금【未收金】아직 거두어들이지 못한 돈. 외상 대금. 수금할 돈.

미:숙【未熟】①학문 등에 익숙하지 못함. 예~한 연기. ②과실 등이 아직 다 익지 아니함. -하다.

미술【美術】아름다움을 나타내는 예술의 한 부분. 곧 그림·건축·조각 등을 통틀어 이르는 말. 예~전시회. 한국 ~대전. -하다.

미술계【美術界】미술을 하는 사람들의 사회. 또는 단체.

미술 도·구【美術道具】미술에 필요한 여러 가지 도구.

미술 시간 학교에서 그림·조각·공예·서예 등을 배우는 시간.

미숫가루 찹쌀·맵쌀·보리쌀 등을 볶거나 쪄서 말리어 잘게 갈아 체에 친 가루. 물에 타서 먹는다.

미스 결혼하지 않은 여자. 또는 그런 사람의 성이나 이름 앞에 붙이는 호칭. 예미스 정.

미스터 남자의 성 앞에 붙이는 호칭. 예미스터 박.

미스트 장치 병충해 방지용 농기구의 하나. 강력한 역풍 구조로, 수성 약제와 분말이 섞인 것을 원거리까지 안개처럼 퍼져 농작물이 병충해의 피해가 없게 하는 장치.

미시시피 강[지명] 미국의 중앙부를 북에서 남쪽으로 흐르는 세계에서 세 번째로 긴 강. 길이 6,420km이다.

미:신【迷信】마음이 무엇에 끌리어 잘못 믿거나 아무런 과학적 근거

도 없는 것을 무조건 믿는 일. 예사람들은 아직도 ~을 믿고 있다.

미아【迷兒】길 잃은 어린아이. 예~보호소.

미아리 고개[지명] 서울 성북구 돈암동에서 미아동으로 넘어가는 고개. 예울고 넘는 ~.

미안【未安】①마음이 편하지 못하고 거북함. ②남에게 대하여 부끄럽고 겸연쩍은 마음이 있음. 예약속을 어겨 ~하다. 비죄송. -하다. -스럽다.

미약【微弱】아무런 힘도 없이 약함. 예활동이 너무 ~하다. -하다.

미얀마[국명] 동남아시아 인도차이나 반도 서쪽에 있는 나라. 수도는 양곤이다.[67만 8300 lm²]

미얄할미 산대놀이에서 신할아비의 본처 역의 가면 이름.

미어지다 ①팽팽하게 된 가죽이나 종이 등에 구멍이 생기다. ②심한 고통이나 슬픔을 느끼다. 예슬픔으로 가슴이 ~. 준미이다. 막히다.

미역[식물] 바다 속의 바다풀. 다시마보다 얇고 부드러우며 날개 모양으로 갈려졌음. 칼슘의 함유량이 많아. 특히 산모와 발육기의 어린이에게 좋은 식품.

[미역]

미역감다[미역깜따] 냇물이나 강물 따위에 들어가서 놀거나 몸을 씻다. 준멱감다.

미역국 미역과 물을 넣어 끓인 국.

미역취[식물] 산과 들에 나는 여러해살이풀. 가을에 꽃이 피고, 약으로 쓰임. 예우리 몸에 ~는 유익함.

미열【微熱】그다지 높지 아니한 신열. 예머리에 ~이 있다.

미:완성 끝을 다 맺지 못함. 완전히 끝나지 못함. 예~ 작품. 반완성.

미용【美容】용모를 아름답게 매만지는 일. 예~ 체조. -하다.

미용 체조 몸매를 아름답게 가꾸기 위한 운동. 예여성은 ~가 좋다.

미운 아기 오리[책명] 안데르센이 지은 동화집의 하나.

미움 싫어하고 밉게 여기는 마음. 예~을 받다. 반사랑.

미워지다 미운 생각을 가지게 되다.

미음 쌀이나 좁쌀을 푹 끓이어 체에 걸러 낸 걸쭉한 음식. 흔히 환자나 어린아이들이 먹음. 예~을 쑤다. 환자들이 ~을 먹는다.

미인【美人】아름다운 용모를 지닌 여자. 예~ 선발 대회. 비미녀. 미희. 반미남. 추녀.

미장공【美裝工】집을 짓거나 고칠 때 흙이나 회·시멘트 등을 바르는 일을 직업으로 하는 사람.

미장원【美粧院】머리나 얼굴 모습을 아름답게 매만져 주는 일을 영업으로 하는 집. 비미용실.

미장이 흙, 시멘트를 바르는 사람.

미:정【未定】아직 결정하지 못함.

미주【美洲】미국을 큰 주로 한 이름.

미:지【未知】아직 알지 못함. 예~의 세계. ~미지의 땅.

미지근하다 따스한 기운이 조금 있는 듯하다. 예수돗물이 ~.

미:지수 ①알 수 없는 앞 일의 속셈. 예누가 이길지 아직은 ~이다. ②방정식에서 아직 알려져 있지 않은 수. 예문제에서 ~'x'의 값은?

미지항 식에서 그 값을 알 수 없는 항. 아직 값이 안 밝혀진 항.

미처 아직. 거기까지. 예거기까지는 ~생각하지 못했다.

미치광이 ①정신이 이상한 사람. ②비정상적인 행동을 하는 사람을 욕으로 이르는 말.

미치다1 정신에 탈이 생겨 하는 짓이 이상하다. 매우 괴로워하다.

미치다2 어떤 정해진 곳에 이르다. 예다른 사람에게 화가 미치다.

미:터 ①길이를 재는 기본 단위. 1m는 100cm임. ②가스·전기·택시 따위의 자동 요금 표시기.

미:터법 미터를 길이, 리터를 부피, 킬로그램을 무게의 기본 단위로 한 십진법적 도량 형법.

미투리 삼·짚 따위로 만드는 신. 흔히 날이 여섯 개로 되어 있음.

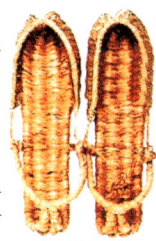
[미투리]

미풍1【微風】솔솔 부는 바람. 비세풍.

미풍2【美風】아름다운 풍속. 예예로부터 전해 내려오는 ~양속. 반악풍.

미:필【未畢】아직 끝내지 못함. 예병역~. 완결하지 못한 것. -하다.

미행【尾行】남의 뒤를 몰래 따라가서 그의 행동을 살핌. -하다.

미:혼【未婚】아직 결혼하지 아니함. 또 그러한 사람. 예~남성. 반기혼.

미:화【美化】아름답게 보기 좋게 꾸미는 것. 또는 그럴 듯이 꾸미는 것.

미:화부 교실이나 학교의 안팎을 깨끗하게 하고 아름답게 꾸미는 일을 맡은 어린이회의 한 부.

미:흡【未洽】넉넉하거나 흐뭇하지 못함. 예아직은 ~한 점이 많다. 피아노 연주가 ~하구나. -하다.

민가【民家】일반 백성들이 사는 집.

민간【民間】관이나 군대에 속하지 않은 일반 백성들로 이루어진 사회. 예~ 기업. ~ 단체.

민간 단체 일반 국민들에 의하여 이루어진 모임. 반국영 단체.

민간 무역 정부가 관계하지 않고 민간 업자에 의하여 외국과 직접 행하는 무역. 반정부 무역. -하다.

민간 신앙【民間信仰】예로부터 민간에 전하여 내려오는 신앙.

민간 외교【民間外交】정부가 관여하지 않고 민간인에 의해서 이루어지는 친선 외교. 예술·문화·스포츠 교류 등. -하다.

민간인 관리나 군인이 아닌 보통 사람. 일반인. 예이 곳은 ~이 없다.

민감【敏感】감각이 예민함. 예유행에 ~하다. 반둔감. -하다.

민권주의 중국의 쑨원이 제창한 삼민주의의 하나. 곧 참정권을 국민에게 평등하게 주자는 주의.

민단【民團】외국에 살고 있는 같은 나라 사람끼리 조직한 자치 단체.

민담【民譚】예로부터 민간에 사람들이 입을 통하여 전해 내려오는 이야기. 비민간 설화.

민둥산 나무가 없이 흙이 드러난 산. 비벌거숭이 산.

민들레[식물] 길가나 들판에 자라는 여러해살이 풀. 봄에 긴 줄기 끝에 노란 꽃이 피고, 씨앗이 흰 털에 붙어서 바람에 날려 번식함. 뿌리는 약에 씀. [민들레]

민망 답답하고 딱하여 걱정스러움. 예초라한 모습이 보기에 ~하다. -하다. -스럽다.

민:며느리 장차 며느리를 삼으려고 데려다가 기르는 계집아이.

민물 짜지 않은 물. 담수. 반바닷물.

민물고기[민물꼬기] 민물에 사는 물고기. 붕어·메기·뱀장어·잉어 등. 비담수어. 반바다 물고기.

민방위 국민들이 스스로 적의 공격이나 재난을 막아 내는 일. -하다.

민방위대【民防衛隊】민방위를 수행하기 위하여 20세 이상 50세까지의 남자로 편성된 조직.

민방위 훈련【民防衛訓練】적의 공격에 의한 여러 가지 사태에 대비하기 위하여 실시되는 훈련.

민법【民法】국민의 재산에 대한 권리나 의무, 가족 관계, 상속법 등을 정한 법률. 관형법.

민비【閔妃】[인명] 고종 황제의 왕비.

민사 재판 국민들 사이에서 사사로운 재판 문제 등으로 권리 다툼이 생겼을 때 하는 재판. 반형사 재판. 예판사가 ~을 주관한다.

민생【民生】국민의 생활. 예~치안에 힘쓰다. ~안정이 제일이다.

민생주의 중국의 쑨원이 주장한 삼민주의의 하나. 모든 계급적 압박을 배제하고 국민의 생활면을 풍족하고 여유롭게 하려는 주의.

민선【民選】일반 국민이 직접 선출함. 예~국회 의원. ~대통령. 반관선. -하다.

민속1【民俗】일반 백성들의 풍속과 습관. 예~ 무용. ~ 놀이.

민속2【敏速】민첩하고 빠름. 재빠름. 예~한 대처. -하다. -히.

민속 놀이 각 지방의 생활과 풍습이 나타나 있는 놀이. 단오 날의 그네뛰기, 추석의 씨름, 설날의 윷놀이 따위가 있음. -하다.

민속 농악 예부터 전해 오는 농악대.

민속 신:앙【民俗信仰】오랫동안 전해 내려오는 동안 백성들이 자연히 믿고 받드는 일. 관토속 신앙.

민속 자료【民俗資料】백성들이 생활해 온 모습을 알 수 있는 자료.

민속촌 옛 민속을 모아 보존하고,

고유한 생활 풍습과 전통미를 간직하고 있는 마을. 경기도 용인군에 있음.

민속 춤 오래 전부터 한 고장에서 주민들 사이에 전해 내려온 춤.

[민속춤]

민심【民心】 국민들의 마음. 보통 사람들의 여론. 예~이 소란하다.

민영【民營】 민간인이 하는 경영. 예~주택. 반국영. 관영.

민영환[인명](1861~1905) 조선 말기의 충신. 시호는 충정공.

민요【民謠】 일반 국민 사이에서 자연히 생겨나 널리 불리어지는 노래. 아리랑. 도라지 타령 따위.

민원【民願】 국민이 원함. 국민의 소원이나 청원. 예민원실.

민원실【民願室】 민원 사무를 접수·처리하는 관청의 한 부서.

민의【民意】 국민의 뜻. 예~을 살피자. 국회 의원은 ~를 외면하는 국회는 사실상 존재할 필요가 없다 ~는 국민의 뜻이며 하늘의 뜻.

민정【民政】 ①민간인에 의한 정치. 반군정. ②국민의 안녕과 행복을 꾀하는 정치 예~을 살핀다.

민족【民族】 오랜 세월 동안 같은 지역에서 살고, 말·풍습 등이 같은 사람의 사회 집단. 비겨레.

민족 기업【民族企業】 외국의 자본에 의지하지 않고 그 민족의 자본으로 경영하는 기업. 반외국 기업.

민족성【民族性】 그 민족만이 가지고 있는 독특한 성질. 비국민성.

민족애【民族愛】 같은 민족끼리의 믿음과 사랑. 예우리는 ~가 강하다.

민족 운동【民族運動】 타민족의 국가로부터 압박을 받는 약소 민족이 독립하려고 하는 운동. -하다.

민족 자결주의【民族自決主義】 미국의 윌슨 대통령이 제창한 주의. 「어느 한 민족이 스스로 한 나라를 세우느냐, 또는 다른 나라에 속하느냐 하는 문제는 그 민족 자체가 결정짓는 주의」를 말함.

민족 정신【民族精神】 한 민족만이 가지는 독특한 정신.

민족적【民族的】 온 국민에게 관계되거나 포함되는 모양. 예~ 자랑.

민족 정기 그 겨레가 지니고 있는 바르고 큰 기운. 예~를 이어받다.

민족 정신 한 민족은 하나로 뭉쳐서 독립해 나가야 하는 독특한 정신.

민족 종교【民族宗教】 어떠한 특정의 민족만이 믿는 종교.

민족주의【民族主義】 민족 의식을 바탕으로 하여, 민족의 통일과 독립·발전을 정치적·문화적 최고 목표로 삼고 지키려는 주의.

민족 중흥 쇠퇴하였던 민족의 힘을 다시 불러일으켜 성하고 기운차게 하여 번영을 이루는 일.

민주【民主】 주권이 국민에게 있음. 예~ 제도. ~시민. ~사회.

민주 공화국【民主共和國】주권이 국민에게 있는 나라로 주권의 행사는 국민의 의사에 따름.

민주 국가【民主國家】주권이 국민에게 있는 나라. ⁿ반독재 국가.

민주 정치【民主政治】주권이 국민에게 있고, 국민의 의사에 따라 행해지는 정치. ⁿ반독재 정치.

민주주의【民主主義】국가의 권력을 국민이 가지고 국민의 힘으로 국민 전체의 이익을 위하여 정치하는 주의. ⁿ반공산주의. 독재주의.

민중【民衆】국가나 사회를 구성하고 있는 많은 사람들. 보통 사람들.

민첩【敏捷】재빠르고 능란함. ⁿ예~한 동작. -하다. -히. ⁿ비기민하다.

민폐 민간에게 폐가 되는 일과 부담.

민화【民話】민간에 전하여 내려오는 옛날 이야기나 전설. ⁿ비민간설화. 소박하고 재미있는 그림.

민활【敏活】날쌔고 활발함. ⁿ예~한 행동. ~한 동작. ~하게 움직인다.

믿다 ①꼭 그렇게 여기어, 의심하지 아니하다. ⁿ예남의 말을 ~. 확신하다. ②마음으로 의지하다. ⁿ예실력을 ~. ③받들고 따르다.

믿음 믿는 마음. ⁿ예주위 사람들의 ~을 저버리다. ⁿ반의심.

밀[식물] 벼과에 속하는 1년생(봄밀), 또는 2년생(가을밀) 재배 식물. 보리와 비슷하나 그보다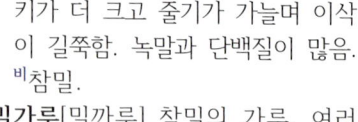
[밀]

키가 더 크고 줄기가 가늘며 이삭이 길쭉함. 녹말과 단백질이 많음. ⁿ비참밀.

밀가루[밀까루] 참밀의 가루. 여러 가지 음식의 재료로 씀. ⁿ비맥분.

밀감[식물] 과일의 일종. 겨울에 많이 나고 껍질이 황적색임. 제주도에서 많이 재배함.

밀고【密告】남몰래 일러바침. ⁿ예동지를 ~하다. -하다.

밀기울[밀기울] 밀을 빻아 채로 쳐서 남은 찌꺼기.

밀:다(미니, 밀어서) ①힘을 주어서 앞으로 나가게 하다. ⁿ예대문을 ~. ②면도날·대패 등으로 깎다. ⁿ예수염을 ~. ③추대하거나 추천하다. ⁿ예반장으로 ~.

밀담【密談】[밀땀] 남몰래 비밀히 이야기함. 또는 그 이야기.

밀도【密度】일정한 장소나 공간 안에 빽빽이 들어선 정도. ⁿ예인구 ~.

밀레[인명](1814~1875) 프랑스의 유명한 화가. 「이삭 줍기」· 「만종」등의 그림이 유명함.

밀려나다 어떤 힘이나 세력 따위에 못 견디어 물러나다. ⁿ예의원직에서 ~. 제자리에서 떨어져 나가다.

밀려 오다 ①밀림을 당하여 오다. ⁿ예파도가 ~. ②여럿이 떼를 지어 몰려서 오다. ③거세게 들어오다.

밀렵【密獵】사냥이 금지된 장소에서 몰래 사냥함. 또는 그런 사냥.

밀리다 ①미처 일을 처리 못하다. ⁿ예세금이 ~. ②떠다 밀림을 당하

밀리미터 길이의 단위로 센티미터(cm)를 열로 나눈 하나. 기호는 mm. ᵗ밀리. 10밀리는 1센티미터.

밀림【密林】 큰 나무들이 빽빽이 들어찬 수풀. ᵇ정글. 숲속.

밀:물 들어오는 바닷물. ᵇ썰물.

밀반죽 밀가루와 물과의 반죽. -하다.

밀범벅 밀가루로 만든 범벅의 일종.

밀봉【密封】 단단히 붙여 봉함. ᵉ~한 가스 용기. -하다.

밀봉 교육【密封敎育】 일정한 기간, 일정한 곳에 수용하여 비밀로 행하는 교육. 간첩 등 특수한 목적을 수행할 사람을 교육함. -하다.

밀사【密使】 비밀리에 보내는 사람. ᵉ~를 파견하다. ~로 임명되다. ①몰래 보내는 편지. ᵉ국왕의 ~. ②비밀 순서. -하다.

밀수【密輸】 몰래 하는 수출과 수입. -하다. ᵉ국가 몰래 ~를 한다.

밀실【密室】 남이 함부로 출입 못하게 한 비밀스런 방. 남몰래 쓰는 방.

밀잠자리[동물] 잠자리의 하나. 가을 하늘에 떼 지어 날아 다님. 농촌에서 많다. [밀잠자리]

밀접【密接】 사이가 상당히 가까움.

밀정【密偵】 비밀히 상대 측의 사정을 살핌. 또는 그 사람. ᵇ첩자. -하다. ᵉ그 사람은 ~하러 왔다.

밀집【密集】[밀찝] 한데 빽빽이 모임. ᵉ인가가 ~된 지역. -하다.

밀짚모자 밀짚이나 보릿짚으로 위가 둥글게 챙을 넓게 만든 여름 모자. [밀짚모자]

밀착【密着】 빈틈없이 단단히 붙음. -하다.

밀:치다 힘껏 밀어 버리다. 떠밀다.

밀크 우유. 젖소에서 나오는 젖.

밀폐【密閉】 꼭 닫음. 꼭 막음. ᵉ~된 공간. -하다.

밀항【密航】 허락 없이 몰래 배를 타고 다른 나라로 감. -하다.

밀회【密會】 몰래 모이거나 만남. 특히, 남녀가 몰래 만나는 것. -하다. ᵉ이번 ~장소는 남산이다.

밉다(미우니, 미워서) 마음에 들지 않고 비위에 거슬려 싫다. 예쁘지 않고 못생겼다. ᵇ곱다.

밋밋하다[민미타다] 생김새가 미끈하게 곧고 길다. ᵉ밋밋하게 자란 나무. ᵃ맷맷하다.

밍크 털가죽으로 외투나 목도리를 만드는데 쓰이는 족제비 닮은 한대 지방의 동물이다. [밍크]

및 그 밖에 또. 그리고. ᵉ대한민국

의 영토는 한반도 ~ 부속 도서로 이루어지다. 이름 ~주소를 써라.

밑₁ ①물체의 아랫부분이나 아래 쪽. ᵉ책상 ~. ②나이·지위 등이 적거나 낮음. ᵉ성적이 너보다 ~이다. ③「밑바닥」의 준말.

밑₂ 4₂·5₂ 따위에서 「4·5」와 같이 거듭 곱해질 수.

밑거름 농작물의 씨를 뿌리거나 모를 내기 전에 내는 거름. -하다.

밑그림 ①모양의 대충만을 그린 그림. ②수본으로 종이나 헝겊에 그린 그림. ᵉ~을 다 그렸다.

밑깎기 나무의 밑 부분에 돋아 있는 잔가지를 자르는 일.

밑넓이 원기둥·원뿔 따위에서 밑면을 이룬 넓이. ᵇ밑면적. ᵇᵃⁿ윗넓이. ᵉ~의 값을 구하여라.

밑동 ①긴 물건의 맨 아랫동아리. ②나무나 채소 등의 아랫부분.

밑둥치 나무의 뿌리에 가까운 밑 부분을 가리키는 말. ᵉ나무의 ~가 보임.

[밑둥치]

밑들다(밑드니, 밑들어서) 무·감자 등의 뿌리가 굵게 자라다.

밑면 밑바닥을 이루는 평면.

밑바닥 ①그릇 따위의 바닥이 되는 밑 부분. ②사회의 맨 하층.

밑바탕 ①물질의 근본을 이루는 바탕. ᵉ어떤 일이든지 ~이 든든해야 한다. ②사람이 타고난 근본 바탕. ᵇ본바탕. 기초. 바닥. 초기.

밑반찬 만들어서 오랫동안 두고, 손쉽게 먹을 수 있는 반찬. 장아찌·젓갈 등 여러 가지.

밑변 삼각형·사다리꼴 따위의 밑바탕을 이루는 변.

[밑반찬]

밑줄 주의를 끌기 위하여, 가로쓰기의 글귀 아래에 긋는 줄. ᵉ중요한 곳에 ~을 긋다.

밑지다 밑천보다 판 값이 적게 되다. 손해를 보다. ᵉ밑지고 팔다.

밑천 ①어떤 일을 해 나가는 데에 바탕이 되는 재물이나 기술 따위. ᵉ~이 있어야 장사를 할 수 있다. ᵇ자본. ②본전. ᵉ~을 까먹다.

밑판 밑에 대는 판. 또 밑이 되는 판. ᵉ건설 공사 현장에서 ~이 튼튼해야 작업을 하는 데 순조롭다.

ㅂ[비읍] 한글 자모의 여섯 째 닿소리 글자. 이름은 비읍.

-ㅂ니다 상대에게 현재 계속되는 동작이나 상태를 나타내는 말. 예참 시원합니다.

-ㅂ디까 상대에게 상대방이 겪은 바를 묻는 데 쓰는 말. 예뭐라고 합디까?

-ㅂ시다 상대에게 같이 행동하기를 원할 때 쓰이는 말. 예일을 시작합시다.

바¹ 윗말의 내용 자체나 「방법」또는 「일」등을 뜻하는 말. 예들은 ~를 이야기하다.

바² 카운터가 있으며 주로 양주를 파는 서양 술집.

바가지 ①물을 푸거나 물건을 담는 그릇. ②박 가운데를 둘로 쪼개 만든 그릇.

[바가지]

바겐 세일 보통 때에 파는 가격에서 훨씬 싸게 하여 파는 일.

바구니 대나 싸리 등으로 둥글고 속이 깊숙하게 엮어서 만드는 그릇.

바그너[인명](1813~1883) 독일의 낭만파 가극 작곡가. 「가극의 왕」이라고도 불림. 작품에는 「탄호이저」·「로엔그린」등이 있음.

바글바글 ①적은 물이나 거품 따위가 자꾸 일어나거나 끓어오르는 모양. ②살아 움직이는 것이 한군데 많이 모여 오글거리는 모양. 예개미가 ~하다. -하다.

바깥 집 안에 대하여 밖이 되는 곳.

바꾸다 ①어떠한 물건을 주고 그 대신 딴 물건을 받다. 비교환하다. ②변화시키다. 예모양을 ~. ③변경하다. 예계획을 ~.

바뀌다 바꾸어지다. 달라지게 하다.

바나나[식물] 파초과의 여러해살이풀. 잎은 긴 타원형이며 초여름에 엷은 황색의 잔 꽃이 이삭 모

[바나나]

양으로 핌. 열매가 송이며 속살이 달고 향기로운 열대 과일.

바느질 바늘로 옷을 뜨거나, 짓거나, 꿰매는 일. ^비재봉질. -하다.

바늘 ①바느질할 때 쓰이는 가늘고 긴 쇠붙이. 돗바늘·뜨개바늘 등. ②시계나 저울 따위에서 눈금을 가리키는 뾰족한 물건.

바닐라[식물] 난초과의 여러해살이 덩굴풀. 열대 지방에 분포. 잎은 줄기 끝에 타원형으로 남.

바다 ①지구 표면에 짠물로 괴어 있는 부분. ②매우 크고 넓음을 비유. ^예~같은 부모님의 은혜.

바다표범[동물] 포유류 바다표범과에 속하는 바다 짐승의 총칭. 물개와 비슷한데, 귓바퀴가 없으며 회색 바탕에 작은 흑색점이 있는 온 몸에 억센 털이 남.

[바다표범]

바닥 ①물건의 밑 부분. ②넓이 있게 이룬 부분. ^예방~. ③넓고 번잡한 곳. ^예시장~. ④일이나 물건이 다 된 끝. ^반천장.

바닷가 육지와 바다가 맞닿은 곳. ^예~를 거닐다. ^비해변. 해안.

바둑 두 사람이 바둑판을 사이에 두고 흰 돌과 검은 돌로 집을 많이 차지함을 다투는 오락.

바둑판 바둑을 두는 데 쓰는 네모판.

바드득 단단하거나 질긴 물건을 비빌 때 나는 소리.

바디 베틀에 딸린 기구의 하나. 배의 날실을 고르며 북의 통로를 만들어 주고 씨실을 쳐서 베를 짬.

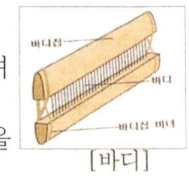
[바디]

^예베를 짜려면 ~가 필요하다.

바라다 생각한 대로 되기를 기다리다. ^비원하다. 바라는. 바랍니다.

바라보다 ①떨어져 있는 곳을 건너다보다. ②무슨 일에 간섭을 않고 남만 쳐다보다. ^예먼 산을 ~.

바람₁ ①기압의 높고 낮음 때문에 일어나는 공기의 움직임. ^예차가운 ~. ②들뜬 행동. ^예~나다.

바람₂ ①어떤 일의 결과에 따라 일어나는 기운. ^예항상 근심하는 ~에 속병이 생겼다. ②차릴 것을 차리지 않고 나서는 차림. ^예파자마 ~에 잔다.

바람개비 ①바람의 힘으로 돌아가게 만든 장난감. ^비팔랑개비. ②바람의 방향을 알기 위하여 만든 장치. ^비풍향계. 팔랑개비.

[바람개비]

바람직하다[-지카-] 생각하는 대로 또는 소원하는 대로 되었으면 한다. ^예바람직한 교사상.

바:랑 중들이 갈 때 등에 짊어지는 자루 모양의 큰 주머니.

바:래다₁ 빛·습기 등을 받아 빛이

바래다₂ 가는 사람을 중도까지 배웅하다. ᵉ예손님을 ~ 주다. 바래주다.

바랭이 길가나 밭에 흔히 자라며 여름에 연록색 또는 자주색 꽃이 이삭 모양으로 피고 풀은 소나 말에게 주는 사료로 씀. [바랭이]

바레인[국명] 중동 페르시아만 서쪽에 있는, 여러 섬으로 어우러진 나라. 석유가 매우 많이 남. 수도는 마나마. ᵉ예~은 부국이다.

바로 ①바르게. 곧게. ᵉ예마음을~ 가져라. ②정확히. 틀림없이. ᵉ예질문을~ 막히자. ③지금. 곧. ᵉ예지금~ 가다. ④곧장. ᵉ예집에~ 가시오. ⑤똑바로. 위로 곧게. ᵉ예~굿다. ⁱ반천천히. 급하지 않다.-하다.

바로잡다 ①굽은 것을 곧게 하다. ②잘못된 것을 고치다.

바른말 ①이치에 합당한 말. ②어법에 맞는 말. ③도리에 맞는 말.

바른손 오른손. ⁱ반왼손.

바른쪽 오른쪽. 우측. ⁱ반왼쪽. 왼편.

바리케이트 건물 출입구나 도로에 사람·차량 등의 통행을 막으려고 임시로 설치한 방어벽.

바:보 어리석고 못난 사람. ᵇⁱ천치. ⁱ반천재. ᵏ백치. 멍청하다.

바:비큐: 고기를 통째로 직접 불에 구운 요리. ᵉ예닭~요리는 맛있다.

바빠하다 마음이 바빠 시간이 없다.

바쁘게 쉴 겨를이 없이 몹시 급하다.

바쁘 일이 많기 때문에 여유가 없다.

바삭 ①가랑잎을 밟거나 잘 마른 것이 서로 닿아서 나는 소리. ②단단하고 부스러지기 쉬운 물건을 깨물 때 나는 소리. -하다.

바스락 마른 검불 따위를 뒤적일 때 나는 소리. -하다.

바싹 ①물기가 마르거나 타 버린 모양. ②가까이 붙는 모양. ③단단한 물건을 깨물거나 가랑잎 같은 것을 밟을 때에 나는 소리. ④갑자기 늘거나 주는 모양. ᵉ예~줄어들다. 민우의 어깨가 ~움츠러들었다.

바야흐로 지금 막. 이제 한창. 이제 막.

바위 부피가 꽤 큰 돌.

바위치 습기가 있는 응달에 자라며, 6월에 흰꽃이 줄기 윗부분에 피는 늘푸른 여러해살이풀. [바위취]

바이러스 보통의 현미경으로는 볼 수 없는 극히 작은 크기의 미생물. 천연두·유행성 감기 소아마비 등의 병원체. 비루스.

바이스 기계 공작에서 작은 공작물을 아가리에 물려 꽉 죄어서 고정시키는 기계.

바이어 ①물건을 사는 사람. ②물건을 사기 위하여 외국에서 온 상인. ᵏ상인.

바이올린 현악기의 한 가지. 4줄

바인더 이며, 왼손으로 줄을 누르고 오른손으로 활을 가지고 연주하는 서양 악기.

[바이올린]

바인더 ①신문·잡지·서류를 철하여 꽂는 장치. ②곡물을 베어 단으로 묶는 기계.

바자: 공공 사업·사회 사업 등의 자금을 모으기 위하여 벌이는 시장. 예~회. 개최.

바지 아랫도리에 입은 옷. 관치마.

바지락조개[동물] 참조개과의 바닷조개. 민물이 섞이는 바다의 모래펄 속에 삶. 껍데기는 매끄럽고 복잡한 무늬가 있음. 살은 식용함. 예국에 ~를 넣는다.

[바지락조개]

바짝 ①물기가 아주 말라붙은 모양. 예젖은 빨래의 물기가 ~마르다. ②가까이 달라 붙거나 우기는 양. ③몹시 힘을 주거나 긴장하는 모양. 예정신을 ~ 차리다.

바치다 ①웃어른께 드리다. ②세금 따위를 갖다 내다. ③몸과 마음을 고스란히 쏟다. 예조국을 위해 목숨을 ~ 관바치는. 바칩니다.

바캉스 주로 피서지·휴양지 등에서 보내는 휴가.

바코드 상품에 표시된 흑백의 줄무늬 기호 예상품에 표시가 됨.

바퀴 전세계에 퍼져 있으며 건물 안에 산다. 움직임이 빠르고 납작하여 잡기 어렵다.

[바퀴]

바탕₁ ①타고난 성질. 재질 따위. ②근본을 이룬 부분.

바탕₂ 무슨 일을 한 차례 끝내는 동안. 예한~ 소동이 나다.

바통 ①릴레이 경우에서 주자가 다음 주자에게 넘겨 주는 막대기. ②후계자에게 인계하는 지위나 일 따위를 비유하는 말.

바티칸[국명] 이탈리아의 수도인 로마 북쪽에 있는, 세계 최소의 독립국. 교황을 원수로 하며, 독자적인 화폐와 우표를 발행함.

바하마[국명] 서인도 제도 북부에 있는, 700여 개의 섬과 2,000여 개의 암초·산호초로 이루어진 나라. 관광지로 유명. 수도는 나소.

바흐[인명](1685~1750) 독일의 고전파 음악가. 「음악의 아버지」라고 불리는데, 대표작에는 「마태수난곡」등 외 여러 곡들이 있음.

박[식물] 박과에 속하는 일 년생 풀. 덩굴진 줄기에 달리는 둥근 열매. 바가지 임.

[박]

박격포【迫擊砲】 가까운 거리의 공격에 쓰이는 구조가 간단한 대포의 한 가지.

박다₁ ①물건을 다른 물건의 속으

로 들어가게 하다. 예못을~. ②인쇄하다. ③사진 찍다.
박다2 바느질에서, 실을 두 번 겹치어 얽어서 꿰매다.
박달나무[식물] 자작나무과의 낙엽 활엽 교목. 깊은 산에서 자라며, 봄엔 갈색 꽃이 핌. 나무의 질이 매우 단단하여 건축 및 가구재로 쓰임. 준박달. 예~윷.
박덕【薄德】덕이 없고 불행의 연속.
박동【拍動】①장기의 율동적인 수축 운동. 예심장이 ~을 멈추다. ②맥박이 뜀. 예심장~소리.
박두【迫頭】가까이 닥쳐옴. 예시험날이 ~하다. -하다. 비임박
박람회【博覽會】온갖 생산품을 모아 벌여 놓고 사람들에게 구경을 시키는 모임. 판매·선전·심사를 하여 상품의 개량과 발전을 꾀하는 모임. 예무역 ~최지.
박력【迫力】일을 밀고 나가는 힘. 예~있는 연기. 반소진.
박리【薄利】상품 판매의 적은 이익.
박리 다매【薄利多賣】이익을 적게 보고 물건을 많이 팔아, 전체의 이익을 올리는 일. -하다.
박멸【撲滅】짓두드려서 없애 버림. 예파리를 ~ 하다. -하다.
박물관【博物館】옛날의 유물이나 자연물·역사 자료·예술품 등을 널리 모아 진열하여 많은 사람들에게 보이는 곳. 예민속~.
박박 ①세게 문지르거나 닦는 모양. ②머리를 아주 짧게 자른 모양. ③몹시 우기거나 기를 쓰는 모양. 센빡빡. 큰벅벅. 흉내말.
박사【博士】일정한 학술을 연구하여 쓴 논문을 심사한 후 수여하는 가장 높은 학위. 예형은 ~가 된다.
박살 깨어져서 조각조각 부서지는 일. 예문을 ~냄
박새 머리와 날개는 검고 뺨은 희며, 등은 짙은 회색이고 배는 엷은 회색임. [박새]
박수1【拍手】기쁜 일에 두 손뼉을 두드려서 계속하여 소리를 냄.
박수2 전문적으로 굿판을 하는 남자.
박수 갈채 손뼉을 치며 칭찬하거나 환영함. 예~를 보내다.
박스 ①상자. ②수위·보초·순경의 초소를 쓰이거나 공중 전화기 등을 설치한 간단한 건축물. ③극장이나 경기장의 특별석. 예로얄~. 고양에서 온 참외~를 풀다.
박애【博愛】자비·동정 등을 베풀어 모든 사람을 다 같이 사랑함.
박약【薄弱】①의지 체력 따위가 굳세지 못함. 예~한 남자. ②확실하지 않음. 예의지가 너무~해지다.
박음질 바느질의 하나. 실을 두 번 겹쳐 얽어서 꿰매는 일. 온박음질과 반박음질이 있음.-하다.
박이다 ①꽂히듯이 한 곳에 들어가 있다. ②버릇이나 생각이 깊이 배다. 예담배의 인이~.
박자【拍子】곡조의 진행을 헤아리는 시간의 단위. 장단.
박장 대소【拍掌大笑】손뼉을 치며

한바탕 크게 웃음. -하다.
박절【迫切】야박하고 매몰스러움. 예~하다.
박쥐[동물] 몸은 쥐와 비슷하나 앞다리가 날개처럼 변형되어 날아다님. 낮에는 어두운 곳에 있다가 밤에만 활동을 하는 동물이다.

[박쥐]

박진 표현 등이 실제와 가까움.
박차【拍車】
①어떠한 일의 진행을 촉진하기 위하여 더하는 힘. 예~를 가하다.

[박차]

②말을 탈 때 신는 신의 구두 뒤축에 대는 것.
박차다 ①발길로 힘껏 차다. 예발로~. ②어려움이나 장애물을 내치어 물리치다. ③힘차게 물리치다.
박테리아 살아 있는 것 중에서 가장 작은 생물로, 현미경을 통해서만 볼 수 있으며, 썩거나 병이 나는 원인도 됨. 세균.
박하[바카][식물] 꿀풀과의 여러해살이풀. 여름에 담자색 또는 백색의 꽃이 핌. 한방에서는 잎을 박하라고 하여 약재로도 쓰고, 향기가 좋아 향료·음료·사탕 제조에 쓰임. 예~사탕. ~냄새.
박해【迫害】못 견디게 굴어서 해롭게 함. 예~당하였다. -하다.

밖 ①무슨 테나 금을 넘어선 쪽. 예대문 ~. 비겉. 반안. ②겉으로 드러나 보이는 부분.
반₁【半】①둘로 똑같이 나눈 것의 한 부분. ②사물의 중간이 되는 부분. 예동생에게 ~을 주었다.
반₂【班】①한 학년을 한 교실의 수용인원 단위로 나눈 이름. 예6학년 4~. 비학급. ②어떤 공통점을 가지고 모인 집단. 예우리 학교 미술~. 우리 집은 7통 3 ~이다.
반:감【反感】①반대의 뜻을 품은 감정. ②노여워하는 감정. 예친구의 ~을 사다. 반호감. -하다.
반:격【反擊】공격하여 오는 적군을 되받아 침. 비공격. -하다.
반:경【半徑】반지름. 지름의 반.
반공【反共】공산주의에 반대함. 공산주의와 투쟁함. 반용공. 승공.
반:구【半球】①둥글게 생긴 물체의 절반 또는 그 모양. ②지구면을 두 쪽으로 나눈 때의 그 한 부분. 예남~와 북~에는 흰 곰이 산다.
반:구형 반구처럼 생긴 모양.
반:군【叛軍】반란을 일으킨 군대임.
반:기₁【反旗】반대의 뜻을 나타내는 행동이나 표시. 예~를 들었다.
반:기₂【半旗】죽은 이를 슬퍼하는 뜻을 표하기 위하여 조금 내려서 게양하는 국기. 조기.
반:기₃【叛起】배반하여 일어남.
반기다 기뻐서 반갑게 맞이해 주다.
반:나절 하루의 낮을 넷으로 나눈

반:납【返納】물건을 돌려 줌. 예빌려온 물건을 ~하다.

반닫이 앞면의 위쪽 절반이 앞쪽으로 열리는 문짝으로 되어 있는, 주로 옷가지를 넣어 두는 가구. [반닫이]

반달가슴곰 가슴에 하얀 반달 모양의 털 무늬가 있는 큰 검은 곰. 반달 곰. [반달가슴곰]

반:대 ①사물이 맞서서 서로 다름. ②남의 의견에 찬성하지 않고 뒤집어 거스름. 반찬성. 예~한다.

반:도【半島】삼면이 바다에 둘러싸이고, 한 면은 육지에 닿은 땅.

반:도국 영토가 반도로 길게 나와 삼면이 바다로 둘러싸인 나라.

반:도체【半導體】고온이 되면 전기 전도도가 높아지는 물질. 낮은 온도에서는 전류가 잘 흐르지 않음. 규소·게르마늄이 있으며 전자 기기에 이용됨. 전자 제품 회로로 씀.

반:동【反動】어떤 방향의 움직임에 대하여 반대로 일어나는 동작.

반동력【反動力】[-녁] 반동으로 인하여 일어나는 힘. 반대 되는 힘.

반두 양쪽 끝에 손잡이의 대가 있는 물고기를 잡는 그물.

반드럽다(반드러우니, 반드러워서) 윤기가 나고 매끄럽고 반질거림.

반듯이 비뚤어지지 않고 똑바른 것.

반듯하다[-드타-] ①물건이 삐뚤어지거나 굽지 않고 바르다. ②생김새가 말끔하다. 큰번듯하다. 센반뜻하다.

반딧불 밤에 개똥벌레의 꽁무늬에서 반짝이는 불빛. 반딧불이. [반딧불]

반:란【叛亂】나라를 뒤집으려고 일으키는 난리.

반:려₁【伴侶】짝이 되는 벗. 배우자.

반:려₂【返戾】어떤 물건을 되돌려 줌.

반:말 손아랫사람에게 하듯 낮추어 하는 말. 예왜~하다. -하다.

반:면₁【半面】①한쪽 면. 예달의 ~. ②얼굴의 좌우 어느 한쪽. 예~마비. 좋은 ~부작용이 생길 수 있다.

반:면₂【反面】다른 쪽의 면. 예징점이 있는 ~에 단점도 있다.

반:문【反問】상대방의 말을 대답하지 않고 물음. 비질문. -하다.

반:박【反駁】남의 의견에 반대하여 논란함. 예~하고 나서다. -하다.

반:발 ①되받아 튕김. ②상대방에 대하여 언짢게 여겨 그에 반항하는 태도를 나타내는 일. -하다.

반:비례【反比例】어떤 양이 다른 양의 역수에 비례되는 관계. 한쪽이 3,4배 …가 되면, 다른 쪽의 양은 1/3, 1/4배 …가 되는

관계. 반정비례. -하다.

반사【反射】 빛이나 소리가 다른 물체의 표면에 부딪쳐서 되돌아옴. 예소리의 ~. 반직사. -하다.

반사 운동【反射運動】 어떠한 자극으로 반사에 의한 무의식적인 운동. 호흡 운동이나 위장 운동 따위.

반색 몹시 좋아서 반가워하는 표정.

반:생【半生】 한 평생의 절반. 반평생.

반석【盤石·磐石】 ①넓고 편편한 큰 돌. 너럭바위. ②아주 견고하고 든든한 것의 비유.

반성【反省】 자기가 한 일을 스스로 돌이켜 잘한 것과 잘못한 것을 살핌. -하다.

반신 반:의【半信半疑】 반은 믿고 반은 의심함. 반확신. -하다.

반신 불수【半身不隨】[-쑤] 뇌의 장애 따위로 몸의 어느 한쪽이 마비되는 일. 또는 그런 사람.

반:역【反逆】 나라와 겨레와 지배자 등을 배반함. 비모반. 반순종.

반:영【反映】 ①반사하여 비침. ②다른 일에 영향을 미치어 어떤 현상이 나타남. -하다.

반:원【半圓】 원을 이등분한 한 부분. 예~으로 둘러앉다.

반:음【半音】 한 음계의 절반을 말함.

반:응【反應】 ①어떠한 작용에 의하여 일어나는 현상. ②물질 사이에 일어나는 화학적 변화. -하다.

반입【搬入】 물건을 날라서 들여옴.

반장【班長】 ①선생님을 도와 그 반의 일을 맡아 보는 사람.

②반을 대표하거나 책임져 지휘를 통솔하는 사람. 비급장. -하다.

반:전【反轉】 ①반대쪽으로 구름. ②형세가 뒤바뀜.

반절 반 자른 것.

반짇고리 바늘, 실, 골무 따위의 바느질 도구를 담는 그릇.

[반짇고리]

반창고 연고나 붕대를 고정시키기 위해 살에 잘 달라붙는 물질을 발라서 만든 헝겊이나 테이프.

반:항【反抗】 순종하지 않고 반대하여 대듦. 반복종. 관저항. -하다.

반:환【返還】 꾸거나 빌렸던 것을 도로 돌려 줌. -하다.

반회【班會】 같은 반의 모임을 가짐.

받다 ①주는 것을 가지다. 반주다. ②우산을 펴 들다. ③남에게서 어떤 행동 등을 당하거나 입다. ④응하여 들이다. 예전화로 주문을 ~. 관받는. 받아. 받습니다.

받들다 ①높이어서 모시다. 예조상을 ~. ②물건을 받쳐 들다.

받침대[-때] 무거운 물건 등을 받치는 데 쓰는 물건. -하다.

받히다[바치-] 떠받음을 당하다. 예기둥에 ~.

발₁ 가늘게 쪼갠 대나 무나 갈대 같은 것으로 엮어 만든 물건.

[발]

가리는 데 쓰임.

발₂ ①동물·사람의 다리 맨 끝 부분. ②어떤 물건의 밑에 달리어 그것을 받치는 짧은 부분. ③걸음. 발걸음. 예~가락. ~등.

발가벗다 ①알몸이 되도록 옷을 모두 벗다. ②산에 나무가 없이 흙이 드러나 보일 정도가 되다. 큰벌거벗다. 발가벗어. 발가벗는.

발각【發覺】숨겼던 일이 다 알려짐.

발간【發刊】신문·잡지 등을 박아 냄. 예잡지를 ~하다. -하다.

발견【發見】전혀 모르던 것을 처음으로 알아 내거나 찾아냄. 비발명.

발광₁【發光】빛을 냄. 예~다이오드.

발광₂【發狂】①병으로 미친 증세가 일어남. ②미친 듯이 날뜀.

발굴【發掘】①땅 속에 묻히어 있는 것을 파냄. ②알려지지 않았거나 뛰어난 것을 찾아냄. -하다.

발그스름하다 조금 발갛다.

발급【發給】정부에서 증명서를 만듦.

발기【發起】앞장서서 새로운 일을 꾸며 일으킴. 예~인. -하다.

발끈하다 소견이 좁아 걸핏하면 성을 내다. 관화를 내다. 성질을 내다.

발단【發端】[-딴] 일의 첫머리가 처음으로 일어남. 일의 시작.

발달【發達】[-딸] ①차츰 잘 되어 나감. ②몸과 마음이 자라서 완전한 형태에 가까워짐. -하다.

발돋음 키를 돋우기 위하여 딛고 서는 짓. 예~하고 본다. -하다.

발동[-똥] ①움직이기 시작함. ②동력을 일으킴. 비시동. ③국가 기관이 법적 권한을 행사함. 예수사권을 ~하다. -하다.

발딱 갑자기 급하게 일어나거나 뒤로 자빠지는 모양. 큰벌떡. -하다.

발랄【潑剌】표정이나 행동이 활발하다.

발레 음악·의상·무대 장치 등을 갖추어서 주제를 종합적으로 나타내는 서양식 무용. [발레]

발레리나 발레 하는 여자 무용가.

발령【發令】①명령을 내림. ②법령·사령을 냄. -하다.

발명【發明】아직까지 없던 어떠한 물건이나 방법을 새로 만들어 냄. 예왕. 에디슨이 전구를 ~했다.

발목 다리와 발이 이어진 부분. [발목(을) 잡히다] ①어떤 일에 꼭 잡혀서 벗어나지 못하다. ②남에게 약점을 잡히다. ③오도 가도 못함.

발바리 개의 한 종류. 몸은 작고 다리가 짧으며 온 몸에 긴털이 남. 잠시도 쉬지 않고 돌아다니는 사람. [발바리]

발버둥치다 불평이 많아 다리를 뻗었다 오므렸다 하며 몸부림치다.

발병【發病】병의 증세가 나타난 것.

발사【發射】[-싸] 총·대포·활 등을

쏨. 예명령. -하다.

발산【發散】[-싼] ①밖으로 퍼지어 흩어지거나 흩어지게 함. 예열을 ~하다. ②울분 따위를 밖으로 나타내어 없앰. -하다.

발상【發想】[-쌍] 어떤 생각이 떠오름. 또는 그 생각. 예기발한 ~.

발송【發送】[-쏭] 물건이나 편지 따위를 우편으로 보냄. -하다. 발신 전보·우편·전파 등을 보냄.

발악【發惡】 앞뒤를 가리지 않고 모진 말이나 행동을 함. -하다.

발언【發言】 말을 함. 말을 꺼냄. 예회의에서 ~하다. -하다.

발원 ①강물이 처음으로 흐르는 근원. 예강의 ~은 이곳이다. ②사물이 처음으로 발생함. -하다.

발육【發育】 몸이 완전한 꼴로 자람.

발전₁【發電】[-쩐] 기계를 써서 전기를 일으킴. 예수력 ~. -하다.

발전₂【發展】 보다 나은 단계로 뻗어나감. 예경제 ~을 이룩하였다.

발전기【發電機】[-쩐-] 기계의 힘에 의해서 전기를 일으키는 장치를 통틀어 말함. 예수력. 화력 ~.

발족【發足】 새로 설립된 어떠한 조직체가 그 활동을 시작함. -하다.

발주 필요한 물건을 공장에 주문함.

발진【發進】 엔진의 힘으로 항공기·함선 등이 출발함. -하다.

발진티푸스[-찐-] 법정 전염병의 하나. 높은 열과 두통이 계속되며 온 몸에 좁쌀 만한 종기가 생김.

발췌【拔萃】 책·글 등에서 필요한 부분만을 뽑아서 씀. -하다.

발칵 ①갑자기 기운이 솟아나는 모양. ②무엇이 갑자기 세차게 뒤집히는 모양. 큰벌컥. 흉내말. -하다.

발칸 반도 유럽 대륙의 동남부 지중해에 튀어나온 큰 반도. -하다.

발탁【拔擢】 여러 사람 중에서 특별한 사람을 뽑아 씀. -하다.

발판 ①높은 곳에 올라가기 위하여 설치해 놓은 널. ②차를 오르내릴 때 발을 디디게 한 장치. ③출세 등을 위한 수단 또는 기반.

발포【發砲】 총이나 대포를 쏘는 것.

발표【發表】 공식적으로 드러내어 널리 알림. 비공표. -하다.

발표회 학술이나 예술 등의 창작 또는 연구 결과를 발표하는 모임. 예내일은 학예 ~날이다. -하다.

발해【渤海】[국명](698~926) 고구려의 장군인 대조영이 만주 지방에 세운 나라. 일명. 해동 성국.

발행【發行】 도서·신문·잡지 등을 박아 세상에 펴냄. -하다.

발화【發火】 방화나 자연히 불이 남.

발효【醱酵】 효모. 박테리아 등 미생물에 의해 유기물로 변하여 알코올이나 탄산 가스 등으로 바뀌는 작용. 예김치가 오래 ~되면 시다.

발휘【發揮】 지니고 있는 재능이나 힘따위를 떨치어서 나타냄. -하다.

밝다[박따] ①흐리지 않고 환하다. 예불빛이 ~. 비환하다. 반어둡다.

②청력·시력이 똑똑하다. 예눈이 ~.
③마음이 즐겁고 명랑하다.

밤₁ 어두운 저녁부터 새벽 밝기 해가 뜨기 전까지. 반낮.

밤² 가시가 난 껍질 속에 갈색 열매.

밤길[-낄] 밤이 되어 어두운 길. 예~을 조심함.

밤:송이 밤나무 열매인 밤을 싸고 있는 껍데기. 가시가 많이 있고 여물면 벌어진다.

밤중-쭝] 밤이 아주 깊어진 시간. [밤송이]

밥 ①쌀에 물을 붓고 열을 가하여 끓인 음식. ②끼니로 먹는 음식. 예아침 ~. 일단 ~부터 먹읍시다.

밥상 음식을 차려 놓은 데 쓰는 상. 예~을 차리다 말고 어딜 가니?

밥통 ①밥을 담는 통. ②제 밥값도 못하는 어리석은 사람.

밧줄 볏짚이나 삼 등으로 굵고 길게 꼬아 튼튼하게 만든 줄.

방【房】사람이 거처하기 위하여 집 안에 마련한 곳. 비구들.

방갈로 산이나 바닷가에 캠프 용의 간단한 집. 야영 건물이나 별장임.

방공【防空】적의 항공기 및 미사일 공격에 대한 방어.

방공호【防空壕】적의 비행기 폭격 때 몸을 피할 목적으로 땅을 파서 만든 굴이나 구덩이. 대피호.

방관【傍觀】같이 어울리지 않고 곁에서 가만히 보고만 있음. -하다.

방광【膀胱】콩팥으로부터 흘러내리는 오줌을 한동안 저장하였다가 몸 밖으로 내보내는 엷은 막으로 된 주머니 모양의 기관.

방글라데시[국명] 인도의 북동쪽에 있는 공화국. 쌀, 황마, 사탕수수가 많이 나며 종교는 이슬람 교. 수도는 다카이다. [14만 8천km^2]

방글방글 입만 벌리고 귀엽게 자꾸 웃는 모양. 큰벙글벙글. 흉내말.

방금 바로 이 때. 금방. 비지금. 금세.

방긋 소리 없이 입만 약간 벌리어 웃는 모양. 큰벙긋. 빵끗. 흉내말.

방:뇨【放尿】오줌을 눔. 예담벼락에 ~하지 마시오. [방독면]

방독면 독가스나 연기로부터 호흡기 등을 보호하기 위해 얼굴을 가리는 데 쓰는 마스크.

방동사니 밭이나 들에서 흔히 볼 수 있고 오아골과 비슷하며 잎은 뿌리에서만 모여 나고 여름에 연한 적갈색 꽃이 여러 날 핀다. [방동사니]

방:랑 정처 없이 떠돌아다님.

방:류【放流】가두어 놓은 물을 터서 흘려 보냄. 예물을 ~하다.

방면【方面】①어떤 방향의 지방. 예서울 ~. ②전문적으로 뜻을 두거나 생각을 가진 부분. 비방향. 위치.

방명록【芳名錄】 모임과 예식에 남의 성명을 적어 놓은 기록. 인명록.

방:목【放牧】 가축을 풀어 놓아 기름.

방:문₁【訪問】 남을 찾아가서 보는 것.

방문₂【房門】 방으로 드나드는 문.

방범【防犯】 범죄를 사전에 예방함.

방법【方法】 어떤 일을 할 수단이나 솜씨. ᵉ좋은 ~. ᵇ방도. 방식.

방사능【放射能】 물질을 구성하는 원자가 자연적·인공적으로 방사선을 내뿜는 성질 또는 그 현상.

방:생【放生】 사람에게 잡혀 죽게 된 생물을 놓아 살려 주는 일.

방:송국【放送局】 방송하기 위하여 시설하여 놓은 무선국. 관영과 민영이 있음. ᵉ문화~개국 기념.

방수【放水】 물이 스미는 것을 막음.

방수복【防水服】 물이 새어들지 않도록, 방수제를 발라 가공한 피륙으로 만든 옷.

방습【防濕】 습기가 못 들어오게 함.

방식【方式】 일정한 방법으로서의 형식. ᵉ추첨~. ᵇ방법.

방실거리다 소리 없이 입만 약간 벌리고 부드럽게 자꾸 웃다.

방:심【放心】 마음을 놓음. 정신을 차리지 않음. ᵉ화재를 ~말라.

방아 곡식을 찧는 틀. 디딜방아와 물레방아의 구별이 있음.

방아개비 여름에 풀밭에 살며 머리 끝이 뾰족하고 뒷다리 끝을 잡아 쥐면 방아를 [방아개비]

찧듯이 몸을 끄덕거리는 곤충.

방아쇠 소총·권총 등에 붙어 있는 집게 손가락으로 잡아당겨서 총알이 앞으로 나가게 하는 장치.

방앗간 방아로 곡식을 찧거나 빻는 곳. ᵇ정미소.

방역【防疫】 전염병의 발생, 침입을 소독·예방 주사 등의 방법으로 미리 막음. -하다.

방:영【放映】 텔레비젼으로 방송함.

방울 ①둥글게 맺힌 액체 덩어리. ②쇠붙이로 둥글게 만들고 그 속에 단단한 물건을 넣어 흔들면 소리가 나는 물건.

방울새[-쌔][동물] 참새과의 새. 울음 소리가 매우 고우며, 여러 가지 새의 우는 흉내를 냄. 잡식을 함. [방울새]

방위₁【防衛】 막아서 나라를 지킴.

방위₂【方位】 어떠한 쪽의 위치. 동서남북을 기준으로 16이나 32방위 등의 나눔. ᵉ~는 방위표로 함.

방위 산:업 국가 방위를 위한 군수품을 생산하는 모든 산업. -하다.

방위선₁【方位線】 방향과 위치를 정하기 위하여 그어 놓은 금.

방위선₂【防衛線】 방위하기 위하여 진을 쳐 놓은 선.

방위표【方位表】 방위를 나타내는 표.

방음【防音】 바깥의 소음을 막거나 방안의 소음이나 바깥의 소음의

방적【紡績】동식물의 섬유를 가공하여 실을 만드는 일.

방전【放電】전기가 흘러 나가는 현상. 예건전지가 ~되다. -하다.

방정맞다 ①말이나 하는 행동이 가벼워서 요망스럽다. 예선이는 너무~. ②몹시 요망하여 굴어서 상서롭지 못하다. 예행동이 모두~.

방정식【方程式】수학에서 식 중에 미지수의 특정한 값을 주었을 때만 성립되는 등식 $2x+3=7$등.

방정환[인명](1899~1931) 호는 소파. 색동회를 만들어 우리나라에서 처음으로 어린이 운동을 하였고, 「어린이」란 말을 만들어 쓰고, 「어린이날」을 정하였음.

방제【防除】①재앙이나 재해를 미리 막아 예방함. ②농작물을 병충해로부터 예방하고 없앰. 예병충해를 ~하다. 전염병을 ~한다.

방조제【防潮堤】바닷물이 육지로 밀려들어 입는 피해를 막기 위해 쌓은 둑. 예시화 ~준공식 장면.

방지【防止】좋지 않은 일을 막는 것.

방직【紡織】공장에서 천을 짜는 일.

방책【方策】일을 해결할 방법과 꾀.

방청 회의나 방송·재판 등을 출석하여 일의 진행을 보고 듣는 사람.

방청객【傍聽客】방청하는 사람.

방충【防蟲】해충의 침해를 막는 것.

방침【方針】어떤 일을 처리해 나갈 방향과 계획. 비방향.

방탄【防彈】탄알을 막음.

방파제【防波堤】밀려드는 파도를 막기 위해 바닷가 둘레에 쌓아 놓은 둑. 예부산항 ~.

방패 전쟁시 적군의 창이나 화살을 막는 데 쓰던 병기.

방패연【防牌鳶】직사각형으로 가운데 둥근 구멍이 있는 방패 모양의 연.

[방패연]

방:학【放學】학교에서 더위나 추위를 피하여 얼마 동안 수업을 쉬는 일. 예여름~. 겨울~. 반개학.

방한【防寒】추위를 막기 위하는 것.

방해【妨害】남의 일을 못 하도록 훼방을 놓음. 예공부에 ~된다. 비훼방. 장애. 반협력. 협조. 협동.

방향【方向】①향하는 쪽. 예한 ~으로 가라. 비방위. ②뜻이 향하는 곳. 예장래의 ~에 대하여 말하자.

방화₁【防火】불이 나지 않도록 미리 단속함. 예~훈련. ~시설. -하다.

방:화₂【放火】집 따위의 재산에 일부러 불을 지름. 예~범. 반실화.

방화사【防火砂】불이 났을 때에 쓰도록 마련한 모래.

방황 정한 방향이나 목적이 없이 이리저리 떠돌아다님. 비부랑. 방랑.

밭 물을 대지 아니하고 식물을 심어서 가꾸는 땅. 반논.

밭갈이 밭에 씨를 심기 위해 하는 일.

밭농사 밭에서 가꾸는 곡식. 채소,

과일, 콩, 화훼 농사. ^반논농사.
배₁ 가슴과 골반 사이의 내장이 있는 부분. ^예~가 아프다.
배₂ 사람이나 물건을 싣고 물 위로 떠다니는 구조물. ^비선박.
배₃【倍】같은 수량을 두 번 합침. 또는 그 수량. ^예~로 변상.
배₄ 껍질이 누렇고 단맛이 나는 열매.
배격【排擊】①밀어 내침. ②남의 의견을 쳐서 말함. ^비배척. -하다.
배:경 ①무대 위에 꾸며 놓은 그림이나 장치. ^반전경. ②뒷 경치. ③문학 작품의 내용과 역사적 사건.
배:관【配管】액체나 기체를 보내거나 빼기 위하여 관을 설치함. 또는 설치물. ^예~공사.
배급【配給】일용품을 나눠 주는 것.
배기【排氣】공기를 밖으로 뽑아 냄.
배기 가스 열 기관이나 엔진 등에서 내부 연소가 끝나고 빠져 나가는 불필요한 가스.
배꼽 ①배의 가운데에 있는 탯줄을 끊은 자리. ②모든 열매의 꼭지.
배나무[식물] 능금나무과의 활엽 교목. 봄에 흰 꽃이 피며, 가을에 열매가 익는데 맛이 달고 물이 많음.

[배나무]

배낭【背囊】물건을 담아 등에 지도록 만든 사각으로 된 주머니.
배:다₁ ①물기가 스미어 젖다. ②익숙해지다. ^예버릇이 몸에 ~.

배:다₂ ①아이나 새끼 또는 알을 가지다. ^비잉태하다. ②식물이 줄기 속에 이삭을 가지다. ^예벼 이삭이 ~. 양쪽 다리에 알이 ~ 아프다.
배:달【配達】우편물이나 물건 등을 돌아다니면서 전하여 줌. ^예우편 ~. ^반수집. -하다.
배:달 민족【倍達民族】역사상으로 우리 겨레를 일컫는 말. 배달 겨레.
배:당【配當】①나누어 줌. ②나누어 주는 몫.
배드민턴 네트를 사이에 두고 라켓으로 셔틀콕을 서로 치고 받는 경기. -하. [배드민턴]
배:려 관심을 갖고 보살펴 주는 것.
배상₁【賠償】남에게 입힌 손해를 갚아줌. ^예손해 ~. ^비변상. 보상.
배:상₂【拜上】편지 끝에 쓰는 말로 삼가 절하고 올린다는 뜻.
배:석【陪席】어른을 모시고 자리를 같이 함. -하다.
배:선【配線】전기의 이용이 편리하도록 전선을 배치하는 일.
배설【排泄】①안에서 밖으로 새어 나가게 함. ②물질 대사의 결과 생기는 쓸데 없는 물질을 몸 밖으로 내보내는 일. -하다.
배:수₁【配水】필요한 곳에 물을 보냄.
배:수₂【倍數】어떤 수의 갑절이 되는 수. ^반약수. ^예9는 3의 ~이다.
배:수관【配水管】상수도의 물을 보

내는 관. 수도관. 예~을 고치다.
배:수진【背水陣】 ①적과 싸울 때 강·호수·바다 등을 등지고 치는 진. ②목숨을 걸고 싸우는 경우를 비유함.
배:신 신의를 지키지 않고 돌아섬. 비배반. 예그는 나를 ~하고 떠나다.
배:양【培養】 ①식물을 북돋아 기름. ②사람을 가르쳐 기름. -하다.
배:역【配役】 연극이나 영화 따위에서 배우에게 출연할 역을 나누어 맡기는 것. 또는 그 역을 맞는 사람.
배열【配列】 죽 벌여서 열을 지음. 예가나다순으로 ~하다. -하다.
배우【俳優】 영화나 연극 따위에서 연기를 하는 사람. 비연기자.
배우다 ①가르침을 받다. ②학문을 하다. 공부를 하다. ③여러 가지 경험을 하여 앎. 반기르치다.
배:은 망덕 다른 사람에게 입은 은덕과 사랑의 은혜를 저버린 행동.
배:자 마고자 모양으로 되는 소매가 없는 덧저고리.
배:정【配定】 나누어서 몫을 정함. -하다. [배자]
배:차1【配車】 자동차·기차 따위를 갈라 보냄. 알맞은 간격으로 차를 보내는 것.
배차2【排次】 시간마다 운행하는 것.
배척【排斥】 반대하여 물리쳐 몰아냄. 비배격. 반환영.

배:추 잎을 먹는 채소. [배추] 양념을 하여 김치를 담그는 재료.
배추 흰나비 몸 빛은 희고 앞 날개의 끝이 검은, 봄과 여름에 주변에서 흔히 볼 수 있는 나비.
배출1【排出】 밀어서 밖으로 내보냄. 예몸에 땀이 ~되다.
배:출2【輩出】 인재가 계속하여 나옴. 예[배추흰나비] 인재를 ~한 명문 대학. -하다.
배:치【配置】 갈라 나누어 저마다의 자리에 둠. 예자리 ~를 하다.
배타【排他】 남이나 다른 생각 따위를 배척함. 예~주의, ~적인 태도.
배탈 배가 아프거나 설사를 하는 뱃속 병. 예~이 생기다. ~이 심하다.
배터리 야구에서 투수와 포수를 이르는 말. 전기를 일으키는 장지.
배트 야구에서 공을 치는 방망이. 예~로 공을 던진다.
배:포【配布】 문서 등을 남에게 널리 알리어 줌. 예광고지를 ~하다.
배:필【配匹】 부부로서의 짝. 비신혼.
배:합【配合】 알맞게 합하여 섞음. 예청색과 황색을 ~했다. -하다.
배회【徘徊】 이리 저리 거닐어 다님.
배:후【背後】 ①등 뒤. 뒤편. 예~인물. ②일의 다른 면. 예사진의 ~.
백1【白】 흰 빛깔. 하얀 색. 투명한 색.
백2 물건을 넣어 가지고 다니는

백골【白骨】죽은 사람이나 짐승들의 살이 썩고 남은 흰 뼈.

백과 사:전 학술·기예·가정·사회 등 모든 분야에 걸친 지식을 부분별 또는 자모 순으로 배열하여 항목마다 풀이한 사전.

백금【白金】은백색의 단단한 금속 원소. 장식용 귀금속이나 도량형기 따위에 쓰임.

백기【白旗】①바탕이 흰 기. ②항복의 표시로 쓰이는 흰 기.

백두산【白頭山】함경 남북도와 중국과의 국경 사이에 있는 우리 나라에서 제일 높은 산. 산 꼭대기에는 천지가 있음. 높이는 2,744m이다.

백령도【白翎島】우리나라에서 가장 북서쪽에 있는 섬. 인천 광역시 옹진군 백령면에 속해 있다. 섬 면적.[45km^2]

백로【동물】백로과의 물새. 온몸이 흰 새. 냇가에서 물고기나 개구리를 잡아 먹고 삶.

백록담【白鹿潭】제주도 한라산 꼭대기에 있는 못. 넓이는 동서 600m 남북 500m가량의 타원형임. 화산 폭발로 생긴 호수.

백마【白馬】털빛이 하얀 말. ^반흑마.

백만 대:군【百萬大軍】백만 명이나 되는 많은 군대. ^예~이 달려온다.

백만 장:자【百萬長者】재산이 매우 많은 사람. ^예~가 되다.

백모【伯母】큰어머니. 백부의 아내.

백문【百聞】여러 번 들음. [백문이 불여일견] 백 번 말로만 듣는 것보다 실제로 한 번 보는 것이 더 나음. 많이 듣는 것이 좋다는 뜻.

백반₁ 명반을 구워 만든 덩이. 물감들이는 데나 지혈제로 쓰임.

백반₂【白飯】밥과 국과 반찬 몇 종류.

백발【白髮】하얗게 센 머리털. ^예~노인. ^반흑발. ^비흰 머리.

백발 백중 총이나 활 따위를 쏠 때마다 번번이 겨눈 곳에 맞음. -하다.

백방【百方】①여러 가지 방법. ②여러 방면이나 방향. ③온갖 방법.

백부【伯父】큰아버지. 아버지 맏형.

백사장【白沙場】강가·바닷가의 흰 모래가 깔린 곳. ^예여름에 ~에 감.

백삼【白蔘】수삼의 잔뿌리를 따고 껍질을 벗기어 볕에 말린 인삼.

백색【白色】하양 빛깔. 흰색. ^반흑색.

백설【白雪】흰 눈. ^예동화에 ~공주.

백설 공주[책명] 독일의 「그림 동화집」에 나오는 옛 이야기.

백성【百姓】일반 국민. ^비국민. 민초.

백송【白松】[식물] 소나무과의 상록 침엽 고목. 나무 껍질이 큰 비늘처럼 벗겨져서 밋밋하고 흰 빛이 남. 큰 나무는 천연 기념물로 지정되어 있음.

백수【百獸】온갖 짐승. ^예~의 왕자는 사자다. 산에서 사는 여러 짐승.

백야【白夜】위도가 높은 지방에서 밤이 되어도 어두워지지 않는 현상.

백약 무효【百藥無效】온갖 약을 다 써도 병이 치료에는 진전이 없음.

백엽상 습도, 기온을 재기 위하여 온도계, 습도계 따위를 넣어 땅에서 1.5m 높이에 세운 조그만 모양의 흰 상자.  [백엽상]

백옥【白玉】흰 빛깔의 옥. 흰 구슬.

백운【白雲】흰 구름.

백의【白衣】흰 옷. 예~의 천사들.

백의 민족【白衣民族】우리 민족을 가리키는 말. 예동방의 ~.

백의 종군【白衣從軍】벼슬이 없이 군대를 따라 전쟁터로 감. -하다.

백인종【白人種】피부색이 흰 인종.

백일홍[식물] 대낮에 꿈을 꾼다는 뜻. 실현될 수 없는 헛된 공상. [백일홍]

백자 흰 빛깔로 된 도자기. 조선 시대에 유행했는데, 서민적이고 소박한 점이 그 특징임.  [백자]

백전 노장【百戰老將】수많은 싸움을 전쟁터에서 치른 노련한 장수.

백전 백승 상대와 싸워서 모두 이김.

백절 불굴【百折不屈】어떠한 난관에도 꺾이지 않고 이겨 나감.

백제[국명] 삼국 시대의 한 나라. 기원 전 18년에 온조왕이 한강 부근에 세웠던 나라. 678년 동안 계속되다가 서기 660년 의자왕 때 신라와 당나라 연합군에 의해 멸망하게 되었다.

백조[동물] 오리과 물새의 하나. 몸 빛깔은 전체가 흰 색이고 부리는 노란 색, 다리는 검은 색이다. [고니]

백주【白晝】대낮. 예~에 강도질.

백지【白紙】①흰 빛깔의 종이. 반먹지. ②아무것도 쓰지 않은 종이. 비공지. ③종이를 뜰 때 하얗게 뜸.

백팔 번뇌【百八煩惱】불교에서 이르는 108가지의 괴로움.

백합₁[동물] 참조개과의 조개. 모시조개와 비슷하여 식용함.

백합₂【百合】[식물] 백합과의 여러해살이풀. 7~8월에 나팔 모양의 흰 꽃이 피며 매우 아름답고 향기가 좋음. 뿌리는 약용으로 쓰인다.  [백합]

백혈구【白血球】피를 이루는 세포로 모양이 일정하지 않음. 아메바 모양. 모세 혈관 밖에까지 나와서 병균을 잡기도 함. 관적혈구.

백혈병【白血病】백혈구가 정상보다 증가하여 혈액 속에 생기는 병.

백호 일반 호랑이 털과 다른 흰색이며 돌연변이로 나타나는 호랑이.

[백호]

백화점【百貨店】 한 건물 안에서 일상 생활에 필요한 여러 가지 상품을 부문별로 나누어 진열·판매하는 대규모의 종합 소매점. ᵇᵃⁿ단위 상점.

밴드₁ 가죽 천으로 좁고 길게 만든 띠.

밴드₂ 음악을 연주하는 악단.

밸브 실린더에서 액체나 기체의 양이나 압력을 조절하는 장치. 펌프·엔진 등에 쓰임.

뱀:[동물] 파충류 뱀목에 속하는 동물의 총칭. 몸이 비늘로 덮였으며 혀끝은 갈라지고 긺. 겨울잠을 잠.
[뱀]

뱀딸기 집 부근 밭둑이나 논둑에 자라며, 봄에는 노란 꽃이 피고 열매는 빨갛게 익는 여러해살이풀이다.
[뱀딸기]

뱀:장어[동물] 참장어의 민물고기. 몸길이 약 60cm로 가늘고 길다. 배지느러미가 없고 잔비늘이 피부에 묻히어 있다.

[뱀장어]

뱃고동[배꼬-] 배가 출발할 때 소리를 내는 것. ᵉˣ배가 ~을 울린다.

뱃길[배낄] 배가 수시로 다니는 길.

뱃멀미 배를 타면 어지럽고 구역질이 나는 일. -하다. ᵉˣ나는 ~한다.

뱃사공 배를 저어 부리는 사람.

뱃사람 배를 부리거나 배에서 일하는 사람. ᵇⁱ선원. -하다.

뱃삯[배싹] 배를 타거나 짐을 싣는 데 치르는 돈. ᵉˣ이 곳 ~이 얼마요.

뱉:다 ①입 속에 든 물건을 입 밖으로 내보내다. ②차지했던 것을 도로 내놓다. ③말을 함부로 하다.

버겁다(~거워, 거우니) 물건이나 세력 따위를 다루기가 힘에 겹다. ᵉˣ내가 들기에 ~.

버금 다음 되는 차례.

버드나무[식물] 버들과의 낙엽 활엽 교목이다. 높이는 8~10m로 가늘고 긴 가지가 축축 늘어지는 게 특징임.

[버드나무]

버들치 산간 계곡의 맑고 찬물에서 살면서, 모래 바닥에 알을 낳는다. 몸길이가 8~15cm이며 식용으로 좋다.
[버들치]

버릇 ①마음이나 몸에 굳어진 성질이나 짓. ②어른에 대한 예의. ᵉˣ~이 없다. ᵇⁱ습관.

버리다 ①쓰지 못할 것을 다 내던

지다. 예휴지를 아무데나 ~. ②돌보지 않다. ③망가뜨리다. 쓰지 못하게 만들다. ④완전히 다 끝낸다.

버림받다 버림을 당하다. 쓰지 못할 것으로 버려지다.

버마 [지명] 「미얀마」의 옛 지명.

버무리 여러 가지를 한데 뒤섞어서 만든 음식. 예김치를 ~다. -하다.

버무리다 여러 가지를 골고루 섞다.

버선 천으로 지어 한국 전통 양말. [버선]

버선코 버선의 앞쪽 끝에 뾰족하게 올라온 부분.

버섯 [식물] 주로 그늘진 땅이나 썩은 나무에서 자라며, 대부분이 우산 모양으로 생겼는데, 그 안쪽의 홀씨에 의해 번식함. 식용 버섯과 독버섯이 있음. [버섯]

버스 많은 사람이 같이 탈 수 있는 커다란 자동차. 예형은 ~를 탄다.

버클 가죽 허리띠 따위를 죄어 고정시키는 장치의 장식물.

버터 우유의 기름기를 따로 뽑아 굳힌 영양 식품. 예빵에 ~를 바른다.

버튼 ①단추. ②전기 장치에 전류를 끊거나 이어 주는 장치.

버티다 ①맞서서 겨루다. 예끝까지~. ②참고 배기다. ③쓰러지지 않게 가누다.

벅차다 ①감당하기 어려운 정도로 힘에 겹다. 예힘에 ~. ②밖으로 넘칠 듯이 가득 차다. 예가슴이 ~.

번【番】 ①차례로 나타내는 말. ②차례로 숙직 이나 당직을 하는 일. ③일의 횟수를 나타내는 말. 예한~.

번갈아 차례차례로 돌려 가며. 예~당번이 되다. 비교대로. 순서대로.

번개 전기를 띤 구름과 구름이 부딪쳐 빛을 내는 현상.

번뇌【煩惱】 마음이 시달려 괴로움. -하다.

번데기 [동물] ①곤충의 애벌레로부터 어미 벌레로 되는 과정의 고치 속에 있는 몸. ②누에의 번데기. [번데기]

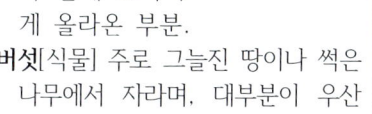

번민【煩悶】 마음이 번거롭고 답답하여 괴로워함. -하다. 비고민.

번식【繁殖】 동물이나 식물이 자꾸 퍼져서 늘어남. -하다. 예세균 ~.

번식기 동물이 새끼를 치는 시기임.

번역【飜譯】 한 나라의 말로 쓴 글을 다른 나라 말로 옮김. 예~사업.

번영【繁榮】 사회적으로 경제가 활발하여 물리적으로 풍성하게 됨.

번:지다 ①퍼져서 넓어지다. ②사물이 다른 곳으로 옮아 가다. ③작은 일이 크게 벌어져 나가다.

번창【繁昌】 단체, 조직, 사업 등의 규모가 커지고 일이 활발해지는 것.

번호【番號】 차례를 나타내는 수.

번화【繁華】 매우 번성하고 화려함.

벌₁ 넓고 평평하게 생긴 들. 예황산

~ 싸움. ᵇ벌판. 들. 들판. 들역.
벌² 짝을 이루는 물건을 세는 말. ᵉ양복 한 ~. 그릇 다섯.
벌³【罰】죄를 지은 사람에게 고통을 주어 억누르는 일. ᵇ형벌. ᵇᵗ상. ᵉ소설 죄와 ~.
벌⁴[동물] 가늘고 긴 입으로 꽃에서 꿀을 빨아 저장하며 몸 끝의 독침으로 적을 쏨. [벌]
벌거벗다 ①알몸이 되도록 옷을 모두 벗다. ②산이 나무가 없어 흙이 드러나 보일 정도가 되다. ᵏ발가벗다. 벌거벗습니다.
벌금【罰金】잘못을 저질러서 벌로 내는 돈. ᵉ많은 ~을 내다. 위반 ~을 냈다. ᵇ벌과금. ᵇᵗ상금.
벌:다 ①일을 하여 돈 또는 물건을 얻다. ②이익을 얻다. ᵇ벌어.
벌떡 갑자기 급하게 일어나거나 뒤로 자빠지는 모양. ᶻ발딱.
벌:떼같이[-가치] 벌들이 떼를 지어 날아드는 것같이. ᵉ덤비다.
벌레 벌이나 나비 따위의 작은 동물을 이르는 말. ᵇ곤충.
벌레잡이 제비꽃 북부 지방의 높은 산 습지에 자라며, 잎은 뿌리에서 뭉쳐 땅 위로 퍼지고, 가장 자리는 밋밋한 잎은 안쪽으로 [벌레잡이] 말린다. 잎에서 점액이 나와 벌레를 잡아 먹는다.
벌:리다 ①둘 사이를 넓게 하다. ②오므라진 것을 펴다. ③열어서 속에 것을 드러내다. ᵏ벌리는.
벌목【伐木】숲의 나무를 자르는 것.
벌:이 생활하기 위해 돈을 버는 일.
벌:이다 ①일을 베풀어 놓다. ᵉ잔치를 ~. ②가게를 차리다. ᵇᵗ닫다.
벌:집[-찝] 벌이 알을 낳고 먹이와 꿀을 저장하며 생활하는 집. ᵉ~을 건드리다. [벌집]
벌채【伐採】산에 나무를 베어냄.
벌칙【罰則】처벌을 정하여 놓은 규칙. ᵉ~을 준다.
벌:통 벌이 사는 집.
벌판 넓은 들판.
범[동물] 고양이과의 맹수다. 황갈색 바탕에 검은 줄무늬가 있음. 성질이 사납고 온갖 짐승을 잡아 먹음. 깊은 산 속에서 생활함. 호랑이. [범]
범선 동력이 없이 돛의 바람으로 가는 배.

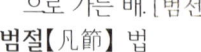

[범선]

범절【凡節】법도에 맞는 질서나 절차. 모든 행사. ᵉ예의 ~. ᵇ예절.
범:죄【犯罪】죄를 지음. 또는 지은

죄. 예경찰관들이 ~를 예방한다.
범:하다 ①법률·규칙·도덕에 어긋나는 일을 하다. 예학교 규칙을 ~. ②그릇된 일을 저지르다. 예잘못을 ~. 그 사람들은 사기 죄를 ~.
범:행【犯行】범죄 행위. -하다.
법【法】①정해진 규칙. ②예의와 도리. ③방법이나 방식. 예~치국가.
법당【法堂】불상을 모시어 놓고 설법도 하는 절의 중심이 되는 본채의 큰 방. 대웅전.
법도【法度】지켜야 할 도리나 법규.
법무부 나라의 법률에 관한 일을 맡아 보는 행정 기관.
법원【法院】법률에 따라 법관이 옳고 그른 것을 가려서 재판하는 기관. 예가정 ~. 고등 ~. 비재판소.
법치 국가【法治國家】국민의 의사에 의해서 제정된 법을 기초로 해서 권력을 행사하는 국가.
법칙【法則】반드시 지켜야 될 규칙. 예~을 정하다. 중력의 ~를 알다.
법학【法學】법률에 관한 모든 학문.
벗: 마음이 같고 비슷한 나이로 친하게 지내는 사람. 비친구. 동무.
벗겨지다 옷·껍질 등이 몸에서 떨어져 나가다. 예옷이 ~. 드러나다.
벗기다 ①껍질이나 가죽을 떼어 내다. 예감자 껍질을 ~. ②거죽에 낀 것을 닦거나 하여 없애다.
벗:하다 ①벗으로 삼아 가까웁다. ②서로 터놓고 허물없이 사귀다.
벙거지 옛날에 군인이 쓰던 털로 갓처럼 만든 검고 질긴 모자.

[벙거지]

벙글벙글 입을 벌리고 기분 좋아서 자꾸 웃는 모양. 예용호가 ~웃고 있었다. 작방글방글. 흉내말.
벙긋 소리 없이 입만 벌리고 자연스럽게 웃는 모양. 작방긋.
벙어리 목청 장애로 말을 못 하는 것.
벚꽃[식물] 봄에 담홍색 꽃이 피며, 열매는 7월에 흑자색으로 익는데 버찌이며 맛이 좋다.

[벚꽃]

베 삼나무 껍질을 올실로 짠 피륙.
베개 잠자리에서 머리를 괴는 물건.
베:다 ①연장으로 물건을 자르거나 끊다. ②베개나 다른 물건으로 고개를 받치다.
베레모 차양이 없고 동글납작하게 생긴 모자.
베스트 최고로 높음. 최고로 좋은 것.
베스트셀러 어떤 기간에 가장 많이 팔린 물건. 특히 출판물을 가리킴.
베이스 볼: ①야구. ②야구공.
베이컨 돼지고기를 소금에 절이어 불에 그슬리거나 말린 서양 식품.
베일 ①면사포. ②씌워서 가리는 것. 예배우의 비밀이 ~에 가렸다.
베짱이[동물] 여치과의 곤충. 인가 부근에 살며, 8~9월쯤 밤이 되면

베테랑 어떤 분야에 기술이나 기능에 뛰어난 사람. 노련한 사람. 예삼촌은 동화책 판매에 ~이시다.

베토벤[인명](1770~1827) 독일의 세계적인 작곡가. 만년에 귀머거리가 되었으나 불행을 이겨 내고 명곡을 많이 작곡함. 교향곡 영웅. 전원. 운명. 합창과 피아노 연주곡. 비창. 월광 따위가 유명함.

베트남[국명] 동남 아시아에 있는 나라. 두 나라로 갈라져 있다가 1976년에 통일이 되었다. 수도는 하노이 이다. [33만 2천km²]

베틀 옛날에 삼베, 무명, 명주, 같은 베를 짜는 기계.

벨[인명](1847~1922) 미국의 발명가. 영국 런던에서 태어났으나, 미국에 건너가 음성에 관한 연구를 하다가 자석식 전화기를 발명하였음.

벨기에[국명] 유럽 대륙의 서북부 북해에 닿아 있는 입헌 군주국. 수도는 브뤼셀이다. [3만 1천km2]

벼[식물] 쌀의 껍질을 벗기지 않은 것. 초가을에 꽃이 피어 열매가 익는데, 이것을 찧은 것이 쌀임. 짚도 여러 가지 용도로 쓰임. 논·밭 등에 심음. 논에 벼.

아름다운 소리로 울며 긴 더듬이를 가지고 있음.

[베짱이]

벼논 물이 있는 논에서 생육하는 벼.

벼농사 벼를 가꾸고 거둬들이는 말.

벼랑 낭떠러지의 깎아지른 곳. 예~길. 비절벽. 낭떨어지기. 깎아지른.

벼랑길[-낄] 절벽 위의 길.

벼루 먹을 가는데 쓰는 돌. 문방구.

[벼루]

벼룩[동물] 벼룩과의 기생 곤충. 적갈색을 띠며 뒷다리로 잘 뜀. 사람의 피를 빨아먹음. 예~에 물림.

벼슬 관청에 나가 사무를 맡아 보는 자리. 비관직. -하다.

[벼이삭]

벼 이삭 벼가 꽃대의 주위에 달린 것. 예~을 줍다.

벽【壁】①방을 돌려 막은 둘레. 예바람 ~. ②이겨 낼 수 없는 장애. 예~에 부딪히다. ~을 다시 싼다.

벽계수 푸르고 맑은 시냇물.

벽돌 진흙이나 시멘트에 모래를 섞어 틀에 박아 내거나 구운 건축 재료. 예시멘트 ~. 흙~.

벽두【劈頭】①글의 첫머리. ②일이 시작된 첫부분. ③새해의 첫날들.

벽보【壁報】벽에 쓰거나 붙여서 여러 사람에게 알리는 글.

벽촌【僻村】도시에서 멀리 떨어져 있는 외진 마을. 예나는 ~에 산다.

벽화 ①벽에 그린 그림. 예고분 ~. ②벽에 걸어 붙인 그림.

변:₁【變】 갑자기 생기는 이상한 일이나 난리. 사고. ^비변고. 사고.

변₂【邊】 ①물건의 가장자리. ②다각형을 이루는 각 선분.

변경【邊境】 나라의 경계가 되는 변두리의 땅. ^예군인이 ~있다. 변방.

변기【便器】 배설물을 받아 내는 통.

변:덕 이랬다 저랬다 잘 변하는 성질. [변덕이 죽 끓듯 하다] 몹시 변덕을 부리다. ^예그는 ~이 심하다.

변:동【變動】 변하여 움직임. ^예물가의 ~. 금리의 ~이 대단히 심함.

변두리 ①가운데에서 멀리 떨어진 곳. ②물건의 가장자리.

변모【變貌】 모양이 달라지는 것.

변:상【辨償】 손실을 돈으로 물어 줌.

변:심【變心】 모든 마음이 변하는 것.

변압기【變壓器】 교류 전압을 올리거나 내리거나 하는 장치. 코일을 감아서 만듦. ^예~가 고장이다.

변:장【變裝】 옷차림이나 모습을 다르게 바꿈. ^예거지로 ~하다.

변:전소【變電所】 발전소에서 보내오는 높은 전압을 필요한 낮은 전압으로 낮추어 공장이나 가정에 보내는 곳. 변압소.

변조【變造】 다른 모양이나 물건으로 바꾸어 만듦. ^예서류~. ~수표.

변:칙【變則】 ①원칙에서 벗어난 형태나 형식. ②규칙·규정에 어긋남. ^예영업을 ~으로 하다.

변화【變化】 모양이나 성질 등이 달라짐. ^반불변. ^예앞으로 ~가 옴.

별:₁ ①밤 하늘에 반짝이는 많은 천체. ②뛰어난 존재. ③매우 구하기 힘든 일에 비유. ^예하늘에 ~따기.

별-₂【別】 어떤 말 위에 붙어서 보통과 다른 별난 등의 뜻을 나타내는 말. ^예~일. 오늘은 ~생각다 한다.

별개【別個】 서로 다른 것. ^예~의 문제이다. 따로 다루어야 하는 것.

별도리【別道理】 달리 처리할 방법. 별다른 도리. ^예앞으로 ~없겠다.

별:똥 밤에 공중으로 빠르게 지나가는 작은 별. ^비유성.

별명 본이름 외 장난으로 남들이 지어 부르는 이름. ^반본명.

별미【別味】 특별히 맛이 있는 음식.

별:자리[-짜-] 별이 늘어서 있는 모양을 동물이나 물체에 비유하여 이름을 붙인 것.

별장 살림을 하는 본집 외에 경치 좋은 곳에 따로 지은 집.

볍쌀 멥쌀·찹쌀을 잡곡쌀에 대하여 일컫는 말. [볏]

볍씨 못자리에 치는 벼의 씨. 종도. ^예~를 고르다. 못판에 ~를 친다.

볏 닭이나 꿩 따위 새의 머리 위에 달린 살조각. 볏이 암컷보다 수컷 볏이 더 아름답다.

볏짚 벼의 이삭을 떨어낸 줄기.

병:₁【病】 건강을 해쳐 괴로움을 느끼는 증세.

병₂【瓶】 액체나 가루 등을 담는 목이 좁은 그릇. 예유리~. ~마개.

병간호 아픈 사람을 잘 보살펴 도와줌. -하다.

병균【病菌】 병을 일으키는 모든 균.

병기 전쟁에 사용되는 모든 무기. 비무기. 예전쟁에서 ~는 생명임.

병:나다 ①병이 생기다. ②기계 따위에 고장이 나다.

병법【兵法】 군사를 조련하는 방법.

병사₁【兵士】 ①계급이 낮은 군인. ②부대를 이루고 있는 보통 군인.

병:사₂【病死】 병으로 인하여 죽다.

병:상 병든 사람이 누워 있는 침상. 예~에 있었다.

병아리 닭의 새끼. 어린 닭.

병약【病弱】 병을 앓아 몸이 약하다. 병에 잘 걸릴 만큼 몸이 상당히 약하다. 예동생은 ~하여 부모님 근심이 크다.

병어[동물] 병엇과의 바닷물고기. 몸은 납작하고 둥그스름한 마름모이며, 등은 청색을 띤 물고기.

[병어]

병역【兵役】 국토 방위를 위해 일정한 나이에 이른 남자가 군대에 감.

병:원【病院】 병을 치료하고 진찰하는 곳. 예시립~. 종합 대학 ~.

병:원체【病原體】 생물체에 기생하여 병을 일으키는 생물.

병:충해【病蟲害】 식물이 병균이나 벌레에 의해 입는 해.

병풍【屛風】 방·마루 따위에 쳐서 바람을 막거나 또는 무엇을 가리기 위하여 치는 물건.

병합【倂合】 둘 이상의 기관을 합쳐 하나로 만듦. 합병. -하다.

보【褓】 물건을 싸는 데 쓰는 일반 천.

보:강【補強】 빈약한 것을 보태고 채워서 더 튼튼하게 함. -하다.

보:건【保健】 건강을 돌보아 지켜 나가는 일. 예~소도 진료를 한다.

보:고₁【報告】 ①알려 바침. 통지함. 비통고. 신고. ②주어진 일의 내용·결과를 말·글 등으로 알림. ③「보고서」의 준말. 예~를 했다.

보:고₂【寶庫】 ①재물을 넣어 두는 창고. ②많은 재물이 나는 곳.

보:관【保管】 보호하여 관리하는 것.

보:교【步轎】 가마의 하나. 앞뒤에서 걸어 매고 다니는 탈것.

[보교]

보:국【報國】 충성을 나라에 바침.

보금자리 ①새가 자는 곳. ②포근하고 아늑한 자리. ③살기에 편한 곳.

보:급【補給】 끊이지 않게 물품을 대어 줌. 비공급. 예~품이 도착함.

보기 ①증명·설명하기 위해 실체로 들어 보이는 사물. ②일의 처리 방법을 실지로 들어 보이는 일. 본본보기. 다음 ~중에 틀린 것은?

보:너스 급료 외 별도로 더 주는 돈.

보:도 기관【報道機關】 신문사·방송국·통신사 등과 같이 보도를 목적으로 하는 기관.

보도 블록 보도에 덮어 까는 시멘트 블록. 예길가에 ~을 깔고 있다.

보드랍다(~라우니, ~라워) ①닿는 맛이 거칠지 아니하고 보들보들하다. 예모래가 ~. ②가루 따위가 잘고도 곱다. ③태도나 움직임 등이 순하다. ④마음이 곱고 다정함.

보들보들하다 살갗에 닿는 느낌이 매우 보드랍다. 예강아지 털이 ~.

보디 사람의 몸. 신체. 예~가드다.

보람 ①한 일에 대하여 돌아오는 좋은 결과. 또는 그 일에 대한 만족감. 비효과. ②약간 드러나 보이는 표적. 예학생을 가르치는 ~.

보람차다 매우 보람 있다. 예사는 것이 ~. 우리는 보람찬 날이었다.

보:류【保留】 일이나 안건의 결정을 미루어 둠. -하다. 예결재를 ~함.

보름날 음력으로 그 달의 열닷새째 되는 날. 준보름.

보름달[-딸] 음력으로 매달 15일 밤에 뜨는 매우 둥근 달. 비만월. 반초승달.

보리[식물] 벼과에 딸린 한해살이 재배 식물. 줄기는 곧고 속은 비었으며 마디가 길다. 파종에 따라 가을 보리와 봄보리로 나눔. [보리]

보리수[식물] ①불교에서 석가가 그 아래에 앉아서 도를 깨달았다는 나무. ②뽕나무 상록 활엽 교목. 인도 원산으로 무화과와 비슷한 열매가 열리며 관상용으로 온실에서 재배할 수 있음. ③슈베르트 작곡의 가곡명. [보리수]

보리쌀 보리의 열매를 찧어 껍데기를 벗긴 곡식으로 밥을 짓는 것.

보:모【保姆】 ①유치원의 여자 선생. ②보육원 등에서 아이들을 보살피는 일에 종사하는 여자. -하다.

보:무【步武】 활발하고 씩씩하게 걷는 걸음. 예~도 당당하다.

보:물【寶物】 ①금·은·진주·옥과 같은 보배로운 물건. ②지난 날부터 물려 내려오는 값진 문화재. 예동대문은 ~제 1호이다. 비보배. 보화. 예~을 갖고 있다.

보:물섬 ①보물이 감추어져 있다는 가상의 섬. ②[책명]영국의 직가 스티븐슨이 지은 장편 모험 소설.

보:배 귀중한 물건과 귀중한 사람.

보:병【步兵】 주로 소총을 가지고 도보로 전투하는 군인. 또는 부대.

보복【報復】 당한 만큼 원수를 갚음.

보:석₁【寶石】 아름다운 빛깔과 광택을 지니어 장식품이 될 만한 단단하고 값진 돌. 다이아몬드·루비·사파이어 등.

보:석₂【保釋】 일정한 보증금을 받고 미결 구류 중인 피고인을 석방하는 일. -하다.

보:수₁【保守】 ①보전하여 지키는 것. ②새로운 것을 반대하여 재래의 풍습·전통을 중히 여기어 유지하려고 함. ᵉ~세력.

보:수₂【報酬】 ①고맙게 해 준 데 대한 갚음. ②일한 대가로 주는 돈이나 물품. ᵉ~를 받다.

보수₃【補修】 낡은 것을 보충하여 수리함. ᵉ낡은 집을 ~하다. -하다.

보슬비 보슬보슬 오는 비. ⁿ소나기. ᵏ부슬비. ᵉ하루 종일 ~가 옴.

보·신각 서울 종로에 있는 종각. 조선 태조4년(1395)때에 처음 세운 것으로 보신각의 종을 [보신각] 울려 서울로 통하는 4대문을 열고 닫았음. 보물 2호로 지정됨.

보:신탕【補身湯】 보신에 효과가 많다는 탕국. 흔히「개장국」을 말함.

보:안【保安】 ①사회의 안녕과 질서를 유지함. ②안전을 유지함.

보:약【補藥】 기운을 회복하는 한약.

보:유【保有】 지니고 있음. ᵉ정부~미. ⁿ방출. ᵉ곰을 ~하고 있다.

보:육【保育】 어린아이를 잘 보호하여 기름. ᵉ~원. -하다.

보:은【報恩】 은혜를 갚음. ᵉ~한다.

보이다₁ 눈에 뜨이다. 겉으로 드러남.

보이다₂ 보게 하다. ᵉ상품들을 ~.

보이 스카우트 소년 수양 단체의 하나. 소년단이라고 함. 1908년 영국의 베이든 포엘 장군이 처음 조직한 것으로, 현재 세계적으로 퍼져 있음. ᵉ~대원. ⁿ걸스카우트.<주의> 보이스카웃(x).

보일러 난방 시설이나 목욕탕 따위에 더운 물을 보내기 위해 물을 끓이는 시설. ᵉ가스~. 기름~.

보자기 네모지게 만들어 물건을 싸게 된 헝겊. ᵇ보.

보잘 것 없다 볼 만한 값어치가 없다.

보:전【保全】 보호하여 안전하게 함. ᵇ보존. -하다.

보:조【補助】 ①모자라는 것을 보충하여 도와 줌. ②일손을 돕는 사람 또는 일. -하다.

보:증【保證】 ①책임지고 거짓이 없음을 증명함. ᵉ신원 ~을 서다. ᵇ담보. ②빚진 사람이 못 갚을 때 대신 빚을 갚는 일. -하다.

보:청기【補聽器】 잘 들리지 않는 청력을 보강하기 위해 쓰는 기구.

보:초【步哨】 군대에서 경비나 감시의 임무를 맡는 병사. 또는 군인.

보:충【補充】 모자라는 것을 보태어 채움. ᵉ~수업. 연료~. -하다.

보트 노나 동력으로 가는 서양 배.

보:편【普遍】 두루 널리 퍼져 있고 모든 것에 공통되는 것. ⁿ특수.

보:필【輔弼】 신하가 임금을 보좌함.

보:행자【步行者】 걸어다니는 사람.

보:험【保險】 평소에 일정한 보험료를 내고, 병·사망·화재 등의 사고가 날 때 미리 계약한 금액을 찾아 쓸 수 있는 저축 방식. -하다.

보:험 회:사【保險會社】 보험 사업에

보:호【保護】사람과 사물이 위험. 파괴. 곤란을 당하지 않게 보살펴 줌.

보:호자【保護者】미성년자를 보호할 의무가 있는 사람.

보화【寶貨】금 같이 값비싼 물건들.

복¹【福】운이 좋아 편안. 만족을 누림.

복²[동물] 참복과의 바닷물고기의 총칭. 고기는 맛이 좋으나, 내장에 독이 있음. 복어의 준말.

복구【復舊】①그 전의 상태로 회복함. ᵉ~ 사업. ②손실을 회복함. 복고.

복도【複道】건물 안에 마련한 긴 통로. ᵉ~에서 놀지 마라. ᵇ낭하.

복리【福利】행복과 이익. ᵉ국민의 ~를 증진시키는 일에 매진하다.

복면【覆面】남이 알아보지 못하게 헝겊 등으로 얼굴을 싸서 가림. 또는 가리는 데 쓰는 물건. -하다.

복무【服務】임무나 직무에 복종하여 힘쓰는 것. ᵉ군~를 마치고 고향 마을 돌아왔다.

복사【複寫】그림·사진 등을 되박음. ᵉ~기로 복사를 한다. -하다.

복수 원수를 갚음. ᵉ원수에게 ~를 하다. ᵇ보복.

복숭아 빛깔이 흰색과 노란색과 붉은색이며, 향기가 좋고 맛이 달고 즙이 많으며, 굵은 씨가 들어 있는 둥근 여름 과일. [복숭아]

복숭아 꽃 복숭아나무의 꽃. 늦은 봄에 흰색·연분홍색으로 잎보다 먼저 핌. 빛깔이나 피는 시기가 살구꽃과 비슷함.

복스럽다 생김이 복이 있어 보인다.

복습【復習】배운 것을 다시 공부하여 익히는 것. ᵇ예습. -하다.

복싱 권투. ᵉ한국~이 아주 강하다.

복어 몸이 똥똥하고 비늘이 없으며 알과 내장에 심한 독이 있는, 살은 희고 국거리로 매우 맛이 좋은 바닷물고기. ᵉ~의 피에도 독이 있다. [복어]

복용【服用】약을 먹음. -하다.

복운【福運】행복함과 운이 좋은 것.

복원【復元】원래 모습 대로 회복함.

복위【復位】물러났던 임금이 다시 그 자리에 오름. ᵉ권좌에 ~함.

복음【福音】①기쁜 소식. ②그리스도에 의한, 인간을 구원하기 위한 말씀. ③예수의 생애와 교훈을 적은 마태·마가·누가·요한의 네 책. 4복음서. ᵉ~을 전파한다.

복조리【福笊籬】많은 복을 받는다 해서 음력 정월 초하룻날 새벽에 사서 벽에 걸어 두는 조리.

복종【服從】다른 사람의 명령대로 좇음. ᵉ절대~하라. 군인은 명령에 절대~한다. ᵇ순종. ᵇ반항.

복지【福祉】사람들이 건강하고 편안하고 행복하게 살 수 있게 갖추어진 사회 환경. ᵉ~사회. 국가.

복직【復職】한 때 물러났던 관직이

복판 장소나 물건의 중앙이 되는 곳.

복학【復學】학교를 떠나 있던 학생이 다시 학교로 돌아옴. -하다.

복합【複合】두 가지 이상의 것을 겹치어 합함. 예~물질.-하다.

본【本】①「본보기」의 준말. ②「본전」의 준말. ③본보기가 될 만한 일이나 방법. 예친구의~을 봐라.

본거지【本據地】생활이나 활동의 중심이 되는 곳. 예~를 공격하다.

본관【本官】별관·분관 등에 대하여 그 주장이 되는 건물. 반별관.

본교【本校】분교에 대하여 근본이 되는 학교. 예~운동장. 반분교.

본국【本國】나의 국적이 있는 나라. 반타국. 외국. 비고국. 모국. 조국.

본능【本能】생물이 본디부터 가지고 있는 동작이나 성능.

본당【本堂】①절에서 석가모니의 불상을 모셔 두는 주된 건물. ②가톨릭 교에서 주임 신부가 머무르고 있는 성당.

본뜻 마음에 품은 애초의 진정한 뜻. 원래의 뜻. 비본의.

본래【本來】본디. 날 때부터. 원래.

본론【本論】문장이나 말에서 주장이 되는 부분. 관서론. 결론.

본문【本文】주장이 되는 글. 반서문.

본바탕 본디부터 가지고 있는 바탕. 예~이 좋다. 그 사람은~이 좋다.

본사 ①지사에 대해 주가 되는 회사. 본부가 있는 회사. ②자기가 속하여 일하는 회사. 반지사.

본심 ①본디의 마음. 예~은 그게 아니었다. 비본맘. ②거짓이 없이 속에 간직한 본래의 마음. 비진심.

본안【本案】근본이 되는 안건. 원안.

본인【本人】①말하는 사람이 일컫는 자기 자신. ②당사자. 나. 저.

본일【本日】오늘. 이 날. 오늘 하루.

본적【本籍】①그 사람의 호적이 있는 곳. ②「본적지」의 준말. 예~을 옮겨 오다. 비원적.

본토【本土】①자기가 사는 그 고장. ②섬이나 속국에 대하여 주가 되는 국토. 예~점령. 비본국.

볼1 뺨의 가운데 부분. 비뺨.

볼:2 ①공. ②야구에서 스트라이크가 아닌 투구. 관스트라이크.

볼록 물체가 통통하게 겉으로 쏙 내밀려 있는 모양. 큰불룩. 흉내말.

볼록거울 ①돋보기의 알. ②반사면이 볼록한 둥근 모양의 거울. 자동차 백밀러 등에 쓰임. 반오목 거울. 예~로 얼굴을 보면 더 크다.

볼록 렌즈 가운데가 볼록하게 도드라진 렌즈. 빛을 두꺼운 쪽으로 꺾어 한 점에 모이게 하는 성질이 있음. 망원경. 현미경 등을 만드는 데 쓰임. 반오목렌즈.

볼리비아[국명] 남아메리카 대륙의 가운데에 있는 공화국, 지하 자원이 풍부하여 수도는 라파스이다. [109만 9천km^2]

볼:링 실내 경기의 한 가지. 지름 약 22cm 공을 한 손으로 굴려 길이 약 20m 가량 앞에 세워

볼모 ①약속을 지키기 위하여 담보로 물건을 저당 잡혀 두는 일. ②나라 사이에 침략을 하지 말자는 약속으로 사람을 상대국에 맡겨 두는 일. 인질. 예~을 잡다.

볼·펜 필기구의 하나로 펜 끝에 작은 강철 알이 종이 따위와 닿는 데로 돌면서 잉크를 내어 쓰도록 된 펜. ball point pen에서 온 말.

봄볕 봄날의 따뜻한 햇볕. 반가을 볕.

봇물 보에 괸 물. 또는 보에서 흘러내리는 물. 예농사에 ~이 필요함.

봇짐 물건을 보자기에 싸서 꾸린 짐. 예어깨에 ~메고 장에 간다.

봉건적【封建的】 신분이나 지위 등 상하 관계의 질서만을 중히 여기어 개인의 권리나 자유를 존중하지 않는 모양. 예~사고 방식.

봉·급【俸給】 공무원이나 회사원들이 일한 대가로 받는 보수.

봉기【蜂起】 많은 사람들이 떼지어 세차게 일어남. -하다.

봉·사【奉仕】 ①남을 위하여 노력함. ②남을 받들어 섬김. -하다.

봉·사단【奉仕團】 남을 위해 자기를 돌보지 않고 노력하기 위해 모인 단체나 모임. -하다.

봉·사자【奉仕者】 봉사하는 사람.

봉·산 탈·춤 황해도 봉산 지방에서 전하여 내려오는 가면 무용극. 양반에 대한 모욕과 파계승에 대한 풍자와 증오다. 중요 무형 문화재 제 17호.

[봉산탈춤]

봉선화[식물] 관상용으로 가꾸며, 여름에 붉은 색, 분홍색, 흰색 등의 꽃이 피고 꽃잎을 따 손톱에 물을 드리기도 하는 한해살이풀. [봉선화](봉숭아)

봉수대 봉화를 올릴 수 있게 돌로 높이 쌓은 것. 봉화대.

[봉수대]

봉쇄【封鎖】 굳게 잠가서 드나들지 못하게 막음. 예출입을~함. 반석방. 개방.

봉·양【奉養】 어버이를 받들어 모심.

봉오리 「꽃봉오리」의 준말. 아직 피지 아니한 꽃. 예꽃 ~가 핀다.

봉우리 「산봉우리」의 준말. 산꼭대기의 뾰족한 부분. 예산~. 비꼭대기. 반기슭. 골짜기.

봉지【封紙】 종이로 큰 봉투 6비슷하게 만든 주머니. 예과자 한~.

봉착【逢着】 처지나 상태에 부닥침.

봉투【封套】 편지나 서류 같은 것을 넣는, 종이로 만든 주머니.

봉하다 ①문·봉투·그릇 등을 열지 못하도록 붙이다. ②입을 다물다. ③무덤 위에 흙을 쌓다.

봉합【封合】 봉하여 붙임. 반개봉.

봉화【烽火】 난리를 알리는 신호 불. 신라 때부터 있었음. 낮에는 연기, 밤에는 불을 올려 변이 있음을 알림. ^비봉수. -하다.

뵈:다1 어른을 만나 보다. 찾아보다.

뵈:다2 ①눈에 뜨이다. ②보게 하다. ^본보이다.

부1【父】 아버지. ^반어머니. 어머님.

부:2【否】 아니라는 뜻을 나타내는 말. ^예거~하다. ^반가.

부3【部】 신문책. 잡지를 세는 단위.

부4 ①사물을 여러 가지로 나누었을 때의 하나. ②업무를 구분하는 말 다음에 붙어 부서를 뜻함. ^예경리~.

부:5【富】 재산이나 재물들이 많음.

부:가【附加】 이미 있는 것에 덧붙임. ^비첨가. 더하는 것. ^예~가치.

부끄럽다 ①남을 대할 낯이 없다. ②수줍다. ^예칭찬을 들으니~. ^비창피하다. ^반떳떳하다. 당당하다.

부네탈 하회 별신굿에 부네탈을 쓰고 나온 여자 초승달 눈썹과 [부네탈] 긴 코 미소 띤 입술을 하였다.

부:담【負擔】 ①일을 맡음. ^예~이 많다. ②책임을 짐. ③곤란함.

부대1【部隊】 ①군대의 조직 단위의 하나. ②공통 목적을 가지고 집단적 행동을 취하는 무리. ^예응원~

부:대2【負袋】 종이·가죽 등으로 만든 큰자루 ^예시멘트~.

부도덕【不道德】 도덕에 어긋나는 일.

부동【不動】 ①움직이지 아니함. ②정신이 흔들리지 아니함. -하다.

부동산【不動産】 건물. 임야. 토지처럼 움직일 수 없는 재산. ^반동산.

부두【埠頭】 배를 대기 위하여 뭍에서 바다로 돌을 쌓아 방죽같이 해 놓은 곳. ^비선창.

부드럽다 (부드러우니, 부드러워) ①뻣뻣하거나 거칠지 아니하고 연하다. ②성질이나 태도 등이 곱고 순하다. ③부드럽고 은은하다.

부득이【不得己】 마지못하여, 어쩔 수 없이. ^예~결석하였다.-하다.

부:디 「기어이·꼭·아무쪼록」의 뜻으로 남에게 부탁할 때에 쓰는 말. ^예~행복하기 바란다.

부딪다 물건과 물건이 서로 힘 있게 마주 닿다. ^비부딪는. 부딪습니다.

부뚜막 아궁이 위의 솥이 걸리는 언저리. ^예누나가~에 채소를 놓다.

부락【部落】 도시 이외의 지역에서 여러 집이 모여 이룬 마을. 촌락. 동네. ^예산간~. 시골~. ^비벽촌.

부러 일부러. 실 없는 거짓으로.

부러뜨리다 꺾어서 부러지게 하다.

부러워하다 샘이 나고 가지고 싶다.

부럽다 (부러우니, 부러워서) 남의 좋은 것을 보고 부러워하다.

부레 물고기의 뱃속에 있어 물고기를 뜨고 잠기게 하는 공기 주머니. 부레풀의 준말.

부레옥잠 잎이 길죽하고 넓으며 물에 떠서 사는 식물. 늦은 여름에 연한 자주빛 꽃이 핀다.

부ː록【附錄】 ①본문에 덧붙인 기록. ②서적·잡지 따위에 덧붙이어 발행하는 것. ③덤으로 나온 책.

[부레옥잠]

부르짖다 ①소리를 높여서 자기의 사정을 말하다. ②무엇을 호소하기 위하여 크게 떠들다. 비외치다. 반속삭이다.

부름 어떤 일을 이루기 위하여 불러들임. 예~을 받다.

부리 ①새나 짐승 등의 주둥이. ②조류들의 뾰족한 부분.

[부리]

부리나케 아주 급히. 빠르게. 예~쫓아간다. 몹시 급하게. 속히.

부리다 ①남에게 일을 시키다. ②재주나 꾀를 피우다. 예심술을~. ③짐을 내려 놓다. 예나뭇짐을~

부모【父母】 아버지와 어머니. 어버이. 예~님을 모신다. 비양친.

부부【夫婦】 남편과 아내. 예~유별. 비내외. 부처. 저~는 사이가 좋다.

부분【部分】 전체를 몇 개로 나눈 것의 하나. 반전체.

부분 월식 달의 일부분만 가리어지는 월식. 반개기 월식. -하다.

부산【釜山】[지명] 우리 나라 광역시이며, 한반도의 동남쪽에 있는 제1의 항구 도시. 해운대·송도 등의 해수욕장이 유명하다.

부ː산물【副産物】 ①주산물을 만드는데 그 과정에서 생기는 상품에 가치가 있는 물건. ②어떠한 일이나 사물을 대할 때 부수적으로 일어나는 일이나 현상. 반주산물.

부ː상₁【負傷】 몸에 상처가 남.

부ː상₂【負商】 등짐 장수.

부상₃【浮上】 표면에 떠오름. 예잠수함이~하다. 눈에 띄게 나타난 것.

부서【部署】 일정 기관의 조직에서, 여러 갈래로 나누어진 사무의 부분. 예~옮기다. 경리~에 있다.

부서지다 잘게 깨어져 여러 조각이 나다.「부스러지다」의 준말.

부ː설₁【附設】 일이나 물건을 어느 것에 딸려서 설치함. -하다.

부설₂【敷設】 철도·교량·지뢰 등을 깔아서 설치함. -하다.

부스러기 잘게 부스러진 여러 조각.

부스럭 나뭇잎 또는 마른 검불 따위를 밟거나 뒤적일 때 나는 소리. 예~소리에 놀라다. 관바스락.

부스럼 몸에 생기는 종기. 예몸 전체에 ~이 생기다. 비헌데.

부스스 ①느리게 슬그머니 움직이는 모양. ②머리털 같은 것이 어지럽게 흩어지거나 일어선 모양. 예~한 머리. 흉내말. 부스스(×).

부슬부슬 ①눈이나 비가 가늘고 성기게 내리는 모양. 예~내리는 봄비. ②물기가 적어서 잘 엉기지 못하는 모양. 예밥이 ~하다. 작보슬보슬. 흉내말.

부시다₁ 광선이나 색채가 마주 쏘아 눈이 어리어리하다.

부:시다2 그릇 따위를 깨끗이 씻다. 예냄비를 깨끗이~

부시럭 나뭇잎 같은 가벼운 물체가 움직이며 조용히 나는 소리. -하다.

부:식1【腐蝕】 썩어서 형체를 알아볼 수 없게 문드러짐. 예~되다.

부:식2【副食】 주로 먹는 음식에 곁들어 먹는 반찬 따위. 반주식.

부:심【副審】 운동 경기에서 주심을 도와 주는 심판.

부아(가)나다 분한 마음이 일어나다.

부:업【副業】 본업 외에 하는 벌이. 예~으로 하는 일. 반본업. 직업.

부엉이[동물] 올빼미과의 새. 날개는 회색 바탕에 갈색·담황색의 가로 무늬가 있음. 성질이 사나워 인가 부근의 가축을 잡아 먹기도 함. [부엉이]

부엌 밥을 짓고 음식을 만드는 곳. 비취사장.

부:원수【副元帥】 옛 군대를 통솔하는 원수 다음 가는 자리.

부:유【富裕】 ①재물을 많이 가짐. ②살림이 넉넉함. 예~한 집에서 태어나다. ~층 자녀. 비풍족. 반가난. 빈곤. 궁핍.

부용 갈잎 반 떨기나무로 가지에 별 모양의 털이 있고 꽃은 연한 붉은 색 [부용] 이며, 관상용으로 심는다.

부:응【副應】 무엇을 좇아서 응함. 예성원에~ 하다. -하다.

부:익부【富益富】 부자일수록 더 부자가 됨. 반빈익빈.

부:인1【否認】 인정하지 아니함. 예자기 잘못을 ~하다. 더 이상 ~을 못함. 비부정. 반시인. -하다.

부인2【夫人】 남의 아내를 높여 이르는 말. 예~께서 안녕하십니까?

부인3【婦人】 결혼한 여자. 예친구의~. 비부녀. 부녀자. 안여자.

부:임【赴任】 임명을 받아 임지로 감.

부자1【父子】 아버지와 아들. 예~간이 친구 같다. 반모녀.

부:자2【富者】 돈이 많고 살림이 풍족한 사람. 반빈자. 예딸~. 책~.

부자연【不自然】 어울리지 않음. 자연스럽지 못함. 비어색. 반자연. -하다. 스럽다.

부:작용【副作用】 ①약이 지닌 본래의 약효 이회에 생기는 작용. 예~을 일으키다. ②부차적으로 미치는 나쁜 작용. 예계획과는 달리 ~이 생겼다. 이 약은 ~으로 끊였다.

부장1【部長】 한 부서에서 우두머리.

부:장2【副長】 ①장을 돕는 지위. 또는 그 사람. ②군함에서 함장의 다음 가는 지위. 예~으로 승진함.

부전승【不戰勝】 추첨이나 상대의 기권 등으로 경기를 치르지 아니하고 이김. -하다.

부전자전【父傳子傳】 대대로 아버

부정1【不正】 ①바르지 않음. ②옳지 못함. -하다. 예선거. 반공정.
부:정2【否定】 그렇다고 인정하지 않음. 비부인. 반긍정. -하다.
부정 선:거 부정한 수단과 방법에 의한 건거. 반공명 선거. -하다.
부조리【不條理】 이치에 안 맞는 일.
부:조정실【副調整室】 방송실에서 나오는 방송을 1차로 받아서 고르게 조정하는 방.
부족1【部族】 일정한 지역에 사는 조상이 같다는 생각으로 뭉치고, 공통된 언어·종교 등을 가진 지역적 생활 공동체. 예~국가.
부족2【不足】 넉넉하지 못함. 모자람.
부지런하다 놀지 않고 일을 꾸준히 하다. 반게으르다. 작바지런하다.
부처1 불교를 처음으로 세운 사람인 석가모니. 부처님.
부처2【夫妻】 남편과 아내. 예대통령~. 비부부.
부처님「부처1」의 높임말.
부채 손에 잡고 흔들어 바람을 일으키는 도구.
부:추[식물] 달래과의 여러해살이풀로 논뚝이나 밭뚝에 심는다. 봄에 작은 줄기 끝에서 가늘고 긴 잎이 모여 나며, 잎은 먹고, 씨는 「구자」라 하여 약재로 씀.

[부추]
부치다1 ①편지나 물건을 보내다. 예소포를~. ②부채 따위를 흔들어 바람을 일으키다.
부치다2 힘이 모자라 미치지 못함.
부치다3 기름을 두른 프라이팬에 빈대떡·전병·누름적 등을 익혀 만들다. 비부치는. 부칩니다.
부친【父親】 아버지를 높여 이른 말.
부:탁【付託】 무슨 일을 해 달라고 청함. 비당부. 청탁. -하다.
부탄 가스 천연 가스 등에 들어 있는 무색의 기체. 연료나 화학 공업의 원료가 됨. 부탄.
부피 물건 덩어리의 크고 작은 정도. 예물건의 ~가 크다.
부하【部下】 남의 밑에서 그의 명령에 따라 움직이는 사람. 비수하. 반상관. 비체적.
부호1【符號】 ①어떤 뜻을 나타내는 기호. 글자 외에 일정한 뜻을 나타내기 위하여 정한 표. ②양수나 음수를 나타내는 기호「+·-」비기호. 예문장에 쓰는 ~들.
부:호2【富豪】 재산이 넉넉하고 권세가 있는 사람. 비부자. 갑부.
부화【孵化】 동물의 알이 깨거나 알을 까는 것. 알까기. 예인공~.
부:활【復活】 ①죽었다가 다시 되살아 남. 예예수의~. 비소생. ②쇠하였다가 다시 일어남. 예소선거구제~. 비부흥. 하다.
부:활절【復活節】[-쩔] 그리스도의 부활을 기념하는 축일.
부흥【復興】 사회적으로 약하게 되었던 것이 전과 같이 힘이 생긴다.

북₁ 타악기의 하나. 둥근 나무나 쇠붙이 통의 양쪽에 가죽을 팽팽하게 씌워 두들기면 소리가 남.

[북]

북₂ 베틀에 딸린 부속품의 하나. 씨실의 꾸리를 넣는 나무통.

북₃【北】동·서·남과 함께 네 방위.

북₄ 글. 그림이 있는 것을 묶은 것.

북극 ①지구의 가장 북쪽에 위치한 아주 추운 곳. ②지남철이 가리키는 북쪽의 끝.

북극곰 북극에 살며 얼음을 타고 여행도 하고 수영을 잘하며 찬 바닷물을 좋아함.

[북극곰]

북녘 북쪽 방면. ᵇⁱ북방. ᵇᵃⁿ남녘.

북단【北端】북쪽의 끝 부분. ᵇᵃⁿ남단.

북대서양【北大西洋】대서양의 중부 이북의 수역. 북쪽은 아이슬란드와 그린란드를 거쳐 북미와 북유럽을 연결함. ᵉˣ~조약 기구.

북돋우다 ①식물의 뿌리를 흙으로 덮어 주다. ②용기를 일으켜 주다. ʲᵘⁿ북돋다. ᵉˣ과장이 용기를~

북동【北東】북쪽과 동쪽의 중간 방위. ᵉˣ~풍. ᵇᵃⁿ남서.

북두 칠성 북쪽 하늘에 국자 모양으로 늘어선 7개의 별. 둘레의 여러 별들과 함께 큰곰 자리를 이룸. ʲᵘⁿ북두. 북두성.

[북두칠성]

북받치다 ①밑에서 솟아오르다. ②어떤 생각이나 느낌이 치밀어 오르다. ᵉˣ화가~. ᵃᶜᵗ복받치다.

북방【北方】①북쪽. ②북쪽에 위치한 나라. 예전엔 공산주의·사회주의를 가리켰음. ᵇᵃⁿ남방.

북벌【北伐】북쪽에 있는 나라를 토벌하는 일. ᵉˣ~정책. ~계획론.

북상【北上】북쪽을 향하여 올라감.

북새통 여러 사람이 부산하게 떠들어 댐. ᵉˣ~에 일을 못 한다.

북서풍【北西風】북서쪽에서 불어 오는 바람. ᵉˣ~이 세다. 서북풍.

북송【北送】북쪽으로 다 보내는 것.

북악산【北岳山】[지명] 서울의 북쪽에 있는 산. 인왕산. 북한산. 낙산. 남산 등과 함께 자연 방벽으로 옛 서울 북방의 성벽은 이 산을 중심으로 축조 되었음. 높이 348m. 백악산. ᵉˣ~은 바위가 많이 있다.

북어【北魚】내장을 빼고 말린 명태.

북위【北緯】적도에서 북쪽으로 잰 위도. ᵉˣ~38도. ᵇᵃⁿ남위.

북풍 북쪽에서 불어 오는 차고 거친 바람. ᵇⁱ삭풍. 뒤바람. ᵇᵃⁿ남풍.

북한【北韓】휴전선 이북의 한국. ᵉˣ~동포.[12만 3천km²] ᵇᵃⁿ남한.

북한강[지명][부칸-] 강원도 회양군 사동면에서 발원하여 강원도

·경기도를 거쳐 한강으로 들어가는 강. 길이 371km.

북한산【北韓山】[지명] 서울 북쪽 고양시에 있는 산. 백운동·인수봉·만경봉의 세 봉우리가 있어「삼각산」이라고도 함. 제일 높은 봉우리는 백운대임. 높이 836m.

북한 산성【北漢山城】북한산에 쌓아 만든 산성. 조선 시대 숙종 40년 (1714) 유사시에 대비하여 만듦. 주위 8km.

북한산 신라 진흥왕 순수비 신라 진흥왕이 변경을 순행한 것을 기념하기 위하여 비봉을 세운 비. 국보 3호.

분₁ ①사람을 가리킬 때 높이는 뜻으로 쓰는 말. ②사람의 수를 셀 때에 쓰는 말. 예선생님의 한~.

분₂【紛】①가루. 예~유. ②화장할 때 얼굴에 바르는 백분. 비화장품.

분₃【忿】억울한 일을 당했을 때 마음 속에 치미는 노여움. 예~하다.

-분₄【分】①전체를 몇으로 나눈 부분. 예2~의 1. ②몫이 되는 분량. 예3인~의 식사.

분₅【分】①시간의 단위. 곧, 1시간의 60분의 1. ②1할의 60분의 1.

분가【分家】큰 집에서 나와 딴 살림을 차림. 반본가. -하다.

분간【分揀】사물의 옳고 그름, 좋고 나쁨, 크고 작음 따위를 알아서 가림. 비분별. 식별. -하다.

분골 쇄:신【粉骨碎身】①뼈가 가루가 되고 몸이 부서지도록 노력함. ②죽을 힘을 다하여 싸움.

분규【紛糾】말썽이 많고 시끄러움. 주장이 달라 다투는 것. 예노사~.

분기₁【分期】한 해를 3개월씩 넷으로 구분한 기간. 예삼사~.

분기₂【憤氣】마음이 원통하여 일어나는 분한 기운.

분기점 몇 갈래로 갈라지기 시작한 곳.

분꽃 [식물] 분꽃과의 여러해살이풀. 여름에서 가을에 걸쳐 깔때기 모양의 꽃이 핀다.

[분꽃]

분납【分納】여러 차례 나누어서 냄.

분:노【忿怒】분하여 몹시 성을 내다.

분단【分斷】몇 개로 나누어 끊다. 예국토 ~의 아픔. 국토~의 비극.

분도기 ①각도를 재는 기구. ②「각도기」의 옛 이름. 비각도기.

분:량【分量】부피·수효·무게 따위가 많고 적은 정도. 준양.

분류【分類】[불-] 종류에 따라 가름. 예책을 ~하다. 돈을 ~한다.

분리【分離】[불-] 나누어 따로 떼어 냄. 예장난감을 ~하다. -하다.

분만【分娩】임신하여 아이를 낳음.

분말【粉末】가루. 예감자. 밀가루.

분망【奔忙】정신이 없이 매우 바쁨.

분명【分明】①흐리지 않고 똑똑함. 예모든 일을 ~히 해야 한다. 비확실. ②앞 일이 환함. ③그렇게 될 것이 뻔함. 틀림없이 확실히.

분모【分母】1/2·1/3 등과 같은

분수에서 3·2와 같이 가로 선분의 아래쪽에 있는 수. ⁽반⁾분자.

분:발【奮發】 마음을 단단히 먹고 기운을 내어 일을 다시 시작함.

분방【奔放】 규율이나 어떤 틀에서 벗어나 제멋대로 나아감. ⁽예⁾자유~하다. 행동이 자유~하다. -하다.

분배【分配】 각자 몫을 똑같이 나눔.

분별 깔때기 실험 기구의 하나. 물과 기름처럼 서로 섞이지 않는 두 액체의 혼합물을 분리하는 데 쓰임.

분별력【分別力】 분별할 수 있는 힘.

분부【分付】 아랫사람에게 내린 명령. 또는 명령을 내림. -하다.

분:사【噴射】 분말을 세차게 내뿜음.

분산【分散】 여러 갈래로 흩어진다.

분석【分析】 어떤 일이나 현상을 이루고 있는 요소를 가려냄. ⁽예⁾패배의 원인을 ~하다-하다.

분속 1분 간에 갈 수 있는 속도.

분:수₁【分數】 ①자기 처지에 알맞은 한계. ⁽예⁾~에 맞는 생활을 하다. ⁽비⁾분. ②사물을 분별할 만한 슬기가 있는 사람.

분:수₂【噴水】 물줄기를 위로 뿜어내는 설비. 또는 그 물. ⁽예⁾~대.

분수₃【分數】[-쑤] 정수를 0이 아닌 정수로 등분하여 나타낸 수. 1/2·1/3 따위. ⁽반⁾정수.

분실【紛失】 모르는 사이에 잃어 버림. ⁽예⁾가방을 ~하다. ⁽반⁾습득.

분야【分野】 어떤 부분의 범위나 또는 한 부분. ⁽예⁾예술~. 공학~.

분위기【雰圍氣】 ①어떤 자리를 둘러싸고 있는 느낌. ⁽예⁾집안~. ②지구를 싸고 있는 기체. 대기.

분유【粉乳】 우유에서 습기를 증발시키고 가루 모양으로 만든 것. 가루 우유.

분자【分子】 1/2·2/3·3/4 등에서 1·2·3과 같은 가로선분의 위쪽에 있는 수. ⁽반⁾분모.

분장【扮裝】 몸을 치장하여 꾸밈. ⁽예⁾귀신으로 ~하다. 광대로 ~했다.

분쟁【紛爭】 말썽을 일으키어 시끄럽게 다툼. ⁽예⁾~을 일으키다.

분:점【分店】 본점이나 지점에서 따로 갈라 벌인 점포. ⁽반⁾본사.

분주【奔走】 할 일이 많아 아주 바쁨. ⁽예⁾~한 하루였다. ⁽비⁾분망. ⁽반⁾한가.

분침【分針】 시계의 분을 가리키는 긴 바늘. ⁽예⁾~이 15분을 가리키고 있다. ⁽관⁾시침. 초침.

분:통【憤痛】 몹시 분하여 마음이 쓰리고 아픔. ⁽예⁾~이 치밀다.

분:투【奮鬪】 힘을 다하여 맹렬히 싸움. ⁽예⁾고군 ~하다. -하다.

분포【分布】 ①여러 곳으로 퍼져 있음. ②널리 퍼뜨림. ⁽예⁾인구~

분:하다 ①억울한 일을 당하여 원통하다. ②될 듯한 일이 되지 아니하여 섭섭하고 아깝다.

분할【分割】 무엇을 나누어서 쪼갬.

분해【分解】 ①한 덩어리를 이루고 있는 것을 그 구성 요소로 나눔. ②한 화합물을 두 가지 이상의 물질로 나눔. ⁽반⁾합성.-하다

분향【焚香】부처 또는 죽은 이를 위하여 향을 피우는 것.

분:홍【粉紅】엷게 붉은 고운 빛깔.

분화 ①불을 내뿜음. ②화산이 터져서 불 기운을 내뿜는 현상.

분:황사 석탑 신라 선덕 여왕 때 경주시 분황사에 세운 탑으로, 원효가 도를 닦았던 유명한 절이며, 현재는 일부만 남아 있음.
[분황사석탑]

불 ①물질이 높은 온도로 빛과 열을 내면서 타는 현상. ②화재를 이르는 말. ③등·초·전기 따위를 이용하여 어둠을 밝히는 물체. 예전깃~. 비화재. 반물.

불가1【不可】①옳지 않은 것. ②할 수 없음. 예흡연~. 음주~.

불가2【佛家】불교를 믿는 가정. 또는 그들의 사회. 불문. 예~의 가정.

불가능【不可能】①할 수 없음. ②힘이 못 미침. 비불능.

불가사리 몸이 다섯 가닥으로 되어 있어 별 모양으로 생긴, 바다에 사는 연체 동물.

[불가사리]

불가사의【不可思議】사람의 생각으로는 미루어 헤아릴 수 없이 이상하고 야릇함. -하다.

불가피【不可避】피할 수 없음.

불가항력【不可抗力】사람의 힘으로는 어찌 할 수 없는 일. 예~이다.

불경1【佛經】부처님의 가르침을 적어 놓은 책. 불교의 경전. 준경.

불경2【不敬】경의를 나타냄이 없이 무례한 것.

불곰 [동물] 곰과의 동물. 몸길이 2m 정도로 곰 중에서 가장 크며, 몸빛깔은 갈색이나 주둥이와 머리는 암갈색임.

[불곰]

불공【佛供】부처님 앞에 공양하는 일. 비불향(佛享). -하다.

불공평【不公平】공평하지 않음.

불과【不過】그 수량에 지나지 못함.

불교【佛敎】기원 전 5세기 초에 인도에서 석가모니가 세운 종교. 문화 발달에 많은 영향을 끼침. 세계 3대 종교의 하나.

불구【不具】몸 어느 부분이 제 기능을 못 하거나 결함이 있음.

불국사【佛國寺】경주시의 남쪽 토함산 기슭에 자리 잡고 있는 절. 신라 법흥왕 때(540) 처음 지었고, 경덕왕 때(751) 김대성이 다시 지었다고 함.

불굴【不屈】뻗대고 굽히지 아니함. 예~의 정신. ~의 의지.

불균형【不均衡】균형이 잡히지 않음. 반균형. -하다.

불길1[-낄] ①활활 타오르는 불꽃. 예~을 잡다. ②「세차게 타오르는 감정이나 정열」을 비유하는 말.

불길2【不吉】 재수 따위가 좋지 아니함. 예~한 징조. ~한 운수. -하다.

불꽃놀이 공중에 화포를 쏘아 올려 여러 가지 아름다운 무늬의 불꽃을 일어나게 하여 구경하면서 노는 놀이. 예경축일에 ~를 한다.

불끈 ①갑자기 솟아오르는 모양. ②주먹을 꽉 쥐는 모양. 비발끈. 흉내말.

불도【佛道】 ①불교의 가르침. ②수행을 쌓아서 감.

불도저 땅을 깎고 평평하게 고르기 위해 커다란 쇳날과 무한 궤도를 장치한 특수 자동차.

[불도저]

불독[동물] 개의 한 품종. 영국 원산으로 머리가 크고 넓적하며 양쪽 볼이 처져서 사나워 보이나 성질은 온순함.
[불독]

불량【不良】 행실이 나쁨. 예~청소년. 반선량. ②품질이나 정석이 나쁨. 예~식품. ③생각이 그르다.

불로【不老】 늙지 아니함. 비젊어짐.

불로 소:득【不勞所得】 노동의 대가로 얻은 소득이 아닌 소득.

불로초【不老草】 먹으면 늙지 않는다는 상상의 풀.

불리다 ①배를 부르게 하다. ②쇠를 불 속에 넣어 단련하다.

불만【不滿】 마음에 차지 않거나 만족하지 않음. 비불평. 반만족.

불멸【不滅】 영원히 없어지지 않음.

불명【不明】 ①분명하지 않은 것. 예행방~. ②어리석은 것. 사리에 어두운 것. 예친구가 행방~ 되었다.

불모지【不毛地】 나무나 풀이 나지 않는 거친 땅. 예~땅. 반옥토.

불문【不問】 ①물어 밝히지 아니하는 것. 예잘못은 ~에 부치겠다. ②가리지 않는 것. -하다.

불발【不發】 총알·폭탄 따위가 발사되지 않거나 터지지 않는 것.

불법【不法】 법에 어그러짐. 예~영업. 비위법. ~집회. 반합법. -하다.

불변【不變】 변하지 아니함. 반가변.

불볕 뜨겁게 내리쬐는 볕. 예~더위.

불복 항복하거나 복종하지 않음.

불복종 복종하지 아니함. 불복.

불사르다(불사르다, 불살라) 불에 태워 없애다. 예문서를 ~.

불사신【不死身】[-싸-] 어떤 곤란을 당하여도 견디어 내는 사람.

불상【佛像】[-쌍] 부처의 모습을 새긴 형상. 예절에서 ~을 모신다.

불시착【不時着】 비행기가 기관 고장이나 기상 관계·연료 부족 등으로 목적지에 이르기 전에 예정되지 아니한 지점에 착륙하는 일. -하다.

불신【不信】 신용하지 아니함. 불량.

불신감【不信感】 믿지 못하는 마음.

불쌍하다 가엾고 딱하고 애처롭다.

불쏘시개 장작이나 숯불을 피울 때 불을 옮겨 붙이기 위하여 먼저 쓰는 종이나 관솔 따위. -하다.
불쑥 ①갑자기 쑥 내밀거나 나타내는 모양. ②생각 없이 말을 함부로 하는 모양. 흉내말.
불안【不安】마음이 편안하지 못함. 예~에 싸이다. 반안심. 편안.
불안정【不安定】안정되지 못함. 예~한 생활을 하다. 반안정. -하다.
불야성【不夜城】등불이 많이 켜 있어 밤에도 대낮처럼 밝은 곳. 예~을 이룬 도시의 밤거리.
불온【不穩】사상·태도 등이 통치 권력이나 체제에 맞서거나 어긋나는 성질이 있는 것. -하다.
불완전【不完全】완전하지 못한 것.
불우【不遇】①불쌍하고 딱함. ②운이 나빠서 재능을 갖고도 세상에 쓰여지지 않음. 예~한 청소년.
불운【不運】좋지 않은 운수. 반행운.
불원간【不遠間】오래지 않아. 머지 않아. 예~한번 찾아 뵙겠습니다.
불원 천리【不遠千里】천리를 멀다고 여기지 아니함. 예~를 간다.
불입【拂入】「납입」의 전에 쓴 용어. 치러 넣기.
불조심 화재가 일어나지 않도록 조심하는 것. 예자나깨나 ~. -하다.
불좀 부엌이나 보일러실. 난방이 따뜻한 곳에서 살며 음식물 부스러기를 먹고 계속 움직임. [불좀]
불찰【不察】똑똑히 살피지 않아서 생긴 잘못. 예모두가 나의 ~이다.
불참【不參】참가하지 않거나 참석하지 않은 것. 불참석. 반참석.
불철 주야【不撤晝夜】밤낮을 가리지 않고 힘씀. 예~공부만 한다.
불치【不治】병을 고칠 수 없는 것.
불친절【不親切】친절하지 아니함. 예~한 태도. 반친절. -하다.
불침번【不寢番】밤에 자지 않고 경비와 안전을 맡는 일. 예~을 섰다.
불쾌【不快】기분이 유쾌하지 않음. 반상쾌. 유쾌. -하다.
불투명 ①맑지 못하고 흐릿한 것. ②빛을 통과시키지 못하는 것.
불패【不敗】무엇이든 지지 아니함.
불편【不便】①편하지 못하고 거북스러움. 반편리. ②병으로 몸이 자유롭지 못함. -하다.
불평【不平】마음에 들지 않아서 언짢게 생각함. 비불만. -하다.
불합격【不合格】①어 조건이나 격식에 맞지 않는 것. 예~품. ②시험에 떨어지는 것.
불행【不幸】행복하지 못함. 비불운. 반행복. -하다. 예~한 일의 연속.
불허【不許】①허락하지 아니함. 예예측을 ~한다. ②허용하지 아니함.
불현듯이 갑자기 치밀어서 걷잡을 수 없게. 예~생각났다. -하다.
불효【不孝】부모를 잘 섬기지 못함.
불효 막심 불효가 매우 심각한 상태.
불효자【不孝子】①불효를 하는 자식. ②부모에게 편지할 때에 자기를 낮추어 쓰는 말. 반효자.

불후【不朽】 ①썩지 않는 것. ②훌륭하여 그 가치가 변하거나 없어지지 않는 것. 예~의 명작을 남기다. 그는 ~의 건축물을 남겼다.

붐:(boom) 대단한 인기를 끌고 갑자기 번성하는 일. 예등산에 ~이 일어남.

붐비다 ①많은 사람들이 들끓어 복잡하다. ②사물이 한데 엉클어져 복잡하다. 비북적거리다.

붓 가는 대 끝에 털을 꽂아서 글씨를 쓰거나 그림을 그리는 데 쓰는 물건. 예~글씨를 씀.

붓꽃 산과 들에 자라며 관상용으로 재배도 하고 봄에 푸른 빛이 도는 짙은 보라색 꽃피는 여러해살이풀.

붕괴【崩壞】 ①구조물이 허물어져 무너지는 것. ②사회 체제나 질서 등이 깨어져 유지되지 못하는 것. 예봉건 제도의 ~.

붕대 몸이 다쳤을 때 약을 바르고 아픈 곳을 묶는 헝겊이나 가제 따위. 예압박 ~. 팔에 ~를 감았다.

붕:어1 [동물] 잉엇과의 민물고기. 폭이 넓고 뾰족하며, 주둥이는 둥글고 수염이 없음. 개울이나 못에 산다.

[붕어]

붕어2【崩御】 임금이 세상을 떠나는 것. 비승하. -하다. 예왕이 ~했다.

붕:장어 [동물] 먹붕장엇과의 바닷 물고기. 뱀장어와 비슷하나 입이 크고 이가 날카로움. 몸 길이 90cm가량.
[붕장어]

붙다[붇따] ①둘이 닿아서 떨어지지 않다. 예자석이 못이 ~. ②물체와 물체가 맞닿아 있다. ③시험 따위에 뽑히다. ④불이 옮아서 당기다. 붙습니다. 붙어. 반떨어지다.

붙들다(붙드니, 붙드오) ①꽉 쥐고 놓지 않다. ②달아나지 못하게 붙잡다. 예도둑을 ~. ③가지 못하게 만류하다. 붙듭니다. 비붙잡다.

붙이다[부치-] ①서로 맞닿아서 떨어지지 아니하게 하다. ②닿게 하다. ③소개하다. 예흥정을 ~. ④마음에 당기게 하다. 예재미를 ~.

뷔페 여러 가지 음식을 차려 놓고 손님이 스스로 선택하여 먹도록 한 식탁. 예~식당. 뷔페(x)

브라운관 브라운이 연구한 전자관의 하나. 전류의 강약의 변화를 빛의 강약으로 바꾸는 작용을 함.

브라질 [국명] 남아메리카 대륙의 동부에 있는 연방 공화국. 수도는 브라질리아이고 남아메리카에서 가장 넓다. [851만 2천km^2]

브람:스 [인명] (1833~1897) 독일의 신고전파 음악가. 작품으로는 「헝가리 춤곡」·「자장가」·「진혼곡」 등이 있음.

브레이크 ①자동차·자전거 따위의

바퀴의 회전을 멈추게 하는 장치. ②어떤 일을 멈추게 하거나 못하게 하는 일. 예형은 ~를 밟았다.

비₁ ①하늘에서 땅 위로 떨어지는 물방울. 예~가 내린다. ②먼지나 쓰레기를 쓸어내는 기구. 예~로 방을 쓸다. 비빗자루.

비₂【比】 두 개의 수 또는 양을 서로 비교하여 몇 배인가를 보이는 관계. 예~를 견주어 보다.

비₃【碑】 쇠붙이나 돌에 글을 새겨 세운 물건. 예~를 세우다. 비비석.

비감【悲感】 슬픈 느낌 또는 그 느낌.

비:겁【卑怯】 인격이 낮고 겁이 많아 더럽게 취하는 태도. 예~하게 도망가다. 비비열. 반용감. -하다.

비:결【秘訣】 숨겨 두고 남에게 알리지 아니하는 좋은 방법. 비비법.

비:경【秘境】 ①신비스러운 경치. ②남이 모르는 장소.

비:고【備考】 ①참고하기 위하여 갖추어 놓음. ②본문의 부족함을 덧붙여서 보충함, 또는 그 기사. 예~를 참고하다.

비:교【比較】 둘을 서로 대어서 견주어 봄. -하다. 예서로 ~하였다.

비:구니【比丘尼】 여자 중. 반비구.

비:굴【卑屈】 사람이 용기가 없고 마음이 고상하지 아니함. -하다.

비극【悲劇】 ①세상의 슬픈 일을 나타낸 연극. 반희극. ②비참한 사건. 예맞아 죽다니 ~이다.

비금속【非金屬】 금속의 성질을 갖지 않은 물질.

비기다 ①견주어서 지고 이김을 가려내지 못하다. 예3:3으로 ~. ②~없이 훌륭하다.

비기어 견주어 본다. 비교해 본다.

비길 데 ①견줄 데. ②비교할 곳. 예~없이 훌륭하다.

비꼬다 ①남의 비위를 상할 만큼 빈정거리다. ②노끈 등을 비틀어서 밧줄 끈을 단단히 꼬았다. 비꼬다.

비난【非難】 남의 잘못이나 결점을 나무람. 비비방. 반칭찬. -하다.

비:너스 ①로마 신화에서 아름다움과 사랑의 여신. 그리스 신화의 아프로디테에 해당됨. ②금성을 달리 이르는 말.

비녀 여자의 쪽진 머리가 풀어지지 않도록 꽂는 물건. 예옥~.   [비녀]

비누 때를 씻어 내는 데 쓰는 세척제. 예~질을 하였다. 관세제.

비늘 물고기 따위의 몸 표면을 덮고 있는 단단하고 작은 조각.

비능률적 능률적이 아닌 모양. 예~인 생산 방법. 반능률적.

비닐 석탄산을 원료로 하여 만든 화합물. 유리·천 등의 대용품으로 쓴다. 예~우산. ~장관. ~봉지.

비닐 하우스 작물의 추위를 막기 위해 비닐로 온실처럼 꾸민 집.

비:다 ①속에 아무것도 든 것이 없다. ②그 자리를 차지하고 있는 것이 없다. ③아는 것이 없다. 반차다. 비는 비어. 빕니다.

비단₁ 그 뿐 아니라. 「다만」. 오직.
비ː단₂【緋緞】명주실로 짠 보드랍고 고운 옷감. ᵇⁱ견직물. 명주.
비동맹국 동서로 양극화된 국제 정치 질서에서 어느 한 진영의 동맹을 거부함. 중립 노선을 표방한 나라.
비둘기[동물] 성질이 순하여 집에서도 많이 기르며, 평화를 상징하는 새. 되돌아오는 성질을 이용하여 통신용으로 쓰임. [비둘기]
비듬 머리에 생기는 살가죽의 부스러기. ᵉˣ머리에 ~이 많다.
비ː등【比等】견주어서 서로 비슷함.
비디오 ①텔리비전에서, 음성에 대하여 「화면이 나오는 부분」을 말함. ②ᵇᵃⁿ오디오. 「비디오 테이프 리코더」의 준말.
비뚤어지다 ①한쪽으로 기울어지거나 쏠리다. ②마음·성격 등이 바르지 않고 비꼬이다.
비렁뱅이 「거지」의 낮춤말. ᵇᵃⁿ부자.
비ː례【比例】①예를 들어 견주어 보는 것. ②두 양 또는 두 수에 있어서 한쪽이 2배, 3배, …로 되면 다른 한쪽도 2배, 3배, …로 되는 일. ᵇᵃⁿ반비례. -하다.
비로봉【毘盧峯】금강산에서 가장 높은 봉우리. 내금강에 속하며 높이는 1,638m.
비로소 처음으로. 바침내. ᵇᵃⁿ이미.

비록 「가령」 「아무리」 「암만」의 뜻. ᵉˣ힘은 ~ 약하나 마음만은 굳세다. ᵇⁱ다만. 아무리 그렇다 하나.
비ː료【肥料】식물의 성장에 부족되기 쉬운 성분을 공급해 주는 물질. ᵇⁱ거름.
비름 밭이나 길가에 자라며 기르기도 하고, 여름에 백록색의 잔 꽃이 모여 핀다. 어린 잎은 나물로 먹으며 한해살이풀이다. [비름]

비리【非理】도리에 어긋나는 일.
비리다 ①날콩을 씹을 때와 같은 맛이나 물고기·피 등에서 나는 냄새와 같다. ②너무 적어서 마음에 차지 않다. ③하는 짓이 더럽고 아니꼽다.
비ː만【肥滿】살쪄서 대단히 뚱뚱함.
비ː망록【備忘錄】잊어 버리지 아니하려고 적어 두는 책자.
비매품【非賣品】팔지 아니하는 물품. 돈으로 거래되지 않는 물건. ᵇᵃⁿ판매품. ᵉˣ이 물건은 ~이다.
비몽사ː몽【非夢似夢】꿈속 같기도 하고 실제 있는 일 같기도 한 어렴풋한 상태. 사몽비몽.
비문【碑文】비석에 새긴 글. 비석문
비ː밀【秘密】남에게 숨기고 알리지 아니하는 일. ᵉˣ~선거. 친구에게 ~을 말했다. ᵇⁱ기밀. ᵇᵃⁿ공개.
비방₁【誹謗】남을 헐뜯고 욕을 함.

비방【秘方】자기 혼자 알고 있는 방법. ^비비법.

비버 설치류 중 가장 큰 동물로 나뭇잎, 나무껍질을 먹고 진흙으로 둑을 만들며 집을 짓는다.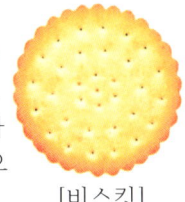
[비버]

비범 평범하지 아니함. 남보다 뛰어남. ^예~한 인물. ^반평범. -하다.

비보【悲報】슬픈 소식이나 보도들.

비분【悲憤】슬퍼하고 원통한 마음.

비분 강:개하다 슬프고 분한 느낌이 마음 속에 가득 차 있다.

비빔 밥이나 국수에 고기나 나물 따위를 섞고 갖은 양념을 하여 섞은 음식. ^예전주 ~밥은 세계적 음식.

비상【非常】①정상적인 상태가 아닌 일. 예사로운 일이 아닌 긴급 사태. ^예~사태. ②보통이 아님. 정도가 심함. ^예그의 솜씨가~하다. ③긴급하고 특별한 명령.

비상구【非常口】화재나 급한 사고가 생겼을 때 급히 피할 수 있도록 만든 출입구.

비:서【秘書】중요한 자리에 있는 사람 밑에서 기밀 문서나 용무를 맡아 보는 직위.

비석【碑石】넓적한 큰 돌에 그 사람의 공이나 내력을 적어 세운 것. ^예~을 세우다.
^비석비. [비석]

비:수【匕首】잘 드는 짧은 칼.

비수기【非需期】수요가 많지 않은 시기. ^예~에 저렴하게 산 물건.

비스듬하다 한쪽으로 조금 기울다.

비스킷 밀가루에 설탕·버터·우유를 섞어 구운 양과자의 한 가지. 서양의 어린이나 어른들도 간식으로 먹음.
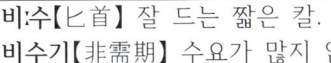
[비스킷]

비슷비슷 여럿이 모두 닮은 모양.

비:시:(B.C.) 서력 기원 전. ^반에이디 (A.D.) ^예~50년의 역사적 사실.

비약【飛躍】①높이 뛰어오르는 것. ②빠른 속도로 향상하는 것.

비:옥【肥沃】거름이 많고 기름지다.

비염【鼻炎】콧속에 염증이 생겨 코가 막히고 콧물이 흐르는 병.

비올라 현악기의 하나. 바이올린보다 조금 크고, 4줄로 되어 있음. 바이올린과 첼로의 중간 음역을 맡는데, 소리는 어둡고 둔함.

[비올라]

비:용【費用】어떤 일에 쓰는 돈. ^예~을 줄이다.

비:운【悲運】불행하고 비참한 운명.

비:원【秘苑】①서울 창덕궁 안에 있는 궁원. ②대궐 안의 동산.

비위₁【非違】법에 어긋나는 일 ^예~를 조사하다. ~가 적발되었다.

비위2【脾胃】지라와 밥통. ①음식의 맛이나 사물에 대해 좋고 나쁨을 분간하는 기분. 예음식이 ~에 안 맞는다. ②아니꼽거나 싫은 일을 잘 견디어 내는 힘. 예누나가 ~를 거슬다.

비:유【比喩】어떠한 사물의 의미를 다른 사물로 견주어 설명함.

비:율【比率】두 개의 수나 양을 비교할 때 한 쪽이 다른 쪽의 몇 배인가, 또는 몇 분의 몇인가의 관계를 나타내는 수의 비의 값.

비인도적 사람이 지켜야 할 도리에 어긋나는 모양. 예그가 행한 일은~ 처사였다.

비자나무 제주도와 남부 지방의 산지에 자라며, 잎은 가늘고 꽃은 암수 딴 그루에서 피는 늘 푸른나무로 열매는 다음 해 9~10월에 익으며 약재로 쓰인다. [비자나무]

비장【悲壯】슬픔을 이기고 엄숙하고 꿋꿋함. 예~한 각오. -하다.

비정【非情】인간다운 감정을 갖지 아니함. 예~한 인간이었다. -하다.

비정상【非正常】정상이 아닌 것.

비:좁다 자리가 넓지 않다. 예둘이 앉기에는 ~. 반넓다.

비중【比重】①어떤 물건의 무게가 그와 같은 부피와 비교한 비. ②다른 사물과 비교했을 때의 중요성의 정도. 예~이 큰 사건.

비지 두부를 만들고 남은 찌꺼기. 예~찌개. 비두부.

비즈니스 ①사무 또는 사업. ②특히 정열이나 인정 등을 떠나서 오직 돈벌이의 수단으로서의 사업.

비철 옷·음식·물품 따위가 제철이 아님. 예옷은 ~이 싸다.

비철 금속【非鐵金屬】철 이외에, 공업용으로 가치가 있는 금속의 총칭. 구리·납 따위.

비추다 ①빛을 내쏘아 밝게 하다. 예조명을~. ②거울이나 물 따위에 모습을 나타내다. ③넌지시 깨우쳐 주다. 비추어. 비춥니다.

비:축【備蓄】만일을 대비하여 미리 쌓아 둠. 예식량을 ~하다. -하다.

비:치【備置】갖추어 둠. 예비상 식량을 ~하다. 마련되어 놓이다.

비치다 ①환하게 되다. 예햇빛이~. ②그림자가 나타나다. ③말을 약간 꺼내다.

비커 액체를 붓는 주둥이가 달린 원통 모양의 화학 실험용 유리 그릇. 예실험을 할 때 ~를 사용한다.

비키니 브래지어와 팬티의 모양으로 상하가 나뉘어 노출 부분이 많은 여자용 수영복. 예~를 입었다.

비타민 영양소의 하나로서 생물체가 올바르게 성장할 수 있게 하고, 병이 나지 않게 하는 등 중요한 구실을 하는 영양소. 비타민 A·B·C 등 종류가 많다. 예종합~은 우리 몸에 유익한 영양제다.

비통【悲痛】몹시 슬퍼서 마음이 아픔. ^비비장. 침통. -하다.

비트 컴퓨터에서 데이터를 나타내는 최소 단위. 모든 데이터는 0과 1의 조합으로 구성되는데, 이 0또는 1이 하나의 비트가 됨. [8비트·16비트·32비트·64비트등]

비파 울림통의 위의 판은 반듯하고 밑의 판은 긴 복숭아 모양의 둥근 동양의 현악기. [비파]

비파나무 관상수로 많이 가꾸며, 잎은 연갈색 털로 덮여 있고, 가을에 흰 꽃이 피며, 둥근 열매는 다음 해 6월에 익는다. [비파나무]

비:판【批判】사물의 옳고 그름에 대하여 검토하여 평가·판정하는 일. ^예정당한~. ^비비평. -하다.

비:품【備品】학교·관서·회사 등에서 항시 갖추어 두루 쓰는 물건. ^예학급~을 마련하다.

비행1【非行】도리나 도덕 또는 법에 어긋나는 못된 행위. -하다.

비행2【飛行】하늘을 날아다니는 것.

비행기【飛行機】프로펠러를 돌리거나 가스를 내뿜는 힘을 이용하여 하늘을 날 수 있게 만든 운송 수단의 기계. ^비항공기

비호1【飛虎】①나는 듯이 날쌘 범. ②움직임이 용맹하고 날쌘 것의 비유. ^예~같은 몸놀림. -하다.

비호2【庇護】잘못이 있는 사람을 감싸 보호함. ^예친구를 ~하다.

비화【秘話】세상에 알려지지 않은 이야기. ^예궁중~. 한국 동란의~.

빈: 속이 비어 차지 아니한. ^반찬.

빈곤【貧困】①가난하여 살아가기 어려움. ^예~한 살림. ^비빈궁. ^반부유. ②필요한 것이 부족함.

빈대[동물] 매미목 빈대과 곤충. 몸은 둥글 납작하며 적갈색임 사람의 피를 빨아먹는 해충임. [빈대]

빈대떡 녹두를 맷돌에 갈아 나물이나 고기 따위를 섞어서 부쳐 만든 음식. ^예~을 먹다.

빈둥빈둥 하는 일 없이 놀며 게으름을 부리는 모양. ^예놀기만 하다. 방학을 ~보내기 실다. 흉내말.

빈:말 실속이 없는 말. 그저 공으로 하는 말. ^예나는 ~하는 사람이다.

빈민【貧民】가난하여 살기 어려운 구차한 살림을 하는 사람. ^예그는 ~출신이었다. ^반부자

빈발【頻發】일이 수시로 발생한다.

빈번【頻繁】현상 따위가 매주 잦다.

빈번히 어떤 사건이 매우 자주자주.

빈부【貧富】①가난과 부유. ②가난한 사람과 잘 사는 사람.

빈소【殯所】상여가 나갈 때까지

관을 두는 곳.
빈약【貧弱】①가난하고 약함. ②모양이나 내용이 보잘 것 없음. -하다.
빈익빈【貧益貧】가난한 사람이 더욱 가난하게 되는 것. ⁿ부익부.
빈자【貧者】가난한 사람. ⁿ부자.
빈정거리다 반대의 뜻을 나타내는 말을 써 가며 비웃다.
빈촌【貧村】가난한 사람들이 사는 마을. ⁿ궁촌. ⁿ부촌.
빈틈없다 ①허술한 데가 없다. ②비어 있는 부분이 없다.
빈혈【貧血】혈액 속의 적혈구나 혈색소가 정상값 이하로 줄어든 상태. 예~로 얼굴이 하얗다.
빌:다 ①잘못을 용서하여 달라고 호소하다. ②소원대로 되도록 기도드리다. 예선생님께 잘못을 ~.
빌라 여러 세대가 모여 사는 주택.
빌리다 ①도로 받기도 하고 한동안 쓰게 하다. ②남의 물건을 돌려주기로 하고 쓰다.
빔: 명절이나 잔치 때 새 옷을 입는 일. 예설~.
빗₁ 머리카락을 가지런히 하는 것.
빗-₂ 「바로 곧지 않게」또는「가로 비스듬하게」「잘못」의 뜻을 나타내는 말. 예~나가다.
빗나가다 벗어나 다른 쪽으로 가다.
빗다[비따] 엉클어진 머리털을 빗으로 가지런히 하다.
빗대다 ①바로 대지 않고 넌지시 빙 둘러서 말하다. ②사실과 다르게 비뚤음하게 대다.

빗물[빈-] 비가 내려서 흐르는 물.
빗발 비가 올 때 줄같이 보이는 빗줄기. 예아침에 ~이 거세어졌다.
빗방울 비로 떨어지는 여러 물방울.
빗장 문을 잠글 때에 가로지르는 나무나 쇠장대. 예문에 ~을 잠금.
빙과【氷菓】얼음 과자. 아이스크림.
빙구【氷球】아이스 하키.
빙그레 입을 약간 벌리고 소리 없이 부드럽게 웃는 모양. 흉내말.
빙긋이 입을 약간 벌리고 소리 없이 웃는 모양. ⁿ삥긋이. 흉내말.
빙산【氷山】빙하의 얼음이 밀려와서 바다에 산처럼 떠 있는 얼음 덩어리. 예이것들은 ~의 일각임.
빙상 경:기 얼음 위에서 하는 경기의 총칭. 스케이팅·아이스하키 따위. 예동계~ 대회.
빙수【氷水】①얼음 냉수. ②얼음을 눈처럼 잘게 부수어 설탕과 향료 등을 섞은 음식. 예팥~.
빙어 해안 근처에 살며, 동물성 플랑크톤을 잡아먹고 봄철에 모래 바닥에 알을 낳으며 몸 길이가 10cm이다.

[빙어]

빙자 남의 힘을 빌어서 의지함. 예병을 ~하여 관광을 떠났다.
빙점【氷點】[-쩜] 물이 얼기 시작할 때의 온도. 곧 섭씨 0도. ⁿ결빙점. ⁿ비등점.
빙하【氷河】육상에 퇴적한 거대한 얼음 덩어리가 중력에 의하여 강처럼 흐르는 것. 또는 그 얼음 덩이. 예~ 시대.
빙하 시대【氷河時代】약 70~80만년 전 육지의 대부분이 빙하로 덮이어 있던 시대.
빚 남에게 갚아야 할 금전. 비부채.
빚다 ①가루를 반죽하여 경단·만두·송편 같은 것을 만들다. 예만두를 ~. ②술을 담그다.
빛 ①어두운 곳을 환하게 하는 것. ②영광. 비빛깔. 색깔. 색.
빛나다[빈-] ①빛이 환하게 비치다. ②영광스럽고 훌륭하다.
빛바래다 본디의 빛깔이 윤기가 없어지다.

ㅃ

ㅃ[쌍비읍] 「비(비읍)」의 된소리. 이름은 쌍비읍.
빠개다 작고 단단한 물건을 두 쪽으로 갈라서 조각을 내다.
빠금거리다 물고기 입을 벌려 물이나 공기 등을 들이마시다.
빠:뜨리다 ①물 등에 빠지게 하다. ②어려운 지경에 놓이게 하다.
빠르다(빨라, 빨라서) ①더디지 않고 속도가 높다. ②느리지 않다.
빠:지다 ①박혀 있는 것이 제 자리에서 밖으로 나오다. 예나사가 ~. ②액체 등이 밖으로 새어 나가다.
빤:하다 무슨 일의 내용이 속이 환하게 보이듯이 분명하게.
빨강 빨간 빛깔이나 물감.
빨강도미 몸통과 지느러미가 붉고 어린물고기 색은 옅고 검은점이 없다. 어미 고기는 깊은 물에서 조개나 물고기를 먹는다.

[빨강도미]

빨래 ①때 묻은 옷. ②때 묻은 옷을 빠는 일. 비세탁. 예줄에 ~가 있다.
빨리 빠르게. 속히. 예~ 다녀오너라. 비급히. 반천천히.
빳빳하다 ①물건이 단단하고 꼿꼿하다. ②태도나 성질이 고분고분하지 않고 고집이 세다.
빵 밀가루를 재료로 하여 소금·설탕·버터 등을 섞어 발효시킨 뒤 불에 굽거나 찐 음식. 외래어.
빻다 곡식을 밀가루로 만드는 것.
빼:내다 ①박힌 것을 뽑다. ②필요한 것만을 골라내다. ③덜어 내다.
빼:다₁ ①박힌 것을 뽑다. ②골라내다. ③써서 없애다. 예어깨에 힘을 ~. 반넣다. 빼는. 뺌니나.
빼:다₂ 달아나다. 예꽁무니를 ~.
빼앗다 ①남의 것을 강제로 가져오다. ②남의 일·지위·시간 등을 가로채서 차지하다.
뺨 얼굴 양쪽에 살이 많이 붙은 부분. 예~이 통통하다. 비볼.
뻐근하다 근육이 몹시 피로하여 뼈개지는 듯하고 움직이기 거북하다. 예다리가 ~.
뻐기다 아주 잘난 체하며 자랑하다.
뻐꾸기[동물] 두견이과의 새. 몸길이 33cm정도 때까치·지빠귀 같은 딴 새의 집에 알을 낳아 부화함. 비둘기보다 작음.

뻔:하다 ①한 군데만 매우 훤하다. ②무슨 일이 그렇게 될 것이 분명하다. ③확실하다. 분명하다.

[뻐꾸기]

뻔히 무슨 일이 끊이지 않고 항상 잇대어 있는 모양. 예밥을 ~놔두고 안 먹니.

뻗다 ①펴서 길게 내밀다. 예팔을 쭉 ~. ②길게 자라 나가다. 예나뭇가지가 ~. ③힘이 미치다.

뻥 ①갑자기 무엇이 요란하게 터지는 소리. ②구멍이 뚫어진 모양.

뼈 ①척추 동물의 살 속에 있어, 몸을 지탱하고 보호하는 단단한 물질. ②사물의 기본이 되는 줄거리나 핵심. 뼈대. 예~가 금이 가다.

뼈대 ①몸을 이루고 있는 뼈의 생김새. ②사물의 얼개. 또는 핵심·중심·골격. 예그는 ~가 튼튼하다.

뼘: 엄지손가락과 검지손가락, 또는 중지손가락을 잔뜩 펴서 벌렸을 때의 길이. 예한 ~.

뽐내다 잘난 체하다. 잰 체하다. 비으스대다. 뻐기다. 반겸손하다.

뽑다 박힌 것을 뽑아 나오게 하다. 반박다.

뽕 「뽕잎」의 준말.

뽕나무 뽕나무 잎 [뽕나무] 은 누에의 먹이로 쓰고, 검은 자줏빛의 오디는 열매로 먹는다.

뾰족하다 끝이 아주 날카롭다. 반뭉툭하다. 큰뾰죽하다. 센뾰쪽하다.

뿌리뽑다 잘못된 일의 원인을 없애다. 예범죄를 ~.

뿌리치다 붙잡은 것을 놓치게 하다. 예더 있으라고 하지만 ~.

뿌리털 식물의 뿌리 끝에 실처럼 길고 부드럽게 나온 가는 털. 근모. 이것으로 양분과 물을 흡수함.

-뿐₁ 더 없다는 뜻을 나타내는 말. 예이것 ~이다.

뿐₂ 「다만 어떠하거나 어찌할 따름」이라는 뜻을 나타내는 말. 예들었을 ~이다.

뿔 소·사슴 등의 머리에 불쑥 내민 뾰족하게 생긴 부분.

삐걱 딱딱한 물건이 서로 마찰될 때 나는 소리. 센삐꺽. -하다. 흉내말.

삐뚤어지다 ①중심을 잃고 한 쪽으로 기울어지다. ②마음이 바르지 못하다. 예비뚤어지다.

삐라 사람들에게 돌리거나 눈에 잘 띄는 곳에 붙이거나 하는 종이. 전단. 예~을 뿌리다. 일본 말.

삐죽 ①비웃거나 마음에 들지 않을 때 입을 내미는 모양. ②끝이 조금 내밀려 있는 모양. 예마루에 못이 ~나왔다. 작빼죽. 흉내말.

삐:치다₁ ①노여움을 타서 마음이 토라지다. 예그의 말에 ~. ②나른하여 기운이 없어지다.

삐:치다₂ 붓으로 글씨를 쓸 때 삐

침 획을 긋다. 예글자 획이 ~.
삥: ①일정한 범위의 둘레를 둘러싼 모양. ②정신이 아찔한 모양 예정신이 ~ 돌다

삥긋 소리 없이 입만 살짝 벌리며 웃는 모양. 예~ 웃다. 흉내말.

ㅅ[시옷] 한글 자모의 일곱째 글자. 이름은 시옷.

사:【死】죽음. 생명이 끊어짐. 반생.

사각₁【四角】①네 개의 각. ②네 개의 각이 있는 모양.

사:각₂【死角】①어느 각도에서는 보이지 않는 범위. 예~범위. ②눈에 잘 뜨이지 않거나 관심에서 벗어난 것의 비유.

사:각기둥[-끼] 측면과 밑면이 사각형으로 된 기둥. 네모 기둥.

사:각형【四角形】네 개의 꼭지점이 있고 네 개의 선분으로 둘러싸인 평면 도형. 사방형. 네모꼴.

사:각형 그래프 사각형의 가로·세로를 10등분하고 전체 모눈의 수를 100으로 하여 모눈의 수로 전체에 대한 부분의 비율을 나타낸 그래프.

사:건[-껀] ①벌어진 일이나 일거리. ②뜻밖에 일어난 일.

사격【射擊】총이나 대포를 쏘는 것.

사경【死境】죽게 된 지경. 죽기 직전. 예병원에 도착 전 ~을 헤맸다.

사계【四季】봄·여름·가을·겨울의 네 계절. 예~절이 뚜렷하다.[사계]

사고₁【事故】①갑자기 일어난 뜻밖의 사건. ②어떤 일의 까닭.

사고₂【思考】생각하고 궁리하는 것.

사고력【思考力】사고하는 능력.

사공【沙工】배를 부리는 사람.

사과₁【沙果】가을에 익는, 모양이 둥글고 붉으며 새콤하고 단맛이 나는 과일.

사과₂【謝過】잘못에 대하여 용서[사과]를 바람. 예~를 하다. -하다.

사교【社交】사회 생활에서 사귀며 교제함. 예~성이 좋.

사군자【四君子】동양

[사군자]

화에서 매화·난초·국화·대나무의 고결한 아름다움이 군자와 같다는 뜻으로 일컫는 말 또는 그것을 그린 그림. ^예~의 고결 함.

사귀다 ①서로 사이좋게 지내다. ②교제하다. 사귀어. 사겁니다.

사귐성 남과 사귈 만한 품성.

사그라지다 삭아서 없어지다. 커짐.

사:극【史劇】 역사 속의 사실을 소재로 하여 꾸민 연극. ^본역사극

사근사근하다 ①붙임성이 있어 상냥하고 시원스럽다. ②배나 사과처럼 씹기에 연하다.

사:기₁【士氣】 ①군사가 용기를 내는 기운. ②선비의 기계

사기₂【詐欺】 이익을 위해 남을 속임.

사기₃【沙器】 흰 흙을 구워서 만든 그릇. 희고 단단한 매끄러운 그릇.

사:기₄【史記】 역사를 기록한 책. ^예삼국~. ^비사서.

사기꾼 상습적으로 남을 속여 이득을 꾀하는 사람.

사나이 젊은 남자. ^반계집. ^준사내.

사나흘 사흘이나 나흘. ^준사날

사:납다(사나우니, 사나워서) 성질이나 생김새가 독하고 험악하다. ^비무섭다. 몹시 세참. ^반착하다.

사내아이 어린 남자 아이. ^반계집아이. ^준사내. ^예~들이 뛴다.

사냥 들이나 산에서 짐승을 잡는 일. ^비수렵.

사냥개[-깨] 사냥할 때 쓰기 위하여 길들인 개. 포인터·셰퍼드 따위. ^예~를 기른다.

[사냥개]

사냥꾼 사냥을 업으로 하는 사람.

사늘하다 ①기후나 물체의 온도가 조금 차다. ^예새벽 공기가~. ②차가운 느낌을 주다.

사다 돈을 주고 제 것으로 만들다. ^반팔다.

사다리꼴 한 쌍의 대변이 평행한 사각형.

사다새 흔히 펠리컨이라고 부르는 부리가 큰 새. 잠수하여 물고기를 잡아 먹는데 잠수 깊이가 9m도 넘게 빠른 속도로 들어가 고기를 잡아 나온다.

[사다새]

사닥다리 높은 곳에 오르내릴 때에 발을 디디도록 만든 물건

사단 법인【社團法人】 법률상의 권리·의무의 주체로서 인정되는 사단 ^예~에 입사하였다.

사단조 [새음을 으뜸으로 하는 단조.

사담【私談】 사사로이 하는 이야기. 주로 하는 이야기. ^예~을 나누다.

사당【祠堂】 죽은 이의 신주를 모시는 집. ^예충무공~

사당지기 사당을 관리 지키는 사람.

사:대문【四大門】 조선 시대에 서울의 동서남북에 둔 네 대문. 곧 동의 홍인지문, 서의 돈의문, 남의 숭례문, 북의 숙정문.

사:대 성:인【四大聖人】 동서 고금에 으뜸 가는 네 성인.

사돈【查頓】 혼인 관계로 맺어진 친척 관계. 예~관계. -하다.

사들이다 사서 들어오다. 반팔러 감.

사:또 옛날에 백성이나 아전이 고을의 원을 일컫던 말. 사도[使徒]

사:람 ①생각과 말을 할 줄 아는 지구상에서 가장 발달한 동물. 비인간. ②권리·의무의 주체인 인격자. 예~팔자 시간 문제다.

사랑₁ ①아끼고 위하여 정성과 힘을 다하는 마음. ②사모함. -하다.

사랑₂【舍廊】 집의 안채와 떨어져, 바깥 주인이 거처하며 손님을 접대하는 곳. 반내실.

사랑방 안채와 따로 떨어져 있는 방. 예~손님.

사랑새 관상용으로 새장 속에서 기르는 대표적인 새, 종류는 빨강, 녹색, 노랑색 등이 있다. [사랑새]

사려【思慮】 여러 가지 일에 대한 생각과 근심. 배려.

사:력【死力】 목숨을 아끼지 아니하고 쓰는 힘. 비전력. 진력.

사령관【司슈官】 순대를 지휘하는 사령부의 우두머리.

사:례₁【謝禮】 고마운 뜻을 나타내는 일. 예당선~. -하다.

사:례₂ 관례·혼례·상례·제례의 네 가지 의례. 비관혼 상제

사:례금 사례의 뜻으로 주는 돈.

사로잡다 ①산 채로 붙잡다. ②마음을 쏠리게 만들다.

사료₁【思料】 생각하여 헤아리는 것.

사료₂【飼料】 가공한 가축의 먹이.

사료₃【史料】 역사 연구에 필요한 등 여러 가지 자료.

사르르 ①힘 없이 눈이 저절로 감기는 모양. ②힘 없이 저절로 풀어지는 모양. 큰스르르. 흉내말.

사:리₁【事理】 사물의 이치. 예~에 닿는 말. 비이치. 올바른 기본 이치.

사리₂ 국수·실·새끼 등을 사리어 감은 뭉치. 예국수 한~.

사리₃ ①부처나 고승의 유골. 후세에는 화장한 뒤 나오는 작은 구슬 모양의 뼈를 가리킴. ②송장을 화장한 뼈.

사리다 ①조심하고 주의하다. 예몸을~. ②국수나 새끼 따위를 헝클어지지 않게 빙빙 둘러서 포개어 감다. ③동그렇게 포개어 감다.

사리 사욕 개인의 사적 이익과 욕심.

사립【私立】 공익 사업의 기관을 개인이 그의 비용으로 설립하여 유지함. 예~학교.

사립문 싸리·대 따위 나뭇가지로 엮어 단 조그만 문.

사립【私立】 공익 사업의 기관을 사사의 힘으로 설립함.

사:마귀[동물] 사마귓과의 곤충. 몸은 가늘고 길며, 머리는 삼각형임. 몸이 크고 황갈색 또는 녹색이며, 앞다리가 낫처럼 구부러

져 먹이를 잡아먹기에 편리함.

사막 모래가 깔린 넓은 들판.

사:망【死亡】 사람의 죽음. ^반출생.

[사마귀]

사:면₁【四面】 동·서·남·북의 네 방향. ^예~체. ~이 섬으로 싸였다.

사:면₂【赦免】 죄를 용서하여 형벌을 면제해 주는 일. 대통령의 권한임. -하다.

사:면₃【斜面】 한 쪽으로 기울어진 면. 비스듬한 면. ^예경~

사:명【使命】 ①마땅히 해야 할 일. ②주어진 임무. ^비임무. 의무. 책임.

사모₁【思慕】 ①정이 들어 그리워함. ②우러러 받듦.

사:모₂【紗帽】 옛날 관복을 입을 때 쓰던, 벼슬아치들의 모자. 전통 혼례 모자.

사모 관대【紗帽冠帶】 ①관복을 입을 때 쓰던 비단실로 짠 모자와 공복인 의관 속대의 총칭. ②사모와 관대를 갖춘 차림. 곧 정식으로 차린 옷차림을 일컫는 말.

[사모]

사모님【師母-】 ①윗사람의 부인을 높이는 말. ②스승의 부인을 높이는 말. ③존경할 만한 사람의 부인.

사:무소【事務所】 어떤 단체나 회사 따위의 사무를 보는 곳.

사무치다 속 깊이 사무치다. ^예병이 골수에~. 사무쳐. 사무칩니다.

사물【私物】 개인이 가지고 있는 물건. ^반관물. 공물.

사:물놀이[-로리] 꽹과리·징·북·장구로 하는 농악 놀이 ^준사물.-하다.

[사물놀이]

사뭇 ①거리낌 없이 마구. ②아주 딴판으로. ^예~다르다. ^비줄곧.

사:박자【四拍子】 악곡의 한 마디가 네 박자로 된 것.

사발 밥이나 국을 담는 데 쓰이는 사기로 만든 그릇.

[사발]

사:방【四坊】 ①동·서·남·북의 총칭, 곧 둘레. ^비사면. ②여러 곳. ^예적군이 ~에 있다.

사:방 팔방【四方八方】 모든 방면.

사범【師範】 ①모범이 될 만한 사람. ②학술 및 권투·바둑·유도 등의 기예를 가르치는 사람.

사법【司法】 법률에 따라 재판을 하는 일. 3권의 한 가지.

사법부【司法府】 대법원 및 그에 딸린 모든 기관. ^비입법부. 행정부.

사:변【事變】 나라의 큰 사건이나 변고. ^예6·25~. ^비난리.

사:변형 네 선분으로 둘러싸인 평면 도형. ^비사각형.

사:별【死別】 죽어 서로 이별함. ^예아내와 ~하다. ^반생별. -하다.

사:병【士兵】 장교가 아닌 보통 병사.

사:본【寫本】 옮겨 베끼는 일. 또는 베낀 책이나 서류. 복사한 것들.

사부【師父】 ①스승과 아버지. ②스승을 높여 일컫는 말. 스승을 말함.

사:분음 반음을 이등분한 음.

사분 음표【四分音標】 온음표의 1/4을 나타내는 음표.「♩」로 나타냄.

사비【私備】 ①개인이 부담하는 비용. 예~로 유학하다. 반공비. ②개인이 사사로이 쓰는 비용.

사:비성 백제의 마지막 서울. 충청남도 부여의 옛 이름. 부소산성.

사뿐 소리가 안 나게 발을 가볍고 조심스럽게 내디디는 모양.

사사1【私事】 개인적인 일.

사:사2【事事】 이 일 저 일. 모든 일.

사사 건건【事事件件】 모든 일.

사살 활·총 등으로 쏘아 죽임.

사상1【思想】 사회나 정치의 견해.

사상자 죽은 사람과 다친 사람.

사색1【思索】 사물의 이치를 따지어 깊이 생각함. 예나는 ~을 즐긴다.

사:색2【死色】 죽을 상이 된 창백한 얼굴 빛. 예놀라서 ~이 되다.

사:색3【四色】 ①네 가지 빛깔. ②조선 중기 이후의 정치적 대립을 일삼던 당파. 노론. 소론. 남인. 북인.

사:생 결단 죽고 사는 것을 돌보지 않고 끝장을 냄. -하다.

사생화【寫生畵】 실제의 사물. 자연 그대로의 경치를 그린 그림.

사생활【私生活】 개인의 사사로운 생활. 예~을 간섭하다.

사:서1【四書】[책명] 유교의 경전인 논어·맹자·중용·대학을 말함.

사서2【司書】 도서관에서 서적의 정리·보존 및 열람에 관한 일을 맡아 보는 직분. 예~직을 구한다.

사:선1【死線】 죽을 고비. 위험한 선.

사선2【斜線】 ①비스듬하게 그은 줄. ②한 평면 또는 직선에 수직이 아닌 선. 빗금. ③비스듬한 선.

사:설1【社說】 신문·잡지사의 주장을 내세워 싣는 글.

사설2【私設】 개인이 설립함. ~박물관. 반공설.

사:성【四聖】 공자·석가·예수·소크라테스의 네 성인.

사세【事勢】 일이 되어 가는 형편. 예~를 살피다.

사소【些少】 매우 적음. 중요치 않음.

사:수1【死守】 목숨을 걸고 지키는 것.

사수2【射手】 총이나 활 등을 쏘는 사람. 예명~.

사슴[동물] 사슴과의 짐승. 몸집이 크고 다리는 가늘며 털빛은 밤색에 아름다운 점이 있음. 수컷에 나는 뿔은 「녹용」이라 하여 약제로 씀. 한국·일본 등에 분포함. [사슴]

사시【四時】 춘·하·추·동 네 철.

사시 사철【四時-】 봄·여름·가을·겨울의 네 계절.

사:신1【使臣】 옛날 임금이나 나라의 명령으로 외국에 심부름을 가는 사람. 예~을 보내다.

사신2【私信】사사로이 하는 편지. 개인의 편지. 비사서.

사:실【事實】①실지로 있는 일. 비실제. 진실. 반허위. ②진실로. 예정말로. ~그렇다.

사:실 무근【事實無根】근거가 없는 일. 또는 전혀 사실과 다른 일.

사심1【私心】①사사로운 마음. ②제 욕심을 채우려는 마음. 예~이 없는 공무원. 반공심.

사악【邪惡】마음이나 생각이 간사하고 악독함. 예~한 꾀.

사암【砂巖】모래가 물 속에 가라앉아 굳어서 된 바위.

[사암]

사양【辭讓】자기에게 이로운 일을 겸사하여 남을 먼저 하게 함.

사:업【事業】계획을 가지고 하는 일. 예~자. 비기업. 목적인 행위.

사:업가【事業家】사업을 하는 사람. 또는 그런 일에 능숙한 사람. 비사업자. 신조로 하는 조직임.

사연【辭緣】하고자 하는 말이나 편지의 내용. 비내용. 일들의 까닭.

사열 ①조사하기 위하여 죽 살펴봄. ②군인들을 세워 놓고 장비와 사기 등을 검사함.

사열식【査閱式】사열을 하는 의식.

사:예【四藝】거문고·바둑·글씨·그림의 네 가지 기예.

사욕【私慾】자기 한 몸의 이익을 위한 욕심 예~을 채우다.

사:용【使用】물건을 쓰거나 사람을 부림. -하다. 예로봇을 ~함.

사:용자【使用者】물건이나 사람을 쓰는 사람. 반근로자.

사우나 탕 사우나 시설이 되어 있는 목욕탕. 예~에서 땀을 흘리다.

사우디아라비아 아시아 대륙 서부의 아라비아 반도 대부분을 차지한 왕국 세계 최대 석유 생산국 수도는 리야드이다.[225만km^2]

사원1【寺院】①절 또는 암자. ②종교의 교당을 두루 일컫는 말.

사:원2【社員】회사에 근무하는 사람. 예신입~. 비회사원. 반사장.

사(4):월 초파일 석가모니가 탄생한 기념일인 음력 4월 8일.

사위 딸의 남편. 예장인. 장모의~

사:유1【事由】까닭. 비이유.

사유 재산【私有財産】국가가 아닌 개인이 가지고 있는 재산.

사유지【私有地】개인이 소유하는 토지. 반공유지. 국유지.

사육【飼育】짐승을 먹이어 기름.

사육비【飼育費】집짐승을 먹여 기르는 데 쓰이는 돈.

사육장【飼育場】집짐승을 먹여 기르는 장소. 예~에 가다.

사:은【謝恩】스승의 은혜에 감사함.

사:은회 졸업생이 스승의 은혜에 감사하는 뜻으로 베푸는 모임.

사:의【謝意】감사하게 여기는 마음. 예~를 표하다. 감사하게 느낌.

사이 ①어떤 곳에서 다른 곳까지의 거리. 비틈. ②때의 동안. 비관계.

사이다 탄산수에 당분과 향료를 섞어 만든 달고 시원한 청량 음료. 예~를 먹는다. 칠성~ 생산 공장.

사이렌 시각이나 경보를 알리기 위하여 소리를 나게 하는 장치.

사이보:그 인조 인간. 상상의 인간.

사:이비 겉으로는 비슷하나 본질은 완전히 다른 것. 예~종교는 사회에 악을 끼친다. ~종교. ~기자.

사인펜 볼펜과 비슷하게 생긴 필기 도구. 잉크에 따라 수성과 유성이 있음. 예~으로 글씨를 쓴다.

사임 맡고 있던 직무를 스스로 그만 두는 것. 예~하다.

사자[동물] 포유류 고양이과의 맹수 몸길이 약 2m 정도이며, 수컷은 머리와 목 주위에 갈기가 더부룩함.

[사자]

사자놀이[-노리] 음력 정월 보름날 사자의 탈을 쓰고 하는 민속놀이. 사자놀음.

사자자리 봄·여름철에 하늘에 보이는 별자리. 사자 모양을 하여 그런 이름이 붙음. 예~가 보인다.

사장1【社長】회사의 우두머리.

사장2【沙場】모래밭. 모래톱.

사 장조「사」음을 으뜸음으로 하는 장조. 지(G)장조.

사재:기「매점」을 통속적으로 이르는 말. -하다. 비매점 매석.

사:적1【史蹟】역사상의 자취. 유적.

사:적2【私的】[-쩍] 개인에게 관계되는 일. 반공적.

사적비 그 곳에서 일어난 옛날 일의 역사를 비석에 새겨 넣은 것.

[사적비]

사전1【辭典】낱말을 모아 일정한 순서로 배열하여 싣고 각각 그 표기법·발음·의미·어원·용법 등을 해설한 책. 예국어~.

사전2【事前】일이 있기 전. 일을 시작하기 전. 반사후.

사:절1【謝絶】요구하는 것을 거절함. 비거절. -하다.

사:절2【使節】나라를 대표하여 일정한 사명을 띠고 외국에 파견되는 사람. 예민간 ~단으로 임명됨.

사:절단 사절로 조직된 단체.

사:절지【四折紙】전지(종이)를 넷으로 접은 크기의 종이. 관반절지.

사제1【師弟】스승과 제자. 사제간.

사제2【司祭】천주교에서의 신부.

사조【思潮】한 시대의 일반적인 사상의 흐름. 예문예~.

사:족【四足】①짐승의 네 발. ②「사지」낮추어 이르는 말.

사:주【四州】사람이 태어난 연·월·일·시의 네 가지. 예~본다.

사(4):중주 실내악의 한 가지. 네 개의 악기로 하는 연주.

사:지【死地】죽게 될 만큼 위험한 곳. 예~로 몰아 넣다. ~로 갔다.

사직【辭職】맡은 직무를 내어 놓고

물러남. 예~서를 제출함. -하다.
사직단 우리나라는 일년에 4번 땅의 신과 곡식의 신에게 제사를 지내는 곳으로 종로구 사직동 사직 공원 내에 있다.

[사직단]

사진【寫眞】사진기로 사람이나 물건 등을 찍은 것.
사진기【寫眞機】사진을 찍는 기계.
사진첩【寫眞帖】사진을 붙이거나 끼워 두는 책. 앨범.
사차선【四車線】4대의 자동차가 나란히 달릴 수 있는 넓은 길.
사(4)차원 세계 상대성 이론에서 쓰이는 개념으로, 시간과 공간을 합쳐서 생각한 세계.
사찰【寺刹】절간. 사원 규모가 큰 절.
사창【私娼】관청의 허가 없이 비밀히 매음하는 창녀.
사채【私債】공인된 금융 기관이 아닌, 개인에게서 빌린 돈.
사:철 봄·여름·가을·겨울의 네 철. 비사계. 사시.
사:철나무[-라][식물] 노박덩굴과의 상록 관목. 해안의 산기슭에 남. 두꺼운 잎이 마주 나며, 정원수나 울타리 등으로 씀.

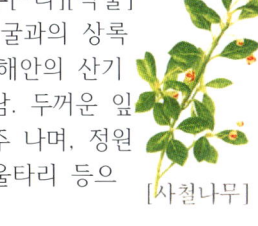
[사철나무]

사초【飼草】가축의 먹이로 쓰이는 풀. 예~를 뜯다.

사:촌【四寸】아버지와 어머니의 친형제의 자식들. 예~지간.
사춘기【思春期】나이 13~17세 가량의 시기를 말하는 것으로 이성에 관심이 예민해지는 시기.
사치품【奢侈品】생활의 필요 정도에 넘치거나 분수에 지나친 물품.
사칙 덧셈·뺄셈·곱셈·나눗셈의 네 가지 법칙 예~을 배우다.
사칭【詐稱】이름·직업 등을 거짓으로 속이어 이르는 것. -하다.
사타구니 두 다리의 사이. 비샅.
사탄 악마. 마귀의 최고 우두머리.
사탕 엿이나 설탕을 끓여 여러 가지 모양으로 만든 비교적 간단한 과자. 사당(沙糖)에서 온 말이다.
사:태【事態】일이 되어 가는 형편. 예~가 악화되다. 비형세.
사:택【社宅】회사에서 사원들을 위해 마련한 집. 예~에 있다.
사퇴【辭退】어떤 지위에서 물러남.
사:투【死鬪】죽을 힘을 다하여 싸움. 목숨을 내걸고 싸움. -하다.
사:투리 표준어 아닌 말. 비방언. 반표준말, 표준어.
사:팔눈[-룬] 눈동자가 삐뚤어져 무엇을 볼 때 모로 보는 눈.
사표【辭表】직책에서 물러설 뜻으로 내는 문서. 예~를 내다.
사풋 발을 가볍게 내디디는 모양. 예~한 걸음을 내디디다.
사:필귀정【事必歸正】모든 일은 반드시 바른 길로 돌아옴.
사학1【史學】역사를 연구하는 대상

으로 하는 학문. 본역사학.

사(4):학2【四學】 조선 시대에 서울의 중앙 및 동·서·남·북 네 곳에 세운 학교. 곧 중학·동학·남학·서학. 예조선 시대 ~ 이 성행함.

사:항【事項】 일의 낱낱의 조항

사향 노루 깊은 산 속에서 살며 몸 길이가 87cm되며 수컷의 복부에 사향 주머니가 있다.

[사향노루]

사:해【四海】 ①사방의 바다. ②온 세상.

사행심【射倖心】 우연한 이익을 얻고자 운수나 요행을 노리는 마음.

사:형【死刑】 죄 지은 사람의 생명을 끊는 형벌. 예~선고.

사:형장 사형을 집행하는 장소.

사화【史話】 역사에 관한 이야기. 예그 사실은 ~로 전해진다.

사:회 교:육【社會教育】 학교 교육 이외의 사회인으로서 생활하는 데 필요한 사항을 청소년 및 어른들에 대하여 베푸는 교육.

사:회 복지【社會福祉】 국민의 생활 안정과 이익 향상을 추구하여 이루어지는 여러 사회적 정책.

사:회 사:업【社會事業】 모든 사람의 이익을 위한 사업. 예~단체 구성.

사:회 생활【社會生活】 모든 사람들이 서로 어울려서 살아가는 일.

사회자【司會者】 모임이나 회의 등에서 진행을 맡아 보는 사람.

사:회 제:도【社會制度】 한 사회에 의하여 지지되고 있는 정치 경제상의 여러 제도. 예~가 잘 됐다.

삭감【削減】[-깜] 깎아서 줄이다. 예예산을 ~하다.

삭다 ①물건이 오래 되어 썩은 것처럼 되다. 예옷이~. ②먹은 것이 소화되다. ③긴장이나 화가 풀리다. 예싸움을 한 후 분이~.

삭막【索寞】 황폐하고 비어 쓸쓸함.

삭망【朔望】 음력 초하루와 보름.

삭발【削髮】 머리털을 빡빡 깎는 것.

삭삭[-싹] 사과하거나 애걸할 때에 손으로 비는 모양.

삭신[-씬] 피곤하고 아픈 몸의 근육과 뼈마디. 예~이 아프다.

삭정이 살아 있는 나무에 붙은 채 말라 죽은 작은 가지.

삭제【削除】 안 보이게 제거하는 것.

삯 ①일한 대가로 주는 돈이나 물건. 예~바느질. ②어떤 물건이나 시설을 이용하는 대가로 내는 돈. 예찻~. 참보수.

산【山】 평지보다 썩 높이 솟아 있는 땅덩이. 예한라~. 비뫼.

산간 벽지【山間僻地】 아주 구석지고 후미진 산골. 예~에 산다.

산간 지역 산과 산 사이에 있는 땅. 골짜기가 많은 산으로 된 지역. 예~에 산다.

산국 산과 들에 자라는 들국화로 가

[산국]

산골 오지 깊은 산 속의 매우 구석진 곳. 예~에 삼.
산:개【散開】흩어져 넓게 퍼짐.
산골[-꼴] 산 속의 으슥한 곳. 예두메 ~에서 산다. 반도시.
산골짜리[-꼴-] 산과 산 사이가 깊이 팬 곳. 간곡. 산곡. 반산마루. 준산골짝. 예~에서 야영을 한다.
산기슭[-끼슥] 산의 비탈이 끝나는 아랫부분. 비산록.
산길[-낄] 산에 있는 좁고 험한 길. 예험한~. 산에 나 있는 길.
산꼭대기 산의 맨 위. 반평야 지대.
산나물 산에 나는 나물. 비산채.
산더미[-떠-] 물건이나 일이 썩 많이 있음을 비유. 예~같이 많다.
산들바람 시원하고 가볍게 부는 사람. 큰선들바람. 예~이 불어온다.
산등성마루 산등성이의 가장 높은 곳. 준산마루. 산등. 예능선.
산등성이 산의 등줄기. 준산등. 산등성. 산줄기의 가장 높은 부분.
산딸기 산과 들에 자라는 가시가 돋은 덤불나무에 무더기를 지어 열리는, 붉은 빛깔의 작고 동그란 먹는 빨간 열매.

[산딸기]

산뜻하다 깨끗하고 시원하다. 예옷차림이 ~. 반구지레하다.
산:란【産卵】[살-] 알을 낳음.

산:란기【産卵期】알을 낳을 시기.
산림【山林】①산과 숲. ②산에 있는 숲. 예~이 울창하다.
산림 녹화【山林綠化】식목·산림보호·사방 공사 등으로 산에 초목이 무성하게 하는 일. 예~현장.
산림청【山林廳】농림 수간부에 딸린 행정 기관. 산림의 보호·육성 등 산림에 관한 사무를 관장함.
산마루 산등성이의 가장 높은 곳.
산만【散漫】정돈되지 않고 어수선하게 흩어져 있음. 정리가 안 된 것.
산:매상【散賣商】소매상. 반도매상.
산맥【山脈】여러 산이 일정한 방향으로 한 줄 또는 여러 줄로 길게 뻗은 지대. 예태백~.
산머리 산꼭대기 반산의 초입.
산:모【産母】아이를 낳은 지 며칠 안 되는 여자. 예~가 건강하다.
산바람[-빠-] 산에서 부는 사람. 반바닷바람. 예~이 참 시원하다.
산:발【散髮】안 빗은 헝클어진 머리.
산:보【散步】[-뽀] 바람 쐬려고 이리저리 걸어다님. 비산책. -하다.
산봉우리[-뽕-] 산꼭대기의 뾰족한 머리. 준봉우리. 반골짜기.
산:부인과 임신·해산·신생아 및 부인병을 다루는 의술의 한 분과.
산불[-뿔] 산에 난 불.
산비둘기[-삐-]비둘기의 한 종류. 몸빛은 회갈색이며 뒷목에는 검은 띠 무

[산비둘기]

산비탈[-뻐-] 산기슭의 몹시 비탈진 곳. 산의 경사.

산사【山寺】 깊은 산 속에 자리한 절.

산:산이 아주 잘게 깨어진 여러 조각. 가루. [산삼]

산삼【山蔘】 깊은 산 속에서 저절로 나서 자라난 인삼. 약효가 좋다고 함. 예~은 명약.

산새[-쌔] 산에서 사는 새. 뻐꾸기·꾀꼬리 등.

산성【山城】 적을 막기 위하여 산에서 쌓은 성. 예남한~에서 전투 종료.

산성비 산성을 강하게 나타내는 비. 보통의 비에 비해 산성이 10배 이상 강함. 동식물에 피해를 줌. 예~가 온다. 산성비. 강한 비.

산세【山勢】 크고 웅장한 산의 모습.

산소【山所】「무덤」의 높임말. 묘 있는 자리. 비뫼. 예~에 다녀오다.

산:송장 살아 있으나 죽은 것이나 다름없는 사람을 이름.

산수₁【山水】 산과 물. 풍경. 절경.

산수₂【算數】 ①수의 성질과 산술을 가르치는 학과목. ②산술. 수학.

산수유【山茱萸】 이른 봄에 향기로운 노란 꽃이 피고 가을에 빨간 작은 열매는 한약으로 쓰인다. [산수유]

산수화【山水畵】 동양화에서 자연의 경치를 그린 그림. 자연과 풍경을 그린 그림.

산:술【算術】 더하기·빼기·곱하기·나누기의 계산법.

산:술 기호【算術記號】 산술에 쓰이는 기호.「+,-,×,÷」따위.

산신령【山神靈】 산을 지킨다는 신령.

산:아【産兒】 크고 작은 모든 산.

산악국【山岳國】 국토의 대부분이 산으로 이루어진 나라.

산악인【山岳人】 등산을 즐기거나 잘 하는 사람. 예형은 ~이다.

산악 지대【山岳地帶】 크고 작은 산으로 돌이 많고 험하게 생긴 지대.

산악회【山岳會】 등산하는 사람들로 이루어진 단체. 예~회원이다.

산야【山野】 산과 들. 예~를 걷는다.

산양 세계에서 다섯 [산양] 종류 뿐이며 경사 진 가파른 바위 틈에서 서식하며 몸 길이는 129cm 정도이다.

산:업 공해 공장의 가동으로 배출된 가스·매연·폐수·소음 등으로 생기는 공해를 말함.

산:업 사:회 전문적인 지식인과 기술자가 우대받고 기술이 분업화·전문화·조직화된 사회.

산:업 폐:수【産業廢水】 산업 활동에 쓰이다가 버려진 못 쓰게 된 물.

산:업화【産業化】 산업으로 돌리는 것. 산업의 형태가 되게 하는 것.

산열매 산에서 자라는 나무의 열매.
산:울림 골짜기나 산에서 소리를 지르면 소리가 잠시 후에 되돌아 오는 현상. 또는 그 소리. 예~이 일어나다. 비메아리.
산:유국【産油國】 원유를 생산하는 나라. 반비산유국.
산자락 산의 비탈진 부분. 비산기슭.
산장【山莊】 산에 있는 별장.
산:재【散在】 여기 저기 흩어져 있음. 예작은 섬들이 ~해 있다.
산적【山積】 물건이 산더미처럼 많이 쌓여 있음. -하다.
산줄기[-쭐-] 큰 산에서 길게 뻗어 나간 산의 줄기. 비산등성이.
산중【山中】 깊고 깊은 산 속을 말함.
산중턱 산허리쯤 되는 곳. 비산허리.
산지₁【山地】 산이 많고 들이 적은 곳.
산지₂【産地】 작물을 생산하는 지역.
산지기 산이나 뫼를 지키는 사람.
산짐승[-찜-] 산 속에서 사는 짐승. 비들짐승. 멧짐승. 반가축.
산채【山菜】 산나물. 산 자생 식물.
산:책 가벼운 기분으로 바람을 쐬려고 거니는 일. 비산보. -하다.
산천【山川】 산과 내. 비강산.
산천어【山川魚】 산속의 깨끗한 물에 살며, 등은 청색이고 옆구리는 갈색 타원형 얼룩무늬의 고기.

[산천어]

산천 초목【山川草木】 산과 물과 풀과 나무. 곧 자연.
산초 향기가 강하고 맛이 매워 양념과 한약의 재료로[산초] 도 쓰이는, 녹두알 만한 산초나무의 열매.
산촌₁【山村】 산 속에 있는 마을.
산:촌₂【散村】 집들이 드문드문 흩어져 있는 마을. 예~에 산다.
산:출【算出】 어떤 값을 계산 함.
산타 클로스 크리스마스 전날 밤에 빨강 옷에 흰 수염을 달고 굴뚝으로 몰래 들어와 잠자는 어린이의 양말이나 구두 속에 선물을 넣고 간다는 할아버지.
산토끼[동물] 포유류 토끼과의 한 종. 야생하는 토끼로 집토끼와 비슷함. [산토끼]
산:파 아이를 낳을 때 아이를 직업적으로 받는 여자.
산:파역【産婆役】 어떤 일을 잘 주선하여 이루어지게 하는 구실.
산하【山河】 산과 강. 자연의 경치. 예조국의 ~ 풍경이 아름답다.
산해 진미 산과 바다의 산물을 다 갖추어 잘 차린 진귀한 음식.
산행【山行】 ①산길을 걸어가는 것. ②사냥하러 가는 일. 비등산.
산화【酸化】 어떤 물질이 공기 중에서 산소와 화합하는 현상. 반환원.
산호 따뜻하고 얕은 바다 속 바위에 붙어 사는 나뭇가지꼴의 동물이며 죽어서 남긴 뼈를 말함. 보석으로 씀.

살 창문·부채 따위의 뼈대가 되는 가늘고 긴 나무.

[산호]

살구 이른 여름에 살구나무에서 열리는 둥글고 조그맣고 진한 노란 빛의 시고 단 과일.

살리다 ①목숨을 이어 나가게 하다. 예가족을 먹여~. ②활용하다. 예배운 지식을~. ③제구실을 함.

살림 한 가정을 꾸려 나가는 일. 또는 그 형편.

살무사 산골짜기나 돌무더기 속에 살며 갈색 바탕에 크고 둥근 검은 점이 있고 독이 있는 뱀.

[살무사]

살벌 ①행동이 거칠고 무시무시함. ②죽이고 들이침. -하다.

살별 꼬리별. 행성. 예하늘에~.

살수 대첩【薩水大捷】 고구려의 을지문덕 장군이 수나라 대군을 살수에서 크게 쳐부순 일.

살짝 ①남이 모르게 재빠르게 예~건드리다. ②힘들이지 않고 능숙하게. ③심하지 않게 약간.

살찌다 몸에 살이 많아지다. 비살오르다. 반야위다.

살충【殺蟲】 벌레를 죽임. 비제충.

살충제【殺蟲劑】 농작물에 해로운 벌레를 죽이기 위하여 쓰는 약제.

살코기 뼈·기름기·심줄 따위가 섞이지 않고 살로만 된 고기.

살쾡이[동물] 포유류 고양이과의 한 종. 꿩이나 닭 따위를 잡아먹고 삶. 성질이 사나움.

[살쾡이]

살펴보다 주의하여 여기저기 자세히 보다. 잘 살핌.

살포【撒布】 무엇을 흩어 뿌리는 것.

살피다 ①자세히 알아보다. ②잘 비추어 생각하다. ③잘 따져 보다.

살해【殺害】 남의 생명을 해침. 사람을 죽임. -하다. 관살인. ~되다.

삶:[삼] 사는 일. 반죽음. 비인생.

삶:다 ①어떤 것에 물을 붓고 끓이어 무르게 만들다. 예빨래를~. ②달래거나 을러대어 고분고분하게 만들다.

삼1【蔘】 ①「인삼」과 「산삼」의 총칭. ②「인삼」의 준말.

삼2【三·叁】 「셋」의 뜻. 「3」「Ⅲ」 등으로 표기함.

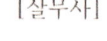
[삼]

삼가 삼가는 마음. 예~글월을 올립니다. 조심하는 마음으로.

삼가다 ①경계하다. 예말을~. ②양이나 회수 등을 지나치지 않도록 하다. 예군것질을~.

삼각【三角】 세모. 모서리가 셋인 것.

삼각 기둥 밑변이 삼각형으로 된 각 기둥. 삼각주. 세모 기둥.

삼각모 명주로 된 검은 모자. 유럽

삼각뿔 밑변이 삼각형인 각뿔. 삼각추. 세모꼴.

삼각자 삼각형으로 된 자. 보통 직각 이등변 삼각형인 것과 하나의 예각이 60°인 직각 삼각형인 것의 두 가지가 있음. 세모자.

삼각형【三角形**】** 세 변으로 이루어진 다각형. ^비세모꼴.

삼간 초가【三間草家**】**「세 칸밖에 안 되는 초가라는 뜻으로」매우 작은 집. ^비초가 삼간.

삼고 초려 중국 촉한의 유비가 제갈량의 집을 세 번이나 찾아가 마침내 군사로 삼은 데서 나온 말로 인재를 맞아들이기 위해 여러 번 찾아가서 예의를 다하는 일.

삼관왕【三冠王**】** 운동 경기에서, 세 부분에 걸쳐 우승한 사람.

삼국 시대【三國時代**】** 우리 나라가 옛날 고구려·백제·신라의 세 나라로 갈라져 있던 시대.

삼국지【三國志**】**[책명] ①중국 삼국 시대의 역사를 기록한 책. 진나라의 진수가 수집 기록함. ②촉나라 유비·관우·장비와 제갈 량 등의 사적을 소설로 쓴 책 이름.

삼군【三軍**】** ①전체의 군대. ②육군·해군·공군을 말함.

삼권【三權**】**[-권] 입법권·사법권·행정권의 총칭.

삼남【三男**】** ①셋째아들. ②세 아들. ^예~이녀를 두다.

삼남 지방 전라 남북도·경상 남북도를 합쳐서 부르는 말. ^비하삼도.

삼:다[-따] ①인연을 맺게 하다. ^예벗을~. ②짚신을 만들다. ③무엇을 무엇으로 여기다.

삼다도「여자·돌·바람이 많다는 뜻으로」제주도를 가르키는 말.

삼대1[-때] 베를 만드는 베의 재료.

삼대2【三代】 아버지·아들·손자의 세대. ^예~가 한 집에 살다.

삼(3)대양【三大洋**】** 태평양·대서양·인도양의 세 바다.

삼라 만상 우주의 모든 사물과 현상.

삼류【三流**】** 어떠한 부류에 있어서 가장 못한 층. ^예~ 소설.

삼림【森林**】**[-님] 나무가 많이 우거져 있는 곳. ^예~보호. ~자연.

삼림욕【森林浴**】** 숲 속에 들어가 거닐면서 맑은 공기를 쐬는 일.

삼림 지대【森林地帶**】** 나무가 많이 우거져 있는 지역. ^반사막 지대.

삼무도【三無島**】**「도둑·거지·대문」이 없다는 뜻으로 우리 나라 제주도를 말함. ^반삼다도.

삼박자【三拍子**】** 음악에서 3박이 한 단위가 되는 박자.

삼밭 삼을 심어 가꾸는 밭. 삼의 밭.

삼백예순날「일 년 동안 내내」의 뜻. ^예~ 마음 편한 날이 없다. ^관일년.

삼백초 뿌리, 잎, 꽃이, 희므로 삼백초라하고, 여름에 노란 꽃이나 흰꽃이 피는 여러해 살이

[삼백초]

삼베 여름옷. 이불. 상복 등을 만드는데 쓰는 삼의 올실로 짠 누런 삼베 옷. 더울 때 나 초상날 때 입는 삼베로 만든 옷.

삼별초 좌별초, 우별초, 신의군으로 구성된 고려 때의 특별 군사 조직. 몽고의 침입에 제주도까지 옮겨 싸웠다.

[삼별초 사당]

삼복【三伏】 초복·중복·말복.

삼복 더위 삼복이 든 철의 몹시 심한 더위. 준복더위. 예무더운~.

삼부 요인 행정·사업·입법의 중요한 지위에 있는 사람.

삼부 합창【三部合唱】 세 가지 소리에 의한 합창. 예남성~.

삼분법【三分法】 어떤 것을 세 가지로 나누어 생각하는 법.

삼삼 오:오 서너 사람 또는 너더댓 사람이 여기저기 때를 지어 다니거나 무슨 일을 하는 모양.

삼성【三省】 매일 세 번씩 자신을 반성하는 것. -하다.

삼색 부리새 남아메리카에 살며 부리가 아름답고 몸 길이가 58cm되는 새.

[삼색부리새]

삼신산【三神山】 신선이 살고 있었다는 세 개의 산. 금강산·지리산·한라산을 이름.

산신 할머니 ①위도가 38도 되는 선. ②우리 나라 중부를 가로지르는 북위 38°선.1945년 8월 15일 광복 후의 남과 북의 정치적 경계선을 이루었음.

삼엄【森嚴】 질서가 바로 서고 아주 엄숙함. 예~한 경계를 하다.

삼연패【三連敗】 세 번을 연달아 짐. 계속 패함. 예~로 탈락하다. -하다.

삼엽충 고생대에 몸이 납작하고 몸이 둥그스름하며 발이 여럿 달렸으며 얕은 바다에서 산 동물로 지금은 화석으로 남아 있다.

[삼엽충]

삼원색 바탕이 되는 세 가지 색. 색의 원색은. 빨강·노랑·파랑. 빛의 삼원색은 빨강·녹색·파랑임.

[삼원색]

삼일장【三日葬】 죽은 지 사흘 만에 지내는 장사. 예~한다. -하다.

삼일절【三一節】[-쩔] 1919년 3월 1일 일어난 3·1 운동을 기념하는 국경일. 양력 3월 1일.

삼자【三者】 ①이야기하는 이외의 사람이나 사물. ②세 사람.

삼전도비 청나라 10만 대군을 피해 남한산성으로 피난 갔던 인조가 청나라에

[삼전도비]

항복한 장소. 청 태종의 공덕을 적은 몽골어. 만주어. 한자로 새겨져 있다.

삼정승【三政丞】 조선 시대. 영의정·좌의정·우의정을 이르는 말.

삼족【三族】 ①부모·형제·처자. ②부계·모계·처계의 족속.

삼종매【三從妹】 팔촌 누이. 팔촌간.

삼종손【三從孫】 칠촌 조카의 아들.

삼종숙【三從叔】 아버지의 팔촌 형제. 곧 구촌 아저씨.

삼중주【三重奏】 실내악의 하나. 세 가지 악기에 의한 합주. 예현안~.

삼중창【三重唱】 소리를 세 부로 나누어 부르는 중창. -하다.

삼지구엽초 산지의 숲속 그늘에 자라며, 잎이 어긋나고, 긴 잎자루가 있으며, 3장씩 3회 갈라진다. 봄에 황갈색 꽃이 피는 여러해살이풀임.

[삼지구엽초]

삼지창 끝이 세 갈래로 갈라진 창. 「포크」의 속칭.

삼진 야구에서 타자가 스트라이크를 세 번 당하여 아웃이 됨.

삼차원【三次元】 세 방향으로 퍼져 있는 것. 우리 주변의 공간을 보면 상하·좌우·전후의 세 방향으로 퍼져 있으므로 이를 3차원이라 함. 예~세계.

삼창【三唱】 세 번 되풀이해서 외침.

삼척 동자【三尺童子】 키가 아직 석 자밖에 자라지 않은 아이. 곧 어린이를 말함. 예그것은 ~도 안다.

삼천 궁녀【三天宮女】 백제가 망할 때, 왕족과 더불어 낙화암에서 뛰어내려 죽었다는 많은 궁녀들.

삼천리 금수 강산【三千里錦繡江山】 비단에 수를 놓은 것처럼 아름다운 우리 나라의 강과 산.

삼천지교 맹자의 어머니가 아들의 교육을 위하여 집을 세 번이나 옮긴 일. 맹모 삼천. 집을 세 번 옮김.

삼치 고등어와 비슷하나 좀 더 크고, 등은 푸르고 배는 흰 바닷물고기.

[삼치]

삼촌【三寸】 아버지의 형제. 비숙부.

삼추【三秋】 ①가을의 석 달. 구추. ②세 해의 가을이란 뜻으로, 3년의 세월을 이르는 말.

삼층밥 밥을 서툴게 지어, 타고 설고 해서 삼층을 이루는 밥. -하다.

삼키다 음식을 씹지 않고 목구멍으로 넘기다.

삼태기 흙·쓰레기 등을 담아 나르는 그릇.

[삼태기]

삼포【蔘圃】 인삼을 재배하는 밭. 예~밭. 비삼밭.

삼한【三韓】 삼국 시대 이전에 지금의 전라도와 경상도에 있던 세 나라. 즉 마한·진한·변한.

삽 흙을 파거나 떠서 옮기는 농기구

삽살개 몸이 작고, 얼굴과 몸에 털이 많은 토종견. 천연 기념물 제368호. [삽살개]

삽시간 아주 짧은 순간. 예~에 사라지다. 비순식간. 반장시간.

삽입【挿入】[사삡] 꽂아 넣음. 끼움. 예책 중간 중간에 그림을 ~한다.

삽질 삽으로 땅을 파거나 흙을 떠내는 일. -하다.

삽화【挿話】 인쇄물 속에 그려 넣어 내용을 이해하는 데 도움이 되는 그림. 예동화에 ~를 그려 넣었다.

삿갓 대나 갈대로 엮어 만들어 햇볕이나 비를 가리는 데에 씀. [삿갓]

삿대 물이 얕은 곳에서 배를 밀어 갈 때에 씀.

상₁【喪】 친족의 죽음. 또는 죽음을 추도하는 예.

상₂【賞】 잘한 일을 칭찬해서 주는 물건이나 돈. 반벌. 예~을 받다.

상₃【床】 음식물을 벌여 놓고 식사를 하는 소반. 예~에서 봤다.

상가₁【商街】 가게가 죽 늘어서 있는 거리. 예지하 ~. 아파트~.

상가₂【喪家】 ①사람이 죽은 집. ②상제의 집. 초상집.

상ː감₁【上監】 임금을 높여 일컫는 말. 비임금. 예~마마 행차.

상감₂【象嵌】 금속·도자기 등의 겉면에 무늬를 새기고 거기에 금·자개 등 다른 재료를 끼워 장식하는 기술.

상감 청자 도자기의 겉에 다른 색깔의 무늬나 그림을 새기고 장식을 박아 넣어 무늬를 지게 하는 청자.  [상감청자]

상ː경 시골에서 서울에 올라옴.

상고 시대【上古時代】 역사 시대로서 가장 오래 된 시대.

상ː공【上空】 ①높은 하늘. ②어떤 지역 위의 하늘. 예서울~.

상공업【商工業】 상업과 공업.

상관₁【相關】 서로가 관계를 가짐. 비관계. 반무관. 예~하지 말아라.

상관₂【上官】 어떤 사람보다 높은 자리에 있는 사람. 반부하.

상관없다 서로 관계가 없다.

상ː권₁【上卷】 두 권이나 세 권으로 가른 책의 첫째 권. 반하권.

상권₂【商圈】 상업이 주로 이루어지는 지역. 상권이 미치는 범위.

상극 둘 사이가 서로 화합하지 못하고 늘 충돌함을 이르는 말.

상금【賞金】 잘하여 상으로 주는 돈.

상ː급【上級】 ①위의 등급. 높은 계급. ②위의 학급. 반하급.

상ː급생【上級生】 학년이 높은 학생.

예~의 지도를 받다. 반하급생.

상:기【上氣】부끄러움이나 흥분으로 얼굴이 붉어짐. 예얼굴이 ~됨.

상날치 날개처럼 생긴 지느러미를 갖고 있어 물 위를 솟구쳐 나른다.

[상날치]

상냥하다 마음씨가 싹싹하고 부드럽다. 반퉁명스럽다.

상념【想念】마음 속에 품은 여러 가지 생각. 예~에 잠기다. -하다.

상담【相談】어떤 일을 서로 의논함. 선생님과 ~하다. 비상의. -하다.

상당 ①알맞음. ②서로 비슷비슷함. ③대단한 정도에 가까움.

상당수 어지간히 많은 수를 말함.

상대 ①서로 맞섬. 예~선수. ②서로 마주 봄. ③서로 비례하는 것.

상대방 상대가 되는 쪽. 맞은편.

상대역 연극·영화 등에서, 어떠한 역에 대하여 상대가 되는 역.

상대편 상대가 되는 편. 상대방.

상:등병【上等兵】군대 계급의 하나. 병장의 아래. 일등병의 위. -하다.

상례1【常例】[-례] 보통 있는 예. 항례. 예그런 일은 ~다. 비통례.

상례2【常禮】[-례] 보통 예법. 통례.

상록수【常綠樹】사시 사철 잎이 푸른 나무. 늘푸른 나무. 반낙엽수.

상:류【上流】①강이 흐르는 위쪽. ②신분·지위·생활 정도가 높은 계층. 반하류. ③사회적 지위.

상:륙【上陸】배에서 내려 육지로 올라감. 반이륙. 예인천~작전.

상면【相面】서로 대면함. 서로 만남.

상:명【上命】위에서 내리는 명령.

상민【常民】옛날의 양반이 아닌 평민. 상업·공업·농업·수공업 등에 종사하는 보통 계층의 사람. 비상인. 반양반.

상반1【相反】서로 반대됨. 예의견들이 서로 ~되다. 반일치.

상반2【相半】양쪽이 서로 반반임.

상반기 한해 또는 어떤 일정한 기간을 둘로 나눈 그 전반기.

상:반신【上半身】사람 몸의 허리부터 위의 부분. 반하반신. 비윗몸.

상벌【賞罰】양쪽이 같게 반반인 것.

상법【商法】①상업에 관한 법규의 총칭. ②장사의 이치.

상보【詳報】자세하게 보고하거나 보도하는 것. 반약보.

상보다 음식상을 차리다. 상차림.

상복1【常服】보통 때에 입는 옷.

상복2【喪服】상주가 입는 예복. 예~을 입다. 베옷. 검은 곳. 흰 옷. 등등.

상봉【相逢】서로 만나는 것. 예이산 가족이 50년 만에 ~하다. -하다.

상부 상조【相扶相助】서로서로 도움. 예~의 미덕. 거들고 협조함.

상비약【常備藥】병원이나 가정 등에서 언제든지 쓸 수 있도록 항상 마련해 두는 약. 예~보관함.

상사【上司】자기보다 벼슬이 위인 사람. 윗사람. 예~의 명령.

상:상【想像】①미루어 짐작함.

②공상. 비추측. 반확신. -하다.

상:상봉【上上峰】 여러 봉우리 가운데 가장 높은 봉우리.

상서롭다[-따] 복되고 좋은 일이 있을 조짐이 있다. 예일이~.

상:석【上席】 모임·계급 등에서의 윗자리. 반말석. 예~에 앉다.

상선【商船】 상업상 목적에 쓰이는 배. 여객선·화물선 등.

상설【常設】 항상 마련하여 둠. 또는, 그 시설이나 설비. -하다.

상설 시:장【常設市場】 쉬는 날이 없이 매일 열리는 시장.

상세【詳細】 자세함. 비세밀. 소상.

상소【上疏】 임금에게 글을 올리는 것. 또는 그 글. 관상고. 항소.

상소리[-쏘-] ①상스러운 말. ②상스러운 소리. ③욕설. -하다.

상속【相續】 재산·권리·의무를 다음 차례를 이어 주거나 이어받음. 예회사를 아들에게 ~하다.

상:수도【上水道】 먹을 물이나 공업 용수를 관을 통하여 급수 사는 설비. 반하수도.

상수리 상수리 나무의 열매. 도토리와 비슷한 나무임.

상습【常習】 늘 하는 버릇. 버릇.

상:승【上昇】 위로 올라감. 예인기~. 반하강. -하다. 높아지는 것.

상승세 위로 올라가는 기세. 올라감.

상식【常識】 일반 사람이 가지고 있거나 가지고 있어야 할 지식. 예~이 모자라는 사람.

상어[동물] 상어 무리에 속하는 고래상어,별상어,수염상어,철갑상어 등의 총칭.

[상어]

상여【喪輿】 시체를 실어 나르는 제구. 예꽃~.가마같이 꾸민 기구.

상여금【賞與金】 상여로 주는 돈.

상:연【上演】 연극 등을 무대 위에서 나타내 보임. -하다.

상:영【上映】 영화관에서 영화를 보여줌. 예~함. -하다.

상용【常用】 늘 쓰는 일. 일상적으로 사용하는 일. 예~한자. -하다.

상용어【常用語】 일상 생활에서 늘 쓰거나 쓰이는 말. 예~한자.

상:위【上位】 높은 지위. 반하의.

상:위권 위쪽에 속하는 범위.

상응 서로 맞음. 알맞음. -하다.

상:의₁【相議】 서로 의논함.

상:의₂【上衣】 웃옷. 저고리. 반하의.

상이【相異】 서로 다름. 완전히 다름.

상이 군인 전투시나 군사상 공무를 집행하다 상처를 입은 군인.

상:전【上典】 종에 대하여 그 주인을 이르는 말. 반종.

상점【商店】 물건을 파는 집. 비점포.

상조【相助】 서로 도움. 예상부 ~.

상주 인구【常住人口】 한 지역에서 계속 살고 있는 인구를 말함.

상징【象徵】모양으로 나타낼 수 없는 것을 모양이 있는 것으로 빗대어 나타내는 일. 또는 사물과 표시.

상:책【上策】제일 좋은 꾀. 예도망치는 것이 ~이다.

상처【傷處】다친 곳. 몸이 상한 곳.

상추 국화과의 한해살이풀. 주로 날 것으로 먹는다. [상추]

상층 위층. 반하층. 가장 꼭대기.

상치되다【相値】두 가지 일이 공교롭게 마주치다.

상:쾌 기분 좋고 마음이 밝음. 비유쾌. 반불쾌.

상태【狀態】모양이나 되어 있는 형편. 예~가 안 좋다. 비처지. 형태.

상투 장가든 남자의 머리카락을 끌어올려 틀어 감아 맨 것. -하다.

상패【賞牌】상으로 주는 패. 감사패.

상편【上篇】두 편 또는 세 편으로 된 책의 첫째편. 비중편. 하편.

상평통보【常平通寶】조선 인조 때부터 조선 후기까지 썼던 우리나라의 대표적인 엽전.

샅바[삳빠] 씨름을 할 때 허리와 다리에 걸어 상대편의 손잡이로 쓰는, 천이나 무명으로 만든 줄.

샅샅이[-사치] 빈틈 없이. [샤모]

샤모 외국에서는 닭싸움을 한 경기로 생각하여 돈을 걸고 하는 데 쓰이는 대표적인 닭이다.

[새]

새₁ 새로운. 예~교육.

새:₂[동물] ①두 개의 날개를 움직여 하늘을 날아다니는 날짐승의 총칭. ②「참새」의 준말.

새겨듣다 「새기어 듣다」의 준말. 말하는 뜻을 완전히 이해하고 듣다. 예훈계를~. 말을 뜻을 이해함.

새기다₁ ①글씨나 그림을 파다. ②마음에 깊이 간직하다.

새기다₂ 말이나 글의 뜻을 알기 쉽게 풀이하다. 비해석하다.

새까맣다(새까마니, 새까마오) ①아주 짙게 까맣다. ②매우 까마득하다. ③지식이나 기억이 없다.

새끼₁ 짚으로 꼰 줄. 예~줄을 꼰다.

새끼₂ ①짐승의 어린 것. ②「자식」의 낮은 말. ③아주 어린 짐승.

새끼손가락 다섯 손가락 중 가장 작은 손가락. 예~을 치료했다.

새:나다 비밀이 밖으로 드러나다.

새날 ①새로 밝아 오는 날. ②새로운 시대. 예~이 오다.

새:다 ①틈으로 흘러 나오다. 예물통이~. ②날이 밝아 오다. ③새나다. 예비밀이~. ④외부에 알려짐.

새달 다음 달. 오는 달. 돌아올 달.

새:둥지 새가 알을 낳아 새끼를 까고 자라 날아갈 때까

[새둥지]

새로[새로이]의 준말. 처음으로.
새로이 ①전에 없던 것이 처음으로. ②새롭게 다시 고쳐서. 예~일을 시작하다. ③보지 못한 것이 다시.
새록새록 새로운 일이 잇달아 자꾸 생기는 모양. 예~생각남. 흉내말.
새벽₁ 밤이 지나고 밝을 무렵. 동틈.
새벽₂ 누른 빛의 차진 흙에 고운 모래와 말똥을 섞어서 초벽에 덧바르는 흙. 예~으로 방의 벽을 바름.
새색시 새로 시집 온 여자. 갓 결혼한 여자. 새댁. 비신부. 반새신랑.
새서방 새로 장가 든 사람. 새신랑. 갓 결혼한 남자. 반신랑.
새 소식 여러 사람이 모르는 사이 새로 알려진 일. 뉴스. 새로운 소식.
새순 새로 나온 어린 순.
새싹 새로 돋은 싹.
새우[동물] 갑각류의 총칭. 민물이나 바다에 사는 작은 동물. 몸은 딱지로 덮이고 머리 가슴부와 배부로 나뉨. 10개의 다리가 있음. 식용함. [새우]
새우다 조금도 잠을 자지 않고 밤을 밝히다. 예상가에서 밤을~.
새우등 새우의 등처럼 구부러진 사람의 등. 등이 구부러진 것.
새우잠 새우처럼 옆에서 몸을 꾸부리고 자는 잠. 불편하게 자는 잠.
새:장 새를 넣어 기르는 장. 예~에 갇힌 새. 비조롱. 새가 사는 집.

새집₁ ①새로 지은 집. ②새로 이사 하여 든 집. ③새로 만든 신축 가옥.
새:집₂ 새가 깃들이는 집. 새둥지.
새:치 젊은 사람의 검은 머리에 섞여 난 흰 머리카락.
새:치기 ①순서를 어기고 남의 자리에 끼어드는 짓. ②맡은 일 사이에 가끔 다른 일을 하는 짓.
새침데기[-떼-] 겉으로만 얌전한 체하는 사람. 예~같은 여자.
새학년 1년간의 학습 과정이 끝나고 새롭게 시작되는 학년.
새해 새로 시작되는 해. 비신년.
색₁【色】물체들이 나타내는 빛깔.
색₂(sack) 물건을 넣어 어깨에 메고 다닐 수 있게 만든 자루. 메게 만든 것.
색깔 물체의 바깥 면에 나타나는 빛. 예짙은~. 비빛깔. 색.
색다르다 흔히 보는 것과는 다르다. 예옷의 디자인이~.
색동[-똥] 오색 비단 조각을 잇대어서 만든 어린이의 저고리 [색동] 소맷감. 예저고리. 알록달록한 저고리.
색맹【色盲】색의 구별이 되지 않는 상태. 또는 그런 사람.
색상【色相】빛깔의 종류. 색의 3요소의 하나. 빨강·파랑·노랑 등의 색이 구별되는 특성. 유채색에만 있음. 물건의 빛깔들.

색소폰: 관악기의 하나. 부드럽고 감미로운 음을 내는 금관 악기.

색:시 ①시집을 가지 않은 여자. 예참한~. ②「새색시」의 준말. 곧 새로 시집 온 여자.

색신 검:사【色神檢査】 색체 감각이 정상인지 검사하는 일.

색실 물감을 들인 실. 비색사.

색안경 ①빛깔이 있는 유리를 낀 안경. ②감정이나 주관적인 선입관 등 한쪽으로만 치우친 생각. 예그 일을 ~을 끼고 보다. 비선글라스.

색연필[생년-] 심에 광물질의 물감을 섞어 빛깔이 나게 만든 연필. 예~을 가지고 그림을 그린다.

색유리[생뉴-] 철·코발트·탄소 등의 착색제를 섞어 녹여서 만든, 색이 있는 유리.

색조【色調】 ①빛깔의 조화. ②색채의 강약. 짙음과 옅은 등의 정도. 예~가 어둡다. 색깔의 분위기.

색종이 물을 들인 종이. 비색지.

색채【色彩】 눈에 띄는 분명한 색깔.

샌드위치 두 쪽의 빵 사이에 채소나 고기 조각 따위를 넣어 만든 간편한 서양 음식.

샐러드 채소와 과일을 주로 하여 햄·달걀 등을 곁들여 소스를 친 서양 요리 음식. 사라다(×)

샐러리 맨 봉급 생활자. 월급을 받고 일하는 사람. 회사를 다니는 사람.

샐비어 가을에 자잘한 종 모양의 빨간 꽃이 모여 피는 화초. 잎은 마주보며 관상용으로 여러해살이풀임.

샘:₁ 물이 땅에서 솟아나오는 자리. 비우물. 본샘터.

샘:₂ 자기보다 나은 사람을 미워하고 질투하는 마음. 예아이가 ~을 내다. 비시기. 질투.

샘:내다 샘을 부리다. 샘하는 마음을 먹다. 예성공을 ~.

샛:길 큰 길로 통하는 작은 길. 또는 큰 길에서 갈린 길. 작은 길.

샛노랗다[샌-라타](샛노라니, 샛노라오) 빛깔이 더할 나위 없이 노랗다. 큰싯누렇다.

샛눈[샌-] 감은 듯하면서 살짝 뜨고 보는 눈. 예~을 뜨다.

샛:별 새벽에 동쪽 하늘에서 반짝이는 금성. 비명성. 능력이 보임.

생가【生家】 그 사람이 태어난 집.

생가슴 공연한 근심·걱정 때문에 상하는 마음. 예~을 알고 있다.

생가지 살아 있는 나무의 가지.

생각 ①마음에 느끼는 의견. ②머리에 떠오르는 느낌. 깨달음. ③관념. 사상. ④추억.

생강【生薑】 맛이 맵고 향기가 좋아서 차의 재료나 양념으로 쓰고 한약재로도 쓰는 우툴두툴한 뿌리.[생강]

생겨나다 ①없던 것이 있게 되다. ②출생하다 ③발생하다.

생계【生計】 살아갈 방도.

생글거리다 소리 없이 부드럽고 정답게 눈으로 웃다.

생기【生氣】 싱싱하고 활기찬 기운.

생기다 ①없었던 것이 제 손에 들어오다. ②일이 일어나다. ③어떠하게 보이다. 예나다.

생기 발랄【生氣潑剌】 생기가 있다.

생김새 생긴 모습. 전체 생긴 모양.

생난리[-날-] 아무 까닭 없이 몹시 시끄럽게 들볶아 대는 판.

생남【生男】 아들을 낳음. 비득남.

생략【省略】 간단하게 줄임. -하다.

생동감【生動感】 힘차게 살아 움직이는 것과 같은 느낌. 예~넘치다.

생리【生理】 ①생물체의 생활 활동과 작용에 관련되는 현상. ②생활하는 습성이나 본능. ③월경 현상.

생면 부지 서로 만나 본 일이 없어 도무지 알지 못하는 사람.

생명【生命】 ①목숨. 예~력. ②사물의 중요한 점. ③아주 소중한 것.

생명력【生命力】[-녁] 생명의 힘. 목숨을 이어 가려는 힘.

생명 보:험【生命保險】 사람이 죽거나 일정 연령까지의 생존을 조건으로 하여 일정 금액을 지불할 것을 약속하여 정하는 보험.

생모【生母】 자기를 낳아 준 어머니. 예그를 만났다. 비양모. 친어머니.

생물【生物】 살아 있는 물체. 동물과 식물. 반무생물. 관동물. 식물.

생물 학자 생물의 구조·기능·발달 분포 따위를 연구하는 사람.

생방송【生放送】 미리 녹음·녹화하지 않고 그 시간에 직접 해서 보내는 방송. 예서울 올림픽을 ~하다. 반녹화 방송. -하다.

생부【生父】 자기를 낳아 준 아버지.

생사【生死】 사는 것과 죽는 것. 예~를 알 길이 없다. 비사생.

생산 ①아이를 낳음. 비출산. ②물건을 만들어 냄. 예대량~.

생산력【生産力】[-녁] 물건을 생산할 수 있는 능력. 반소비력.

생산자【生産者】 생활에 필요한 물건을 만드는 사람. 반소비자.

생산지【生産地】 생산하거나 생산되는 곳. 비소비지.

생산품【生産品】 캐 내거나 만들어 낸 물건. 비제품. 반소비품.

생색【生色】 자기 자랑을 나타나도록 하는 일. 예제것처럼 ~내다.

생선【生鮮】 말리거나 절이지 아니한 물고기. 비선어.

생선전【生鮮廛】 생선을 파는 가게.

생성【生成】 사물이 생겨남. 생기게 함. 예물질의 ~과정. -하다.

생소 ①친하지 못하거나 낯이 섦. ~한 질문. ②익숙하지 못하여 서투름. ~한 길. ③낯이 설다. -하다.
생수 끓이거나 소독하지 않은 맑은 물. 자연 상태의 맑은 물.
생식【生食】익히지 아니하고 날로 먹음. -하다. 반화식. -하다.
생식 기관【生殖器官】생식을 행하는 기관. 비생식기.
생애【生涯】살아 있는 동안. 예교육자로서의 ~. 비평생. 생전.
생업【生業】살아가기 위하여 가지는 직업. 비직업. 예농사가 ~임.
생육【生育】낳아서 기름. 또 나서 자람. 예~기간.
생이가래 논이나 연못에서 물 위에 떠서 자라며, 잎은 세 개씩 모여 나는데 두 잎은 물 위에 뜨고 한 잎은 물 속에 잠겨 뿌리 역할을 하는 한해살이풀. 논이나 연못에서 흔히 본다.

[생이가래]

생인손 손가락 끝에 나는 종기.
생일【生日】세상에 태어난 날. 높생신.
생장【生長】자라남. 생물이 크는 것.
생존【生存】생명을 유지하고 있음. 예~경쟁. -하다.
생존 경:쟁【生存競爭】삶을 이어 나가기 위해 서로 다투는 일.
생:쥐[동물] 집 주위에 살며 사람의 먹거리를 먹고 사는 쥐.

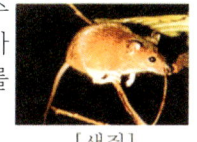
[생쥐]

생즙 식물을 본래. 날것을 짓찧어서 짜낸 액체.
생체【生體】생물의 몸. 살아 있는 몸. 예~검사. 생물이 살아 있는 몸.
생트집 아무 이유도 없이 공연히 잡는 트집. 아주 심한 트집.
샤워 찬물이나 더운 물을 소나기처럼 물을 뿌리는 물뿌리개. -하다.
서₁【西】서쪽. 반동. 기본적인 방위.
서₂【序】시문이나 책머리에 글을 쓴 취지 등을 적은 문장.
서간문【書簡文】편지글.
서:거【逝去】「죽음」을 높이어 이르는 말. 높은 사람이 죽음. -하다.
서:경시【서경시】 자연의 경치를 읊는 시. 예이 시는 ~이다.
서고【書庫】책을 넣어 두는 창고. 예~에 있는 책. 비문고.
서관【書館】서점. 책을 판매하는 곳.
서광【曙光】①날이 밝으려고 먼 동이 트는 빛. ②앞일에 대한 희망의 빛. 예~이 비치다.
서구【西歐】미국과 유럽 서부의 나라. 비서유럽. 구미. 반동구.
서글서글하다 성질이나 생김새가 너그럽고 부드럽다. 예눈이 ~.
서글프다 슬프고 허전하다.
서까래 지붕의 용마루에서 추녀까지 나란히 걸쳐 놓은 재목으로 지붕을 떠받치기 위한 것.

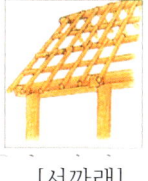
[서까래]

서남 ①서쪽과 남쪽. ②서쪽과 남쪽 사이의 방위.

서낭당 마을을 지켜 준다는 신령을 모신 집. 성황당에서 온 말이다.

서낭신 마을의 터를 지켜 준다는 신. 수호신. ^준서낭. ^본성황신. [서낭당]

서너 셋이나 넷 가량. ^예사과~개.

서녘 서쪽 방면. ^비서쪽. ^반동쪽.

서늘하다 조금 추운 느낌이 있다. ^예가을 날씨가 상당히~

서당 고려 시대부터 발달하여 조선 시대에 가장 성하였던 마을 글방.

서대기 몸에 비늘이 없으며 한쪽에 두 눈이 있고, 작은 입은 삐뚤어져 있다 바다 밑에서 서식함. [서대]

서대문【西大門】 우리 나라 사대문의 하나. 돈의문을 말함.

서두₁【書頭】 글의 첫머리. 글의 시작.

서:두₂【序頭】 어떤 일이나 차례의 첫머리. ^예~부터 잡쳤다.

서두르다(서두르니, 서둘러) 일을 급히 마치려고 바쁘게 움직이다. ^예일을 너무 ~. 바쁘게 움직이다.

서라벌【徐羅伐】 ①「신라」의 옛 이름. ②「경주」의 옛 이름.

서랍 책상·장롱·경대 따위에 빼었다 끼었다 하는 물건을 담아 둘 수 있게 만든 것. ^비설합.

서:럽다(서러우니, 서러워) 원통하고 언짢은 생각이 들어 슬프다. ^예매를 맞아~. 친구와 헤어져~.

서로서로 많은 사람이 하나하나가 다 함께. ^예~돕자. ~돕고 살자.

서른 열의 세 곱절. 삼십. 설흔(×)

서리 맑고 바람 없는 밤에 기온이 빙점 아래로 내릴 때, 공기 중의 수증기가 땅 표면에 닿아서 얼음의 결정이 된 것. ^예~가 내렸다.

서리다 길고 잘 감기는 물건을 동그랗게 포개서 감다. ^예독사가 몸을~. ^작사리다. 맺히다. ^비어리다.

서:막【序幕】 연극 따위에서, 처음에 인물과 사건 등에서 예비적으로 보여 주는 막. ^예~을 울리다.

서머 타임 여름철 일광 절약 시간.

서먹하다 낯익지 아니하여 어색하다. ^예처음이라 좀~. 쑥스럽다.

서면【書面】 ①글씨를 쓴 지면. ②문서 서류. ^예~질의. ~답변을 원함.

서:명【署名】 자기의 이름을 적음. ^예~운동을 하다. -하다.

서:무실【庶務室】 학교 등에서 일반 사무를 맡아 보는 곳. ^비교무실.

서:문【序文】 머리말. 책 구성 요지.

서:민【庶民】 ①벼슬이 없는 일반 사람. ②중류 이하의 넉넉하지 못한 국민. 빈민.

서방꾀꼬리 나무 위에서 곤충이나 열매를 먹고 둥지는 나무에 달린 그물 모양. [서방꾀꼬리]

서방님 ①「남편」의 높임말. ②결혼한 시동생을 부르는 말. ^예큰~.

서:브 탁구, 테니스 등에서 공격 측이 먼저 공을 상대편 코트에 쳐 넣는 일. 예~마스. -하다.

서:비스 ①「봉사·접대」의 뜻. ②「애프터 서비스」의 준말. -하다.

서:사시【敍事詩】역사적 사실·전설이나 영웅의 일생 등을 노래로 읊은 시. 오디세이 등.

서산【西山】서쪽에 있는 산. 해 지는 쪽의 산. 예해가~으로 넘어간다.

서성이다 마음이 가라앉지 못하고 그저 서서 왔다갔다 하다. 서성댐.

서:술문【敍述文】사실이나 자기의 생각을 나타내는 글. 관목적문.

서슬 ①언행의 날카로운 기세. 예이 퍼렇다. ②칼날이나 연장 등의 날카로운 부분. 예~이 시퍼렇다.

서신【書信】편지로 전하는 소식. 예~을 보내다. 편지. 비서한.

서안【西岸】서쪽 해안. 서쪽 바다.

서:약【誓約】유럽과 아메리카의 여러 나라. 비서구.

서양란 서양에서 재배하는 것을 우리나라에 들여와 재배하는 난. 준양란. 관동양란.

서양사【西洋史】서양 나라의 역사. [서양란]

서양 음악【西洋音樂】서양에서 발생하여 발달한 음악. 오케스트라.

서양화【西洋畵】서양에서 발달된 그림. 물감·크레용·파스텔 등으로 그린 그림. 반동양화.

서예【書藝】붓글씨. 예~연습을 하다. -하다.

서운하다 마음에 부족하여 섭섭하다. 비섭섭하다. 예친구한테~.

서울 ①한 나라의 정부가 있는 곳. 예~의 거리. 비수도. ②우리 나라의 수도 이름. 옛 지명은 한성.

서울 올림픽 1988년. 서울에서 열린 제24회 올림픽 경기.

서유기【西遊記】[책명] 중국 명나라 때 오승은이 지은 소설. 당나라의 삼장 법사가 손오공·저팔계·사오정의 세 부하를 거느리고 갖은 어려움을 극복하고 인도에서 불경을 구해 온다는 줄거리.

서유:럽 유럽 서부에 있는 프랑스·영국 등의 국가가 있는 지역.

서자녀 작은 부인에게서 난 아들. 딸.

서:장【署長】경찰서·세무서·소방서 등의 우두머리. 예경찰~.

서재【書齋】책을 쌓아 두고 읽는 곳.

서재필[인명] (1833~1951)우리 나라의 독립 운동가

서적【書籍】여러 가지 책과 자료들.

서:전 전쟁의 발단이 되는 싸움.

서점【書店】책을 전시하고 고객에게 여러 가지 필요로 하는 책을 판매하는 가게.

[서점]

서정【抒情】자기의 감정을 나타내는 일. 반서경. 예~시.

서:정시【抒情詩】기쁨과 슬픔 등 자기의 마음을 운율에 맞게 읊은

시. ᵇ서사시.

서쪽 해가 지는 쪽. ᵇ서면. ᵃ동쪽.

서:커스 마술·여러 가지 곡예·동물의 묘기 등을 보여 주는 것을 업으로 하는 단체. ᵉ동춘 ~단

서:투르다 익숙하지 못하다. ᵇ생소하다. ᵃ익숙하다. ᵇ서툴다.

서평【書評】책 내용에 대한 총평.

서:푼 아주 보잘것없는 것. 최소량.

서풍【西風】서쪽에서 불어 오는 바람. 하늬바람. ᵉ~이 분다.

서학 ①서양의 학문. ②조선 시대에「천주교」를 이르던 말. ᵃ한학.

서한【書翰】편지. 정식으로 쓴 편지.

서해【西海】우리 나라 서쪽에 있는 바다. ᵉ~안 고속 도로. 서해.

서해안【西海岸】서쪽에 있는 바닷가. ᵃ동해안. ᵏ남해안.

서:행【徐行】천천히 감. ᵉ~운전함.

석가 탄신일 석가모니가 탄생한 날. 음력 4월 8일. ᵇ불탄일. 석탄일.

석가탑 불국사 대웅전 앞뜰에 다보탑과 서로 마주 보고 있는 삼층 석탑. 통일 신라(8세기경)때 세워졌다.「무영탑」이라고도 함. 국보 제21호. [석가탑]

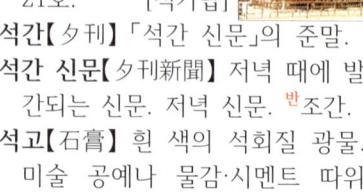

석간【夕刊】「석간 신문」의 준말.

석간 신문【夕刊新聞】저녁 때에 발간되는 신문. 저녁 신문. ᵃ조간.

석고【石膏】흰 색의 석회질 광물. 미술 공예나 물감·시멘트 따위의 혼합제로 씀.

석공【石工】석수₁. [석굴암]

석굴암 경주 토함산 동쪽에 있는 돌로 된 건축물. 신라 제35대 경덕왕 때 김대성이 세웠음. 국보 제24호.

석기 시대【石器時代】인류 문화의 원시 시대의 쇠붙이를 쓸 줄 모르고 중요한 기구를 돌로 만들어 쓰던 시대. ᵏ구석기. 신석기 시대.

석다 쌓인 눈이 안에서부터 녹다.

석둑거리다 연이어 석둑 자르는 소리가 나다.

석등【石燈】돌로 만든 등으로 주로 절에 있으며 밤에 불 밝히는 데도 사용됨. [석등]

석류[성뉴] 석류나무의 열매. 익으면 껍질이 저절로 터지고 속에는 맛이 신 분홍빛의 씨가 들어 있음. 식용함. [석류]

석방【釋放】법에 의하여 구속된 사람을 풀어 자유롭게 함. ᵇ방면.

석상₁【席上】여러 사람이 모인 자리. ᵉ공식~에서 연설을 하였다.

석상₂【石象】돌로 만든 사람이나 동물의 형상. ᵉ~을 세운다.

석수₁【石手】돌로 다듬어 물건을 만드는 사람. 돌 다루는 사람. 석공.

석수2【石獸】무덤 앞에 세우는 돌로 만든 짐승. 예무덤 앞에 ~가 있다.

석수장이 돌을 다루는 사람을 낮추어 일컫는 말.

석유【石油】천연으로, 땅 속에서 나오는 물보다 가볍고 불에 잘 타는 기름. 예~는 불에 잘 탄다.

석인【石人】무덤 앞에 세우는 돌로 만든 사람의 형상. 반석수.

석조【石造】돌로 물건을 만드는 일. 예~건물은 수명이 대단히 길다.

석조 건:축【石造建築】돌을 다듬고 매만져서 건물을 짓는 일.

석주【石柱】돌로 만든 기둥. 돌기둥.

석차【席次】①자리의 차례. ②성적의 차례. 예~가 나쁘다.

석탄【石炭】땔감의 하나. 옛날 식물이 땅 속 깊이 묻혀 숯으로 변한 것. 예~을 캐는 광부.

석탄 가스 석탄을 공기가 통하지 않게 하고 가열할 때에 나오는 기체. 예~를 연료로 쓰며 유용하다.

석탑【石塔】돌을 다듬어 쌓아 만든 탑. 비돌탑.

석패【惜敗】경기에서 약간의 차이로 패한 것. [석탑]

석회【石灰】석회석을 불에 구운 것.

석회암【石灰巖】탄산 석회가 주성분으로 되어 바다나 호수 등의 물속에 가라앉아 쌓여서 된 암석.

섞다 여러 가지 물건을 넣어 합치다. 예모래와 시멘트를~

섞이다 섞음을 당하다. 한데 합치다.

선:1 사람의 됨됨이와 마땅하고 마땅하지 않음을 가려 보는 일. 사람을 고르는 것. 예맞~. ~을 보다.

선:2【善】착하고 올바름. 어질고 좋음. 옳고 행실이 바른 것. 반악.

선각【先覺】①남보다 앞서 도나 사물을 깨달음. ②「선각자」의 준말.

선각자【先覺者】남달리 앞서 깨달은 사람. 준선각. 예민족의~.

선:거1【選擧】여러 사람 가운데서 적합한 사람을 뽑아 냄. 예~운동. 비선출. 예금년은 대통령~.

선:거2【船渠】독(dock)를 만들어 수리함

선:거권【選擧權】선거에 참여하여 투표를 할 수 있는 권리.

선견지명【先見之明】닥쳐올 일을 미리 짐작하는 밝은 지혜. 혜안.

선결【先決】다른 문제보다 앞서 해결함. 예~과제. ~조건을 달라.

선고【宣告】①공포하여 널리 알림. ②재판장이 판결을 내리는 일.

선공【先攻】운동 경기 등에서 먼저 공격하는 일. 예~은 최선의 방어.

선교사 종교를 널리 전도하는 사람.

선구자【先驅者】어떤 사상이나 일이 그 시대의 다른 사람보다 앞서 일찍 그 필요를 깨닫고 실행하는 사람. 준선구. 예우리말의 ~.

선글라스 강렬한 햇빛으로부터 눈을 보호하기 위하여 쓰는 색안경.

선:남 선:녀【善男善女】착한 남자와 착한 여자. 보통 사람들.

선녀【仙女】하늘 나라에서 살고

있다는 아름다운 여자. ᵇᵃⁿ악녀.
선동【煽動】 남을 부추기어 어떤 일을 일으키게 함. 대중을 충동질함.
선두【先頭】 첫머리. 첫 번째 ᵇᵃⁿ후미.
선두 주자 제일 앞에서 달리는 사람.
선뜩거리다 갑자기 놀라거나 찬 느낌이 들다. ᵃᵏ산뜩거리다.
선뜻 가볍고 빠르고 시원스러운 모양. ᵇⁱ얼른. ᵃᵏ산뜻- 하다.
선:머슴 차분하지 못하고 몹시 덜렁거리는 사나이. ᵉˣ~같이 생김.
선명【鮮明】 뚜렷하고 명확한 상태.
선:물【膳物】 남에게 선사하는 물품.
선:발팀 여러 팀의 선수 중 우수 선수만을 뽑아 구성한 팀.
선배【先輩】 ①덕망과 학식이 자기보다 나은 사람. ②자기 출신 학교를 먼저 거친 사람. ᵇᵃⁿ후배.
선:별【選別】 좋고 나쁜 것을 가려냄.
선봉【先鋒】 여러 사람 중 맨 앞사람.
선분【線分】 두 점 사이를 잇는 직선. 평행선.
선비 ①학문을 닦은 사람. ᵉˣ~집안. ᵇⁱ학자. ②옛날에 학식이 있으되 벼슬하지 아니한 사람. ③어질고 순한 사람을 비유하는 말.

[선비]

선사 시대【先史時代】 역사 이전의 시대. 기록이나 문자가 없던 시대. ᵉˣ~의 유물. ᵇᵃⁿ역사 시대.

선산【先山】 조상의 무덤. 조상의 무덤이 있는 산. ᵉˣ~에 모셨다.
선상₁【線上】 ①선의 위. ᵉˣ직~의 두 점. ②두 갈래로 갈라지는 일정한 상태. ③점에서 점으로 이은 것.
선상₂【船上】 ①배의 위. ②항해 중인 배를 타고 있음의 뜻. 배 갑판 위.
선:수₁【選手】 경기나 기술 따위가 뛰어나 특별히 선발된 사람.
선수₂【先手】 ①남보다 먼저 착수함. ②바둑·장기 등의 오락에서 먼저 두는 일. ③가장 먼저 하는 것.
선:악【善惡】 착한 마음과 악한 마음.
선약【先約】 먼저 누구와 약속한 것.
선양【宣揚】 드러내어 널리 알림. 널리 떨치는 것. ᵉˣ국위를 ~하다.
선언【宣言】 생각이나 주장을 널리 말함. ᵉˣ인권~. ᵇⁱ선포. -하다.
선언문 선언하는 내용을 적은 글.
선열【先烈】 나라를 위하여 싸우다 죽은 열사. ᵉˣ~에 대한 묵념.
선왕【先王】 지금 임금의 전 임금.
선원【船員】 배에서 일을 맡아 보는 사람. ᵇⁱ뱃사람.
선육【鮮肉】 싱싱하고 신선한 고기.
선율【旋律】 소리의 길이와 높낮이가 규칙적으로 이어지는 소리. ᵉˣ감미로운~. ~감미롭다. ᵇⁱ가락.
선:의【善意】 ①착한 마음. ②남을 위해서 생각하는 마음. ᵉˣ~로 한 말. ᵇⁱ효의. ᵇᵃⁿ악의. ③좋은 의도.
선인[先人] 예전 시대의 사람. 옛날 사람. ᵉˣ~의 웃음이 있다.
선인장[식물] 사막에 많이 나는 상록

식물. 둥글넓적하며 전면에 가시가 돋아남. 아름다운 꽃이 핌. 백년초. 사보텐.

[선인장]

선:임【選任】사람을 가려 뽑아서 임명함. 예~하다.

선입감【先入感】일을 맞이하기 앞서 미리 가지는 느낌. 비선입견.

선:잠 깊이 들지 못하거나 흡족하게 이루지 못한 잠. 예~이 들다.

선장【船長】선원의 최고 우두머리.

선적【船積】배에 짐들을 싣는 행위.

선전1【宣傳】생각·주장 등을 많은 사람에게 퍼뜨림. 비광고. 알림.

선:전2【善戰】실력 이상으로 잘 싸움. 경기를 잘하는 것. 예~하다.

선전 포:고【宣戰布告】상대국과 전쟁 상태에 들어감을 나라 안팎에 널리 선언·공포함. -하다.

선:정전【善政殿】창덕궁의 편전으로, 왕이 평소에 살던 곳이다.

[선정전]

선제 공:격 상대방을 제압하기 위해 먼저 공격한 것.

선조【先祖】핏줄을 이어받은 먼 대의 조상. 반후손. 한 집안의 자손.

선:죽교【善竹橋】경기도 개성에 있는 돌다리. 고려 말의 충신 정몽주가 이방원의 일파에게 죽음을 당한 곳임.

선진【先進】다른 것보다 앞서는 것.

선진국【先進國】정기·경제·사회·문화면에서 모두 잘 사는 나라. 비선발. 반후진국. 미개국.

선착【先着】경쟁하여 먼저 도착함.

선착순【先着順】먼저 와 닿는 차례.

선착장【船着場】배가 와 닿는 곳.

선:처【善處】문제를 좋도록 처리함.

선천적【先天的】태어날 때부터 지니고 있는 모양. 반후천적.

선체【船體】선박의 몸뚱이. 배 몸체.

선:출【選出】여럿 중에서 고르거나 뽑아 냄. 비선발. 예~하다.

선취【先取】남보다 먼저 가짐. 예우리 팀이 한 점을 ~했다. -하다.

선충류【線蟲類】몸은 실이나 끈처럼 가늘고 길며, 사람이나 짐승에 기생하는 동물. 회충. 요충. 십이지장충 따위가 있다.

선친【先親】돌아가신 자기 아버지.

선택【選擇】여럿 가운데서 마음에 들거나 필요한 것을 골라서 정하는 것. 예단어의 ~은 중요하다.

선포【宣布】세상에 널리 펴서 알림.

선풍기【扇風機】작은 전동기에 날개를 달아 회전시킴으로써 바람을 일으키는 장치. 예~가 돈다.

선:하다 잊혀지지 않아 눈 앞에 보이는 듯하다. 예눈에~

선:행【先行】착한 행실. 모범된 행동.

선:행상【善行賞】착한 일을 많이 한 사람에게 주는 상.

섣:달 그믐 음력으로 한 해의 마지막 날. 음력 12월 30일.

섣부르다(섣부르니, 섣불러서) 솜씨가 설고 어설프다 미숙한 솜씨.

섣불리 서툴고 지혜롭게 못한 것.
설: 「설날」의 준말. 새해의 첫날.
설거지 먹고 난 뒤 음식 그릇 등을 씻어 치우는 일. -하다.
설경【雪景】 눈이 내리고 쌓인 경치.
설계【設計】 건축 공사나 기계 제작 등의 계획. -하다. 예건물~.
설교【說敎】 ①종교의 가르침을 설명함. ②단단히 타일러서 가르침.
설날 정월 초 하루. 새해가 되는 날. 조상 성묘도 하고 어른들께 새해 인사도 드리는 날.

[설날]

설:다(서니) 음식 따위가 덜 익음.
설득【說得】[-뜩] 설명하여 알아듣게 함. 비설복. -하다.
설명서【說明書】 어떤 것의 내용이나 이유·사용법 등을 설명한 글.
설문【說問】 물음을 냄. 또는 그 문제.
설문 조사【設問調査】 몇 가지 질문을 통하여 관심 있는 연구 사항을 조사하는 일. -하다.
설설 기다 남 앞에서 두려워 행동을 자유로이 못하다. 작살살 기다.
설:쇠다 새해를 맞이하다. 설맞이.
설악산 강원도 양양군과 인제군 사이에 있는 산. 주봉은 대청봉. 비선대·울산 바위·비룡 폭포 등이 있음. 1970년 3월에 국립 공원으로 지정됨. 높이 1,780m.
설욕【雪辱】 부끄러움을 씻음.

설욕전【雪辱戰】 경기나 오락 등에서 앞서 진 것을 복수하려고 싸우는 싸움. 비복수전. -하다.
설:움 서럽고 슬프게 느껴진 마음.
설원【雪原】 고산 지방 및 극 지방에서, 눈이 녹지 아니 한 채로 늘 쌓여 있는 지역. 설전.
설익다[-릭따] 익지 않고 덜 익다.
설치【設置】 ①베풀어 놓음. ②기관을 새로이 만들어 일을 시킴.
설치다 ①행동을 대강대강 하다. ②돌아다니다. ③몹시 날뛰다.
설탕【雪糖】 사탕수수·사탕무 등을 원료로 하여 만들어 낸 식품. 가루 사탕. 설당(雪糖)에서 온 말.
설표 먹이를 나무에 걸쳐 보관하며, 무늬가 진하여 짐승들을 사냥하기 유리함.

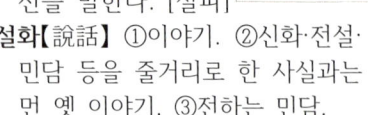
[설표]

설피 눈이 많이 오는 곳에서는 발이 눈에 빠지지 않게 하기 위하여 신발 바닥에 대는 덧신을 말한다. [설피]
설화【說話】 ①이야기. ②신화·전설·민담 등을 줄거리로 한 사실과는 먼 옛 이야기. ③전하는 민담.
섬: 사방이 바다로 둘러싸인 작은 땅. 비도서. 반뭍. 육지.
섬:나라 사방이 바다에 둘러싸인 나라. 일본·뉴질랜드·필리핀과 같은 나라. 예일본은~.

섬세【纖細】 ①가느다람. 자세함. ②감정이나 행동이 찬찬하고 세밀하다. 예성격이 ~하고 치밀함.

섬진강【蟾津江】 전라 북도 진안군에서 시작하여 전라 남도와 경상 남도를 지나 남해로 흘러들어가는 강. 길이 212km.

섭렵【涉獵】 여러 가지 책을 널리 읽음. 예문학 작품을 ~하다.

섭리【攝理】 전우주를 지배하고 있는 원리의 법칙 예자연의 ~라 함.

섭섭하다 ①마음이 끌리어 서로 떨어지기 어렵다 예헤어지기~. ②없어지는 것이 아깝다. ③기대에 어그러져 마음에 불만스럽다. 비서운하다. 아쉽다.

섭섭히[-써피] 섭섭하게. 서운함.

섭씨 온도계【攝氏溫度計】 물이 어는점 0℃, 끓는 점을 100℃로 정하고 그 사이를 100등분한 온도계. 섭씨 한린계.

섭취【攝取】 영양분을 몸 속으로 빨아들임. 예영양을 ~하다.

성:1 노여워하여 왈칵 치미는 감정. 예~이 나다. 비화. 골.

성:2【姓】 한 혈통을 잇는 겨레붙이의 칭호. 곧 이·김·최·안·정·박씨 따위. 타고난 본 성 비성씨.

성가시다 자꾸 귀찮게 굴어서 마음에 싫다. 예동생이 옆에 있어~. 비귀찮다.

성게 얕은 바다에서 살고 몸이 밤송이와 비슷함.

성격【性格】 종교상 신앙의 최고 법전이 되는 책. 기독교의 성서·불교의 팔만대장경·유교의 사서 오경·회교의 코란 등.

성공【成功】 ①하고자 하는 목적을 이룸. ②사회적인 지위나 부유함을 얻음. 반실패. -하다.

성과【成果】[-꽈] 일이 이루어진 결과. 바람직한 결과. 비효과.

성곽【城郭】 성 둘레를 보호하는 벽.

성금【誠金】 어려운 사람과 사회를 돕기 위해 자진해 내는 기금.

성:급하다 성질이 매우 급하다.

성기다 사이가 뜨다. 예머리카락이~. 반배다.

성균관 조선 시대 유교 교육을 맡아 보던 최고의 국립 교육 기관 오늘날의 국립 대학과 비슷하다.

[성균관]

성깔 성질을 부리는 버릇이나 태도. 예~이 사납다. ~이 있는 사람.

성:내다 화를 내다. 노여움을 드러내다. 골내다. 예친구들이 몹시~.

성냥 작은 나무 끝에 유황을 발라서 마찰에 의해서 불을 붙게 하는 물건. 불을 키는 물건. 예~을 켜다.

성냥팔이 소:녀[책명] 덴마크 출신의 소설가 안데르센이 지은 동화. 눈 내리는 밤에 추위에 얼어서 목숨을 잃는 성냥팔이 소녀의 가엾은 이야기. 예~의 이야기.

성:능【性能】 어떠한 물건이 가지고 있는 성품과 기능. 예비행기의 ~을 실험하다. 비기능.

성:당【聖堂】 ①천주교의 교회당. ②공자를 모신 사당. 문묘.

성:대₁【盛大】 크고 훌륭함. 예~한 결혼식. 굉장하고 크다.

성대₂【聲帶】 목소리를 내는 기관. 예~보호. 비목청. 굉장하고 크다.

성:명【姓名】 사람마다 성씨와 이름.

성:모【聖母】 ①거룩한 어머니. ②예수의 어머니 마리아.

성묘【省墓】 조상의 산소를 찾아가서 살피어 돌봄. 예~하러 가다.

성문 성의 출입구에 만든 문. 서울의 동대문·남대문·창의문 등.

성:미【性味】 쉽게 만족하지 않고 까다로운 성질. 예~가 급하다.

성벽【城壁】 남성·여성의 구별. 암수의 구별. 예~검사. ~의 차이.

성분【成分】 무엇을 이룬 바탕이 되는 것. 예~이 좋다.

성사【成事】 일을 이룸. 일이 이루어 짐. 예추진하던 일이 ~되었다.

성:수기【盛需期】 어떤 물건을 한창 쓰는 시기. 예여름엔 선풍기가~.

성:씨【姓氏】 「성」을 높여서 이르는 말. 예~가 어떻게 됩니까?

성악【聲樂】 사람의 목소리로 아름답게 나타내는 음악. 반기악.

성악가【聲樂家】 성악을 전공하는

[성악가]

사람으로 가곡이나 오페라 같은 서양식 고전 음악을 전문적으로 직업을 가지고 하는 사람.

성우【聲優】 주로 라디오 방송국의 프로에 출연하는 배우.

성원【聲援】 ①임금님의 은혜. ②하나님의 은혜. 예~이 망극합니다.

성의【盛意】 정성스러운 마음. 성심.

성:인₁【聖人】 슬기와 덕이 뛰어나서 영구히 모범이 될 만한 사람. 세계 4대 성인은 석가·예수·공자·소크라테스임. 비성자.

성인₂【成人】 만20세 이상 된 사람. 어른을 말함. 비어른. 반미성년.

성장 과:정【成長過程】 자라서 점점 커지는 순서. 예~이 어렵다.

성적【成績】 ①일을 다 마친 결과. ②시험의 점수. ③공부를 한 결과.

성적표【成績表】 학습이나 훈련의 결과를 적은 표. 비통지표.

성:전【聖殿】 신성하고 성스러운 곳. 예~에서 의식을 치르다.

성조기【星條旗】 미합중국의 국기.

성:직자【聖職者】 종교적 직분을 맡은 교역자. 목사. 승려 따위.

성:질【性質】 처음부터 가지고 있는 본 바탕이나 기질. 비성미. 성격.

성:찬【盛饌】 생각했던 대로 이루어 냄. 비성공. -하다. 목적을 이룬 것.

성큼성큼 다리가 긴 사람이 걸어가는 모양. 예~걷는다. 흉내말.

성:탄절【聖誕節】 예수가 탄생한 날. 양력 12월 25일 비크리스마스.

성터 성을 쌓으려고 자리를 잡은 터로 외적이 침입하면 주민들이 위험을 피해 성안으로 들어와 적과 싸우는 곳.

[성터]

성:품【性品】 사람의 됨됨이. 성격의 됨됨이. 예~이 좋다. 비품성. 성격.
성하다 상한 데 없이 본대로 온전함.
성:함【姓銜】「성명」의 높임말. 존함
성:향【性向】 성질상의 경향. 예소비~이 많다. 비기질. 쏠리는 것.
성:현【聖賢】 덕망이 높고 어진 사람. 어진 사람. 예옛 ~들의 가르침.
성형【成形】 ①흙을 빚어 그릇의 형체를 만듦. ②외과적 수단으로 형체를 고치거나 만듦. 예~수술.
성:화₁【聖火】 ①신에게 바치는 성스러운 불. ②올림픽 대회 때 대회장에 켜놓은 불. 예전국 체육 대회 때 성화는 마니산 참성대에서 점화함.
성화₂【成火】 ①몹시 마음을 태워 답답함. ②심하게 굶. ③몹시 애가 탐.

[성화]

성화같다 몹시 다급하다. 몸이 단다.
세:₁【貰】 남의 집이나 물건을 빌어 쓰고 내는 돈. 예~를 살고 있다.
세:₂「셋·삼」의 뜻. ~사람.
세:가【勢家】 ①권세가 있는 집안. ②「세력자」의 준말. ③좋은 집안.
세:간 집안 살림에 쓰는 여러 가지 기구. 여러 가재 도구 비살림살이.
세:계【世界】 ①지구 위의 모든 나라. 비세상. ②무한한 공간. ③같은 종류끼리의 모임. 예~박물관.
세:계 만:방 세계의 모든 나라. 만국.
세:계사【世界史】 세계 전체를 체계적으로 연관시킨 인류의 역사.
세:계 지도 세계를 그린 지도.
세:계 평화【世界平和】 온 지구 전체가 전쟁 없이 평온한 상태.
세:공【細工】 잔손질이 많이 가는 작은 물건을 만드는 수공. -하다.
세:공품 세공한 물건. 비세공물.
세:관원【稅關員】 세관 업무를 맡아보는 사람. 예지방~.
세:균【細菌】 가장 미세한 생물로 육안으로는 볼 수 없음. 병을 일으키는 것도 있음. 비박테리아.
세:금【稅金】 나라 살림의 경비를 쓰기 위해서 국민들에게 받아들이는 돈. 의무적인 돈. 비조세.
세:기【世紀】 ①시대 또는 연대. ②서력에서 100년을 한 세기로 정한 연대. 예대망의 21~.
세:끼 하루에 세 번 먹는 밥. -하다.
세:다₁ 머리가 희어지다. 희어지다.
세:다₂ 수량을 헤아리다. 헤아리다.
세:다₃ ①힘이 많다. ②세력이 크다.
세:대 ①한 시대 사람들. 예기성~. ②한 시대 사람들. 약 30년. 예젊은~. ③세상. ④같은 연대 사람.
세:대 교체【世代交替】 신세대와 구

세대를 바꿈. -하다.

세:력【勢力】①권세의 힘. ②복종시키는 힘. 비권력. ③권력의 영향.

세:력가【勢力家】세력이 있는 사람.

세:력권【勢力圈】어떤 세력이 미치는 범위. 예태풍의 ~에 들다.

세:련【洗練】서투르거나 어색함 없이 능숙하거나 깔끔하다.

세:례명【洗禮名】천주교 신자에게 세례 때에 붙여지는 이름.

세:로 위에서 아래로 곧게 그은 모양. 위나 아래의 방향 반가로.

세:로글씨 위에서 아래로 내리어 쓰는 글씨. 반가로 글씨.

세르반테스[인명](1547~1616)「돈키호테」를 지은 에스파냐의 소설가. 전쟁과 노예 생활·감옥 생활 등 기구한 생활을 하다가 「돈키호테」를 발표하여 이름이 났는데, 폭넓은 공상을 바탕으로 뛰어난 작품을 썼음.

세마대 오산시 지곶동에 있으며, 임진왜란 당시 왜군과 권율 장군의 군대가 치열하게 전투를 하던 곳. [세마대]

세:면【洗面】얼굴을 씻음. 세수.

세:면대 세면 시설을 해 놓은 대.

세:면 도:구【洗面道具】얼굴을 씻는 데 쓰이는 여러 가지 도구.

세:모[삼각형의] 세 개의 모. 삼각.

세:모꼴 세 개의 변으로 둘러싸인 꼴. 비삼각형. 네모꼴.

세:모나다 세모 모양으로 생기다. 모가 세 개 있다. 예물건이~.

세:무【稅務】세금을 매기고 거두어 들이는 일. 예~조사를 받고 있다.

세:무서【稅務署】국세청에 속한 지방 관청. 각 지방의 세금에 관한 일을 맡아 보는 관서.

세:밀【細密】가늘고 조밀함. 비상세.

세:밑 한 해의 마지막 때. 연말. 예~의 온정. 그 해의 마지막. 비세모.

세:배【歲拜】새해에 웃어른께 드리는 인사로 어른들께 새해 첫날 큰절은 우리 고유 풍습이다.

[세배]

세:분【細分】잘게 나누거나 자세히 분류함. 잘게 나누는 것. -하다.

세:분화【細分化】여럿으로 잘게 나누고 세밀히 분류함. -하다.

세:상【世上】①한 사람이 살고 있는 동안. 예역경 속에 한 ~을 보내다. ②모든 사람이 사는 곳. 비세계. ③마음껏 할 수 있는 장소.

세:상 만:사【世上萬事】세상에서 일어나는 온갖 일. 예~가 귀찮다.

세:세하다 ①매우 적어 보잘것없다. ②아주 자세하다.

세:속【世俗】사람들이 사는 세상.

세:습1【世習】세상의 풍속.

세:습2【世襲】재산·지위·업무 등을 물려 받는 일. -하다.

세:시【歲時】한 해의 여러 철. 풍속.

세:심【細心】①자그마한 일에도 꼼꼼하게 주의함. 예~한 배려. ②소

세:액【稅額】세금을 걷어들이는 돈.
세어 보다 물건의 개수를 알아보는 것.
세:월【歲月】①흘러가는 시간. 비시일. 광음. ②장사의 거래. 형편.
세일 정가보다 아주 싸게 파는 것.
세일즈맨 방문하여 물건을 파는 사람.
세:입【稅入】조세에 의한 수입.
세:자【世子】임금님의 자리를 이어 받을 아들. 비태자. 반공주. 본왕세자. 왕의 자리를 이을 왕세자.
세:자빈【世子嬪】왕세자의 아내.
세:제【洗劑】물을 타서 옷·과일 따위에 묻은 물질을 씻어 내는 데 쓰이는 약품. 예합성~.
세종 대왕【世宗大王】조선 제4대 왕으로 1418년 왕위에 올랐다. 한글을 창제하는 등, 여러 가지 큰 업적을 남겼다. [세종대왕]
세:종로[-노] 세종 대왕을 추모하기 위해 이름을 붙인 도로.
세:종 문화 회:관【世宗文化會館】우리 나라 문화 예술의 대전당. 서울 종로구 세종로에 있음.
세:주다 셋돈을 받고 물건이나 집 등을 빌려 주다. 예집을~.
세:차【洗車】자동차에 묻은 먼지 따위를 씻어 내는 일. -하다.
세:차다 몹시 강하고 세다. 예바람이~. 비힘차다. 반약하다.
세:탁【洗濯】옷 때를 빨아 없앰.

세:탁기【洗濯機】전기를 이용하여 빨래하는 기계. 옷을 빠는 기계.
세:탁소【洗濯所】돈을 받고 남의 빨래를 하여 주는 곳. -하다.
세:태【世態】세상의 형편이나 상태.
세:파【世波】세상에 살아가는 애로. 세상 풍파.
세:평【世評】세상 사람들의 평판.
세:포【細胞】생물체를 이루고 있는 기본적인 아주 작은 단위.
세:피리 조금 가늘고 작은 피리.
센 ①수를 헤아린. ②머리털이 희어진. ③힘이 많은. ④기가 세다.
센:말 뜻은 같지만, 어감이 강한 말. 「싱긋」에 대한 「씽긋」 같은 말. 반여린말. ㄲ,ㄸ,ㅉ,ㅃ,ㅆ 따위의 말.
센:머리 머리털이 하얀 머리.
센세이션 일시적인 굉장한 평판. 선풍적인 현상. 예~을 일으킨 일.
센스 일에 대한 감각이나 미묘한 의미를 잘 찾아내는 능력. 사물의 감각이나 판단력. 예~가 있다.
셀로판 종이 셀로판을 종이처럼 얇게 한 것. 비셀로판지.
셈: ①수효를 세는 일. ②주고 받을 액수를 서로 따지어 밝히는 일.
셈:여림 세기와 약하게 소리를 냄.
셈:여림표[-녀-] 악보에서, 그 곡을 강하게 또는 약하게 하라고 지시하는 부호. 비강약 부호. -하다.
셋:방 세를 내고 빌려 쓰는 방.
셰퍼드 귀가 쫑긋하 [셰퍼드]

고 등은 짙은 회색이나 갈색이며, 냄새를 잘 맡는 독일에서 온 품종의 큰 개.

셔츠 윗도리에 받쳐 입거나 겉옷으로 입는 서양식 윗옷. 와이셔츠.

쇠[동물] 일을 하고 고기를 얻기 위하여 농가에서 많이 기르는 짐승. 성질이 온순하고 힘이 세다.

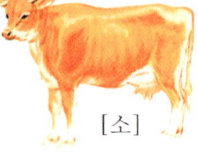
[소]

소각【燒却】 불에 태워서 없애 버림.

소:감【所感】 개인의 느낀 바 생각.

소개【紹介】 두 사람 사이에 들어서 관계를 주선해 줌.

소개업【紹介業】 소개비를 받고 집·직업·토지 등의 매매나 임대·전세 등을 소개하는 직업.

소개장[-짱] 소개하는 편지나 문서. 예회사에 ~을 보내다.

소견 사람이나 사물의 현상을 보고 헤아리는 생각이나 의견.

소경 ①앞을 못 보는 사람. 비봉사. 장님. ②사물에 어둡거나 글을 모르는 사람. 비맹인. 봉사. 장님.

소계【小計】 한 부분만을 셈한 합계

소고 농악에 쓰이는 작은 북. 예장단에 맞추어 ~를 쳐보자.

[소고]

소곤소곤 연해 소곤거리다. 큰수군수군. 센쏘곤쏘곤. -하다. 흉내말.

소:국【小國】 작은 나라. 반대국.

소굴【巢窟】 나쁜 짓을 하는 무리들의 근거지. 비굴.

소:규모【小規模】 범위가 좁고 작은 규모. 아주 작은 규모. 반대규모.

소극 자진하여 나서려는 기백이 부족하며 비활동적임. 반적극.

소금 음식물에 짠맛을 내는 데 쓰이는 나트륨과 염소의 화합물. 바닷물을 증발시켜 만듦. 짠맛의 물질.

소금절이 고기·채소 등을 소금에 절이는 일. -하다. 예배추를 ~다.

소금쟁이 여름철 고인 물에서 많이 볼 수 있으며, 곤충이나 벌레가 물에 떨어지면 이것을 먹고 살며 어른 벌레로 겨울을 난다.

[소금쟁이]

소:기업【小企業】 규모가 작은 기업.

소꿉놀이 소꿉질하며 즐기는 놀이.

소나기 여름철 갑자기 쏟아지다가 그치는 비. 비소낙비.

소나무【식물】 소나무과의 상록 침엽 교목. 껍질은 검붉고 비늘 모양임. 건축 재료·도구 재료·땔감 등으로 많이 쓰임. 비솔.

소나타 보통 네 개의 악장으로 되어 있는 기악곡의 한 형식. 주명곡.

소:녀【少女】 나이가 어린 여자 아이. 반소년. 예~소년 합창단.

소:년단 보이 스카우트. 반소녀단.

소:다수 소량의 무기염류를 용해한

물에 탄산가스를 포화시켜 만든 청량 음료의 하나. 탄산수.

소달구지 소가 짐을 끄는 수레. ᵉ~ 타고 왔다. ᵇ우차.

소:담【笑談】내용이 우스운 이야기.

소:대원 소대를 이루는 구성원.

소:대장【小隊長】소대를 지휘하는 장교. 보통 소위나 중위가 됨.

소독【消毒】약이나 열로써 병균을 없애 버림. ᵉ그릇을 ~하고 있다.

소동【騷動】①시끄럽게 떠듦. ②소란을 피움. ᵇ소란. ③난동을 부림.

소:득【所得】일의 결과로 얻은 바의 이익. ᵇ이득. ᵇᵃⁿ손실.

소등【消燈】등불을 끔. ᵉ가로등이 모두~ 되다. 켜져 있던 불을 끔.

소라 나사처럼 동글동글하게 말린 단단한 껍질이 몸을 둘 [소라] 러싸고 있다. 식용하는 바다 동물.

소란【騷亂】어수선하고 시끄러움. 불편한 상태. ᵇᵃⁿ안온. 정숙. -하다.

소:량【小量】적은 분량. ᵇᵃⁿ다량.

소:로【小路】작은 길. ᵇᵃⁿ큰 도로.

소록소록 ①아기가 곱게 자는 모양. ᵉ착한 아이~ 잠들다. ②비가 보슬보슬 내리는 모양. 흉내말.

소:름 춥거나 무서울 때 피부에 도톨도톨하게 돋는 것. ᵉ~끼친다.

소리 ①귀에 들리는 것. ②말. ᵇ음성. ③노래. ④사람이나 동물이 내는 소리. ⑤여론이나 호소. ⑥어떤 뜻을 나타내는 말.

소리꾼 판소리나 잡가 등 온갖 노래를 아주 잘하는 사람. -하다.

소리치다 소리를 아주 크게 지르다.

소:만【小滿】24절기의 하나. 양력 5월 21일경.

소말리아 아프리카 대륙의 북동부에 인도양과 닿아 있는 나라. 수도는 모가디슈이다.[63만 8천 km²]

소:망【所望】바라는 바. ᵉ~이 있다. ᵇ소원. 희망. 희망하는 것.

소매상【小賣商】소매하는 장사. ᵇ산매상. 직접 파는 장사. ᵇᵃⁿ도매상.

소매치기 남의 소지품을 눈치채지 못하게 훔치는 일. 또는 그런 짓을 하는 사람. ᵉ~꾼이 온다.

소맷자락 옷소매의 드리운 부분.

소멸【消滅】사라져 없어지거나, 자취도 남지 않도록 없애 버림. ᵉ기록을 ~하다. ᵇᵃⁿ생성. 소생.

소모【消耗】사용하여 없어지는 것.

소모량【消耗量】써서 없어진 부피.

소문【所聞】여러 사람이 전하여 들리는 말. ᵇ풍문. [소문난 잔치에 먹을 것 없다] 소문에 비하여 내용이 보잘것없다. 여러 가지 말들.

소:문자[-짜] 영어 등 서양 문자의 작은 체의 문자. ᵇᵃⁿ대문자.

소:박【素朴】꾸밈이 없이 수수한 검소하고 순수함. ᵇ순박. ᵇᵃⁿ화려.

소방【消防】화재를 미리 경계하고 불난 것을 끄는 일.

소방관 불이 나지 않게 미리 막거

나 불을 끄는 일을 맡은 사람. 소방 공무원.

소방서【消防署】불이 나지 않도록 단속하고, 난 불을 끄는 일을 맡은 일선 소방 기관.

소방차 불을 끄는 장치 및 인명 구조에 필요한 장비를 갖추고 쓰이는 차.

[소방관]

[소방차]

소:변【小便】오줌. 반대변.

소:복【素服】①하얗게 차려 입은 옷. 비흰옷. ②상중에 입는 예복. 비상복. -하다. 예~을 입었다.

소복하다 물건이 높게 많이 담기어 있거나 쌓여 있다. 빽빽하고 길다.

소비【消費】물건이나 돈·시간 등을 써서 없앰. 반생산. -하다.

소비자 소비하는 사람. 반생산자.

소비재【消費財】개인의 욕망을 충족시키기 위하여 소비되는 재화.

소생₁【蘇生】다시 살아남. 죽은 것이 살아난 것. 비희생. 부활. -하다.

소:생₂【小生】「자기」의 낮춤말.

소:설【小說】작가의 생각대로 사실처럼 꾸미어 이 세상 일을 그린 문학 작품. 예문학~.

소:설가【小說家】소설을 짓는 사람.

소:속【所屬】어떤 기관이나 단체에 딸림. 예너는 ~이 어디냐.

소송【訴訟】재판을 법원에 요구함.

소:수₁【小數】①작은 수. ②1이 못되는 수를 십진법으로 나타낸 수. 곧, 0.25따위.

소:수₂【少數】적은 수효의 사람. 예~의 견을 존중하다.

소:수점【小數點】[-쩜] 소수의 부분과 정수의 부분을 구분짓는 점.

소슬바람[-빠-]으스스하고 쓸쓸하게 부는 가을 바람. 신선바람.

소:시지 동물의 창자에 양념을 하여 다진 고기를 넣어서 삶은 서양식 순대. 소세지는 틀린 말.

[소시지]

소식【消息】①편지. ②안부를 물음. 기별. 안부. 먼 곳의 안부를 물음.

소식통【消息通】어떤 일의 사정을 잘 아는 사람. 세상 일의 사정을 잘 아는 사람. 세상 일이 밝은 것.

소:신【所信】자기가 굳게 믿거나 생각하는 바. 본인이 믿고 주장함.

소:심【小心】마음의 씀씀이가 작음.

소:아【小兒】어린아이.

소:아과【小兒科】어린아이의 병을 전문으로 보는 의학의 한 분과.

소:액【少額】적은 액수나 적은 금액

소:야곡【小夜曲】밤에 사랑하는 사람의 집 창 밑 등에서 부르거나 연주하던 사랑의 노래. 세레나데.

소양호【邵陽湖】소양강 댐으로 생긴 호수. 물의 양은 29억 톤.

소:요₁【所要】요구되거나 필요한 바. 필요한 무엇의 양. 예~시간.

소요₂【逍遙】정한 곳이 없이 슬슬 거닐어 돌아다님. ᵇ산책.

소:용【所用】①쓸 데. ②쓰임. ᵇ필요. ᵛ무용. ③쓸모가 있음.

소:원【所願】이루어지기 바라는 일.

소:위₁【所謂】남들이 흔히 말한대로

소:위₂【少尉】장교의 제일 낮은 계급. 중위 아래 계급. 준위 위의 계급.

소:유물【所有物】소유하는 물건.

소:유자【所有者】물건을 가진 임자. ᵇ소유주. 소유인.

소음【騷音】시끄럽게 들리는 소리.

소:작농【小作農】남의 땅을 빌려 짓는 농사. ᵛ자작농. -하다.

소:작료【小作料】[-장뇨] 남의 땅을 빌려 농사를 짓는 값으로 땅 임자에게 치르는 곡식이나 돈.

소:장【少將】군인 계급의 하나. 중장의 아래. 준장의 위. ᵏ대장.

소:재₁【所在】사람들이 있는 곳.

소:재₂【素材】①어떤 것을 만드는 데 바탕이 되는 재료. ②예술 작품의 바탕이 되는 모든 재료. 원료.

소:재지【所在地】건물 등이 자리잡고 있는 곳. ᵉ도청 ~.

소:중하다 매우 귀중하다. 아끼는 물건. ᵇ귀중하다. ᵛ소홀하다.

소:지【所持】간직하고 있는 물품들.

소:지품【所持品】가지고 있는 물건.

소:질【素質】본디부터 가지고 있는 재능. 일에 알맞은 능력. ᵇ재질.

소집【김集】단체를 불러 모으는 것.

소쩍새「동물」 올빼미과에 속한 새. 「소쩍소쩍」하고 우는데 소리가 매우 처절함. 야행성이다. 두견새. 두견이.

소철 관상수로 많이 기르며, 가지는 없고 긴 깃꼴겹 잎으로 뭉쳐 나는 늘 푸른 나무로 여름에 암수 그루에 꽃이 핀다.[소철]

소:청【所請】남에게 무슨 일을 청한 것.

소:총【小銃】개인이 휴대하는 전투용 총의 하나.

소쿠리 대나 싸리를 엮어서 만든 아가리가 큰 둥근 그릇.

소:탕【掃蕩】휩쓸어 모두 없애 버림. ᵉ~작전. ᵇ전멸. -하다.

소파 등을 기댈 수 있고 양쪽 가에는 팔 걸이가 있는 긴 안락 의자.

소:포【小包】우편으로 보내는 물건.

소:폭【小幅】①폭이 좁음. ②시세 등의 차가 적음. ᵛ대폭.

소품【小品】①자그마한 제작품. ②연극의 무대 장치에 쓰는 소품물.

소풍【消風】①답답한 마음을 풀기 위하여 바람을 쐬는 일. ②운동이나 자연의 관찰을 겸하여 먼 길을 걸음. ᵉ봄 ~을 갔다. ③산책.

소프라노 가장 높은 여자의 목소리. 높은 소리를 내는 가수. ᵛ알토.

소프트웨어 컴퓨터를 작동시키기 위하여 작성된 프로그램. 또는 움직이는 기술. ^반하드웨어.

소화₁【消化】 ①먹은 음식을 삭이는 일. ②보고 들은 지식을 자기 것으로 만듦.

소화₂【消火】 불을 끔. ^예~전. ^비진화.

소화기 불을 끄는 기구.

소화 기간 섭취한 음식물의 소화·흡수에 관계되는 입·식도·위·창자·간 등을 통틀어 이르는 말. [소화기]

속: ①거죽 혹은 밖과 반대되는 곳. ^예~과 겉이 다른 사람. ②「뱃속」의 준말. ^예~이 거북하다. ③마음자리. 심보. ^예~넓다. ④속사정. 내막. ⑤마음이나 감정. ^반겉. 밖.

속결【速決】 빨리 결정하고 처리함.

속공【速攻】 빠른 동작으로 공격함.

속구【速球】 야구에서, 투수가 던지는 빠른 공. ^예~를 때리다.

속국【屬國】 정치적으로 다른 나라에 매여 있는 나라. 종속국. ^비식민지. ^반독립국. 독립된 나라.

속기【速記】 ①빨리 적음. ②말을 속기부호로 적음. ^예~사. ~자격증.

속:끓다 마음 속 걱정이 되어 애탐.

속다 거짓을 곧이듣다. 거짓을 믿다.

속닥거리다 동아리끼리 계속하여 가만가만 이야기하다.

속단【速斷】 빨리 판단함. 신중하지 않고 서둘러 내리는 판단. -하다.

속달【速達】 ①속히 배달함. ②썩 빨리 다다름. ③「속달 우편」의 준말. ^예편지를 ~로 부치다.

속담【俗談】 옛날부터 일반 사람들 사이에 널리 전해 내려온 어떤 가르침을 주는 말.

속도【速度】 사물이 움직이는 빠른 정도. ^비속력. ^예고속 열차의~.

속독【速讀】 책 따위를 빨리 읽음.

속되다 고상하지 못하고 천하다.

속삭임 속삭이는 짓. ^예아름다운~. 다정한~. ^반부르짖음. 외침.

속:상하다 ①마음 속이 상하다. ②화나다.

속새 깊은 산 음지에서 크며 줄기는 곧고 가지와 잎이 없다. 4월에 홀씨가 남. [속새]

속:셈 ①마음 속으로 하는 셈. ^예엉큼한 ~을 품다. ②연필이나 주판을 쓰지 않고 마음 속으로 하는 계산. ^비암산. ^예~을 한다.

속수 무책【束手無策】 다른 방법이 없어 꼼짝할 수 없음.

속:옷 겉옷이 살에 닿지 않도록 속에 받쳐 입는 옷. 속에 입는 옷. ^비내의. 내복. 속내의. ^반겉옷.

속이다 거짓을 진실처럼 말하다.

솎다 촘촘히 나 있는 채소·풀 따위를 군데군데 뽑아 성기게 하다.

손₁ 손님. 찾아온 사람. 나그네. 방문한 사람. ^비객. ^반주인. ^큰손님.

손₂ 사람의 팔목에 달린, 손가락과 손바닥이 있는 부분. 몸의 일부분.

손₃【孫】 집안의 대를 이을 자식.

손가늠 손으로 대충 길이를 재는 것.

손가락 손 끝에 달려 있는 다섯 개의 짧은 가락. 예~이 열 개다.

손거울[-꺼-] 몸에 지니고 다니면서 보는 작은 거울. 예~을 본다.

손금[-끔] 손바닥 살거죽에 줄무늬를 이룬 금. 예~을 보다.

손꼽다 ①손가락을 꼽아 수를 세다. ②많은 사람 중에 두드러지게 뛰어나다. ③초조하거나 애가 타다.

손끝 손바닥이나 손가락의 끝 부분.

손녀【孫女】 자녀의 딸.

손님 주인을 찾아온 사람. 또는 물건을 사러 온 사람. 반주인.

손님마마 「천연두」를 달리 이르는 말. 옛날에 통상 부르던 이름.

손목 손과 팔이 서로 잇닿은 부분. 예~이 부러지다. ~이 튼튼하다.

손목 시계 손목에 차는 작은 시계.

손바느질 손으로 하는 바느질.

손바닥 손의 안쪽. 손등의 반대쪽.

손버릇[-뻐-] 손에 익은 버릇. 예물건을 훔치는 ~이 나쁘다.

손:상【損傷】 떨어지고 상함. 해를 입히는 행위. 예체면을 ~시키다.

손수 직접 자기 손으로. 예~ 밥을 해 먹다. 비몸소. 친히.

손수건[-쑤-] 땀 따위를 닦는 작은 헝겊. ~으로 땀을 닦아라.

손수레 직접 손으로 밀거나 끄는 수레. 예~를 밀다. 비리어카.

손:실【損失】 ①축나서 없어짐. 예~이 많다. ②밑짐. 반이익. 이득.

손씻다 관계를 청산하다. 손 떼다. 그 곳에서 나오다. 예이 일에서~.

손아래 자기보다 나이가 적음. 비수하. 반손위. 예영수는 ~사촌 동생.

손잡이 물건에 덧붙여서 손으로 잡게 된 부분. 예가방~. 냉장고~.

손재주[-째-] 손으로 물건을 만드는 재주. 예~가 좋다.

손질 손으로 물건을 잘 매만지는 일. 손보기. 예공구를 ~하다.

손짓 손을 눌려 의사를 나타내는 짓. 손을 흔드는 것.

솔개 매과에 속하는 새. 꽁지 끝은 황백색. 다른 매보다 온순함. [솔개]

솔선【率先】[-썬] 다른 사람보다 앞서서 함. 먼저 함. 예~수범.

솔선 수범【率先垂範】 남보다 앞장 서 모범을 보임.

솔새 덤불 속에서 찌륵찌륵 하고 울며 몸 길이가 13cm 되는 새이다. 풀씨나 나무씨를 먹고 사는 텃새. [솔새]

솜다리 한라산 및 설악산 등 이북의 높은 산 바

위 틈에서 자라는 우리 특산 식물. 여름에 꽃떡 잎에 싸인 노란 꽃이 피며 여러해살이풀. [솜다리]

솜방망이 산과 들에 건조한 양지쪽에 자라며, 전체에 거미줄 같은 솜털이 있고 봄에 꽃이 피는 여러해살이풀.

[솜방망이]

솜:사탕 설탕을 기계로 돌려 솜처럼 되게 만든 과자.

솜씨 손으로 물건을 만드는 재주. 일을 하는 수단. 일의 능력과 재주.

솜:이불[-니-] 솜을 넣어 만든 이불. ~을 덮다. 이불에 솜이 있음.

솜:털 부드럽고 가늘고 가벼운 털.

솟구치다 갑자기 세차게 위로 솟다.

솟다 ①아래에서 위로, 또는 속에서 겉으로 세차게 나오다. ②느낌이 들다. ^예기운이~. 물이 땅에서~.

솟:대 ①과거에 급제한 사람을 위하여 마을 입구에 높이 세우던 붉은 칠을 한 장대. ②큰 농가에서 볍씨를 주머니에 담아 높이 달아 매는 장대. ③솟대쟁이가 올라가 재주를 부리는 장대.

[솟대]

솟아나다 솟아서 밖으로 나오는 것.

솟아오르다 솟아서 위로 오르는 것.

솟을대문 한국식 주택에서 대문 옆에 행랑채가 딸린 높고 큰 대문을 말함.

[솟을대문]

송:가 기리는 노래.

송골송골 땀·소름 따위가 자디잘게 많이 돋아난 모양.

송골매 작은 매로 쥐나 여러 가지 작은 동물을 잡아 먹는 누런 빛의 매. 길들여서 사냥할 때 쓰기도 한다.

[송골매]

송:곳니[-곤-] 앞니와 어금니 사이에 있는 뾰족한 이. ^예~가 크다.

송:구【送舊】묵은 해를 보냄. ^예~영신. ^반영신. -하다.

송:구【悚懼】매우 고맙고 미안하다.

송:금【送金】돈을 상대방에 보냄.

송:년【送年】한 해의 마지막을 보냄.

송:년사【送年辭】묵은 해를 보내면서 하는 인사말이나 이야기.

송:년호【送年號】신문·잡지 등의 이 해를 보내면서 발행하는 호.

송:달【送達】편지나 서류·물건 따위를 보내어 줌. ^예편지를~.

송:덕【頌德】공덕을 위해 세운 비석.

송:도【松都】개성의 옛날 이름이다.

송두리째 있는 그대로 온통 다. 몽땅.

송림【松林】 소나무 숲. 비솔숲.
송:별【送別】 떠나는 사람을 보내는 일. 비배웅. 반송별. 만남. -하다.
송사₁【送辭】 나가는 사람에 인사말.
송:사₂【頌辭】 공덕을 기리는 말.
송사리 등이 검은 잿빛, 배는 흰, 날씬하게 생긴 작은 물고기. [송사리]
송:수【送水】 물을 보냄.
송:신 전보·전화 따위로 다른곳에 통신을 보냄. 반수신. -하다.
송:신기【送信機】 다른 곳으로 통신을 보내는 장치. 반수신기.
송:신소【送信所】 전파를 내보내는 일을 맡은 곳. 예~에서 근무한다.
송아지 소의 새끼를 말하며, 아주 어린 소. [송아지]
송알송알 땀·물이 방울방울.
송어[동물] 연엇과의 바닷물고기. 연어와 비슷함. 바다에서 살다가 산란기에 강의 상류로 거슬러 올라가 알을 낳음. 맛이 좋음.

[송어]
송:영【送迎】 ①떠나는 사람을 보내고, 오는 사람을 맞음. ②「송구 영신」의 준말. ③가고 새로 오는 것.
송:유관 석유나 휘발유를 다른 곳으로 보내기 위해 시설한 관.

송이₁ 꽃이나 눈 같은 것의 따로 된 한 덩이. 낱개의 꽃.
송이₂[식물] 송잇과의 버섯. 솔밭의 축축한 땅에 남. 독특한 향기와 맛이 좋은 대표적인 식용 버섯임. 비송이버섯.

[송이]
송이송이 「송이마다」의 뜻을 힘있고 재미있게 나타낸 말. 흉내말.
송:장 죽은 사람의 몸. 심장이 멈춘 사람을 말 함. 비시체. 시신.
송:전【送電】 발전소에서 발생된 전력을 사용지 부근의 변전소로 보내는 일. -하다. 예~소를 착공함.
송진【松津】 소나무나 잣나무에서 나오는 끈끈한 액체. 비송지.
송충이[동물] 송충나방의 유충. 누에 비슷함. 솔잎을 갉아먹는다. [송충이는 갈잎을 먹으면 떨어진다] 분수에 넘치는 짓을 하면 낭패를 본다.
[송충이]
송판【松板】 소나무를 켠 널빤지.
송편 멥쌀 가루를 반죽하여 속을 넣어 반달 모양으로 빚어 솔잎을 깔고 찐 떡. 예~을 빚다.
송:화【送話】 상대방에게 말을 보냄.
쇄:국【鎖國】 다른 나라와의 통상을 금지함. 예~정책. 반개국.
쇄:국주의 타국과 외교 통상을 안 함.
쇠개개비 [쇠개개비]

봄과 가을에 우리나라를 지나가는 나그네 새이며, 몸 길이는 13cm 정도 된다.

쇄기러기 겨울에 우리나라에 날아오는 철새로 가슴과 배쪽에 검은 색의 무늬가 불규칙하게 있고 흰 이마가 특징이다.

쇄:도【殺到】 한꺼번에 세차게 몰려 들어 옴. 예주문 ~. -하다.

쇄:신【刷新】 나쁜 폐단을 없애고 새롭게 함. 예정책을 ~하다.

쇠 ①철. ②쇠붙이를 통틀어 일컬음. ③「열쇠·자물쇠」의 준말.

쇠:가죽 소의 가죽. 소가죽. 비우피.

쇠:고기 소의 고기. 소고기.

쇠고랑 「수갑」의 속된 말.

쇠:귀 소의 귀. 소 귀.

쇠딱따구리 홀로 또는 암수가 함께 생활하며 가을과 겨울에 무리를 이룬다. [쇠딱따구리]

쇠:똥[쇠:똥/쉐:똥] 소의 똥. 소 똥.

쇠:똥구리[동물] 풍뎅이과의 갑충. 빛은 검고 광택이 있음. 소 똥·말똥 따위를 굴 속에 날라 저장해서 먹고 삶. [쇠똥구리]

쇠뜨기 들이나 밭에 흔히 자라며, 땅 속 줄기는 옆으로 길게 뻗어 마디에서 해마다 봄에 땅 위에 줄기가 나온다. 여러해살이풀.

쇠박새 숲에서 주로 생활하며 우리 나라에서 흔히 볼 수 있고 나무 씨를 먹고 번식하는 텃새다. 몸 길이가 12.5cm. [쇠박새]

쇠비름 길가나 밭 근처에 흔히 자라며, 여름에 노란 잔꽃이 줄기 끝에 피며 한해살이풀이다.

쇠사슬 ①쇠로 만든 고리를 여러 개 이어서 만든 줄. ②자유의 구속을 비유. 예~을 감고 가고 있다.

쇠약【衰弱】 튼튼하지 못하고 약함.

쇠퇴【衰退】 약해져 전보다 못하여 짐. 예회사가~ 해 간다. 반발전.

쇳물 ①쇠의 녹인 우러난 물. ②높은 열에 녹아서 물같이 된 쇠. 예~이 쏟아져 나오다.

쇼: ①구경거리. ②보임. 전시. 예패션~. ③무대 위에서 벌이는 춤.

쇼크 갑자기 느끼는 충격. 타격.

쇼팽[인물](1810~1849) 폴란드의 낭만파 음악가. 작품에는 「강아지 왈츠」·「이별의 노래」·「즉흥 환상곡」등이 있음.

쇼핑 물건을 사러 백화점이나 상점에 가는 일. 영어 발음은 [샤핑].

수:【繡】 헝겊에다 여러 가지 색실로 그림이나 글씨를 떠서 놓는 일.

수감【收監】 사람을 감옥에 가두어 두는 것. 반석방.

수꿩 암꿩을 까투리. 수꿩을 장끼라고 하며 털색깔이 매우 화려 [수꿩]

함.
수갑 죄인의 두 손을 채우는 기구.
수국 관상용으로 가꾸며 꽃은 크고 둥글며 연한 보라색에서 푸른색 다시 연한 홍색으로 변하는 갈잎 떨기 나무다. [수국]
수군거리다 남이 못 알아듣게 낮은 소리로 말하다.
수금【收金】받아야 할 돈을 거두어들임. 예외상 값을 ~하다.
수긍【首肯】옳다고 생각이 드는 것.
수기【手記】직접 자기가 체험한 것을 몸소 적음.
수뇌【首腦】어떤 조직·단체·기관 등에서 가장 중요한 자리의 인물.
수:다쟁이 수다스러운 사람을 얕잡아 이르는 말. 예~를 만났다.
수단【手段】①일을 치러 나가는 꾀와 솜씨. ②목적을 달성하기 위한 방법이나 도구.
수달 몸은 갈색이고, 꼬리는 길며, 짧은 네 발에 물갈퀴가 있어 헤엄을 잘 치는 젖먹이 동물이다. [수달]
예~은 보호 동물.
수당【手當】일정한 급료 외에 형편에 따라 주는 보수. 예가족~. 우리 회사는 ~이 많이 나온다.
수더분하다 까다롭지 않고 무던하다. 예언니는 수더분하여 친구들과 주위에 사랑을 많이 받는다.
수도1【首都】한 나라의 중앙 정부가 있는 도시. 비서울.
수도2 ①물을 소독하여 가정이나 공장 들에 보내 주는 시설. ②뱃길. 물길. ③수원지에서 물을 공급함.
수도3【修道】몸과 마음을 깨끗이함.
수도자【修道者】도를 닦는 사람.
수동【受動】손으로 움직임. 예~식.
수락【受諾】요구를 받아들이어 승낙함. 예건의를 ~하다. 비허락.
수:량【數量】수효와 분량. 수와 양.
수레 바퀴를 달아 굴러가게 만든 물건. 바퀴 달린 운송 수단. 비마차.
수력 발전소【水力發電所】[-쩐-] 높은 곳에서 흘러 떨어지는 물의 힘으로써 발전기를 돌려서 전기를 일으키는 곳. 반화력 발전소.
수련1 수양하고 단련함. 비연수.
수련2【睡蓮】연못이나 늪에 떠서 살며 잎은 넓은 말굽 모양이고 가을에 하얀 꽃  [수련]
이 피고 열매는 달걀 모양인 풀.
수렴【垂簾】①발을 드리움, 또는 그 발. ②「수렴 청정」의 준말. -하다.
수렵【狩獵】야생의 짐승을 잡는 것.
수렵도【狩獵圖】옛날에 사냥하는 모습의 그림. 예~를 그리다.
수령【首領】한 당파나 무리의 우두머리. 비두목. 두령. 조직의 좌장.

수록【收錄】 모아서 기록함. 또는 그 기록. 예특별 기사가 ~됨. -하다.

수료【修了】 학업을 다 배워 마침. 예대학 과정을 ~하다. -하다.

수류탄 손으로 던지어 가까운 곳에 있는 적을 살상하는 폭탄의 하나.

수륙【水陸】 물과 뭍. 바다와 육지.

수리 시:설 논밭에 물을 대어 주기 위해 마련해 놓은 것. -하다.

수면1【水面】 물 위의 면. 물의 표면.

수면2【睡眠】 잠 자는 일. -하다.

수명【壽命】 ①목숨. 비명. ②사용할 수 있는 시간의 길이. ③삶의 기간.

수모【受侮】 남에게 창피당함.

수:박[식물] 열매는 둥글고 크며 맛이 달고 물이 많음. 박과의 일년생 덩굴풀. [수박]

수반2 ①거느리고 따름. ②어떤 일과 함께 생김.

수배【手配】 범인을 잡기 위하여 지시나 조치를 함. 예지명 ~. -하다.

수분【水分】 섞이거나 스며 있는 물.

수비【守備】 준비하여 지키어 막음. 예~병. 비방비. 반공격. -하다.

수산【水産】 바다·강 등에서 나는 산물. 어패·해조류 등 비해산.

수산물【水産物】 강이나 바다·호수 따위의 물 속에서 나는 산물.

수산업【水産業】 수산물을 얻는 것.

수산 자:원 바다나 물 속에서 얻어지는 어류·조개류·소금 따위.

수삼【水蔘】 캐내어서 아직 말리지 않은 인삼. 비생삼. 반건삼.

수상1【受賞】 잘하여서 상을 받는 것.

수상2【首相】 행정부를 이르고 있는 내각의 최고 책임자. 또는 그 직위. 국무 총리. 비총리. 재상.

수상3【殊常】 보통과 달라서 매우 이상함. 예~한 사람이 가고 있다.

수상4【水上】 물의 위. 예~교통 발달.

수색【搜索】 증거물을 살펴서 찾음.

수석1【首席】 지위에서 제일 윗자리.

수석2【水石】 ①물과 돌. ②물 속에서 주운 보기 좋은 자연석.

수선1 정신이 어지럽고 시끄러움.

수선2【修繕】 낡거나 허름한 물건을 고침. 다시 쓸 수 있게 고침. 비수리.

수선3【垂線】 어떤 직선 또는 평면과 직각을 이루는 직선.

수선화 이른 봄에 덩이 뿌리에서 가늘고 긴 잎이 나고 긴 꽃대에 노란 꽃이 피는 꽃나무.

수성1【水星】 행성 가운데 제일 작고 태양에서 가장 가까운 별.

수성2【水性】 ①물의 성질. ②물에 녹는 성질.

수세미 부엌에서 설거지할 때 그릇에 묻은 것을 닦아 내는 빳빳한 식물이다.

수세식【水洗式】 변소에 급수 장치를 하여 오물이 물에 씻겨 내려가도록 처리하는 방식.

수소1 소의 수컷. 반암소.

수소2【水素】색과 냄새와 맛이 전혀 없으며 불이 잘 붙는 기체 원소.

수소문【搜所聞】떠도는 소문을 두루 찾아 살핌. 예사람을 ~하여 찾다.

수수 잎은 옥수수의 잎과 비슷하며 여름에 줄기 끝에 큰 이삭이 달리는 키가 큰 작물. 열매는 식용으로 사용함. [수수]

수수깡 수수의 줄기. 비수숫대.

수수께끼 ①사물을 빗대어서 그 말의 뜻이나 이름을 알아 맞추는 놀이. ②괴이하여 알 수 없는 일. 예~같은 사건. ③알쏭달쏭한 의문.

수술【手術】환부를 째어 병을 치료하는 일. 예맹장 ~. -하다.

수:식【數式】숫자를 계산할 수 있도록 하기 위한 식. 비식. 방정식.

수신【受信】우편·전보·라디오 방송 등의 통신을 받음. 예~ 장치. 반발신. 송신. -하다.

수심1【水深】물의 깊이. 예~이 깊다.

수심2【愁心】근심하는 마음. 예~이 가득한 얼굴. 비근심. 두려운 마음.

수업【授業】학문이나 기술 등에 가르침을 받음. 예~ 시간이 길다.

수영 몸이 물위로 뜨게 손발을 놀려 나아가는 것. [수영]

수예【手藝】수를 놓아 물건을 만듦.

수온【水溫】물의 온도.

수완【手腕】일을 꾸미거나 처리 나가는 솜씨. 비수단. 재주. 능력.

수요일【水曜日】칠요일의 하나. 일요일부터 넷째 되는 날.

수용소【收容所】많은 사람을 한 곳에 가두거나 넣어 두고 맡는 곳.

수용액【水溶液】어떤 물질을 물에 녹인 액체. 설탕물·소금물 등.

수원【水原】[지명] 경기도의 중남부에 있는 도시. 수원성 등이 있다.

수원지【水源池】상수도에 보낼 물을 보아 두는 곳.

수원 화성 조선 22대 임금 정조 때 신축한 성으로 아버지 사도 세자의 넋을 위로해 주기 위하여 지었으며 1997년 세계 문화 유산으로 지정되었다. [수원화성]

수위【首位】첫째 자리. 비일위. 상위.

수은【水銀】평상 온도에서 액체로 되어 있는 은백색의 금속 원소. 온도계 수은등. 의약품 등에 쓰임.

수익【收益】이익을 거두어들임. 또는 그 이익. 거두어들이는 이익.

수입【輸入】외국에서 물건을 사들임. 반수출. -하다.

수장1【首長】조직체의 최고 책임자.

수장2【收藏】물건 따위를 조심스럽게 간직함. 예보물을 ~하다.

수재1【秀才】①재주가 빼어난 사람. ②머리가 아주 좋고 뛰어난 사람.

수재2【水災】큰물로 인한 재해.

^예홍수에 ~를 입다. ^비수해. 수마.
수재민【水災民】큰물로 인한 피해를 당한 사람. ^예~돕기 운동.
수정₁【水晶】빛이 없고 투명한 석영의 하나. 도장. 장식품 등에 쓰임.
수정₂【修正】바로잡아 고침. 정정.
수정과 생강을 달인 물에 설탕이나 꿀을 타서, 곶감, 계피를 담그고 잣을 띄운 전통 음료. [수정과]
수제자【首弟子】제자 중에서 배움이 가장 뛰어난 제자.
수족【手足】손과 발. 손발처럼 부리는 사람. ^예~같이 부리는 사람.
수족관【水族館】물 속에 사는 생물이나 동물을 모아 기르고 사람들에게 구경시키는 시설.
수줍다 부끄러운 기가 있다. 남을 대하기 부끄러워하다. ^반괄괄하다.
수중₁【水中】물 한가운데. 물 속.
수중₂【手中】①손의 안. ②능력이 미칠 수 있는 범위. ^예내~에 있음.
수증기【水蒸氣】물이 증발한 기체 상태가 된 것.
수지【收支】수입과 지출의 차이.
수집₁【收集】거두어 모음. ^예폐품~.
수집₂【蒐集】이것 저것 자료를 찾아 모음. ^비채집. -하다. ^예우표~.
수채화【水彩畵】서양화의 한 가지로, 물감을 물에 풀어서 그린 그림.
수척【瘦瘠】몸이 몹시 야위고 약해져서 얼굴이 안 되어 보임. -하다.

수출품【輸出品】외국에 수출하는 물품. ^반수입품.
수치【羞恥】부끄러워하는 마음. [수탉]
수컷 짐승의 수놈.
수탉 닭의 수컷. 암탉보다 크고 몸의 털 빛깔이 화려하며 새벽마다 꼬끼오 운다.
수판【數板】셈을 놓는 데 쓰는 계산 기구. 계산하는 도구. ^비주판.
수평【水平】잔잔한 수면처럼 평평한 상태. ^예~선. ~이 되다. ^반수직
수포【水泡】①물거품. ②헛된 것. ^예일이 ~로 돌아가다. ^비물거품.
수표【手票】은행의 당좌 예금을 가진 자가 은행에 지불해 줄 것을 위탁해 발행하는 금액의 쪽지.
수표교 조선 세종 때에 서울의 청계천에 놓은 다리 기둥에 눈금을 새겨 물의 높이를 재어 홍수 대비하였다. [수표교]
수필【隨筆】본 대로, 들은 대로, 느낀 대로를 형식에 의하지 않고 적은 글. 길지 않은 문장. ^예~집.
수학【受學】학문을 받아들이는 것.
수학 여행 학생들이 실지로 가서, 보고 들어서 지식을 넓히도록 학교에서 데리고 가는 여행.
수해【水害】홍수로 인한 해. ^예~를 입다. ^비수재. ^반한해. 가뭄.

수행【隨行】업무로 따라가다. 예대통령 ~이 되었다.
수행원 높은 자리에 있는 사람을 따라다니며 그 사람을 돕거나 보호하는 사람. 예대통령 ~이 되었다.
수험【受驗】경쟁 시험을 치르는 것.
수호【守護】공동체를 잘 지키는 것.
수호신【守護神】보호될 줄 믿는 신.
수화【手話】벙어리가 몸짓과 손으로 하는 말. 반구화. -하다.
수효【數爻】셀 수 있는 물건 전체 수.
수:훈【受勳】뛰어난 공훈을 세운 것.
숙고【熟考】오래 깊이 잘 생각한 것.
숙녀【淑女】교양·예의·품격을 갖춘 여자. 반신사.
숙달【熟達】특별한 일에 익숙한 것.
숙덕이다 비밀리에 수군거리다.
숙명【宿命】날 때부터 타고난 운명.
숙모【叔母】숙부의 아내. 비작은어머니. 반숙부. 백모. 예~가 오신다.
숙박【宿泊】여관이나 어떤 곳에 머물러 묵음. 예~시설이 깨끗하다.
숙부【叔父】아버지의 결혼한 남동생
숙소【宿所】집 밖에서 묵고 가는 곳.
숙식【宿食】숙소에서 자고 먹는 것.
숙연【肅然】①고요하고 엄숙함. 예~한 분위기. ②조용히 두려워하는 모양. -하다. -히.
숙원₁【宿怨】오래도록 품은 원한. 원한이 사무친 것. 예~을 풀다.
숙원₂【宿願】오래 전부터 갖고 있던 소원. 예~을 이루다.
숙제【宿題】①학교에서 배운 것의 복습과 예습을 목적으로 내주는 과제. ②두고 생각할 문제. 비과제.
숙직【宿直】관청이나 일터에서 잠을 자면서 지키는 일.
숙주나물 싹이 난 녹두에 물을 주어 길러 나물을 만드는 것. [숙주나물]
숙청【肅淸】엄하게 다스리어 잘못된 일이나 그런 사람을 없앰.
순【筍】식물의 싹. 예~이 돋다.
순간【瞬間】잠깐 동안. 아주 짧은 시간. 비찰나. 반영원.
순경【巡警】경찰 계급.
순교【殉教】자기가 믿는 종교를 위하여 목숨을 바침. -하다.
순국【殉國】나라를 위하여 목숨을 바침. 예~선열. -하다.
순국 선열【殉國先烈】나라를 위하여 목숨을 바친 열사.
순금【純金】다른 것이 섞이지 않은 순수한 황금. 예~반지. ~덩어리.
순두부 눌러 굳히지 않은 연한 두부.
순례[술-] 종교적으로 성스러운 곳을 방문 참배함.
순록 추위에 강하며, 추운 지방에서 가축으로 기름. 어깨 높이가 1.2m이며 뿔은 녹용의 약재다. [순록]
순박【淳朴】성질이 순하고 꾸밈이 없음. 비소박.
순발력【瞬發力】어떠한 바깥의 자

극에 대하여 순간적으로 몸을 움직이어서 힘을 낼 수 있는 근육의 능력. 힘. 예~뛰어난 선수.

순수【純粹】다른 것이 조금도 섞임이 없음. 반불순. -하다.

순:위【順位】차례를 나타내는 위치나 지위. 예~를 매기다.

순:응【順應】환경이나 경우의 변화에 익숙해지는 것. -하다.

순:이익【純利益】순전히 남은 이익. 준순익. 온전한 이익.

순정【純情】마음이나 성질이 순수하고 꾸밈이 없음. 깨끗한 마음.

순조롭다(순조로우니, 순조로워) 아무 탈 없이 잘 되어 가다.

순:종₁【順從】순순히 복종함. 예말씀에~ 하다. 반거역. -하다.

순:종₂【純種】딴 계통과 섞이지 아니한 순수한 종. 혈통이 좋음 반잡종.

순직【殉職】직무를 다하다. 목숨을 잃음. 예과로로 ~하다. -하다.

순환【循環】쉬지 않고 계속 이어 돎.

순회【巡廻】여러 곳을 차례로 다님.

숟가락 밥이나 국 따위를 떠 먹는 기구. 준숟갈. 높수저. 관젓가락.

술 알코올 성분이 있어서 마시면 취하는 음료를 통틀어 이르는 말. 삶은 곡식이나 과일로 만듦.

술래 술래잡기 놀이에서 숨은 아이들을 찾아 내는 역할을 맡은 아이.

숨: ①사람이나 동물이 코나 입으로 공기를 들이마시고 내쉬는 기운. 비호흡. ②채소 따위의 생생하고 빳빳한 기운.

숨:결[-껼] 숨 쉬는 속도. 숨을 쉴 때의 높낮이. 예~이 가주 거칠다.

숨:다[-따] 남에게 보이지 않게 몸을 감추다. 밖으로 드러나지 않다.

숨바꼭질 술래가 숨은 사람을 찾아 내는 놀이. 준숨박질. -하다.

숨:표 음악에서 노래 도중에 숨을 쉬라는 표시. 기호는「,」또는 「V」.

숫되다 순진하고 어리숙하게 보이다.

숫:자【數字】[-짜] 수를 나타내는 글자. 1·2·3·5…. 준수.

숭고【崇高】매우 엄숙하고 고결함. 예~한 정신. 비고결. 반저속.

숭늉 밥을 지은 솥에서 밥을 퍼주고 물을 부어 끓인 물. 예~맛이 좋다.

숭례문 남대문의 본래 이름. 서울의 4대문의 하나. 서울 남쪽에 있는 성문으로 국보 제1호.

숭배【崇拜】마음 속으로 우러러 공경함. 비숭상. 반경멸. -하다.

숭어 몸은 길고 통통하며 머리는 작고 등은 푸른 색, 짠물과 민물이 섞인 곳에서 산다. [숭어]

숯가마 숯을 구워 내는 가마.

숲 나무나 풀이 무성하게 우거진 곳. 비삼림. 수풀.

숲새 나무 숲에서 암수가 함께 생 [숲새]

숲멧돼지 산 속에서 떼를 지어 살며 칡뿌리, 나무뿌리, 풀, 개구리, 도마뱀 등 잡식성이며, 몸길이가 1.7m 정도 이다.

쉬리 물이 맑은 강의 중류나 상류에 살며, 몸 길이가 10cm인 우리나라 특산종 식용으로 좋다.

[쉬리]

쉬엄쉬엄 ①쉬어 가면서 천천히 일하는 모양. 예숙제를 ~하다. ②그쳤다 계속되었다 하는 모양.

쉰: 열의 다섯 곱절. 50 비오십.

쉰:내 음식 등이 쉬어서 나는 시큼한 냄새. 예~가 난다.

쉼:표 ①악보에서 음의 쉼을 나타내는 기호. 휴지부. ②문장 안에서 짧은 쉼을 나타내는 문장 부호.

슈베르트[인명](1797~1828)「가곡의 왕」이라고 불리는 오스트리아의 음악가. 작품에는「마왕」·「들장미」·「겨울 나그네」등이다.

슈:퍼 마:켓 판매원을 두지 않고 고객이 매장에서 물건을 고르고 대금을 계산대에서 지불하는 가게.

스낵 식품 간식용의 가벼운 식품.

스낵 코:너 스낵 식품을 먹을 수 있는 간이 식당. 예지하철 ~.

스냅 ①단추의 한 가지. 똑딱단추. 본스냅 파스너. ②스냅 사진의 준말. 눌러서 붙여 채우게 된 단추.

스노: 모빌 앞 바퀴 대신 썰매를 단 눈 자동차.

스님 중의 높임말.

스라소니 산 속에서 생활하며 행동이 빨라 토끼나 사슴 등을 잡아 먹는다. 몸 길이는 90cm 정도 이다.

[스라소니]

스로:인 농구나 축구에서 선 밖으로 나간 공을 두 손으로 높이 들어 경기장 안으로 던지는 일.

스리랑카 인도 반도의 남동쪽에 있는 섬나라 종교는 불교를 믿고 수도는 스리자야 와르데네푸라이다. [6만 6천 km^2]

스릴 간담을 서늘하게 하거나 아슬아슬한 느낌. 전율. 조마조마함.

스마일 얼굴에 웃음을 지음. 미소.

스마:트 모양이 단정하고 말쑥함. 모양이 세련됨. 예~한 용모.

스모그 공장이나 자동차 배기 가스가 내뿜는 연기가 하늘에 안개처럼 끼어 있는 것.

스무고개 스무 번의 질문으로 어떤 문제나 사물을 알아 맞히는 놀이.

스승의 날 매년 양력 5월 15일 선생님의 은혜에 감사하기 위해 정

스웨덴 유럽 대국의 스칸디나비아 반도의 동부에 있는 입헌 군주국. 종이, 펄프, 금속 따위의 공업이 발달하였으며, 수도는 스톡홀름이다.[45만km^2]

스웨터 털실로 두툼하게 짠 겉옷.

스위스 유럽 대륙의 중부에 있는 공화국. 낙농업과 정밀 기계 공업이 발달하였다. 수도는 베른이다.[4만 1천 km^2]

스위치 전기의 흐름을 이었다 끊었다 하는 장치. 예~를 고쳤다.

스윙 ①권투에서 옆으로 강타하는 타격. ②야구에서 배트를 휘두르는 일. 예헛 ~을 하였다.

스카:프 여성이 추위를 막거나 장식용으로 목에 감거나 머리에 쓰는 보자기 만한 얇은 천.

스커트 여성의 양장 치마. 서양 치마.

스케이트장 스케이트를 타는 데 필요한 설비를 갖춘 곳.

스케치 그릴 대상을 직접 보고 그 특징을 잡아 간단히 그림을 그리는 일.

[스케이트]

스코어 경기할 때 얻는 점수나 그것을 표시한 칠판.

스크랩북 스크랩한 것을 붙여 놓은 책. 예환경 관련 ~을 사용하였다.

스크린: 영화 따위를 비추기 위한 은막. 영사막. 예~을 깨끗히 했다.

스키: 눈 위를 지치는 데 쓰는 가느고 길게 만든 기구. 또는 그 기구로 하는 운동. [스컹크]

스컹크 위험해지면 지독한 냄새를 풍겨 숨쉬기 어렵고 눈도 따갑게 함. 밤에만 먹이를 찾는다.

스타:트 출발. 특히 달리기의 시작. 모든 경기의 시작. -하다.

스턴트 맨 영화나 텔레비전에서 위험하고 어려운 장면에서 주인공 대신 연기하는 전문 배우.

스테레오 방송이나 레코드 등의 소리를 입체적으로 내게 하는 음향 장치.

스토:리 소설이나 연극·영화 등의 이야기 줄거리.

스토: 부인[인물](1811~1896) 미국의 여류 소설가. 노예 해방을 부르짖은 사람. 흑인 노예들의 비참한 생활을 보고.

스톡홀름 스웨덴의 수도. 발트 해 북부에 있는 항구로 노벨상 수상식이 열리는 곳으로 유명하다.

스톱 하던 일이나 동작을 정지함.

스튜디오 ①방송을 하는 방. ②촬영 하는 방. 예~견학하다.③사진 사나 화가 등의 작업하는 방.

스튜어디스 비행기 안에서 손님에게 안내·서비스 등을 하는 여자.

스트레스 몸이나 마음에 여러 자극이 주어졌을 때 일어나는 갖가지 반응. 예~를 받다.

스티커 상표나 선전 광고 또는 어떤 표시를 나타내기 위해 붙이는, 풀칠되어 있는 작은 종이.

스파게티 밀가루로 만든 가늘고 질긴 이탈리아식 국수를 말한다. [스파게티]

스펙트럼 빛을 프리즘 등에 통과시켰을 때 생기는 무지개 같은 빛깔의 띠.

스포:츠 몸과 정신을 튼튼히 하기 위한 모든 운동. 체력 단련.

스푼: 주로 양식에 쓰이는 숟가락. 차를 마실 때 쓰는 숟가락. 예은~.

스프링 ①봄. ②용수철.

스피:커 소리를 크게 하여 멀리 들리게 하는 장치. 비확성기. 라우드스피커.

스핑크스 고대 이집트에서 피라미드 등 입구에 세운 돌조각. 왕의 권력을 상징. [스핑크스]

슬그머니 남이 모르게 넌지시. 작살그머니. 마음 속으로 은근히.

슬기 사물의 이치를 빨리 깨닫고 사물을 정확하게 처리할 방도를 생각해 내는 재능. 비지혜.

슬라이드 필름 원판을 옆에서 밀어 넣게 된 환등기. 또는 그 필름 원판. 예~가 돌아가고 있다.

슬럼프 일시적으로 몸이 좋지 않거나 사업이 부진한 상태. 힘이 없는 상태가 지속됨. 예~에 빠지다.

슬로:건 표어. 강령. 단체의 짧은 글.

슬로: 모:션 영화 등의 화면에서 물체의 움직임이 실제 속도보다 느리게 보이도록 비추는 일.

슬며시 드러나지 않게 힘을 적게 들여서. 예~일어나다. 비슬그머니.

슬쩍 ①남이 모르게 재빨리. ②힘들이지 않고 익숙하게. 작살짝.

슬픔 아프고 괴로운 느낌. 슬퍼 울고 싶은 느낌. 비서러움. 반기쁨.

슬하【膝下】「무릎 아래」라는 뜻으로 부모님의 곁. 부모님의~. 부모님 밑.

슴새 바닷가에 살며 슴새 떼가 있는 곳에는 물고기가 많이 있다. 어부들이 고기를 잡는 데 참고를 함. [슴새]

습격【襲擊】 갑자기 덮치어 공격함.

습관【習慣】 오랫동안 되풀이하여 생긴 버릇. 비관습. 습성.

습도계【濕度計】 대기 중의 습도를 재는 기구. 건습기. 예~를 본다.

습득1【拾得】 남이 잃은 물건을 주워서 얻음. 반분실. -하다.

습득2【習得】 익혀서 얻음. 배워서 앎. 예기술~. 언어~. -하다.

습성【習性】 버릇이 되어 버린 성질. 예아주 나쁜~. 비습관. 버릇.

습작【習作】 시나 소설·그림 등을

연습삼아 만든 작품. 또는 작품을 만드는 일. -하다.

습진【濕疹】살 표면에 생기는 염증.

승강【昇降】올라가고 내려가는 것.

승객【乘客】배·차·비행기 등을 타는 사람. 예비행기 ~이 많다.

승낙【承諾】청하는 바를 들어 줌. 허락. 비거절. 반거부.

승냥이 좀 작은 개와 비슷하고 꼬리가 길고 온몸에 황갈색의 긴털이 나 있는 사나운 산 짐승. [승냥이]

승려【僧侶】[-녀]「중」을 높여 부르는 말. 불교의 성직자. 비스님.

승리【勝利】다투거나 싸워서 이김. 서로 겨루어 이김. 반패배. -하다.

승:부【勝負】경기에서 승리와 패배.

승산【勝算】되거나 이길 가망. 이길 가망성. 예~이 있는 경기.

승상【丞相】오늘날의 총리와 비슷한 벼슬자리. 비정승. 판사.

승승 장구【乘勝長驅】싸움에서 이긴 여세를 몰아 계속 몰아침.

승인【承認】옳다고 인정되어 승낙함. 비승낙. 허락. 반거부. -하다.

승:점【勝点】경기나 내기 따위에서 이긴 점수. 예~이 높다.

승화【昇華】고체가 기체로 변한 것.

시 마음에 깊이 느낀 것이나 실지로 경험한 것을 운율에 맞춰 쓴 글. 예~집을 출간하였다.

시:가【市街】①도시의 큰 길거리.
②인가가 많고 번화한 곳.

시:각【視角】무엇을 보거나 생각하는 각도. 예보는 ~이 다르다.

시:각 장애【視角障礙】시각에 이상이 생기거나 눈에 이상이 생김.

시간【時間】①어떤 시각에서 어떤 시각까지의 사이. 예공부~. ②과거·현재·미래가 끊임 없이 연속함.

시간표【時間表】일정한 시간을 계획대로 나누어 정해 놓은 표.

시계【時計】시각을 나타내는 기계.

시골 ①서울에서 떨어져 있는 마을이나 지방. 반도시. ②고향.

시:공【施工】공사를 맨 처음 시작함.

시구【詩句】시의 구절. 시의 한 부분.

시궁쥐 집쥐라고 하며 전 세계 어디서나 볼 수 있는 동물임. 잘 먹으며 적응력이 뛰어나고 한 해 여덟 번 새끼를 낳는 동물이다.

[시궁쥐]

시금치[식물] 채소의 하나. 명아줏과에 속함. 뿌리는 붉으며 잎에 비타민이나 철분이 많다.

[시금치]

시급【時急】몹시 절박하고 급함.

시기₁【時期】①정한 때. 예졸업~. ②어떤 일을 바라고 기다리던 때.

시기₂【猜忌】남이 잘 되는 것을 미워함. 비샘. 질투. 반사모.

시끄럽다 듣기 싫게끔 떠들썩하다.
시나리오 영화 각본. 장면의 순서, 배우의 대사나 동작 등 영화를 만들기 위해 쓴 글이나 책.
시:내₁ 골짜기나 평지에 물이 흐르는 작은 내. ᵇⁱ하천. ᵉˣ~물이 흐름.
시:내₂【市內】도시의 안. ᵉˣ~에 산다.
시:내 전:화【市內電話】한 도시 안의 전화 교환국에 수용되었거나 도시 안에서만 통화되는 전화. ᵇᵃⁿ시외 전화. ᵉˣ~를 걸고 있다.
시늉 어떠한 움직임이나 모양을 흉내내는 짓. ᵇⁱ흉내. ᵉˣ~을 내다.
시다 ①초맛과 같다. ᵉˣ포도가~.
②뼈를 삐어서 시근시근하다. ᵉˣ발목이~.
③하는 일이 눈에 벗어나 비위에 거슬리다.
시대【時代】①일정한 표준에 의해 구분된 기간. ②그 당시.
시대 착오【時代錯誤】시대의 생활 방식이나 풍조에 뒤떨어지는 일.
시:도【試圖】어떤 것을 이루어 보려고 계획하거나 행동함. -하다.
시:동【始動】①처음으로 움직임.
②발전기나 전동기 등의 발동을 걸거나 돌림. ᵉˣ차의~을 걸다.
시들하다 ①마음에 차지 않다.
②대수롭지 않다. ᵉˣ기분이~.
시:력【視力】물체를 보는 눈의 능력. ᵉˣ~검사. 나는 ~이 좋다.
시:력 장애 눈동자 등에 장애가 생겨 시력이 나빠짐.
시:련【試鍊】견디기 아주 힘든 상황.

시루 떡을 찌는 데 쓰는 질그릇.
시름 마음에 걸리는 근심과 걱정. ᵉˣ~을 잊다.
시리다 몸에 몹시 차게 느끼는 기운이 있다. ᵉˣ손이~. 부시다.

[시루]

시리:즈 같은 종류의 연속 기획물.
시:립 시의 경비로 설립하여 관리·유지하는 것. ᵉˣ~병원.
시멘트 석회석에 진흙을 섞은 것을 태워서 만든 가루. 토목·건축 재료로 쓰는 접합제. ᵉˣ~건축물.
시:민【市民】①도시에 사는 사람. ᵉˣ~서울. ②국민. ᵉˣ민주~.
시:범【示範】모범적으로 보이는 것.
시:비【是非】①옳음과 그름. ᵉˣ~를 가리다. ②다투는 일. ᵇⁱ잘잘못.
시사【時事】그 당시나 요즈음에 생긴 사실. ᵉˣ~토론회. ~주간지.
시:상₁【施賞】상금이나 상품을 줌.
시상₂【詩想】시를 짓는 데 필요한 착상이나 구상.
시:상대【施想臺】상을 주는 단.
시선₁【視線】시를 뽑아 모은 책. 시들 중에서 골라 뽑는 것. ᵉˣ한국~.
시:설【施設】해 놓은 설비. ᵇⁱ설비.
시세【時勢】①그 때의 형세. 또는, 세상의 형편.
②시가. 시장의 가격.
시소: 긴 널빤지의 중심을 받

[시소]

시속【時束】한 시간을 단위로 하는 속력. 예~110km로 부산에 갔다.

시:시 비:비 여러 가지의 잘잘못.

시실리언 눈이 퇴화되었으며 비늘이 없고 주로 땅 속에서 지렁이를 먹고 산다. [시실리언]

시아버지 남편의 아버지. 반시어머니.

시:안【試案】시험적으로 미리 만든 의견. 예~서. ~을 잡고 있다.

시:야 ①눈으로 볼 수 있는 범위. 예~가 좁다. ②이해와 생각의 범위.

시어머니 남편의 어머니. 반시아버지.

시:외【市外】도시에 붙어 있는 지역.

시원시원하다 말이나 행동에 거리낌 없이 매우 시원스럽다.

시원찮다[-찬타] 마음에 흡족하지 않다. 만족하지 않다. 예대답이~.

시:위【示威】힘이나 기세를 드러내어 보임. 예~군중. -하다.

시:인₁【是認】옳다고 인정함. 그렇다고 함. 예잘못을 ~하다. 반부인.

시인₂【詩人】시를 전문으로 짓는 사람. 직업으로 시를 쓰는 사람.

시일【時日】때와 날. 비날짜. 일시.

시:작【始作】계속되는 어떤 행동이나 현상의 처음. 반끝. -하다.

시장₁ 배가 고픔. 허기가 지는 것.

시:장₂【市場】사람들이 많이 모여 여러 가지 물건을 팔고 사고 하는 곳. 예~에 가다. 비장. 장터.

시절【時節】사람의 일생의 한 부분. 철. 계절. 예꽃 피는 ~이 돌아옴.

시점【時點】[-쩜] 시간의 흐름 위의 어느 한 순간. 예도착할 ~이다.

시:정₁【市政】시의 행정을 맡아 봄.

시:정₂【是正】잘못된 것을 바로잡음.

시제【試製】시험삼아 만들어 보는 것. 예~품을 만들다.

시:조【始祖】한 겨레의 맨 처음 조상.

시:종【侍從】임금을 가까이 모시고 따라 다니는 신하. 비하인.

시:종 일관【始終一貫】처음부터 끝까지 한결같이 함. 예그는 ~같다.

시주【施主】중이나 절에 돈이나 물건을 베푸는 일. 비화주. -하다.

시중 옆에 있으면서 심부름도 하고 보살펴 섬김. 예환자 ~을 들다.

시집₁ 시부모가 있는 집. 비시가.

시집₂【詩集】여러 시를 모아 엮은 책.

시차【視差】시각상이나 방향의 차이. 세계 각 지역의 시각의 차이.

시:찰【視察】실지 사정을 돌아다니며 살펴봄. 비순찰. -하다.

시:청₁【市廳】시의 행정 사무를 맡아 보는 곳. 예각 시에 ~이 있다.

시:청₂【視聽】눈으로 보고 귀로 들음. 예텔레비젼을 ~하다. -하다.

시:청각【視聽覺】보고 듣는 방식.

시:체【屍體】동물들의 죽은 몸. 예강에서~를 건지다. 비송장.

시치미 알고도 모르는 체하는 말이나 짓. 예~떼지 말고 말하여라.

시:판 시중에서 물건을 파는 것. 예~가격. 비시중 판매. -하다.

시한【時限】한정된 기간이나 시간. 예~부 생명. 비기한.

시한부【時限附】일정한 시간의 한계가 붙은 것. 예~인생.

시한 폭탄【時限爆彈】시한 장치에 의해 일정한 시간이 되면 저절로 폭발하게 되어 있는 폭탄.

시:합【試合】서로 승패를 다투는 일. 예축구~. 비경기~. -하다.

시행1【試行】시험적으로 행함. 예~착오. 비실행. 거행. -하다.

시:행2【施行】실지로 베풀어 행함. 예법령을 ~하다. 비폐지.

시:험【試驗】문제를 내어 해답을 구하거나 능력 따위를 실지로 알아봄. 예~치르다. 비고사.

시험관1【試驗管】화학·의학 등의 실험에 쓰이는 유리관.

시험관2【試驗官】시험하는 일을 맡아 보고 감독하는 사람.

시험대【試驗臺】①능력이나 기량 등을 시험하는 자리. ②물리·화학 등의 학문의 실험 연구를 할수 있도록 만든 대. 예~에 오르다.

식곤증【食困症】음식을 먹은 뒤 몸이 나른하고 졸음이 오는 증세.

식구【食口】[-꾸] 같은 집에서 함께 사는 사람. 비가족.

식기【食器】음식을 담아 먹는 그릇.

식당【食堂】①식사를 하도록 설비되어 있는 방. ②음식을 파는 집.

식도【食道】먹은 음식을 넘기는 몸속의 가느다란 관. 비밥줄.

식량【食糧】곡식 따위의 먹을거리.

식료품 음식의 재료가 되는 물품. 음식의 재료가 되는 먹을거리들.

식목일【植木日】산을 푸르게 하기 위하여 나무를 많이 심고 가꾸도록 권장하려고 국가에서 정한 나무 심는 날. 양력 4월 5일.

식물원【植物園】보거나 연구를 하기 위하여 여러 가지 풀과 나무를 모아 기르는 곳. 반동물원.

식민지【植民地】정치적·경제적으로 다른 나라의 지배를 받아 국가로서의 주권을 갖고 있지 아니한 나라. 주권을 잃은 나라. 비속국.

식별【識別】잘 알아서 구별함. 예~능력. 비판별. -하다.

식사1【式辭】[-싸] 식장에서 그 식에 대하여 인사로 하는 말.

식사2【食事】음식을 먹는 일. 또는 그 음식. 매일 먹는 음식. -하다.

식수난【食水難】[-쑤-] 식수의 부족으로 겪는 어려움.

식욕【食慾】음식을 먹고 싶어 하는 욕망. 예~이 왕성하다.

식용【食用】먹을 것으로 쓰이는 일.

식용 개구리 물과 땅 위를 오가며 벌레나 물고기를 잡아먹고 식용으로 쓰인다.

[식용개구리]

식은땀 ①몸이 쇠약하여 저절로 흘리는 땀. ②정신이 몹시 긴장되어 나는 땀.

식은 죽 식어서 먹기 쉽게 된 죽.
식장【式場】여러 식을 올리는 장소.
식전【食前】[-쩐] ①밥을 먹기 전. 예~에 약을 먹다. 반식후. ②아침밥을 먹기 전. 이른 아침을 말함.
식중독【食中毒】음식물을 잘못 먹어 일어나는 병. 복통. 설사 등이 남.
식품【食品】사람이 날마다 섭취하는 음식물. 예~ 가공~.
식품점【食品店】식품을 파는 가게.
식혜 쌀밥에 엿기름 가루를 우린 물을 부어 삭힌 쌀밥에 설탕을 넣고 끓여 식힌 다음 건져 둔 밥알을 띄운 한국 전통 음식. [식혜]
신₁【神】사람의 운명을 마음대로 움직이고 우주를 다룬다고 믿는 초인간적 위력을 가지고 있다는 존재. 예세상에 ~이 있는지?
신₂ 발을 보호하고 신고 걷는 데 쓰는 물건. 예고무~.
신간【新刊】새로 펴낸 책. 반구간.
신갈나무 떡갈나무와 비슷하고 잎자루가 짧지만 도토리가 열리며 재목은 농기구, 차량, 철도 받침 등 재질이 단단하다. [신갈나무]
신경전【神經戰】적극적으로 공격하지 않고, 모략·선전 등으로 서서히 상대방의 신경을 피로하게 하여 사기를 잃게 하는 전술.
신고₁【申告】국민이 법률상의 의무로서 관청에 일정한 사실을 보고 하는 일. 예출생~. -하다.
신고₂【辛苦】어려운 일을 당하여 몹시 애쓰는 것. 예~를 겪다.
신기록【新記錄】지금까지의 기록보다 뛰어난 기록. 예세계 ~수립.
신년【新年】새로 시작하는 해. 비설.
신념【信念】굳게 믿어 의심하지 않는 마음. 마음을 굳세게 믿음.
신당【神堂】신령을 모셔 놓은 집.
신데렐라 ①유럽 옛 동화에 나오는 여주인공. ②하루 아침에 고귀한 신분이 되거나 유명하게 된 여자를 비유적으로 이르는 말.
신:도【信徒】종교를 믿는 사람들.
신동【神童】재주와 지혜가 남달리 뛰어난 어린아이.
신랑【新郎】갓 결혼한 남자.
신령【神靈】[실-] 신통하고 묘한 힘을 가지고 있다는 모든 신.
신령님【神靈님】이 세상에 있다고 상상하는 성스러운 혼령. 비귀신.
신록 늦은 봄이나 초여름의 초목.
신맛 덜 익은 과일에서 나는 맛.
신:망【信望】사람들이 믿고 존경함.
신명₁【神明】하늘과 땅에 있는 신령.
신명₂ 신이 나고 아주 흥겨운 것.
신문【新聞】세상에서 일어나는 새로운 소식이나 지식을 알려 주려고 정기적으로 박아 내는 인쇄물. 예조간~에 새로운 소식이 없다.
신문고【申聞鼓】조선 태종 때부터

억울한 일을 당한 백성들이 왕에게 직접 하소연할 때 치게 한 북. 대궐 문루에 달아 두었음.

신병₁【身病】 몸에 이상이 생기는 병.

신병₂【新兵】 새로 입대한 병사. 예~ 훈련. 반고참병. 제대병.

신:봉【信奉】 교리나 사상 등을 옳다고 믿고 받드는 것. -하다.

신부₁【神父】 천주교에서, 한 구역을 맡아 성사를 집행하고 신자를 지도하는 사람. 사제로 임명받은 자.

신부₂【新婦】 바로 결혼할 여자 또는 바로 결혼한 여자. 반신랑.

신분증【身分證】[-쯩] 신분을 밝히는 증명서. 신분 증명서.

신:사도【紳士道】 신사로서 마땅히 지켜야 할 도리. 예~정신.

신상【身上】 한 사람의 신변에 관계된 형편. 예~명세서. ~기록 카드.

신선【新鮮】 새롭고 산뜻함. 깨끗하고 싱싱하다. 예~ 공기가 ~하다.

신선로 여러 가지 재료와 양념을 그릇에 넣고 불을 가운데에 넣어 끓이는 그릇을 말한다. [신선로]

신설【新設】 새로 설치하거나 설비하는 것.

신세계【新世界】 ①새로운 세계. ②신대륙. 반구대륙. ③발견된 세계.

신세대【新世代】 새로운 세대. 젊은 세대. 예~의 의식. 반구세대.

신수【身手】 사람의 얼굴에 나타나는 건강한 기운. 예요즘 ~가 좋다.

신시대【新時代】 새로운 역사 시대.

신식【新式】 새로운 격식이나 형식.

신신 당부【申申當付】 여러 번 간곡히 하는 부탁. -하다.

신앙【信仰】 신을 믿고 받드는 일. 예~심. 비믿음.

신:용 카드 신용 판매 제도에 가입한, 소비자의 증표로 쓰이는 카드. 크레디트 카드. 예~로 계산했다.

신음【呻吟】 괴로워 앓는 소리를 냄.

신:의【信義】 믿음성과 의리.

신인【新人】 ①새사람. 새댁. ②새로 나타난 사람. 예~가수.

신:임【信任】 믿고 일을 맡기는 것. 중요한 책임을 맡길 만큼 믿는 것.

신입생【新入生】 새로 입학한 학생.

신자【信者】 어떤 종교를 믿는 사람.

신작로【新作路】[-작노] 새로 낸 큰 길. 비한길. 반오솔길.

신장【身長】 사람의 키. 예~이 크다.

신정【新正】 ①새해의 정월. 양력 1월 1일. 예~연휴. ②양력 설. 반구정.

신:조【信條】 굳게 믿고 지키는 생각.

신주머니 신을 넣어 들고 다니는 주머니. 비신발 주머니.

신:중【愼重】 매우 조심스럽고 경솔하지 아니함. -하다.

신지식【新知識】 새로운 지식.

신진 대:사【新陳代謝】 묵은 것이 없어지고 새것이 대신 생기는 일.

신참【新參】 ①새로 들어오는 것. 예~사원. 반고참. 군에 처음 들어옴.

신천옹 몸길이가 91cm이며 땅 위에서는 날개가 길어 날지 못하고 비스듬한 나무 위에 올라가 날아간다. [신천옹]

신천지【新天地】 새로운 신세상.

신청【申請】 어떤 일을 청함. 예~함.

신체【身體】 사람의 몸. 예~단련. 비육체. 몸. 육신. 반영혼.

신체 검:사 건강 상태를 알기 위하여 몸의 각 부분을 검사함.

신:탁【信託】 다른 사람에게 재산의 관리·운용·처분 등을 맡기는 일.

신품【新品】 새로운 물품. 신상품들.

신하【臣下】 임금을 섬기며 나라 일을 보는 사람. 왕의 신하 벼슬아치.

신학【神學】 기독교의 진리에 대한 이론적으로 연구하는 학문을 말함.

신화【神話】 역사가 있기 전에 전하여 오는 이야기로 신을 중심으로 한 이야기. 예건국~을 말한다.

실: ①고치·털·솜 따위에서 길게 꼬아 만든 것. ②실같이 생긴 물건을 이르는 말.

실거리나무 산 기슭에 자라며, 꽃은 봄에 피고 열매인 꼬투리는 9월에 익는다.

실격 기준에 못미쳐 자격을 잃음. [실거리나무]

실권【實權】 실제로 행사할 수 있는 권리나 권세. 현재 행사하는 권리.

실내【室內】 건물의 안. 반실외. 노천.

실내 장식【室內裝飾】 건축물의 내부를 분위기 있게 가꾸기 위하여 아름답게 꾸미는 일. 실내 디자인.

실:눈[-룬] ①가늘고 작은 눈. ②가늘게 뜬 눈. ③눈을 작게 뜬 것.

실랑이 공연히 남을 못 살게 구는 것. 귀찮게 한다. 예서로 ~를 하다.

실로폰 대 위에 여러나무 토막을 음계순으로 놓고, 두 개의 채로 치는 타악기. [실로폰]

실록【實錄】 ①사실을 그대로 적은 기록. 예제2차 세계 대전~. ②한 임금의 재위 동안의 사실을 적은 기록. 예세종~.

실:마리 ①감겼다가 헝클어진 실의 첫머리. ②해결의 열쇠

실망【失望】 희망을 잃어 버림. 예~하지 마라. 비낙망. 반희망. 전망.

실명₁【失明】 앞을 볼 수 없게 됨. 눈이 멂. 예눈이 점점 ~되어 간다.

실명₂【實名】 실제의 이름.

실속[-쏙] ①실제의 속내용. ②드러나지 않은 이익. ③속이 꽉 참.

실수₁【失手】[-쑤] ①잘못하여 일을 그르침. ②실례. 비과오. 잘못.

실수₂【實數】 실제의 수. 유리수와 무리수의 총칭.

실습[-씁] 어떤 일을 실제로 해 보고 익힘. 예요리~을 준비한다.

실신【失神】병이나 충격 따위로 정신을 잃은 상태. 예~상태.

실업가【實業家】상공업과 같은 기업을 경영하는 사람.

실용성【實用性】실생활에 알맞은 성질이나 특성. 예~이 있다.

실용화【實用化】실제로 널리 쓰이게 되는 것. 예~가 되다.

실의【失意】뜻이나 의욕을 잃는 것.

실잠자리 수컷은 암컷보다 몸이 가늘고 색깔이 화려하다. 다른 잠자리들과 마찬가지로 이 잠자리의 애벌레도 물 속에서 살며, 작은 곤충을 잡아먹음. [실잠자리]

실전[-쩐] 실제로 싸움을 하는 것.

실점[-쩜] 경기·승부 등에서 점수를 잃음. 또는 그 점수. 반득점.

실족【失足】①발을 잘못 디디는 것.

실존【實存】실제로 존재하는 것. 현재 주위에 있는 것. 예~하는 인물.

실종【失踪】[-쫑] 종적을 잃어서 행방을 알 수 없음. 자취가 없음.

실지로[-찌-] 있는 그대로. 예~잘 보았다. 현상차. 비실제로.

실직【失職】직업을 잃는 것. 반취직.

실책【失策】잘못된 계획과 일처리.

실천【實踐】실제로 계획한 것을 이행함. 비실행. 반이론. -하다.

실체 ①사물의 본체. 예~를 파악하다. ②사물의 성질이나 작용의 본체. ③모양과 부피가 있는 물건.

실태【實態】있는 그대로의 모양.

실토【實吐】숨기고 있던 일을 사실대로 말하는 것. 예비밀을 ~하다.

실패【失敗】목적을 이루지 못하고 헛일이 됨. 비실수. 반성공.

실향민 전란 등으로 인하여 고향을 잃고 타향살이를 하는 백성.

실험 ①실제로 시험함. 시험. ②실지의 경험. 예약의 효능을 ~하다.

실화【實話】실제로 있었던 사실의 이야기. 역사적인 사실 이야기.

실황【實況】가상이 아닌 실제 상황.

싫증[-쯩] 오래 되어 반갑지 않게 여기는 마음. 비염증. 짜증.

심 죽에 곡식 가루를 잘게 뭉쳐 넣은 덩이. 예팥죽에 새알 ~이 있다.

심각【深刻】정도가 아주 깊고 중대함. 예사태가 ~하다. -하다.

심경【心境】마음의 상태. 예~을 바른 대로 밝히다. 비참한 ~이다.

심기【心氣】마음대로 느끼는 기분. 예~가 언짢다. 아침에 ~가 좋다.

심기 일전【心機一轉】[-쩐] 어떠한 계기로 인해 마음의 자세를 완전히 바꿈. 예~하여 공부한다.

심:난【甚難】걱정이 되어 어려움.

심마니 깊은 산에 들어가 산삼 캐는 것을 직업으로 삼는 사람.

심:문【審問】용의를 따져 묻는 것.

심방【尋訪】집집마다 방문하는 것.

심벌 ①상징. 예비둘기는 평화의 ~이다. ②기호.

심벌즈 둥글고 얇은 두 개의 놋쇠판을 마주쳐서 소리를 냄.

[심벌즈]

심사【審査】 자세히 살피어 조사함. 예국전~ 위원.

심사 숙고【深思熟考】 깊이 생각함.

심사 위원【審査委員】 심사를 맡아 보는 사람. 예~으로 뽑히다.

심산 유곡【深山幽谷】 깊은 산의 으슥한 골짜기. 예~에 산다.

심상 대수롭지 않고 예사스러움. 예분위기가 ~치 않다. 비범상.

심술궂다 심술이 많은 사람들.

심술꾸러기 심술이 많은 사람. 심술쟁이 예나는 어려서 ~였다.

심신1【心身】 마음과 몸. 정신과 신체. 예~이 모두 편치 않다.

심신2【心神】 마음과 정신적인 상태.

심심풀이 할 일이 없이 시간을 보내려고 하는 짓. 예~로 일한다.

심심하다1 맛이 조금 싱겁다.

심심하다2 할 일이 없어 시간 보내기가 지루하다. 반분주하다.

심장【心臟】 순환 기관의 한 부분으로 피를 받아 몸의 각 부분으로 보내는 주머니. 예~ 마비. 비염통.

심장병【心臟病】 심장에 생기는 병을 통틀어 이르는 말.

심정【心情】 마음에 품은 생각과 감정. 예울고 싶은 ~이 었다.

심중【心中】 마음 속에 품고 있는 것.

심지1 불이 붙게 실을 꼬아 꽂은 것.

심지2【心志】 무엇을 하려고 하는 의지. 예~가 굳다.

심:지어【甚至於】 그보다 더 심하게.

심통 투정을 부리는 궂은 마음씨.

심판【審判】 ①운동 경기 등의 잘 하고 못함. 또는 어기고 짐을 가림. 예야구 경기~. ②법원에서 사건을 심리하여 판결함.

심포니 교향곡. 심포니 오케스트라.

심해【深海】 깊이 200m 이상된 바다.

십대【十代】 ①열 번째의 대. ②십의 세대. 곧 20세 안짝의 소년·소녀의 시대. ③10세에서 19세까지.

십년 지기 오래 전부터 사귀어 온 친구. 예그는 나의 ~친구이다.

십육분 쉼:표 온 쉼표의 1/16 길이를 가지는 쉼표.

십육분 음표 온 음표의 1/16 길이를 가지는 음표.

십자매 관상용으로 기르며 건강하고 온순하며 기르기 쉬운 새이다.

[십자매]

십장생【十長生】 죽지 않고 오래 산다는 「해·산·물·돌·구름·솔·불로초·거북·학·사슴」의 열 가지.

싱가포르 말레이 반도의 남쪽 끝에 있는 섬으로 작은 공화국 [626km^2]이다.

ㅅㅅ

ㅆ[쌍시옷] 「ㅅ」의 된소리.

싸구려 값이 싸다는 뜻으로 외치는 말. 예반 값에 파는 ~물건들이다.

싸늘하다 날씨나 공기가 매우 산산하고 좀 추운 기운이 있다.

싸늘히 싸늘하게 느껴지는 느낌.

싸다 물건 값이 시가보다 적다. 예값이 매우~. 반비싸다. 값나간다.

싸라기눈 빗방울이 갑자기 찬바람을 만나 얼어 떨어지는 눈. 싸락눈. 준싸라기. 예~이 내린다.

싸락눈 「싸라기눈」의 준말. 싸라기.

싸리나무 가지가 촘촘하고 길고 곧고 질겨서 빗자루나 바구니 따위를 만드는 데에 쓰이며, 초 여름에 분홍 꽃이 피는 키작은 덤불나무. [싸리나무]

싸리문 싸리로 엮어 만든 문.

싸움 싸우는 짓. 다투는 짓. 비전쟁. 준쌈. 예친구들과 ~을 말렸다.

싸전 쌀과 그 밖의 모든 곡식을 파는 가게. 쌀가게. 쌀만 파는 상점.

싹₁ 조금도 남김없이 죄다. 남김없이 몽땅. 예물기가~ 가시다.

싹₂ 식물의 씨앗에서 돋아나는 처음 잎이나 줄기. 새싹. 본싹수.

싹둑 연한 물건을 토막쳐 자르는 모양. 흉내말. 예무를~ 자르다.

싹싹하다 상냥하고 예의 바르다.

싹트다(싹트니, 싹터서) ①식물의 싹이 생겨나다. ②일이 생겨나기 시작하다. 예새로운 기운이~.

쌀 벼의 껍질을 벗긴 알맹이 곡식.

쌀겨[-겨] 쌀을 쓿을 때 나오는 가장 고운 속겨. 미강. 예~죽. ~는 동물의 사료로 사용한다. 반왕겨.

쌀독 쌀을 담아서 보관하는 그릇.

쌀뜨물 쌀을 씻고 난 후 뿌연 물.

쌈₁ 싸우는 일. 「싸움」의 준말.

쌈₂ 바늘 24개를 단위를 세는 말. 예바늘 한 ~을 사 가지고 왔다.

쌈₃ 상추·쑥갓·배추 등으로 밥과 반찬을 싼 음식. 예상추~.

쌍【雙】①둘씩 짝을 이룬 것. ②둘씩 짝을 이룬 것을 세는 말. 예한~.

쌍꺼풀 겹으로 된 눈꺼풀. 또는 그러한 눈. -하다.

쌍동밤 한 껍질 안에 두 쪽이 들어 있는 밤. 예밤송이 안에 ~이 들다.

쌍두 마차 말 두 마리가 끄는 마차.

쌍떡잎식물 싹이 틀 때 두 개의 떡 잎이 마주 붙여 나는 식물. 나팔꽃, 콩 따위. 반외떡잎식물.
[쌍떡잎식물]

쌍방【雙方】대립하고 서로 관계하는 양방. 양쪽.

쌍벽【雙璧】①두 개의 구슬. ②여럿 가운데에서 우열을 가릴 수 없이 뛰어난 둘을 비유적으로 이른 말.

쌍봉 낙타 등에 혹이 두 개로 사막에서 타고 다니는 데 소중하게 이용되므로 사막의 자동차
[쌍봉낙타]

써레 갈아 놓은 흙을 잘게 부수는 데 사용하는 농기구로 주로 소가 끌고 다닌다. [써레]

썰매 ①눈 위나 얼음 위에서 사람이나 짐을 싣고 다니는 기구. ②얼음 위에서 미끄럼 타는 놀이 기구. 예겨울에 ~를 탄다.

썰물 바닷물이 밀려 나가서 해면이 낮아지는 현상. 또는, 그 바닷물. 반밀물.

쏘가리 물이 맑고 바위나 자갈이 많은 큰 강가의 중류에서 다른 물고기를 잡아 먹고 살며, 식용으로 맛이 좋다. [쏘가리]

쏘다니다 여기저기를 바쁘게 돌아다니다. 준쏘대다. 비싸다니다.

쏘아 보다 꿰뚫을 듯이 따갑게 노려보다. 예무섭게~. 비째려 보다.

쏜살같다 쏜 화살과 같이 대단히 빠르다. 예달리는 자동차가~.

쏟다[-따] ①그릇에 담긴 물건을 거꾸로 붓다. ②마음을 기울이다. 예정성을~. ③한 번에 많이 흘림.

쐬:다 ①바람·연기·가스 등을 직접 받다. 쏘이다. 예찬바람을~. ②자기의 물건을 평가받기 위하여 보이다.

쐐기풀 산과 들에서 자라며, 여름에 연록색 꽃이 이삭 모양으로 피는 여러해살이풀이다. [쐐기풀]

쑤군대다 목소리를 낮추어 비밀히 말하다.

쑤다 곡식의 알맹이나 가루를 물에 끓여 익게 하다. 예죽을~.

쑥 들에 저절로 나며 잎에 향기가 나고 어린 잎은 먹고 다 자란 잎은 말려서 약이나 모기 향으로 사용하며 약재로 쓴다.

쑥갓 잎이 들쭉날쭉하며 향기가 좋고 부드러워 상추와 함께 날것으로 쌈을 싸서 먹는 채소. [쑥갓]

쑥새 밝은 숲이나 들에 떼지어 날아 다니며 논다. 울 때는 머리 깃털이 서며 몸 길이가 15cm 정도. [쑥새]

쑥스럽다(쑥스러우니) 하는 짓이나 모양이 어울리지 아니하여 어색하고 싱겁다. 비겸연쩍다.

쑥쑥 ①여러 군데가 쑥 내밀거나 들어간 모양. ②연해 쑥 밀어 넣거나 뽑아 내는 모양. 작쏙쏙. 흉내말.

쓱싹 톱으로 켜거나 줄질을 할 때 나는 소리. 흉내말.

쓱쓱 ①여러 번 문지르는 모양이나 소리. ②자꾸 문지름. 흉내말.
쓸모 ①쓰일 만한 가치. 예~있게 만들다. ②쓰일 자리. 비쓰임새.
쓸쓸하다 ①날씨가 차고 음산하다. ②외롭고 적적하다. 비슬퍼지다.
씌우개 덮어 씌우는 물건.
씌우다 ①머리에 쓰게 하다. ②허물을 남의 탓으로 돌림.
씀바귀 잎은 가늘고 길며 가장자리에 톱니가 있다. 초여름에 노란 꽃이 피고, 날것은 맛이 쓰며, 산나물로 먹을 수 있는 여러해살이풀이다.

[씀바귀]

쓰라리다 마음이 찌르는 것처럼 몹시 아프다. 정신적으로 아픈 것.
쓰레기 쓸어 모은 먼지나 내버린 물건. 예~를 버리다.
쓰레받기 먼지·쓰레기 따위를 담아 내는 기구. 예빗자루와~.
쓰임새 쓰임의 수량이나 정도. 용도.
씨름 두 사람이 샅바나 띠를 넓적다리에 걸어 서로 잡고 맞붙어 먼저 상대를 넘어뜨리기를 겨루는 고유의 민속 경기이다.
씨름판 선수가 씨름을 하는 곳.
씨방 암술대 밑에 붙은 통통한 주머니 모양의 부분. 그 속에 밑씨가 들어 있음.

[씨름]

씨암탉[-탁] 씨를 받으려고 기르는 암탉. 예~을 기른다.
씨앗 곡식이나 채소 따위의 종자.
씨족【氏族】 원시 사회에서 공동의 조상을 가진 혈족 단체. 예~사회.
씩씩하다 힘차고 용감하다. 예국군 아저씨는~. 비용감하다.
씹다 ①입에 넣어 여러 번 자꾸 깨물다. 예껌을~. ②남을 나쁘게 말하다. 예남을 욕되게 하며~.
씹히다 씹힘을 당하다. 씹혀지다.
씽 바람이 세차게 바람을 일으키며 나아갈 때에 나는 소리.
씽긋 소리 없이 눈만 움직여 가볍게 방긋 웃는 모양. 작쌩긋. -하다.
씽씽하다 생기가 매우 왕성하다.

ㅇ[이응] 한글 자모의 여덟 번째 글자. 이름은 이응.

아: 감탄할 때에 내뱉는 소리. 깨달았을 때 소리. 예~ 슬프다. 비오.

아가 어린 아기. 예~가 아장아장.

아가리 ①「입」을 속되게 이르는 말. ②그릇 따위의 물건을 넣고 내고 하는 어귀. 예병~.

아가미 물고기나 조개 등이 물 속에서 숨쉬는 기관. [아가미]

아가씨 결혼하지 않은 젊은 여자를 일컫는 말. 반아주머니.

아가페 신의 인간에 대한 사랑. 또는, 자기를 희생함으로써 실현되는, 인간의 신과 이웃에 대한 사랑. 반에로스.

아교【阿膠】짐승의 가죽·뼈·창자 등을 고아 굳힌 풀. 비갖풀.

아구맞다[-맏따] 기준을 잡은 숫자에 들어맞다. 정확히 들어맞다.

아:국【我國】자기가 영주권을 가지고 계속 생활하며 살아가는 곳. 우리 나라.

아:군【我軍】우리 편의 군대. 반적군.

아궁이 방에 불을 때기 위하여 만든 구멍. 솥을 얹고 밥을 짓는 곳.

아귀 ①물건의 갈라진 곳. 예손~. ②두루마기나 여자 속옷의 옆을 터 놓은 구멍. ③씨의 싹이 트고 나오는 곳. ④딱 들어맞는 수효.

아기 ①어린아이를 부르는 말. ②며느리를 일컫는 말. 애기(×).

아낌없다 주거나 쓰는 데 아끼는 마음이 없다. 아까운 느낌이 없음.

아나운서 방송국에서 보도의 일을 맡아 보는 방송원. 예방송~.

아낙네 남의 집 부인을 일컫는 말. 예이웃~. 준아낙. 반남정네.

아내 결혼하여 남자의 짝이 된 여자를 그 남자에 대하여 이르는 말. 비처. 안식구 반남편.

아네모네 미나리아재비과의 다년생 풀. 4~5월에 적·청·백 등의 꽃이 핌.

아녀자【兒女子】①어린이와 여자. ②여자를 낮추어 이르는 말.[아네모네]

아늑하다 되바라지지 아니하고 속이 깊어서 좌우가 푹 싸이다.

아늑히 조용하고 편안한 느낌이다.

아니꼽다 ①비위에 거슬리어 구역질이 날 듯하다. ②행동이나 말이 건방져서 볼 수 없다. ⁽반⁾흡족하다.

아니다 어떤 사실을 부정하는 뜻을 나타내는 말. 그렇지 않다의 뜻.

아닌 밤중[-쭝] 느닷없이. 갑자기 불쑥.[아닌 밤 중에 홍두깨] 별안간 나타나거나 뜻하지 않은 일이 불쑥 생겨남을 비유한 말.

아ː담【雅淡】말쑥하고 보기 좋음. 보기 좋게 자그마하다. ⁽반⁾투박.

아동【兒童】어린 아이. ⁽비⁾어린이.

아동극【兒童劇】어린 아이를 관객으로 하여, 어린이 스스로 또는 어른이 하는 연극. ⁽준⁾동극.

아동복【兒童服】어린 아이들이 입도록 만든 옷. 어린이 옷. ⁽반⁾성인복.

아둔하다 영리하지 못하고 어리석다. 답답하다. ⁽반⁾영리하다.

아드님 남의 아들을 높이어 부르는 말. ⁽반⁾따님.

아득하다 ①까마득하게 오래다 ②한없이 멀다. ③기억을 못 할 정도.

아들 사내 자식. 자식 중 남자. ⁽반⁾딸.

아둥바둥 몹시 악착스럽게 자주.

아라비아 숫ː자 0,1,2,3,4,5,6,7,8,9의 10개의 숫자. 이 10개의 숫자를 십진법으로 맞추면 어떤 수라도 나타낼 수 있음. 인도에서 만들어서 사용하기 시작하였음.

아라비안 나이트[책명] 아라비아 지방의 민화를 중심으로 한 이야기.

아람 밤·상수리 등이 나무에 달린 채 저절로 충분히 익은 상태. 또는 그 열매.

아랍[국명] 이슬람 교를 믿고 아라비아 어를 사용하는 나라를 통틀어 일컫는 말.

아래 ①물건의 땅 쪽으로 향한 부분. ⁽예⁾다리~. ②조직·지위 따위에서 낮은 자리나 부분. ⁽반⁾위.

아랫도리 허리 아래의 부분. 하체. ⁽반⁾윗도리. ⁽비⁾하의. 아래 옷.

아랫목 구들을 놓은 방에서 아궁이에 가까운 방바닥. ⁽반⁾윗목.

아랫변 다각형에서 아래의 변

아랫사람 ①나이나 지위가 낮은 사람. ②손아랫사람. ⁽반⁾윗사람.

아ː량【雅量】너그러움과 깊은 도량.

아ː령【啞鈴】양쪽 끝이 작은 공 모양으로 되어 있고 중간은 손으로 잡게 되어 있는 쇠로 만든 운동 기구. 두 개가 한 쌍임.

[아령]

아로새기다 ①새겨 넣다. ②마음 속에 또렷이 기억해 두다. ⁽예⁾마음에~. ⁽ᵃⁿ⁾희미해지다.
아롱거리다 점이나 줄이 고르지 않고 희미함.
아르마딜로 위험하면 몸을 공처럼 둥글게 말며 낮에는 굴 속에 있고 저녁에 먹이를 찾아 활동한다.

[아르마딜로]

아르헨티나 남아메리카 대륙의 남동쪽, 대서양 연안에 있는 공화국. 수도는 부에노스아이레스이다.
아름답다(아름다워서) 예쁘고 말쑥하며 곱다. ⁽ᵇᵃⁿ⁾추하다. 못생기다.
아름드리 한아름이 넘는 나무나 물건. ⁽ᵉˣ⁾~소나무. ⁽ᵇᵃⁿ⁾가느다란.
아리다 ①음식이 혀끝을 찌르는 듯한 느낌이 있다. ②상처가 찌르는 듯이 아프다. ⁽ᵉˣ⁾입속이~.
아리랑 우리 나라 대표적인 민요의 하나. ⁽ᵉˣ⁾정선~. ⁽ᵇᵒⁿ⁾아리랑 타령.
아리송하다 비슷비슷한 것이 뒤섞여서 또렷하게 분간하기 어렵다. 구분이 힘들다. ⁽ᵉˣ⁾무슨 뜻인지~.
아리아 오페라에 나오는 아름다운 선율의 독창곡. 이탈리아 어임.
아마릴리스 관상용으로 재배하며, 잎처럼 보이는 것이 가지이다. 겨울에

[아마릴리스]

흰색, 붉은색 꽃이 피고, 비늘줄기로 번식하는 여러해살이풀.
아마존 강 남아메리카 북부 브라질에 있는 세계 제2의 강. 수량이 세계 최대임. 길이 6,200km.
아마추어 ①예술이나 스포츠, 기술 등을 본업이 아닌 취미로 애호하는 사람. ②그 방면에 전문가가 아닌 사람. ⁽ᵇᵃⁿ⁾프로페셔널.
아메리카 합중국 미국. 미합중국.
아메바 몸의 일부를 다리 모양으로 만들어 헤엄쳐 다니며 사는 단세포 동물.
아:멘 기도나 찬송 또는 설교 끝에, 「진실로 그와 같이 이루어지기를 바란다」는 뜻으로 하는 말. -하다.
아:무개 「아무」를 낮추어 일컫는 말. 이름 대신에 누구를 가리킨 말.
아:무 데 장소를 가리지 않는 곳.
아:무 때 시간에 관계 없이 언제나.
아:무래도 노력을 하여도 결국에는.
아:무렇거나 ①아무러하거나. ②되는 대로. ⁽ᵇⁱ⁾마구. ⁽ᵇᵃⁿ⁾신중히. 과묵.
아:무렴 말할 것도 없이 그렇다. 암.
아:무리 ①암만. ⁽ᵉˣ⁾~말해도 알아듣지 못한다. ②「제아무리」의 준말. ③최대한 노력하여. 한껏.
아:무짝 아무 방면. ~에도 몹쓸 사람이다. 어느 곳. 어느 방면.
아무튼 사정은 아무러하든. 하여튼. 여하튼. 어떻든. 아뭏든(×).
아물거리다 눈이나 정신이 희미하여 똑똑하게 보이지 않다.

아물다(아무니, 아무오) 부스럼이나 상처가 나아서 맞붙다. 예상처가~. 반덧나다.

아물아물 ①앞이 아물거리는 모양. 예눈이 ~하다. ②말이나 행동을 분명하지 않게 하는 모양. 반또렷또렷. ③정신이 희미해지다.

아몬드 서양에서 나는 살구의 고소한 맛이 나는 씨로 영양이 풍부하여 간식용으로 인기가 있다.  [아몬드]

아미【蛾眉】누에나방의 더듬이. 아름다운 눈썹. 곧, 미인의 눈썹.

아미치스[인명](1886~1908) 이탈리아의 소설가. 여행을 몹시 즐겨 세계 각지를 돌아다니며, 풍속을 조사하였고 여행을 즐겼다.

아미노산 생물체의 다양한 단백질을 이루는 가장 중요한 유기 물질.

아바마마 임금이나 임금의 아들딸이 그의 아버지를 일컫는 말.

아방궁【阿房宮】①중국 진시황이 세운 호화로운 궁전. ②매우 크고 화려한 집의 비유. 반초가집.

아버지 자식을 낳은 남자. 어버이. 반어머니. 높아버님. 낮아비.

아범 ①집안의 윗사람이 손자에게 그 아버지를 가리켜 이르는 말. 예~은 어디를 갔느냐? ②자식 있는 여자가 웃어른에게 자기 남편을 낮추어 이르는 말. 반어멈.

아부【阿附】남의 비위를 맞추고 알랑거림. 비아첨. -하다.

아비1 ①「아버지」를 낮추어 부르는 말. ②아내가 남편을 시부모에게 말할 때 쓰는 말. 반어미. 비아범.

아비2 바닷가나 호수에 살며, 물 속에 들어가 먹이를 찾고, 물고기, 새우, 게, 조개를 먹는다. 몸 위쪽은 암회색이고, 가을에 우리 나라에 와 겨울을 나고 봄에 떠난다. [아비]

아비 규환【阿鼻叫喚】참혹한 고통 속에서 살려 달라고 울부짖는 상태를 이르는 말. 반희희낙락.

아빠 어린아이들이 아버지를 부르는 말. 비아버지. 반엄마.

아뿔사 일을 잘못하였음을 깨닫고 뉘우칠 때 내는 소리.

아:사【餓死】못 먹어 굶어 죽음.

아삭 연하고 싱싱한 과일 따위를 깨물 때 나는 소리. 흉내말.

아서라 그렇게 하지 말라고 막는 말. 예~, 그렇게 하지 말아야지!

아성【牙城】①우두머리가 있는 성. ②가장 중요한 근거지. 비요새.

아쉽다(아쉬우니, 아쉬워서) 없거나 모자라서 마음에 만족하지 못하다. 예금메달을 못 딴 것이~.

아스라하다 ①아슬아슬하게 높거나 까마득하게 멀다. ②기억이 어렴풋하다. ③잘 안 들리게 아주 멀다.

아스팔트 도로·포장·방수에 이용되는 색이 검은 물질. ᵇ진흙길.

아슬아슬 ①잘못 될까 봐 두려워 조마조마하는 모양. ②질지 이길지 위태로운 모양. -하다. 흉내말.

아시아[지명] 중국·인도·시베리아·한국 등이 있는 세계에서 제일 큰 대륙. 세계 6대주의 하나. ᵉ~인종. ᵇ유럽.

아:씨 젊은 여자를 높이어 부르는 말. ᵇ총각.

아:악【雅樂】 옛날에 궁중에서 수시로 연주를 하던 전통 음악으로 여러 사람이 여러 가지 종류의 악기를 가지고 궁중 음악을 연주하였다. [아악]

아양 ①귀염을 받으려고 알랑거리는 짓. ᵉ~을 떨다. ②간사를 부리는 짓. ᵉ왜 이렇게 ~을 떨지.

아역【兒役】 연극이나 영화에서 어린이의 역. 또는 그 역을 맡은 배우. ᵉ그는 ~출신 배우. -하다.

아연【啞然】 놀라서 말이 안 나와 입을 벌리고 있는 모양. 맥 없이 웃는 모양.

아:열대[-때] 열대와 온대의 중간이 되는 지대로 비교적 따뜻한 곳.

아:열대림【亞熱帶林】 아열대 지방에 분포하는 상록 활엽수의 삼림.

아예 ①처음부터. ②절대로. ᵉ~믿지 말게. ᵇ애당초. 차라리. 숫제.

아옹다옹 조그마한 시빗거리로 서로 자꾸 다투는 모양. 흉내말.

아우 형제 중에서 자기보다 나이가 적은 사람. ᵇ동생. ᵇ언니. 형.

아우러지다 여럿이 한동아리나 한 덩어리를 이루게 되다. 어우르다.

아우성 여러 사람이 기세를 올리며 악써 지르는 소리. ᵉ~치다.

아우트라인 ①대강의 줄거리. ②윤곽이 드러남.

아욱 잎이 넓고 손바닥 모양이며 잎과 줄기는 국거리로 쓰는 채소. 농촌에서 재배를 하며 봄에서 여름까지 있다. [아욱]

아울러 함께. 그에 더하여. ᵇ따로.

아울리다 ①몸에 맞다. ②일이 순조롭게 되다. ③조화가 잘 맞다.

아웃 ①축구·테니스 등 구기 운동에서 공이 규정선 밖으로 나가는 것. ②야구에서, 타자나 주자가 공격할 자격을 잃는 일. ᵇ세이프.

아이 나이가 어린 사람. 남자 아이와 여자 아이. ᵇ아동. ᵇ어른. 성인.

아이디어 생각. 구상. 문제 해결의 좋은 생각. ᵉ그것은 좋은 ~이다.

아이러니 ①풍자. 반어. ②예상 밖의 결과가 빚은 모순이나 부조화. ᵉ~한 일이 주위에서 자주 벌어짐.

아이스 링크 스케이트를 타는 장소

아이스박스 얼음을 넣어 쓰는 냉장고. 예~에 과일이 많이 들어 있다.
아이스 백 얼음 주머니. 얼음 가방.
아이스 쇼: 얼음판에서 스케이트를 타고 하는 곡예·댄스·가벼운 연극 따위의 구경거리.
아이스 캔디 설탕. 향료로 얼린 과자.
아이스 케이크 꼬챙이를 끼워 단물을 얼려서 만든 얼음 과자.
아이스 크림: 우유·달걀·향료·설탕 등을 녹인 물을 크림 모양으로 얼린 과자. 반생과자. 과자.
아이아르시:(I.R.C) 국제 적십자를 말함.
아이에이이:에이(I.A.E.A) 국제 원자력 기구. 1957년에 창설됨.
아이엘오(I.L.O) 국제 노동기구의 줄인 말.
아이엠에프(I.M.F) 국제 통화 기금을 말함.
아이참 실망할 때. 초조할 때 내는 소리. 예~속상해. -하다.
아이쿠 매우 놀라거나 아플 때 내는 소리. 큰어이쿠. 아이코의 잘못.
아이큐: 지능 검사에 나타난 지능의 발달 정도를 수치로 나타내는 것. 지능 지수. 지능지수의 수치.
아장걸음 아장아장 걷는 걸음걸이.
아장아장 어린아이나 키 작은 사람이 얌전하게 천천히 걷는 모양.
아쟁 거문고와 비슷하며, 전면은 오동나무, 후면은 밤나무로 만들었음. 7개의 줄로 된 우리 나라 고유의 현악기.

[아쟁]

아저씨 ①아버지·어머니와 같은 항렬의 남자. ②부모와 같은 또래의 남자를 부르는 말. 반아줌마.
아:전 인:수【我田引水】 무슨 일을 자기 에게 이로운 쪽으로만 생각하거나 행동함을 이르는 말.
아주 ①더 생각할 여지 없이. ②온통. 비몹시. ③완전히. 영원히.
아주머니 ①부모와 같은 항렬의 여자. ②아저씨의 아내. 반아저씨.
아주버니 남편과 같은 항렬이 되는 남자. 시숙. 예~가 집으로 가신다.
아직 ①때가 미처 이르지 못하였음을 나타내는 말. 예~끝내지 못했다. ②어떤 상태가 그대로 지속됨을 나타내는 말. 반벌써.
아차 후회할 때에 나오는 소리.
아첨【阿諂】 남에게 잘 보이기 위하여 비위를 맞추어 알랑거림. 비아부. 예~부리는 사람들. -하나.
아:치 ①건축 기법의 한 가지. 창이나 문의 위쪽을 둥글게 쌓아 올린 것. ②축하·환영 등의 뜻으로 둥글게 만든 광고물.
아침 ①날이 새어 아침 밥을 먹을 때 까지의 동안. ②「아침 밥」의 준말. 반저녁. 비조반. 조식.
아침 나절 아침 밥을 먹은 뒤 한나절. 예~에 마쳐야 한다. 반저녁 나절.
아침 노을 아침 하늘이 햇살로 벌겋게 보이는 현상.
아카시아 가지에 날카로운 가시가

있고, 봄에 흰 꽃들이 송이를 이루어 피는 잎 지는 큰 키나무, 아카시아 꿀은 인기가 좋다. 예~꽃 향기가 대단하다.

[아카시아]

아파트 여러 세대가 한 채의 집안에서 따로따로 살게 된 큰 건물. 원어는 아파트먼트. 반단독 주택.

아폴로 눈병 유행성 눈병의 하나. 1969년 아폴로 11호 우주선이 지구로 돌아올 무렵에 한창 유행한 데서 붙여진 이름.

아프가니스탄 아시아 서남부에 있는 나라. 수도는 카불이다. [65만 2,000km$_2$].

아프리카 육대주의 하나. 세계 제2의 대륙. 열대·아열대 기후를 나타냄. 예~에는 동물들이 많다.

아호【雅號】 문인·예술가 등의 호나 별호를 높여 이르는 말. 별호.

아홉 여덟에 하나를 더한 수. 비구.

아황산 가스 황을 태울 때 생기는 유독한 무색의 액체. 직물의 표백제에 쓰임. 비이산화황.

아흐렛날 ①아홉째 날. ②「초아흐렛날」의 준말. 비구일째 날.

아흔 여든에 열을 더한 수. 비구십.

악감정【惡感情】 남에게 대하여 품는 나쁜 감정. 예~을 가지다.

악곡【樂曲】 ①음악의 곡조. ②곡조를 나타낸 부호. 예~을 연주한다.

악기【樂器】 음악을 연주할 때 쓰는 기구. 현악기·관악기·타악기·건반악기의 총칭. 소리 내는 기구.

악녀【惡女】 성질이 아주 나쁜 여자.

악다구니 ①기를 써서 서로 욕하며 싸우는 것. ②버티고 겨룸. 반화해.

악단【樂團】 음악을 연주하는 단체.

악담【惡談】 남을 비방하거나 못 되도록 저주하는 말. 비험담. 반덕담.

악당【惡黨】 나쁜 짓을 일삼는 무리.

악대【樂隊】 음악을 연주하기 위하여 조직된 단체. 주로 취주악의 단체. 예어린이 ~를 운영하고 있다

악덕【惡德】 ①못된 마음씨. ②도덕에 어그러지는 나쁜 짓. 반선행.

악동【惡童】 ①행실이 나쁜 아이. ②장난꾸러기 ③말썽을 부리는 아이.

악마【惡魔】 ①착한 일을 방해하는 나쁜 귀신. ②아주 흉악한 사람.

악바리 ①성질이 사납고 매우 모진 사람. ②지나치게 똑똑하고 영악한 사람. ③거칠고 지독한 사람.

악법【惡法】 사회에 해를 끼치는 법.

악보【樂譜】 음악의 곡조를 일정한 기호를 써서 나타낸 것. 곡보. 음보.

악사【樂士】 악기로 음악을 연주하는 사람. 예거리의 ~들이 온다.

악수【惡手】 장기나 바둑에서, 나쁘게 놓은 수. 예저 수는 ~였다.

악순환【惡循環】 순환이 좋지 아니하고 자꾸 나쁘게 되풀이되는 것.

악습【惡習】 습관이나 버릇이 나쁨.

악어[동물] 파충류 악어목에 속하는 동물의 총칭. 모양은 도마뱀과

비슷하며 몹시 크며, 몸길이 10m에 이르는 것도 있음. [악어]

악연【惡緣】 불행한 인연. 나쁜 인연.

악역 무도【惡逆無道】 비길 데 없이 악독하고 도리에 대단히 어긋남.

악영향【惡影響】 좋지 않은 영향.

악운【惡運】 운수가 아주 좋지 않음.

악의【惡意】 ①남을 해치려는 나쁜 마음. ②나쁜 뜻. ^반선의.

악인【惡人】 나쁜 사람과 악한 사람.

악전【惡戰】 매우 어려운 조건을 무릅쓰고 죽을 힘을 다하여 싸우는 싸움. ^예~고투. ^반선전. 승전.

악전 고투【惡戰苦鬪】 어려운 상황에서 죽을 힘을 다하여 싸우는 싸움.

악정【惡政】 국민을 몹시 괴롭히고 나라를 그르치는 정치. ^반선정.

악조건【惡條件】 대단히 나쁜 조건.

악착같다 끈기가 있고 모질게 하다.

악착스럽다 작은 일에도 힘을 다하여 쉬지 아니하고 애를 쓰는 것.

악처【惡妻】 마음이 바르지 못하고 사나운 아내. ^반양처. 현처.

악천후【惡天候】 매우 나쁜 날씨.

악취【惡臭】 불쾌하고 고약한 냄새.

악취미【惡趣味】 좋지 못한 취미. 괴벽스러운 취미. ^반좋은 취미.

악한【惡漢】 나쁜 짓들을 하는 사람.

악행【惡行】 나쁜 짓들을 하는 행동.

안간힘[-깐-] 불평이나 괴로움이 있을 때 속으로 참으려고 애쓰는 힘. 또는 있는 힘을 다하는 노력.

안감[-깜] 옷 안에 받치는 감. 물건의 안에 대는 감.

안갖춘꽃 한 송이의 꽃에 암술, 수술, 꽃잎, 꽃받침 중 한 가지 이상이 없는 것을 말한다. 수박, 소나무, 오이, 호박, 튤립, 벼 등이 있다.

[안갖춘꽃]

안:갚음 ①까마귀 새끼가 자라서 늙은 어미에게 먹이를 물어다 주는 것. ②자식이 커서 부모를 봉양하는 것. ③신세를 갚는 것.

안:개 수증기가 찬 공기를 만나 땅 가까운 공중에 물방울이 부옇게 떠 있는 현상. ^예아침에 ~가 끼다.

안개꽃 꽃꽂이용으로 재배되며 줄기는 가지가 많이 갈라지고 잎은 타원형이다. 봄에 흰 색의 작은 꽃이 핀다. 카프카스 원산.

[안개꽃]

안:건【案件】[-껀] 토의하거나 연구할 사항. ^예~이 없다.

안:경【眼鏡】 눈을 보호하거나 시력을 조정하기 위하여 눈에 쓰는 물건. ^예색~ 끼고 여름에 다닌다.

안:경점【眼鏡店】 안경을 만들어서 팔

안과【眼科】[-꽈] 눈의 병을 치료하고 연구하는 의학의 한 분과.

안내【案內】데리고 가서 알려 줌. 인도하여 일러 줌. -하다.

안내장【案內狀】어떤 행사가 있음을 적어 보내는 서면. 관편지.

안내판【案內板】안내의 내용을 써 놓은 게시판. 예~을 세우다.

안녕【安寧】편안히 잘 있음. 걱정 없이 편안함. 비편안. 반불안.

안데르센[인명](1805~1875) 덴마크 출신의 유명한 동화 작가.

안데스바위새 번식기에 수컷들이 암컷들을 끌기 위해 경쟁하며, 시끄럽게 울고 주로 산에서 산다. [안데스바위새]

안도감【安堵感】불안함이 없어지고 마음이 푹 놓이는 편안한 느낌.

안되다 ①섭섭하거나 가여워 마음이 언짢다. ②「아니되다」의 준말. 예정말 안 되어 있어. 반되다.

안락【安樂】[알-] 마음이 편안하고 걱정이 없어 즐거움. 근심 걱정 없이 편안함. 예~한 생활. -하다.

안락사【安樂死】도저히 살아날 가망이 없는 환자의 고통을 덜어 주기 위하여 죽음에 이르게 하는 일.

안락 의자【安樂椅子】팔걸이가 있고 편히 기대 앉아 쉴 수 있도록 만든 의자. 예~에 앉다.

안마당 집의 안채에 딸린 마당.

안:면【顏面】①얼굴. ②서로 얼굴을 아는 사이. 비낯. 면상. 얼굴.

안:목【眼目】사물을 보아서 분별할 수 있는 힘. 예~이 넓다.

안민【安民】민심을 어루만져 진정시키는 것. 선정을 한 것. -하다.

안방[-빵] 안주인이 거처하는 방.

안보【安保】외세의 침략을 방어함.

안부【安否】편안히 잘 있는지를 묻는 인사. 비소식. -하다.

안색【顏色】얼굴에 나타나는 기색.

안성맞춤 생각한 대로 잘 된 물건이나 때맞추어 잘 된 일. 예~이다.

안식【安息】몸과 마음이 편안한 것.

안식처【安息處】편안하게 쉬는 곳.

안심【安心】근심 걱정이 없어 마음이 편안함. 반근심. 비안도. -하다.

안압지 경상북도 경주시의 동쪽에 있는 연못. 신라 문무왕 때 신라 국토의 지도 모양으로 땅을 파내어 만든 것이다.  [안압지]

안:약【眼藥】눈병을 치료하는 약.

안울림소리 성대를 진동시키지 않고 내는 소리. 곧, 자음의 ㄱ·ㄷ·ㅅ·ㅈ·ㅊ·ㅋ·ㅌ·ㅎ 따위. 맑은 소리. 반울림 소리.

안위【安危】안전함과 위태로운 것.

안이【安易】①손쉬움. 근심 없고,

안일【安逸】썩 편하고 한가로움. 책임감이 없다. 예~한 생각. -하다.

안장【鞍裝】①사람이 올라앉을 수 있도록 말의 등에 얹는 물건. 예말~ ②자전거 등에 앉아서 타게 된 자리. [안장]

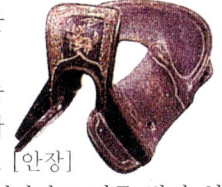

안전1【安全】편안하고 아무 탈이 없음. 예교통~. 반불완전. 위험.

안전2【眼前】눈앞. 눈앞의 모든 것.

안전띠 자동차나 비행기 따위에서 충격으로부터 사람의 몸을 보호하기 위하여 몸을 좌석에 고정시키는 띠. 안전 벨트. -하다.

안전모【安全帽】공사장이나 공장에서 작업 중 머리를 보호하기 위하여 쇠나 플라스틱으로 만든 모자.

안전 벨트 자동차·항공기 따위에서 충격으로부터 보호하려고 사람을 좌석에 고정시키는 혁대.

안전 보장 이사회「유엔 안전 보장 이사회」의 준말.

안전 속도【安全速度】교통 사고를 막기 위하여 미리 정해 놓은 일정한 속도. 예~를 지키자. 안전 운전.

안전 지대【安全地帶】사람의 안전을 위해 교통이 복잡한 도로나 정류장 등에 마련한 지역. 안전 구역.

안정1【安靖】정신과 마음이 편안하고 고요한 것. -하다. 반불안.

안정2【安定】편안하게 자리잡음. 예~된 생활. 반불안정. -하다.

안정감【安定感】안정하다는 느낌.

안주1【按酒】술을 마실 때에 곁들여 먹는 음식. 술안주. -하다.

안주2【安住】자리 잡고 편안하게 사는 것. 예이제야 ~하다. 정착 생활.

안중 ①눈 속. ②생각하거나 관심을 가지는 범위. ③마음 속 생각.

안중근[인명](1879~1910) 조선의 항일 의사. 1909년 하얼빈에서 일본 침략자의 우두머리였던 이토 히로부미를 사살하고, 1910년 뤼순 감옥에서 순국함.

안질【眼疾】병균으로 발병한 눈병.

안짱다리 두 발끝을 안쪽으로 우긋하게 하고 걷는 다리.

안착【安着】①무사히 도착함. ②한 곳에 착실히 자리잡음. -하다.

안채 안팎 각 채로 된 집에서 안에 있는 채. 안집. 반바깥채.

안치다 어떤 물건을 찌거나 끓이거나 삶기 위하여 솥에 놓다.

안타 야구에서, 타자가 베이스에 나아갈 수 있도록 공을 치는 일.

안테나 무선 전신·라디오·텔레비전 등의 전파를 보내거나 받아들이기 위하여 공중에 세우는 도선 장치. 예텔레비전 ~를 달았다.

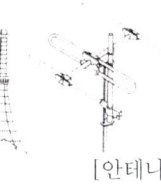

[안테나]

안향[인물](1243~1306) 고려 충렬왕 때의 학자. 우리 살림에서 여러 가지 나쁜 점을 고치고, 최초로 주자학을 연구하였음.

앉은부채 산 속 그늘진 곳에 자라며, 원줄기는 없고, 잎은 뿌리에서 나며 봄에 잎보다 먼저 연한 자주색, 연한 노란색 꽃이 한 포기에서 하나씩 피는 여러해살이풀이다.
[앉은부채]

알갱이 열매 등의 낱개. 낱알. 단단하고 동그란 것. 예~가 굵다.

알거지 가진 것이 아무것도 없어 거지꼴인 사람. 재산이 없는 사람.

알곡 ①쭉정이나 잡것이 섞이지 않은 곡식. 알곡식. ②낱알로 된 곡식. ③깍지를 벗긴 콩이나 팥 따위의 총칭. 반쭉정이. 껍질.

알락도요 물가에서 쉽게 볼 수 있으며 번식은 숲지나 늪에서 하고, 겨울은 숲지 주변 갈대숲에서 추위를 보냄.
[알락도요]

알레그로 악보에서 「빠르게 연주하라」는 뜻. 빠르고 경쾌하게 연주함.

알레르기 특수 체질을 가진 사람이 꽃가루, 동물의 털, 음식 등의 특정한 물질에 대해 비정상적으로 나타내는 과민 반응.

알렉산더 대:왕[인물](기원 전 356 ~313) 고대 그리스 문화를 널리 퍼뜨린 마케도니아의 왕. 20세 때 왕위에 올라 그리스를 손아귀에 넣고 페르시아·시리아·이집트를 점령하고 인도까지 쳐들어갔음.

알로에 원예용으로 재배되며 잎은 살이 많고 가장자리에 가시가 있다. 잎에서 나오는 미끈미끈한 즙은 약용. 마사지용에 사용함.

[알로에]

알루미늄 은백색의 연하고 가벼운 고체 금속. 건축·화학·가정용 제품 등에 널리 쓰임.

알리다 ①깨닫거나 알게 하다. ②소개하여 알다. ③서로 알게 함.

알리바이 사건이 발생한 시간에 용의자가 그 범죄 현장에 있지 않았다는 증명. 예~를 입증.

알맹이 ①물건의 속에 있는 씨. ②사물의 실속. 반껍데기. 쭉정이.

알몸 ①아무것도 입지 않은 몸. 나체. ②재산이라고는 전혀 없는 사람의 비유.

알밤 ①익은 밤송이에서 꺼내거나 떨어진 밤톨. 예다람쥐가 ~을 줍다. ②주먹으로 머리를 가볍게 쥐어

[알밤]

박는 것. 비꿀밤.

알사탕 알 모양의 작은 동그란 사탕. 눈깔사탕. 예~을 입에 넣다.

알선【斡旋】[-썬] 남의 일을 잘 되도록 주선하여 주는 것. -하다.

알쏭달쏭 생각이 자꾸 헛갈려 분간할 수 있을 듯하면서도 얼른 분간이 안 되는 모양. 조금 알 것 같다.

알젓 생선의 알로만 담근 젓갈.

알짜 ①여럿 가운데 가장 중요한 물건. ②조금도 모자람이 없이 표본이 되는 것. ③가장 중요한 것.

알짱거리다 아무 일도 없으면서 자꾸 돌아다니다. 큰얼쩡거리다.

알차다 ①속이 꽉 여물다. ②좋은 내용이 담기다. 예내용이~.

알칼리 붉은 리트머스 종이를 파란 색으로 변화시키는 성질의 물질로 물에 잘 녹음. 비염기. 반산. 예~성 식품. 예감자는~ 식품이다.

알코올 무색의 휘발하기 쉬운 액체로 타기 쉽고, 유기물을 잘 녹임. 예~램프. 알콜(×).

알파 ①그리스 글자의 첫 자. ②어떤 일의 시작의 뜻. ③어떤 미지수를 나타내는 기호. ④더 붙는 것.

알파카 등에 혹이 없지만 낙타과에 속하며 발바닥이 두꺼운 피부로 연결되어 있으므로 평지에

[알파카]

서는 빨리 가며 몸의 부드러운 털은 옷감으로 쓰인다.

알퐁스 도데[인명](1840~1897)「마지막 수업」을 지은 소설가. 근대 프랑스 작가 중 많은 사람들로부터 존경을 받았으며, 많은 작품을 썼음.

알프스 산맥 유럽 대륙의 중남부에 있는 산맥. 경치가 유명하며 최고봉인 몽블랑의 높이 4,731m임.

앎 아는 일. 지식. 예~은 힘이다.

앓다 ①병에 걸려 괴롭게 지내다. ②고통을 못 이겨 끙끙거리는 소리를 내다. ③괴롭거나 불편함.

암: ①몸 속이나 피부·점막 등에 생기는 병. 사망률이 매우 높음.

암:거래 법을 어기면서 몰래 무엇을 사고 파는 것. 예~시장. -하다.

암:기【暗記】①머리 속에 잊지 아니함. ②외움. 예~력. -하다.

암꿩 꿩의 암컷. 일명 까투리.

암놈 짐승의 암컷을 이르는 말.

암매【暗買】물건을 몰래 사는 것.

[암꿩]

암:매장【暗埋葬】남몰래 장사를 지내는 것. 암장. -하다.

암모니아 자극적인 악취가 나는 무색의 기체. 수소와 질소가 합성하여 생긴 물질. 예~가 나온다.

암산【暗算】기구를 쓰지 않고 머리 속으로 계산함. 비속셈. -하다.

암살【暗殺】몰래 죽음을 당하는 것.

암송【暗誦】책을 보지 않고 글을 욈. 예~대회를 하다. 반독서.

암수 암컷과 수컷. 예한 쌍을 사 오셨다. 비자웅. 웅자.

암술 머리에 붙은 꽃가루를 씨방으로 보내는 일을 함. 반수술.

암시【暗示】넌지시 깨우쳐 줌. 반미리 ~주다. 알려 주다. -하다.

암시장【暗市場】암거래가 이루어지는 시장. 예~에서 사다. 반시장.

암실 빛이 들어오지 못하도록 꾸민 방. 예~에서 인화 작업을 한다.

암탉 계란을 낳고 병아리를 부화하며, 식용으로 쓰인다. 반수탉.

암초【暗礁】물 속에 감추어져 있는 바위. 예~에 걸려 배가 좌초됨.

암컷 동물의 암놈. 반수컷. 수놈.

암:투【暗鬪】서로 적의를 품고 서로 다툼. 예~가 벌어지다.

암팡지다 몸은 작아도 힘차고 다부지다. 예밥 먹는 게 ~. 비야무지다.

암:표【暗票】암거래되는 차표나 극장표 따위. ~를 샀다. 반매표.

암:행【暗行】정부의 관리가 자기의 신분을 숨기고 세상을 살피는 일.

암:행 어:사【暗行御史】조선 시대에, 임금의 명을 받아 지방 정치의 잘잘못과 백성의 사정을 비밀리에 살피던 임시 관직. 예~출두야!

암:호【暗號】비밀을 유지하기 위하여 당사자끼리만 알 수 있도록 꾸민 약속 기호. 예~를 대라.

압도【壓倒】①눌러서 넘어뜨림. ②뛰어나서 남을 앞섬. -하다.

압력【壓力】[압-] ①누르거나 미는 힘. ②권세로 누르는 힘. 반추진.

압박【壓迫】①내리 누름. ②기운을 펴지 못하게 억누름. 예~에서 해방. 비속박. 반해방. 자유. -하다.

압사【壓死】무거운 것에 눌려 죽음.

압정【押釘】눌러 박는 대가리가 크고 촉이 짧은 쇠못. 앞핀.

앙갚음 자기에게 해를 끼친 사람에게 자기도 그에게 해를 주는 행동. 예~을 당하다. 비복수. -하다.

앙금 물에 가라앉는 녹말 따위. 비침전물. 바닥에 가라앉은 가루들.

앙금앙금 어린아이나 다리가 짧은 동물이 느리게 기거나 걷는 모양. 예~걷다. 비엉금엉금. 흉내말.

앙등【昻騰】모든 것이 뛰어오른 것.

앙부 일구 1434년 세종 대왕의 명으로 장영실이 만든, 햇빛의 그림자로 시간을 재는 해시계, 일명 앙부 일영이다.

[앙부일구]

앙부일영【仰釜日影】앙부 일구임.

앙증맞다 ①모양이 제격에 어울리지 않게 작다. ②작으면서도 깜찍하고 귀엽다. 예인형들이~.

앙:천 대:소【仰天大笑】하늘을 쳐다보고 크게 웃음. -하다.

앙칼지다 ①제 힘에 겨운 일에 악을 쓰고 덤비다. ②모질고 날카롭다.

앙코르 「다시 한번」의 뜻으로 연주자·가수 등에게 다시 해 줄 것을 청하는 말. 또는 그 연주. -하다.

앙탈 ①시키는 말을 듣지 않고 꾀를 부림. ②마땅히 해야 할 것을 핑계를 대어 피함. ③억지를 부림.

앞당기다 이미 정해진 시간을 앞으로 당기다. 예계획을~.

앞뜰 집의 앞에 있는 뜰. 반뒤뜰.

앞산 집이나 마을 앞쪽에 있는 산. 바로 앞에 있는 산. 반뒷산.

앞서다 다른 사람들보다 먼저 나아가다. 반뒤서다. 뒤 떨어지다.

앞이마 이마의 한가운데 부분.

앞일 살아가면서 앞으로 닥쳐올 일.

앞잡이 ①앞에서 인도하는 사람. 예길~. ②남의 시킴을 받고 끄나풀 노릇을 하는 사람. 예~노릇.

앞장 여럿이 나아갈 때에 맨 앞의 자리. 예~을 설 테니, 따라와라.

앞지르기 뒤에 가는 차가 앞서서 주행하는 차의 앞으로 나아가는 일. 어떤 것보다 앞으로 나감. -하다.

앞치마 여자들이 일할 때 입는 겉치마. 비행주치마. 일할 때 많이 입음.

애기똥풀 산과 들이나 밭둑에 자라며 상처가 나면 즙이 나오며 잎과 줄기는 분 같은 흰 색이 돌고 여름에 노란색의 꽃이 피는 두해살이풀임.

[애기똥풀]

애ː교【愛嬌】 남에게 귀엽게 보이는 태도. 예~있는 웃음. 반교만.

애ː국【愛國】 자기 나라를 사랑함. 예~정신. 반매국. -하다.

애ː국가 나라를 사랑하는 뜻으로 된, 그 나라를 대표하는 노래.

애ː국심 내 나라를 사랑하는 마음.

애ː달다(애다니,애달아서) 마음이 쓰여 속이 달아오르는 듯하다. 애처롭거나 슬퍼한다. 예~아 한다.

애달프다 마음이 슬프다. 애처롭고 슬프다. 예곡조가~. 반여유 있다.

애당초 「애초」의 힘줌말. 일의 처음.

애드벌룬ː 광고하는 글·그림 등을 매달아 공중에 띄우는 풍선. 광고·기구·광고 풍선.

애락【哀樂】 슬픈 것과 기뻐하는 것.

애련【哀憐】 애처롭고 가엾이 여김.

애로【隘路】 ①일을 진행함에 있어서 방해가 되는 점. 예~사항이 많다. ②좁고 험난한 길.

애ː매 모호【曖昧模糊】 분명하지 아니하고 희미함. 예내용이~하다.

애모【哀慕】 죽은 사람을 슬프게 사모하는 것. 슬프게 추모함. -하다.

애ː물 ①애를 태우는 물건 또는 사람. 예~단지. ②나이 어려서 부모보다 먼저 죽은 자식을 일컬음.

애ː벌레 애벌레는 알에서

[애벌레]

깨자마자 튼튼한 입으로 쉴새 없이 식물을 씹는다. 애벌레는 커 가면서 여러 번 허물을 벗으며 다 자라면 번데기가 된다.

애:완용【愛玩用】[-농] 사랑하여 가까이 두고 즐기기 위한 것.

애:용【愛用】좋아해서 즐겨 사용함.

애원【哀願】슬픈 소리로 즐겨 사용함.

애:인【愛人】①남을 사랑하는 것. ②사랑하는 사람. 연인의 상대.

애절【哀切】몹시 슬프고 애절한 것.

애:창곡【愛唱曲】즐겨 부르는 노래.

애:처【愛妻】아내를 사랑함. 또는 사랑하는 아내. 예~가. 비공처가.

애초 맨 처음. 비당초. 예~에 틀림.

애:칭【愛稱】본 이름 외에 귀엽게 불리는 이름. 예그 이름은 ~이다.

애:향심【愛鄕心】고향을 아끼고 사랑하는 마음. 예~이 강하다.

애:호【愛護】사랑하고 소중히 돌봄.

애호박 어린 호박.

애환【哀歡】슬픔과 기쁨. 애락. 관희비.

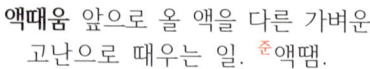
[애호박]

액때움 앞으로 올 액을 다른 가벼운 고난으로 때우는 일. 준액땜.

액수【額數】돈 따위의 머리 수. 수량.

액운【厄運】액을 당할 운수. 반길운.

액자【額子】그림이나 사진 따위를 끼우는 틀. 예~속 사진.

액즙【液汁】즙.

앵두나무 4월에 흰꽃 또는 연분홍색 꽃이 가지에 가득히 잎보다 먼저 피고, 초여름에 동그랗게 빨간 앵두가 열리며, 잎이 지는 작은 키 나무를 말함.

[앵두나무]

앵무새 앵무과의 새. 사람의 말을 잘 흉내내고 과일과 꿀과 견과류를 먹으며 두 개의 알을 낳음.

[앵무새]

야:간【夜間】밤 사이.

야:간 학교 야간에 수업을 하는 학교.

야:경【夜景】밤에 보는 경치.

야:구【野球】상대방의 피처가 던지는 공을 베트로 치고 각 베이스를 돌아 홈 베이스에 돌아와 득점하는 경기. 한 팀이 9명. -하다.

야금야금 ①연해 조금씩 먹어 들어가는 모양. 예과자를 ~ 먹다. ②야금거리는 모양. 흉내말.

야긋야긋 톱날같이 높고 낮은 차이가 적고 어슷비슷한 모양. 흉내말.

야:기 일·사건을 끌어 일으키는 것. 예분쟁을 ~시키고 있었다.

야누스 로마 신화에 나오는, 성문·집의 문을 지키여 앞뒤 두 얼굴을 가진 신. 전쟁과 평화를 나타냄.

야단 법석 몹시 소란스럽게 굴며 떠드는 일. 일에 대한 소란을 피움.

야:담【野談】 민간에서 만든 역사의 이야기. 민초들의 이야기. 예~책.

야:당【野黨】 현재 정권을 잡지 못한 정당. 반여당. 예~의원.

야만인【野蠻人】 깨이지 못한 사람. 비미개인. 반문화인. 문명인.

야:망【野望】 바라서는 안 될 일을 바라는 지나친 욕망. 비포부.

야:맹증【夜盲症】[-쯩] 밤에는 사물이 잘 보이지 않는 증상. 비타민 A의 결핍으로 일어남.

야무지다 빈틈이 전혀 없고 알차다.

야:바위 ①교묘한 속임수로 돈을 따 먹는 노름의 한 가지. ②속임수로 그럴 듯하게 꾸미는 일의 총칭. ③사기꾼의 일종임. -하다.

야:박【野薄】 매정하고 인정이 없음.

야:밤중[-쭝] 밤의 중간 쯤인 한밤.

야:비【野卑】 성질이나 행동이 교양이 없고 천하고 무지막지함.

야:사【野史】 민간에서 사사로이 기록한 역사. 비외사. 반정사.

야:생 동·식물이 산이나 들에서 저절로 자람. 또는 그 동·식물.

야:성【野性】 자연 또는 본능 그대로의 성질. 예~미. 비본성. 습성.

야:심【野心】 ①남 몰래 품은 소망. ②남을 해치려는 나쁜 계획. 또는 야비한 마음. ③야망을 이르는 것.

야:영【野營】 천막 따위를 치고 야외에서 잠. 또는 그렇게 하는 생활.

야:외【野外】 ①시가지에서 멀리 떨어진 들. 비교외. ②집밖. 건물 밖.

야:유【揶揄】 남을 빈정거리며 놀리는 것. 또는 그런 말이나 짓. -하다.

야:유회【野遊會】 들과 산에서 즐김.

야:인【野人】 ①벼슬을 하지 않은 사람. ②만주족.

야:자【椰子】 야자수나무의 열매임.

야:전₁【野戰】 산이나 들판에서 하는 싸움. 예~군에서 근무를 한다.

야:전₂【夜戰】 밤에 전투를 치름.

야채 들에서 나는 나물. 채소. 산채.

야크 히말리야 고산 지대 사람들의 중요한 가축으로 짐을 나른다. 가파른 등성이에서도 풀을 잘 뜯어 먹고 긴 털은 추위에도 잘 견디며 겨울을 난다. [야크]

야:합【野合】 ①좋지 못한 목적 아래 서울 어울리는 것. 예불순 세력과 ~. ②부부 아닌 남녀가 서로 정을 통하는 것. 반해산. 분산.

약₁【約】 어느 수량을 어림잡아 나타내는 말. 비대강. 대략. 약간.

약₂【藥】 병이나 상처를 치료하는 물질. 해충을 없애는 약. 예~국.

약₃ 몹시 기분이 나쁠 때 끓어오르는 감정. 화. 예~이 오른다.

약과【藥果】 곡식 가루를 반죽하여 판에 박거나 네모 꼴로 [약과]

썰어 꿀을 바른 과자.
약간【若干】양이나 정도가 조금 임. 얼마 안 됨. 얼마 쯤. 조금.
약골 ①몸이 약한 사람. ②약한 골격. 예그는 몸이 ~이다. 반강골.
약도 간단하게 줄여서 대충 그린 그림. 예집의 ~를 그려서 보냈다.
약력【略歷】[양력] 학력·경력 등을 간략하게 줄인 것. 비이력.
약물1【約物】 기호·구두점·괄호 등을 통틀어 이르는 말.
약물2【藥物】약 성분이 첨가된 물질.
약방【藥房】약을 파는 가게.
약분 분수의 분모와 분자를 공약수로 나누어 간단하게 하는 일.
약세【弱勢】①약한 세력. ②물가나 주식의 값이 내려가는 시세.
약소1【弱少】힘이 약하고 작음. 작고 힘이 없음. 예~민족. 반강대.
약소2【略少】간단하고 대단히 적음.
약소국【弱小國】국토가 작고 힘이 약한 나라. 반강대국.
약속【約束】앞으로 할 일에 대하여 상대방과 서로 말로 정하여 놓음. 비언약. -하다.
약수【約數】어떤 수나 식을 나누어 나머지가 없이 떨어지는 수나 식을 일컫는 말. 예공~.
약식1【藥食】찹쌀, 대추, 밤 등과 찐밥.
약식2【略式】정식 절차를 생략한 의식 또는 그 양식. 반정식. -하다.
약육 강식【弱肉强食】약한 자는 강한 자에게 먹힘. 예~의 논리.
약자1【弱者】아무 힘 없는 약한 사람. 예~의 편이다. 반강자.
약자2【略字】글자의 획수를 줄이어 간단하게 한 글자. 반정자.
약재료 약을 짓는 데 쓰는 여러 재료.
약점【弱點】모자라서 남만 못하거나 나빠지는 점. 반강점. 비결점.
약조【弱調】조건을 붙여 약속함. 내용을 정해 약속함. 예~를 어기다.
약주【藥酒】①약술. ②「술」의 높임말.
약진【躍進】①뛰어 나아감. ②빠르게 진보함. 예~ 한국. -하다.
약체【弱體】①허약한 몸. ②약한 조직체. 예그 팀은 ~이다. 반강체.
약초【藥草】약의 재료로 사용되는 풀.
약탈【掠奪】폭력을 써서 남의 것을 강제로 빼앗는 것. 비수탈. 착취.
약혼【約婚】남녀가 장차 서로 결혼하기로 약속함. 예~식. -하다.
약화【弱化】세력이나 힘이 약해지거나 약하게 하는 것. 반강화.
약효【藥效】약의 효험. 약효의 기운.
얄밉다(얄미우니, 얄미워서) 하는 짓이나 말이 간사하여 밉다.
얄팍하다 매우 얇다. 쉽게 드러남.
얇다[얄따] 두껍지 않다. 두께가 크지 않다. 비엷다. 반두껍다.
얌전하다 성질이 순하고 말과 행동이 차분하다. 비젊잖다. 반분주함.
얌체 염치가 없는 사람을 낮추어 이르는 말. 자기만 아는 사람.
양【量】수량·분량 등을 통틀어 일컫는 말. 반질. 예~이 아주 많다.
양[동물] 뿔이 나며 온 몸에 흰 털이 많이 나 있는 가축. 털과 고기를 얻으려고 기르며 양은 소보다 적고 동물들 중에 가장 온순하다.

[양]

양계【養鷄】닭을 기름. 도는 그 닭.

양곡【糧穀】양식으로 쓰는 곡식. 쌀·보리·밀 등. ^반사료.

양과자 서양식으로 만든 서양 과자.

양귀비【楊貴妃】꽃이 희거나 붉고 아름다우며 열매의 액은 아편을 만드는 데 쓰이는 식물.

양국【兩國】양쪽의 두 나라를 말함.

양궁【洋弓】서양에서 사용하던 활.

양:극【兩極】①남극과 북극. ②양극 (+)과 음극(-). ^예~이 서로 합침.

양금【洋琴】쇠붙이로 만든 줄을 채로 쳐서 소리를 내는 국악 현악기. 금속성이 맑은 음색을 지녔다.

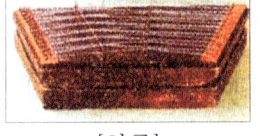
[양금]

양기 ①만물의 소생·활동하려는 기운. ②햇볕의 기운. ^반음기.

양:날톱 톱의 양쪽에 날이 있는 톱.

양:녀【養女】낳지 않고 데려다 기른 딸.

양념 음식의 맛과 향기를 돕기 위해서 사용하는 재료의 총칭.

양다래 덩굴성 갈잎 떨기 나무 잎은 넓은 타원형으로 어긋나고 봄에 흰꽃이 핀다. 열매는 다래보다 크며, 키위라고도 한다.

[양다래]

양:도【讓渡】재산이나 물건을 남에게 넘겨 주는 것. ^예집을 ~하다.

양동이 힘석 따위로 만들어 물을 담아 들고 다닐 수 있게 만든 그릇. ^예~를 들고 간다.

양:로원【養老院】의지할 곳 없는 늙은이를 수용하여 돌보아 주는 곳. ^예~에 들어갔다. ^반고아원.

양말 서양식 버선. 맨발로 신도록 실이나 섬유로 짠 물건. ^비버선.

양면【兩面】양쪽의 면. ^예동전의 ~.

양:모【羊毛】털실의 원료. ^비양털.

양:미간【兩眉間】양쪽 눈썹 사이.

양민【良民】①선량한 백성. ②양반과 천민과의 중간 계층. ^관서민.

양:반【兩班】조선 시대 문벌·신분이 높은 사람.

양반탈 하회 별신굿에 등장하는 남자인 양반이 쓰는 탈.

[양반탈]

양배추 두껍고 넓은 시퍼런 잎 속에 흰 속잎들이 겹겹이 뭉쳐 큰 공처럼 생긴. 서양에서 들여온 채소. ^관배추. ^비양상추.

양:보【讓步】①남에게 제 자리를 내어 줌. ②제 주장을 굽혀 남의 의견을 좇음. ^예나는 ~를 잘한다.

양복【洋服】서양식의 의복. 남자

의 서양식 정장. 예~점. 반한복.

양봉【養蜂】꿀을 얻을 목적으로 꿀벌을 기름. 또는 그 벌. -하다.

양분1【養分】몸에 영양이 되는 성분. 비영양분. 자양분.

양분2【兩分】둘로 가르고 나눈 것. 예국토가 ~되다.

양산【陽傘】볕을 가리기 위하여 가는 쇠살에 헝겊을 씌워 만든 물건. 파라솔. 반우산.

양상 사물 현상의 모양이나 상태. 예새로운 ~으로 바뀌다.

양상추 잎이 둥글고 넓고 서로 뭉쳐 있는 서양 요리에 쓰는 상추. 그러나 요 근래는 날것으로 많이 식용으로 사용한다. [양상추]

양서【良書】내용이 좋고 유익한 책.

양서류 어류와 파충류의 중간으로, 땅 위 또는 물 어디에서도 살 수 있음. 개구리·도롱뇽 등.

양성1【養成】길러서 이루게 함. 예인재 ~. 비육성. -하다.

양성2【陽性】적극적으로 나아가는 성질. 예~반응. 반음성.

양속【良俗】아름다운 훌륭한 풍속.

양송이【洋松珥】서양 품종의 [양송이]

양식용 송이버섯. 우리 나라에서 나는 송이와 비슷하며 건강 식품으로 많이 사용한다.

양수1【陽數】영(0)보다 큰 수.「1·2·3」등. 반음수.

양수2【兩手】사람의 좌우의 손.

양수기【揚水機】모터 등을 이용하여 물을 퍼 올리는 기계.

양순【良順】어질고 온순함. -하다.

양식1【糧食】사람이 먹고 사는 곡식. 예~부족. 비식량. -하다.

양식2【樣式】일정한 형식이나 방식. 서류의 일정한 형식. 예생활 ~.

양식3【洋食】서양 음식과 서양 요리.

양식4【良識】건전한 태도 건전한 판단력. 예~있는 행동.

양식5【養殖】물고기·굴·김 등을 기르고 번식하는 일을 하는 사업.

양심【良心】본디 타고난 착한 마음. 예~적인 일. 반비양심. 부도덕.

양:어장 물고기를 인공적으로 알을 까게 하여 새끼를 길러서 큰 물고기로 기르는 곳. -하다.

양여【讓與】자기 소유를 남에게 넘겨 줌. 예권리를 ~하다. -하다.

양옥【洋屋】서양식으로 지은 집. 반한옥. 예그 집은 ~이다.

양:위【讓位】임금의 자리를 물려 주는 것. 예임금의 자리를 ~하다.

양:육【養育】아이를 돌보고 키움.

양인1【洋人】서양 사람을 일컫는 말.

양:인2【兩人】두 사람.

양자1【陽子】양성자. 반중성자.

양자2【養子】아들 없는 집에서 대

양자 택일 둘 중 하나를 택하는 것.
양잠【養蠶】누에가 뽕잎을 먹고 자라면서 누에 고치를 만든다. 누에고치는 실크, 비단을 만드는 원료로 비단 옷감은 지금도 고가에 거래될 정도로 비싼 옷감이다. 비누에치기.

[양잠]

양ː잠업【養蠶業】누에를 치는 직업.
양장【洋裝】여자의 옷을 서양식으로 차려 입는 것. 또는 그 옷.
양장점【洋裝店】여자의 양장 옷을 짓고 파는 상점. 여자의 맞춤 옷.
양재【洋裁】양복이나 양장을 마르거나 만들어 내는 것. 예~학원.
양조장【釀造場】술이나 간장·초 등을 담그는 공장. -하다.
양주【洋酒】서양에서 들어온 술. 서양 술. 위스키·브랜디·꼬냑 등.
양주 별산대놀이 경기도 양주 지방에 전해 내려오는 가면극.

[양주 별산대놀이]

양지【陽地】볕이 잘 드는 곳. 비양달. 반음지.
양질【良質】좋은 품질. 좋은 바탕. 예~의 종이.
양쪽 왼쪽과 오른쪽. 비양편. 양면.
양처【良妻】어질고 착한 가정 주부.
양철【洋鐵】안과 밖에 주석을 입힌 얇은 철판. 비함석. 예~지붕.
양초 서양식의 초. 동물의 지방이나 석유의 찌꺼기를 정제하여, 심지를 속에 넣고 만듦.
양파 흙 속에서 자라고 여러 겹이 모여서 둥글고 흰 덩이를 이룬 달면서 매운 맛이 있는 채소.

[양파]

양ː팔 저울 가로 막대의 중심을 받치고 양쪽에 똑같은 접시가 달린 저울. 비천칭.
양푼 옛날에 흔히 사용했던 그릇으로써 넓은 둥근 큰 놋그릇. 주방에서 사용하던 주방 기구의 일종.
양피【羊皮】온순한 양의 벗긴 가죽.
양해【諒解】사정을 잘 알아서 이해함. 예상대방의 ~를 구하다.
양호【良好】매우 좋음. 상당히 좋음.
양호실【養護室】양호 교사 등이 학생의 보건 관리에 관한 일을 취급하는 곳. 보건실의 이전 말.
양화【洋畵】서양에서 제작된 영화.
양화점【洋靴店】구둣방. 구두를 만들어 파는 가게. 예~에 다녀왔다.
얕잡다 남의 재주나 능력을 업신여겨 하찮게 대접하다. 우습게 보다.
어ː가【御駕】임금이 타고 다닌 수레.
어금니 송곳니의 안 쪽에 있는 모든 큰 이. 입의 안 쪽에 넓적한 이.

어긋나기 잎이 마디마디마다 방향을 달리하여 어긋나는 것은 햇빛을 많이 받기 위하여서이다.

[어긋나기]

어깨 ①팔이 붙은 관절의 윗부분. ②옷의 소매와 깃의 사이.

어깨동무 서로 어깨로 팔을 얹고 노는 아이들의 놀이. -하다.

어느덧 모르는 동안에. 어느 사이에. 어언간에. 어느 새. ᵇⁱ언젠가.

어두 육미 물고기는 대가리, 짐승은 꼬리 쪽이 맛이 있다는 말.

어름치 한강에만 남아 있는 우리 나라 특산종. 천연 기념물 제259호 지정.

[어름치]

어리광 짐짓 어린 체하며 버릇 없이 구는 짓. ᵉ아이가 ~을 부리다.

어리다₁ ①나이가 적다. ②경험이 적거나 수준이 낮다. ᵇᵃⁿ다 컸다.

어리다₂ ①눈물이 고이다. ②눈 앞에 자꾸 떠오르다. ③아물거리다.

어린이 어린 아이를 대접해서 일컫는 말. ᵉ5월 5일은 ~날 이다.

어린이날 5월 5일. 어린이들을 사랑하고 착하게 기르자는 것이 주요 정신인 어린이 명절. ᵉ~행사.

어머니 ①자기를 낳은 여자. ᵇⁱ모친. ᵇᵃⁿ아버지. ②낳아서 자라게 보살핀 분. ᵉ실패는 성공의 ~이다.

어:명【御命】임금이 내리는 명령.

어묵 생선의 살을 으깨어 소금·갈분·미림 등을 섞고 나무판에 올려 쪄서 익힌 일본식 음식.

어미닭[-닥] 병아리를 품어 깐 암탉. ᵇⁱ엄마닭. ᵇᵃⁿ수탉. ᵏʷᵃⁿ병아리.

어미젖 아기를 출산한 산모의 젖.

어민【漁民】고기잡이를 생업으로 삼는 사람. ᵉ~생활. ᵇⁱ어부.

어버이 어머니와 아버지. ᵇⁱ양부모.

어버이날 어머니와 아버지의 고마움을 되새기기 위하여 정해진 날. 약력 5월 8일. [어부]

어부【漁夫】바다나 민물에서 고기를 잡는 것을 직업으로 하는 사람을 말한다. ᵇⁱ어민.

어부사시사 1651년에 윤선도가 지은 연이은 여러 편의 시조들.

어서어서 어떤 일이나 행동을 빨리 하기를 매우 재촉하는 말. -하다.

어선【漁船】고기잡이를 하는 배.

어:설프다(어설프니, 어설퍼서) ①꼭 짜이지 못하여 조밀하지 않다. ②탐탁하지 않다. ᵇᵃⁿ단단하다.

어수선하다 ①가지런하지 않고 마구 헝클어져 있다. ②걱정이 많아서 마음이 뒤숭숭하다. ᵇᵃⁿ조용함.

어스름 저녁이나 새벽의 약간 어둑한 빛. 또는, 그 때. 조금 어둑하다.

어슬렁거리다 몸집이 큰 사람이나

어여쁘다(어여쁘니, 어여뻐서)「예쁘다」의 예스러운 말. 반미웁다.
어엿하다 거리낌이 없이 당당하고 떳떳하다. 비당당하다. 당돌하다.
어영부영 적극성이 없이 되는 대로 행동하는 모양. 이럭저럭. -하다.
어우러지다 여럿이 조화되어 한 덩어리나 한 판을 이루게 되다.
어육【魚肉】①생선과 짐승의 고기 예~시장. ②생선의 살.
어저께 어제. 예나무 싹이 ~돋았다.
어:전【御前】옛날의 임금의 면전.
어젯밤 어제의 밤. 예~에 아팠다.
어지르다 정돈되어 있는 물건들을 마구 늘어놓아 어지럽게 하다.
어쨌든 어떠한 것이든지 상관 없이.
어쩌나 어떻게 하나. 해결이 어려운.
어쩌다 ①뜻밖에 우연히. ②이따금. 가끔. 본어쩌다가. 어찌하여.
어치 성대가 훌륭해서 소란스럽게 우짖어 구급차 소리까지도 흉내 낼 수 있으며, 주로 씨앗과 견과류를 먹는다. 때로 곤충을 먹으며 남의 새알을 훔쳐 먹는 새로 지금까지 잘 알려져 있다. [어치]
어항 물고기 특히 금붕어 및 관상용 어류 따위를 기르는 유리 항아리. 예~ 안에 물고기가 몇 마리 있다.
억만 장:자 헤아리기 어려울 정도로 많은 재산을 가지고 있는 사람. 예~로 태어남.

억새 말려서 지붕을 이는데 쓰거나 짐승의 먹이로 쓰는 잎이 좁고 길고 거칠며 키가 큰 풀. [억새]
억측【臆測】이유와 근거가 없는 추측. 예~이 난무하다. ~을 부렸다.
억하 심정 대체 무슨 마음으로 그러하는지 알기 어렵다는 뜻.
언감생심【焉敢生心】감히 그런 마음을 품을 수도 없음.
언급【言及】①어떤 문제에 대하여 말하는 것. 예~을 회피하다. ②하는 말이 그 곳까지 미침. -하다.
언니 여자 사이에 손위를 정답게 부르는 말. 예친구 ~. 5학년 ~들.언덕 땅이 산보다 낮고 둔덕보다 높은 곳. 비비탈. 반골짜기.
언동【言動】①「언어 행동」의 준말. ②말과 하는 짓. 예~이 거칠다.
언뜻 잠깐 나타나거나 문득 생각나는 모양. 예~눈에 띄다.
언론【言論】말이나 글로써 자기의 생각을 나타내는 일. 예~의 자유.
언론의 자유 개인이 그 사상 또는 의견을 말로 발표하는 자유. 기본적 인권의 하나임. 예~를 쟁취함.

언론인【言論人】언론으로써 그 업을 삼는 사람. 직업이 언론인 사람.

언어 장애【言語障碍】말을 바르게 발음할 수 없거나 이행할 수 없게 되는 상태. 실어증, 말더듬 따위.

얼: 혼. 정신. 넋. ^예민족의 ~이 있다.

얼굴 눈·코·입 등이 있는 머리의 앞쪽. ^예~이 이쁘다.

얼굴값 얼굴이 잘 생긴 만큼의 값어치의 일. ^예저 사람은 ~을 한다.

얼룩 본바탕에 다른 빛이 묻어서 굵은 점이 박힌 것.

얼레 연줄, 낚싯줄 따위를 감는데 쓰는 기구. 가운데에 밝은 자루를 돌려 줄을 감고 푼다.

얼레지 높은 산 비옥한 땅에서 무리 지어 자라며 잎은 비늘 줄기에서 2개가 나오고 봄에 자주색 꽃이 피는 여러해살이풀이다.

얼룩말 주로 아프리카의 초원 지대에 살고 있는 흰 바탕에 까만 줄무늬가 있는 말.

얼씬 무엇이 눈앞에 얼른 나타나는 모양. ^작알씬. ^예눈 앞에 ~거린다.

얼음 물의 온도가 0도 이하로 내려가 얼어 고체가 된 것. ^반수증기.

얼음판 얼음이 마당처럼 넓게 언 곳. 빙판. ^예~에서 놀았다. ^반운동장.

얼쩡거리다 하는 일도 없이 자꾸 돌아다니다. ^비얼쩡대다. 알짱대다.

얼쩡얼쩡 한 곳에서 하는 일 없이 이리 저리 자꾸 왔다 갔다 하다.

얼추 ①어지간한 정도로 대충. ②어떤 기준에 거의 가깝게. ③거의.

얼큰하다 ①매워서 입 안이 얼얼하다. ②입 안이 맵고 얼얼하여 땀이 솟아난다. ③생태 찌개가 ~.

얼토당토 아니하다 아무런 관계가 없다. ^준얼토당토 않다.

엄:니 식육 동물의 아래위 턱에 난 굳세고 날카로운 송곳니. 어금니.

엄동【嚴冬】깊은 겨울의 심한 추위.

엄동 설한【嚴冬雪寒】눈이 오고 몹시 추운 겨울. ^예~에 핀 꽃.

엄마 「어머니」를 어린 아이가 정답게 부르는 말. ^반아빠. ^관어머니.

엄마닭[-닥] 병아리를 깐 암탉. ^비어미닭. ^관병아리. ^반수닭.

엄살 거짓으로 아픈 체하는 것. 아픈척 행동하는 것. ^예~을 부리다.

엄선【嚴選】엄하고 철저하게 가려 뽑는 것. ^예대표 선수를 ~하였다.

엄수【嚴守】어기지 않고 꼭 지킴. ^예약속을 ~하다. -되다. -하다.

엄숙【嚴肅】정중하며 의젓하여 위엄이 있음. ^비근엄. ^반경박. 천박.

엄:습【掩襲】갑작스레 습격하는 것.

엄지손가락[-까-] 손가락 중 가장 굵고 짧은 첫째 손가락. ^준엄지.

엄:포 실속 없는 말로 남을 위협하

엄하다 ①규율이나 예절을 따지는 데에 매우 딱딱하고 바르다. ②잘못되지 않도록 주의가 심하다. 비엄중하다. ③무서울 만큼 강하다.
엄히 규율이나 예절을 엄하게 하는.
업무【業務】직장에서 일하는 공무.
업보【業報】불교에서 전 세상의 악한 짓에 대한 지금 세상의 죗값.
업:신여기다[-녀-] 잘난 체하여 사람을 만만히 여기다. 예형은 나를 ~. 비깔보다. 반존경하다.
업적【業績】일을 해 놓은 성적. 예~을 남기다. 비공적. 실적.
엉거주춤하다 ①앉지도 서지도 않고 몸을 굽히고 있다. ②일을 딱 잘라 하지 못하고 망설이다.
엉겁결 자기도 뜻하지 못한 사이에 갑자기. 예~에 함.
엉겅퀴 줄기는 꽤 높이 자라고 털이 있으며, 잎은 뾰 [엉겅퀴] 뾰하고 가시가 있고 진한 자주빛 꽃이 피는 산이나 들에 나는 풀.
엉금엉금 느리게 기어가는 모양.
엉기다 ①액체가 한데 뭉쳐 굳어지다. 예기름이 ~. ②무엇이 한데 얽히고 엇갈리다. 반풀리다.
엉:덩춤 신이 나서 엉덩이를 으쓱거리는 짓. 예~을 춘다.
엉뚱하다 ①분수에 지나치는 행동이나 말을 하다. ②생각지도 못한 행동을 하다. 예친구는 행동이 ~.
엉망 뒤섞여 갈피를 잡을 수 없는 상태. 예파티가 ~이 되다.
엉망진창 몹시 뒤섞여 헝클어진 것.
엉성하다 ①짜이지 않다. ②빽빽하지 못하고 성기다. 반빽빽하다.
엉키다 풀이 어려울 정도로 얽힘.
엉터리 ①터무니없는 일이나 물건. 예~수작. ②허울만 있고 내용이 없는 사람이나 물건. 반진실 됨.
엊그저께 두어 날 전. 며칠 전. 오늘의 이틀 전. 예~만났다. 준엊그제.
엊저녁 어제 저녁.
엎다[업다] ①뒤집어놓다. ②물 따위를 흘리다. ③물건이 뒤집어짐.
엎드리다 몸의 앞 부분을 바닥에 대다. 예바닥에 ~. 비엎어지다.
엎어지다 ①앞으로 넘어지다. ②위아래가 뒤집히다. 예물그릇이 ~.
에너지 일을 할 수 있는 원기. 기계를 움직이게 하는 동력. 예전력 ~.
에너지원 에너지의 근원. 곧 석탄·석유·태양열·수력 따위.
에너지 자:원 에너지 공급의 원료가 되는 기초 물질. 석탄·석유·가스. 태양열. 풍력 등.
에누리 물건 값을 더 부르거나 깎거나 하는 일. 물건 값을 깎는 것.
에:다 ①날카로운 연장으로 도려내다. ②사람의 마음을 깎아 내듯이 슬픈 감정. 「에이다」의 준말.
에도 「또한」의 뜻을 나타내는 부사격 조사. 예겨울~ 꽃이 핀다.
에디슨[인명](1847~1931) 미국의 발

명가. 확성기·축음기·전등·촬영기 등 1,000여 종을 발명하였음.「발명왕」이라 불리기도 함.

에디오피아 아프리카 동부에 있는 공화국, 수도는 아디스아바바이다. [122만 8천km^2]

에러 ①과실·실수·실책의 뜻. ②야구에서 잡을 수 있는 타구나 송구를 잡지 못해 주자를 살게 한 것.

에메랄드 녹주석의 하나. 녹색 광택이 있는 보석. 반지로 사용함.

에뮤 타조에 이어 두 번째로 크고 날지 못하며 열매, 곤충, 풀을 먹고 알은 수컷이 품어서 부화한다.

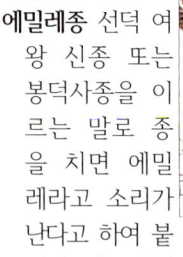
[에뮤]

에밀레종 선덕 여왕 신종 또는 봉덕사종을 이르는 말로 종을 치면 에밀레라고 소리가 난다고 하여 붙여진 이름이다.

[에밀레종]

에스극 자석의 남극. 지구의 남극. S극. ^{반}N극.

에스파니아 유럽 남부 이베리아 반도에 있는 입헌 군주국. 프랑스 포르투칼과 이웃이며, 수도는 마드리드이다. [50만 5천km^2]

에어 백 자동차가 충돌하는 순간, 탑승자가 다치지 않도록 부풀어서 완충시키는 공기 주머니.

에어 쇼 공중에서 비행기가 펼쳐 보이는 성능 시험 비행·전시 비행·곡예 비행 따위를 통틀어 이르는 말. -하다.

에워싸다 사방을 빙 둘러서 싸다. ^{비}둘러싸다. 온통 뒤덮다.

에이 실망하여 단념할 때 내는 소리. ^{예}~깨끗이 잊어 버리자.

에이디:(A.D.) 서력 기원. 서기.

에이스 ①제1인자 또는, 최우선 선수. ②야구에서, 팀의 주전 투수.

에콰도르 남아메리카 대륙의 북서부에 있는 공화국, 수도는 키토이다. [27만 2천km^2]

엑스선 1895년 독일의 물리 학자 뢴트겐이 발견함. 눈에는 보이지 않으나 물질을 꿰뚫는 힘이 강한 광선. 의학상·학술상 용도로 쓰임.

엑스선 사진 X선을 이용하여 촬영하는 사진. ^{비}엑스 레이. 의료 장비.

엑스트라 연극이나 영화 촬영 때에 단역을 하는 임시 고용 배우.

엔극 지남철이 가리키는 북쪽 끝. ^{비}북극. ^{반}에스극.

엘리베이터 높은 건물을 오르내리는 데 쓰이는 기계 장치. 승강기.

엘리트 우수한 능력이 있다고 인정된 사람. 선량. 지도적인 소수인.

[엘크]

엘크 사슴 중에

서 가장 크고 솔방울과 이끼를 먹으며 호숫가에서 산다. 순록.

여객기 여행하는 손님을 태워 나르는 비행기.

여객선【旅客船】여행하는 사람을 태워 나르는 배. ⁿ어선.

여:건[-껀] 어떤 일의 주어진 조건.

여걸【女傑】남자처럼 당당한 여자.

여관【旅館】일정한 돈을 받고 여행하는 사람을 묵게 하는 집. ⁿ집.

여군【女軍】여자 군인. 여자로 조직된 군대. ᵉ우리 누나는 ~장교다.

여권【旅券】해외 여행자의 신분·국적을 증명하고 그 나라의 보호를 의뢰하는 문서. 국적 증명서.

여기저기 이곳 저곳에. 근처 여러 곳.

여뀌 냇가나 도랑에서 자라는 한해살이풀이며 어독초라 하여 독이 있으며 신맛이나 일 본 사람들은 먹기도 한다. 6~9월에 연보라 색의 꽃이 핀다. [여뀌]

여남은 열 가량에서 열이 넘는 수.

여념【餘念】생각할 겨를.

여느 보통. 특별한 경우가 아니고 예사로운. ᵉ~때보다 늦다.

여:닫이[-다지] ①열고 닫는 일. ②밀거나 당겨서 여는 문. ⁿ방문.

여담【餘談】용건이나 본 줄거리와 관계 없이 하는 이야기. ⁿ진담.

여:당【與黨】정권을 잡고 있는 정당. ⁿ정부당. ⁿ야당. -하다.

여대생「여자 대학생」의 준말.

여독【旅毒】여행으로 말미암아 생긴 피로. ᵉ~을 풀다. 여행의 피로.

여드레 여덟 날. 팔일. 여덟 번째 날.

여드렛날 초하룻날로부터 여덟 째의 날. ᵉ~에 옴. 초여드렛날의 준말.

여드름 주로 사춘기에 이른 남녀의 얼굴 등에 나는 작은 종기의 한 가지. ᵉ얼굴에 ~이 났다.

여든 열의 여덟 갑절. 80. ⁿ팔십.

여러 수효가 많음. 상당히 많은 수.

여럿 ①많은 사람. ᵉ~이 같이. ②많은 수. 여러 사람.

여력【餘力】어떤 일을 하고 남은 힘. 곧, 다른 일을 할 수 있는 힘. 남아 있는 힘. ᵉ~이 있다. ⁿ소진.

여로【旅路】여행을 하며 다니는 길.

여:론【輿論】여러 사람의 공통된 의견. 대중 다수의 의견. ᵉ~조사.

여류【女流】그 방면에 능숙한 여성임을 나타내는 말. ᵉ~소설가.

여반장【如反掌】「손바닥을 뒤집는 것 같다는 뜻」으로 일이 매우 쉬움을 이르는 말. 이여반장. -하다.

여백【餘白】글씨나 그림이 없는 부분.

여보 ①자기 아내가 남편을 부르는 말. ②「여보시오」의 낮춤말.

여름내 이른 여름부터 늦은 여름까지의 사이. ᵉ~비가 온다. -하다.

여름 방학[-빵-] 여름의 한창 더울 때에 하는 방학. ⁿ하기 방학. ⁿ겨울 방학. ᵉ~이 시작되었다.

여분【餘分】쓰고 남은 나머지. ᵉ~이 있다. ⁿ나머지. 여유분. 잉여.

여비【旅費】여행하는 데 드는 비용.
여왕【女王】여자 임금. 예선덕 ~.
여왕개미 알을 낳을 수 있는 암캐미. 몸이 크며 일 개미 떼들의 우두머리이다. [여왕개미]
여왕벌[동물] 벌떼에서 산란 능력이 있는 암펄. 몸이 크며 벌 사회의 우두머리임. 비장수벌.
여우 개와 비슷하나 몸이 더 홀쭉하고 다리는 짧고 가늘며 털 가죽으로 목도리를 만든다. [여우]
여유【餘裕】①넉넉함. ②너그러움.
여의다 ①죽어서 헤어지다. 예일찍 아버지를 ~. ②멀리 떠나 보내다. 시집을 보내다. 예막내딸을 ~.
여의주 불교에서, 모든 소원을 이루게 해 준다는 신기한 기술.
여인【女人】여자. 어른인 여자. 여성.
여자【女子】여성인 사람. 반남자.
여장【女裝】남자가 여자처럼 차리는 것. 또는 그차림. 반남장. -하다.
여장부【女丈夫】남자처럼 굳세고 용기 있는 강한 의지가 있는 여자.
여주 잎은 넝쿨손과 마주나고,  [여주] 여름에 노란 꽃이 핌. 열매는 혹 같은 돌기에 쌓임.
여진【餘震】큰 지진 따위가 있는 다음에 잇따라 일어나는 작은 진동.
여진족【女眞族】만주와 한반도 동북쪽에 살던 종족.
여:쭈다 웃어른께 의견을 묻거나 사연을 아뢰다. 높여쭙다.
여차하면 무슨 일이 일어나기만 하면. 예~그냥 갈 거다.
여축【餘蓄】쓰고 남은 물건을 모아 두는 것. -하다.
여치 풀빛 날개와 긴 실모양의 더듬이가 있고, 여름에 찌르르하고 우는 메뚜기 비슷한 곤충. [여치]
여편네 결혼한 남자가 자기 아내를 낮추어 이르는 말. 예~가 온다.
여필 종부【女必從夫】아내는 반드시 남편에게 순종하여 좇아야 한다.
여하간【如何間】어떠하든지간에.
여하튼 앞에서 말한 것이 상관 없다.
여학생【女學生】여자 학교의 학생.
여행【旅行】집을 떠나 다른 고장이나 나라 등 먼 길을 감. -하다.
여행기【旅行記】여행 중의 견문이나 감상을 적은 글. 예~를 쓰다.
여행사【旅行社】여행자의 편의를 돌보아 주는 일을 업으로 하는 영업 기관. 예서울 ~.

여행자【旅行者】여행을 하는 사람.
역기【力器】역도를 할 때 들어 올리는 기구. 바벨.
역기능【逆機能】본디 목적한 것과는 반대로 작용하는 기능.
역대【歷代】지나 내려온 여러 세대.
역도【力道】역기 운동을 통하여 몸과 마음을 닦는 운동. -하다.
역량【力量】[영냥] 어떤 일을 해낼 수 있는 힘. 예~이 있는 사람.
역력하다 자취나 낌새 등이 또렷하다. 예피로한 기색이 ~.
역마차 서양에서, 철도가 다니기 전에 정기적으로 사람이나 화물·우편물 따위를 옮기던 마차.
역모【逆謀】[영-] 반역을 도모하는 것. 예~를 도모하다. -하다.
역사₁【歷史】지금까지 인간이 살아온 사회의 내력이나 변하여 온 발자취. 예~교과서 발간. 비청사.
역사₂【力士】힘이 대단히 센 사람.
역습【逆襲】공격해 오는 적을 이쪽에서 도리어 급히 공격함. -하다.
역시【亦是】또한 아무리 생각해도.
역적【逆賊】반역을 꾀하는 사람.
역적 모의【逆賊謀議】역적들이 모여서 반역을 꾀함. -하다.
역전₁【逆轉】①거꾸로 형세가 뒤바뀌어짐. ②일이 잘못되어 좋지 않게 벌어져 감. -하다.
역전₂【驛前】정거장 앞. 기차역 앞.
역점【力點】①지레의 힘이 걸리는 점. ②사물의 중심이 되는 점. 예친목에 ~을 두다. 국가의 ~사업.

역정【逆情】[-쩡] 몹시 언짢거나 못마땅하게 여겨 내는 성. 주로, 윗사람에게 쓰는 말임. 예~내다.
역주【力走】힘을 다하여 달리는 것.
역할【役割】각자 맡은 일. 예학생의 ~. 비소임. 구실. 역활(×).
역행【逆行】[여캥] ①순서·방향 등을 바꾸어 행함. ②거슬러서 나아감. 예시대에 ~하다. -하다.
역효과【逆效果】기대의 나쁜 결과.
엮은이 책 따위를 엮은 사람. 편자. 편집자. 저자. [연]
엮음 엮는 일. 또는, 엮은 것.
연 댓가지에 종이를 붙이고 실을 메어서 공중에 날리는 장난감.
연간【年間】한 해 동안. 예~강우량.
연거푸 연달아 여러 번 계속하여.
연결【連結】떨어진 물건을 잇는 것.
연계 이어서 매는 일. 관련하여 관계를 맺는 것. 또는, 그러한 관계.
연고【緣故】①사유. 예~를 대다. ②혈통·정분 또는 법률상으로 맺어진 관계. 예~관계를 맺었다.
연고자【緣故者】연고가 있는 사람.
연ː구【研究】사물에 대하여 깊이 생각하며 조사해 가면서 공부하는 것. 비탐구. 예우리 말 ~가.
연ː구가【研究家】연구를 하는 사람.
연ː구소【研究所】연구를 전문으로 하는 기관. 예원자력 ~.
연ː극 배우가 극본에 따라 치장을

하고 무대에서 음악·배경·행동·조명 또는 여러 장치로 보여 주는 예술. 예~배우로 유명하였다.

연근 연못에서 자라며 뿌리줄기는 굵고 잎은 둥글며 여름에 연분홍 꽃이 피고 뿌리나 씨는 약재로 쓰나, 뿌리를 식용으로 사용한다. 예~은 건강식품이다. [연근]

연:금₁【軟禁】 신체의 자유는 속박하지 않고 다만 외부와의 일반적인 접촉을 금하고 제한 함. 예가택에 ~을 하다. 반석방. -하다.

연금₂【年金】 국가 또는 공공 단체가 매년 정기적으로 주는 돈.

연기₁【延期】 정한 기한을 물림. 예내일로 ~하자. -하다.

연기₂【煙氣】 물건이 탈 때 생기는 흐릿한 기체. 비내.

연:기₃【演技】 배우가 맡은 배역을 그럴 듯하게 해 보이는 말이나 동작. 예~자.

연꽃[식물] 연못이나 늪 등에서 피는 연분홍의 꽃. 잎은 물 위에 뜨고 둥글 넓적하다.

[연꽃]

연대₁【聯隊】 군대 구성의 하나. 3개 대대로 편성됨. 사단의 아래.

연대₂【連帶】 두 사람 이상이 공동으로 책임을 짐. 예책임. -하다.

연대₃【年代】 ①햇수와 세대의 수효. ~순으로 조사하다. ②지나온 시대. ③시대. 세상. 일의 벌어진 해.

연등 행사 부처님 오신 날에 연등을 들고 행하는 불교의 행사.

연락망【聯絡網】 연락하려고 벌여 놓은 조직 체계. 학급 ~.

연령【年齡】 나이. 예나는 ~이 어림.

연령별【年齡別】 나이대로 가름. 나이에 따라 나눔. 예~ 인구.

연례회【年例會】 해마다 한 번씩 정기적으로 모이는 모임. -하다.

연로【年老】[열-] 나이가 많아서 늙음. 연령이 많으시다. 예~하신 조부모님. 비연고. 반연소. 소년.

연료【燃料】 열을 이용하기 위하여 때는 재료. 석탄·석유 등.

연루【連累】 남이 일으킨 일에 관련되어 죄를 덮어 쓰거나 피해를 보게 됨. 예사건에 ~되다.

연:마【研磨】 학문이나 기술 따위를 익히고 닦음. 예기술을 ~하다.

연명【延命】 목숨을 겨우 이어 살아감. 예목숨을 ~하다. -하다.

연민【憐憫】 매우 불쌍하고 가련함.

연발【連發】 ①총포 따위를 잇달아 쏨. 예~ 총. ②계속하여 일어남.

연보【年譜】 사람이 한평생 지낸 일을 연월순으로 간략하게 적은 기록. 예작가~.

연봉【年俸】 일 년 단위로 정하여

연사【演士】 연설하는 사람. 연설자.
연산【年産】 일 년 동안의 생산고 또는 산출고. 예 3000만 톤.
연상₁【聯想】 한 생각으로 말미암아 관계되는 다른 생각이 떠오르는 일. 예불길한 일이 ~됨. -하다.
연상₂【年上】 자기보다 나이가 많음. 예~의 연인. 반연하. 아랫사람.
연속【連續】 끊이지 않고 계속된 것.
연:수【研修】 학업을 연구하고 닦음. 예해외 ~. 어학~. 하다.
연:습【練習】 여러 번 되풀이하여 익힘.
연승【連勝】 연이어 계속 이기는 것.
연:시【軟柿】 붉고 말랑말랑하게 흠뻑 익은 감. 연감. 홍시.
연시₂【年始】 한 해의 처음. 연초. 예연말 ~에 사람들이 분주하다.
연싸움 연날리기에서 연줄을 걸고 서로 상대방의 연줄을 끊는 놀이. -하다. 예겨울에 ~을 자주한다.
연안【沿岸】 육지와 접한 강·호수·바다 등의 물가. 예동해 ~.
연어[동물] 연엇과의 바닷물고기. 몸 길이 약 1m로 방추형임. 가을에 강 상류에 올라와 모래바닥에 알을 낳고 죽음.

[연어]

연장₁ 물건을 만드는 데 쓰는 기구. 비도구. 연모.
연장₂【延長】 시간·길이 등을 길게 늘임. 예시간을 ~하다. 반단축.
연:주【演奏】 여러 관중 앞에서 악기로 음악을 들려 줌. -하다.
연:주가 음악을 연주하는 사람.
연적【硯滴】 벼루에 먹을 갈 때 쓰는, 물을 조금씩 나오게 만든 작은 그릇. 예~에 물이 없다.
연지【臙脂】 여자들이 볼에 칠하는 붉은 빛의 화장품. 구지.
연착【延着】 예정 시간보다 늦게 도착하마. 예열차가 ~하다. 반도착.
연체【延滯】 ①기한 안에 이행해야 할 채무나 납세를 지체하는 것. 예~금. ②정한 기한에 약속을 지키지 못하고 지체하는 것. -하다.
연초₁【年初】 새해의 첫머리. 반연말.
연초₂【煙草】 담뱃잎을 따서 말린 잎.
연:출【演出】 각본에 따라 배우를 움직여 무대 위에서 상연하는 것을 지도하여 이끎. -하다.
연타 ①연이어 침. ②야구에서, 안타가 계속되는 것.
연:탄 주원료인 무연탄에다 코크스·목탄 등의 탄화물을 배합하여 만든 연료. 구공탄·십구공탄 따위.

[연탄]

연합【聯合】 두 가지 이상의 사물이 합하여 하나의 조직체를 만드는 것. 또는, 그 조직체. -하다.
연해₁【沿海】 바닷가에 닿아 있는 육

지. ^비연해변. ^예친구가 ~에 산다.
연해2【連-】①자꾸 계속하여. ②「연하여」의 준말.
연행【連行】강제로 데리고 감. ^예범인을 ~하다. -하다. ^반석방.
연혁【沿革】변천하여 온 내력. ^예학교의 ~을 소개하다.
연:회【宴會】축하·환영·석별·위로 등의 뜻을 표현하기 위하여 여러 사람이 모여 베푸는 일.
열강【列強】세력이 강한 여러 나라.
열거【列擧】하나씩 들어 말함. -하다.
열광【熱狂】①미친 것처럼 흥분하여 날뜀. ②너무 열심히 함. ^예~적인 환영. ③흥분하여 신난 상태.
열기【熱氣】뜨거운 기운. ^예~가 남.
열너댓 열넷 내지 열다섯. 14~15.
열녀【烈女】[-려] 절개가 곧은 여자.
열대【熱帶】[-때] 적도를 중심으로 남북 회귀선까지의 더운 지대. 일년 간의 평균 기온이 20℃ 이상임. ^예~식물. ^반한대. 냉대.
열대어【熱帶魚】모양, 색깔 따위가 화려하고 예쁘며 관상용으로 기르는 열대 지방에서 자라는 물고기.

[열대어]

열등【劣等】평균적인 수준의 것과 비교해서 뒤떨어져 있는 것. ^예품질이 ~하다. ^반우등. -하다.
열등감【劣等感】남과 비교할 때 자기 자신을 너무 낮게 평가하는 감정. ^비콤플렉스. ^반우월감.
열망【熱望】간절하고 열렬히 바람.
열매 ①과실. ②식물의 꽃이 진 뒤에 맺히는 것. ^예~가 열렸다.
열목어 깊은 산골짜기의 흐르는 물에서 살며 3~4년 정도 지나면 몸 길이가 30cm를 넘어 혹 1m이상도 있으며 식용한다.

열반【涅槃】불교에서, 불도를 완전하게 이루어 모든 고통과 번뇌를 벗어나는 정신적인 상태. -하다.
열심[-씸] 한 가지 일에 깊이 마음을 기울임. 일에 골몰함.
열연【熱演】연극 따위에서 열렬히 연기하는 것. ^예배우가 ~한다.
열의【熱意】목적을 성취하려는 열성스러운 마음. ^예형은 ~가 있다.
열정【熱情】[-쩡] 열렬한 정열. 뜨거운 감정. ^예~을 쏟다.
열정적【熱情的】열정이 있는 모양.
열중【熱中】[-쯩] 온 정신을 한곳으로 쏟음. ^반태만. -하다.
열창【熱唱】노래 따위를 열심히 부르는 것. 또는, 그 노래. -하다.
열처리 물질을 가열·냉각하여 굳기 등의 성질을 변화시키는 일.
열화₁【烈火】세차게 타는 뜨거운 불.
열화₂【熱火】①뜨거운 불길. ②매우 급한 화증. ③불이 무섭게 탐.

열흘 열 날. 10일. 열 번째 날.
얇:다[열따] ①두께가 두껍지 않다. ②색깔이 진하지 않다. ^반두껍다.
염【鹽】 소금. ^비알칼리성. ^반산성.
염:두 ①생각의 기초. ②마음 속.
염라 대:왕【閻羅大王】[-나-] 죽어서 지옥에 떨어진 인간의 생전 행동을 심판하고 다스린다는 저승의 임금. 염라국의 왕.
염:려【念慮】 마음을 놓지 못함. 앞의 일에 걱정하는 것. ^비근심. 걱정.
염료【染料】[-뇨] 섬유 등을 물들이는 색소가 되는 물질. 염색 원료.
염:색【染色】 천 따위에 색물을 들임. ^예머리를 ~하다. ^반탈색.
염소[동물] 집짐승의 하나. 양과 비슷하며 되새김질을 하는 [염소]

짐승. 뿔이 뒤로 굽고 꼬리가 짧음. 산양 젖과 고기를 먹을 수 있다.
염분【鹽分】 물결에 있는 소금 성분.
염:불【念佛】 부처의 모습과 공덕을 생각하면서 「나미아미타불」을 외거나 부르는 일. -하다.
염증₁【炎症】[-쯩] 몸의 한 부분이 빨갛게 붓고 진물이 나며 열이 나는 증세. ^준염.
염증₂【厭症】 내키지 않는 싫은 마음.
염치【廉恥】 부끄러움을 아는 마음.
염화칼슘 염소와 칼슘의 화합물. 백색의 결정 또는 가루. 습기를 잘 빨아들이므로 건조제로 많이 사용함. 염화가리.
엽기【獵奇】 기괴한 일이나 물건에 호기심을 가지고 즐겨 찾아 다니는 것. ^예~심.
엽서 ①편지를 적어 보내는 카드. ②「우편 엽서」의 준말. [엽전]
엽전【葉錢】 가운데에 구멍이 뚫린 동그란 옛날 쇠돈. 구전.
엽차【葉茶】 차나무의 어린 잎을 달여서 만든 차.
엽총【獵銃】 사냥을 하는 데 쓰는 총.
엿 쌀·수수·고구마 따위를 엿기름으로 삭히고 고아서 만든 달고 끈끈한 식품. ^예~가락. ~기름.
엿기름 보리를 싹트게 한 것. 녹말을 당분으로 바꾸는 물질이 많이 들어 있음. 맥아.
엿:듣다 남의 말을 혼자 몰래 듣다.
엿:보다 ①남 몰래 가만히 살피다. ②때를 기다리다. ③몰래 보다.
영감₁【靈感】 신의 계시를 받은 것 같은 느낌. ^예~이 떠오르다.
영감₂【令監】 나이 많은 남편 또는 나이 많은 남자. ^비노인. ^반유아.
영:결【永訣】 영원히 헤어짐.「죽은 사람과 헤어짐」을 뜻함. ^예~식. ^비영별. ^반재회.
영:결식【永訣式】 장래 때 가족·친지가 모여 죽은 사람과 영원히 이별하는 의식. -하다.

영공【領空】 국가의 영역을 구성하는 부분으로, 영토와 영해 윗부분의 공간. 예~을 지키다.

영광【榮光】 빛나는 영예. 광영. 명예.

영:구【永久】 길고 오램.

영:구적【永久的】 영구히 변하지 않는 모양. 비항구적. 반일시적.

영국【英國】[나라] 유럽 대륙 서쪽에 있는 섬나라. 입헌 군주제 국가이며 수도는 런던이다. [24만 2천km^2]

영글다 씨가 익어서 단단해지다. 「영물다」의 사투리.

영농【營農】 농업을 경영하는 것. 예~ 후계자. -하다. 관기업.

영농후계자 농촌 출신 젊은이로 고향에 머물러 농사 일을 이어 받기를 결심한 희망자 중에 뽑인 사람.

영단【英斷】 ①뛰어난 결단. ②주저하지 않고 내리는 결정. ③현명하고 명확한 판단 하에서 내린 것.

영락 없다 조금도 틀리지 않고 번번이 맞다. 예이번에도 ~.

영령【英靈】 ①죽은 사람의 영혼. ②훌륭한 사람의 영혼. 예죽은 ~들.

영롱【玲瓏】[-농] ①눈부시게 빛남. 예~한 눈빛. ②금구슬이 울리는 것처럼 맑고 아름다운 소리.

영릉[-능] 경기도 여주시에 있는 조선시대 제4대 왕인 세종 대왕과 소헌 왕후의 능.

영리₁【營利】 재산상의 이익을 얻으려고 꾀함. 예~사업.

영:리₂【怜悧】 똑똑하고 눈치가 빠름.

영문₁【英文】 영어로만 구성된 문장.

영문₂ 알 수가 없는 일의 이유나 형편.

영부인【令夫人】 남의 부인을 높여서 이르는 말. 비귀부인.

영빈【迎賓】 방문하는 손님을 맞음.

영사【領事】 외국에서 있으면서 자기 나라 무역·이익 등과 국민 보호에 관한 업무를 보는 공무원. 예미국 ~관. 영은 ~업무를 본다.

영:사기【映寫機】 영화나 환등 따위의 필름의 상을 확대하여 영사막에 비치는 기계.

영산【靈山】 신령스러운 산. 영봉.

영산홍 철쭉과 비슷하나 영산홍은 늘푸른 나무이고 잎이 돋아난 뒤에 꽃이 피지만 철 죽은 꽃이 핀 후 잎이 남. 관상용이다.

[영산홍]

영:상【映像】 빛에 의해 나타나는 물체의 모양. 이미지.

영:생【永生】 ①영원 무궁한 생명. 영원한 삶. ②예수를 믿고 그 가르침을 행함으로써 천국에서 영원히 사는 것. ③영원한 생명.

영세₁【領洗】 천주교에서 신자가 될 때에 받는 의식. 비세례. -하다.

영세₂【零細】 ①생활이 어려움. ②작고 가늘어 변변하지 못함. -하다.

영세민【零細民】 수입이 적어 겨우 살아가는 주민. 생활이 힘든 사람.

영수₁【領袖】 여럿 중의 우두머리. 조직의 높은 사람. ᵉ~ 회담.

영수₂【領收】 돈이나 물품을 받아들이는 것. ᵉ~증. -하다.

영양₁【營養】 생물이 섭취하여 생활력을 유지하는 양분. ᵉ~을 섭취.

영양₂【羚羊】 몸 전체에 부드러운 털이 있으며, 풀이 많은 언덕이나 덤불의 나무가 있는 평원에서 살며 조심성이 많아 곧 달아나고 번식기에는 격렬하게 싸운다.

[영양]

영양분 영양이 되는 물질의 성분. ᵉ~을 고루 섭취한다.

영어【英語】 영국과 미국 등에서 쓰이는 말.

영업【營業】 이익을 얻기 위하여 하는 일. ᵇ사업. -하다. ᵉ~시간.

영역【領域】 ①차지한 구역 안. ②국가의 주권이 미치는 범위.

영:영【永永】 영원히. 끝끝내. 오래.

영예【榮譽】 영광스럽고 명예로움.

영웅【英雄】 재주나 용맹이 뛰어나 위대한 일을 해 낸 사람.

영웅심【英雄心】 용략과 기개가 뛰어남을 나타내려는 마음.

영:원【永遠】 길고 끝없이 오랜 세월. ᵇ영구. ᵇ반순간. -하다.

영의정【領議政】 조선 시대 최고의 관직. 지금의 국무 총리와 비슷함.

영재【英才】 뛰어난 재주. 또는 그러한 지능을 가진 어린이나 청소년.

영적【靈的】[-쩍] 신령스러운 것. ᵉ~ 세계. ᵇ반육적.

영접【迎接】 손님을 맞아서 대접함.

영:정【影幀】 사람의 모습을 그려 놓은 족자.

영지버섯 둥글거나 심장 모양이고 붉은 갈색이며 단단하고 번들거리는 큰 버섯. 말려서 약으로 널리 쓰인다.

[영지버섯]

영주【英主】 훌륭하고 뛰어난 임금.

영:주권【永住權】 일정한 자격을 갖춘 외국인에게 주는, 그 나라에서 영주할 수 있는 권리. ᵉ~자.

영토【領土】 통치권이 미칠 수 있는 한 나라의 지역. ᵇ국토. 강토.

영하【零下】 온도가 섭씨 0도 아래로 내려감. ᵉ~의 날씨.

영해【領海】 영토에 인접한 해역으로서, 그 나라의 통치권이 미치는 범위. 12해리임. ᵇ반공해.

영:향【影響】 어떤 일로 인하여 다른 일에 미치는 결과. ᵉ~력.

영혼【靈魂】 죽은 사람의 넋. ᵇ반육체.

영화【映畵】 긴 필름을 잇달아 스크린에 비추어 움직이는 영상으로 보이는 그림. ᵉ~관에 간다.

옆차기 운동을 하면 몸이 유연하고 민첩해진다. 발로 하는 앞차기, 돌

려차기, 뛰어차기, 옆차기 등은 태권도의 기본 발동작

[옆차기]

으로 발달하였으며 품새를 꾸준히 익히면 건강에 도움이 된다.

예:감【豫感】 무슨 일이 있기 전에 암시적으로 미리 느낌. -하다.

예:견【豫見】 닥쳐올 일을 미리 내다보는 것. -하다. 예미리 ~함.

예:고【豫告】 어떤 일을 미리 알린 것.

예:금【預金】 은행이나 우체국 등에 돈을 맡기는 일. 예정기 ~. -하다.

예:금주【預金主】 여러 금융 기관에 돈을 맡긴 사람. 비예금자.

예:금 통장【預金通帳】 은행 등이 예금자에게 교부하여, 예입과 지급의 내용을 기재하는 통장.

예:능【藝能】 음악·무용·연극 따위의 예술에 대한 재능.

예:로부터 오래 전부터. 옛날부터.

예루살렘[지명] 이스라엘의 수도. 유대교·그리스도 교·이슬람 교의 성지로 역사상의 분쟁이 많은 지역임. 예~은 기독교 성지이다.

예:리【銳利】 ①연장 따위가 날카로워 잘 듦. 예~한 칼날. ②감각·통찰력 따위가 날카로움. -하다.

예:매【豫買】 일정한 시기가 되기 전에 미리 사는 일. -하다.

예:민【銳敏】 신경이 날카롭고 빠름.

예:방1【豫防】 안 좋은 일이나 탈을 미리 막음. 예화재를 ~하다.

예:방2【禮訪】 인사 겸하여 방문함.

예배 ①신이나 부처 앞에 존경하는 마음으로 경배하는 의식. 예~를 보다. ②기독교에서 성경을 읽고 기도와 찬송으로 하나님에 대한 숭배와 존경을 나타내는 일.

예법 예의로 지켜야 할 규범이나 법칙. 예~에 어긋나다. 준예. 예의.

예:보【豫報】 ①사정을 미리 알림. ②기상 등에 관한 예상을 발표하는 것. 예일기 ~.

예복【禮服】 예식을 치를 때 입는 옷.

예:봉【銳鋒】 ①날카로운 창·칼의 끝. 예~을 피하다. ②정예한 선봉. 예적의 ~을 분쇄하다.

예불【禮佛】 부처에게 경배를 드림.

예:비【豫備】 어떤 일에 미리 준비함.

예:비군【豫備軍】 예비역으로 편성된 군대. 예향토 ~훈련장.

예:쁜 고운. 아름다운. 이쁜(×).

예쁜도마뱀 고양이 등에게 잡히면 꼬리를 잘라 버리고 도망간다.

[예쁜도마뱀]

예:사【例事】 보통 있는 일. 흔히 있는 일. 비보통. 반특별.

예:사로 보통 일처럼 별로 생각 없이.

예:산【豫算】 미리 셈하여 정하는 것. 예~을 세우다. 반결산.

예:선【豫選】 본선이나 결선 전에 미리 뽑음. 반결선. -하다.

예:속【隷屬】 남의 지배 아래 매이

예수 기독교의 개조.
예:술원【藝術院】예술의 향상·발전 도모와 예술의 연구 발전에 관한 중요 사항을 심의하고, 정부의 자문에 응하기 위하여 설치한 국가적 예술 기관. 반학술원.
예:습【豫習】미리 학습함. 미리 익힘. 예~을 해 가다. 반복습. -하다.
예:약【豫約】어떤 권리를 얻기 위해 미리 약속하는 것. 또 그 약속.
예:약금【豫約金】예약할 때 주는 돈.
예:언【預言】앞으로 올 일을 추측하여 미리 말함. 예~자. -하다.
예우【禮遇】예의를 지켜 정중히 대우하는 것. 예전관 ~. -하다.
예의【禮誼】사람이 지켜야 할 올바른 몸가짐과 행동. 비예절.
예의 범절【禮儀凡節】일상 생활의 모든 예의와 절차. 예~에 어긋나다.
예절【禮節】예의 범절. 예도. 의절. 비예의. 반실례. 결례.
예:정【豫定】앞서서 미리 계획하고 작정함. 비계획. -하다.
예찬【禮讚】매우 좋게 칭찬하는 것.
예:측【豫測】앞의 일을 미리 짐작함.
예:하【隷下】그 사람에게 딸림. 그 아래 딸린 자. 예~ 부대.
예:행 연:습 어떠한 행사를 개최하기 전에 그 당일과 같이 연습함.
옛날 아주 오래 전에 지나간 날들.
옛도마뱀 화석으로

[옛도마뱀]

만 남아 있고 육지에서 살았으며 곤충 등을 먹음.
오가다 오기도 하고 가기도 함.
오각형【五角形】다섯 개의 선분으로 싼 평면 도형. 각이 다섯 개 임.
오갈피 긴 잎대에 길쭉한 큰 잎이 나며 줄기에 가시가 있는 잎지는 덤불나무. 뿌리와 껍질은 약재로 쓴다.

[오갈피]

오:곡【五穀】다섯 가지 곡식. 쌀·보리·조·콩·기장. 예~밥.
오:곡밥 다섯 가지 곡식으로 지은 밥.
오골계【烏骨鷄】[동물] 살·가죽·뼈가 모두 어두운 회색인 작은 닭. 주로 건강식품으로 사용하며 특히 여름을 나는 데 좋은 식품으로 알려졌다. [오골계]
오:관【五官】다섯 가지 감각 기관. 곧, 눈(시각)·귀(청각)·코(후각)·혀(미각)·피부(촉각).
오그라들다 점점 오그라져서 작아지다. 큰우그러들다.
오금 무릎·팔의 구부리는 안쪽. [오금아 날 살려라] 급히 도망칠 때에 힘을 다하여 빨리 뛰어감을 이르는 말. 예나는 ~이 아프다.
오:너 ①소유자. 특히 기업의 소유

자. ②선주. 주인. ⁿ반종업원.
오너 드라이버 자기 자동차를 자기가 운전하는 사람. -하다.
오누이 오빠와 여동생. ᵉ~사이. ⁿ비남매. ⁿ준오뉘. 오라비와 누이.
오는 앞으로 서서히 다가오는 상태.
오늘 지금 지나가고 있는 현재의 날.
오늘날 지금의 시대. 지금 현재.
오다 ①가까이 닥치다. ②비·눈 등이 내리다. ③잠·아픔 등이 몸에 다치다. ④계절 따위가 되다. ⑤지금까지 진행되고 있다. ⑥어떤 일·사태가 닥치다. ⁿ반가다.
오다가다 우연히. 가끔. 어쩌다가.
오:대양【五大洋】 지구 표면에 둘려 있는 다섯 바다. 태평양·대서양·인도양·남빙양·북빙양.
오도독 ①단단한 물건을 야무지게 깨무는 소리. ②작은 물건이 부러지는 소리. ③개가 뼈를 먹는 소리.
오동나무 잎이 아주 크고 둥글며, 5~6월에 자주빛 종모양의 꽃이 피며, 재목은 가구나 악기를 만드는 데에 쓰이는 큰 키나무임.

[오동나무]

오디 뽕나무에서만 열리는 열매.
오:디오 라디오·텔레비전·전축 등의 음악 감상을 위한 음향 시설.
오뚝 물건이 높게 솟아 있는 모양. ⁿ반움푹. ⁿ큰우뚝. ᵉ코가 ~하다.

오락【娛樂】 쉬는 시간에 기분 전환으로 즐기는 놀이. ⁿ참놀이. -하다.
오락가락 잇달아 왔다갔다 하는 모양. ᵉ비가 ~ 많이 내리고 있다.
오랑우탄 열대 숲 속에 살며, 곧게 서서 걸어 다니고 팔이 매우 긴 원숭이. 동물 중에 지능이 높고 위계 질서가 있으며 사람에게 인기 있다.

[오랑우탄]

오래 지나간 시간이 길게. 긴 시간.
오래간만 ①오래 지난 뒤. ②오래 된 끝. ᵉ~에 만난 사람이라 반갑다.
오랜 시간이 많이 지나 낡거나 묵음.
오렌지 맛이나 모양이 감귤 비슷하고 감귤보다 더 크고 둥글며 껍질이 두껍고 단단한 열매임.

[오렌지]

오:륜₁【五倫】 사람으로서 지켜야 할 다섯 가지 도리. 친애·의리·분별·차례·신의. ᵉ~깃발.
오:륜₂【五輪】 올림픽 마크. 청색·황색·흑색·녹색·적색의 순서로 5대륙을 상징함. 「W」자 형으로 연결된 다섯 개의 고리.
오르간 풍금·파이프 오르간·리드 오르간 등의 총칭. 풍금. ⁿ관피아노.
오르막 비탈이 져서 올라가는 길.

오른손 오른쪽에 있는 손. 바른손. 우수. ᵐ왼손. ᵉ~으로 그린다.

오른쪽 북쪽을 향했을 때의 동쪽과 같은 쪽. 바른쪽. ᵐ왼쪽.

오리₁ [동물] 물오리·집오리를 통틀어 일컫는 말. 발가락 사이에 물갈퀴가 있으며 부리는 편평하며, 호숫가나 뱀가에서 물고기를 먹고 생활한다.

[오리]

오:리₂【五里】십리의 절반되는 거리. ᵉ~길도 걸어서 시장에 간다.

오:리걸음 오리처럼 뒤뚱거리며 걷는 걸음. ᵉ~으로 걷는다. -하다.

오리나무 깊은 산에서 많이 자라며, 초봄에 잎보다 먼저 꽃술이 피고 잎은 넓적하고 가을에 솔방울 모양의 작은 열매를 맺는 큰키 나무.

[오리나무]

오리지널 복제·각색·모조품 등에 대하여 원작·진품 등을 이르는 말. ᵉ~로 샀다. ᵏ진품.

오막살이 작고 보잘것없는 오막집에서 사는 살림살이. ᵐ저택.

오:만【傲慢】 태도가 거만함. ᵐ겸손.

오목눈이 주로 나무 위에서 생활하며 땅에 내려오는 경우는 거의 드물고 몸길이는 12cm이며 곤충이나 나무의 씨앗 또는 열매를 따먹고 살며 숲속에서 자주 볼 수 있다.

[오목눈이]

오목다리 누비어 지은 어린애 버선.

오목 렌즈 가운데가 가장자리보다 얇게 된 렌즈. ᵐ볼록 렌즈.

오목오목 쑥쑥 들어간 모양. ᵐ불룩.

오목조목 조금 큰 것과 작은 것이 오목오목하게 섞여 있는 모양.

오물오물 ①입을 다문 채 입 안에 든 음식물을 천천히 씹는 모양. ᵉ~씹다. ②말이나 행동을 시원스럽게 하지 못하고 자꾸 꼬물거리는 모양. ᵏ우물우물. 흉내말.

오:명【汚名】 ①더러워진 이름이나 명예 ②누명. ᵉ~을 벗다.

오:미【五味】 신맛·쓴맛·단맛·짠맛·매운 맛의 다섯 가지 맛.

오:미자 오미자 나무의 열매. 기침·갈증에 쓰며, 땀과 설사를 멈추는 데도 효력이 있음.

[오미자]

오:발【誤發】 ①총탄을 잘못 쏨. ②실수로 말을 잘못함. -하다.

오:밤중[-쭝] 한밤중. 깊은 밤중.

오:버 타임 ①약속한 시간 외의 노동 시간. ②운동 경기에서 규정된

오:보【誤報】그릇되게 보도함. 또는 그릇된 보도. 예이 기사는 ~다.

오:복【五福】사람의 다섯 가지 복. 오래 살고, 재산이 넉넉하고, 건강하고, 덕을 닦고, 탈 없이 죽는 일을 말함. 예사람의 ~은 축복이다.

오빠 여동생의 손위의 오라버니를 부르는 말. 예~가 둘이다. 관동생.

오:산【誤算】①잘못 계산함. ②이해 관계를 잘못 계산함. -하다.

오:색【五色】①파랑·노랑·검정·빨강·하양의 다섯 빛깔. ②여러 가지 빛깔.

오색딱따구리 날카로운 발톱으로 나무 줄기에 단단히 매달려서, 강한 부리로 나무껍질을 쪼아 먹이를 찾으며 벌레나 열매를 먹고 살며 몸 길이는 24cm 정도이다. [오색딱따구리]

오셀롯 고양잇과 동물로 나무를 잘 타고 원숭이나 새를 잡아먹고 살며, 숲속에서 주로 볼 수 있는 동물로 빠르고 민첩하며 몸 길이는 약 75cm이다. [오셀롯]

오소리 다리는 짧고 굵으며 얼굴은 뾰족하다. 앞발에는 큰 발톱이 있는 젖먹이 짐승. 땅에 굴을 파고 산다.

[오소리]

오솔길 길이 좁고 사람이 적은 길.

오:수【午睡】낮잠. 예~을 즐기다.

오순도순 서로 의좋게 지내는 모양.

오:심【誤審】잘못 심판함. 또는 그 심판. 비오판. -하다.

오:십보 백보【五十步百步】좀 낮고 못한 차이는 있으나 서로 비슷함. 예따져 봐야~ 다. 차이가 없다.

오스트레일리아 오세아니아 지역에 있으며, 영국 연방에 속해 있다. 수도는 캔버라이다. 또는 호주라고도 함.[768만 7천km²]

오스트리아 유럽 중부 대륙에 있는 나라. 스위스와 더불어 영세 중립국이며, 수도는 빈.[8만 4천km²]

오싹 무섭거나 추워서 몸이 움츠러드는 모양. -하다.

오아시스 ①사막 가운데에서 샘이 솟고 나무가 우거진 곳. ②인생의 위안이 되는 것. 또는 그런 장소.

오이[식물] 박과의 한해살이 덩굴풀. 줄기는 덩굴손으로 뻗으며 여름에 노란 꽃이 핌. 식용함. [오이]

오이풀 장미과의 여러해살이풀. 산과 풀밭에서 자라며 줄기는 곧게 서고 위에서 가지가 갈라지며, 줄기 잎은 어긋난다. 여름에 검은 홍자색 꽃이 피고 열매는 10월에 익는다.

오:인【誤認】 잘못 보고 잘못 인정함.

오일 연료용 기름. 석유.

오:장【五臟】 폐장·심장·비장·간장·신장의 다섯 내장. 예~육부.

오:장 육부【五臟六腑】 한방에서, 「내장」을 통틀어 이르는 말.

오:전【午前】 밤 12시부터 낮 12시까지의 사이. 자정부터 오정까지. 비상오. 반오후. 하오.

오죽헌【烏竹軒】 강원도 강릉시 죽헌동에 있는 율곡 이이가 태어난 집. 보물 제165호로 지정되어 있다.

오줌 혈액 가운데서 노폐물과 수분이 방광에서 요도를 통하여 몸 밖으로 나오는 액체. 소변. 반대변.

오징어[동물] 바다에 사는 등뼈 없는 동물. 10개의 발이 있음. 적을 만나면 먹물을 뿜고 도망간다. [오징어]

오:찬【午餐】 격식을 갖춰 차린 점심.

오:촌【五寸】 아버지의 사촌 형제들.

오:침【午寢】 점심을 먹고 자는 낮잠.

오:케스트라 관악과 현악의 합주. 비관현악.

오토바이 발동기의 힘으로 바퀴를 회전시켜 달리는 두 바퀴의 탈 것. 영어로 autobicycle에서 온 말임. [오토바이]

오:판【誤判】 그릇 단정함. 또는 잘못된 판정. -하다.

오픈 숨기는 것이 없이 다 공개함.

오픈 게임 정식 경기에 앞서 벌이는 비공식 경기. 반정식 게임.

오픈 카: 뚜껑이 없는 자동차. 또는 포장으로 뚜껑을 한 자동차. 비무개 자동차. 예~를 타고 온다.

오피스텔 간단히 생활할 수 있는 시설을 갖춘 사무실.

오:후【午後】 낮 12시부터 밤 12시까지의 동안. 오정부터 자정까지. 비하오. 반오전. 예~9시 뉴스.

옥1【玉】 보석의 한 가지. [옥에도 티가 있다] 아무리 훌륭한 사람이나 물건에도 흠은 있다.

옥2【獄】 죄를 지은 사람들을 가두어 두는 곳. 비교도소.

옥고【獄苦】 옥에 갇혀서 하는 고생.

옥상【屋上】 ①지붕 위. ②현대식 건물에서 마당처럼 평면으로 만든 지붕 위. 예닭이 ~에 올라갔다.

옥새【玉璽】 임금 전용 도장. 비국새.

옥쇄【玉碎】 옥처럼 아름답게 깨어져

부서진다는 뜻으로 명예나 충절을 위해 깨끗이 목숨을 버린 것.

옥수수[식물] 키가 2~3m 쯤 자라는 한해살이 식물. 전분이 많아 식량이나 사료로 씀.

[옥수수]

옥신각신 옳으니 그르니 서로 다투는 모양.

옥잠화【玉簪花】잎이 넓은 심장 모양이고 가을에 흰 색이 향기로운 꽃이 피는 여러해살이 화초.

옥좌【玉座】임금이 앉는 의자. [옥잠화]

옥체【玉體】①임금의 몸. ②남의 몸을 높이어 이르는 말.

옥타브 어떤 음(도)에서 시작하여 위나 아래로 다음 여덟째 음(도)까지의 음. 또는 그 거리. 비8도 음정. 예한~ 만 올려라.

옥토【沃土】기름진 땅. 예~에 씨를 뿌리다. 반박토. 황무지. 간척지.

옥편【玉篇】한자의 음과 새김을 풀어 엮은 책. 비자전. 예한문.

옥황 상제[오쾅-] 중국의 노자·장자의 가르침을 따르는 학파인 도가에서 말하는 하나님.

온: 전부의. 모두의. 예~식구. 가족.

온:갖 여러 가지 종류가 아주 많음.

온:건【穩健】생각·말·행동이 온당하고 건전함. 예~한 성격.

온고 지신【溫故知新】옛것을 익히고 미루어 새로운 것을 배워서 앎.

온기【溫氣】따뜻한 기운. 반냉기.

온난【溫暖】날씨가 따뜻함. 반한랭.

온도【溫度】덥고 찬 정도. 또는 그것을 나타내는 수치. 관습도.

온도계【溫度計】차고 더운 정도를 재는 기구. 반한란계.

온돌【溫突】방바닥이 더운 방. 구들.

온라인 컴퓨터의 중앙 처리 장치와 단말기가 통신 회선으로 결합되어 보내 주고 받는 방식. 은행의 예금, 기상 정보 등에 이용됨.

온:몸 전체의 몸. 예~이 춥다. 전신.

온방【溫房】실내를 따뜻하게 한 것.

온상 인공적으로 따뜻하게 일정한 온도를 유지하여 식물을 재배하는 장치. 예~재배. 반냉상.

온수【溫水】따뜻한 물. 반냉수. 찬물.

온수기 찬물을 덥게 하는 장치.

온순【溫順】성격이나 마음씨가 부드럽고 순함. 예그 애는 ~하다. 비유순. 반낙폭. -하다.

온실【溫室】①바람을 막고 난방 장치를 하여 식물이 잘 자라게 하는 방. ②난방 장치를 한 방.

온정【溫情】따뜻한 인정. 따뜻한 마음. 예~을 베풀다. 반냉정.

온:종일 아침부터 저녁 늦게까지. 예~잠만 잔다. 비진종일. -하다.

온천【溫泉】보통의 물과는 성질이

다른 지하수가 땅 속 깊은 곳에서 지열로 말미암아 평균 기온 이상으로 데워져 솟아나는 지하수. 여러 가지 병을 치료하는 데 효과가 있음. ^반냉천. -하다.

온화【溫和】①기후가 따뜻하고 화창함. ②성질이나 태도가 온순하고 인자함. ^예형은 인상이 ~하다.

올₁「올해」의 준말. ~가을. ^반내년.

올₂ 실이나 줄의 가닥. ^예~이 부드럽고 가늘다. ~이 빠졌다.

올가미 ①새끼·철사 따위로 옭아서 짐승을 잡는 장치. ②사람이 걸려들게 만든 꾀. ^비덫. -하다.

올라가다 ①낮은 데서 높은 데로 향하여 가다. ^예옥상에~. ②지위가 높아지다. ③값이 비싸지다.

올림피아[지명] 그리스의 북서부에 있는 들판으로 제우스 신전이 있던 곳. 이 곳에서 고대 올림픽 대회가 개최되었던 곳.

올림픽 경기 ①고대 그리스에서 제우스 신의 제사를 지낼 때 제우스 신전 앞에서 5일간 시행한 경기 대회. ②1896년 4년마다 세계 각국이 참가한 가운데 열리는 운동 경기. ③세계 선수가 참가함.

올빼미[동물] 모양이 부엉이와 비슷한 새. 굴 속이나 숲 속에서 삶. 낮에는 쉬고 밤에만 활동함.

[올빼미]

올챙이[동물] 개구리의 어린 새끼. 몸은 검고 달걀 모양의 몸에는 사지가 없고 꼬리만으로 헤엄침.

올케 여자가 부르는 말로「오빠나 남동생의 아내」를 이르는 말.

올통볼통 물체의 거죽이나 면이 고르지 아니하고 험상궂게 들쑥날쑥한 모양. ^큰울퉁불퉁. -하다.

올해 지금 지나고 있는 이해. ^준올.

옭아매다[올가-] ①올가미를 씌워 잡아매다. ②없는 죄를 이리저리 꾸미어 씌우다. ^반풀어 주다.

옴짝달싹 극히 조금 움직이는 모양. ^큰움쭉달싹. ^예~못하고 있다.

옷깃 저고리나 웃옷의 목에 둘러 대어 앞으로 여미는 부분. ^예~을 세우다. ^준깃.

옷깃을 여미다 경건한 마음으로 자세를 바로잡다. 옷매무새.

옷자락 옷의 앞뒤의 늘어진 부분. ^예~이 길게 흘러 내렸다.

옷장【-欌】옷을 넣고 보관하는 장.

옹기【甕器】진흙으로 그릇 형태를 만들어 가마에 넣고 불을 때어 만든 그릇으로 간장 독, 된장독으로 예부터 사용하는 그릇이다.

옹기종기 크기가 같지 않은 사람이나 물건 따위가 여럿 귀엽게 모여 있는 모양. 흉내말.

옹달샘 땅에서 물이 솟아 나오는 작고 오목한 샘. ^예~이 보인다.

옹이 나무의 몸에 박힌 가지의 그

루터기. 예관솔~. ~가 단단하다.
옹:졸 성질이 너그럽지 못하고 생각이 좁음. 예~한 마음. -하다.
옹크리다 몸을 잔뜩 움츠러들이다.
옹:호 ①부축하여 보호함. ②편역을 듦. ③지지하고 편드는 것.
옻 옻나무에서 나는 진. 살갗에 닿으면 가려움.
옻나무 키가 높이 자라고 줄기의 껍질은 회색이다. 나무에서 나오는 진은 옻칠의 원료로 쓰이는데 독이 있다. [옻나무]
와글와글 많은 사람들이 모여 붐비는 모양. 예~거린다. 흉내말.
와들와들 몹시 무섭거나 추워서 떠는 모양. 예추워서 ~떨다. -하다.
와이엠시:에이(Y.M.C.A) 기독교 청년회. 예그는~ 회원임. 반와이더블유시:에이 (Y.W.C.A).
옷좀나방 애벌레는 새의 깃털이나 머리털을 먹는다. 쉬고 있을 때는 아무것도 먹지 않는다. [옷좀나방]
와전【訛傳】 말이나 소문이 잘못 전하여짐. 예소문이 ~되다.
왁자지껄하다 여러 사람이 모여 정신이 어지럽도록 떠들다.

완공【完工】 공사를 끝냄. 공사를 마침. 비준공. 반가공. 착공. -하다.
완:구【玩具】 어린이가 가지고 노는 물건. 장난감. 예~점. 비노리개.
완두콩 한두해살이풀. 잎은 끝이 갈라진 덩굴 손으로 되고 꽃은 봄에 핀다. 식용으로 사용한다.  [완두콩]
완료【完了】 완전하게 끝마치는 것.
완:만【緩慢】 ①모양이나 행동이 느릿느릿함. ②경사가 급하지 아니함. 예~한 경사. -하다.
완벽【完璧】 모자라고 흠이 없는 것.
완주【完走】 목표한 마지막까지 전부 달림. 예전 구간을 ~하다.
완치【完治】 병을 완전히 고치는 것.
완쾌【完快】 병이 완전히 다 낫는 것.
완투【完投】 야구에서, 한 투수가 교대하지 아니하고 한 경기를 끝까지 던짐. 예~승. -하다.
완패【完敗】 완전히 패함. 반승리.
완:행【緩行】 역마다 서며 천천히 감.
완화【緩和】 급박하고 긴장된 것을 느슨하게 함. 예경계를 ~하다.
왈가닥 덜렁거리며, 수선스럽게 구는 사람을 속되게 이르는 말. [왈라비]
왈라비 털이 몸에 무성하고 두

팔로 원을 그리며 통통 뛴다. 바닷가의 숲속에서 풀을 먹으며 무리지어 생활한다. 대단히 빠르고 몸길이 약 85cm이다.

왕관【王冠】임금이 머리에 쓰는 관.
왕국【王國】왕이 다스리는 나라.
왕궁【王宮】임금 가족이 사는 궁전.
왕골 습지에서 기르기도 하고 자라며, 질긴 줄기를 말려서 돗자리나 방석을 만드는 데에 쓰는 키가 큰 풀. [왕골]
왕:년【往年】지나간 해. 옛날.
왕:도【王道】임금이 마땅히 지켜야 할 길. 예~정치.
왕:래【往來】오고가며 친하게 지냄.
왕릉【王陵】왕이 죽어서 묻힌 장소.
왕:복【往復】그 길로 갔다가 돌아옴.
왕비【王妃】왕과 결혼한 여자 왕후.
왕새매 낮은 산에서 홀로 또는 암수가 함께 생활하며 나무 위에 둥지를 틀고 이동할 때는 큰 무리를 이른다. [왕새매]
왕자【王子】왕과 왕비에게 난 아들.
왕조【王朝】임금이 직접 다스리는 조정. 예조선~실록을 보았다.
왕족【王族】임금의 일가. 반백성.
왕좌【王座】①임금이 앉는 자리. ②으뜸가는 자리. 비옥좌. 왕위.
왕:진【往診】의사가 환자의 집에 가서 진찰함. 예~을 가다.
왜가리 다리와 주둥이와 목이 길고, 얕은 민물에서 개구리, 물고기 따위를 잡아먹고 살며, 등이 잿빛이고 몸이 하얀 큰새로 무리를 지어 생활하는 동물. [왜가리]
왜곡【歪曲】비꼬아 구부러지게 함. 사실을 어긋하게 함. 예~된 보도.
왜소【矮小】몸이 약하고 키가 작음. 예신체가 ~하다. -하다.
왜적【倭賊】한국을 침략한 일본군.
외:가【外家】어머니가 출생한 친정.
외:갓집 어머니의 친정.
외겹 겹으로 되지 아니한 단 한 켜. 예~실로 짠 내의를 입고 있다.
외:계【外界】①바깥 세계. 자신의 몸 밖의 범위. ②감각·사유의 작용에서 벗어나 독립된 모든 사물. 반내계. 예~인이 있다고 한다.
외:계인【外界人】지구의 바깥 세계에 살고 있다고 상상되는 사람. 비우주인.
외:국【外國】자기 나라가 아닌 다른 나라. 예~제품. 타국. 반본국.
외:국 공관【外國公館】자기 나라의 대표로 사명을 띠고 온 사람들이 거주하는 곳. 예~에 있다.

외길 여러 길이 아닌 한 군데로 난 길
외동딸 하나뿐인 딸을 귀엽게 지칭하는 말. ⁿ외동아들. ⁿ무남 독녀.
외동아들 하나뿐인 아들을 귀엽게 지칭하여 이른 말.
외떡잎식물 떡잎이 한 개인 식물. 벼, 보리, 옥수수, 밀 따위가 있다. ⁿ쌍떡잎식물. [외떡잎식물]
외:모 겉모습. 겉으로 나타난 모습.
외:무【外務】 외교에 관한 사무. ⁿ~를 맡아 본다. ⁿ내무.
외박【外泊】 자기 집이나 일정한 거처가 아닌 곳에서 잠을 자는 것.
외봉 낙타 사막에 살기에 적합하며 가시 돋친 풀도 잘먹고 등의 혹은 지방을 저장하여 먹을 것이 없으면 물과 에너지로 사용하며 지낸다.

[외봉낙타]

외:사촌【外四寸】 외삼촌의 아들 딸.
외:삼촌【外三寸】 어머니의 남자 형제. 외숙을 친근히 이르는 말.
외:손자【外孫子】 딸이 낳은 아들.
외:숙모【外叔母】 외삼촌의 부인.
외:식【外食】 자기 집 아닌 밖에서 음식을 사 먹는 것. 또는 그 식사.
외아들 형제가 없이 하나인 아들. ⁿ독자. ⁿ외동딸.
외야수【外野手】 누 너머의 넓은 데를 지키는 수비수를 통틀어 이름.
외양간[-깐] 말이나 소 따위가 자고 먹는 곳. ⁿ외양.
외:출【外出】 집 밖으로 잠시 나감. 출타. ⁿ나들이. -하다.
외:출복【外出服】 외출할 때 입는 옷.
외:치다 소리 질러 알려 주다. 강하게 말을 한다. ⁿ부르짖다.
외톨이 ①「외돌토리」의 준말. ②홀로 있는 물건. 외톨이(×).
외:투【外套】 겨울에 추위를 막기 위하여 양복 위에 덧입는 겉옷.
외:할머니 어머니의 친정 어머니.
외:할아버지 어머니의 친정 아버지. ⁿ외조부. ⁿ~께서 오늘 오신다.
외:항선【外航船】 많은 물품을 싣고 외국으로 드나드는 배.
왼:손 왼쪽에 있는 손. ⁿ바른 손.
왼:쪽 북쪽을 향했을 때의 서쪽. 좌방. 좌측. 왼편. ⁿ바른쪽. 오른쪽.
요₁ 방바닥에 까는 솜을 두어 만든 이부자리의 하나. ⁿ이불.
요₂ 받침 없는 말에 붙어 무엇을 단정하는 말. ⁿ이것이 지우개~.
요가 자기의 몸과 마음을 다스리는 힘을 얻기 위한 몸과 마음의 훈련.
요괴【妖怪】 ①요사스럽고 괴이함. ⁿ~스러운 일. ②요망스러운 마귀. ③사람에게 해를 끼치는 귀신.
요구【要求】 어떤 행동을 하라고 함.
요:금【料金】 대가로 지불하는 돈. ⁿ~이 인상되다. 전기 ~인상 액.
요령【要領】 ①사물의 요긴하고 으뜸 되는 줄거리. ②경험에서 얻

은 묘한 이치. ③남들을 속이는 잔꾀.

요리【料理】①음식을 만듦. 또는 음식. ②일을 다룸.

요리사【料理師】전문으로 요리 만드는 일을 직업으로 하는 사람.

요리조리 방향이 일정하지 않고 이리저리 이동.

요르단 아라비아 반도 북서부에 있는 왕국. 국토는 약 95%가 사막이고 수도는 암만이다. [9만 2천km^2]

요모조모 요런 면 조런 면. 요쪽 조쪽의 여러 방면. 큰이모저모.

요새₁ ①이제까지의 아주 가까운 동안. ②「요 사이」의 준말. 비요즘. 요즈음. 관어느 새.

요새₂【要塞】적의 침입을 막기 위하여 중요한 지점에 구축해 놓은 군사적 방어 시설.

요술【妖術】사람의 눈을 어리게 하는 이상한 술법. 비마술.

요약【要約】내용 중 요점을 추려 냄.

요양【療養】휴식을 취하며 치료함.

요양소【療養所】요양원. 요양에 필요한 시설이 갖추어진 곳.

요원₁【遼遠】아득하여 이루기 힘듦.

요원₂【要員】일에 필요한 정한 인원.

요원하다 아득히 멀어 이루기 힘듦.

요인₁【要人】중요한 자리에 있는 사람. 예3부 ~들이 참석하였다.

요인₂【要因】사물이나 사건의 성립에 주요한 원인. 예여러 ~이 있다.

요일 월·화·수·목·금·토·일 1주일의 각 날을 나타내는 말.

요전 요사이의 며칠 전 일들.

요ː절【夭折】나이가 젊어서 죽음.

요점【要點】가장 중요한 점. 비골자.

요정【妖精】요사스러운 정기가 엉기어 이루어진 형태. 예숲의 ~.

요주의【要注意】주의를 필요로 함.

요즈음 가까운 과거와 지금 사이.

요지₁【要旨】중심이 되는 뜻의 내용.

요지₂【要地】 정치·문화·교통·군사 등의 핵심이 되는 곳.

요청【要請】필요한 일들을 부탁함.

요충지【要衝地】지세가 군사적으로 중요한 곳. 예전방은 군사 ~이다.

요트 주로 스포츠나 놀이에 쓰이는 작은 서양식 돛단배. 발동기 등 추진 기관을 가진 것도 있음.

[요트]

요한슈트라우스 [인명] (1825~1899) 오스트리아의 낭만파 음악가.「왈츠의 왕」이라고도 불림. 작품에는 「예술가의 생애」·「아름답고 푸른 다뉴브 강」·「봄의 소리 왈츠」등이 있음.

요행【僥倖】거의 될 수 없는 일이 뜻밖에 이루어지는 일. 다행.

욕 ①남을 미워하는 말. ②나무라거나 꾸짖는 것. 욕설.

욕구【欲求】얻거나 하고자 한 욕망.

욕심【慾心】 ①자기만을 이롭게 하려는 마음. ②무엇을 탐내는 마음. 예~이 없다. 비욕망. 욕구. 탐심.

욕심꾸러기 욕심이 아주 많은 사람.

-용₁【用】 쓰임의 뜻. 예개인 ~.

용₂【龍】[동물] 몸은 큰 구렁이와 같고, 발톱과 뿔이 있다는 상상의 동물. 예~의 얼굴.

용:감【勇敢】 씩씩하고 겁이 없으며 기백이 있음. 비용맹. 반비겁. 치사.

용광로【鎔鑛爐】 광석을 불로 녹여 금속을 뽑는 가마. 예~화입식.

용:구【用具】 무엇을 하거나 만드는 데 쓰이는 기구. 관장비.

용궁【龍宮】 바다 속에 있다고 상상하는 용왕의 궁전. 비수궁.

용:기₁【勇氣】 씩씩하고 굳건한 기운.

용기₂【容器】 물건을 담아 두는 그릇.

용납【容納】 너그러운 마음으로 받아들이거나 내버려 두는 것. 관용서.

용:단【勇斷】 용기 있게 어떤 일을 결단함. 예~을 내리다. 비결단.

용달【用達】 물건이나 짐을 배달함. 또는 그 일. 예~차. -하다.

용:도₁【用途】 돈과 물건의 쓰는 목적.

용:도₂【用度】 ①씀씀이. 예~가 크다. ②관청이나 회사에서 물품을 공급하는 일. 예~계. ~변경한다.

용:돈[-똔] 개인의 자질구레한 일에 쓰는 돈. 예~이 필요하다.

용맹【勇猛】 날쌔고 사나움. 씩씩하고 용감함. 비용감. 반비겁. -하다.

용모【容貌】 얼굴 모양과 전체 모습.

용:무【用務】 하고자 하는 일. 비볼일.

용:법【用法】 무엇을 사용하는 방법.

용:변【用便】 대변이나 소변을 봄.

용:병【用兵】 돈으로 외국 군인을 씀.

용서【容恕】 잘못이나 죄를 꾸짖어 벌하지 않고 너그럽게 보아 준 것.

용설란 잎 가장자리에 가시가 있고 꽃은 연한 황록색이며 꽃은 잘 피지 않으나 꽃이 피면 죽으며 늘 푸른 여러해살이 풀이다.

[용설란]

용수철【龍鬚鐵】 나사 모양으로 된, 탄력이 강한 쇠줄. 스프링

용:쓰다 ①기운을 몰아 쓰다. ②힘들여 괴로움을 억지로 참음.

용안【龍顔】 임금의 얼굴을 높여 부르는 말.

용암【鎔巖】 화산이 폭발할 때 화구에서 흘러나오는 마그마.

용액【溶液】 물질이 녹아 섞인 액체.

용:어【用語】 사용하는 말.

용왕【龍王】 바다 속에 있다고 상상하는 용궁의 임금.

용용 엄지손가락 끝을 볼에 대고 나머지 네 손가락을 놀려 남의 약을 올리는 짓. 또는 내는 소리.

용:의【用意】 ①어떤 일을 하려고 마음을 먹음. 널 도와 줄 ~ 있다. ②미리 마음을 가다듬음.

용의자【容疑者】 범행의 의심을 받

용트림 거드름을 피우느라고 짐짓 하는 트림.

용틀임 용의 모양을 틀어 새긴 장식. 교룡. 몸을 틀어 움직임. -하다.

용:품【用品】일상 생활에 쓰이는 온갖 필요한 물품. 예학~.

용:하다 ①재주가 뛰어나 묘하게 잘해 나간다. 예솜씨가 ~. ②갸륵하고 장하다. 반무능하다.

우국【憂國】나라 일을 근심하고 염려함. 예~충정이 가한 사람이다.

우국지사【憂國之士】나라 일을 근심하고 염려하는 사람. 애국지사.

우:군【友軍】우리나라의 모든 군인. 우리나라를 위하여 싸우는 군대.

우는토끼 해 질 무렵부터 활동하며 우는 소리가 호루라기 소리처럼 낸다.

우대【優待】특별히 잘 우대함. 예경험자를 ~하다.

우두【牛痘】천연두를 예방하기 위하여 피부에 접종하는 약.

우두둑 ①단단한 물건을 깨무는 소리. ②단단한 것이 부러지는 소리.

우두머리 어느 집단의 가장 윗사람.

우등생【優等生】성적이 우수하고 품행이 단정하여 다른 학생에게 모범이 되는 학생. 반열등생.

우뚝 두드러지거나 높이 솟은 모양.

우뚝우뚝 여러 군데 우뚝하게 솟은 모양. 예~빌딩이 솟다. 흉내말.

우라늄 원자 폭탄에 쓰이는 방사성 원소의 하나.

우람하다 몸집이 크고 매우 당당함.

우량【優良】뛰어나게 좋음. 반분량.

우:량계【雨量計】한 지역에 비가 내린 분량을 재는 기구.

우렁이[동물] 진 흙·논·못 등의 바닥에 사는 조개의 일종. 고동처럼 생김. 식용을 함.

우렁차다 소리가 크고 힘차다.

우레 공중에서 전기의 작용으로 일어나는 소리. 비천둥. 우뢰(×).

우루과이 남아메리카 동부에 있는 공화국으로 소와 양을 많이 기르며, 수도는 몬테비데오이다.[17만 6천 km^2]

우리₁ 가축들을 보호하기 위한 상소.

우리₂ 자기나 자기 동아리. 예~ 한국인 할아버지. 반너희.

우리네 자기와 관계가 있는 사람 모두. 예~살림 형편.

우리말 우리 민족이 옛날부터 써 내려오는 말. 곧 한국어. -하다.

우마차【牛馬車】소. 말이 끄는 마차.

우매【愚昧】사리에 어둡고 어리석음. 예~한 백성을 깨우치다.

우물 땅을 파고 맑은 지하수를 괴게 하여 물을 얻는 설비. 반수돗물.

우물쭈물 말이나 행동을 우물거리며

흐리멍텅하게 하는 모양. -하다.
우:박【雨雹】 큰 물방울이 공중에서 갑자기 찬 기운을 만나 얼어 떨어지는 것. 백우. 예여름에 ~이다.
우:발【偶發】 뜻밖에 일어나는 사건.
우:방【友邦】 가까이 관계를 맺고 있는 나라. 우방국. 맹방. 반적국.
우:비【雨備】 비를 가리는 물건. 우산·비옷·삿갓 따위.
우:산【雨傘】 비를 피하려고 손에 들고 가리는 물건. 반양산.
우산국 「울릉도」의 옛 이름을 말함.
우산나물 산 속 그늘에서 자라며 잎은 2~3개씩 나는데 우산을 편 모양과 같고, 여름에 흰 꽃이 피며 여러해살이풀이다. [우산나물]
우:상【偶像】 나무·돌·금속으로 만든 신이나 사람의 형상.
우선【于先】 다른 것보다 앞서. 비먼저. 예~식사를 한다. 반나중.
우수【優秀】 여럿 가운데 가장 뛰어나고 빼어남.
우수리 사슴 집단 생활을 하며 아침 저녁으로 활동하고 어깨 높이 90~110 cm 주로 풀을 먹고 야생에서 생활함. [우수리사슴]

우스개 남을 웃기려고 하는 농이나 짓. 예~소리가 지나치다.
우:습다 ①웃음이 날 만하다. 예네 말이 ~. ②가소롭다. 예뽐내는 꼴이 ~. ③보잘 것 없다.
우승【優勝】 경기나 경쟁에서 가장 좋은 첫째 성적으로 이김. 예~자. 비승리. 반참패. -하다.
우아하다 아름다움과 품위가 있다.
우:애【友愛】 형제 사이나 또는 친구 사이의 깊은 사랑. 비우정. 우애.
우엉 잎이 크고 쭈글쭈글하며 높이 자라는 대에 작은 자주빛 꽃들이 피는 여러해살이 풀. 긴 뿌리는 식용과 건강 식품으로 쓰임. [우엉]

우여 곡절【迂餘曲折】 뒤얽힌 복잡함.
우:연히 기대하지 않았는데 뜻밖에.
우울【憂鬱】 답답하여 즐겁지 않음.
우월【優越】 다른 것보다 뛰어난 것. 예~한 실력이다. 비우세. 반열등.
우유【牛乳】 소의 젖.
우:의1【友誼】 친구 사이의 정의. 예~가 두텁다. 비우정. 우애. 반변심.
우:의2【雨衣】 비에 젖지 않게 덧입는 옷. 비비옷. 우비. 예~가 좋다.
우:정【友情】 친구 사이에 오가는 정. 예~에 산다. 비우의1. 우애.
우:주【宇宙】 지구·태양·별 등이 있는 끝 없는 세계. 천지.
우:주선【宇宙船】 로켓을 동력으로

하여 사람이 타고 우주 여행을 하는 데 쓰이는 비행기의 하나.

우ː주 여행【宇宙旅行】지구 이외의 다른 천체로 가는 여행. -하다.

우ː주 왕ː복선 우주 여행을 갔다가 돌아오는 데 쓰는 비행선.

우즈베키스탄 중앙 아시아 아달해에서 파미르 고원에 있는 나라로 면화를 세계적으로 생산하며, 수도는 타슈켄트이다.[47만 7천km2].

우지【牛脂】소의 살과 뼈에서 녹인 지방. 쇠기름. 소에서 나오는 기름.

우ː짖다 울며 부르짖다. 예새가 ~.

우쭐거리다 율동적으로 온몸을 멋있게 움직이다. 작오쫄거리다.

우체국【郵遞局】우편·우편 저금·전신 등의 사무를 맡아 보는 체신부에 딸린 관청. 예~에 근무한다.

우체통【郵遞筒】편지 등의 우편물을 넣는 통. 비우편함. 편지통.

우ː측【右側】오른쪽. 예~임. 반좌측.

우ː측 통행【右側通行】길을 갈 때 오른쪽으로 감. 반좌측 통행.

우편【郵便】반 사람들의 부탁을 받아, 편지나 그 밖의 물건을 받을 국내·전세계의 사람이나 장소에 전달하는 사업. 우편물. 소포.

우편 번호 우편물의 행선지를 숫자로 표시한 것.

우편 집배원 편지·소포·전보 따위를 배달하는 사람. 집배원. [우편집배원]

우표【郵票】우편 요금을 낸 표시로 우편물에 붙이는 조그마한 종이 딱지.

우호【友好】개인끼리나 나라끼리 사이가 친함. 예~관계. 반적대.

우회【迂廻】곧바로 가지 아니하고 멀리 돌아서 감. 예~도로. -하다.

운ː【運】「운수」의 준말. 운수나 재수. 예~이 없어 다쳤다.

운ː동【運動】①몸을 놀려 움직임 ②어떤 목적을 이루기 위하여 힘씀. ③여러 가지 경기. -하다.

운ː동장 운동 경기를 하기 위하여 만들어 놓은 넓은 마당.

운동 종목 다양한 운동 종류의 이름.

운ː동화【運動靴】운동할 때 신는 신.

운ː동회【運動會】여러 가지의 운동 경기를 하는 모임. 예가을~.

운ː명【運命】사람에게 닥치는, 잘 살게 되는 것과 못 살게 되는 것에 관한 일. 비숙명. -하다.

운ː반【運搬】물건이나 사람을 옮겨 나름. 예군수 물자~. 비수송. 운송. 반하역. 상차. -하다.

운석【隕石】별똥. 예~이 떨어진다.

운ː수1【運數】사람의 몸에 돌아오는 좋은 일과 나쁜 일.

운ː수2【運輸】운반이나 운송보다는 규모가 크게 활물이나 여객을 나르는 일. 수운. 예부모가 ~업을 함.

운ː영【運營】일을 맡아서 해 나감. 비경영. -하다.

운ː임【運賃】물건을 운반하는 삯으로 받는 돈. 운송비. 예~을 낸다.

운:전【運轉】 기계나 수레 따위를 부림. 예~사.

운:전사【運轉士】 전동차·열차·자동차·선박·기계 등을 직업적으로 운전하는 사람.

운집【雲集】 구름처럼 많이 모임. 예사람들이 ~한 거리. -하다. [운전사]

운:하【運河】 육지를 파 배가 다닐 수 있게 만든 물길. 예파나마 ~.

운:행【運行】 정해진 길로 나감.

울1 담 대신에 풀이나 나무를 얽어서 집 주위를 둘러막은 것.

울2 ①털실. ②짧은 양털로 짠 모직물의 한 가지. 예이 옷은 ~이다.

울긋불긋 여러 가지 빛이 뒤섞인 모양. 비알록달록. 흉내말.

울:다 아프거나 슬퍼서, 또는 너무 좋아서 소리를 내면서 눈물을 흘리다. 짐승이 소리를 내다.

울렁울렁 ①마음이 설레거나 가슴이 두근거리는 모양. ②물결이 자꾸 흔들리는 모양. -하다. 흉내말.

울릉도[지명] 우리나라 동해상에 있는 화산으로 이루어진 섬.

울림 소리가 무엇에 부딪쳐 되울려 나오는 소리. 예~소리가 크다.

울먹이다 금방이라도 울음이 터질 듯하다. 예눈물을 닦으며 ~.

울밑 집을 둘러싼 울타리의 아래.

울부짖다 큰 소리로 울며 부르짖다.

울분 가슴에 답답하게 쌓인 분한 마음. 예~을 참다.

울새 숲에서 살며, 거미나 벌레를 먹고 몸은 갈색이고 풀속에서 또로로 하고 운다. 봄과 가을에 우리 나라를 지나간다. [울새]

울음 우는 소리나 우는 짓 또는 소리.

울적[-쩍] 마음이 답답하고 쓸쓸함. 예~한 나날을 보내다. -하다.

울타리 풀이나 나무 등을 얽어서 집을 둘러막은 것. 비담장. -하다.

움직 도르래 축이 고정되지 아니하고 이동하는 도르래. 반고정 도르래. 예~가 돌아간다.

움직이다 ①자리를 옮기다. ②고정되어 있지 않고 흔들리다. 예손발을 ~. ③바뀌다. 변동하다. ④마음이 끌리거나 흔들리다. 예마음이 ~. 반정지하다.

움찔 갑자기 놀라 몸을 움츠리는 모양. 작음질. -하다. 흉내말.

움츠리다 몸을 구부리어 오므라들게 하다. 준움치다. 비움츠리다.

움큼 손으로 한 줌 움켜쥔 만큼의 분량을 나타내는 말. 예땅콩을 한 ~집다. 작옹큼. -하다.

움:트다 땅 속에서 싹이 나기 시작함.

움푹 속으로 푹 꺼져 들어가 우묵한 모양. 예~ 팬 땅. -하다. 흉내말.

웃기다 웃음이 나오도록 하는 것.

웃다 기뻐서 입을 벌리고 소리를 내

웃어른 나이나 지위가 자기보다 높은 사람. ⁽반⁾아랫사람.

웃옷 겉에 걸쳐 입는 옷. ⁽비⁾겉옷.

웃음[우슴] 웃는 모양이나 소리. ⁽예⁾~을 띠다. ⁽반⁾울음. 통곡.

웃음꽃 즐거운 웃음이나 웃음판을 꽃에 비유하여 이르는 말.

웅담【熊膽】 곰의 쓸개. 안질·열병·심통·등창 따위에 약으로 씀.

웅대【雄大】 굉장히 큼. 감탄할 만큼 크다. ⁽예⁾~한 계획. ⁽비⁾웅장. ⁽반⁾빈약.

웅덩이 움푹하게 패이어 물이 늘 괴어 있는 곳. ~에 빠지다.

웅변【雄辯】 힘차고 거침없이 잘 하는 말. ⁽반⁾눌변. ⁽예⁾~대회. -하다.

웅비【雄飛】 기운차고 크게 활동함.

웅성거리다 여러 사람이 수군수군 하며 소란을 피우다. ⁽비⁾웅성대다.

웅어 멸칫과의 물고기. 길이 30cm 이며 몸은 은백색이고, 몸이 뾰족하고 서남 연안 강 입구에 산다.

[웅어]

웅장【雄壯】 크고 굉장함. ⁽예⁾건물이 ~하다. ⁽비⁾웅대. ⁽반⁾빈약. -하다.

워낙 ①본디부터. ⁽예⁾~몸이 약하다. ②아주. ③처음부터. 시초부터.

워:드 프로세서 컴퓨터에 의한 문서 작성용의 기계.

워:밍업 경기 전에 하는 준비 운동.

워싱턴 미국의 수도. 메릴렌드주와 버지니아주 사이에 있는 도시로 세계적으로 유명하다. [179km²]

원가【原價】 물건을 사들일 때의 값.

원:거리 거리가 대단히 아주 먼 길.

원각사지 석탑 1467년에 세운 대리석 탑으로, 옛날에 원각사에 있던 것이며 국보 제2호이다.

[원각사지석탑]

원고₁【原告】 법원에 재판을 걸어 온 사람. ⁽반⁾피고.

원고₂【原稿】 인쇄물의 본보기를 삼기 위해 쓴 글.

원고지【原稿紙】 글을 쓰기에 알맞게 가로 세로로 줄을 쳐서 칸을 만든 종이. ⁽본⁾원고 용지.

원:군【援軍】 도와 주는 군대. ⁽예⁾~을 보내다. ⁽비⁾원병. 파병.

원근【遠近】 꽤 먼 곳과 가까운 곳.

원금【元金】 이자가 없는 본래의 돈.

원기【元氣】 몸과 마음의 기운. 기력.

원년【元年】 ①나라를 세운 해. ⁽예⁾대한 민국 ~. ②임금이 즉위한 해. ③중요한 일이 시작된 해.

원님 고을을 맡아 다스리던 벼슬아치를 높이어 일컫는 말.

원단【原緞】 아직 가공하지 않은 짠 그대로의 옷감. 원료로서의 재료.

원:대【遠大】 생각이나 계획이 깊고 큼. 규모가 크다. ⁽예⁾~한 꿈.

원동력 운동을 일으키는 근원이 되는 힘. ⁽예⁾노력이 ~되어 가고 있다.

원두 밭에 심은 오이·참외·수박의 총칭.

원두막 참외·수박 따위의 밭을 지키기 위하여 지어 놓은 집.

[원두막]

원래【元來】 처음 시작할 때의 본래.

원로 ①덕망·관위·연령이 높은 공신. 예조정 ~. ②어떤 분야에 오래 종사하여 공로가 많고 덕망이 높은 사람. 예학계의 ~.

원료【原料】[월-] 물건을 만드는 바탕이 되는 재료. 반제품.

원리【原理】[월-] 모든 일에 으뜸이 되는 이치. 비원칙.

원:망【怨望】 ①불평을 품고 미워함. 비저주. 반감사. ②남이 한 일을 못마땅히 여겨 탓함. 예~을 듣다. ③지난 일을 언짢게 여기고 부르짖음. -하다.

원본【原本】 등사·개정·번역 등을 하기 전의 본디의 서책. 원서.

원불교【圓佛教】 1916년 박중빈이 개창한 종교. 불교의 현대화·생활화를 주장함. 법신불의 일원상을 신앙의 대상으로 하며 동그라미를 그 상징으로 나타냄.

원사【原絲】 직물의 원료가 되는 실. 예나일론 ~.

원산지【原産地】 물건의 원래 산지.

원상 ①본디의 상태. ~대로 해 놓아라. ②근본이 되는 상태.

원색【原色】 모든 색의 바탕이 되는 기본적인 빛깔. 빨강. 노랑. 파랑.

원서【願書】 지원한 것을 적은 서류.

원:성【怨聲】 국민이 원망하는 소리.

원소【元素】 ①산소나 수소 등과 같이 성질이 바꾸지 않고는 더 이상 나눌 수 없는 물질. ②집합을 이루는 낱낱의 것.

원:수₁【怨讐】 자기에게 해를 끼친 사람. 비적. 반은인.

원수₂【元首】 한 나라를 대표하는 사람. 예국가의 ~는 힘이 막강하다.

원수₃【元帥】 ①군인의 가장 높은 계급. 오성 장군. ②대한 제국 때의 원수부의 으뜸 벼슬.

원:숭이[동물] 더운 지방 산 속에서 살며 열매·벌레 등을 먹고 나무에서 자유로이 활동하는 동물로 지능이 뛰어남.

[원숭이]

원시【遠視】 가까운 곳이 잘 보이지 않는 시력. 반근시.

원시 생활【原始生活】 문화가 발달되지 못한 원시 시대에, 일정한 생업이 없이 나무 열매를 따 먹고 물고기를 잡아먹던 생활.

원시인【原始人】 ①원시 시대나 미개 사회의 사람. ②미개인.

원:심력【遠心力】[-녁] 운동하는 물체가 중심으로부터 떨어져 나가

원아【院兒】 유치원에 다니는 아이.
원앙[동물] ①오릿과의 물새. 수컷은 아름다우며, 머리를 금록색으로 뒤통수에 긴 관모가 있음. ②화목하고 금실이 좋은 부부를 비유하여 이르는 말.

[원앙]

원:양 어업【遠洋漁業】 먼 대양에 나가 장기간에 걸쳐서 하는 고기잡이. 잡은 고기를 저장·가공하는 설비를 갖춤. ^반연안 어업. -하다.
원예【園藝】 화초·채소·과수 등을 심어 가꾸는 일. ^비축산.
원유【原油】 땅 속에서 뽑아 올린 그대로의 석유. 잡것이 섞인 기름.
원이름 처음부터 본디의 이름.
원인【原因】 무슨 일이 일어난 까닭. ^예~은 무엇일까? ^반결과.
원자1【原子】 물질의 성질이 있으면서 더 이상 갈라지지 않는 가장 작은 알갱이. ^예~ 폭탄.
원자2【元子】 임금의 맏아들. 보통, 세자가 됨. ^예~ 아기.
원자력 원자 핵의 붕괴나 핵 반응의 경우에 방출되는 에너지.
원자력 발전소 원자로 안에서, 원자핵 분열로 생긴 열로써, 수증기를 만들고 이것으로 터빈 발전기를 돌려 전기를 일으키는 곳.
원자로 우라늄·플루토늄 등의 원자핵 분열, 연쇄 반응의 진행 속도를 인위적으로 제어하여 원자력을 서서히 도출해 내는 장치.
원자 에너지 원자력. 원자력 발전소.
원자재【原資材】 공산품 생산 자재.
원자탄【原子彈】 원자의 중심 부분이 터질 때에 나오는 무서운 힘을 이용하여 만든 폭탄. 원자 폭탄.
원작【原作】 ①본디의 저작이나 제작. ②각색된 각본에 대해 그 소재가 된 소설이나 희곡.
원점【原點】[-쩜] ①점의 위치를 좌표로 나타낼 때 기준점. 좌표는 (0,0). ②근원이 되는 점.
원:정【遠征】 ①먼 곳에 가서 운동 경기 따위를 함. ②먼 곳으로 감.
원:조1【援助】 물질적으로 도움을 줌.
원조2【元祖】 ①첫대의 조상. ②어떤 일을 시작한 사람. ^예해장국의 ~.
원주【圓周】 원의 둘레. 원의 한 바퀴.
원주민【原住民】 본디부터 살고 있던 사람들. ^반이주민. -하다.
원천【源泉】 ①물이 솟아 나오는 근원. ②사물의 바탕. ^반하천.
원체【元體】 본디부터. 워낙. 원래.
원초【原初】 사물 현상이 비롯된 것.
원추【圓錐】 원뿔.
원추리 잎은 마주 보며 꽃은 여름에 긴 꽃 줄기 끝에 피고 꽃 색깔은 등황색이며 깔대기 모양인 [원추리]

여러해살이.

원칙【原則】여러 가지 경우에 공통되는 법칙. ᵉ다수결의 ~. ᵇ원리.

원통₁【寃痛】분하고 억울함. ᵉ~하게 죽다. ᵇ통탄. -하다.

원통₂【圓筒】원기둥 모양의 둥근 통.

원판【原板】사진에서, 밀착 또는 확대할 때에 쓰는 음화. 필름.

원:하다 무엇을 바라거나 청을 넣음.

원한【怨恨】원망스럽고 한이 되는 생각. 억울함을 당해 분함. ᵇᵃⁿ은혜.

원형【原型】처음 생긴 대로의 모습.

원:호【援護】도와 주며 보살펴 주는 것. ᵉ~ 대상자. -하다.

원흉【元兇】악한 무리의 우두머리. ᵉ들은 끝까지 벌을 받는다.

월간【月刊】출판물을 다달이 한 번씩 펴내는 것. 또는 그 간행물임.

월계관【月桂冠】옛날 그리스에서 우승한 사람에게 씌우던, 월계수의 가지와 잎으로 만든 관.

월계수【月桂樹】
①옛날 전하는 말에 달에 있다는 나무.
②지중해 지역에서 자라는 잎이 둥글고 윤이 나는 늘푸른 나무.

[월계수]

월권【越權】권한 밖의 일을 함. 또는 그런 행위. ᵉ~을 자주 한다.

월급【月給】일한 값으로 매달 받는 돈. ᵇ월봉. 봉급. ᵉ오늘은 ~날.

월남【越南】남한으로 넘어오는 것.

월동【越冬】[-똥] 겨울을 넘김. ᵉ~준비를 하다. ᵇ겨울나기.

월부 물건 값이나 빚을 다달이 나누어 얼마씩 갚아 가는 일. -하다.

월세【月貰】다달이 내는 돈. 관전세.

월식【月蝕·月食】[-씩] 지구가 태양과 달 사이에 끼어 달의 한 쪽 또는 전체가 지구의 그림자에 가려지는 현상. [월식]

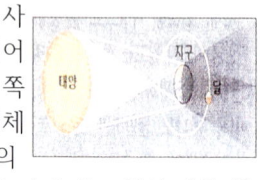

월척 낚시에서, 낚은 물고기가 한 자가 넘음. ᵉ~을 올리다.

월초【月初】매월 한 달의 처음 날짜.

월출【月出】달이 떠오름. ᵉ보름 ~.

웨딩 드레스 신부가 입는 서양식 혼례복. ᵉ신부가 ~를 입고 온다.

위【胃】식도와 장 사이에 있는 주머니 모양의 소화 기관.

위기【危機】위험하고 아슬아슬 함.

위기 일발【危機一髮】눈앞에 닥친 위기의 순간을 이르는 말.

위대【偉大】업적 따위가 뛰어나고 훌륭함. 우러러볼 실적. ᵇᵃⁿ미미.

위도【緯度】적도를 0°로 하여 남북으로 각각 평행하게 90°로 나누어 지구 표면을 재는 선(좌표). ᵇᵃⁿ경도.

위독【危篤】병세가 아주 위태로움. ᵇ위태. 위급. ᵇᵃⁿ회복. -하다.

위력₁【威力】남을 복종시키는 강한 힘. ᵉ이번 태풍의 ~이 세다.

위력₂【偉力】위대하고 위력적인 힘.
위로【慰勞】괴롭고 고달픈 것을 풀도록 따뜻하게 보살펴 줌. ᵇⁱ위안.
위문【慰問】재난·병 따위로 고통을 당한 사람을 찾아가서 위로함.
위문 편지【慰問便紙】위로하는 뜻으로 보내는 편지. ᵉˣ~를 보낸다.
위문품【慰問品】위문하기 위하여 군인이나 이재민 등에게 보내는 물품. ᵉˣ설날 ~을 보내다.
위반【違反】어기거나 지키지 않음.
위법【違法】국가의 법을 어기는 것.
위봉산성 전북 완주군에 있는 조선 시대의 성곽. 전주 팔경의 하나로 꼽힘.

[위봉산성]

위생【衛生】건강을 지키고 병의 예방과 치료에 힘쓰는 일.
위선₁【緯線】지도 위에 가로로 그어져 있는 선. 위도. ᵇᵃⁿ경선.
위선₂【僞善】겉으로 착한 척을 함.
위성【衛星】행성 둘레를 도는 별. ᵉˣ달은 지구의 ~이다.
위성 중계 방ː송【衛星中繼放送】통신 위성이 증폭한 전파를 지상의 방송국에 이어 주는 방법에 의해 방송되는 것. -하다.
위성 통신 인공 위성이 중계소 구실을 하는 장거리 통신 방법.
위세【威勢】사람을 두렵게 여기게 하는 힘. ᵉˣ~가 당당하다.

위안【慰安】위로하여 마음을 안정시키고 편안하게 하는 것. -하다.
위암【胃癌】위에 생기는 일종의 암.
위압【威壓】위험이나 위력 따위로 압박하거나 정신적으로 억누름.
위엄【威嚴】무게가 있고 존경을 받을 만함. -스럽다.
위업【偉業】위대한 사업이나 업적. ᵉˣ3연패의 ~을 달성하다.
위용₁【威容】위엄 있고 용맹한 모습.
위용₂【偉容】훌륭하고 뛰어난 용모나 모양. ᵉˣ~을 자랑한다.
위인【偉人】훌륭하고 뛰어난 사람. ᵉˣ~전기. ᵇᵃⁿ범인. 소인.
위임【委任】①맡김. ②사무의 처리를 남에게 위탁하는 일. -하다.
위임장 어떤 사람에게 어떤 일을 위임한다는 뜻을 적은 문서.
위장【僞裝】거짓으로 꾸미는 일. ᵉˣ아군 복장으로 ~했다. -하다.
위조【僞造】가짜를 진짜처럼 만듦. ᵉˣ~지폐. ᵇⁱ위작. -하다.
위주【爲主】주되는 것으로 삼음. ᵉˣ실력 ~로 사람을 뽑다.
위중【危重】병세가 깊고 위태로움.
위증【僞證】거짓 증거와 거짓 증언.
위치【位置】사물이 차지하는 자리.
위탁【委託】하는 일을 남에게 맡김.
위태【危殆】마음을 놓을 수 없음.
위트 남을 즐겁게 하는 말이나 행동.
위품【位品】벼슬의 품계. 점잖음.
위풍【威風】위엄이 있는 풍채나 기세. ᵉˣ늠름한 ~을 가지고 있다.
위풍 당당【威風堂堂】남을 압도할

위:하다 ①잘 되도록 도우려고 생각하다. ②일정한 목적 등을 이루려고 하다. ③소중히 여겨 받들다.

위해 주다 생각해 주다.

위험【危險】 안전하지 못함. 위태로운 상태. 비위태. 반안전. -하다.

위험성【危險性】[-썽] 위험해질 가능성. 예실패할 ~이 큰 사업.

위험 수위【危險水位】 하천이나 호수 등에 물의 범람으로 홍수가 일어날 우려가 있을 정도의 수위.

위험 표지【危險標識】 공사장 따위에서 위험을 알리기 위한 주의 표시.

위협【威脅】 힘으로 으르고 협박함. 두렵게 하는 것. 예칼로 ~. 비협박.

위화감【違和感】 서로 잘 어울리지 못하고 어설프게 느껴짐.

윈도 컴퓨터의 모니터에 나타나는 그림으로 된 기호를 써서 다른 프로그램을 쓰는 기본 프로그램.

웜바트 작은 개 만하고 턱이 단단하며 동작이 느리고 어두운 곳에서 먹이 사냥을 하며 주로 새. 물고기를 잡는다.

[웜바트]

윌슨[인명](1856~1924) 미국 제28대 대통령. 제1차 세계 대전 당시 민족 자결주의를 부르짖었음.

윗글 앞에 나온 글이나 위에 있는 글. 비앞글. 반아랫글.

윗도리 윗몸에 입는 옷. 비윗옷.

윗사람 자기보다 나이나 항렬이 위인 사람. 반아랫사람.

윙크 한쪽 눈을 깜박여서 보내는 눈짓. 또는 눈 웃음. -하다.

유가족【遺家族】 죽은 사람의 남아 있는 가족. 비유족.

유감【遺憾】 ①마음에 섭섭함. ②언짢게 여기는 마음. 예정말 ~이다.

유격대【遊擊隊】 유격의 임무를 띠고, 주로 적의 배후나 측면에서 활동하는 특수 부대 또는 함대.

유고슬라비아 유럽 대륙의 남동부 발칸 반도 중부에 있는 공화국. 크게 세르비아와 몬테네그로로 이루어 졌으며, 수도는 베오그라드이다.[10만 2천km^2]

유관순[인명](1904~1920) 3·1운동 때 독립 만세를 부르다 옥에 갇혀 숨진 소녀. 충청남도 천안에서 출생. 이화 학당 1학년 때 고향에 내려가 독립 만세를 부름.

[유관순]

유과【油菓】 쌀, 밀가루를 반죽하여 여러 모양으로 낸 조각을 기름에 튀겨서 꿀이나 조청을 바른 과자.

유괴【誘拐】 사람을 아무도 모르게

꾀어냄. 예~사건. -하다.

유교【儒敎】 공자가 주장한 정치·도덕을 가르치는 교. 비유학.

유구【悠久】 연대가 길고 오래 됨. 아득하게 오래 됨. 예~한 생활.

유권자【有權者】 ①선거할 권리를 가진 사람. ②선거권을 가진 사람.

유네스코 유엔 전문 기관의 하나. 교육·과학·문화를 통하여 각 나라 사이의 이해를 깊게 하며 세계 평화에 이바지함을 그 목적으로 함. 예석굴암은 ~세계 유산.

유념【留念】 기억하여 두고 생각함.

유:능【有能】 재주나 능력이 뛰어남.

유니세프 국제 연합 전문 기관의 하나. 개발 도상국 아동의 구제·복지·위생의 증진을 목적으로 함. 국제 연합 아동 기금.

유니폼: ①교복. 제복. ②운동 선수들의 운동복. ③단체로 입는 옷.

유대【紐帶】 둘 이상의 관계를 연결 또는 결합시키는 관계. -하다.

유대인 팔레스타인을 원주지로 하는 셈족의 일파로 1948년 이스라엘을 건국함.

유도 맨손으로 상대를 넘어뜨리는 무술. 운동 경기의 하나. [유도]

유도탄【誘導彈】 제트 엔진이나 로켓을 추진력으로 하여 유도 장치에 따라 목표까지 비행하여 폭파하는 무기. 예~이 날아간다.

유람【遊覽】 여러 곳을 두루 돌아다니며 구경함. 여행을 다님. -하다.

유람객【遊覽客】 구경을 다닌 사람.

유:력【有力】 ①세력이 있음. ②희망이나 전망이 있음. 예~인사.

유령【幽靈】 ①죽은 사람의 혼령. ②죽은 사람의 혼령이 생전의 모습으로 나타난 형상. 예~이 나타남.

유:례【類例】 ①같거나 비슷한 예. ②전례. ~없는 일이 벌어지고 있다.

유:료【有料】 값을 내게 되어 있는 것. 예~ 주차장. ~시설. 반무료.

유:리₁【有利】 이익이 있음. 반불리.

유리₂【琉璃】 석영·탄산소다·석회암을 섞어 높은 온도에서 녹인 다음 급히 냉각시켜 만든 물질.

유리딱새 숲속에서 생활하며 나뭇가지와 나뭇잎 사이를 옮겨 다니면서 먹이를 찾고 고운 소리를 낸다.

[유리딱새]

유리창【琉璃窓】 유리를 끼운 창문.

유리컵 마실 잔을 유리로 만든 컵.

유린 함부로 남의 권리를 짓밟음. 상대를 중상 모략함. 예인권 ~.

유:망【有望】 앞으로 희망이 있음. 장래가 기대됨. 반절망. -하다.

유:머 익살스럽고 재치있는 말이

나 짓. 남을 즐겁고 재미있게 하는 말.

유·명【有名】 이름이 널리 알려짐. ᵇ저명. ᵇ무명. ᵉ~인사가 되다.

유모【乳母】 남의 아이를 그 어머니 대신 젖을 먹여 길러 주는 여자.

유모차 어린아이를 태워 밀고 다니는 수레. 유아차.

유목 풀밭을 따라 옮겨 다니며 가축을 기름. ᵉ~생활.

유물【遺物】 옛 사람이 남긴 물건. ᵉ옛 시대의 ~. ᵇ유품. 골동품.

유배【流配】 죄인을 귀양 보내는 것.

유복【裕福】 살림이 넉넉함. ᵉ~하게 살다. ᵇ반복. 빈궁. -하다.

유복자【遺腹子】 아버지가 죽을 때 어머니의 뱃속에 있던 자식.

유·사【類似】 서로 비슷함.

유·사시【有事時】 급한 상황이 생겼을 때. ᵉ~를 대비하다. ᵇ평상시.

유산【遺産】 죽은 사람이 남겨 놓은 재산. ᵉ~을 물려 주다.

유생【儒生】 유학을 공부하는 선비. ᵉ~들의 모임. 성균관 ~ 회관.

유·생물【有生物】 생명이 있는 것. 곧, 동식물. ᵇ무생물.

유서【遺書】 죽을 때 남긴 유언을 적은 글. ᵉ~를 남기다.

유·선【有線】 통신에 전깃줄을 사용하는 것. ᵇ무선.

유·선 방·송【有線放送】 전선을 통하여 하는 방송. ᵇ무선 방송.

유성【流星】 우주 공간을 떠돌던 별부스러기가 지구로 떨어질 때 공기와의 마찰로 타서 밝은 빛을 내는 것. 별똥별. ᵉ~이 떨어진다.

유세₁【遊說】 각처로 돌아다니면서 자기 또는 자기가 소속한 당의 주장을 설명 또는 선전함. -하다.

유·세₂【有勢】 ①세력이 있음. ②자랑삼아 세도를 부림. ᵉ네가 대체 뭘 믿고 ~를 하느냐?

유·수【有數】 ①손꼽힐 만큼 두드러짐. ②운수가 있음. -하다.

유순【柔順】 성질이 부드럽고 순함.

유·스 호·스텔 청소년의 건전한 여행 활동을 적극 장려하기 위한 비영리적인 숙박 시설. ᵏ여관. 콘도.

유식【有識】 아는 것이 많음. ᵇ무식.

유신₁【維新】 낡은 제도를 고쳐 새롭게 함. ᵉ~ 헌법.

유신₂【有信】 믿음성이 아주 완벽함.

유실₁【遺失】 가졌던 물건을 잃어버림. ᵉ~물. ᵇ습득. 취득. -되다.

유·심하다 주의를 단단히 기울이다.

유아【幼兒】 취학하기 전 어린아이.

유아블럭 장난감 놀이를 하면 지능, 인지능력이 고루 발달하여 학습 능력에 큰 도움이 된다.

[유아블럭]

유아기【幼兒期】
①나이가 아주 어릴 때.
②생후 1년부터 만 6세에 이르

유아 독존【唯我獨尊】 세상에서 자기 혼자 잘났다고 뽐내는 태도.

유언【遺言】 사람이 죽을 때 마지막으로 남겨 놓은 말. -하다.

유:엔 국제 평화와 협력의 국제 기구.

유:엔군 국제 연합에 가입한 여러 나라의 군인들로 이루어진 군대.

유:엔 총:회 국제 연합 총회. 가입한 전 회원국으로 구성되며, 유엔 헌장에 있는 모든 문제를 의결하는 기구. 예~본부는 미국에 있다.

유역【流域】 강이나 내가 흘러가는 언저리의 지역. 예낙동강 ~에 삶.

유연【柔軟】 몸의 동작이 부드러움.

유:용【有用】 이용할 필요가 있는 것.

유원지【遊園地】 사람들이 쉬거나 오락을 즐길 수 있는 시설을 해 놓은 곳. 비관광지. 유람지. 공원.

유유히 여유를 만끽하고 태연하게.

유의【留意】 마음에 두어 조심할 것.

유:익【有益】 도움이 되면서 이롭다.

유인【誘引】 남을 속여서 끌어들임.

유인원【類人猿】 고릴라, 침팬지처럼 사람과 비슷한 동물로 지능이 높고 앞다리의 발가락이 발달했고 거의 바로 선다.

[유인원]

유일 오직 그것 하나뿐임. 오직 하나.

유임【留任】 개편이나 임기 만료 때에 그 자리나 직위에 그대로 머물러 있음. 예~을 원하다. -하다.

유자나무 남부 섬 지방에 잘 자라며 열매를 얻기 위해 심는다. 늦은 봄이나 초여름에 흰꽃이 피며 열매인 유자는 9~10월에 노랗게 익는다.

[유자나무]

유적【遺蹟】 남아 있는 역사적 사실의 자취. 예고대 문화~. 비고적.

유적지【遺跡地】 지난 날 건물 따위가 있었던 장소. 예고대 문명의 ~.

유전₁【遺傳】 조상의 몸의 문양이나 성질이 자손에게 전해짐. -되다.

유전₂【油田】 땅 속에 석유가 나는 곳.

유전자【遺傳子】 유전을 일으키는 근본이라고 생각되 있는 물질.

유조선【油槽船】 석유를 담아 나르는 시설을 갖춘 큰 배. 예~건조는 세계에서 우리 나라가 1위 국가다.

유족【遺族】 죽은 사람의 뒤에 남은 가족. 예~을 만나다. 비유가족.

유:종【有終】 일들의 끝맺음이 있음.

유:죄【有罪】 범죄 사실이 인정된 것.

유지【維持】 그대로 지탱하여 나감. 예관계를 ~하다. 비지탱. -하다.

유창【流暢】 말을 하거나 글을 읽는 것이 물 흐르듯이 거침이 없음.

유채₁【油彩】 물감·기름·붓 등 유화구로 그림을 그리는 법. 유채화.

유채₂【油菜】[식물] 겨잣과에 속하

며 봄에 노란 꽃이 피고, 씨는 기름을 짜서 먹음. 예~꽃.

유:추【類推】 유사한 점에 의하여 다른 사물을 미루어 추측함. [유채]

유충【幼蟲】 알에서 나온 후 아직 다 자라지 아니한 벌레. 반성충.

유치1【留置】 사람이나 물건을 일정한 곳에 잡아 둠. 예~장. -하다.

유치2【誘致】 ①꾀어냄. ②이끌어 들임. 예행사를 ~했다. -하다.

유치원【幼稚園】 초등학교에 들어가기 전의 아이들을 보육하여 그 성장 발달을 꾀하는 교육 기관.

유치장【留置場】 피의자나 경범죄 행위자 등을 잠시 가두어 두는 곳.

유쾌【愉快】 즐겁고 상쾌함. -하다.

유통【流通】 ①막힘이 없이 흘러 통함. 예공기의 ~. ②세상에 널리 쓰임. ③생산에서 소비로. -하다.

유품【遺品】 고인이 생전에 사용하다 남긴 물건. 비유물. 예고인의 ~.

유:하다1【留-】 머물러서 묵고 있다.

유하다2【柔-】 ①부드럽다. 예성격이 ~. ②걱정이 없다.

유학【留學】 다른 나라에 일시 머물러 있으면서 공부함.

유학생【留學生】 외국에 가서 공부하는 학생. 예국비 ~으로 입학함.

유:한【有限】 일정한 한도가 있음. 예생명은 ~하다. 반무한. -하다.

유해【遺骸】 ①죽은 사람의 뼈. ②죽은 사람의 몸. 비유골. 시체.

유행【流行】 말·옷·생각 따위가 세상에 널리 퍼져 많이 쓰임.

유:형1【有形】 모양이나 형체가 있음. 반무형. -하다.

유:형2【類型】 어떤 사물이나 현상들 사이에 공통이 되는 것끼리 묶은 사물의 분류. 예~별. 여러 ~의 문제.

유:효【有效】 ①효과가 있음. ②보람이 있음. 반무효.

육각 기둥 밑면이 육각형이고 옆면이 여섯 개인 각기둥.

육각형【-까켱】 여섯 개의 직선으로 싸인 평면형.

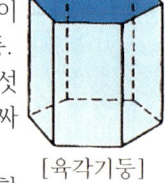
[육각기둥]

육교【陸橋】 번잡한 도로나 철로 위에 건너질러 놓은 다리.

육군【陸軍】 땅에서 공격 및 방어를 맡은 군대.

육로【陸路】 육지에 난 길. 반수로.

육류【肉類】[융뉴] 먹을 수 있는 짐승의 고기 종류. 반채소. 과일.

육면체【六面體】 여섯 개의 면을 가진 입체. 예직~.

육박【肉薄】 매우 가까이 다가가다.

육박전【肉薄戰】 손이나 주먹으로 서로 덤비어 싸우는 전투. 비전투.

육상【陸上】 ①물 위. ~식물. ②「육상 경기」의 준말. ③땅의 거죽.

육상 경:기【陸上競技】 육상에서 하

는 각종 경기. 트랙 경기와 필드 경기의 총칭. ᶜ육상. ᵇ해상 경기.

육식【肉食】짐승의 고기를 먹음. 동물이 다른 고기를 먹음. ᵇ채식.

육아【育兒】부모가 어린이를 기름.

육안【肉眼】[유간] ①맨눈. ②눈으로 보는 표면적인 안식. 바로 본 눈.

육의전【六矣廛】조선 시대 서울 종로에 자리 잡고 있던 나라에서 세운 여섯 가지 종류의 가게.

[육의전]

육이오 사변 1950년 6월 25일 북한 공산군이 불법으로 남한에 쳐들어온 전쟁.

육지【陸地】물에 덮이지 않은 지구 표면. ᵇⁱ물. ᵇ바다. 하늘.

육체 노동【肉體勞動】육체를 움직이어 그 힘으로써 하는 노동.

육체미【肉體美】몸매의 아름다움.

육친 조부모·부모·형제 따위와 같이 혈족 관계가 있는 사람.

육하 원칙【六何原則】[유카-] 기사 등의 문장을 쓸 때에 지켜야 하는 기본적인 원칙. 「누가」「언제」「어디서」「무엇을」「어떻게」「왜」의 여섯 가지. 육해공군 육군과 해군과 공군. 삼군.

윤:【潤】윤택한 기운. 활기찬 기운.

윤곽【輪廓】①사물의 모양이나 테두리. ②얼굴 모양. ③테두리.

윤:기【潤氣】매끈하고 빛이 나는 것.

윤:년【閏年】윤달이나 윤달 있는 해.

윤:달 윤년에 드는 달. 양력에서는 2월이 평년보다 하루 많고, 음력에서는 평년보다 한 달을 더 하여 윤달을 만듦.

윤전기【輪轉機】인쇄판 사이에 종이를 끼워 짧은 시간에 많은 양을 인쇄할 수 있는 기계. ᵉ신문~.

윤:택【潤澤】①윤기 있는 광택. ②넉넉하고 여유가 있음. ᵉ~한 생활. ③부유하고 윤택함. -하다.

윤활유【潤滑油】기계들의 마찰을 줄이고 잘 돌아가게 하는 기름.

윤회【輪廻】사람과 짐승이 세상에서 죽었다가 다시 태어나기를 되풀이하는 일. ᵉ~사상. -하다.

율곡[인명](1536~1584) 조선 시대 선조 때의 대유학자·정치가. 신사임당의 아들로, 본명은 이이, 율곡은 그의 호임.

율동【律動】[-똥] 규칙적으로 되풀이되는 리듬. -하다.

융【絨】감의 거죽이 보드럽고 부풋한 피륙의 하나. ᵉ~파자마.

융단【絨緞】양털 따위를 표면에 보풀인 것처럼 짠 두꺼운 직물.

융성【隆盛】매우 성하고 기운참. ᵉ~한 시기. -하다. ᵇ패망.

융숭【隆崇】대우하는 태도가 정중하고 극진함. ᵉ~한 대접을 받다.

융자【融資】금융 기관에서 돈을 빌림.

융통【融通】일을 그때 그때의 사정에 알맞게 대처해 나감. -하다.

융화【融和】서로 어울리어 화목하게 됨. 예노사 간의 ~를 도모하다.
윷 윷놀이에 쓰이는 네 개의 작은 나무막대. 비윷짝. 관도.개.걸.모.
윷:놀이 편을 나누어, 윷으로 승부를 겨루는 놀이. 척사.

[윷놀이]

으뜸 첫째나 우두머리.
으레 여러 말 할 것 없이.
으르렁 사나운 짐승이 성내어 우는 소리. 작아르렁.
으름덩굴 산에서 자라고 잎은 손바닥 모양의 곁잎이며, 봄에 자갈색 꽃이 피고 열매는 9~10월에 익는 갈잎 덩굴나무다.
으름장[-짱] 말과 행동으로 남을 위협하는 것. 예친구에게 ~을 놈.
으리으리하다 압도될 만큼 규모나 모양이 굉장하다. 예친구 집이 ~.
으스대다 어울리지 아니하게 으쓱거리며 뽐내다. 비뻐기다. 뽐내다.
으스러지다 단단한 물체가 깨어져 부스러지다. 예뼈가 ~.
으쓱1 잘났다고 느껴질 때 어깨를 들먹이는 모양. -하다. 흉내말.
으쓱2 추위나 무서움 등으로 몸이 별안간 움츠러드는 듯한 모양. 작아쓱. 예어깨가 ~올라가고 있다.
으아리 산 속이나 들에 자라며 잎은 끝이 달걀 모양이고 여름에 암술대가 있는 흰 꽃이 핀다. 갈잎 덩굴나무이다.

[으아리]

은【銀】흰색이나 아름다운 광택을 가진 금속의 하나. 예~수저. 관금.
은거【隱居】세상에 나타나지 않고 숨어서 사는 일. 비은둔. -하다.
은공【恩功】은혜와 공로. 예부모님의 ~은 바다와 같다. 반배은 망덕.
은덕【恩德】은혜와 덕. 은혜로운 덕. 예당신 ~으로 살아났다.
은밀【隱密】숨어서 겉으로 나타나지 않음. 예~히 찾아보다. -하다.
은박【銀箔】알루미늄을 종이와 같이 얇게 만든 물건. 예~지.
은박지 은을 망치로 두드려서 얇은 종이처럼 만들어 놓은 것.
은반【銀盤】스케이트장. 은쟁반.
은방울꽃 산에 무리지어 사라며 밑동에서 2개의 잎이 나와 밑 부분을 서로 감싸 원줄기처럼 된다.
[은방울꽃]
꽃이 희고 종 모양이며 열매는 붉게 익는 여러해살이풀이다.
은사【恩師】은혜가 깊은 스승. 예~님을 찾아가다. 관선생님.
은신【隱身】몸을 보이지 않게 숨김.

은신처【隱身處】 숨을 수 있는 장소.
은어【銀魚】 몸이 가늘고 길며 등은 어두운 녹색이며 배는 엷은 회색인 물고기. 맑은 강물에서 산다.

[은어]

은연중 남이 모르는 가운데.
은인【恩人】 자기에게 은혜를 베풀어 준 사람. 도움을 준 사람. 반원수. 예저분은 나의 각별한 ~이다.
은장도【銀粧刀】 옛날에 칼자루와 칼집을 은으로 장식하여 노리개로 차는 작은 칼. 예몸 안에 ~가 있다. [은장도]
은전【恩典】 나라에서 주는 특전. 예특사에게 과분한 ~을 베풀다.
은총 ①높은 사람. 특히 임금으로부터 받는 특별한 사랑. ②하나님의 인류에 대한 사랑.
은퇴【隱退】 현직에서 물러나거나 사회 활동에서 손을 떼고 한가히 지냄. 예정계 ~. 반입사. -하다.
은하수【銀河水】 맑게 갠 날 밤에, 흰 구름 모양으로 남북으로 길게 보이는 별의 무리. 비미리내.
은행【銀行】 여러 사람의 돈을 맡기고 찾기도 하며 또 필요한 사람에게는 그것을 빌려 주기도 하는 곳.

은행나무[식물] 정자나무나 가로수로 심으며, 잎은 부채 모양이고 가을에 노랗게 단풍이 들고 가을에 은행 알이 열리는 나무.

[은행나무]

은행원【銀行員】 은행에서 일을 맡아 보는 사람. 준행원.
은혜【恩惠】 ①베풀어 주는 혜택. ②고마움. 비자비. ③감사한 마음.
은혼식【銀婚式】 서양 풍속에서 결혼 25주년을 축하하는 의식.
을:러대다 마구 으르다. 비을러메다. 세차게 위협하다.
을사 보:호 조약[-싸-] 구한말, 1905년에 일본이 우리나라의 외교권을 빼앗기 위하여 조선 정부와 강제로 맺은 조약.
을씨년스럽다(스러우니, ~스러워) ①날씨 따위가 스산하고 썰렁하다. ②살림이 매우 군색하다.
음【音】 ①물체의 진동으로 공기를 통하여 귀에 들리는 소리. 예~이 높다. ②자음. ③한자의 소리.
음계【音階】 음악에서, 음을 높이의 차례대로 늘어 놓은 것. 곧 서양 음악의 도·레·미·파·솔·라·시. 예장~. 단~.
음극【陰極】 전기가 흘러들어오는 쪽의 전극. 반양극.
음덕【陰德】 조상들께서 쌓은 덕행.
음력【陰曆】 달의 차고 이지러짐을

표준으로 하여 만든 달력. 반양력.

음:료수【飮料水】 먹는 물이나 액체.

음모【陰謀】 남 모르게 일을 꾸미는 나쁜 꾀. 비흉계. 예~를 꾸민다.

음미【吟味】 ①시가를 읊조리며 그 맛을 감상함. 예시를 ~하다. ②사물의 속 내용을 새겨서 맞봄. 예술맛을 ~하다. -하다.

음반【音盤】 축음기에 걸어 소리를 들을 수 있는 동그란 판. 소리판.

음산【陰散】 ①날씨가 흐리고 으스스함. ②을씨년스럽고 썰렁함.

음성₁【音聲】 ①목청을 거쳐서 나는 말소리. ②목소리. 예~이 크다.

음성₂【陰性】 ①밖으로 드러나지 아니하는 숨은 성질. ②소극적인 성질. 반양성. 예~반응하다.

음속【音速】 소리의 속도. 공기 중에서의 음파의 전파 속도는 15°C때에 매초 약 340m. 예~탐지기.

음:식【飮食】 먹고 마시는 것. 음식물.

음:식물【飮食物】 음식으로 만들어진 물질. 예~쓰레기 처리장 공사.

음악 소리와 가락으로 나타내는 예술. 성악과 기악이 있음. 예~가.

음악가【音樂家】 음악을 전문으로 하는 사람. 예영화 ~

음악회【音樂會】 [으마쾨] 음악을 연주하여 청중들로 하여금 감상하게 하는 모임. 비연주회.

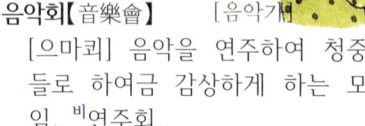
[음악가]

음양【陰陽】 ①역학에서, 우주 만물을 만들어 내는 상반된 성질의 두 가지 기운. ②전기나 자기의 음극과 양극. 예~사상.

음자리표 악보의 왼쪽 첫머리에 적는, 음의 높이를 정하는 기호.

음절【音節】 ①음의 한 마디. ②음률의 곡조. 아·악·가·각 따위.

음정【音程】 높이가 다른 두 음 사이의 간격. 예~이 안 맞는다. 관박자.

음지【陰地】 그늘진 곳. 예~에서 말리다. 비응달. 반양지.

음치【音癡】 음에 대한 감각이 부족하여 노래를 바르게 부르지 못하는 일. 또는 그러한 사람.

음파【音波】 소릿결. 소리의 파동. 소리의 울림. 예~탐지기.

음파 탐지기 음파·초음파를 이용하여 바닷속에 있는 물체의 거리나 방향 등을 측정하는 기계.

음표【音標】 음의 높고 낮음과 길고 짧음을 ㅣ나타내는 기호. ♪,♬ 따위.

읍【邑】 지방의 조그마한 도시. 인구 2만 이상 5만 이하의 곳. 관읍내.

읍내【邑內】 시보다 작은 읍의 내부.

읍사:무소【邑事務所】 읍의 행정 사무를 맡아 보는 곳. 관동사무소.

응:석 윗사람에게 일부러 어리광을 부리는 짓. 예어머니께 ~을 부림.

응:시₁【應試】 시험에 지원하여 치름.

응:시₂【凝視】 눈길을 한 곳으로 모아 바라봄. 예친구가 나를 ~함.

응애 새·포유류·파충류의 몸에 달라 붙어 피를 빨아먹고 병을 옮긴다.

응:용【應用】 어떠한 원리를 실지에 이용함. 예~ 문제. -하다.

응:원【應援】 뒤에서 힘을 내도록 격려하는 일. 비후원. -하다.

[응애]

의:【義】 사람이 마땅히 지켜야 할 바른 도리. 반불의.

의:거【義擧】 옳은 일을 위하여 일을 일으킴. 예4.19 ~학생 운동.

의:견【意見】 마음 속에 지니고 있는 생각. 비견해. 의사. 생각.

의결【議決】 어떤 일을 여럿이 의논하여 결정함.

의기사【義妓祠】 촉석루 서쪽 언덕에 있다. 순조24년에 논개의 영정과 위패를 모시기 위해 건립한 사당임.

[의기사]

의:기 양양 뜻을 이루어 우쭐하는 빛이 얼굴에 나타나는 모양.

의논【議論】 어떤 일에 대하여 어떻게 하자고 서로 의견을 말함. 비논의. 상의. -하다.

의당【宜當】 마땅히. 으레. 예~같다.

의:도【意圖】 하고자 하는 생각이나 계획. 예~대로 되었다. -하다.

의례【儀禮】 의식을 준비하는 예법.

의:로이 도덕적으로 옳거나 바르다.

의뢰【依賴】 ①남에게 의지함. ②남에게 부탁함. -하다.

의료 기관【醫療機關】 의술로 병을 치료하기 위해 설치된 기관.

의료 기구【醫療器具】 진찰이나 치료에 쓰는 기구. 관병원. 의원.

의료 보험【醫療保險】 개인·기업·정부가 매달 낸 얼마 간의 보험료를 모아 두었다가, 가입자가 병에 걸렸을 때, 그 보험금으로 치료를 받을 수 있게 만든 제도.

의료 시:설 병을 고치기 위한 병원설비. 병원·보건소 따위.

의류【衣類】 입을 옷을 통틀어 일컬음. 예~판매점. 비의복.

의:리【義理】 사람으로서 지켜야 할 바른 길. 예~가 있다.

의:무 교:육 국민의 의무로서 일정한 나이가 된 아동은 누구나 교육을 받아야 하는 학교 교육. -하다.

의문【疑問】 의심스러운 점이나 문제. 예~을 풀다. 비의심. 의구.

의:미【意味】 ①말이나 글이 가지고 있는 뜻. ②어떤 일의 숨겨진 뜻. 비의의. 뜻. 예어떤 ~가 담김.

의:병【義兵】 ①나라의 어려움을 구하기 위하여 일어난 국민들이 조직한 군사. ②의를 위하여 싸우는 군사. 비의군. 반군관.

의복【衣服】 사람이 몸에 걸치는 옷.

의:사₁【意思】 어떤 일을 하려고 하는 생각. 예우리는 싸울 ~가 없다.

의:사₂【義士】 옳음을 위하여 뜻을 굽히지 않는 꿋꿋한 사람. 예안중

근 ~기념관.

의:사₃【醫師】서양식 의술로 병든 사람의 진찰과 치료를 업으로 삼은 사람. ^반병자.

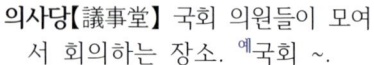
[의사]

의사당【議事堂】국회 의원들이 모여서 회의하는 장소. ^예국회 ~.

의상실【衣裳室】①옷을 두거나 갈아 입는 방. ②여자의 서양식 옷을 만들어 파는 곳. ^예~운영자.

의석【議席】①회의하는 자리. ②의회 등의 의원의 자리. ^예과반~.

의:식₁【意識】모든 것에 대하여 깨닫는 마음. ^반무의식. -하다.

의식₂【儀式】일정한 격식을 갖추어 치르는 행사나 예식. ^예~절차.

의식₃【衣食】입는 옷과 먹는 음식물.

의식주【衣食住】사람이 살아가는 데 필요한 세 가지 요소. 옷·음식·집.

의심【疑心】①이상히 여기는 마음. ②믿지 못하는 마음. ^예의혹. ^비의문. ^반확신. ^예~이 많이 간다.

의심쩍다 의심스러운 가운데 있다.

의약품【醫藥品】의료에 쓰이는 약품.

의연【毅然】의지가 굳세어서 끄떡없음. ^예~한 태도. -하다.

의:연금【義捐金】불쌍한 사람을 돕기 위해 기부하는 돈. ^예수해~.

의:연하다 의지가 굳세어 꿋꿋하다.

의:외【意外】예상했던 것과 다른 것.

의:욕【意欲】①하고자 하는 마음. ②의로운 용기. ^비욕망. 용기. 욕심.

의원 내:각제【議員內閣制】국회의 신임을 정부로 존립의 필수 조건으로 하는 제도. 내각 책임제. -하다.

의:의【意義】어떤 사실. 말의 중요성.

의:인【義人】의로운 사람. 올바른 이.

의자【椅子】걸터앉아 몸을 뒤로 기대는 물건. ^비걸상.

의장₁【議長】회의에서 회의를 진행시켜 나가는 사람. ^예국회~.

의:장₂【意匠】물품에 외관상의 미감을 주기 위하여, 그 형상·색채·맵시 또는 그 결합 등을 여러 가지 형태로 연구를 한 것.

의젓이 말이나 행동이 무게가 있다.

의젓하다 언행이 바르고 버릇이 얌전하다. ^예나이답지 않게~.

의제【議題】회의에서 토의할 문제.

의:중【意中】마음 속에 간직한 생각.

의지₁【依支】①남에게 도움을 받음. ②몸을 기댐. ^비의탁. -하다.

의:지₂【意志】①뜻. ②결심하여 실행하려는 마음. ^예~가 굳다.

의:천[인명](1055~1101) 고려 때의 중. 시호는 대각 국사. 문종의 넷째아들. 11세에 중이 되어. 송나라에 유학하고 돌아와서 천태종이라는 새로운 종파를 열었으며. 속장경을 간행하기도 하였음.

의타심【依他心】남에게 의지하려는 마음. ^예~이 강하다. ^반자립심.

의:표【意表】전혀 예상하지 못한 것. ^예~를 찌른 날카로운 비평.

의하다 ①무엇에 의거하거나 말미암다. ②무엇을 사실에 근거하다.

의학【醫學】 병의 치료나 예방에 관한 것을 연구하는 학문. 관한의학.

의:향【意向】 무엇을 하려는 생각. 예네 ~은 어떠냐? 관의중.

의:협【義俠】 정의를 위하여 강자를 억누르고 약자를 돕는 일. 관의리.

의:형제【義兄弟】 의로 맺어진 형제.

의혹【疑惑】 의심하여 분별하기가 어려움. 예이 일에 ~이 감. 비의심.

의회【議會】 의원들이 모여서 회의를 하는 기관. 예~정치. ~국회.

이₁ 입 속에 있어서 음식을 씹는 구실을 하는 것.

이₂ 일년 내내 젖먹이 동물의 몸에 피를 빨아 먹고 산다. 길이 2.5mm이다.

[이]

이간【離間】 두 사람 사이를 갈라지게 함. 예~질.

이구아나 나무에 주로 살며 수영도 잘함. 가을에 땅 속에 알을 낳고 3개월 동안 땅 속에서 알을 품는다.

[이구아나]

이:국【異國】 내 나라가 아닌 다른 나라. 비외국. 타국.

이:권【利權】 이익을 얻을 수 있는 어떤 권리. 예~운동. ~을 챙김.

이글이글 불꽃이 어른어른하며 잘 타오르는 모양. 흉내말.

이:기【利己】 자기의 이익만을 생각함. 예그는 ~적인 사람이다.

이기다₁ 싸워서 상대편을 누르다. 예투표에서~. 반지다.

이기다₂ 흙이나 가루 등을 반죽하다. 물을 넣고 섞다. 예밀가루를~.

이:기심【利己心】 자기의 이익만을 꾀하는 마음. 예~이 많다.

이:기주의【利己主義】 남이야 어찌되건 자기만의 이익·행복을 추구하는 사고 방식이나 태도.

이끌다(이끄니) ①앞장서서 남을 따라 오게 하다. 비거느리다. ②마음이 쏠리게 하다.

이끌리다 이끎을 당하다. 끌려 가다.

이끼 숲 속이나 그늘지고 축축한 흙, 바위에서 자라는 작은 녹색 식물이다. [이끼] 이끼는 생명력이 강하여 전 세계에 분포되어 있으며 곤충의 보금자리로도 잘 쓰인다.

이내₁ ①그 때에 곧. ②그 때의 형편 대로. 비금방. 즉시. 방금.

이:내₂【以內】 어떤 일정한 범위 안. 예한 시간~. 반이외.

이:념【理念】 가장 옳다고 생각하는 이상적인 생각. 이성 개념.

이동【移動】 움직여 자리를 바꿈.

**옮기어 다님. 예~통신. 철새의 대~. 비이전. 반고정. -하다.

이득【利得】 이익을 얻음. 예~을 보다. 비이익. 반손실.

이:등변 삼각형 두 변의 길이가 같은 삼각형. [이등변 삼각형]

이:등분【二等分】 둘로 똑같이 나눔. 예사과를~ 하였다.

이라크 서 아시아의 남서부에 있는 나라. 옛 메소포타미아 문명이 일어난 곳으로 석유와 대추 야자가 많이 나고, 수도는 바그다드이다. [43만 7천km^2]

이란 아시아의 남서부에 있는 나라. 석유가 많이 나고 수도는 테헤란이다. [164만 8천km^2]

이랑 밭의 한 두둑과 고랑을 아울러 가리키는 말. 예~에서 일을 한다.

이:래【以來】 그러한 뒤로. 예유사~ 처음이다.

이란새 소란스러운 새로 공격적이며, 아무 때나 곤충을 잡아먹고 딸기류도 따먹음. 암컷은 알을 3~4개 낳음. [이란새]

이:력【履歷】 지금까지의 학업·직업 따위의 경력. 관경력. 약력.

이:론1【異論】 ①줄거리를 세워서 생각을 마무린 것. 반실천. ②다른 의견. 비이의. 반론.

이:론2【理論】 사물의 이치. 예상대성~. 과학~. 문학~. 반실천.

이루다 ①뜻대로 되게 하다. ②일을 마치다. ③세우거나 만들다.

이륙【離陸】 비행기가 땅에서 떠오름. 반착륙. -하다.

이르다1(이르니, 일러) ①도달하다. 예교문 앞에~. ②미치다.

이른 빠른. 예~시간에 왔다.

이른바 세상에서 말하는 바와 같이. 비소위. 예이 곳은 ~곡창 지대다.

이름 사물이나 사람에 대하여 다른 종류와 구별하기 위하여 부르는 것을 일컬음. 예저 사람의 ~은?

이름(이)나다 이름이 세상에 널리 알려지다. 유명해지다.

이리1 ①이 곳으로. ②이쪽으로. 그리.

이리2[동물] 개과의 산 짐승, 몸집이 더 크고 사나운 산 짐승. 동작이 빠르고 민첩하며 먹이 사냥에도 탁월한 짐승이다. [이리]

이리저리 이쪽 저쪽으로 왔다 갔다.

이마 얼굴의 눈썹 위로부터 머리카락이 난 아래까지의 부분.

이맘때 이만큼 된 때. 예내년 ~에 운동회를 하였다. 작요맘 때.

이모【姨母】 어머니의 여자 형제들.

이모부【姨母夫】 이모들의 남편.

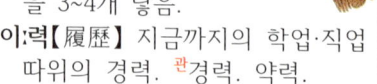

이:모작【二毛作】 한 해에 같은 땅에서 두 번 곡식을 거두어들이는 것. ^반일모작. ^관삼모작.

이:목【耳目】 ①귀와 눈. ②남들의 눈. ^예~을 두려워하다.

이목을 끌다 남의 시선을 끌어들임.

이:목구비【耳目口鼻】「귀」「눈」「입」「코」를 아울러 이르는 말.

이:문【利文】 외국 땅에 옮아 가서 사는 삶. ^예미국으로 ~가다.

이:방【吏房】 옛날에 지방 수령 밑에서 비서 등의 일을 맡아 보던 부서나 그런 하급 관리. ^예~나리.

이번 이제 돌아온 바로 이 차례. 금번. ^예~일요일. ^비금번. ^작요번.

이벤트「사건」「주요한 시합」등의 뜻. ^예빅 ~행사를 거행하였다.

이:변【異變】 예상하지 못한 상태. ^예~이 일어나다. ~이다. ^반정상.

이별【離別】 오랫동안 서로 헤어짐. ^비작별. ^반상봉. -하다.

이:복【異腹】 아버지는 같고 어머니가 다른 형제. ^예~형제를 말한다.

이부자리 이불과 요를 이부자리라고 한다. 옛날부터 잠자리에 꼭 필요한 용품으로 속에 솜이 들어 있다.

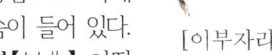

[이부자리]

이:북【以北】 어떤 한계로부터의 북쪽. 휴전선 이북에 있는 지역.

이:북 오:도【以北五道】 1945년 8월 15일, 현재의 행정 구역으로 아직 수복되지 않은 황해도·평안남도·평안북도·함경남도·함경북도의 다섯 도를 말함.

이분₁ 이 사람을 높이어 이르는 말. ^예~은 나의 스승이다. ^관저분.

이:분₂【二分】 ①둘로 나눔. ②양분. ^예~이 된 국토. ③둘로 양분됨.

이:비인후과【耳鼻咽喉科】[-꽈] 귀·코·목구멍·기관·식도의 질환에 대한 치료를 전문적으로 하는, 의술의 한 분과.

이사【移徙】 살던 곳에서 다른 곳으로 살림을 옮김. ^예~철. -하다.

이삭 ①벼나 풀의 끝에 열매가 더부룩 하게 달린 것. ②농작물을 거둔 뒤에 땅에 흩어진 곡식. ^예벼~.

이산 가족 헤어져 흩어져 사는 가족.

이:상₁【以上】 ①그보다 더 위. ^예~에서 살펴본 바와 같이. ^반이하. ②편지·서류의 끝에 적어「그만」의 뜻을 나타내는 말.

이:상₂【異常】 보통과 다름. ^예행동이 ~하다. ^반정상. -하다.

이:상₃【理想】 각자가 가장 좋다고 생각되는 상태. ^예~이 건전하다.

이:상야릇하다 이상하고도 야릇하다. ^예모습이~. 행동이~.

이:상적【理想的】 사물의 상태가 이상에 맞는 것. ^예~인 국가.

이:상재[인명](1850~1927) 조선 말엽의 정치가이며 종교가. 호는 월남. 일찍이 신앙 생활을 통하여 국민의 민족 정신을 일깨워

주었고, 서재필과 함께 독립 협회를 조직하여 민중 계몽 운동에 힘썼음.

이:상향 인간이 생각할 수 있는 최선의 상태를 갖춘 완벽한 사회. 유토피아. 예~를 꿈꾸다.

이:색【異色】 ①다른 빛깔. 예~인종. ②보통과 두드러지게 다른 것. 예~ 지대를 가다. 반동색.

이:색적【異色的】 다른 성질을 가짐.

이생 이 세상에 살아 있는 동안.

이:성₁【異性】 ①다른 성질. ②남자와 여자. 예~교제. 반동성.

이:성₂【異姓】 자기와 성이 다름. 또는 그 성. 예~혈족.

이세 국민【二世國民】 다음 세대의 국민. 곧, 현재의 어린이들.

이:세대 가정 부모와 그 자녀가 한 집에 모여 사는 가정.

이:솝 우:화 동물을 인간에 빗대어 인간 세계를 풍자한 동물 우화집.

이송 다른 곳으로 옮겨서 보냄.

이:순신[인명](1545~1598) 조선 선조 때의 장군. 시호는 충무. 임진왜란 때 거북선을 만들어 옥포·부산·한산도 등의 싸움에서 큰 승리를 함.

[이순신]

이스라엘 아시아 대륙 서부의 지중해 연안에 있는 나라. 1948년에 유대인이 세웠으며 수도는 예루살렘이다. [2만2천km²]

이:스트 ①효모균. ②효모균을 넣어 가공한 제품. 흔히 빵을 부풀리기 위하여 사용함.

이슬 ①수증기가 풀잎 같은 곳에 닿아 식어서 엉기어 작은 물방울로 된 것. ②덧없는 목숨에 비한 말.

이슬비 아주 가늘어 이슬처럼 내리는 비. 반소나기. 관가랑비.

이슬 아침 이슬이 채 마르지 아니한 이른 아침. 예~에 들로 나가다.

이승 불교에서 말하는 살아 있는 동안. 반저승.

이:승만[인명](1875~1965) 독립 운동가이며, 정치가. 일찍부터 국내와 해외에서 독립 운동에 힘썼으며, 초대 및 2대·3대 대통령을 지냄. 1960년 4·19로 대통령 자리에서 물러남.

이식【移植】 식물들을 옮겨 심는 것.

이:실 직고【以實直告】 사실 그대로 고함. 예~할 때 까지 매우 쳐라.

이심₁【移審】 소송 사건을 어떤 법원에서 다른 법원으로 이송하여 심리하는 일. 예사건이 ~중이다.

이:심₂【二心】 ①두 가지 마음. ②배반하는 마음. ~을 품다. ③변하여 바뀌기 쉬운 마음.

이:심 전심【以心傳心】 마음과 마음으로 서로 뜻이 통함. -하다.

이앙기【移秧機】 모를 심는 기계.

이야기 ①어떤 사실이나 또는 있지도 아니한 일을 사실처럼 꾸미어 재미있게 늘어놓은 말. ②서로가 주고 받고 하는 말. -하다.

이야기책 ①옛날 이야기를 적은 책. ②「소설책」을 달리 이르는 말. 준얘기책. ~을 보고 있다.

이양【移讓】남에게 넘겨 줌. 다른 사람에게 넘겨 주는 것. 예~하다.

이어달리기 릴레이 경주. 비계주.

이어받다 앞것을 뒤이어 넘겨 받다.

이어서 ①대를 물려받아서. ②계속해서. -하다. 예~ 달리고 있다.

이어지다 따로 된 것이 서로 잇대어 지다. 끊어지지 않고 연결되었다.

이엉 초가집의 지붕을 2~3년에 한 번씩 전 것을 버리고 새 볏짚으로 이엉을 엮어서 지붕을 덮기 위하여 만드는 것. 예~을 엮다.

[이엉]

이에 이리해서 곧. 그래서. 예~굳히다.

이:역【異域】①다른 나라의 땅. ②고향에서 멀리 떨어진 곳.

이온 양 또는 음의 전기를 띤 원자 또는 원자단. 예양~.

이완【弛緩】근육이나 신경 따위가 긴장이 풀어서 느슨해지는 것.

이:왕【已往】이미 하기로 정함.

이:용₁【利用】필요에 맞게 이롭게 씀. 예자원을 ~하다. 비사용.

이:용₂【理容】이발과 미용. 이용실.

이:용도【利用度】이용을 하는 정도.

이웃 가까이 사는 집. 예~사촌. 비인근. 근처. -하다.

이웃 사:촌 이웃에 사는 사람과는 자연히 가까이 지내게 되므로, 이를 친척에 비유하여 일컫는 말.

이웃집 이웃하여 사는 집. 관옆집.

이:유【理由】어떤 행동을 하게 된 까닭.

이유기 젖먹이의 젖을 떼는 시기. 보통 생후 6~7개월에 시작함.

이유식【離乳食】이유기의 아기에게 먹이는 젖 이외의 음식. -하다.

이:윤【利潤】장사를 하고 남은 돈.

이:율【利率】원금에 대한 이익의 비율. 예~이 높다. 반손율.

이윽고 얼마 쯤 시간이 흐른 뒤 마침.

이:의 다른 사람과 의견이나 주장을 달리함. 예~를 제기한다.

이:의 집단【異議集團】다른 집단과 의견을 달리하는 사람들로 이루어진 집단.

이:익【利益】이로움과 보탬이 됨. 비이득. 반손해. 불이익. 손실.

이:자【利子】저금으로 맡은 돈이나 꾸어 쓰는 돈에 덧붙여 주는 돈. 비변리. 이식. 반원금.

이장₁【里長】행정 구역인 리의 사무를 맡아 보는 사람. 관반장.

이장₂【移葬】무덤을 다른 데로 옮김.

이:재₁【異才】남다른 재주. 재주꾼.

이:재₂【理財】재물을 유리하게 다룸. 예저 사람은 ~에 상당히 밝다.

이재민【罹災民】화재·홍수 등의 재난을 당한 사람. 예~구호 사업.

이:적 행위[-저캥-] 적을 이롭게 하는 행위. -하다.

이전【移轉】 장소나 주소·권리 등을 다른 데로 옮김. ᵇⁱ이사.

이:정표【里程標】 육로의 거리·방향 따위를 표시하여 찾아가기 쉽게 해 놓은 표. ᵉˣ~를 따라가다.

이젤 그림을 그리기 위하여 스케치 북을 올려 놓은 삼각 받침대. 특히 야외에서 스케치에 꼭 필요한 미술 도구이다. [이젤]

이종 사:촌【姨從四寸】 이모의 아들과 딸을 말함. ᶻ이종.

이:준[인명](1859~1907) 조선 말 고종 때의 열사. 1907년 고종 황제의 특명으로 이상설·이위종 등과 함께 헤이그 만국 평화 회의에 참석하였다.

이죽거리다「이기죽거리다」의 준말. 이죽대다. 빈정거리며 말하다.

이:중【二重】 두겹, 둘이 겹치는 것.

이중니오색조 부리가 날카로우며 나무나 덤불에 앉아서 무화과와 바나나 따위 열매를 먹으며, 날아 다니는 흰 개미도 먹음.

[이중니오색조]

이:중 인격【二重人格】 한 사람이 전혀 다른 두 개의 성격을 동시에 지니고서 때로는 다른 사람과 같이 행동하는 일. ᵉˣ그 지난날 ~자.

이:중주 두 개의 악기로 합주하는 일. 듀엣. 이부 합주. -하다.

이:중창【二重唱】 음성부가 다른 두 사람이 두 가지의 음성으로 노래를 부르는 일. 이부 합창. -하다.

이즈음 ①이 때. 이 사이. ②가까운 며칠 전. ᶻ이즘.

이지러지다 한 귀퉁이가 떨어져 없어지다. ᵉˣ달이 ~. 이지러지다(×).

이:질₁【痢疾】 법정 전염병의 한 가지. 똥에 피가 섞여 나오면서 뒤가 잦고 설사를 하는 병.

이:질₂【異質】 성질이 다름. 또는, 그 성질. ᵉˣ~성. ᵇᵃⁿ동질.

이집트 아프리카 대륙의 북동부 나일강 하류에 있는 공화국. 고대 문명이 발달하여 피라미드, 스핑크스 등 고대 문명 유적이 많으며 수도는 카이로이다. [100만 1천km2]

이쪽 이 곳으로 향한 쪽. ᵇᵃⁿ저쪽.

이쯤 이 만한 정도. ᵉˣ~했으면 된다.

이착륙【移着陸】 비행기가 뜨고 내리는 것. ᵉˣ비행기 ~이 금지됐다.

이채【異彩】 특별히 눈에 띄는 별다른 색채. ᵉˣ~를 띠다.

이처럼 이와 같이. ᵉˣ앞으로 ~함.

이:층【二層】 ①단층 위에 올려 지은 층. ᵉˣ~집. ②고층 건물에서, 밑에서부터 두 번째의 층. ᵉˣ~집.

이:치【理致】 사물의 정당한 도리. 예~가 분명하다. 비원리.

이탈리아 유럽의 중남부에 있는 나라. 경치가 아름답고 로마 제국 시대의 유적이 많으며 수도는 로마이다. [30만 1천km^2]

이토록 이러하도록. 이 정도까지.

이튿날 ①다음 날. ②이튿째의 날. 준이틀. 예우리는 ~에 만난다. 이틀 2일. 양일. 초이틀을 말함.

이:하【以下】 이 아래. 일정한 기준보다 아래인 것. 예~동문. 반이상.

이:학기【二學期】 9월부터 다음 해 2월까지의 학기. 예~시험.

이해₁ 올해. 금년. 올 한해를 말함.

이:해₂【利害】 이익과 손해. 예~관계로 싸우다. 반손익.

이:해₃【理解】 ①사리를 깨달아 앎. ②남의 사정을 알아 줌. 비양해. 반오해. -하다.

이:해 관계【利害關係】 서로 이해가 미치는 관계. 예~가 엇갈리다.

이:후【以後】 ①그 후. 예~잘 지낸다. ②이 다음. 반이전. 다음.

익다 ①열매나 씨가 여물다. ②음식이 끓여 먹을 수 있게 되다. ③술·김치·장 따위가 맛이 들다.

익모초 줄기는 네모지고 가지를 많이 치며 여름에 홍자색 꽃이 피고 잎과 씨는 [익모초] 약재다.

인₁【仁】 ①애정을 남에게 미치는 일. ②유교의 가장 중심적인 정치·도덕 이념. ③어진 것.

인₂【燐】 비금속의 하나. 기호 P, 원자 번호 15, 원자량 30. 97. 동물체에서는 뼈·이 등의 주요 성분이며 공기 중에서 인광을 발함. 성냥·살충제·인산질 비료 등의 원료로 쓰임.

인₃【印】 도장. 인장. 인정하는 증거.

인₄【人】 사람의 수를 세는 말. 비명.

인가₁【人家】 사람이 사는 집. 예~가 드문 산골에는 짐승들이 많다.

인가₂【認可】 인정하여 허락함. 예공장 설립을 ~하다. ~를 받다. -하다.

인간【人間】 언어와 도구를 사용하며 문화를 창조하고 지적인 생물.

인간 문화재「중요 무형 문화재 보유자」의 속칭. 전통적인 연극·음악·무용·공예로 국가가 지정한 문화재의 기능을 지니고 있는 사람.

[인간문화재]

인간성【人間性】[-씽] ①사람으로서 본래 가지고 있는 바탕. ②사람다운 마음의 본바탕.

인간애【人間愛】 인간에 대한 사랑.

인감【印鑑】 도장의 진위를 감정하기 위하여 관청이나 은행 등에 제출해 두는 특정한 실인의 인영. 예~도장.

인격【人格】 사람의 품격. 됨됨이. 책임을 질 자격을 갖춤. 비인품.

인격 수양 사람의 품격을 닦고 길러, 지식과 도덕을 증진시킴. -하다.

인격자【人格者】 품위가 있고 인격을 갖춘 사람. 훌륭한 인격의 자.

인계【引繼】 하던 일을 넘겨 줌. 예인수 ~를 하다. -하다.

인고【忍苦】 괴로움을 참고 견딘다.

인공【人工】 ①사람이 하는 일. ②사람의 손으로 만들어 내는 일. 예~호수. 반자연.

인공 수정【人工受精】 인위적으로 수컷의 정액을 채취하여 암컷의 생식기 안에다 기계적인 방법으로 주입시켜 수정시키는 일.

인공 위성【人工衛星】 지구에서 지구 대기 밖으로 쏘아 올려 지구 둘레를 돌게 하는 물체. 관측·통신·기상 및 우주 탐사·우주 여행 등의 목적으로 발사됨. 준위성. 예우리나라 첫 ~이 발사됐다.

인공적【人工的】 인공에 의한 만듦.

인공 호흡법【人工呼吸法】 인사 불성에 빠진 사람의 호흡 작용을 유도 촉진하여 소생시키는 방법.

인구【人口】 한 나라의 사람의 수효.

인구 밀도[-또] 일정한 지역 안에 분포되어 있는 인구 수의 정도. 보통 1km² 안의 평균 인구.

인권【人權】 인간으로서 당연히 가지는 기본적 권리.

인권 선언 1789년 프랑스 국민 의회가 인권에 관하여 채택·발표한 선언. 인간의 자유·평등의 권리를 분명히 한 것으로, 정식 명칭 「인간 및 시민의 권리 선언」.

인근【隣近】 가까운 곳. 이웃. 비근방.

인기【人氣】[-끼] 세상 사람들이 좋은 평판. 예~가 대단하다.

인기척[-끼-] 사람이 있다는 것을 알 수 있게 하는 기색이나 소리. 예~을 내다. 사람의 소리. -하다.

인내【忍耐】 괴로운 것을 참고 견딤.

인내력【忍耐力】 참고 견디어 낸 힘.

인내심【忍耐心】 호기심이나 신경질 따위를 참고 견디는 마음.

인대【靭帶】 관절에 있는, 탄력이 강한 근육 조직. 관절의 운동을 일으키거나 억제하는 작용을 함.

인도₁【人道】 ①사람이 지켜야 할 도리. ②사람이 다니는 길. 예~로 버스가 올라옴. 비보도. 반차도.

인:도₂【引導】 ①가르쳐 이끎. ②길을 안내함. -하다.

인:도₃【引渡】 사물이나 권리 따위를 넘기어 줌. 반인수. -하다.

인:도₄[나라] 인도 반도의 대부분을 차지하는 나라. 인더스 문명과 불교 문명의 발상지이며, 쌀이 많이 나고 지하자원이 풍부하다. 인디아라고도 부르며, 수도는 뉴델리이다. [328만 7천km²]

인도 공작【印度孔雀】 인도 공작의 수컷은 새 중에서 가장 위풍 당당한 모습을 갖추고 있다. 먹이는 나뭇잎, 씨앗, 딸기류, 곤충을 먹으며 공원이나 동물원에서 기르고 있다.

[인도공작]

인도네시아 [나라] 동남아시아의 적도 부근에 자리 잡은 나라. 섬이 세계에서 가장 많고 지하 자원이 풍부하며, 수도는 자카르타이다. [190만 5천km²]

인두 바느질할 때 불에 달구어 천에 눌러서 천의 주름을 잡거나 구김살을 펴는 도구. [인두]

인분【人糞】거름이 되는 사람의 똥.

인사【人事】사람 사이에 지키는 예의. 안부를 묻다. ᵇⁱ문안. -하다.

인사 비:료 인산이 많이 들어 있는 비료.

인삼【人蔘】 [인삼] 사람의 건강에 아주 좋은 것으로 이름이 높다. 길고 통통한 뿌리, 그 뿌리를 얻기 위하여 밭에서 몇 년 간 기른다.

인상적【印象的】[-쩍] 뚜렷한 느낌을 주어 잊혀지지 않는 것. 예퍽~인 풍경이었다.

인:색【吝嗇】재물을 몹시 아낌. 예~한 사람. -하다.

인생관【人生觀】인생의 존재·목적·가치·의의 등에 관한 이론적 사고방식. 예이것이 내 ~.

인:솔【引率】사람을 이끌어 거느리고 감. ᵇⁱ인도. -하다.

인쇄【印刷】그림이나 글자를 기계에 넣어 찍어 내는 일. -하다.

인:수【引受】물건이나 권리를 넘기어 받음. ᵇᵃⁿ인도. -하다.

인스턴트 즉석에서 이루어짐을 나타내는 말. 예~ 커피. ~ 식품.

인신 공:격【人身攻擊】남의 신상에 관한 일을 들어 비난함. -하다.

인신 매:매 사람을 돈으로 거래함.

인심【人心】사람의 마음. ᵇⁱ인정.

인양【引揚】끌어올림. 예침몰선~.

인어【人魚】상반신은 인체, 하반신은 물고기와 같다는 상상의 동물.

인:용【引用】다른 글 가운데서 한 부분을 끌어다 씀. -하다.

인위【人爲】사람의 힘으로 이루어지는 일. 예~적. ᵇᵃⁿ자연.

인자【仁慈】어질고 인정이 많음. 예~하신 선생님. -하다.

인재【人材】학식이나 인품이 뛰어나 큰 일을 할 수 있는 사람. 영재.

인적【人跡】사람이 살고 있는 흔적.

인접【隣接】이웃하여 있음. 옆에 닿아 있음. 예~한 마을. -하다.

인정【認定】확실히 그러한 줄로 알고 정함. ᵇⁱ승낙. -하다.

인정머리 남을 동정하는 따뜻한 마음을 낮추어 이르는 말. 예~없다.

인조견【人造絹】인공으로 비단같이

만든 피륙. ⁿ본견.
인조 반정 1623년(광해군 15)에 김류·이서 등이 광해군을 몰아내고 인조를 왕으로 세운 사건.
인주【印朱】도장을 찍는데 쓰는 붉은 빛의 재료. ⁿ도장밥.
인지【印紙】세금이나 수수료 등을 낸 것을 증명하기 위하여 서류에 붙이는, 정부가 발행한 증표.
인지상정【人之常情】사람이 보통 가질 수 있는 성질. ᵉ누구나 ~임.
인질【人質】힘이나 무력으로 무고한 사람을 붙들어 놓는 일. ⁿ볼모.
인:책【引責】자신이 책임을 지는 것.
인천 상륙 작전[-뉵-] 6·25 때인 더 장군이 지휘한 상륙 반격 작전.
인:출【引出】은행에서 예금을 찾다.
인터뷰: 신문사나 잡지사의 기자가 기사를 얻기 위하여 사람을 만나 회견하는 일. -하다.
인파【人波】많은 사람의 움직이는 모양이 물결처럼 보이는 상태.
인편【人便】사람이 오고 가는 편. ᵉ~에 편지를 전하다. ⁿ우편.
인품【人品】사람의 됨됨이. 사람의 성격. 한 사람의 성격. ⁿ인격.
인허【認許】인정하여 허락하는 것.
인형【人形】사람의 모양을 흉내내어 만든 장난감. ᵉ장난감~.
인:화₁【引火】불이 옮아 붙음.

[인형]

ᵉ~성 물질. -하다.
인화₂【人和】여러 사람이 서로 화합함. ᵉ~단결.
인후【咽喉】목구멍. ᵉ~가 곪았다.
일가 친척【一家親戚】같은 성이나 다른 성의 모든 겨레붙이.
일간 신문 날마다 찍어 내는 신문. 일보. ⁿ일간지.
일개미 집을 짓거나 먹이를 구해 오는 일을 하는 개미. 암컷이지만 알을 낳지 못하는 개미임.
일:거리[-꺼-] 일할 거리. 하여야 할 일. ⁿ일감. [일개미]
일거수 일투족【一擧手一投足】조그마한 일에 이르기까지 동작 하나 하나. 일거 일동. ᵉ~을 살피다.
일거 양:득【一擧兩得】하나의 일로 두 가지의 득을 얻음. ⁿ일석 이조.
일곱 여섯에 하나를 더한 수. 7개
일과【日課】하루 하루 날마다 정해 놓고 하는 일. 정해진 하루의 일.
일관【一貫】한 방법이나 태도로써 처음부터 끝까지 한결같이 함.
일관현 남제주군 표선면 성읍리에 있고 옛날 정 의현의 관아였다. 정의현 중심이며 근래 복원됨.
일괄【一括】개별적인 것을 한데 묶음. ᵉ~적.

[일관현]

일교차 기온·습도·기압 따위가 하루 동안에 변화하는 차이.

일구 이:언【一口二言**】** 한 입으로 두 가지 말을 함. -하다.

일급【一給**】** 하루 노동의 품삯.

일기₁【日記】 날마다 일어난 일 또는 느끼고 생각한 것을 적은 기록. 예난중 ~. 비일지.

일기₂【日氣】 날씨 변화의 기상 상태.

일:껏 모처럼 애써서. 예~해 놓은 것이 허사로 돌아갔다. 비기껏.

일:꾼 ①품삯을 받고 일을 하는 사람. 예~을 쓰다. ②일의 계획이나 처리에 능한 사람. 반감독관.

일념【一念**】** 변함없이 같은 마음씨.

일:다(이니, 이오) 곡식이나 사금 따위를 물 속에 넣어 쓸 것과 못 쓸 것을 가려내다. 생겨나다.

일단【一端**】** 우선 먼저. 만일에 한번.

일당₁【日當】 하루 동안 노동의 대가.

일당₂【一黨】[-땅] 목적과 행동을 같이 하는 한 무리. 예~의 한무리.

일당백【一當百**】**[-땅-] 혼자서 백 사람을 상대한다는 뜻. 매우 용감하거나 능력이 많음을 이르는 말. 예~의 기개. -하다.

일동[-똥] 단체나 모임 따위에 든 사람의 모두. 예사원 ~. 관개인.

일등【一等**】** 여러 사람 중 첫째 등급.

일러두기 책 첫머리에 그 내용에 대한 설명이나 쓰는 방법 같은 것을 적은 글. 비범례.

일러 주다 잘 알아듣도록 이야기해 주다. 예주의 사항을 ~.

일렁이다 물 위에 떠서 물결에 따라 이리저리 흔들리어 움직이다. 예돛단배가 ~. 비일렁거리다.

일련【一連**】** 하나로 이어지는 것. 계속 이어지는 것. 예~의 대응책.

일렬【一列**】** ①한 줄. 예~로 줄을 서다. ②첫째 줄. 한 줄로 서는 것.

일류【一流**】** 어떤 방면으로 첫째가는 지위. 예~대학. 세계 ~문명.

일률적【一律的**】** 한결같은 것. 예~인 행동을 하다. 처음과 끝이 같음.

일망 타:진【一網打盡**】** 한꺼번에 모조리 다 잡음. -하다.

일맥 상통【一脈相通**】** 어떠한 점에서 서로 통함. 예불교와 유교 사이에도 ~하는 데가 있다. -하다.

일몰【日沒**】** 해가 짐. 해가 지는 것. 예~후에 돌아오다. 반일출.

일미【一味**】** 아주 뛰어난 맛. 관일품.

일박【一泊**】** 밖에서 하룻밤을 묵음.

일반【一般**】** ①보통 사람들. ②보통 있을 수 있는 자. 반특수.

일반 은행【一般銀行**】** 은행법에 의하여 주식 회사로 설립된 보통 은행. 신한은행·우리은행·제일은행·국은행 등. 반특수 은행. 서민 금고.

일발【一發**】** ①활·총포 등을 한 번 쏘는 일. 예~에 쓰러뜨리다. ②총알·대포알의 하나. 예~이 명중하다. ③총알이 한 발 나가는 것.

일방【一方**】** 자기의 생각대로 정함.

일벌 집을 짓고 애벌레를 기르며 꿀을

모으는 일을 맡아 하는 벌. 암컷이지만 알을 낳지 못한다.

일보₁【一步】①어떤 일을 시작하기 위한 걸음. ②한 걸음.

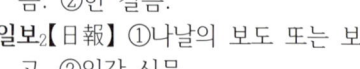
[일벌]

일보₂【日報】①나날의 보도 또는 보고. ②일간 신문.

일본【나라】아시아 동쪽 끝에 있는 나라로 경제가 매우 발달하였으며 수도는 도쿄이다. [37만 8천km^2]

일부러 ①일삼아 굳이. ②알면서 굳이. ③마음먹고 일삼아서. ᵇ¹짐짓.

일사병【日射病】여름철에 강한 햇볕에 오랫동안 있을 때 눈이 아찔하고 머리가 어지러운 증세.

일상【日常】매일 벌어지는 비슷한 일.

일생【一生】[-쌩] 태어나서 죽을 때까지. ᵇ¹평생. 한 세상.

일석 이조【一石二鳥】돌 하나를 던져서 새 두 마리를 잡는 것.

일선【一線】전장에서 가장 적과 가까운 곳. ᵇ¹전선. 전방. 맨 앞장. 선봉.

일세기【一世紀】[-쎄-] 백 년 동안을 이르는 말. ᵉ~를 살다.

일소【一掃】[-쏘] 죄다 쓸어 버림. 없애 버림. ᵉ구악을 ~하다.

일손[-쏜] ①일하는 솜씨. ②일하는 사람. ᵉ~이 모자란다.

일순간【一瞬間】지극히 짧은 동안. ᵉ~에 벌어진 일. ᵇ¹삽시간.

일시【一時】[-씨] ①한때. 한동안. ②같은 때. 또는 한동안. 잠시.

일식【日蝕】[-씩] 태양, 달, 지구가 일직선 위에 놓이게 되어, 지구에서 볼 때 태양의 일부나 전부가 달을 가리게 되는 현상. ᵇ¹월식.

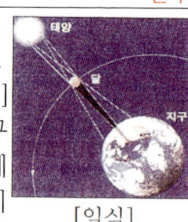
[일식]

일신【一身】나의 한 몸. ᵉ~상 편함.

일심【一心】①한 마음. ②한 쪽에만 마음을 쓰거나 둠.

일어서다 ①앉았다가 서다. ②기운이 생기어 번창하여지다. ᵇⁿ앉다.

일억【一億】일만의 만 배인 수.

일:옷 일할 때에 입는 옷. ᵇ¹작업복.

일요일【日曜日】일 주일 중 첫째 날.

일용품【日用品】날마다 쓰는 물건.

일인당 한 사람이 갖는 것.

일일이[-리리] ①하나하나. 낱낱이. ②사사 건건. ᵉ~주사를 맞다.

일:자리[-짜-] 직업으로 일할 만한 곳. ᵉ~를 잃다. ᵇ¹직장. 일터.

일자 무식 글자를 한 자도 모를 정도로 무식함. 일자 불식. -하다.

일절【一切】「아주」,「도무지」의 뜻으로, 사물을 부인 또는 금지할 때에 씀. ᵉ잡담은 ~금함.

일정【日程】[-쩡] ①그 날에 하는 일의 예정. ②나날이 심의할 의사의 예정. ᵉ수학 여행 ~을 잡다.

일족【一族】한 나라의 같은 겨레.

일종【一種】하나의 어떠한 한 종류.

일주₁【一週】한 주간인 7일을 일컫는

말로 일 주일 또는 일 주간이다.
일주$_2$【一周】먼 거리를 한 번 도는 것. 예세계 ~여행을 하고 있다.
일주문 절 입구에 세운 지붕이 있고 두 개의 큰 기둥이 있는 대문.
[일주문]
일주일[-쭈-] 월요일부터 일요일까지의 이레. 칠일.
일지【日誌】그날 그날의 일을 적은 기록. 또는 그 책. 예학습~. 근무~.
일직선【一直線】[-찍썬] ①하나의 직선. ②한 방향으로 쭉 곧은 줄.
일찌감치 조금 더 일찍이 행한다.
일찍이 ①늦지 않게. ②이전까지. 이왕에. 준일찍. 일찍이(×).
일착【一着】①맨 먼저 닿음. ②맨 처음 시작함. 예~으로 도착했다.
일체【一切】모든. 온갖. 관련된 것 모두. 예~의 관계를 끊다.
일출【日出】해가 돋음. 해돋이. 아침에 해가 돋는 것. 반일몰.
일치【一致】서로 들어맞음. 예의견이 ~. 비합치. 반상반. -하다.
일:터 일을 하는 곳. 비직장. 작업장.
일편 단심 변함이 없는 참된 정성이나 충성된 마음.
일행【一行】행동을 같이하는 사람들의 무리. 비동행. 예우리 ~이다.
일화【逸話】세상에 널리 알려지지 않은 이야기. 비에피소드.
일확 천금【一攫千金】힘들이지 아니하고 단번에 많은 재물을 얻음.
임 마음 속에 그리며 생각하는 사람. 예~을 그리다. 관님.
임:관【任官】①관직에 임명됨. ②장교로 임명됨. 예소위로 ~되었다.
임:금$_1$ 나라를 다스리는 으뜸가는 사람. 비군주. 왕. 군왕. 반신하.
임:금$_2$【賃金】일한 대가로 받는 돈. 예~인상. 비노임. 품삯. 참보수.
임:기【任期】맡아 보고 있는 일정한 기한. 예대통령 ~말이 돌아옴.
임기 응:변【臨機應變】그때 그때의 형편에 따라 알맞게 일을 처리함. 기변. 예그는 ~에 능하다. 준응변.
임:대【賃貸】돈을 받고 자기 물건을 빌려줌. 반임차. -하다.
임:명【任命】벼슬이나 어떠한 일을 맡게 함. 반파면. -하다.
임박【臨迫】어떤 시기가 가까이 닥쳐옴. 예시험이 ~하다. -하다.
임산물【林産物】산림에서 나는 것.
임:산부【姙産婦】임신 중의 부인을 이르는 말. 즉, 임신부와 해산부.
임종【臨終】목숨이 끊어지는 것.
임팔라 아프리카 사바나에서 살고, 적을 피해 달아날 때는 9m까지 뛸 수 있다. 초원에서 풀을 먹고 삼.

[임팔라]
임하다 어떤 일에 대해 시작에 이름.
입 먹고 소리를 내는 몸의 기관으

로, 입술과 목구멍 사이의 부분.

입금【入金】 돈이 들어오거나, 들어온 그 돈. 반출금. -하다.

입담[-땀] ①말 솜씨. ②말하는 재주. 비언변. 예친구는 ~이 좋다.

입대【入隊】 군에 들어가 군인이 됨.

입동【立冬】 24절기의 열아홉째. 양력 11월 7~8일경. 곧 겨울이 시작되는 때. 반입하. 예~추위를 함.

입력【入力】[임녁] 컴퓨터에서, 문자나 숫자를 기억하게 하는 일.

입법【立法】 법률을 제정함. 관사법.

입사【入社】 회사에 직장을 얻는 것.

입신 양명【立身揚名】[-씬냥-] 출세하여 세상에 이름을 날림. 입씨름 서로 의견이 안 맞아 반대함.

입원【入院】 병을 고치기 위하여 병원에 들어감. 반퇴원. -하다.

입원실【入院室】 환자가 입원하여 치료 및 요양을 받는 방. 비치료실.

입장₁【入場】 어떠한 장소에 들어감. 예경기장 ~. 반퇴장. -하다.

입장₂【立場】 지금 당장에 있는 처지.

입증【立證】 증거나 증인을 내세움.

입지【立志】 뜻을 계획하여서 세움.

입지적【立志的】 위치·환경에 관계되는 것. 예~조건.

입지전【立志傳】 어려운 환경을 이기고 뜻을 세워 이룬 사람의 전기.

입찬말 자기의 배경·지위 따만 믿고 지나치게 장담함. 또는 그런 말. 비입찬 소리. 바른 말. -하다.

입체 상자 등과 같이 길이·폭·두께가 있는 물체. 반평면.

입추【立秋】 24절기의 열셋째. 양력 8월 8~9일경. 곧 가을로 들어가는 때. 반입춘. 관입하. 입동.

입춘 24절기의 첫째. 양력 2월 4일경. 곧 봄이 시작되는 때. 관입추.

입학【入學】[이팍] 학교에 들어감. 비입교. 반졸업. -하다.

입항【入港】 배가 항구에 들어옴. 예유조선이 ~하다. 반출항. -하다.

입헌 정치【立憲政治】 헌법에 의하여 하는 정치. 현정. 반독재 정치.

잇몸[인-] 이 뿌리를 둘러싸고 있는 연한 근육. 예~이 아주 시리다.

잇:속 이익이 있는 실속. 예~이 되다. 비이익.

잉꼬 암수의 사이가 좋은 노란 또는 파란 작은 앵무새. 잉꼬라는 이름은 일본에서 들어왔으며 우리나라에서는 사랑새라 한다.

[잉꼬]

잉어 등 빛깔이 검푸르고 배는 누르스름하며, 비늘이 둥글고 크다. 강이나 연못에 살며 큰 것은 1m에 이르며 살이 많은 민물고기.

[잉어]

잉:여【剩餘】 물품을 쓰고 난 나머지.

잉:용【仍用】 전의 것을 그대로 씀. 예책상을 ~하다. -하다.

잉크 글씨를 쓰거나 인쇄에 사용하는 색이 있는 액체.

잉:태【孕胎】임산부가 아기를 가짐.

잊다 ①기억에서 사라지다. 예약속을 ~. ②느끼지 못하다.

잎눈[임-] 자라서 줄기나 이이 될, 식물의 눈. 관꽃눈.

잎담배[입땀-] 잎은 큰 타원형이며 여름에 연한 홍색꽃이 핀다. 담배 잎을 얻기 위해 밭에 재배하는 한해살이풀이다.

잎파래 바닷속 깨끗한 물에서 자라며 잎은 긴 줄기 잎처럼 생겼으며 표면에 주름이 있고 밝은 녹색을 띠며 잎을 식용으로 사용한다.

ㅈ [지읒] 한글 자모의 아홉째 글자. 이름은 지읒.

자 길이의 단위의 하나. 예한 ~길이다. 물건의 길이를 재는 도구.

자가용【自家用】자기 집에서만 쓰는 물건. 반영업용. 영업용 차.

자개 빛깔이 아름다워 여러 가지 장식으로 쓰이는 전복 따위의 껍데기를 자른 조각. 예~옷장.

[자개]

자격【資格】①어떠한 임무를 맡기 위해 신분·지위를 갖춘 것. ②신분이나 지위.

자격루【自擊漏】1434년에 장영실과 김빈이 만든 장치. 물방울이 모여서 일정한 크기의 그릇을 채우면 넘치면서 소리를 내게 해서 시간을 알리도록 만들었다. '물시계'라고도 한다. 예~로 시간을 잼.

[자격루]

자격증【資格證】일정한 자격을 인정하여 주는 증서. 예간호사 ~.

자결【自決】①자기 일을 스스로 해결함 ②스스로 자기 목숨을 끊음. 비자살. 예이준 열사께서 하셨다.

자고 이:래로 예로부터 내려오면서. 자고 이래. 예~효도는 가정의 덕목이다. 준자고로.

자구【自救】스스로 구원하는 것.

자귀나무 갈 잎큰나무. 산기슭에 자라며, 여름에 공작 깃 같은 연분홍 색의 꽃이 핀다. 열매는 꼬투리에 5~6개가 있다.

[자귀나무]

자국₁ ①닿거나 지나간 자리. 예눈물 ~. 비흔적. ②부스럼이나 상처가 아문 자리. 예수술 ~이 났다.

자국₂【自國】자기 나라. 제 나라.

예~민. 반타국. 국제적 자기 나라.
자:극【刺戟】①감각을 일으킴. ②정신을 흥분시킴. 반반응. -하다.
자금우 늘 푸른 떨기나무 남부 지방의 산지에서 자라며 봄에 흰 꽃이 아래로 늘어져 피며, 열매는 둥글고 빨갛게 익는다. [자금우]
자급자족【自給自足】생활에 필요한 물건을 자기 손으로 만들어 씀. 예~ 경제.
자기₁【自己】제 몸. 저. 스스로. 비자신. 반타인. 남. 그 사람 자신임.
자기₂【磁器】높은 온도로 구운 그릇.
자기 과시【自己誇示】자기의 존재를 인정받기 위하여 남에게 자기를 과장하며 나타내려는 경향.
자기 소개【自己紹介】처음 만난 사람에게 자기의 이름이나 경력·직업 따위를 알리는 일. -하다.
자기장【磁氣場】자기력의 영향이 미치는 장소와 공간.
자꾸자꾸 잇따라서 여러 번. 계속됨.
자나방 몸 전체에 털이 많으며 날개에 검정색 무늬가 많고 비늘이 없다. 투명한 부분이 있는 넓은 [자나방] 날개와 깃털처럼 생긴 더듬이를 가진 곤충임.
자넨종 염소의 한 품종. 몸무게는 50~90kg이다. 암컷과 수컷에 뿔이 없고 젖을 짠다.
자녀【子女】아들과 딸. 반부모.
자다 ①잠이 들다. ②움직이던 것이 멈추다. 바다가 잠잠하여지다.
자당【慈堂】남의 어머니를 높이어 이르는 말. 예~께서 연세는?
자동【自動】제 힘으로 움직임. 스스로 활동함. 반타동. 수동.
자동식【自動式】기계 장치가 자동으로 작동하게 된 방식. 반수동식.
자동 제:어【自動制御】상태 변화를 감지하여, 희망하는 상태대로 변화시키는 일. 예~장치.
자동차【自動車】발동기의 동력으로써 바퀴를 돌려 달리게 만든 차.
자동차 보:험 자동차가 사고로 인하여 사람이나 물건에 손해를 끼쳤을 때나 도난당하였을 때, 그 손해를 보상해 주는 보험.
자동 판매기 판매원이 없이 상품을 자동적으로 판매하는 기계.
자두 복숭아보다 작고, 겉이 매끈하고 자주빛이며, [자두] 달고 신맛이있는 과일. 자라 거북이와 비슷하나 덜 단단하고, 둥글고 납작한 퍼런 갈색의 껍데기로 덮어 있으며, 깨끗한 찬물에 사는 찬피동물.
자란 여러해살이풀. 바닷가 산지 바위틈에 자라며, 잎은 긴 타원형이고 봄에 홍자색 꽃이 피며, 열매는 맺지 못한다.

자랑 자기가 자기를 칭찬하는 일.

자랑거리[-꺼-] 남에게 자랑할 만한 거리. 자랑할 만한 물건이나 일.

[자란]

자력₁【自力】자기 혼자의 힘. 스스로의 힘. ⁽반⁾타력. ⁽예⁾~으로 일어남.

자력₂【磁力】자석의 서로 끌고 미는 힘. 쇠끌림. 자기력. ⁽예⁾~으로 감.

자료【資料】일의 바탕이 되는 재료. ⁽예⁾도서관의 ~. ⁽비⁾재료.

자르다[자르니, 잘라서] ①잘라내다. ②자리를 정하여 머무르게 되다.

자리공 여러해살이 풀. 숲 가장자리나 밭둑에 자라며 잎은 어긋나고 꽃줄기에 흰 꽃이 핀다. 열매는 둥글고 익으면 검게 변하고 속에 자주색 즙이 있다.

[자리공]

자립【自立】남의 힘에 의지하지 아니하고 제 힘으로 섬. ⁽비⁾독립.

자립 정신【自立精神】스스로의 힘으로 살아 나가겠다는 정신.

자릿수 십진법에 의한 자리의 숫자. ⁽예⁾세~. 천의 ~.

자막【字幕】영화나 텔레비전에서 화면에 드러내 보이는 글자.

자만심【自慢心】스스로 자랑하는 거만한 마음.

자매【姉妹】①손위의 누이와 손아랫 누이. ⁽예⁾형제 ~. ②여자끼리의 언니와 아우. ⁽반⁾형제. -하다.

자멸【自滅】①제 탓으로 멸망함. ②자연히 멸망함. 스스로 없어짐.

자명종【自鳴鐘】때가 되면 저절로 울려서 시간을 알려 주는 시계.

자모₁【字母】독립된 글자. ㄱ.ㅇ.ㄴ.

자모₂【子母】아들과 어머니. ⁽반⁾부녀.

자못 생각보다. 매우. 상당히. 크게.

자문【自問】스스로 자신에게 물음. ⁽예⁾잘못이 없는지를 ~하다. -하다.

자물쇠[-쐬] 여닫게 된 물건에 채워서 열쇠가 없으면 열지 못하게 잠그는 쇠. ⁽반⁾열쇠. 자물통.

자바라 타악기의 하나. 놋쇠로 만든 둥글 넓적하고 배가 불룩한 것으로 두 짝을 마주쳐서 소리 냄.

자백【自白】숨김이 없이 자기의 잘못이나 죄를 스스로 고백하는 것.

자벌레 머리를 옮겨서 대고 꽁무니를 머리 뒤에 갖다 대기를 반복하여 움직여서 앞으로 나가며 풀잎을 먹고 사는 긴 벌레.

자본주의 생산 수단을 자본으로서 소유하는 자본가가 이윤 획득을 목적으로 하는 경제 제도.

[자벌레]

자부【自負】자기의 재능과 능력을 스스로 믿음. ⁽예⁾~심.

자부심【自負心】자기의 능력을 믿는 마음. ⁽예⁾~이 대단하다.

자비【慈悲】자기의 재능과 능력을

스스로 믿음. 예~심.

자살【自殺】 스스로 자기의 생명을 끊음. 비자해. 반타살. -하다.

자상【仔詳】 자세하고 친절함. 비상세. 세밀. 모든 일에 친절한 것.

자서전 자기가 쓴 자신의 전기. 전기.

자석【磁石】 철을 끌어당기는 성질의 물체. 비지남철.

[자석]

자선【慈善】 불쌍히 여겨서 남에게 은혜를 베풀어 준 것.

자세【姿勢】 몸을 가진 태도나 모양.

자손【子孫】 자녀와 손주들. 반조상.

자손 만대 아들·손자·증손 등으로 이어지는 후손 대대.

자수【自首】 죄를 지은 사람이 스스로 잘못을 알림. 예~간첩. -하다.

자습【自習】 자기 스스로 배워 익힘.

자신【自身】 자기 자신. 제 몸. 반남.

자신감【自信感】 자신이 있다는 느낌.

자연【自然】 ①사람의 힘을 들이지 않은 천연 그대로의 존재. 비천연. 반인공. ②저절로. 자연히의 준말.

자연 관찰 자연의 법칙이나 움직임 등의 상태를 잘 살펴보는 일.

자연 보:호 운동【自然保護運動】 1978년 10월 자연 보호 헌장의 선포를 계기로 시작된 운동.

자연 식품 인공 색소·방부제 등을 첨가하여 본래의 성분을 소실 또는 변질하거나 특별히 가공하지 않은 자연 그대로의 식품.

자연 재해 홍수나 가뭄 따위와 같이 자연 현상에서 오는 재난으로 입는 손해. 예~를 당하다.

자:외선 파장이 가시 광선보다 짧고 ×선보다 긴 전자파의 총칭. 눈으로 볼 수는 없으나 태양 광선·수은등 등에 들어 있음.

자운 서원 파주시 법원읍 동문리에 있으며, 1649년에 효종이 자운이란 이름을 지어 준 서원으로 이율곡의 학문을 이어 받은 김장생과 박세채의 위패를 봉안한 곳이다.
[자운서원]

자웅 ①암컷과 수컷. ②「승부·우열」 등을 비유하는 말. 예실력의 ~을 겨루다. ③승부를 가리는 것.

자원【資源】 생산에 이용되는 온갖 물자의 근원, 물질, 재료, 노동력, 기술등 예지하~. 수산~. 비밑천.

자원 봉:사【自願奉仕】 어떤 일을 스스로 하고 싶어서 자신의 이해를 돌보지 않고 성실하게 일함.

자위₁【自慰】 스스로 자기의 괴로운 마음을 위로함. -하다.

자위₂ 눈알이나 새 따위의 알에 있어 빛깔에 따라 구분된 부분.

자유 국가 다른 나라의 지배나 영향을 받지 않는 독립 국가.

자유주의【自由主義】 인간 개인의 인격 존엄을 인정하고, 개성을 자발적으로 발전시키고자 한 주의.

자율【自律】남으로부터 지배나 구속을 받지 않고, 스스로 의지로 자기를 억제함. ᵇ타율.

자작【自作】①스스로 만듦. 또는 그 물건. ②자기 땅에 직접 농사를 지음. ᵉ~농사를 지음. -하다.

자작나무 나무의 껍질이 희고 종이처럼 잘 벗겨지며 잎이 작고 얇은 잎이 지는 큰키나무임.

[자작나무]

자장가 어린 아이를 재울 때 부르는 노래. ᵉ아빠가 ~를 부르고 있다.

자장면 국수를 만들어 가장 양념에 비빈 중국 음식. 짜장면도 씀.

자전【自轉】①저절로 돌아감. ②지구·달·태양 등이 축을 중심으로 하여 일정한 속도로 회전하는 것. ᵇ공전. -하다.

자전거【自轉車】사람이 올라 타고 발로 발판을 밟는 힘으로 바퀴를 굴려서 나아가게 만든 탈것.

[자전거]

자정₁【子正】밤 12시. 곧 0시. ᵉ~에 왔다. ᵇ정오.

자정₂【自淨】바다·강·공기 등이 스스로 오염을 지워 없애는 일.

자제₁【子弟】남의 아들의 높임말. 남의 집 자식들을 일컫는 말.

자제₂【自制】자기 감정이나 욕망을 스스로 억제하는 힘. -하다.

자존【自尊】①스스로 자기를 높이는 것. ②자기의 품위를 높게 지키는 것. ᵉ~심이 대단히 강하다.

자주 독립 제 힘으로 일을 처리하고 남의 간섭을 받지 않음.

자질【資質】타고난 바탕이나 소질.

자책【自責】스스로 자기를 꾸짖음. ᵉ~을 하다. -하다.

자초【自招】어떤 결과를 제 스스로 불러들이는 것. ᵉ불행을 ~하다. 자기 스스로 생기게 하다.

자치권【自治權】자치 단체가 그 지역 내에서 법률에 의하여 정해진 자치 행정을 할 수 있는 권리.

자칭【自稱】①제 스스로를 일컬음. ②남에게 자기를 무엇으로 여기게 하여 일컫거나 뽐냄. ᵉ~미남이라고 한다. -하다.

자타 공인【自他共認】자기나 남이 모두 인정함. ᵉ~의 사실.

자태【姿態】모양이나 태도. ᵉ우아한 ~. ᵇ자세. 좋은 몸가짐과 맵시.

자포 자기【自暴自棄】자기를 돌보지 않고 마구 행동을 함. ᵉ그런 일로 ~해서는 아니 된다. -하다.

자필【自筆】자기가 손수 쓴 글씨. ᵇ대필. ᵉ~로 서명하다. -하다.

자화상【自畫像】자신이 자신의 모습을 그린 그림. ᵉ~을 그리다.

작가【作家】문예 작품을 만드는 사람. 특히 소설가. ᵉ소설 ~.

작고【作故】①사람이 죽음. ②「사망」의 높임말. ᵉ어른이 ~하셨다.

작곡【作曲】음악의 곡조를 짓는 것.

작:다 ①크지 않다. 키가 ~. ᵇᵃⁿ크다. ②아직 어리다. ③도량이 좁다. ᵉˣ배포가 ~.

작두 말이나 소 등에게 먹일 풀이나 콩깍지 또는 짚을 써는 연장.
[작두]

작명【作名】사람의 이름을 짓는 것.

작문【作文】글을 지음. 또는 그 글. ᵉˣ~시간. -이다.

작살나무 갈잎떨기나무. 산기슭에 자라며 잎은 달걀 모양이고 8월에 연한 자주색 꽃이 핀다. 열매는 둥글고 가을에 자홍색으로 익는다.
[작살나무]

작성【作成】만들어 이룸. ᵉˣ공문서를 ~하다. -하다.

작심【作心】마음을 단단히 먹는 것. ᵉˣ공부를 ~하다.

작약 여러해살이풀. 꽃이 크고 탐스러워 함박꽃이라고도 함. 잎이 어긋나고 꽃은 봄에 흰색, 붉은색, 분홍색등 여러 가지 빛깔로 쓰며, 뿌리는 약재로 쓴다.
[작약]

작업장【作業場】일을 하는 공장이나 공사장. ᵉˣ~개선. ᵇⁱ일터.

작열【灼熱】[장녈] ①불에 새빨갛게 닮. ②몹시 뜨겁게 타오름. ᵉˣ태양이 ~하는 한여름. -하다.

작용【作用】①다른 물건에 미치는 영향. ②동작함. ᵇᵃⁿ반작용.

작위【爵位】①벼슬과 지위. ②작위 계급. ᵉˣ~를 하사하다.

작은골 큰골의 뒤쪽에 있는 골. 운동을 바르게 하는 일과 몸의 균형을 잡는 일을 맡아 함. ᵏʷᵃⁿ큰골.

작은곱등어 칭어, 고등어 따위의 물고기를 먹고 살며 초음파를 보내 위치를 알아낸다.
짝짓기 후 [작은곱등어]
10~11주일이면 새끼가 태어난다.

작은아버지 아버지의 남동생. ᵇⁱ삼촌. 숙부. ᵇᵃⁿ큰아버지.

작은어머니 작은아버지의 아내. ᵇⁱ숙모. ᵇᵃⁿ큰어머니.

작일【昨日】어제. ᵇᵃⁿ내일.

작자【作者】①문예 작품을 지은 사람. ②사람을 낮추어 부르는 말. ᵉˣ그 ~가 범인이다. ᵇⁱ글쓴이.

작전【作戰】싸움을 하는 데 필요한 방법을 세움. ᵉˣ인천 상륙~.

작태【作態】①겉모양을 내는 것. ②하는 짓거리. ᵉˣ꼴사나운 ~.

작품【作品】소설·시·그림·조각 등.

작황【作況】농사의 잘 되고 못 된 것.

잔₁【盞】물·차 등을 따라 먹는 그릇. ᵉˣ커피~. 음료수~.

잔-₂ 잘거나 가늘다는 뜻을 나타내는 말. ᵉˣ소리를 많이 듣는다.

잔고【殘高】돈이나 물품 등의 나

머지 수량. 예~가 많다.

잔금1 잘게 그은 선. 상당히 가는 선.

잔금2【殘金】 ①쓰고 남은 돈. ②갚다가 못다 갚은 돈.

잔꾀 깊이 생각하지 않고 내는 꾀.

잔당 망한 데서 남은 무리.

잔대 여러해살이풀로 산과 들에서 자라며, 뿌리는 도라지 뿌리와 비슷하며, 뿌리에서 나온 잎은 잎자루가 길고 줄기 잎은 어긋남. 여름에 종 모양의 자주색 꽃이 핌. [잔대]

잔디 산이나 들판 냇가에서 모여 자라는 여러해살이풀. 햇빛을 많이 받아야 살 수 있는 야지 식물이며 나무 밑이나 다른 풀 밑에서는 죽는다. 잔디는 씨앗으로도 심지만 줄기를 흙째 옮겨 심는다. [잔디]

잔디밭 잔디가 많이 자라는 풀밭들.

잔뜩 물건이 어떤 공간에 꽉 찬 것.

잔류【殘留】[잘-] 남아서 쳐져 있음. 뒤에 남음. -하다.

잔소리 쓸데 없이 늘어놓는 잔말들.

잔손 자질구레하게 여러 번 가는 손질. 예~이 너무 가서 더디다.

잔손질 세세한 데까지 손을 여러 번 놀리어 매만지는 일. -하다.

잔솔 솔방울에서 자란 어린 소나무.

잔인【殘忍】 인정이 없고 아주 사나움. 예~한 사람. 반인자함. -하다.

잔치 기쁜 일이 있을 때에 음식을 차려 놓고 손님을 초청하여 즐기는 일. 예회갑~. 비향연. -하다.

잔칫날 초대하여 잔치를 베푸는 날.

잔혹【殘酷】 인정이 없고 몹시 모짊.

잘 ①옳고 바르게. ②익숙하고 능란하게. ③탈없이. 편하게. ④적절하게. ⑤만족하게. 좋고 알맞게.

잘되다 물건 또는 일이 좋게 되다. 반못되다. 바라던 대로 옳게 되다.

잘못 잘 하지 못한 짓. 잘 되지 않은 일. 비실수. 바르지 않게. 틀리게.

잘잘못 잘함과 잘못함. 또는, 옳고 그름. 예~을 가리다. 비시시비비.

잘하다 ①옳고 착하게 하다. 반잘못하다. ②익숙하고 능란하게 하다. ③버릇으로 자주 하다. 반못하다.

잠 눈을 감고 아무것도 느끼지 않고 쉬는 일. 예~을 자다.

잠그다(잠가, 잠가서) 자물쇠 따위로 여닫는 물건을 열지 못하게 채우다. 예서랍을 ~. 반열다.

잠꼬대 ①잠을 자면서 저도 모르게 중얼거리는 헛소리. ②엉뚱한 말. 예~같은 소리군. -하다.

잠들다(잠드니, 잠들어서) ①자게 되다. 예보채던 아기가 겨우~. ②죽음의 상태에 들어가다. 영원히~.

잠복【潛伏】 겉으로 들어나지 않게 숨어 있음. 예범인을 잡으려고 경찰이 ~근무를 하다. -하다.

잠사【蠶絲】 누에고치에서 뽑은 실.

잠수【潛水】물 속에 들어감.
잠수함【潛水艦】물 속에 들어가서 몰래 적 가까이 접근하여 적지 포격·경계, 또는 배를 공격하는 배. ^비잠수정. ^예~은 물 속에 오래 있다.
[잠수함]
잠:시 오래지 않은 시간. ^예~생각해 보라. ^비잠깐. ^반오래.
잠실【蠶室】누에를 치는 방.
잠자리₁[동물] 몸이 가늘고 길며, 두 개의 겹눈과 얇은 두 쌍의 날개를 가지고 있으며, 벌레를 잡아 먹고 사는 곤충.
[잠자리]
잠자리₂[-짜-] 잠을 자는 곳. ^예~가 뒤숭숭하다.
잠자코 아무 말 없이. ^예~있어라. ^비조용히. 가만히 말도 없이.
잠재력【潛在力】겉으로 드러나지 않고 속에 숨겨져 있는 힘.
잡곡【雜穀】쌀 이외의 온갖 곡물. 콩·팥·보리·밀·조 등. ^예~밥.
잡념【雜念】온갖 쓸데 없는 잡생각.
잡다 ①손가락 따위로 움켜쥐다. ②권리 따위를 차지하다. ^예정권을 ~. ③동물을 죽이다. ^예돼지를 ~. ④달아나지 못하게 붙들다.
잡무【雜務】자질구레한 일.
잡수시다「먹다」를 높이어 이르는 말. ^예밥을 ~. 어른께서 진지를 ~.
잡아가다 ①사람을 체포하여 데려가다. ②짐승 등을 붙잡거나 죽여서 가져가다.
잡아뜯다 붙어 있는 것을 잡아당겨 떨어지게 하다. ^반붙이다.
잡음【雜音】잡스러운 소리. 시끄러운 소리. ^비소음. 비판하는 소리.
잡종【雜種】온갖 것이 뒤섞인 종류.
잡치다 ①일을 그르치다. ②기분을 상하다. ^예하루 종일 기분을 ~.
잣:나무[식물] 잣이 열리는 나무. 높이 10m 이상이고 잎은 바늘 모양이며, 씨앗은 먹음.
장:₁【長】단체나 부서의 우두머리. ^예회~. 계~. 과~승진 시험일.
[잣나무]
장:₂【醬】음식의 간을 맞추는 맛이 짠 물. 간장·된장을 통틀어 일컫는 말. 간장의 준말.
장가 사내가 아내를 맞아들이는 일. ^예~를 들다. ^반시집.
장거리【長距離】멀고 긴 거리. ^예~선수. ^반단거리. 장거리 달리기.
장관【長官】나라 일을 맡은 행정 각 부의 우두머리.
장구 가운데가 잘록하고 양쪽을 가죽으로 메워 채로 쳐 소리가 나도록 만든 민속 악기의 하나. 장고.
[장구]
장구애비 노린재 무리에 딸린 곤충이다. 우리나라에

장구애비와 메추리 장구애비 두 종류가 살고 있으며 연못이나 저수지 같은 곳에서 많이 살며 꽁무니에 긴 대롱은 숨 쉬는 관이다. [장구애비]

장군총【將軍塚】 중국 길림성에 있는 고구려 때의 돌무덤. 화강암을 7층 계단으로 쌓아 올렸으며, 산 아래 광개토 대왕의 비석이 있다. 일부 학자들은 이 무덤을 광개토 대왕의 무덤이라고 한다.

장기₁【長技】 한 사람이 가장 잘 하는 재주. 예~자랑. 비특기.

장:기₂【將棋】 두 사람이 32짝의 말을 판 위에서 움직여 싸우는 놀이의 하나. 예~를 두다.

장기₃【長期】 오랜 기간. 반단기.

장난감[-깜] 아이들이 가지고 놀 수 있도록 만든 물건. 완구. 비노리개. 예어린이가 ~을 갖고 논다.

장남【長男】 어느 가정의 첫 아들.

장내【場內】 어떠한 장소의 안. ~가 조용하다. 반장외. 회의장의 내부.

장:녀【長女】 맏딸. 큰딸.

장:년【壯年】 나이 마흔 살 안팎의 기운이 씩씩한 사람.

장:님 보지 못하는 사람. 예심청의 아버지는 ~이다. 비소경. 봉사.

장님거미 두 번째 다리 한 쌍이 특히 길다. 주로 밤에 곤충을 찾아 다니며 암컷은 땅에알을 낳고 봄에 알이 부화할 때까지 그 곳에 있다.

장다리물새 호수나 바닷가에 산다. 물가에서 물고기, 달팽이, 개구리를 먹고 헤엄도 잘 친다. 다리가 길어서 장다리라고 하며 몸길이 50cm 정도이고 몸 위쪽은 검은 색 아래쪽은 흰색이다. 여름에 우리 나라를 지나간다. [장님거미] [장다리물새]

장도₁【壯途】 중대한 사명을 띠고 떠나는 길. 용감히 떠나는 장한 길. 예~에 오르다.

장도₂【長途】 ①먼 길. ②오랜 여행. 예~에 오르다.

장도리 손에 잡고 두드려 못을 박기도 하고 못을 빼기도 하는 연장.
[장도리]

장래【將來】 앞으로 닥쳐올 날. 예~희망. 반미래. 반과거.

장:려【奬勵】 좋은 일을 권하여 힘쓰게 북돋아 줌. 예저축을 ~하다. 비권장. 반금지. 엄금. -하다.

장:렬【壯烈】 의기가 씩씩하고 열렬함. 예~한 죽음. -하다.

장:례【葬禮】 장사를 치르는 예절. 예~식을 거행하였다. 비장의.

장마 여름에 계속해서 많이 오는

비. 예지루한 ~가 끝남. 반가뭄.
장문【長文】 글의 내용이 긴 문장.
장물【臟物】 강도·절도 등의 범죄 행위로 부당하게 얻은 다른 사람 소유의 물품.
장미【薔薇】 길게 뻗는 줄기에 가시가 있고 5월~6월 빨강, 하양, 분홍, 노랑 등 갖가지 빛깔의 향기로운 꽃이 피는 잎지는 덤불나무.  [장미]
장벽 ①가리어 막은 벽. 예허물어진 베를린 ~. ②무엇을 하는 데 방해가 되는 것. 예언어~에 부딪치다.
장본인 나쁜 일을 빚어 낸 바로 그 사람. 예물의를 일으킨 ~.
장부₁【帳簿】 돈 등의 수입과 지출을 적어 두는 공책. 예~에 기록함.
장:부₂【丈夫】 사내답고 씩씩한 남자. 예사나이 대~. 비대장부.
장비【裝備】 ①비품·부속품 등을 장치함. ②군대나 함정 등의 무장. 예최신 ~를 갖춘 군함.
장사 이익을 얻기 위하여 물건을 사고 파는 일. 비상업. -하다.
장서【藏書】 책을 간직하여 둠. 또는 그 책. 예~가 수백 권이다.
장:성【長成】 자라서 어른이 됨. 예훌륭하게 ~을 했다.
장수풍뎅이 온 몸이 [장수풍뎅이] 반들거리는 단단한 검붉은 껍질로 싸여 있고, 소리를 내며 나무의 진을 빨아먹는 곤충임. 수컷은 뿔이 있다.
장수하늘소 몸 길이가 6~9cm. 더듬이가 긴 곤충. 큰 나무를 파먹고 살며 더듬이가 몸 길이만큼 길다. 천연 기념물 제 218호이다.  [장수하늘소]
장승 옛날에 마음 또는 절 입구에 세운, 사람의 얼굴 모양을 새긴 기둥. 이정표 또는 마을 수호신의 구실을 함. [장승]
장식₁【粧飾】 겉 모양을 꾸밈.
장식₂【裝飾】 ①그릇·기구 따위에 꾸밈새로 박는 쇠붙이 ②치장하여 꾸미는 것. -하다.
장신【長身】 큰 키 또는 키가 큰 사람.
장애인【障碍人】 몸이 정상이 아니어 생활하는 데 불편한 사람.
장어【長魚】 뱀장어의 준말. 예~탕.
장엄【莊嚴】 감탄과 감동을 일으킬 만큼 규모가 크고 아름다운 현실.
장옷 지난 날, 여자가 나들이할 때, 얼굴을 가리기 위하여 머리에서부터 길게 내리쓰던 옷.
장외【場外】 어떠한 곳 또는 일정한 구역의 바깥. 예~홈런. 반장내.

장:원【壯元】 과거 시험의 갑과에 일등으로 뽑힘. 예~급제.

장전【裝塡】 ①속에 무엇을 넣어서 채우는 것. ②총포에 탄약을 채우는 것. 예탄알을 ~하다. -하다.

장점[-쩜]**【長點】** 좋은 점. 뛰어난 점. 예~이 많다. 반단점.

장차 앞으로. 예~무엇이 될 것이냐? 비장래. 앞날에 가서. 미래에.

장치【裝置】 ①무엇을 하는 데 필요한 기구들을 차려 둠. ②기계를 마련해 둠. 비설비. 예무대~. -하다.

장판지【壯版紙】 방바닥에 바르는 기름 먹인 두꺼운 종이. 준장판.

장편【長篇】 내용이 길고 복잡한 소설이나 영화 등을 두루 일컫는 말. 예~소설.

장화【長靴】 비나 눈이 올 때나 말을 탈 때 신는 목이 긴 신으로 특히 물이 많은 진흙 같은 곳에서 꼭 필요하다.

[장화]

장:학【奬學】 학문을 장려함. 또는 그 일. 예~재단 설립.

장:학생【奬學生】 장학금 받는 학생.

장해물【障害物】 장해가 되는 사물.

재₁ 조금 높은 산의 고개. 예~를 넘어가다. 비영. 고개. 다닐 만한 길.

재₂ 물건이 완전히 탄 뒤에 남는 가루. 예연탄 ~. 불에 타고 남은 것.

재간【才幹】 재주와 능력. 예~이 많은 사람. 비재능. 일처리의 솜씨.

재갈매기 물고기를 잡아먹고 다른 새들의 새끼와 알을 훔쳐 먹는다. 농경지에서도 벌레를 잡아먹으며 2~3개의 알을 낳는다.

재규어 남아메리카 고양잇과 동물 가운데 힘이 가장 세고, 헤엄을 잘 치며 사슴 및 물고기를 먹는다. 숲 속에 살며 수컷도 적으로 인정한다.

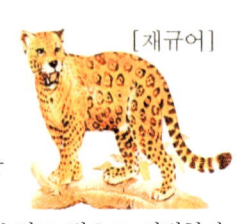
[재규어]

재:기₁【再起】 힘이나 능력을 다시 모아서 일어남. ~의 기쁨. -하다.

재기₂【才氣】 재주가 있는 기질.

재난【災難】 뜻밖에 생긴 불행한 일.

재능【才能】 개인들의 재주와 능력.

재:다 ①길고 짧음을 자로 헤아리다. 예키를 ~. ②총에 탄환을 넣다. ③일의 앞뒤를 헤아리다.

재두루미 봄부터 가을까지 시베리아에서 생활을 하다 추위를 피해 우리 나라에서 겨울을 보내는 새. 논이나 연못에서 곤충이나 풀 뿌리를 먹는 겨울 철새. 천연 기념물 제 203호.

[재두루미]

재:래식【在來式】 그 전부터 내려오는 방식. 예~부엌. 반개량식.

재미 아기자기한 즐거운 기분이나 멋. 예~가 좋다. 비흥미.

재배₁【栽培】 나무·곡식·채소·화초 따

위를 심어 가꿈. -하다.

재배₂【再拜】 ①두 번 절을 하는 것. ②편지 끝에 쓰는 말. -하다.

재:보【再報】 두 번째 알리는 일.

재봉【裁縫】 옷감으로 옷을 만드는 일. 바느질. 예~기술. -하다.

재봉틀 천이나 가죽 따위를 바느질하여 옷이나 여러 가지 의류를 만드는 데 필요한 기계로 옷을 만드는 필수품.

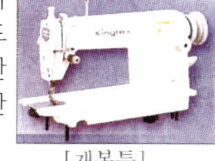
[재봉틀]

재산【財産】 개인이나 단체가 소유하는 재물. 재물. 예~을 기증함.

재색【才色】 여자의 재주와 아름다운 용모. 예~을 겸비한 규수.

재:생 ①다시 살아남. 예~의 길을 걷다. ②못 쓰는 물건을 다시 쓸 수 있도록 만들어 냄. -하다.

재수【財數】 재물이나 좋은 일이 생길 수 있는 운수. 예~가 좋다.

재앙【災殃】 지진·홍수 등에 의한 몹시 불행한 사고. 비재난.

재:임【在任】 임무를 수행하고 있거나 그 자리에 있음. 또는 그 동안. 예~기간.

재:적【在籍】 ①호적·학적·병적 등에 올라 있음. 예~생. ②합의체 등의 적에 올라 있는 것.

재정【財政】 국가 또는 공공 단체가 일을 달성하는 데 필요한 경비.

재정 경제부【財政經濟部】 우리 나라의 경제에 관련된 여러 가지 계획을 세워서 이를 실행하는 중앙 행정 기관. 이 기관의 장은 부총리의 지위를 갖는다.
관기획 재경부.

재주 ①무엇을 잘 해 내는 소질. ②교묘한 기술. 예비상한 ~. 비재간. 재능. ③잘 하는 타고난 능력.

재:차【再次】 두 번째. 두 차례째. 또 다시 거듭. 예~다짐을 한다.

재:창【再唱】 다시 노래를 부르는 것.

재:청【再請】 ①회의할 때 남의 동의에 찬성한다는 뜻으로 거듭 청함. ②같은 일을 두 번째 청함.

재촉 일을 빨리 하게 함. 예걸음을 ~하다. 비독촉. 독려. -하다.

재치【才致】 눈치 빠른 행동의 능력.

재판【裁判】 ①옳고 그름을 살펴서 판단함. ②재판관이 내리는 판단. 민사·형사·행정 재판의 세 가지가 있음. 예~을 받는 중이다.

재해【災害】 재앙으로 말미암아 입은 피해. 예산업 ~. 자연~ 예방.

재:현【再現】 다시 나타나는 것. 또는 다시 나타나게 하는 것.

재:회【再會】 ①두 번째의 만남. ②다시 만남. 예이산 가족의 ~.

잭슨 카멜레온 수컷은 머리에 세 개의 뿔이 있다. 녹색의 피부색 덕분에 이끼가 덮인 나무 껍질 위에서 쉽게 몸을 숨길 수 있다.

[잭슨카멜레온]

잼버리 보이 스카우트의 대회. 흔히 캠핑·작업·경기 등을 행함. 예~대회. 야외에 모여 벌이는 대회.

잿밥 불공을 드릴 때, 부처 앞에 올리는 밥. 공양.

쟁기 소가 끌게 하여 논 밭을 가는 데 쓰는, 세모꼴의 쇠붙이 삽이 달린 기구. [쟁기]

쟁반【錚盤】 과일이나 음식 등을 담는 데 쓰는 납작한 그릇.

쟁취【爭取】 투쟁하여 얻어 내는 것.

쟁탈【爭奪】 서로 싸워서 빼앗는 것.

쟤:「저 아이」를 줄인말. 관 걔. 얘.

저₁「나」「자기」의 낮춤말. 관 나. 제가.

저₂【箸】「젓가락」의 준말. 예 수~.

저₃ 멀리 떨어져 있는 사물을 일컫는 말. 예 ~고개. ~기 좀 보세요.

저것 저 곳에 있는 사물을 가리키는 말. 작 조것. 사람을 낮추어 부름.

저격 어떤 대상을 노려서 총을 쏨. 예~하였다.

저고리 위에 입는 옷을 총칭. 예~를 입다. 반 치마. 바지. [저고리]

저:금【貯金】 돈을 쓰지 않고 모아 둠. 또는 그 돈. 비 저축. -하다.

저:기압【低氣壓】 ①대기의 압력이 낮은 기압. 반 고기압. ②사람의 기분이 언짢은 상태.

저까짓 겨우 저 만한 정도를 가지고.

저:널리스트 신문이나 잡지의 기자 또는 기고자. 예~가 논평을 함.

저녁 ①해가 지고 밤이 오지 아니한 때. 아침. ②「저녁 밥」의 준말.

저:능아【低能兒】 지능이 보통 사람보다 낮은 어린이. 예~전용 학교.

저다지 저런 정도까지. 이런 정도로.

저:당【抵當】 부동산이나 동산을 채무의 담보로 삼음. 반 회수.

저:당물【抵當物】 저당 잡히는 물건.

저돌 앞뒤를 생각함이 없이 돌진하는 것. 예~적. 막무가내로 덤빔.

저:력【底力】 겉으로 드러나지 않고, 속에 간직하고 있는 끈기 있는 힘. 예 저 사람은 ~이 대단하다.

저:렴【低廉】 물건 값이 상당히 싼 것.

저리 저 곳으로. 저쪽으로. 저렇게.

저:명 인사【著名人士】 세상에 이름이 널리 알려진 사람. 비 유명 인사.

저물다 ①해가 지고 어둡게 되다. 반 날 새다. ②한 해가 다 지나가다. 예 어느덧 날이 어둑어둑 ~.

저:서【著書】 책을 지음.

저:속【低速】「저속도」의 준말. 느린.

저:수지【貯水池】 상수도·수력 발전 또는 논밭에 물을 대기 위하여 강물이나 냇물을 끌어들여 잡아 두려고 만든 못. 예~에 물고기다.

저:술【著述】 글을 써서 책을 만듦.

저승 사람이 죽은 뒤에 혼령이 간다고 하는 세상. 반 이승.

저:압【低壓】 ①낮은 압력. 예~수은 등. ②낮은 전압. 반 고압.

저:작【著作】 어떤 분야의 책을 냄.

저작권【著作權】저작자가 자신이 저작한 저작물을 독점적으로 이용하거나 이를 남에게 허락할 수 있는 인격적·재산적 권리.

저:조 ①낮은 가락. ②능률이 오르지 아니함. ⁰⁰성적이 ~하다.

저주【詛呪】미워하는 사람이 못 되기를 빌고 바람. ᵝ축복. -하다.

저지【沮止】막아서 못 하게 하는 것.

저:축【貯蓄】물건이나 돈을 아끼어 모아 둠. ᵝ저금. ᵝ낭비. -하다.

저:하【低下】 ①낮아짐. ②수준·물가·능률 따위가 떨어져 낮아짐. ⁰⁰기능이 ~되다. -하다.

저항【抵抗】힘에 굽히지 않고 견딤.

저희「우리」의 낮춤말. 저 사람들.

적₁ 때를 나타내는 말. ⁰⁰어릴 ~에 살던 곳. 한 동작이 진행되는 것.

적₂【敵】싸움, 경쟁의 대상.

적극【積極】어떤 일을 능동적으로.

적기【適期】적당한 시기. 알맞을 때.

적나라하다 있는 그대로 다 드러내어 숨김이 없다. ᵝ숨길 게 없다.

적다₁ 글씨를 쓰다. 기록하다. 필기.

적:다₂ 분량이나 수효가 모자라다. ⁰⁰금액이 ~. ᵝ많다.

적당 ①꼭 알맞음. ②요령이 있음. ᵝ적절. ᵝ부적당. -하다.

적도【赤道】위도의 기준이 되는 위선. 남북 양극으로부터 90°.

적반하장【賊反荷杖】잘못한 사람이 도리어 잘 한 사람을 나무라는 경우를 이르는 말. ⁰⁰~도 유분수지.

적성 검:사 성질·성격·신체적·지적 능력 등이 일정한 작업 또는 직업에 알맞은가 여부를 측정하기 위한 검사. -하다.

적시 알맞은 때. 제 때.

적십자기 흰 바탕에 붉은 「+」자를 그린 적십자사의 기.

[적십자]

적십자사 전시에는 아군·적군의 구별 없이 부상병을 구호하고 평시에 는 병들고 가난하고 불행한 사람들을 돕기 위하여 세계 각국이 모여 이룬 국제적 기구.

적외선【赤外線】복사선 중 파장이 가시 광선보다 길고, 극초단파보다 짧은 전자파의 총칭. 눈에는 보이지 않지만, 열 작용이 강하고, 투과력도 강함. ᵝ자외선.

적응【適應】 ①어떤 조건·요구 따위에 맞음. ②주위의 사정에 맞추어 가는 것. ⁰⁰환경에 ~하다.

적자[-짜]【赤字】수입보다 지출이 많은 상태. ⁰⁰~를 내다. ᵝ흑자.

적자 생존【適者生存】생존 경쟁의 결과, 환경에 적응하는 생물만이 살아 남고, 그렇지 못한 것은 도태되어 멸망하는 현상.

적재 적소【適材適所】[-째-쏘] 알맞은 사람을 알맞은 장소에 씀.

적절【適切】꼭 알맞음. ⁰⁰~한 조치를 취하다. 적당. ᵝ부적절. -하다.

적중【的中】꼭 들어맞음. ⁰⁰예상 문제가 ~했다. 정확히 들어맞았다.

적합【適合】알맞게 꼭 맞음. 예~한 대답. 비적당. 반부적합. -하다.
전【前】①지난 때. 이전. ②앞. 예~에는 부자였다.
전갈【全蠍】몸은 가재와 비슷하며 꼬리에 독침이 있어 물리면 목숨이 위험함.

[전갈]

전격 ①번개처럼 갑작스럽게 들이치는 것. 예~작전. ②강한 전류에 의하여 급격히 주어지는 자극.
전구 전깃불이 들어오는 유리로 만든 둥근 기구. 예꼬마~.
전국₁ 간장·술 따위의 물을 타지 아니한 진한 국물. 진국.
전국₂【全國】한 나라의 전체. 예~체전. 비온 나라.
전국 각지 온 나라 구석구석을 말함.
전권₁【全卷】①한 권의 책을 전부. ②여러 권으로 한 질을 이룬 책의 전부. 예~이 곧 나올 예정이다.
전권₂【全權】①맡겨진 일을 처리할 수 있는 일체의 권한. 예~대사. ②완전한 권리. ③권한을 일임함.
전:기【電氣】빛과 열을 내고 여러 가지 기계를 움직이게 하는 에너지. 예~담요. ~에너지.
전기문【傳記文】살아 있었던 실제 인물이나, 살고 있는 훌륭한 인물에 대하여, 본받을 만한 일이나 가르침 등을 이야기식으로 지어 놓은 글. 한 사람의 일생을 적은 글.
전기 뱀장어 몸에 있는 특수한 근육을 이용해 강력한 전기를 발산한다. 이것을 이용해 물고기를 잡아먹고 적으로부터도 보호하며 이 전기는 사람에게도 심한 충격을 준다.

[전기뱀장어]

전나무 잎은 마주 나고 짧은 바늘 모양이며 아주 높고 곧게 자라는 늘푸른 큰키 나무.
전념【專念】오로지 한 가지 일에 마음을 쓰는 것. 예공부에 ~하다.
전담【專擔】전문적으로 담당함. 정보 업무를 모두 맡아 함. 예~하다.
전답【田畓】밭과 논. 논밭.
전:당【殿堂】크고 화려한 집. 또, 학문·예술·문화 등의 분야에 중심이 되는 건물. 예예술의 ~.
전도【前途】①앞으로 갈 길. ②장래. 예~가 유망한 청년.
전:등【電燈】전기를 이용하여 빛을 내는 기구. 예방에 ~을 밝힌다.
전등사【傳燈寺】강화군 길상면 온수리 정족산 삼랑성에 있는 절. 고구려 소수림왕 11년에 아도 화상이 세웠다고 한다.

[전등사]

전:람회【展覽會】여러 가지 물품을 많이 늘어 놓고 사람들에게 구

전래【傳來】①외국에서 전하여 들어옴. ②옛날부터 전하여 내려옴. 예~동화. 비전승.

전략【戰略】전쟁에 이기려는 계획.

전략가【戰略家】전략에 능한 사람.

전력₁【全力】모든 힘. 있는 힘. 예~을 다해 달리다. 비최선. 온힘.

전력₂[-력]【電力】전기의 힘. 단위는「W」로 씀. 전기 에너지.

전류【電流】물질 안에 흐르는 전기.

전립 옛 병사가 쓰던 벙거지. 붉은 털실로 둘레에 끈을 꼬아 두름.

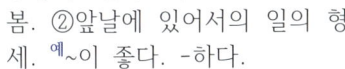
[전립]

전:망【展望】①경치 멀리 바라봄. ②앞날에 있어서의 일의 형세. 예~이 좋다. -하다.

전:망대【展望臺】경치 멀리 바라볼 수 있게 쌓은 높은 대. 비관망대. 예~에서 바라보다.

전매【專賣】①어떤 물건을 혼자서만 맡아 놓고 팖. ②국가가 어떤 물품의 생산·판매를 독차지함. 예~권. 친구가 ~청에 다님. -하다.

전멸【全滅】①죄다 없어짐. ②모조리 망함. 예~당하다. 비몰살.

전모【全貌】사물의 전체적인 모양.

전문가【專門家】어떤 특별한 부문을 연구하며 특히 그 부분을 잘 아는 사람. 예도예 ~로 활동함.

전반₁【全般】여러 가지 것의 전부. 또는, 통틀어서 모두. 예사회~의 문제. 어떤 일이나 분야의 전부.

전반₂【前半】앞의 절반. 예~전을 치르다. 반후반. 어떤 시기의 앞쪽.

전:보₁【電報】전신으로 보내거나 받거나 하는 통신. 통보.

전:보₂【轉補】다른 관직에 보임되는 것. 예~발령을 어제 받았다.

전복【顚覆】체재를 뒤집어 엎는 것.

전복【全鰒】얕은 바닷속 바위에 붙어서 살며, 살은 맛이 좋고 고급 식품으로 한쪽만 있는 껍데기는 단추, 장신구, 자개의 주재료로 사용된다.

[전복]

전:봇대 ①전선이나 통신선을 늘여 매기 위하여 세운 기둥·전주. ②키 큰 사람을 비유하여 놀림조로 이르는 말. 예~에 제비들이 많다.

전봉준[인명](1853~1895) 조선 고종 때 동학 혁명의 지도자. 녹두 장군이라고도 불렸는데, 백성을 구하고자 전라도 지방에서 동학 혁명을 일으켰으나 청·일군의 출동으로 뜻을 이루지 못하고 체포되어 서울에서 처형됨.

전부【全部】하나도 빠짐 없이. 죄다. 예~가 모였다. 비전체. 반일부.

전:분【澱粉】쌀·감자 등에 많이 포함되어 있는 흰색 가루. 녹말.

전사【戰死】전쟁터에서 싸우다 죽음. 전쟁하다 죽음. 예~자. -하다.

전생 불교에서, 삼생의 하나. 이

세상에 태어나기 이전의 세상.

전설【傳說】 오래 전부터 전해 내려오는 이야기. 사실은 아니지만 사실처럼 믿어 내려옴.

전성【全盛】 가장 기력이 왕성할 때.

전세【專貰】 일정한 금액을 주인에게 지불하고 어느 기간까지 집이나 물건을 빌려 쓰는 일.

전세계【全世界】 온 세계. 세계 전부.

전소【全燒】 모조리 타 버리는 것. 예건물이 ~되다. 관소방.

전수【傳受】 전하여 받음. 예스승의 비법을 ~하다. -하다.

전ː승【戰勝】 싸움에서 지지 않고 전부 이김. 예싸움에서 ~. 반전패.

전시【展示】 여러 가지 물건을 늘어놓고 구경을 시킴. -하다.

전시회【展示會】 우수한 그림·글씨·상품·학술적인 표본 등을 많은 사람들이 보도록 하는 모임. 예붓글씨~. 비전람회.

전신 전화국 전화·전보·통신 등을 맡아 일을 처리하는 기관.

전압【電壓】 전기장이나 도체 내에 있는 두 점 사이의 전위차. 단위는 볼트(V). 예전철은 높은 ~임.

전열기【電熱器】 전류에 의해 열을 생기게 하는 기구. 전기 난로·전기 다리미 등. 예~사용을 주의함.

전열선 전열을 발생시키는 도선.

전염 ①좋지 않은 풍속이 전하여 물이 듦. ②병균이 남에게 옮음. 예간염이 ~되다. ③병이 옮은 것.

전용【專用】 ①혼자만 씀. ②한 가지만을 씀. 반공용. 예한글 ~사전.

전ː우【戰友】 같은 부대 또는 전쟁터에서 함께 지내는 벗.

전원₁【田園】 ①논밭과 동산. ②시골. 교외. 예~풍경. 예~주택.

전원₂【全員】 전체의 사람. 구성원들.

전ː원₃【電源】 전력을 공급하는 근원. 예~이 연결되다.

전원 주택【田園住宅】 도시 근처에 시골 생활의 멋을 느끼게 지은 집. 가족과 함께 도시 생활에서의 휴식을 갖고자 꾸민 공간.

[전원주택]

전임【前任】 전에 그 임무를 맡은 사람. 예~장관. ~대통령. 반후임.

전ː입【轉入】 ①학교를 옮겨 입학함. ②다른 곳에서 옮기어 들어옴.

전자【電子】 물질의 원자를 구성하고 있는 작은 입자. 음전기(-)를 띠고 원자핵 주위를 회전하고 있음. 예~산업. ~제품.

전ː자 계산기【電子計算機】 ①컴퓨터. ②전자 회로를 사용한 소형 디지털 계산기. 준산기.

전ː쟁【戰爭】 병력에 의한 나라와 나라 사이의 싸움. 비전투. 반평화.

전ː전 긍긍【戰戰兢兢】 매우 두려워하여 벌벌 떨며 조심함. -하다.

전주【電柱】 전봇대. 전선을 늘여 매기 위하여 세운 기둥. 비전신주.

전지【電池】 화학 에너지를 전기에

너지로 바꾸어서 이용할 수 있도록 한 전기 기구. 배터리 따위.

전직【前職】 전에 가졌던 직업 또는 직책. 예~교사였던 아버지.

전진【前進】 계속 앞으로 향하여 나아감. 예힘차게 ~하다. 반후퇴.

전차【戰車】 철판으로 덮여 있고 쇠로 된 특수한 바퀴가 달려 있어 적의 포탄을 막을 수 있는 전투용 차량.

전천후【全天候】 어떠한 기상 조건에도 사용, 또는 활용할 수 있음.

전철【電鐵】 전기로 철길을 가는 차.

전체【全體】 사물의 전부.

전통【傳統】 역사적으로 전하여 내려온 계통. 습관. 예~문화.

전통 혼례식【傳統婚禮式】 예전부터 한 민족이나 사회에서 전해 오는 형식의 결혼식.

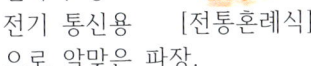
[전통혼례식]

전파【電波】 전자파 중 전기 통신용으로 알맞은 파장.

전하【殿下】 ①옛날에 임금이나 왕비 또는 황태자 등을 높여 부르는 말. 각하. ②천주교에서, 추기경을 높이어 이르는 말.

전학【轉學】 이 학교에서 다른 학교로 옮겨 가서 배움. -하다.

전화1【戰禍】 전쟁으로 인한 피해와 재난. 예~의 상처가 남았다.

전화2【電話】 ①전화기를 이용하여 말을 통함. 예~로 전하다. ②「전화기」의 준말. -하다.

전화 위복【轉禍爲福】 화가 바뀌어 도리어 복이 됨. 비새옹지마.

전환【轉換】 이리저리 변하여 바뀜.

전후【前後】 ①앞과 뒤. ②먼저와 나중. 예~사정을 말하다. ③어떤 수량의 안팎. 예합격자가 25세 ~다.

절1 남에게 공경하는 뜻으로 몸을 굽혀 하는 인사. -하다.

절2 부처를 모셔 놓고 중들이 모여 수도를 하며 거처하는 집.

절개【節槪】 의리를 지키려는 굳은 마음. 예춘향의 ~. 비지조.

절경 더할 수 없이 훌륭한 경치.

절교【絕交】 서로 사귄 것을 끊음.

절구 곡식을 찧거나 빻는 데 또는 떡을 치는 데 쓰는 기구.

[절구]

절굿대 산과 들에 자라며 뿌리 잎은 꽃이 필 때 거의 없어지고 가장 자리에 가시 같은 톱니가 있고 보라색 꽃이 핌. 엉거시과의다년생 풀.

[절굿대]

절대로[-때-] 도무지. 아주 조금도. 비도저히.

절망【絕望】 희망이 아주 끊어져 낙심함. 비실망. 반희망. -하다.

절묘【絶妙】매우 신기함. 예~한 솜씨를 가지고 있다. -하다.

절정【絶頂】[-쩡] ①산의 맨 꼭대기. ②어떤 일의 극도.

절제[-쩨]【節制】①알맞게 조절함. ②욕망을 스스로 억누름.

절충1【折衝】어느 한쪽으로 치우치지 아니하고 이것과 저것을 섞어서 알맞은 것을 얻음. -하다.

절충2【折衷】이해가 서로 다른 상태와 교섭하거나 담판하는 것.

절친【切親】아주 친함. 대단히 친함.

절편 멥쌀을 곱게 가루를 내어 솥에 쪄 떡살로 눌러 둥글거나 모나게 만든 멥쌀 떡. [절편]

젊음 젊은 상태.

점1【點】①작고 둥글게 찍는 표나 자리. ②문장의 구절을 구별하기 위하여 찍는 표. ③살갗에 나는 점.

점2【占】여러 가지 방법으로 앞날의 운수나 길흉을 미리 판단하는 일. 예~쟁이. 연초에~을 보았다.

점가시복 등에 3개의 가시 줄이 있고 위험에 놓이면 고정시킨 가시줄기 틈새에 숨고 성게를 먹는다.

[점가시복]

점:검 자세히 조사하거나 검사함.

점:원【店員】남의 상점에서 일을 하는 사람. 반주인. -하다.

점자책[-짜책] 맹인들이 손가락으로 더듬어 읽도록 만든 책.

점:잖다 ①몸가짐이 의젓하고 예절 바르다. ②품격이 야하지 않고 고상하다. ③예절에 맞고 신중하다.

점:점 조금씩 덜하거나 더하여지는 모양. 비차차. 점차. 차츰.

점:차【漸次】차례를 따라 차차. 예~로 병이 완쾌되어 간다. 비점점.

점프 ①뛰어오르는 것. 예~력. ②육상 경기나 스키의 도약 종목. ③한번 힘껏 뛰어오르거나 내림. -하다.

점:화【點火】불을 켜는 것. 불을 붙이는 것. 반소화. -하다.

접견【接見】찾아온 사람을 만나 줌.

접골【接骨】일그러지거나 부러진 뼈를 이어 맞춤. -하다.

접근【接近】①가까이 다가옴. ②바싹 더 붙임. 비근접. -하다.

접대【接待】손님을 맞아 모시는 것.

접목【接木】[접-] 좋은 접지를 접본의 목질부와 껍질 사이에 붙여서 이어 주는 일. 접붙이기.

접수【接受】물건이나 돈을 받는 것.

접순 나무에 접을 붙일 때 바탕이 되는 나무에 꽂는 나뭇가지.

접시[-씨] 반찬이나 과일 등을 담는 얇고 납작한 그릇.

접시꽃 잎이 넓으며 키가 [접시꽃]

넓으며 키가 크고 곧은 줄기에 빨간 또는 하얀 큰 꽃들이 죽 붙어 피는 화초.

접종【接種】병을 미리 예방하기 위하여 병원균이나 독소를 이식시키는 일. 예간염 예방. -하다.

접착제【接着劑】금속·목재·플라스틱 따위를 붙이는 데 쓰이는 약품이나 풀 종류.

젓 새우·멸치 등 생선을 소금에 절인 짠 음식. 비젓갈.

젓가락 음식이나 어떤 물건을 집는 한 쌍의 막대기.

젓갈 젓으로 담근 것.

젓갖 매의 두 발을 각각 잡아매는 가죽 끈.

젓국 수란 젓국을 탄 물에 쇠고기와 파를 썰어 넣고 끓이다가 달걀을 깨뜨려 넣어 반쯤 익힌 반찬.

정:1 돌을 쪼아서 구멍을 뚫거나 다듬는, 쇠로 만든 연장.

정2【情】①느끼어 일어나는 생각이나 마음. ②불쌍하거나 사랑하는 마음. 예~이 없다. 부부의 ~.

정:가【定價】[-까] ①느끼어 일어나는 생각이나 마음. ②불쌍하거나 사랑하는 마음. 예~이 없다. 부부의 ~.

정감【情感】사람의 마음에 정취를 불러일으키는 느낌.

정강이 아랫다리에서 앞 뼈가 있는 부분. 참오금. 예~가 아프다.

정거장【停車場】차가 잠시 머물러 사람이 타고 내리거나 짐을 싣고 내리는 곳. 예버스가 ~을 떠남.

정:견【定見】일정한 주장이나 의견. 예~발표. 본인의 의견.

정결【淨潔】①맑고 깨끗함. ②순수하고 깨끗함.

정계비 1712년에 조선과 청나라의 국경선을 표시하기 위하여 백두산 위에 세운 비석.

[정계비]

정교【精巧】정밀하고도 교묘함. ~한 여러 세공품.

정구【庭球】네트의 양쪽에서 라켓으로 고무공을 서로 치고 받는 경기. 테니스의 이전 말.

정:규【定規】①일정한 규칙이나 규약. ②선을 긋는 제도 도구.

정근【精勤】쉬거나 게으름을 피우거나 하지 않고 일 또는 공부에 아주 부지런한 것. 예~상을 받다.

정글 짐 둥근 나무나 철봉을 가로와 세로로 엮어서 아이들이 오르내리며 놀도록 만든 운동 기구.

[정글 짐]

정:기1【定期】①일정하게 지키는 때. ②정한 기한.

정:기2【正氣】지극히 크고 지극히 바른 천지의 기상. 예민족 ~를 바로잡다. 금수강산에 ~가 흐른다.

정:남【正南】똑바른 남쪽. 남쪽 방향.

정년【停年】연령 제한에 따라 공

무원이나 회사 직원이 퇴직하도록 정해진 나이. 예~퇴직.

정녕【丁寧】 틀림없이 꼭. 진정으로.

정다운 ①사이 좋은. ②다정하고 따뜻한. ③정감이 가고 애틋함.

정담【情談】 정답게 주고받는 대화.

정답【正答】 시험 문제에 대한 옳은 답. 예시험의 ~. 반오답.

정:대【正大】 바르고 옳아서 사사로움이 없음. 예그 일은 공명 ~하다.

정도【程度】 ①알맞은 한도. 예~가 지나치다. ②얼마 가량의 분량. 예그 ~만하고 쉬어라.

정독【精讀】 자세히 읽음. 새겨 읽음.

정돈【停頓】 가지런히 정리하여 바로 잡음. 예책 ~을 해라. -하다.

정동방【正東方】 똑바른 동쪽 방향.

정들다 정이 깊어지다. 정이 들었다.

정렬【整列】 가지런히 줄지어 늘어서는 것. 예4열로 ~하다.

정류장【停留場】 버스 등 탈것을 손님이 오르내리도록 정해 놓은 일정한 장소. 예버스 ~. 비정류소.

정리₁【情理】 인정과 도리. 예~를 봐서 참아 주세요. -하다.

정:리₂【整理】 흐트러진 것을 바로 잡아 가지런히 치움. 비정돈.

정:말 거짓이 없는 참된 말. 예~사실일까? 반거짓말. 참으로. 사실.

정:맥【靜脈】 피가 온 몸을 돌아서 염통으로 들어오는 핏줄. 반동맥.

정:면【正面】 ①바로 보이는 전면. 후면. 측면. ②둘러서 하지 않고 직접 마주 함. 예집이 ~에 있다.

정:몽주【鄭夢周】(1337~1392) 고려 말의 충신·학자·이방원이 보낸 자객에 의해 선죽교에서 피살되었음.

정미소【精米所】 동력을 이용하여 곡식을 찧거나 빻는 곳. 비방앗간.

정밀【精密】 ①가늘고 세밀함. ②아주 작고 자세함. 예~기계. 반조잡. -하다. ③섬세하고 미세함.

정밀도【精密度】[-또] 측정의 정밀함을 나타내는 정도. 준정도.

정변【政變】 혁명 등에 의한 정치상의 변동. 예~이 일어나다.

정병【精兵】 우수하고 강인한 군사.

정보【情報】 어떤 사건이나 정세에 관한 자세한 소식. 예~전쟁 시대다.

정보 통신부 우편·통신에 관한 사무를 맡은 정부 기관.

정복【征服】 ①남의 나라를 쳐서 뺏앗음. 비정벌. ②어려운 일을 겪어 이겨 냄. 예영어를 ~하였다.

정:비【整備】 ①흩어지거나 뒤섞인 것을 가나듬고 정리함. 예사업을 ~하다. ②차량·비행기 등의 고장이 있는지 보살피고 수리함. 예자동차 ~를 받았다. ~공장.

정:비례【正比例】 한 쪽의 양이 2배, 3배로 되려면 다른 쪽의 양도 2배, 3배가 될 때, 두 양의 관계. 반반비례. -하다.

정비사【整備士】 기계가 제대로 작동하도록 손질하고 수리하는 일 [정비사]

정사【政事】 정치에 관한 일.

정:사각형 제 각이 모두 직각이고 네 변의 길이가 같은 사각형.

정:사면체【正四面體】 네 개의 면을 가진 정다면체.

정:삼각형 세 변의 길이가 같고, 세 각도 모두 같은 삼각형.

정상【頂上】 ①산 위의 맨 꼭대기. 예~에 오르다. ②그 위에 다시 없는 것. ③최고의 지위. 예~회담.

정성껏 정성이 미치는 데까지 반함부로. 정성을 다하여. 비성심껏.

정세【情勢】 일이 되어 가는 형편. 예~가 불리하다. 비형세.

정수【淨水】 깨끗한 물. 주로 먹는 물.

정:숙【貞淑】 행실이 바르고 얌전함.

정:시【定時】 정한 기간. 일정한 시각.

정:식【正式】 ①적당한 방법. ②일정한 격식이나 의식. 반약식.

정신【精神】 마음이나 생각. 예~차려라. 비영혼. 반육체. 물질.

정신력【精神力】 정신을 지탱하는 힘.

정신적【精神的】 정신에 관한 바, 정신 활동을 중하게 여기는 모양. 예~훈련. 반물질적. 육체적.

정약용【丁若鏞】[1762~1836] 조선의 실학자로 거중기 개발 및 목민심서. 경세유표의 책을 씀.

정어리[동물] 겨울에 차고 깊은 바다에서 잡히는 등이 검푸르고 배가 하얀 물고기.

[정어리]

정열【情熱】[-녈] 맹렬하게 일어나는 적극적인 감정. 비열정. 강열.

정예【精銳】 썩 날래고 용맹스러운 것. 우수하고 강함. 예~부대.

정:오【正午】 12시가 되는 한낮. 비오정. 반자정. 예~에 약속함.

정:원1【定員】 일정한 규정에 따라 정해진 사람의 수효. 예~미달.

정원2【庭園】 집 안에 있는 나무·꽃을 심는 마당. 잘 가꾼 넓은 마당.

정월【正月】 일월. 한 해의 첫째 달.

정유【精油】 원유에서 여러 가지 기름을 만드는 일. 예~시설을 본다.

정육점【精肉店】 돼지고기나 쇠고기 등 살코기를 파는 가게. 비고깃간.

정:의【定義】 어떤 사물의 뜻을 뚜렷이 하여 그 내용을 밝힘. -하다.

정:의감【正義感】 올바른 도리를 지키려는 마음. 예~에 불타는 청년. 비정의심. 옳고 바른 것의 마음.

정:일품【正一品】 고려·조선 때의 문무관의 벼슬의 첫째 등급.

정자【亭子】 놀거나 쉬기 위해서 경치가 좋은 곳에 지은, 보통 벽이 없이 지붕과 기둥만 있는 집.

[정자]

정자나무 집 근처나 길가에 있는 오래 묵은 나무.

정절【貞節】 굳은 마음. 여자의 변하지 않는 절개.

정정【訂正】 잘못된 것을 고쳐서 바

정:정 당당【正正堂堂】 바르고 떳떳하여 어엿함. -하다.

정조【貞操】 ①순결을 지키는 일. 특히 여성에게 쓰는 말임. ②성적인 순결. 정절. 예~를 지키다.

정:좌【靜坐】 마음을 가라앉히고 조용히 앉는 것. -하다.

정:중【鄭重】 점잖고 무게가 있음.

정지【停止】 ①움직이고 있던 것이 멈추는 것. 예~신호. ②하고 있던 일을 그만두는 것. 반출발.

정찰기【偵察機】 정찰 활동을 하는 비행기. 낮이나 밤 관계 없이 영공에서 계속 상대방의 움직임을 24시간 감시하는 데 사용하는 비행기. 예하늘에 ~가 날아간다.

정책【政策】 정치적 목적을 실현하려는 목표나 방법. 예문화 ~.

정:처【定處】 정한 곳. 일정한 곳. 예~없이 떠돌다. 정하여 머무르는 곳.

정:체₁【正體】 ①거짓 없는 바른 모습. ②본디의 모양. 예~를 밝혀라. ③바른 모양의 글씨.

정체₂【停滯】 사물의 상태가 더 나아가지 못하고 한 곳에 머물러 막힘. 예차량의 ~. 반소통. -하다.

정탐【偵探】 남의 동작을 몰래 살펴보고 조사하는 것. 비탐정.

정:통₁【正統】 ①바른 계통. ②사물의 요긴한 부분. 예~예술. ~왕조.

정통₂【精通】 어떤 사물을 자세히 통하여 앎. -하다.

정표【情表】 간곡한 정을 나타내기 위하여 물품을 주는 것. 비선물.

정화【淨化】 더러운 것을 깨끗하게 함. 예사회 ~운동. -하다.

정:확【正確】 바르고 틀림이 없음. 비확실. 반부정확. -하다.

정회【停會】 회의를 일시 중지하는 것. 예학급 회의가 ~되다. -하다.

정:히 틀림없이 바로. 필히 그러하면.

젖 포유 동물의 암컷 가슴에 불룩하게 쑥 내민 부분. 그 분비물.

젖먹이 엄마의 젖을 먹는 어린아이.

젖먹이 동:물 젖을 먹고 자란 동물.

젖소 젖을 짜기 위하여 기르는 소. 흰 털에 검은 점들이 있으며 성질이 온순함. 풀만 먹고도 삶.

[젖소]

제₁ 「나의」의 낮춤말인 「저의」의 뜻. 예~것임.

제₂ 때. 적에. 적에가 줄어든 말.

제₃【第】 「째」나 「차례」의 뜻을 나타내는 말. 예~2차 시험.

제각각 저 마다 다 따로따로. 제각기.

제:강【製鋼】 무쇠나 고철을 녹여 강철을 만드는 것. 예~소.

제거【除去】 필요 없는 것을 내버림.

제격 그 지닌 바의 정도나 신분에 알맞은 격식. 예~에 맞다.

제곱센티미터 넓이의 단위. 한 변의 길이가 1cm인 정사각형의 넓이를 1제곱센티미터라 말하고 $1cm^2$라고 씀.

제:국【帝國】 황제가 다스리는 나라. 예로마 ~의 멸망. 대한~.

제국₂【諸國】 여러 나라. 세계 각국들.

제기₁【提起】 ①어떤 의견이나 문제를 내어 놓는 것. ②소송 따위를 일으키는 것.

제기₂ 엽전 따위 납작한 쇠붙이 조각에 종이나 헝겊으로 만든 깃털을 달아 발로 차며 노는 아이들의 장난감. [제기]

제:단 제사·의식 때에 재물을 올려 놓기 위하여 만들어 놓은 단.

제대【除隊】 현역 군인이 만기 또는 그 밖의 일로 복무를 마침. 예군에서 만기~. 반입대. 입영. -하다.

제대로 ①제 격식대로. 예만든 음식. ②마음먹은 대로. 충분히.

제:도₁【制度】 마련한 법이나 조직. 제정된 법규. 예정치 ~. 의회~.

제:도₂【製圖】 건축물·기계 등의 도면을 그려 만드는 것. -하다.

제독【提督】 해군 함대의 사령관.

제:동【制動】 운동을 제지함. 예~을 걸다. 자동차의 ~장치. -하다.

제딴은 자기 생각으로는. 본인 생각.

제때 늦지 않은. 바로 알맞은 그 때.

제:련【製鍊】 광석을 용광로에 녹여서 함유 금속을 뽑아 내어 정제하는 것. 예~공. ~소. -하다.

제:련소【製鍊所】 금속을 만드는 곳.

제:례【祭禮】 제사의 예법이나 예절.

제:물【祭物】 제사에 쓰는 음식. 예~을 장만하다. 비제수.

제방【堤防】 홍수를 막기 위하여 흙으로 쌓은 둑. 예~을 쌓다. 비강둑.

제법 꽤 무던한 모양. 상당한 수준들.

제보【提報】 범죄자의 사실이나 정보를 제공하는 것. 예~자. -하다.

제:분【製粉】 곡식을 가루로 만듦.

제:분기 곡식 따위를 가루로 만드는 기계.

제비₁[동물] 봄에 왔다가 가을에 남쪽 나라로 날아가는 새. 벌레를 먹음. [제비]

제비₂ 종이에 적은 기호로 길흉·승패를 판단하는 방법. 예~뽑기. 비추첨.

제비꽃 여러해살이풀로 줄기가 없으며, 잎은 뿌리에서 바로 나오고 긴 잎자루가 있다. 꽃은 사이에서 나온 긴꽃 줄기에 하나씩 피며, 꽃 색깔은 자주색. 꽃잎은 다섯 장이다. [제비꽃]

제:빙【製氷】 물을 얼려 얼음을 만듦.

제:사₁【祭祀】 신령에게 음식을 차려 놓고 정성을 표하는 예절. 비차례. 준제.

제:사₂【製絲】 고치나 솜 따위로 실을 만듦. 예~공업. 비양잠업.

제:상【祭床】 [-쌍] 제사 때 제물을 차려 벌여 놓은 상. 제사상의 준말.

제설【除雪】 쌓인 눈을 치우는 일. ᵉ~작업. 눈을 치움. -하다.

제소【提訴】 소송을 일으킴. ᵉ법원에 ~하다. 재판을 요청함. -하다.

제승당【制勝堂】 임진왜란 당시 충무공이 작전을 세우고 군사를 지휘하던 곳이다. 한산섬 북쪽에 있으며, 현재의 건물은 1976년에 복원하였다.

[제승당]

제:식【制式】 ①정해진 양식. ②군대의 대열 훈련에서 규정된 격식과 방식. ᵉ운동장에서 ~훈련을 함.

제안【提案】 어떠한 생각이나 문제를 내놓음. 의견을 제시함. -하다.

제:압【制壓】 힘으로 상대를 억누름.

제왕나비 매년 가을이면 수백만 마리의 제왕나비가 캐나다에서 남쪽의 멕시코 쪽으로 320km를 날아간다.

[제왕나비]

제야【除夜】 한 해의 마지막 날.

제:약₁【制約】 ①조건을 붙여 내용을 제한하는 것. ②사물의 성립에 필요한 조건이나 규정.

제:약₂【製藥】 약을 제조하는 것. 또는 제조한 약. ᵉ~회사.

제언【提言】 생각이나 의견을 제출함. 또는 그 생각이나 의견.

제:염【製鹽】 소금을 만듦.

제:일【第一】 가장 먼저. ᵉ공부를 ~ 잘 한다. 제일 으뜸인 것. ᵇ가장.

제:자【弟子】 스승의 가르침을 받은 사람. ᵇ문하. ᵇᵃⁿ스승. 선생님.

제자리 ①원래 있던 자리. ②마땅히 있어야 할 자리. ᵉ~에 앉다.

제:조【製造】 큰 규모로 물건을 만들어 냄. ᵇ제작. -하다.

제:조 기술【製造技術】 공장·기업 등에서 큰 규모로 만드는 기술.

제주도【濟州道】 [지명] 우리 나라 서남 해상에 있는 제일 큰 섬이며, 우리 나라에서 제일 작은 도. 특히 바람·돌·여자가 많다 하여 삼다도라고 부르며, 옛날에는 「탐라」라고 불렀음. [1846km^2]

제창【提唱】 어떤 일을 맨 처음 내놓아 주장하는 일. ᵇ주장. -하다.

제:철【製鐵】 광석에서 철을 골라 내고 또는 철을 정제하는 일.

제트기 제트 엔진을 장치한 빠른 속도를 내며 날아가는 비행기.

제:헌절【制憲節】 대한 민국 헌법의 공포를 기념하는 국경일. 양력 7월 17일. ᵉ~행사를 성대히 치름.

조₁ [식물] 벼과에 딸린 한해살이풀. 9월경에 작고

[조]

누런열매를 맺음.

조₂【兆】 억의 만 곱절.

조₃【組】 어떤 일을 위하여 조직한 소규모의 집단. 예~편성.

조가비 죽은 조개의 단단한 껍데기.

조각₁ 넓적한 것에서 따로 떨어져 나간 부분. 예얼음 ~. 생선 몇~.

조각₂【彫刻】 글씨·그림 등을 돌이나 나무에 새기는 일. 비조소.

조개 바닷물에 살며 단단하고 납작한 두 쪽의 껍질 속의 살은 식용으로 쓰임. [조개]

조감도 건물을 짓기 전에 종이나 합판에다 모형을 그린 그림.

조건【條件】 일정한 일이 이루어지는 데 필요한 그 기본이 된 사항.

조급히 참을성이 없이 매우 서두름.

조:기₁【早期】 정상보다 이른 것.

조:기₂【早起】 아침 일찍 일이남. 예~운동을 한다. ~축구회.

조기₃ [동물] 몸 길이 30cm 정도의 바닷물고기. 서해에서 잡힘.

[조기]

조:기₄【弔旗】 ①반기. ②조의를 표하는 뜻으로 검은 헝겊을 달거나 검은 선을 두른 기. 예~를 달다.

조난【遭難】 위험한 지경에 놓인 것.

조달【調達】 자금이나 물자·음식 따위를 준비하여 대어 줌. -하다.

조랑말 말의 종류로 종자가 작다. 몸이 작은 우리 나라 말로 제주도에 있음. [조랑말]

조련사【調練師】 동물에게 훈련을 시켜서 재주를 가르치는 사람.

조례【朝禮】 학교에서 담당 선생님이 수업하기 전에 학생들과 행하는 아침 인사. 예아침 ~. 비조회.

조류₁【潮流】 ①밀물·썰물에 의하여 일어나는 바닷물의 흐름. ②시대의 경향. 예시대의 ~에 맞게 함.

조류₂【鳥類】 날짐승 종류. 비날짐승.

조롱박 ①조그맣고 길며 가운데가 잘록한 박. ②조롱박으로 만든 바가지. 예물을 ~으로 먹는다.

조리₁【笊籬】 쌀을 이는 데 쓰며, 가는 대오리 따위로 걸어 만든 것.

조리₂【調理】 ①쇠약해진 몸을 낫게 함. 예몸~. ②음식을 만듦. 예~사.

조립【組立】 여러 부분품을 하나의 구조물로 맞추어 짜는 것. 예자동차 부품 ~공장. -하다.

조릿대 잎이 길고 높이 자라며, 가운데 줄기는 가는 대처럼 곧은 여러해살이 풀. 마른 줄기는 조리의 재료임 [조릿대]

조:명【照明】 ①무대 효과를 높이기 위

조모【祖母】 할머니. ⁿ조부. ⁿ~님.

조목【條目】 한 개 한 개 벌인 일이나 조건의 가닥. ⁿ조항.

조:문【弔問】 상주가 된 사람을 위문하는 것. ⁿ~객. ⁿ문상. 조상.

조:물주【造物主】 우주를 창조한 신.

조바위 겨울용 여자 방한모의 하나.

조반【朝飯】 아침 밥.

조부【祖父】 할아버지. ⁿ조모.

조부모【祖父母】 할아버지와 할머니.

조상【祖上】 한 갈래의 핏줄을 이어 받아 온 돌아가신 어른들. ⁿ선조. ⁿ자손. 예전에 사시던 분들.

조선₁【朝鮮】[국명](1392~1910) 우리 나라의 상고 때부터 써내려 오던 이름. 단군 조선·기자 조선·이씨 조선·근대 조선이라 함. ⁿ~왕조. 수도는 한양.[서울]

조선₂【造船】 큰 배를 조립해 건조함.

조선어【朝鮮語】 우리 말을 일제 시대에 이르던 말. 조선 말. 한국어.

조선어 학회 한글 학회. 광복 전 사용.

조세【租稅】 나라나 자치 단체가 필요한 경비로 쓰기 위하여 국민에게서 받아들이는 세금. ⁿ세금.

조수【潮水】 일정한 시간을 두고 밀려 들어왔다가 나가는 바닷물. 밀물과 썰물. ⁿ석수. ⁿ~간만의 차.

조:심조:심 매우 조심스럽게 행동하는 모양. -하다.

조약【條約】 ①조문으로 맺은 약속. ②문서에 의한 국가 사이의 합의.

조:언【助言】 도움이 되는 말.

조:연【助演】 영화·연극에서 주역의 연기를 돕는 일. ⁿ주연.

조인식【調印式】 나라와 나라 조약.

조:작【造作】 ①일부러 무엇과 비슷하게 만듦. ②지어서 만듦. -하다.

조정【調整】 골라서 알맞도록 정돈함. ⁿ버스 노선을 ~하다. -하다.

조종사【操縱士】 비행기의 여러 종류를 전문으로 조종을 직업으로 하는 사람. ⁿ비행기 ~.

조직【組織】 ①얽어서 만듦. 짜서 이룸. ②여러 사람이 모여 단체 따위를 만듦. ⁿ~을 구성하다. ⁿ편성. ⁿ해산. -하다.

조카 형제가 낳은 아들·딸을 일컬음. ⁿ~사위. ~며느리들.

조:퇴【早退】 학교·직장 등에서 정한 시간 이전에 물러감. -하다.

조:폐 공사【造幣公社】 화폐·은행권·국채 및 증권 따위를 만들어 내는 법인 기관. ⁿ한국 ~.

조합【組合】 ①여럿을 모아 합하여 한 덩이가 되게 함. ②같은 목적을 가진 사람들이 노력이나 자금 따위를 모아서 어떤 사업을 할 때에 조직되는 단체. 조합에 가입한 자.

조화₁【造花】 종이나 헝겊 등으로 만든 꽃. ⁿ생화. ⁿ~를 보내다.

조화₂【調和】 서로 잘 어울리게 함. ⁿ옷이 화장과 잘 ~되다.

조:회【照會】 ①의논하거나 알리기

위하여 보내는 공문. ②서면으로 물어봄. [족두리]

족두리 부녀자가 예복을 입을 때에 머리에 얹던 검은 관의 한 가지.

족발 각을 뜬 돼지의 발.

족보[-뽀] 한 집안의 대대로 내려온 계통을 적은 책.

족쇄【足鎖】옛날에는 죄인이 도망을 못 가게 발목에 무거운 쇠사슬을 채우게 만든 것. 비수갑.
[족쇄]

족제비 털을 누른 빛을 띤 갈색이고, 털가죽은 의 재료로 쓰며 꼬리는 붓털로 쓰고 쥐나 새를 잡아먹는 젖먹이 동물.

[족제비]

존경【尊敬】높이어 공경함. 비공경.

존재【存在】①현재 있음. 예~가치. 비실존. ②세상에 알려질 정도로 이름이 났음. 실제 있는 것. -하다.

졸개【卒-】남의 부하로 따르면서 심부름을 하는 사람을 얕잡아 이르는 말. 반우두머리.

졸깃졸깃 씹을 때 차지고 질긴 기운이 있는 모양. -하다. 흉내말.

졸도【卒倒】[-또] 갑자기 정신을 잃고 쓰러짐. 비기절. 실신. -하다.

졸렬【拙劣】서투르고 보잘것없음. 예하는 짓이 ~하다. -하다.

졸:리다 졸음이 와서 자고 싶은 느낌이 들다. 예자꾸 ~. 졸립다(×).

졸업【卒業】학교에서 규정한 공부를 다 마침. 반입학. -하다.

졸장부【拙丈夫】[-짱-] 옹졸하거나 쾌활하지 못한 남자. 반대장부.

졸전【拙戰】[-쩐] 서투른 싸움이나 시합. 예~ 끝에 다행히 이겼다.

졸참나무 잎이 길쭉하고 도토리가 열리 장작이나 숯을 만드는 데 쓰는 잎이 지는 큰키나무. [졸참나무]

좀:₁ 그 얼마나. 예합격했으니 ~ 좋을까. 오죽.

좀₂ 옷이나 나무·책 따위를 먹어 구멍을 내는 아주 작은 해충.
[좀]

좀:처럼 여간해서. 그것만으로는. 예~만나 보기가 힘들다. 비좀체.

좁다 ①넓지 아니하다. ②도량이나 소견이 작다. 반넓다. 폭이 짧다.

종:₁ 다른 사람 밑에서 천한 일을 하는 사람. 비노비. 노예. 하인.

종₂【鐘】달아 놓고 나무 따위 등으로 쳐서 소리를 내게 하는 쇠로 만든 물건. 예재야의 ~을 치다.

종:₃【種】①식물의 씨. 종자. ②같은

종가【宗家】한 문중에서 맏이로만 이어 온 큰집. 예~집 사랑채.

종교【宗敎】숭고하고 위대한 어떠한 대상, 곧 하나님이나 부처님 등을 믿어 이것을 숭배하고 신앙하여 이로 인하여 안심과 행복을 얻고자 하는 일. 예사이비~. 준교.

종달새 참새보다 조금 크며, 붉은 갈색에 검은 무늬가 있는 새. 풀밭, 보리밭에 살고, 봄에 높이 날며, 지지배배하고 운다. 종다리.

[종달새]

종대【縱隊】세로로 줄을 지어서 선 모양. 반횡대.

종덩굴 갈잎덩굴나무는 중부 이북 지방의 산지에 자라며, 잎은 달걀 모양으로 마주나고 여름에 종 모양의 짙은 자주색 꽃이 피고 열매를 10월에 익는 여러해살이 풀이다.

[종덩쿨]

종려나무 늘 푸른 큰키나무 열대 지방에 자라며 가지는 없고 잎은 줄기 끝에 뭉쳐 난다. 여름에 노란 꽃이 피며 열매는 둥글고 까맣게 익고 관상수로 재배한다.

종렬【縱列】세로로 줄을 짓는 것. 또는 그 열. 예~줄을 서다. 반횡렬.

종례【終禮】학교 수업을 마친 뒤에 학생과 담임 선생이 교실에 모여서 하는 인사. 반조례. -하다.

종료【終了】[-뇨] 일을 끝마치는 것. 예게임을 ~하다. 반개시.

종:류【種類】물건의 상태나 성질에 따라서 나누어 놓은 갈래. 예~별로 나누다. 비종별.

종말【終末】계속된 일들의 마지막.

종:목【種目】종류의 이름. 예~별로 경기를 치르다. 비항목.

종묘【宗廟】역대 임금과 왕비의 이름을 적은 나무 패를 모시는 왕가의 사당이다. 예~제례 행사.

종묘 제례악【宗廟祭禮樂】조선 시대 종묘에서 제사 지낼 때 연주하던 음악. 1996년 유네스코 문화 유산으로 지정됨. 무형 문화재 1호 임.

[종묘제례악]

종속【從屬】주되는 사물 아래에 딸려서 붙음. 예~국가. -되다.

종손【宗孫】종가의 대를 이를 맏아들이나 맏손자. 예박씨~.

종업【從業】어떤 일에 종사함. 예~원. 어떤 일에 직업을 가짐.

종이 주로 식물성 섬유를 재료로 하여 뜬 얇은 물건. 비지물.

종:자【種子】채소나 곡식의 씨앗들.

종적【蹤迹】드러난 형상과 자취. 또는 흔적. 비흔적. 예~이 수상함.

종전₁【從前】 전부터 있는 그대로. 예시설이 ~그대로이다. ᵇⁱ종래.

종전₂【終戰】 전쟁을 마무리하는 것.

종지부【終止符】 마침표. 한 문장이 끝났음을 나타내거나 연이어 끝맺음을 나타낼 때 찍는 부호. 「.」「。」등. 예~를 찍다.

종착【終着】 마지막 지점에 닿는 것.

종착역【終着驛】[-녁] 기차·전철 따위의 마지막으로 도착하는 역. ᵇⁱ종점. 예서울 역이 ~이다.

종친 ①한 일가로서 성과 본이 같은 일가 친척. 예~회. ②임금의 친족.

종합【綜合】 이것저것 한데 모아서 합함. ᵇᵃⁿ분석. -하다.

종횡 무진【縱橫無盡】 제 마음대로 거침 없이 자유 자재로 함.

좇다 ①남의 뒤를 따르다. ②복종하다. ᵇⁱ따르다. 예멧돼지를 ~.

좋:아하다 ①좋은 느낌을 가지다. ②하고 싶어하나. ③귀엽게 여기다. ᵇᵃⁿ싫어하다. 미워하다.

좌:【左】 왼쪽. ᵇᵃⁿ우. 예~측 보행자.

좌:담회【座談會】 몇 사람이 마주 앉아서 어떤 문제를 가지고 각자의 의견을 이야기하는 모임. -하다.

좌:석【座席】 ①앉는 자리. ②깔고 앉는 물건을 통틀어 이르는 말.

좌:우【左右】 ①왼쪽과 오른쪽. 예~에 앉다. ②어떤 힘에 의하여 움직임. ③옆. 측근.

좌:우명【座右銘】 늘 옆에 갖추어 두고 가르침으로 삼는 말이나 문구.

좌:지 우:지 ①제 마음대로 다룸. ②남에게 이래라 저래라 함. -하다.

좌:천【左遷】 높은 직위에서 낮은 직위로 떨어짐. ᵇᵃⁿ영전. -하다.

좌:충 우:돌【左衝右突】 이리저리 마구 치고 받음. 예~한다. -하다.

좌:측【左側】 왼쪽의 옆. 또는 왼쪽.

좌:측 통행【左側通行】 교통 질서를 유지하기 위하여 사람은 좌측 길로 통행하는 일. ᵇᵃⁿ우측 통행.

좌:회전【左廻轉】 왼쪽으로 도는 것.

좍 넓게 퍼지는 모양. ˢᵉⁿ쫙. 흉내말.

죄:【罪】 ①벌을 받을 만한 짓. ②양심을 속이는 일. [죄는 지은 대로 가고 덕은 닦은 대로 간다] 죄를 지으면 벌을 받고 덕을 쌓으면 복을 받는다. 예죽을 ~를 지었습니다.

죄:송【罪悚】 미안하고 죄스러움. ᵇⁱ황송. 송구. -하다.

죄:수【罪囚】 교도소에 수감된 죄인. 예~를 석방하다.

죄:악【罪惡】 ①무거운 죄가 될 만한 나쁜 짓. ②도덕이나 종교의 교리나 가르침을 어기는 것.

죄:인【罪人】 큰 죄를 저지른 사람.

주₁【主】 ①임금. ②「주인」의 준말. ③임자. ④근본. 주장.

주₂【週】 일·월·화·수·목·금·토의 7일 동안을 일컬음.

주₃ ①지난 날, 지방 행정 구역의 하나. ②미국의 지방 행정 구역의 하나. 예워싱턴 ~. 미국의 ~이름.

주간【晝間】 낮 동안. ᵇᵃⁿ야간. 석간.

주간【週間】 한 주일 동안.
주객【主客】 집의 주인과 손님 관계.
주:거【住居】 어떤 곳을 정하여 그 곳에 머물며 생활함. -하다.
주:거 침입 사람이 거주하고 있는 집이나 방 따위에 주거자의 허락 없이 들어감.
주걱사슴 모든 사슴 동물 가운데 가장 크다. 주걱처럼 뿔이 넓적하고 코가 넓고 불쑥 솟아 있으며, 겨울철에 주로 솔방울을 먹는다. 여름에는 물 속에서 식물을 뜯어 먹기도 한다.

[주걱사슴]

주걱철갑상어 큰 입을 벌리고 아래턱을 내린 채 헤엄을 치기 때문에 입 안에 있는 빗에 고기가 걸려듦.

[주걱철갑상어]

주검 숨이 끊어진 사람의 몸. ᵇⁱ시체. 송장.
주경 야:독【晝耕夜讀】[-냐-] 낮에는 농사 일을 하고 밤에는 글을 읽음. -하다. ᵉ형은 ~을 하였다.
주관【主觀】 자기대로의 생각. ᵉ~이 뚜렷하다. ᵇ객관. -하다.
주권【主權】 ①국가를 이루는 가장 중요하고 중심되는 권리. ②주되는 권리. ᵉ~행사.
주기【週期】 한 바퀴 도는 시기. ᵉ~적으로 소독하다.
주:눅 기운을 펴지 못하고 움츠러드는 일. ᵉ~이 들다.
주동【主動】 ①어떤 일에 주기 되어 행동함. ②「주동자」의 준말. -하다.
주둥이 「입·부리」의 낮은 말.
주렁주렁 열매 따위가 많이 매달리다. ᵃᵏ조롱조롱. 흉내말.
주례【主禮】 결혼식 등의 예식을 맡아 진행하는 사람. -하다.
주류【主流】 ①강의 원줄기가 되는 큰 흐름. ②사상이나 문예 활동 등에서, 중심이 되는 유파나 경향. ᵇ여류. 비주류.
주름 ①늙어서 살갗 따위에 잔금이 많이 생긴 것. ②치마폭 따위를 접은 금. ③종이·옷감 따위가 쭈그러져 생긴 구김살.
주:마등【走馬燈】 돌리는 대로 그림의 장면이 다르게 보이는 등.
주막【酒幕】 옛날에 시골의 길거리에서 술과 밥을 팔고, 나그네도 재우는 집. 주막집. 선술집.
주머니늑대 늑대와 같이 사슴이나 발굽이 있는 동물을 잡아먹고 무리를 지어 다니며 몸길이가 1m이고 암컷은 배에 주머니가 매달려 있다.

[주머니늑대]

주먹구구 ①손가락을 꼽아서 세는

주먹다짐 ①주먹으로 때리는 짓. ②주먹으로 윽박지르는 짓.

주먹밥 주먹처럼 둥글게 뭉친 밥덩이. ᵉ전쟁을 할 때 ~을 먹다.

주모자【主謀者】 우두머리가 되어 나쁜짓·음모 등을 꾸미는 사람.

주목 늘 푸른 큰키나무로 제주도와 남부 지방의 산지에서 자란다. 잎은 가늘고 긴 선형이고, 꽃은 봄에 암수 딴 그루로 핀다. 열매는 다음해 9~10월에 익고 약재로 쓴다. [주목]

주:문【注文】 ①남에게 상품을 보내 달라고 부탁하여 청구함. ②물건을 미리 맞춤. -하다.

주:민【住民】 일정한 지역의 거주민.

주:민 등록【住民登錄】 주민의 거주 관계 파악 및 행정 사무의 정확·간소한 처리를 위하여 모든 주민을 주소지의 시·군 등에 등록하게 하는 것. ᵉ~증.

주:변 일을 주선하거나 변통하는 재간. ᵉ~머리가 없다. ᵇ수완. 상대를 설득하는 재간.

주부【主婦】 ①한 집안의 살림을 맡은 아내. ②안주인.

주:사【注射】 기기로 액체나 약물을 혈관이나 근육 등에 넣는 일.

주사위 옥돌이나 짐승의 뼈, 또는 단단한 나무로 만든 놀이 기구의 하나. 이를 굴려 점수의 많고 적음을 겨룸.

주산【珠算】 주판을 가지고 하는 셈. ᵉ~학원. 수산셈의 이전 말.

[주사위]

주산물【主産物】 어떤 곳의 산물 가운데 가장 으뜸되는 산물.

주소【住所】 살고 있는 곳. 거처 장소.

주:소록 여러 사람이나 거래처 등의 주소를 적어 두는 장부.

주시경[인명](1876~1914) 한글 학자. 한글을 체계적으로 연구한 선구자로서, 일생을 한글 연구에 바쳐 많은 제자들을 길러 내었음.

주식 회:사【株式會社】 주주의 출자로 이루어진 유한 책임 회사.

주심【主審】 운동 경기에서 주장으로 심판을 하는 일. 또는 그 사람. ᵇ부심. 심판의 우두머리.

주스 과일이나 채소에서 짜낸 즙이나 그것을 원료로 하여 만든 음료. 쥬스(x). ᵉ과일~를 먹는다.

주역【主役】 ①주되는 역할. ②연극이나 영화에서 주연하는 배역. ᵉ~을 맡다. ᵇ단역.

주요【主要】 가장 소중하고 긴요함.

주원료【主原料】 기본이 되는 재료.

주원인【主原因】 결과가 생긴 요소.

주:의【注意】 ①잘 알아듣도록 타이름. ②마음에 새겨 두어 조심함. ③어떤 일에 마음을 씀. -하다.

주인공【主人公】 ①「주인」의 높임말.

②이야기·연극·영화 등의 중심 인물. 예소설의 ~.

주입【注入】①흘러 들어가도록 쏟아서 넣는 것. ②교육에서, 기억과 암송을 주로 하여 지식을 넣어 주는 것. 예~식 교육. -하다.

주자학【朱子學】중국 송나라 때의 학문. 주자가 완성하였음.

주장【主張】자기의 의견이나 생각을 내세움. 또는 그 의견. -하다.

주:재【駐在】①한 곳에 머물러 있는 것. ②직무상으로 파견되어 그 곳에 머물러 있는 것. 예뉴욕 ~특파원. 유엔 ~ 한국 대사. -하다.

주전자 물 따위를 데우거나 담아서 따를 수 있게 작은 주둥이, 뚜껑, 손잡이가 있는 그릇. 예~에 물이 참.

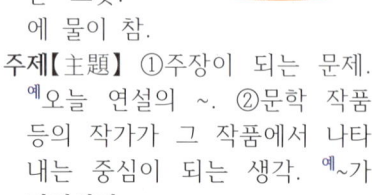
[주전자]

주제【主題】①주장이 되는 문제. 예오늘 연설의 ~. ②문학 작품 등의 작가가 그 작품에서 나타내는 중심이 되는 생각. 예~가 건전하다.

주최【主催】어떤 행사나 모임을 주장하여 개최함. -하다.

주춤주춤 주춤거리는 모양. 흉내말.

주춧돌 기둥 밑에 바치어 놓은 돌. 모퉁잇돌. 비초석.

주치의【主治醫】어떤 사람의 병을 맡아서 치료하는 의사.

주:택 단지【住宅團地】계획적으로 건설된 큰 규모의 주택 지역.

주파수【周波數】진동 전류나 전파·음파 등이 1초 동안에 방향을 바꾸는 도수.

주합루 일층은 규장각의 서고이고, 이층은 도서관으로 열람실 같은 기능을 하던 곳이다.

[주합루]

주:해【註解】본문의 뜻을 주를 달아 알기 쉽게 풀이하는 것. 또는 그 글. 예~를 붙이다.

주판 셈을 하는 데 쓰는 기구. 중국에서 발명되었음. 비산판. 수판.

죽마 고:우【竹馬故友】어릴 때부터 같이 놀며 자란 친구.

죽부인【竹夫人】대오리로 사람의 키 만큼 긴 원통형으로 엮어 만든 옛 기구. 여름 밤에 서늘한 기운이 들도록 끼고 잠.

죽세:공 대를 재료로 한 작은 물건을 손으로 만들어 내는 일.

죽음의 세:계 생물이라고는 아무것도 살고 있지 않는 곳. 황무지.

죽이다 ①목숨을 빼앗다. ②기운이나 소리를 줄이거나 작아지게 하다. ③불이 꺼지게 하다. 반살리다.

죽장【竹杖】[-짱] 대로 만든 지팡이. 대지팡이. 예~을 짚고 다닌다.

준:공 건축 등의 일을 모두 마침. 예~식. 반기공. 착공. 건축을 완공함.

준마【駿馬】경주에서 아주 잘 달

리는 좋은 말 또는 마상 경기에서 좋은 성적을 내는 말.

준법 정신 【遵法精神】 법을 올바로 지켜서 실천하는 정신.

[준마]

준:비 【準備】 미리 필요한 것을 마련함. 비채비. 예비. -하다.

준수 【遵守】 규칙이나 명령을 잘 좇아서 지킴. -하다. 예규칙을 ~함.

줄₁ 새끼·노끈 등 무엇을 묶거나 동이는 데 쓰임. 참끈.

줄₂ 쇠붙이를 쓸거나 깎는 데 쓰는 강철로 된 연장. 예~로 쇠를 자름.

줄거리 ①잎이 다 떨어진 가지. 예고구마 ~. ②그 글의 내용을 요약하여 쓴 골자. 예이야기의 ~임.

줄기 ①물이 줄을 이어 흐르는 선. 예물 ~. ②식물의 가장 중심이 되는 부분. 예볼에 두~ 눈물이 흐름.

줄넘기 줄의 양쪽 끝을 두 손에 잡고 줄을 앞뒤로 돌리며 넘는 운동.

[줄넘기]

줄다리기 여러 사람이 편을 갈라서 줄을 잡아당겨 많이 잡아당기는 편이 이기는 놀이. -하다.

줄무늬 하이에나 밤에 돌아다니며 죽은 고기나 다른 동물이 먹다 남긴 고기를 먹고 때로 사슴 등 동물을 사냥하며 몸 길이는 1m쯤 됨.

줄임표 문장 부호의 한 가지. 한 말을 줄였을 때나 또는 말이 없음을 나타낼 때에 사용하는 「……」의 이름. 점줄. 비생략표.

줄표 문장 부호의 한 가지. 이미 말한 내용을 다른 말로 보태거나 할 때 쓰는 부호. 곧.「-」.

줄행랑(을) 치다 ①낌새를 채고 피하여 달아나다. ②쫓기어 도망하다. 예녀석은 냅다 ~.

줏대 마음의 중심이 되는 생각이나 태도. 예~가 없는 사람.

중: 절에서 불경을 공부하고 불교의 교리를 널리 베푸는 일을 하는 사람. 비승려. 높스님.

중간 【中間】 ①두 물건의 사이. 간격. ②한가운데. 중앙. ③아직 끝나지 않은 때나 장소를 말함.

중:개인 【仲介人】 상품 매매를 중간에서 중개하는 사람. -하다.

중견 【中堅】 어떤 단체나 사회에서 중심이 되는 중요한 사람들. 예~사원을 모집하다. ~작가 모임.

중경 【中京】 고려 때 서울이던 개성을 서경·남경·동경에 대하여 사경의 하나로 일컫던 이름.

중계 방:송 【中繼放送】 야외 현장에서 하는 광경을 방송국에서 아나운서와 기술자가 나가서 청취자나 시청자에게 보내는 방송.

중계소 【中繼所】 어떤 사물을 중계하는 장소나 건물. 예~설치 공사.

중고 【中古】 ①약간 낡은 물건. ②「중고품」의 준말. 예~자동차.

중공군【中共軍】중국 공산당의 지휘를 받는 군대. 중국 군대를 말함.

중:공업【重工業】부피에 비하여 무게가 무거운 큰 제품을 만드는 공업. 예~공장. 반경공업.

중:구 난방【衆口難防】「뭇사람의 말을 막기 어렵다는 뜻」막기 어려울 정도로 여럿이 마구 지껄임.

중:금속【重金屬】비중이 큰 금속. 금·은·동·수은·철·구리 등이 있음. 반경금속. 예~노출됨.

중:기【重機】①건설 공사에 사용되는 일정한 무게 이상의 기계. ②중공업용의 기계. 예~공장 준공.

중년【中年】마흔 살에서 쉰 살까지.

중:노동【重勞動】육체적으로 몹시 힘이 드는 노동. 반경노동. -하다.

중뇌【中腦】간뇌와 소뇌 사이에 있는 뇌의 한 부분. 시각·청각에 관계하는 외에 척추로 운동 신경을 전달하는 길이 됨. 뇌의 일부분.

중:대【重大】①매우 중요함. ②큰일. 비중요.

중대백로 호수나 강에 살며 물가에서 물고기들을 먹는다. 몸길이가 90cm이고 몸은 흰 색 다리는 검은 색이다. 봄에 찾아와 가을에 남쪽으로 떠나는 철새임. [중대백로]

중:대성【重大性】[-썽] 어떤 사물의 내용이나 정도의 중대한 성질.

중독【中毒】음식물이나 약의 독성으로 인해서 몸의 한 부분 또는 여러 곳에 기능 장애가 생긴 일.

중동 유럽에서 보아 동쪽 땅 중에서 극동과 근동의 중간 지역. 일반적으로 서아시아 일대를 이름.

중등 교육【中等教育】초등 교육을 마친 사람에게 그 다음 단계로 실시하는 교육. 관초등 교육. -하다.

중략【中略】[-냑] 말이나 글에서 중간의 일부를 줄이는 것. -하다.

중:력【重力】지구가 그 표면에 있는 물건을 지구 중심 쪽으로 당기는 힘. 예~을 받다.

중류층【中流層】[-뉴-] 중류의 생활을 하고 있는 사회 계층.

중립국【中立國】전쟁하고 있는 어느 쪽에도 참가하지 않는 나라.

중매【仲媒】남자와 여자를 소개시켜 혼인이 되게 하는 일. -하다.

중모음 입을 보통으로 열고 혀의 위치를 중간으로 하여 발음하는 모음. 「ㅔ·ㅚ·ㅓ·ㅗ 따위」.

중반【中盤】게임이나 경기 등의 초반이 지나고 본격적인 대전으로 들어가는 국면. 예~전. 비초반.

중:벌【重罰】무겁게 내려지는 형벌.

중복【中伏】삼복의 하나. 하지 후의 넷째 경일.

중부리도요 바닷가나 논밭에서 산다. [중부리도요]

썰물 때 갯벌을 걸어다니며 먹이를 찾음. 조개, 물고기, 지렁이를 먹고 몸 길이 42cm쯤 되며, 몸은 황갈색이고 봄과 가을에 우리 나라를 찾아온다.

중부 지방【中部地方】 어떤 지역의 가운데 쯤에 자리잡고 있는 지방.

중산층【中産層】 자본가와 노동자와의 중간에 있는 계층. 생활 정도나 재산 상태가 중간 정도의 계층.

중:상【重傷】 큰 상처를 입음. 예~자. 반경상. 심한 부상을 당함.

중:석【重石】 아주 단단하고 질긴 쇠붙이 원소의 하나. 텅스텐.

중석기 시대【中石器時代】[-끼-] 구석기 시대와 신석기 시대의 중간 시대. 정착 생활을 시작함.

중성【中性】 ①중간적 성질. ②산성과 염기성의 중간 상태. ③남자 같은 여자. 여자다운 맛이 없는 걸걸한 여자. 또는 여자 같은 남자.

중성 모:음【中性母音】 혀의 가운데 면과 입천장의 중앙부 사이에서 조음되는 모음.「ㅡ·ㅏ·ㅓ 등」.

중성자【中性子】 양자와 함께 원자핵을 구성하는 소립자.

중세기【中世紀】 ①고대에서 근대에 이르는 중간의 시대. ②고려 시대가 이에 해당됨.

중소 기업 자본금이나 시설·종업원의 수 등이 중소 규모인 기업.

중:시【重視】 중요하게 여기는 것.

중심₁【中心】 ①한가운데. ②매우 중요한 자리. 반주위. ③중간의 자리.

중:심₂【重心】 무게 중심. 예몸의 ~.

중:압【重壓】 ①무겁게 내리누르는 것. 또는 그 압력. ②강요하는 힘.

중앙【中央】 ①사방의 중심이 되는 곳. ②그 나라의 서울. 반지방.

중앙 관청【中央官廳】 전국에 그 권한이 미치는 행정 관청.

중앙선【中央線】 서울 청량리와 경주 사이의 철도. 길이 382.7km. 1942년에 개통.

중앙 집권【中央集權】 국가의 통치 능력이 중앙 정부에 집중되어 있는 현상. 예~제도. 반지방 분권.

중앙청【中央廳】 우리 나라 예전의 중앙 행정 관청. 1996년에 헐림.

중:요성【重要性】[-썽] 어떠한 일의 중요한 성질. 비중대성.

중용【中庸】 치우침이나 부족함이 없이 떳떳하며 알맞은 상태나 정도. 예~을 취하다. 사서의 한 가지.

중:유【重油】 원유를 증류하여 가솔린·석유·경유 등을 증류하고 남은 걸쭉한 기름. 예~가 흐른다.

중:장비【重裝備】 토목 건축에 쓰이는 중량이 큰 기계의 총칭. 레미콘. 포크레인. 덤프 트럭 등.

[중장비]

중:재【仲裁】 다른 상대들의 사이에 끼여 들어 쌍방을 화해시킴.

중전 마:마 왕비 곧 중전을 높이어

마마의 호칭을 덧붙인 말.

중절 모자 꼭대기의 가운데가 접히고 챙이 둥글게 달린 모자. 옛날에 주로 어른들이 외출시 쓰던 모자.

[중절모자]

중지【中止】 일을 중간에 그만 둠.

중진국 문화의 발달 정도가 선진국과 후진국의 중간 쯤인 나라.

중창【重唱】 몇 사람이 각각의 가락을 맡아 함께 노래를 부르는 것.

중추【中樞】 중심이 되는 중요한 자리. 예회사의 ~역할을 하다.

중추 신경계 동물의 신경계에서 신경 섬유와 세포가 한데 모여 중심부를 이루고 있는 부분.

중:태【重態】 병이 매우 위중한 상태.

중턱 산이나 고개의 허리쯤 되는 곳. 예산 ~에서 노루를 보았다.

중퇴【中退】 학업을 마치기 전에 학교를 그만 둠. 예학교를 ~. -하다.

중학교【中學校】 중등 보통 교육을 실시하는 학교. 준중학.

중:화상【重火傷】 정도가 심한 화상.

중화전【中和殿】 덕수궁의 정전으로 고종 황제가 신하들의 아침 인사를 받던 곳으로 보물 제819호로 지정된 건물임.

[중화전]

중화학 공업【重化學工業】 중공업 과 화학 공업을 함께 일컫는 말.

쥐₁[동물] 들, 집에 살며 사람에게 해를 끼치는 동물. 집안에서 흔히 볼 수 있다.

[쥐]

쥐₂ 몸의 한 부분에 경련이 일어나서 그 기능을 일시 상실하는 현상. 예발에 ~가 났다.

쥐:다 ①손으로 잡다. 예주먹을 ~. 반펴다. ②권력 따위를 손아귀에 넣다. 반놓다.

쥐똥나무 잎이 작고 줄기가 촘촘히 나는 잎지는 작은 키나무. 나무 껍질은 한약재의 재료로 씀.

[쥐똥나무]

쥐며느리[동물] 좀벌레와 비슷한 벌레. 햇볕을 싫어하며 음침한 곳의 돌 밑 또는 썩은 나뭇잎 등지에서 산다.

쥐어짜다 ①쥐고서 비틀거나 눌러 액체 따위를 꼭 짜내다. ②눈물을 찔끔찔끔 흘리며 울다.

쥘부채 바람을 나게 하기 위한 도구로 접었다 폈다 할 수 있는 부채.

[쥘부채]

즈믄둥이 새로운 천년이 시작되는 해인 2000년에 태어난 아이.

즈음 일이 되어 갈 무렵. 때. 사이.

비무렵. 예이 ~에 그만 두다.
즉 ①다름이 아니라. ②더 말할 나위 없이. ③그리하여. 비곧.
즉결 심판 가벼운 범죄의 처벌법.
즉시즉시 그때 그때마다 곧. 비즉각.
즉위【卽位】 임금이 된 사람이 정해진 의식을 행한 뒤 임금 자리에 오르는 일. 비등극. 반퇴위. -하다.
즉효【卽效】 ①약 따위의 효험이 즉시에 나타나는 것. 예이 약이 ~구나. ②즉시에 나타나는 반응.
즉흥【卽興】[즈킁] 바로 그 자리에서 일어나는 흥취. 예~연주회.
즐기다 ①즐거움을 누리다. ②유별나게 좋아하다. ③재미를 느끼다.
즙【汁】 과실 따위에서 짜낸 물. 예야채~. 오렌지 ~을 많이 먹음.
증가【增加】 더 늘어나 많아짐. 예인구 ~. 비감소. 수량이 늠. -하다.
증거【證據】 꼭 그렇다고 말할 수 있을 만한 근거. 예죄인이 ~를 대다.
증권【證券】 정부에서 발행하는 국채나, 회사의 주권 따위의 권리.**증권: 거래소** 유가 증권의 매매 거래를 위하여 필요한 시장을 개설함을 목적으로 하여 설립한 법인.
증기【蒸氣】 ①김. ②액체가 증발하여 생기는 기체. 수중기의 준말.
증기 기관【蒸氣機關】 열 기관의 하나. 수증기의 압력을 이용하여 기계를 움직이는 장치. 반디젤 기관.
증량【增量】[-냥] 수량이 느는 것. 또는 늘리는 것. -하다.
증류수【蒸溜水】[-뉴-] 보통 물을 증류하여 불순물을 제거한 물.
증명서【證明書】 어떤 사실을 증명하는 서류. 예학력 ~를 위조하다.
증발【蒸發】 액체가 그 표면으로부터 기체로 변하여 달아나는 현상. 예수증기가 ~하다. -하다.
증발 접시 물을 증발시켜 고체의 실험물을 얻는 데 쓰는 얕은 접시. 예실험실에서 ~를 사용하다.
증보【增補】 새로운 것을 더 보태고 미미한 것을 보충함. 예~판.
증ː상【症狀】 ①증세. ②병이나 상처의 상태. 예~이 좋아진다.
증ː세【症勢】 병으로 앓는 여러 가지 모양. 예독감 ~가 있어 춥다.
증손【曾孫】 손자의 아들 딸을 말함.
증액【增額】 액수를 늘림. 또는 그 늘린 액수. 반감액. -하다.
증언【證言】 말로써 사실을 증명함. 예~대에 서다. -하다.
증여【贈與】 ①선사하여 줌. ②재산을 무상으로 타인에게 양도하여 주는 행위. 예~세. -하다.
증오【憎惡】 몹시 남을 미워하는 것.
증원【增員】 사람을 늘림. 예학교에서 교사 수의 ~을 요청함. 반감원.
증인【證人】 어떤 사실에 증거가 되는 사람. 예~으로 법정에 서다.
증정【贈呈】 남에게 선물을 주는 것.
증조【曾祖】 할아버지의 아버지.
증축【增築】 이미 지어져 있는 건축물에 덧붙여 늘려 짓는 것. -하다.
증편 쌀가루를 막걸리로 반죽하여 부풀린 다음에 밤. 대추. 잣 따위를 얹어서 시루에 찐 떡. 예~을 먹었다.

[증편]

증표【證票】 증명해 줄 수 있는 표.

지가【地價】 땅을 사고 팔 때의 가격.

지각【遲刻】 정한 시각보다 늦음. 예~한 학생. 들이 많다. -하다.

지갑【紙匣】 종이, 가죽 등으로 만든 돈을 넣는 작은 주머니.

지게 등에 짐을 질 수 있도록 나무 막대로 만든 도구. 옛날 농촌에서 농사를 짓거나 짐을 나르는 데 사용됨.

[지게]

지게차 차의 앞부분에 지게 모양의 철로 된 받침대가 두 개가 나와 있어 이것을 움직여 짐을 운반하는 데 쓰는 차.

지겹다[-따] 진저리가 날 정도로 몹시 지루하고 싫다. 반즐겁다.

지구【地球】 사람이 살고 있는 땅덩어리. 예~본. 사람이 ~에서 산다.

지구력【持久力】 꾸준히 계속할 힘.

지구본 지구의 모양을 본떠 만들고 지형. 지명, 위도 따위를 표시한 모양. 비지구의. 예~을 이용함.

지구전【持久戰】 오랫동안 끌어 가며 벌이는 싸움. 장기전.

지그시 ①슬그머니 누르거나 당기는 모양. ②눈을 슬며시 감는 모양. 예~눈을 감다. 흉내말.

지극【至極】 더할 수 없이 마음과 힘을 다함. 비극진. 예~정성.

지금【只今】 말하고 있는 바로 이 때.

지기【知己】 서로 마음이 통하는 벗. 예십년 ~의 벗. 아주 친한 벗.

지끈지끈 ①골치가 쑤시며 몹시 아픈 상태. ②여러 개가 모두 부러지거나 깨지는 소리. -하다.

지나다 ①정도의 한도를 넘다. ②어디를 거쳐 가거나 오거나 하다. ③시간이 흐르다. ④수량·한도를 넘다. 흐리다. 예무더위가 다 ~.

지난 날 이미 지나가 버린 과거의 날. 예~의 추억. 비과거. 반미래.

지남철 쇠붙이를 끌어당기는 성질이 있는 쇠. 비자석.

지남침【指南針】 자석으로 만든 바늘이 항상 남북을 가리켜 방위를 알게 하는 기구.

지네[동물] 발이 많으며 독즙을 내어 작은 벌레를 잡아먹고 사는 절지 동물.

[지네]

지느러미 물고기가 물 속에서 몸의 균형을 유지하고 헤엄치는 데 소용되는 몸의 부분.

지능【知能】 새로운 사물 현상에 부딪쳐 그 의미를 이해하고 처리 방법을 알아내는 지적 활동의 능력. 예사람의 ~은 상당히 발달했다.

지능 지수 지능 검사의 결과로 얻은 정신 연령을 생활 연령으로 나눈 다음 100을 곱한 수임. 평균 값을 100으로 보고 90~110은 보통, 그 이상은 지적 발달이 앞선 것, 그 이하는 뒤진 것을 나타냄. IQ.

지다 ①꽃이나 잎이 시들어서 떨어지다. ^반피다. ③해나 달이 서쪽으로 넘어가다. ^반뜨다.

지략【智略】 슬기로운 계책. 슬기로운 꾀. ^비죄. 지혜. ^예~이 뛰어남.

지:렁이 [동물] 땅 속에 사는 하등 동물. 몸길이는 소형종은 2~3mm. 대형종은 2m나 됨. 몸은 가늘고 원통형이며 많은 낱낱의 마디로 이루어짐. ^예땅 속에서 ~는 흙을 먹음.

[지렁이]

지레 작은 힘으로 물건을 움직일 때 어느 점을 괴어 그 물건을 움직이거나 작은 운동을 큰 운동으로 바꾸는 장치. 지렛대의 준말.

지리【地理】 땅의 생긴 모양과 형편. 또는 그것을 연구하는 학문.

지리산 경상 남도 함양군·산청군과 전라 북도 남원시와 전라 남도 구례군에 걸쳐 있는 산. 높이 1,915m. 지이산(知異山).

지리 학자 지구 위의 온갖 상태 및 모양 등을 연구하는 사람.

지망【志望】 뜻하여 바람.

지명【地名】 땅의 이름. 마을이나 지방이나 산천 따위의 이름.

지명 수배【指名手配】 범죄인을 지명하여 수배함. ^예~자. -하다.

지모【智謀】 지혜롭고 꾀가 많은 것.

지문【指紋】 손가락 끝마디 안 쪽에 있는 살갗의 무늬 **지물포【紙物鋪】** 여러 종류의 종이를 파는 가게. ^예~를 한다.

지반【地盤】 ①땅의 표면. ^비지각. ②일을 이루는 근거지.

지방₁【地方】 ①서울 이외의 시골. ②나라 안의 어떤 넓은 지역.

지방₂【脂肪】 동·식물에 들어 있는 보통 온도에서 굳는 기름기.

지방 문화재【地方文化財】 문화재 가운데 향토 문화 보존상 필요하다고 인정되는 문화재.

지방 법원 제1심 판결을 담당하는 하급 법원. ^반상급 법원.

지방어 사람들에게 식용 어류로 사용된다.

[지방어]

지방 자치 단체【地方自治】 지방 자치 행정을 하는 도·시·군 등 지방 공공단체. 줄여 지자체라 함.

지배인【支配人】 주인을 대신하여 영업에 관한 일체의 업무를 관리하는 권한을 가진 최고 책임자.

지불【支拂】 물건 값을 내어 줌. 돈을 치러 줌. ^예음식 값을 ~하다..

지붕 비·이슬·햇빛 등을 막
[지붕]

지사【支社】본사에 딸리어 그 곳의 일을 맡은 곳. 한 지역을 책임짐.

지서【支署】본서에서 갈려 나와 본서의 감독 아래 그 지역의 일을 맡아 보는 관서. 파출소.

지석【誌石】죽은 사람의 이름이나 생년월일·행적 등을 기록하여 무덤 앞에 세우는 널 조각 같은 돌.

지선【支線】본선에서 갈려 나간 노선. ᵇⁱ본선. 간선. ᵉˣ~으로 간다.

지성【知性】①지적 작용에 관한 성능. ②이성적인 사고·판단의 능력. ᵉˣ~있게 행동하다.

지성껏 지성을 다하여. 성심을 다해.

지세【地勢】지형의 기복 따위 상태.

지속【持續】하던 일을 그치지 않고 계속 유지함. -하다.

지수【指數】3_2(3의 제곱)에서 2를 가리키는 말. $5×5=5^2$에서 2.

지식【知識】①사물을 아는 마음의 작용. ①알려진 일. ᵇⁱ학식.

지신 밟기[-밥끼] 영남 지방에서 음력 정월 보름날에, 땅을 맡은 신을 누르는 뜻으로, 집집을 돌아다니면서 농악을 울리는 민속 행사. -하다.

지아비 웃어른 앞에서 남편을 낮추어 이르는 말.

지어미 웃어른 앞에서 아내를 낮추어 이르는 말. ᵇⁿ지아비.

지열【地熱】지구 내부에 있는 고유한 열. 땅 밑으로 내려갈수록 점점 뜨거워짐. ᵉˣ굴에서 ~이 남.

지옥【地獄】①죄를 지은 사람이 죽어서 간다는 무섭고 끔찍한 곳. ᵇⁿ천당. ②괴로운 지경. ᵇⁿ극락. 천당.

지온【地溫】지면 또는 땅 속의 온도.

지우다 ①묻거나 나타났던 것의 흔적을 없애다. ᵉˣ얼룩을 ~. ②짐 등을 지게 하다. ᵉˣ짐을 지게에 ~.

지원【支援】지지하여 도움. ᵉˣ자금 ~. ᵇⁱ원조. 후원. -하다.

지원병【志願兵】의무 또는 고용에 의하지 아니하고 현역을 자원하여 복무하는 병사. ᵉˣ~에 응모함.

지위【地位】신분에 따르는 사회의 어떠한 자리나 계급. ᵉˣ~가 높다.

지은이 책을 지은 사람. 저작자. ᵇⁱ자. 작자. 글쓴이.

지장₁【支障】일을 하는 데 있어서 거추장스러우며 방해가 되는 것. ᵇⁱ장애. 방해. ᵉˣ작업장에 ~이 된다.

지장₂【指章】손도장.

지저귀는 청개구리 날쌔며 날아다니는 곤충도 잡아 먹으며 주로 거미를 먹고 몸 길이의 17배까지 뛰어오른다. 번식기에 수컷이 종소리를 낸다.

[지저귀는 청개구리]

지저귀다 새 등이 계속해서 시끄럽게 울다. ᵉˣ종달새가 ~.

지저분하다 거칠고 어수선하여 깨끗하지 못하다. ᵇⁿ깨끗함.

지적도【地籍圖】토지의 소재·지번

번·지목·면적 등을 나타내기 위하여 만든 평면 지도.

지점【支店】본점에서 갈려 나와 그 지휘에 따르는 영업소. ⁿ본점.

지정【指定】①어떤 일의 방법을 가리켜 정함. ②여럿 가운데서 하나만을 가려내어 정함. -하다.

지주【地主】①땅의 주인. ②직접 경작하지 않은 땅의 소유자. ⁿ소작.

지중해【地中海】 유럽·아시아·아프리카 대륙에 둘러싸인 바다.

지지【支持】어떤 단체나 사람에 찬동하여 힘써 뒷받침함. ⁿ찬성.

지지다 ①국물을 조금 붓고 끓여 익히다. ᵉ된장을 ~. ②지짐질로 익히다. ᵉ빈대떡을 ~.

지지부진【遲遲不進】매우 더뎌 일이 잘 진척되지 않음. 더디다. 지진 땅 속의 변화에 의하여 땅이 크게 울리고 갈라지는 현상.

지참【持參】무엇을 가지고 참석함. ᵉ이력서를 ~하다. -하다.

지체 집안이나 개인의 사회적 지위나 등급. ᵉ~가 높다.

지출【支出】어떤 목적을 위해 돈을 지불하는 일. ⁿ수입. -하다.

지층【地層】지표에 있어서 물·바람·빙설 등에 의해 운반된 진흙·모래·자갈 등이 쌓여서 이루어진 층. 땅켜. ⁿ위층. 상층.

지침서 지침이 된 내용이 담긴 글이나. 책. ᵉ학습 ~.

지칭개 도로나 밭둑, 빈터에 자란다. 줄기는 속이 비고 곧게 서며 잎은 깃꼴로 갈라지고 여름에 홍자색 꽃이 핌. 어린 잎은 식용함.

[지칭개]

지키다 ①잃어버리지 않도록 조심하다. ᵉ재산을 ~. ②약속 따위를 어기지 아니하고 실행하다. ᵉ약속을 ~. ③떠나지 않고 있다.

지탱【支撑】쓰러지지 않고 떠받침. 지팡이 걸을 때 몸을 지탱할 수 있게 만든 막대기. ⁿ단장.

지평선【地平線】끝없이 멀리 뻗어 있는 땅과 하늘이 맞닿아 보이는 넓고 평평한 경계선. ⁿ수평선.

지폐【紙幣】종이로 된 돈.

지표₁【指標】방향·목적 등을 가리키는 표지. ᵉ생활의 ~로 삼는다.

지표₂【地表】지구의 표면. 땅 표면.

지ː프 보통 4분의 1톤의 4인승 자동차의 이름. 군대나 작업장에서 씀.

[지프]

지필묵【紙筆墨】종이와 붓과 먹을 아울러 이르는 말.

지하 땅 속. 또는 건조물이 있는 땅 속의 공간. ᵉ~100m를 파다.

지하도【地下道】사람이나 차들이 다니게 해 놓은 땅 밑으로 만든 길.

지하 상가 대도시의 지하도나 지하 철역 등에 만들어진 상점가.

지하수 땅 속에서 나오는 물. 샘물.

지하실【地下室】 지면보다 낮게 만들어 놓은 공간. 예~에 보관함.

지하 자원 석탄·석유·철광 따위의 땅 속에서 얻어지는 자원.

지향【指向】 ①뜻하여 향함. 예~없이 가다. ②정해지거나 작정한 방향으로 나가는 것. -하다.

지향 없:다[-업따] 일정하게 지정한 방향이 없다. 반지향 있다.

지형도【地形圖】 지형을 나타낸 지도.

지혜【知慧】 사물의 이치를 밝히고 옳은 것과 다른 것 등을 구별하는 능력. 비슬기.

지휘【指揮】 어떤 목적을 효과적으로 이루기 위하여 단체의 행동을 통솔하는 것. -하다. 비통솔.

지휘관 지휘관을 가지고 군대를 지휘 통솔하는 관직. 또는 그 사람. 예엄격한 ~.

지휘자 ①어떤 일을 지시하여 시키는 사람. ②음악에서 합주나 합창을 이끌어 가는 사람.

[지휘자]

지각【地角】 수평선과 수직선이 이루는 각. 곧 90°. 관둔각. 예각.

직감【直感】 설명이나 증명을 거치지 않고 사물을 접촉함으로써 느껴지는 감각. -하다.

직공【職工】[-꽁] 공장에서 일하는 사람. 예여~. 비공원. 농장 노동자.

직렬 연결【直列連結】 전지를 다른 극끼리 이은 것. 반병렬 연결.

직사【直射】 직선으로 곧게 나간 것.

직사각형【直四角形】 네 각이 모두 직각인 사각형. 직각사각형.

직사 광선【直射光線】 정면으로 곧게 비치는 빛살. 준직사광.

직선【直線】 ①곧은 선. ②두 점 사이를 가장 짧은 거리로 연결한 선. 반곡선. ③굽지 않은 곧은 선.

직업【職業】 생활을 꾸려 나가기 위하여 매일 하는 일. 일자리.

직역【直譯】 외국어로 된 말이나 글을 그 본래대로만 충실하게 번역하는 것. 반의역. 예원서를 ~함.

직영【直營】 직접 관리하고 경영하는 것. 예회사에서 ~하는 점포.

직육면체【直六面體】[-뉵-] 서로 이웃하는 두 면이 모두 수직으로 교차할 때의 육면체. 비직방체.

직제【職制】 행정 기관이나 그 밖의 단체·조직 등의 직무 또는 직위에 관한 제도. 예~개편을 단행함.

직조【織造】 피륙 따위를 짜는 행위.

직종【職種】 직업이나 직무의 종류.

직지심경[책명] 현재 존재하는 세계 최초의 우리 나라 금속 활자본. 금속 활자로 인쇄한 불경.

직책【職責】 직무상의 책임을 맡음.

직통【直通】 어떤 곳에서 다른 곳에 바로 통함. 비직방. 예~전화 개통.

진【陣】 ①군사가 머물러 있는 곳. ②병사의 대열. ③군사를 배치함.

진가【眞價】 사람들의 진실 된 능력.

진:갑【進甲】환갑 다음 해의 생일. ^비큰 아버지는 ~이 지났다.

진골【眞骨】신라 때 계급 제도의 하나. 부모 중 어느 한쪽만이 왕족의 혈통을 지닌 계급.

진공관【眞空管】진공으로 된 유리관 속에 전극을 넣은 것. 라디오·텔레비전에 씀. 공기가 없는 빈 관.

진공 상태【眞空狀態】①진공인 상태. ②아무 것도 없는 상태.

진공청소기【眞空淸掃機】전동기의 힘으로 마른 먼지를 빨아들이는 청소 도구. ^예~로 먼지를 제거함.

진귀【珍貴】흔하지 않고 귀중한 것.

진:급【進級】등급·계급·학년 등이 다음으로 오름. ^비승급. -하다.

진기【珍奇】귀하고 드물고 이상함.

진눈깨비 비가 섞여 내리는 눈.

진:단서 의사가 병을 진단한 결과를 적은 증명서.

진달래[식물] 진달래과의 낙엽 활엽 관목. 산간 양지에 남. 높이 2~3m. 우리 나라·일본·만주 등지에 분포함. [진달래]

진:도₁【進度】일이 되어 가는 정도. ^예수업 ~표. ~가 늦어 걱정이다.

진:도₂【震度】지진이 일어났을 때 몸에 느껴지는 강도나. 건물이 받는 영향 등의 정도를 등급으로 나눈 것. 0도에서 7도까지 8등급으로 나눔.

진돗개[동물] 전라남도 진도군에서만 나는 재래종의 개.

진:동【振動】물체가 하나의 점을 중심으로 같은 움직임을 주기적으로 되풀이하는 운동. -하다.

[진돗개]

진두【陣頭】군인들이 행군할 때 앞.

진드기[동물] 소. 말. 개 따위의 동물의 살갗에 기생하며 피를 빨아먹는 벌레로 주로 여름부터 가을까지 동물의 몸에 붙어서 살아가는 해충이다. ^예~가 피를 먹음.

[진드기]

진득하다[-드카-] 몸가짐이 의젓하고 참을성이 있다. ^반요란하다.

진딧물[-딘-][동물] 식물의 진을 빨아먹는 아주 작은 해충으로 번식이 빠르지만 무당벌레나 벌들이 보는 대로 잡아먹기 때문에 많이 줄어들었다.

진:땀 몹시 어려운 일을 당했을 때 흐르는 끈끈한 땀. ^예~이 난다.

진:로【進路】앞으로 나갈 길. ^예~를 결정할 시기가 다가온다.

진:료【診療】의사가 앓는 사람을 진찰하고 치료하는 일. ^예~받다.

진리【眞理】[질-] 진실된 도리. 참된 이치. ^예~탐구. ^반허위. 거짓.

진박새 몸 길이가 11cm 정도이며 머리는 검은색이며 흰 점이 박혀 있고 우리나라 전역에서 번식하는 흔한 텃새이다.

진배없다 [-업따] 그만 못할 것이 없다. 예사실과 ~. 틀림없다.

[진박새]

진보【進步】 점점 잘 되어 나감. 예나날이 ~하는 한국. 비향상. 어떤 현상이 계속됨. 반퇴보. -하다.

진분수 분자가 분모보다 작은 분수. 1/2, 2/3 따위. 반가분수.

진선미【眞善美】 진실함과 착함과 아름다움. 곧 이상에 합치된 상태.

진성【眞性】 ①순진한 성질. ②만물의 본체. ③거짓 없는 참된 증세.

진수 성찬【珍羞盛饌】 맛이 좋고 많이 잘 차린 음식.

진술【陳述】 어떤 일에 의견을 말함.

진실【眞實】 ①바르고 참됨. ②헛되지 아니함. 반허위. 거짓. -하다.

진심【眞心】 거짓이 없는 참된 마음. 비진정. 반허위. 예~으로 충고함.

진:압【鎭壓】 진정시켜 억누름. 예폭동을 ~하다. -하다.

진열장【陳列欌】[-짱] 상점에 파는 상품을 죽 벌여 놓도록 꾸민 장.

진영【陣營】 군사가 주둔하고 있는 일정한 구역. 진. 예아군 ~.

진:작 ①좀더 일찍이. 예가야 했는데. ②바로 그 때에. 비진즉.

진정【眞情】 ①참되고 진실한 정이나 마음. ②진실한 사정. 비진심.

진정서【陳情書】 사정을 진술하여 관청이나 웃어른에게 내는 서류.

진:정제【鎭靜劑】 신경 작용을 진정시키는 데 쓰이는 약재.

진주【眞珠】 조개껍질이나 그 살속에 붙은 구슬. 예~조개잡이.

진:지1 어른이 드시는 밥을 높임말.

진지2【陣地】 적과 교전할 목적으로 싸움터에서 군대가 자리잡은 곳. 예적의 ~를 미사일로 폭파함.

진지3【眞摯】 말이나 태도가 참되고 진실함. 예~한 태도. ~한 표정. 진지하다 태도가 참되고 착실하다.

진품1【珍品】 진귀한 물품. 예이런 ~을 어디서 구하셨소?

진품2【眞品】 가짜가 아닌 진짜 물품. 진하다 빛깔·냄새·안개 등이 짙다. 예화장이 ~. 물들 않고 되다.

진:학【進學】 상급 학교에 들어감. 예고등 학교에 ~하다. -하다.

진한【辰韓】[국명] 삼한의 하나. 1~3세기경까지 경상 남북도에 걸쳐 있었던 초기의 국가.

진:행【進行】 ①앞으로 나아감. ②일을 처리하여 나아감. 예작업을 ~하다. 비수행. 반중지. 정지.

진형【陣形】 ①진지의 형태. ②전투의 대형. 예공격 부대가 ~을 갖추고 있다. ③군의 형태를 갖춤.

진홍색【眞紅色】 짙은 빨강색 빛깔.

진홍가슴 몸 길이가 15cm정도이며 바닷가나 골짜기의 나무 위 풀이 무성한 덤불 속에서 산다.

진화1【進化】 생물의 단순하고 미세한 원시 생명으로부터 단계적으로 복잡 다양한 것으로 변화·발전하는 일. ^반퇴화. -하다.

진:화2【鎭火】불이 나는 것을 끔. ^예우리가 갔을 때 이미 ~가 됐다.

진흥왕 순수비 신라 진흥왕이 국토를 넓힌 뒤 국경을 돌아보고 기념으로 세운 비석.

진흥청【振興廳】어떤 사업을 발전시키기 위해서 둔 관청. ^예농촌 ~.

질【質】①물건의 본바탕. ②타고난 성질. ^예~이 좋은 친구.

질경이 주위에서 흔히 보는 여러해살이풀. 잎은 달걀 모양이고 꽃은 무리지어 피며 잎은 나물로 먹고 씨는 변비약의 재로 쓴다.

[질경이]

질그릇 진흙을 구워 만든 붉은 빛의 그릇. ^예~으로 장을 담근다.

질문【質問】모르거나 의심나는 것을 캐어 물음. ^비질의. ^반대답.

질박【質朴】꾸민 데가 없이 수수함. ^예~한 사람. ^비순박. 소박. -하다.

질병【疾病】건강치 못하여 생긴 병.

질의【質疑】사리의 옳고 그름을 물어서 의논하는 것. ^비질문. ^반답변.

질주【疾走】아주 빠르게 달리는 것.

질책【叱責】어른이 꾸짖어 나무람.

질척하다 물기가 많고 차지게 질다. ^예비가 와서 땅이 ~. ^반건조하다.

질투【嫉妬】자기보다 나은 사람을 시기하여 미워함. -하다.

짊어지다 등이나 어깨에 걸쳐서 짐.

짐승 ①몸에 털이 나고 네 발을 가진 동물을 모두 말함. ^예들~. ②날짐승·길짐승을 모두 이르는 말. ^예밤에는 산에 ~들이 많다.

짐작【斟酌】사정과 형편을 아는 것.

짐짓[-짇] 마음에는 그렇지 않으나 일부러 그렇게. ^비일부러.

짐짝 묶어 놓은 짐의 덩어리. 짐덩이.

집 ①사람들이 생활할 수 있도록 만들어 놓은 보금자리. ^비주택. ②작은 물건을 넣어 두게 만든 것. ^예안경 ~. ^비가옥. 가정.

집게벌레 암컷은 흙을 얕게 파서 그 곳에 알을 낳는데, 가까이 머물며 알을 돌본다. 곤충으로는 드물게 새끼가 스스로 살아 갈 때까지 돌본다. ^예~에 물렸다.

[집게벌레]

집계【集計】다 함께 모아서 계산함. ^예하루 수익을 ~하다. -하다.

집광렌즈[-꽝-] 광학 기계에 쓰이는 렌즈. 단순히 빛을 모으기 위하여 사용하는 렌즈.

집권1【執權】정권을 차지하는 것.

집권2【集權】권력을 한 곳으로 집중시키는 것. ^예중앙 ~. -하다.

집권자【執權者】정권을 잡은 사람.

집기병【集氣瓶】과학 실험에서 쓰는 기체를 모으는 입이 큰 병.

집념【執念】한 일에만 끈덕지게 온 정신을 쏟음. ^예강한 ~.

집다 ①손으로 물건을 잡다. ②떨어진 것을 주워 가지다. ⁽반⁾놓치다.

집단【集團】[-딴] 여러 사람이 한데 모여 일정한 조직 관계를 이룬 모임. ⁽예⁾사회 ~. ⁽비⁾사회. 국가.

집단 농장【集團農場】 여러 사람이 협동하여 조직적으로 경영하는 큰 규모의 농장. ⁽반⁾개인 농장.

집들이 이사한 수에 이웃과 친구를 불러 대접하는 일. -하다.

집먼지 진드기 세계 어디든지 집 안에서 볼 수 있으며, 주로 집안 사람의 살갖 비늘을 먹고 살며 배설물에 알레르기 반응을 일으키는 물질이 있다. [집먼지진드기]

집문서【-文書】[짐-] 집의 소유권 증명 서류.

집박쥐 몸 길이가 3.6~5cm 정도이며 딴 박쥐는 동굴에서 서식하고 있으나 집박쥐는 지붕의 기왓장 속이나 천장에서 서식한다. [집박쥐]

집배원【集配員】 우편물을 모아서 배달하는 일을 하는 사람. ⁽비⁾우체부.

집산지【集散地】[-싼-] 생산지로부터 산물이 모여들고 또 다른 지방으로 내어 보내는 곳.

집안 일[-닐] 집안에서 일어나는 일. 집에서 해야 할 일. ⁽반⁾바깥일

집약【集約】 한데 모아서 요약하는 것. ⁽예⁾의견을 ~하다. -하다.

집어먹다 ①집어서 먹다. ⁽예⁾손으로 떡을 ~. ②남의 것을 가로채어 제 것으로 만들다. ⁽반⁾집어 던지다.

집오리[동물] 집에서 기르는 오리. 닭과 비슷하게 생겼으나 원래 물에서 살기를 좋아함. ⁽반⁾들오리.

집요【執拗】 ①고집스럽게 자기 의견을 뻗대어 끈질김. ②성가시게 따라 붙어 떨어지지 않음. -하다.

집중 호우【集中豪雨】 어느 한 지역에 집중적으로 내리는 큰 비.

집짐승 집에서 기르는 짐승. ⁽비⁾가축.

집착 어떤 것에 마음이 늘 쏠려 떨치지 못하게 매달리는 일.

집파리 세계 어디서나 볼수 있고 거름과 썩은 액체를 빨아먹고 질병을 옮김.

[집파리]

집행부 정당 등의 단체에서, 의결 기관의 결정을 집행하는 부서.

집회【集會】 어떠한 공동의 목적으로 여러 사람이 모임. -하다.

짓:다 ①재료를 가지고 만들어 세우다. ⁽예⁾밥을 ~. ②건물 등을 세우다. ⁽예⁾빌딩을 ~. 밭에 농사를 짓다.

[징]

징₁ 놋쇠로 만든

농악에 쓰이는 악기의 한 가지. 채로 쳐서 소리를 냄.

징₂ 신바닥에 박는 쇠로 만든 물건.

징검다리 개울에 돌덩이나 흙더미를 드문드문 놓아 그것을 딛고 건너게 한 다리. ᵇ대교.

징벌【懲罰】부당한 행위에 대하여 제재를 가함. -하다.

징병【徵兵】국가가 국민 중의 장정에게 병력 의무를 과하여 강제적으로 징집하여 소요 인원을 일정 기간 병역에 복무시키는 일.

징수【徵收】세금이나 곡식·물품 등을 거둠. ᵉ세금을 ~하다.

징역【懲役】형벌의 한 가지. 교도소에 가두어 두고 노동을 하게 하는 형. ᵉ~1년을 받다.

징조【徵兆】어떤 일이 일어나려고 하는 조짐. ᵉ불길한 ~. ᵇ조짐.

징크스 으레 그렇게 될 수밖에 없는 나쁜 운. ᵉ나에게는 ~가 없다.

짚단[-딴] 짚뭇. 볏짚의 묶은 것.

짚더미 벼·밀·조 등의 이삭을 떨어낸 줄기의 무더기. 벼짚더미.

짚불 짚을 태운 불.

집세기 짚신.

짚신[집신] 볏짚을 엮어서 만든 신으로 옛날에는 이것을 지금의 신발과 같이 평일에 신고 다녔다.

[짚신]

ㅉ

ㅉ[쌍지읒]「ㅈ」이 된소리. 이름은 쌍지읒.

짜개 콩·팥 등을 둘로 쪼갠 것의 한쪽. ᵇ쪼개. ᵉ나무를 ~다.

짜개다 단단한 물건을 연장으로 베거나 찍어서 갈라지게 하다.

짜다 ①소금 맛이 진하다. ②인색한 것을 속되게 이르는 말. ③만들다.

-짜리 얼마 만한 수나 값어치로된 물건을 가리키는 말.

짜릿짜릿하다 뼈·살이 연해 저리는 느낌이 든다. 기분이 좋다.

짜부라지다 ①망하거나 허물어지다시피 되다. ②기운이 아주 줄어 더 버틸 수 없게 되다.

짜임새 이미 만들어진 모양의 정도. ᵇ조직. ᵇ쨈새. ᵉ~가 좋다.

짜증 기분이 언짢아 화가 남. 화 남.

짝₁ ①몇 개가 모여서 한 벌이 되는 물건의 낱개. ②부부. ᵉ양말 ~.

짝₂ 갈라지는 모양.

짝꿍 ①짝을 이루는 동료. ②뜻이 맞거나 매우 친한 사람을 이르는 말.

짝맞추다 제 짝을 찾아 맞도록 함.

짝사랑[-싸-] 남녀 사이에서, 한쪽만이 상대를 사랑하는 일. [짝사랑에 외기러기] 짝사랑의 보람 없음을 이르는 말. -하다.

짝수 2로 나누어 나머지가 생기지 않는 수. 2, 4, 6, 8 …. 우수. ᵇ홀

짝짜꿍 젖먹이 애기가 손뼉을 치는 재롱. -하다.

짠물 짠맛이 있는 물. 바다에 있는 물.

짠지 무나 배추 등을 통으로 소금에 짜게 절이어 묵혀 두고 먹는 반찬. 예무 ~로 아침을 먹었다.

짧다[짤따] ①시간이 길지 않다. ②길이가 작다. 사이가 가깝다. 반길다. ③생각이 많이 모자라다.

짬: ①두 물건이 맞붙는 틈. ②하던 일을 마치고 다른 일에 손 대려는 사이. 예~을 내다. 비여유. 틈.

째:다 가죽이나 피륙 따위를 칼로 갈라지게 하다. 칼로 베어 가르다.

쨍쨍 볕이 따갑게 내리쬐는 모양. 예햇볕이 ~내리 쬐다. 흉내말.

쩌렁쩌렁하다 목소리가 커서 울림이 크다. 작짜랑짜랑하다.

쩔쩔매다 어려운 일에 부닥쳐 어쩔 줄을 모르고 갑자기 덤벙거리다.

쪼개다 ①둘 이상으로 가르다. 예사과를 ~. ②조각이 나게 부수거나 가르다. 예나무를 ~.

쪽 부인네의 머리 뒤를 땋아서 틀어 올린 비녀를 꽂은 머리털.

쪽마루 한 조각이나 두 조각을 통 널로 깔아 만든 뒷마루.

쪽문[쫑-] 대문짝의 가운데나 한편에 사람이 빠져 드나들도록 만든 작은 문. 예~왼쪽으로 나왔다.

쪽박 물을 뜨는 작은 바가지. 큰 바가지가 아니고 또 표주박도 아닌 중간 바가지.

[쪽박]

쫄딱 더할 나위 없이 죄다. 예~망하다. 하나도 없이 사라지다.

쫑그리다 귀·주둥이 등을 꼿꼿이 세우거나 뾰족이 내밀다.

쫑긋 입술이나 귀 따위를 쫑그리는 모양. 큰쭝긋. -하다. 흉내말.

쫓기다 ①남에게 쫓음을 당하다. 예경찰에 ~. ②일에 몹시 몰려 지내다. 예잡무에 ~. 흉내말.

쫓다 ①억지로 쫓음을 당하다. 예경찰에 ~. ②일에 몹시 몰려 지내다. 예잡무에 ~. 흉내말.

쫙 넓게 퍼지는 모양. 「좍」의 센말. 예우산을 ~펼치다. 예좍. 흉내말.

쬐:다 볕이나 불에 쐬거나 말리다. 예젖은 옷을 난로에 ~. 본쪼이다.

쭈그러지다 ①눌리거나 옆으로부터 쭈그들어 부피가 몹시 작아지다. ②살기가 빠져서 쪼글쪼글해지다. 작쪼그러지다.

쭈뼛하다 ①놀라거나 무서워 머리끝이 서는 듯하다. ②물건의 끝이 삐죽이 튀어나와 있다.

쭉 ①무엇이 한 줄로 연이은 모양. ②종이 따위를 째는 소리. 흉내말.

쭉정이[-쩡-] 껍질만 있고 알맹이가 들지 않은 곡식. 반알맹이.

-쯤 어떤 말 아래에 붙어 「정도」를 나타내는 말. 예어디 ~.

쯧쯧 가엾다는 뜻으로 입천장을 차는 소리. 예~ 가엾다.

찌 낚시의 위치와 물고기가 미끼를 먹는 상태를 알기 위해 낚싯줄에 달아 놓은 것. 본낚시 찌.

찌개 고기·채소·고추장·된장 등을 섞어서 바특하게 끓인 반찬의 일종. 예된장 ~. 찌게(×).

찌꺼기 좋은 것을 다 골라낸 나머지. 비찌끼. 예음식물 ~가 많다.

찌다₁ ①뜨거운 김을 올리어 익히다. ②몹시 덥다. ③날씨가 찐다.

찌다₂ 살이 올라서 뚱뚱하다.

찌르다(찌르니, 찔러서) ①끝이 뾰족하거나 날카로운 것으로 속으로 들이밀다. ②남의 비밀을 다른 사람에게 알리다.

찌르레기[동물] 산이나 논밭에서 산다. 곡식, 씨앗, 개구리 등을 먹고 찌르륵 찌르륵 하고 운다. 몸 길이 24cm 안팎이고 머리와 목은 암회색, 이마와 몸 부분의 흰색임. [찌르레기]

찌르르 몸의 일부에 느낌이 약한 전기가 통하는 듯한 것을 나타낸다.

찌뿌드드하다 몸이 조금 아프고 불편한 느낌이 있다. 예온 몸이 ~.

찌푸리다 ①몹시 찡그리다. ②날이 흐리다. 작째푸리다.

찍다 ①도장을 누르다. ②사진을 박다. ③날이 있는 연장으로 내리쳐 무엇을 베다. ④점을 그려 넣다.

찐득찐득 ①세게 끈적끈적하게 붙는 모양. ②끈끈하여 계속해서 자르려고 해도 끊어지지 않는 모양. 작짠득짠득. -하다. 흉내말.

찐:하다 지난 일이 뉘우쳐져 마음이 언짢고 아프다.

찔끔 갑자기 놀라거나 겁이 나서 몸을 움츠리는 모양. 흉내말.

찔끔찔끔 조그만 분량을 여러 번에 나누어 조금씩 주는 모양. 예빗을 ~갚다. 눈물이 ~난다. 흉내말.

찔레[식물] 줄기에 가시가 돋고, 꽃은 작고 빛깔은 희며, 향기가 좋은 장미과의 작은 나무. 봄에 흰꽃 또는 연분홍색 꽃이 피고 열매는 9월에 붉게 익는다. [찔레]

찜 고기나 채소에 양념을 하여 흠씬 삶거나 쪄서 만든 음식. 예갈비 ~은 언제 먹어도 맛이 있다.

찜질 ①약물이나 더운 물 또는 얼음 따위를 헝겊에 적시거나 주머니에 넣어 아픈 자리에 대어 병을 고치는 일. 예얼음 ~. ②몹시 때리는 매를 속되게 이르는 말. 예몽둥이 ~. 모래~. -하다.

찜찜하다 마음에 꺼림칙한 느낌이 있다. 예계약 내용이 ~.

찜통 불 위에 올려 놓고 음식을 찌는 통. 예생선 ~. 고구마를 ~에 찐다.

찡 ①얼음장이나 굳은 물질이 갑자기 터질 때 울리는 소리. ②콧등이 시큰하면서 속으로 뻐근하게 울리는 듯한 모양. -하다.

찡얼거리다 ①어린아이가 자꾸 보채다. ②자꾸 중얼거리다. ③「칭얼거리다」의 센말.

찡하다 마음에 걸려 강한 느낌을 받다. 예마음이 ~. 코 끗이 ~.

찢다 물건을 갈라지게 하다. 예종이를 ~. 편지 봉투를 ~. 반붙이다.

쭉지성대 바다 밑에서 갑각류 등의 먹이를 찾기 위해 밑바닥을 걸어다닐 때 사용한다. 위험을 느끼면 지느러미를 넓게 벌려 푸른 점을 보인다.

[쭉지성대]

ㅊ[치읓] 한글 자모의 열째 글자. 이름은 치읓.

차₁【車】기차·마차·자동차 등 사람이나 화물을 실어 나르는 것들의 총칭. 자동차.

차₂【茶】향기와 맛이 있는 나무에서 잎을 따서 만든 마실 것의 재료. 또는 그것을 물에 넣어 우린 마실 것. 커피, 녹차 따위의 음료. [차]

차₃ ①둘 이상의 사물을 비교할 때 서로 틀리거나 차이나는 정도. 예빈부의 ~. ②어떤 수량에서 다른 수량을 덜어 내고 남은 것.

차갑다(차가워서) 살갗에 닿는 느낌이 찬 느낌이 나다. 차겹다(X).

차고【車庫】차를 넣어 두는 곳간.

차곡차곡 물건을 가지런하게 포개거나 겹치는 모양. 예벽돌을 ~ 쌓다. 하나씩 살피고 정리하는 모양.

차관【次官】행정부에서 장관을 돕고 그를 대리할 수 있는 관직.

차근차근 일을 조리 있고 차례가 있게 하는 모양. -하다.

차나무 잎이 길쭉하고 반들거리며, 가을에 흰 꽃이 피는 작은 나무. 어린 눈과 잎은 쪄서 말려 차를 만든다. [차나무]

차남【次男】둘째아들.

차내【車內】자동차·전차·열차 등의 안. 예~에서는 금연이다.

차녀【次女】두 번째로 태어난 딸.

차:단【遮斷】막아서 통하지 못하게 하는 것. 예교통 ~. -하다.

차:단기【遮斷器】사고의 위험이 있을 때, 전류의 흐름을 멈추는 장치.

차도₁【車道】차가 다니는 길. 반인도.

차도₂【差度】병이 조금씩 나아가는 정도. 예회복의 ~가 없다.

차등【差等】차이가 나는 등급. 예임금에 ~을 두다. 반균등.

차디차다 매우 차다. 예방바닥이 ~.

차령 산맥【車嶺山脈】 태백 산맥의 오대산에서 시작하여 충청 남도 태안 반도에 이르는 산맥. 길이가 200km가량.

차례【茶禮】 음력 매달 초하룻날과 보름날. 또는 명절날·조상 생일 등의 날에 지내는 제사.

차례차례 차례를 따라서 순서대로.

차리다 ①장만하여 갖추다. 예밥상을 ~. ②마음을 가다듬다. 예정신을 ~. ③새로 갖추고 세우고 벌임.

차림새 옷이나 몸치장을 한 모양.

차:마 어떤 말로도 어찌할 수 없다는 뜻을 나타낸 말. 아무리 해도.

차별【差別】 차등이 있게 구별함. 비구별. 반평등. -하다.

차분하다 마음이 가라앉아 조용하다. 반들뜨다. 비침착하다.

차비₁【車費】 영업용 차를 탄 비용.

차비₂【差備】 준비. 준비를 갖추어 차림. 채비. -하다.

차석【次席】 수석의 다음 자리. 또는 그 자리의 사람. 예시험에 ~을 함.

차선【車線】 도로에 자동차 1대가 지나도록 그어 놓은 선. 비차로.

차:용【借用】 돈이나 물건 따위를 빌리거나 꾸어 씀. 빌려서 쓰다.

차이【差異】 서로 같지 않고 다름. 예능력의 ~가 많이 난다.

차이다 ①발로 참을 당하다. ②중간에서 가로챔을 당하다.

차이코프스키[인명](1840~1893) 러시아의 음악가. 그의 음악은 서정적인 아름다운 선율로 되어 있음. 작품에는「백조의 호수」·「호두까기 인형」·「비창」등이 있음.

차입【借入】 필요한 돈이나 물건 따위를 빌리는 것. 반대출. -하다.

차:일【遮日】 햇볕을 가리려 친 막.

차일 피:일 이날 저날로 기한을 미루는 모양. 예형이 ~미룬다.

차:입【差入】 돈이나 물건을 꾸어 들임. 예~한 돈. -하다.

차장【車掌】 기차·버스 등에 딸려 차를 운행을 관리하고 승객의 편의를 도모하는 사람.

차전놀이 음력 정월 대보름에 하는 큰 수레를 가진 두 패로 나누어 상대편의 수레의 끝을 땅에 먼저 닿게 하는 편이 이기는 우리의 전통 민속 놀이.

[차전놀이]

차점【次點】[-쩜] 최고점 다음 가는 점수. 예~자.

차지 ①자기 소유로 만들다. 예우승컵을 ~하다. ②어떤 수량이나 비율을 가지거나 이루다. 자기 몫.

차질 일이 실패로 돌아가는 것. 예사업에 ~이 생기다.

차즈기 한해살이풀. 소엽이라고도 함. 들깨와 비슷하며 잎이 자주 빛이 돌고 독특한 냄새가 난다. 늦여름에 연한 자주색 꽃이 피며 씨는

[차즈기]

차차【次次】 진행이 조금씩 계속됨.
차창【車窓】 자동차에 부착된 창문.
차체【車體】 차량의 일부분으로 승객이나 화물을 싣는 부분. 차 몸체.
차축【車軸】 바퀴의 굴대. 예~이 휨.
차츰 조금씩 계속하여. 비점점. 차차.
차트 각종 자료를 알기 쉽게 정리한 일람표. 예의사가 ~에 적었다.
차표【車票】 차를 타기 위하여 차 삯을 주고 사는 표. 비승차권.
차후【此後】 이 다음. 그 뒤. 예~함.
착각【錯覺】 어떤 사실을 실제와 다르게 지각하거나 생각하는 일.
착공【着工】 공사를 시작하는 것. 예공사를 ~하다. 반준공. -하다.
착륙【着陸】[창뉵] 비행기가 땅에 내리는 것. 반이륙. -하다.
착복【着服】 ①옷을 입음. ②남의 금품을 부당하게 자기 것으로 함.
착석【着席】 의자나 자리에 앉는 것.
착수【着手】 어떤 일에 손을 대어 시작함. 예일을 ~하다. -하다.
착안【着眼】 어떤 일을 주의 깊게 눈 여겨 보아 그 일을 성취할 기틀을 잡음. 예~점. -하다.
착용【着用】 ①의복 등을 입는 것. 예교복을 ~하다. ②물건을 몸에 붙이거나 닮. -하다.
착지【着地】 ①체조에서 연기를 마치고 땅바닥에 내려서는 일. ②멀리 뛰는 경기에서 뛴 다음에 발을 땅에 닿는 일. -하다.
착취【搾取】 ①동물의 젖이나 초목의 즙을 짜내는 일. ②근로자나 농민에게 일한 만큼의 임금을 지급하지 않고 나머지 이익 부분을 자본가나 지주가 가로채는 일. 예임금을 ~하다. 비약탈. 수탈. 강탈.
착하다[차카-] 언행이나 마음씨가 곱고 어질다. 선하다. 반악하다.
찬:「반찬」의 준말. 예~를 준비 함.
찬:가【讚歌】 ①찬미의 뜻을 나타내는 노래. 예조국 ~. ②찬송가.
찬란【燦爛】 눈부시게 아름다운 것.
찬물 데우거나 끓이지 않은 맹물. 비냉수. 반더운 물. 예~이 나옴.
찬:미【讚美】 아름다운 덕을 기림. 예신의 은총을 ~하다. -하다.
찬:반【贊反】 찬성과 반대. 예~투표.
찬:불【讚佛】 부처님의 공덕을 찬미함. 예~가. -하다.
찬:사【讚辭】 칭찬하는 말이나 서신.
찬:성【贊成】 남의 의견과 자기의 의견을 같다고 느끼고 동의함. 반반대. 예과반수 ~을 했다. -하다.
찬:송【讚頌】 덕을 찬미하면서 기림.
찬:스 어떤 일을 하는 데에 좋은 시기. 기회. 예득점 ~를 얻었다.
찬:양【讚揚】 아름다움을 기리고 착함을 드러내어 칭찬함. 반비난.
찬:장【饌欌】 그릇이나 음식 등을 넣어 두는 장.
찬:탄【讚嘆】 ①칭찬하여 감탄하는 것. ②마음에 아름답게 여김.
찬:탈【簒奪】 임금 자리를 빼앗음.
찬피 동:물 체온을 일정하게 유지하지 않고 바깥 온도에 따라 체

온이 변하는 동물. 물고기, 뱀, 개구리, 따위가 이에 속한다. 변온 동물, 냉혈 동물.

찰거머리[동물] 몸이 작으며 빨판이 발달되어 잘 들러붙고 떨어지지 않는 거머리. [찰거머리]

찰나【刹那】지극히 짧은 시간. 짧은 동안. ^비순간. ^반영원.

찰상【擦傷】스치거나 문질러서 살갗이 벗어진 상처. -하다.

참 ①거짓이 없음. ②옳고 바른 일. ^비진리. ^반거짓. ③정말로. 아주.

참가 어떠한 모임이나 단체에 참여함. ^비참석. ^반불참. -하다.

참견【參見】남의 일에 간섭함. 간섭.

참고【參考】①어떤 일을 하는데 도움이 되는 것을 찾음. ②살펴서 생각함.

참고서【參考書】참고가 되는 책. ^예영어 ~. ^비지도서.

참고인【參考人】의회의 위원회 등에서 참고가 될 만한 의견 진술을 요구받은 사람. ^관증인.

참관인【參觀人】선거 때 투표와 개표의 진행 과정을 참관하는 사람.

참기름 참깨로 짠 기름.

참깨[식물] 씨를 볶아서 양념으로 쓰든가 기름을 짜는 [참깨] 데에 쓰는 작은 하얀 씨. 또는 참깨가 열리는 농작물.

참나리 여러해살이풀. 산과 들에 자라며, 줄기는 곧게 서고 꽃은 황적색 바탕에 흑자색 점이 [참나리] 있으며, 뒤로 말리며 관상용이다.

참나무[식물] 굴참나무, 떡갈나무, 상수리나무 따위의 잎이 넓고 길고 도토리가 열리며, 목재는 가구재로 쓰이는 잎지는 큰키나무.

참다[-따] 굳은 마음으로 어려운 고비를 잘 견디다.

참다래나무 갈잎 떡갈나무 잎은 넓은 타원형으로 어긋나고 봄에 흰 꽃이 핀다. 열매를 다래보다 크며 덩굴성 나무이다.

참돌고래 몸의 무늬가 아름다우며 지느러미 끝이 뾰족하고 주둥이가 길다. 몇십 마리씩 떼지어 다니며 누군가 아프면 도와 주려 모이고 물고기와 오징어를 먹고 산다.

[참돌고래]

참되다 거짓이 없고 진실되다. 진실.
참뜻 거짓이 없는 참된 뜻. 진실됨.
참마음 거짓이 없는 진실한 마음.
참매 힘이 세고 동작이 민첩해서 산토끼나 꿩 같은 동물을 잡는다. 강하고 날카로운 갈고리 발톱으로 잡은 먹이를 땅으로 가지고 내려와서 먹는다.

참매미 배는 연한 녹색이고 머리와 가슴은 검은 색이며, 빨강, 파랑의 얼룩무늬가 있고 맴맴하고 우는 매미. 예여름에 ~를 볼 수 있다.

참모 일을 계획하고 꾸미는 데 참여하는 일. 또는 그 일을 맡은 사람. 예선거 대책 ~. 사단 ~회의.

참모 총:장 대장의 계급인, 육·해·공 각 군의 우두머리.

참배【參拜】 무덤이나 기념비 등의 앞에서 경의나 추모의 뜻을 나타내는 일. 관성묘. -하다.

참변【慘變】 끔찍한 사건이나 사고.

참빗 대나무를 얇게 쪼개서 만든 빗살이 아주 가늘고 촘촘한 빗. 반얼레빗. 예머리를 ~으로 빗는다.

참사【慘死】 아주 비참하게 죽는 것. 예전쟁 중에 군인들이 ~되었다.

참새[동물] 참새과의 새. 몸빛은 다갈색, 부리는 검고 발톱은 누렇다.

참석【參席】 어떤 모임에 나감. 비참가. 반불참. 결석. 예회의에 ~함.

참선【參禪】 불교에서, 고요히 앉아서 도를 닦음. -하다.

참성단【塹星壇】 강화도 마니산에 있는 유적. 단군이 나라를 세우고 온 겨레와 나라를 위해 제사를 지내던 곳. 예마니산에 ~이 있다.

참:수【斬首】 목을 벰. -하다.

참수리 구부러진 부리. 날카로운 갈고리 발톱. 몸집이 큰 맹금류이다. 수리는 나무나 벼랑 위에서 나뭇가지와 막대기로 집을 지어 수년 간 같은 집에서 살며 토끼, 뱀, 쥐, 따위를 잡아먹는다.

참:신【斬新】 처음 이루어져 새롭고 산뜻함. 매우 새롭다. -하다.

참외[식물] 잎은 오이 같고 꽃은 노랗며 타원형인 열매가 열리는 한해살이 식물. 여름에 먹는 과일.

참으로 진실로. 정말로.
참을성 잘 참고 잘 견디는 성질.
참전【參戰】 전쟁터에 참가하는 것.
참정【參政】 정치에 직간접 참여함.
참조【參照】 참고로 맞대어 봄. 예보기를 ~하다. 비참고. -하다.
참집게 등에 딱딱한 껍데기가 없다. 달팽이와 같은 생물이 버린 껍데기 속에 들어가 살면서 부드러운 몸을 보호한다. 한 쌍의 커다란 집게 다리로 먹이를 잡아 먹는다.

참치[동물] 전갱이과의 바닷물고기. 몸길이 30cm 정도며 몸빛은 청갈색임.

[참치]

참호【塹壕】 야전에서 적의 공격에 대비하여 파 놓은 구덩이.

참회【懺悔】 잘못을 깊이 뉘우쳐 마음을 고침. 비회개. -하다.

찹쌀 밥을 하면 보통 쌀보다 찰진 쌀.

찻간【車間】 기차·전철 등의 사람이 타게 되어 있는 곳.

찻삯 차를 타는데 내는 돈. 차비. 예~를 낸다. 관용임. 노자. 차표.

찻잔 뜨거운 물을 붓고 그 곳에 차 원료를 넣어 우려난 물을 따라 마시는 잔. 예~이 매우 예쁘다.

창₁【窓】 「창문」의 준말.

창₂【槍】 긴 나무 자루 끝에 양쪽에 쇠로 된 칼날이 달려 있는 무기. 예~으로 싸운다.

창간 신문·잡지·사보 등을 처음으로 펴냄. 반폐간. -하다.

창:건【創建】 사업을 일으키거나 집을 처음으로 지음. -하다.

창경궁【昌慶宮】 서울 종로구에 있는 궁궐. 1483년에 처음 세워졌으며 일제 때 창경원으로 불리다가 1983년 원래 이름으로 변경함. 궁궐 안에 명정전, 홍화문, 옥천교가 있다.

창고【倉庫】 물건을 쌓아 두는 곳. 곳집. 비공간. 헛간. 곳간.

창구【窓口】 ①창을 뚫어 놓은 곳. ②창을 통해 사람과 대화하고 돈의 출납 등 사무를 보는 곳.

창극【唱劇】 우리 나라 고유의 음악인 판소리를 연극으로 꾸민 것.

창덕궁【昌德宮】 1405에 세운 궁궐로 조선 임금들이 정치를 하고 생활하던 곳. 종로구에 있으며 1996년 세계 문화 유산으로 지정함.

[창덕궁]
사적 제122호.

창립【創立】 처음으로 설립하는 것.

창문【窓門】 공기나 빛이 들어올 수 있도록 벽에 만들어 놓은 작은 문. 준창. 예저녁에 ~을 닫는다.

창백【蒼白】 얼굴 빛이 핏기가 없고 핼쑥함. 예얼굴이 ~하다. 비해쓱.

창:세기【創世記】 구약 성서의 제1권. 세상과 인류의 창조, 죄의 기원, 최초의 하나님 말씀 등이 기록되어 있음.

창:업【創業】 ①나라를 처음으로 세우는 것. ②사업을 처음으로 시작하는 것. 반폐업. -하다.

창:의【創意】 처음으로 생각하여 낸 의견. 예~력이 뛰어난 학생이다.

창자 소장과 대장을 아울러 이르는 말. ⁿ¹장. ᵉˡ뱃속 ~가 아프다.

창:작【創作】 ①처음으로 생각하여 만듦. ②문예·그림·음악 등의 예술 작품을 자신이 생각하여 만들어 냄. ᵇᵃⁿ모방. -하다.

창:작 동:화 동화 작가나 어린이를 위해 지은 이야기.

창파 푸른 물결.

창포[식물] 냇가에 자라며 잎이 가늘고 길며 향기가 좋은 보라색 꽃이 피는 풀. 삶은 물을 단오날에 여자들이 머리를 감는 데 썼다.

창피 ①부끄러움. ②체면이 서지 않음. -하다.

창해【滄海】 넓고 푸르고 깊은 바다.

채 ①「채찍」의 준말. ②북이나 장구 따위를 쳐서 소리를 내는 도구.

채:광【採鑛】 광석 원료를 캐 내는 것.

채:굴【採掘】 땅 속에 묻혀 있는 광물 따위를 파 냄. ᵉˡ금을 ~하다.

채:권【債權】 빚 준 사람의 받을 권리. ᵉˡ~자가 오고 있다. ᵇᵃⁿ채무.

채:납【採納】 ①의견을 받아들임. ②사람을 골라서 들임. -하다.

채반 싸리 따위를 엮어서 만든 납작하고 울이 없는 그릇.

채비 준비를 갖추어 차림. 준비 완료.

채:색【彩色】 ①그림에 색을 칠함. ②여러 가지 고운 빛깔. -하다.

채:석장 건축 등 여러 가지 공사에 쓰일 돌을 캐는 곳.

채:소 온갖 푸성귀.

채:송화[식물] 붉은 빛깔을 띤 줄기에 솔잎 모양의 잎이 있고, 여름부터 빨강, 노랑, 하양 등의 꽃이 피는 뜰에 심은 작은 화초. [채송화]

채:식【菜食】 채소·과일 등 식물성 식품을 주로 먹음. -하다.

채:용【採用】 사람을 받아들여 씀. ᵉˡ사원을 ~하다. -하다.

채:점【採點】[-쩜] ①시험 답안을 살펴 점수를 매기는 것. ②성적에 따라 점수를 주는 일. -하다.

채찍 나뭇가지로 만들어 마소를 모는 데 쓰는 물건.

채찍전갈 전갈이 아니며 독침이 없고 위험이 닥치면 꼬리 부근에서 식초처럼 시큼한 냄새가 나는 액이 나옴.

[채찍전갈]

채:취【採取】 ①땅에서 캐어 냄. ②연구·조사를 위해 필요한 것을 받아 두는 일. ᵉˡ흙을 ~하다.

책【冊】 어떤 생각·사상을 글이나 그림으로 인쇄한 종이를 겹쳐서 만든 물건의 총칭. ⁿ¹도서. 서적.

책가방 책을 넣어 가지고 들거나 메고 다니게 된 물건.

책꽂이[-꼬지] 책을 세워서 꽂아 두는 가구. ^비서가. 서재.

책받침 글씨를 쓸 때 종이 밑에 바치는 물건. ^예노트 밑에 ~이 있다.

책방【冊房】책만 전문으로 파는 곳.

책상【冊床】책을 올려 놓고 공부를 하는 상. 예~에서 공부하다.

책상다리 한쪽 다리를 다른 다리 위에 포개고 앉은 자세. -하다.

책임【責任】맡아서 해야 할 일. ^예모든 일에 ~을 지다. ~감.

챔피언 실력이 가장 뛰어난 선수. 우승자. 선수권 보유자. ^예~벨트.

처₁【妻】아내. ^비안식구. 집사람.

-처【處】「곳」을 나타내는 말.

처가【妻家】아내의 친정.

처남【妻男】아내의 오빠나 남동생. ^예첫째 ~. ^반매부. 매제.

처녀 시집 갈 나이가 된 다 자란 여자. ^반총각.

처녀치마 여러해살이풀. 산의 약간 습기 있는 응달에 자라며, 잎은 방석처럼 땅 위에 사방으로 퍼지고, 봄부터 여름에 걸쳐 홍자색 또는 흰 색의 꽃이 핀다. [처녀치마]

처량하다 거칠고 쓸쓸하여 구슬프다. ^예신세가 ~. -하다.

처럼 말 아래에 붙여 '과 같이, 등'의 뜻으로 살리는 보조사. ^예꽃 ~예쁜.

처마 서까래 끝이 내민 지붕의 부분. ^비추녀. ^예아이가 ~밑에 있다.

처매다 다친 곳 등을 붕대 따위로 감아 매다. ^관동여매다.

처방【處方】약을 조제하는 방법. 병을 다스리는 방법. ^관처방전.

처벌【處罰】저지른 잘못에 대하여 벌을 줌. ^비형벌. -하다.

처서【處暑】24절기의 하나. 양력 8월 22일경에 듦. 아침 저녁으로 싸늘한 기운이 느껴짐.

처세【處世】사람과 어울려 교제하며 세상을 살아가는 일. ^예~술.

처신【處身】세상을 살아감에 있어서의 몸가짐. ^예올바로 ~을 하다.

처자【妻子】아내와 자식. ^비처자식.

처지 ①자기가 당하며 몸을 둔 곳. 형편. ②지위 또는 신분. ③서로 사귀어 지내는 관계. 현재 상태.

처치【處置】①일을 처리하여 치르는 것. ^예응급 ~. ②처리하여 치우거나 없애는 것. -되다.

처칠[인명](1874~1965) 영국의 수상으로 제2차 세계 대전을 승리로 이끈 정치가. 그림과 문장에도 뛰어나 1·2차 대전의 「회고록」으로 1953년 노벨 문학상을 받았음.

처크왈러 이구아나의 일종으로 밤에는 바위 틈에 있다 아침에 나와 햇볕을 쬐어 몸을 따뜻하게 한다. 나뭇잎이나 어린 싹을 먹고 낮 시간에

[처크왈러]

주로 활동한다.
처:하다 ①어떤 처지나 형편에 놓이다. 예역경에 ~. ②어떤 형벌을 내리다. 예교수형에 ~.
처형【妻兄】 아내의 언니. 처의 형님.
처:형【處刑】 형벌에 처함.
척1 ①서슴지 않고 선뜻 행하는 행동. ②몹시 늘어지거나 휘어진 모양. 작착. 비체. 예아는 ~한다.
척2【隻】 배의 수효를 세는 말. 예어선 두~. 잠수함 세~이 간다.
척3【尺】 길이의 단위. 약30.3cm. 예키가 6~ 장신이다.
척4 본인이 제일 잘난 것처럼 한다.
척도【尺度】 ①자. ②측정하거나 평가하는 기준. 예돈은 행복의 ~임.
척박하다[-빠카-] 흙이 몹시 메마르고 기름지지 못하다.
척수【脊髓】 척추의 관 속에 있는 중추 신경. 뇌와 말초 신경 사이의 자극 전달과 반사 기능을 맡음.
척추【脊椎】 동물의 등뼈. 비등골뼈.
척추 동:물【脊椎動物】 등골뼈를 가진 동물을 통틀어 이르는 말.
척화비 조선을 침략한 프랑스와 미국 함선을 물리 친 후 대원군이 1871년에 세운 비석. 비석 내용은 친하게 지낼 수 없다는 내용.
천1【千】 백의 열 갑절. 오백의 두 배.
천:2 옷·이불 따위의 감이 되는 피륙. 예~을 짜다. 실로 짠 물건.
천3【天】 하늘. 예~하 통일. 반땅. 지.
천:거【薦擧】 재주가 뛰어난 사람을 어떤 자리에 추천함. 예위원장에 ~되다. 어떤 일에 쓰도록 소개함.
천고 마:비 하늘은 높고 말이 살찐다는 뜻으로, 가을이 썩 좋은 계절임을 일컫는 말.
천남성 산지의 응달에 자라며 꽃은 녹황색으로 피고 윗부분이 모자처럼 꼬부라지고 덩이뿌리는 약재로 씀. [천남성]

천냥【千兩】 한 냥의 천 갑절을 말함.
천당【天堂】 하늘 위에 신의 전당임.
천도교 최제우가 창건한 동학을 제3대 교주인 손병희가 개칭한 종교. 인내천 사상을 중요시함.
천도복숭아 자두와 비슷하며 껍질에 복숭아는 털이 있으나 털이 없고 매끈하며 빛깔은 붉은 색을 띤 복숭아. 관복숭아.
천동설【天動說】 지구는 우주의 중앙에 있고, 모든 전체가 지구 주위를 돈다고 하던 설. 반지동설.
천둥 공중에서 방전으로 말미암아 일어나는 소리. 비우레. 관번개.
천렵[철-] 냇물에서 고기잡이 하는 일. 예~을 가다.
천리【千里】[철-] ①아주 먼 길. ②십리의 백 곱절. 예~타향.
천리안【千里眼】 먼 곳의 일까지도 다 꿰뚫어 알고 있음을 말함.
천마총 경주시에 있는 지증왕의 것으로 여겨지는 무덤. 날아가는 천마가 그려져 있는 안장이 무덤 속에서 발견되어 천마총이라고 부른다.

[천마총]

천막【天幕】 비. 바람. 볕을 가리는 천. 또는 그것을 기둥으로 버텨 세운 가리개. 예햇볕을 가리기 위해 ~을 친다. 관주택. 집.

천문대【天文臺】 우주에 있는 별 따위의 물체를 관측하고 연구하는 곳. 천체 망원경이 설치되어 있다.

천사【天使】 ①하늘에서 내려온 사람. ②아름답고 어진 여자.

천산갑 포유류 가운데 유일하게 몸이 비늘로 덮인 동물이다. 개미를 먹고 살며 위험이 닥치면 몸을 공처럼 둥글게 말거나 비늘로 덮인 날카로운 꼬리로 적을 공격한다.

[천산갑]

천수국 밑에서 가지가 갈라져서 퍼지며, 꽃은 황금색에 가까운 적갈색이고, 씨앗은 가는 선 끝에 가시 같은 털이 있다. 한두해살이풀. 관상용으로 기른다.
[천수국]

천연 기념물【天然記念物】 드물고 귀하여 나라에서 법으로 지정하여 보호하는 동물·식물.

천연두【天然痘】 몸에 열이 나고 머리가 아프며 잘못하면 얼굴이 얽게 되는 돌림병. 비마마.

천연 자원【天然資源】 자연에서 얻는 모든 자원. 예~의 보고.

천왕성【天王星】 태양계의 안 쪽에서 7번째의 혹성. 약 84년 걸려서 태양을 한 바퀴 돎.

천운【天運】 ①하늘이 정한 운명. ②몹시 다행한 운수. 비천수.

천인 공:노【天人共怒】 하늘과 사람이 함께 노한다는 뜻으로, 도저히 용서할 수 없음을 이르는 말.

천인조 수컷은 꼬리가 길고 아름다우며 벌레나 곤충을 잡아먹고 살며, 암컷은 수수하며 금란조의 둥지에 알을 낳아 새끼를 기른다.
[천인조]

천자문【千字文】 옛날 한문을 처음 배우는 과정에서 쓰던 책.

천장【天障】 집의 안쪽에서 위쪽 면.

천재₁【天才】 ①타고난 재능. ②뛰어난 재주. 반둔재. 관영재.

천재₂【天災】 자연 현상에 의한 재앙. 예~지변. 반인재.

천재지변 지진·홍수·태풍 따위의 자연의 재앙이나 괴변의 현상.

천적【天敵】 먹이 사슬 관계에서 잡아먹는 생물을 말함. 꿩에 대한 매.

천주교 로마의 교황이 다스리는 예수교의 한 갈래. 비가톨릭.

천지₁【天地】 ①하늘과 땅. ②온 세상. ᵇ우주. 천하. ᵉ~만물.

천지₂【天池】[지명] 백두산 꼭대기의 화산이 터진 구멍에 물이 괴어서 이루어진 호수. 가장 깊은 곳은 312.7m.

천:천히 말이나 행동을 느리게 하는 모양. ᵉ~움직이다. ᵇ빨리.

천체【天體】 우주 공간에 있는 모든 물체. 곧 해·달·지구·별 등 모든 것을 통틀어 일컫는 말.

천치【天癡】 태어날 때부터 어리석고 못난 사람. ᵇ바보. 백치.

천태 만:상【千態萬象】 세상 사물이 한결같지 아니함을 이르는 말.

천태종【天台宗】 대승 불교의 한 파.

천품【天稟】 성품이 천성스러운 것.

천하【天下】 하늘 아래의 온 세상.

천하 무적【天下無敵】 세상에 겨룰 사람이 없음. ᵉ~의 해병.

천하 장사 세상에 드문 장사.

천하태평 ①온 세상이 태평함. ②세상 걱정을 모르고 편안함. -하다.

천행【天幸】 하늘이 내려 준 큰 행운.

천후【天候】 자연적으로 인한 기후.

철갑상어 갯지렁이 같은 연체 동물과 무척추 동물을 먹고 산다. 주로 바다에서 살며 알을 낳기 위해 강으로 거슬러 올라가 검은

[철갑상어]

알을 낳고 1주일 만에 알을 깬다.

철강【鐵鋼】 무쇠와 강철의 모든 명칭.

철도【鐵道】[-또] 기차나 전철이 다니는 길. ᵇ철로. 철길.

철도청 교통부에 속하여, 철도에 관한 사무를 관장함.

철모【鐵帽】 전쟁 시에 머리를 안전하게 하기 위하여 전투할 때 쓰는 쇠로 만든 모자.

[철모]

철의 삼각 지대[지명] 6·25 동란 때 격전지였던 강원도 김화·철원·평강을 연결하는 지대.

철의 장:막 자유 세계와 공산 세계 사이의 장벽이란 뜻.

철써기 날개가 풀잎처럼 생겨서 식물 사이에 있으면 잘 보이지 않는다. 암컷은 칼 모양의 알을 낳는 관을 가지고 있고 이 관을 줄기를

[철써기]

잘라낸 틈새에 집어 넣어 알을 낳는다.

철쭉 이름 봄에 진달래 다음에 피는 잔털이 있는 분홍빛 꽃 또는 그 꽃이 피는 가지가 많은 키 작은 나무. 관상용.

[철쭉]

첨가【添加】 덧붙임. 보탬. ᵇ첨부. ᵇ삭감. -하다.

첨단 산:업 기술 집약도가 높고 관련

산업에 파급 효과가 큰 산업. 항공기·전자·컴퓨터·정보 산업 등. 예우리 나라는 ~이 발달함.

첨부【添附】덧붙임. -하다.

첨삭【添削】글을 보태고 깎고 고침. 예~을 기하다. 문장을 다듬는 일.

첨성대 신라 선덕 여왕 때 만든 동양에서 가장 오래된 천문 관측 시설의 하나. 국보 제31호. 경상 북도 경주시에 있음. 높이 9.17m.

[첨성대]

첩【貼】약 봉지에 싼 약을 세는 말. 예한약 10~. 관봉지.

첩경【捷徑】①지름길. ②쉽고 빠른 방법. 예학문에는 ~이 없다.

첩보【捷報】적의 형편을 정탐하여 보고 하는 것. 예~ 활동.

첩첩【疊疊】겹겹이 포개진 모양.

첩첩 산중 첩첩이 깊고 깊은 산 속.

첫 어떤 명사 앞에 서서,「맨 처음」의 뜻을 나타내는 말.

첫길 ①처음으로 가는 길. ②시집가거나 장가 들러 가는 길.

첫눈₁[천-] 처음 보아서 눈에 뜨이는 느낌이나 인상. 예~에 알아보다. 무엇을 처음 보았을 때의 감.

첫눈₂[천-] 그 해 겨울에 처음으로 내리는 눈. 예올해 ~이 온다.

첫돌 세상에 태어나서 처음으로 맞이하는 생일. 첫돐(×).

첫머리[천-] 어떤 일이 시작되는 머리. 반끝머리. 예원고의 ~글.

첫여름 금년에 봄 다음에 오는 계절.

첫인상[처던-] 첫눈에 느끼는 인상. 예사람은 ~이 중요하다.

첫째 제일. 처음되는 차례. 맏이. 으뜸.

첫해[처태] 어떤 일을 한 맨 처음 해.

청₁【淸】[국명](1616~1912) 중국 최후의 왕조. 1636년에 나라 이름을 청이라고 고침.

청₂【請】무슨 일을 남에게 부탁함. 예무슨 ~이 있느냐? 비청탁.

청각₁【聽覺】귀로 소리를 듣는 감각.

청각₂ 물 속에서 살며 엽록소가 있어 스스로 양분을 만들어 살아간다. 뿌리, 잎, 줄기가 구분되지 않으며, 사슴뿔처럼 생겼고 짙은 녹색을 띤다. 김치 담글 때 쓰인다.

[청각]

청개구리[동물] 양서류 청개구리과의 한 종. 몸길이 25~40mm정도임. 몸이 작고 등이 푸른 작은 개구리.

[청개구리]

청결【淸潔】맑고 깨끗함. 반불결.

청과【靑果】여러 가지 채소와 과일.

청과물 시장【靑果物市場】채소·과일을 전문으로 팔고 사는 시장.

청구【請求】무엇을 달라고 요구함.

청구서【請求書】금품을 청구하는 문서나 쪽지. 예~를 내다.

청년【靑年】20~30세 정도의 젊은 사람. 반노년.

청다리도요 강가나 바닷가에 살며,

얕은 물가에서 먹이를 찾고, 물고기, 조개, 벌레를 먹고 뽕뽕하고 운다. [청다리도요]

청딱따구리
산에서 살며, 개미를 즐겨먹고 딱정벌레, 매미, 나비, 메뚜기도 먹는다. 겨울에는 감나무에 달린 감을 먹기도 하고 뾰뾰뾰하고 울며 이름과 달리 털색은 녹색이다. [청딱다구리]

청동【靑銅】 구리와 주석의 합금.

청동기 시대 청동기를 제조·사용한 시대로서, 석기 시대의 다음, 철기 시대의 앞에 해당함.

청둥오리[동물] 오리과의 새. 하천, 호수, 해안, 농경지 등에 살며, 풀씨, 열매, 곤충을 먹는 물오리이다.  [청둥오리]

청량제【淸凉劑】 복용하면 기분이 상쾌하고 산뜻한 약재.

청ː력[-녁] 귀로 소리를 듣는 힘.

청렴 결백【淸廉潔白】 욕심이 없고 마음도 깨끗함. -하다. 청명하다 날씨가 맑고 하늘이 높다.

청ː문회【聽聞會】 행정 및 입법 기관이 법규에 제정·행정 처분 등의 결정에 앞서, 이해 관계인이나 제3자의 의견을 듣기 위한 모임.

청미래덩굴 덩굴성 갈잎나무. 산기슭에 흔히 자라며, 줄기는 굽고 갈고리 형태의 가시가 있고, 잎은 끝이 뾰족한 타원형이다. 5월에 황록색 꽃이 핀다.  [청미래덩굴]

청바지 두껍고 질긴 면으로 된 바지.

청백리【淸白吏】[-뱅니] 부정이 없어 청렴 결백한 관리.

청부【請負】 도급으로 일을 맡아서 하는 것. 예~살인.

청사【廳舍】 관청의 건물을 두루 이르는 말. 예정부 종합 ~.

청사진【靑寫眞】 선이나 글자, 물체의 모양 등이 청색 바탕에 흰색으로 나타나도록 한 도면.

청사초롱 위 몸체는 푸른 천으로, 아래는 붉은 천으로 꾸며서 달아 놓거나 들고 다니는 등.

청산리 대ː첩【靑山里大捷】[-살-] 1920년 만주의 청산리에서 김좌진 장군이 이끄는 독립군이 일본군을 크게 무찌른 싸움.

청산별곡 고려 가요 중의 하나.

청산유수【靑山流水】[-뉴-] 말을 거침없이 잘 하는 것의 비유.

청상아리
날렵한 몸매에 뾰족한 [청상아리]

머리를 가지고 있다. 힘이 세고 빠르며 주로 위쪽을 다니는 참치나, 고등어를 잡아 먹는다.

청색【靑色】푸른 빛깔. 푸른 빛이 남.

청새치 가장 빠르게 헤엄치는 물고기 중 하나로 꼬리가 초승달 모양이며 여러 가지 어류를 먹고 산다.

[청세치]

청설모 다람쥐보다 훨씬 크고 짙은 갈색의 털이 나 있으며, 잣, 도토리, 밤 등을 먹고 산다. 원말은 청서(靑鼠).

[청설모]

청소년【靑少年】청년과 소년의 총칭.

청소차【淸掃車】사람들이 생활하며 나온 쓰레기를 모아서 실어 가는 차.

청순【淸純】 맑고 순백함.

[청소차]

청승 궁상스러워 언짢게 보이는 행동이나 태도. 예~맞다.

청실잠자리 쉴 때 날개를 조금 펼치고 있기 때문에 날개 펼친 실잠자리라고도 한다. 연못이나 습지 주위에서 파리와 같은 곤충을 잡아먹으며 산다.

[청실잠자리]

청심환【淸心丸】심경의 열을 푸는 데 쓰는 환약. 예~먹었다.

청어[동물] 몸은 길고 납작하며 등은 짙은 푸른 색이며, 배와 몸 옆구리는 하얀, 식용 물고기.

청와대【靑瓦臺】경복궁 뒤 북악산 기슭의 넓은 터에 있는 대한민국 제19대 대통령관저 마지막으로 2022년 5월 10일 74년만의 국민 품으로 왔다.

청원【請願】어떤 허가 따위를 내주기를 청구하는 일. -하다.

청음【淸音】맑고 곱고 깨끗한 소리.

청·일 전:쟁【淸日戰爭】1894년에서 1895년 동학 운동을 핑계로 일본과 청나라가 평양에서 한 전쟁.

청자【靑瓷】고려 때 만든 푸른 빛깔의 자기. 비청자기. 예~의 신비.

청장년【靑壯年】「청년」과「장년」을 아울러 이르는 말. 20세~40세.

청정【淸淨】맑고 깨끗하고 고운 것.

청:진기 환자의 가슴이나 배에 대어 몸의 소리를 듣는 진찰 기구.

청천 벽력 ①뜻밖에 일어난 큰 변고. ②맑게 갠 하늘의 벼락. 날벼락.

청첩장【請牒狀】[-짱] 경사스러운 일이 있을 때에 남을 청하는 글.

청춘【靑春】젊은 시절. 비청년.

청:취【聽取】①사정을 잘 들음. ②라디오 방송을 들음. -하다.

청포도【靑葡萄】[식물] ①포도의 한 종류. 다 익어도 푸르스름하며, 껍질이 얇고 맛이 닮. ②설익은 푸른 포도. 예여름은 ~가 익는 계절.

청하다 ①바라다. 구하다. ②초대하

다. 예친구들을 ~. ③달라고 하다.
청해진【靑海鎭】[지명] 신라 시대의 장보고가 전라 남도 완도에 설치하였던 해군 군사 기지를 말함.
청화백자【靑華白瓷】 흰 바탕에 푸른 색 무늬를 넣어 구운 자기로 청자와 함께 우리 나라의 대표적 도자기이다.

[청화백자]

청호반새 산이나 강에 살며 물고기, 개구리, 뱀, 메뚜기를 먹는다. 4~7월에 짝짓기를 하며 알은 둥근 흰 색이고 봄에 우리 나라를 찾아와 가을에 떠나는 철새로 털빛깔이 아름답다.

[청호반새]

청혼【請婚】 결혼하기를 청하는 것.
체1 고운 가루나 액체를 얻기 위해 굵은 알갱이는 걸리게 하고 가루나 액체를 빠져 나가게 촘촘한 철망이 바닥에 달린 원통 모양의 부엌 가구. [체]
체2 그럴 듯하게 꾸미는 거짓 태도. 예잔난 ~. 그런 ~하며. 비척.
체3【滯】 ①먹은 것이 잘 삭지 아니하고 위 속에 답답하게 처져 있음. ②「쳇증」의 준말.
체감【體感】 몸이 느끼는 전체 감각.
체감 온도【體感溫度】 몸으로 느끼는 추위·더위의 온도.

체결【締結】 계약이나 조약을 맺음.
체계【體系】 일정한 원리에 의하여 각기 다른 것을 계통적으로 통일한 조직. 예~를 세우다.
체급【體級】 권투·태권도·레슬링 등에서, 경기자의 체중에 의하여 매겨진 등급. 예~경기.
체납【滯納】 세금이나 공과금을 정한 날짜에 내지 않음. -하다.
체내【體內】 몸의 안. 반체외.
체념【諦念】 ①도리를 깨닫는 마음. ②희망을 버리고 생각지 않음.
체능【體能】 어떠한 일을 감당할 만한 몸의 능력. 예~시험.
체력【體力】 어떤 일을 할 수 있는 힘.
체력장【體力章】 중·고등 학생들에게 실시하는 종합적인 체력 측정 및 그 결과를 적은 기록부.
체면【體面】 남을 대해 떳떳한 태도.
체스 서양 사람들이 즐기는 놀이 기구로 우리 나라의 장기 형식으로 되어 있으며 두 사람이 놀이를 하여 승패를 가리는 서양 놀이 기구이다.

[체스]

체온【體溫】 사람이나 동물의 몸의 온도. 예~이 높다. 몸내의 온도.
체육【體育】 신체의 발달·단련을 꾀하는 교육. 몸의 운동 능력 발달.
체육관【體育館】 사람이 모여 체조나 경기 등을 할 수 있게 만든 건물.
체육 제전【體育祭典】 「전국 체육 대회」를 달리 이르는 말.

체인지 ①변화. 변경. ②교환. 교체. ᵉˡ물건을 ~하였다. -하다.

체제【體制】①꾸밈새. ②사회적인 제도와 조직의 양식. ③생물체의 구조의 기본 형식. 방사 대칭·좌우 대칭 따위. ᵉˡ사회~.

체조【體操】몸의 발달을 돕고 동작을 민첩하게 하기 위하여 행하는 운동. ᵉˡ맨손 ~. -하다.

체중【體重】몸의 무게. ᵇⁱ몸무게.

체중계【體重計】주로 사람의 몸무게를 재는 데 쓰는 저울로 이용하도록 제작된 기계.

체질【體質】지니고 있는 몸의 성질.

체크 ①대조. 검사. ②바둑판 모양의 옷감 무늬. ᵉˡ~치마. -하다.

체통【體統】지체나 신분에 알맞은 체면. ᵉˡ~을 지키다.

체포【逮捕】죄인을 뒤쫓아 가서 잡음. ᵉˡ살인범을 ~하다. -하다.

체험 몸소 치러 봄. 또는 그 경험. 몸으로 현실을 경험하여 겪는 것.

체험담 직접 겪은 이야기.

첼로 바이올린처럼 생긴. 낮은 소리를 내는 서양 현악기. 이탈리아 어 cello 에서 온 말이다.

쳐내다 쓰레기 등을 쓸어 모아서 일정 곳으로 가져가다.

쳐:다보다 얼굴을 들어 위를 향하여 바라보다. ᵉˡ아기 얼굴을 ~.

초₁ 불을 켜는 데 쓰는 물건. ᵉˡ~불.

초₂【醋】조미료의 하나로 시면서 단맛이 나는 액체. ᵉˡ식~.

초₃【秒】시간의 단위로서 분의 60분의 1. 1분을 60등분할 때 세는 말.

초-【初】「처음」의 뜻을 나타내는 말. ᵉˡ~여름. 년~에 계획을 짠다.

초가 볏짚·밀짚 따위로 이엉을 엮어 지붕을 이은 집. ᵇᵃⁿ기와.

초가을 이른 가을. 가을의 첫 시기. ᵇᵃⁿ늦가을. ᵉˡ~에 떠난다.

초가집 옛날에는 주로 지붕을 볏짚, 억세, 마른 풀 따위로 덮어 비나 눈의 물이 집 안으로

[초가집]

새지 않게 지은 집을 말한다.

초고【草稿】시나 문장의 초벌 원고.

초과【超過】일정한 한도를 넘는 것.

초급【初級】초·중·고로 나누었을 때 가장 낮은 등급. ᵇᵃⁿ고급.

초기【初期】맨 처음으로 비롯되는 시기나 그 동안. ᵇᵃⁿ말기. ᵇⁱ조기.

초년【初年】①일생의 초기. ②첫 해 또는 처음의 시기. ᵇᵃⁿ말년.

초능력【超能力】[-녁] 오늘날의 과학으로는 합리적으로 설명할 수 없는 초자연적인 능력. 텔레파시. 투시 등. ᵉˡ~을 가진 인간.

초단파【超短波】파장 1~10m의 전파. 주파수 30~300메가헤르츠.

초당【草堂】집의 원채에서 따로 떨어진 정원에 억새·짚 등으로 지붕을 이은 작은 집채. ᵇⁱ초암.

초대₁【招待】 남을 오라고 청하여 대접함. ^비초청. -하다.

초대₂【初代】 지위의 첫 번째의 차례.

초대권【招待券】 공연장이나 극장에 오도록 초대하는 표. ^관입장권.

초대형【超大型】 모형이 매우 큼.

초등 교육【初等敎育】 학교 교육의 맨 처음 단계로서 초보적·기초적인 교육. 초등 학교의 교육.

초등 학교【初等學校】 만으로 6~7세 되는 아동들이 다니는 학교로 수업 연한은 6년임.

초라하다 ①보잘 것 없다. ②옷을 잘 입지 못하다. ^반화려하다.

초래 ①어떤 결과를 가져오게 하는 것. ②불러서 오게 하는 것. -하다.

초로【草露】 풀잎에 맺힌 이슬.

초롱 석유나 물 따위 액체를 담는 양철통. ^예석유 한 ~.

초롱꽃 여러해살이풀. 산기슭이나 풀밭에 자라며 줄기는 곧게 서고 전체에 털이 있다. 여름에 희거나 연한 보랏빛이 도는 종 모양의 꽃이 핀다. ^예~이 핀다. [초롱꽃]

초롱불 옛날에는 전기가 없어 바람에 불이 꺼져 바람을 막고 눈에 보이도록 문 밖에 거는 물건. [초롱불]

초립【草笠】 옛날에, 나이 어려서 관례한 남자가 쓰던, 누른 풀로 연결하여 만든 갓. ^예~을 쓴 총각.

초막【草幕】 짚이나 풀 따위로 지붕을 이은 조그마한 막집. ^예~집.

초만원【超滿員】 정원 이상으로 사람이 많이 모인 것. ^예~사례.

초면【初面】 남과 처음으로 만난 것.

초목【草木】 풀과 나무. 우거진 수풀.

초반전【初盤戰】 시작한 지 얼마 안 된 무렵의 싸움. ^관중반전.

초벌구이 도자기를 처음 굽는 일.

초범【初犯】 맨 처음으로 저지른 죄.

초보【初步】 첫번에 한 것. 첫걸음.

초빙【招聘】 도움 줄 사람을 모셔옴.

초산【硝酸】 신맛이 있는 무색의 액체. 탄소·산소·수소의 화합물.

초상【肖像】 어떤 사람의 모습을 그린 화상이나 조각. ^예~화.

초석【礎石】 ①주춧돌. ②어떤 사물의 기초. ^예나라의 ~이 되다.

초속【秒速】 1초 동안에 가는 거리.

초순【初旬】 그 달의 1일에서 10까지의 열흘 동안. ^비상순. ^반하순.

초승달 음력으로 초승에 돋는, 눈썹처럼 가는 조각달. ^반보름달.

초식 동:물【草食動物】 소·노루 등과 같이 식물성 먹이만 먹는 동물. ^반육식 동물. ^예소는 ~이다.

초안【草案】 어떤 글을 짓기 위해 줄거리를 짠 글. 먼저 대강 적은 안.

초엽【初葉】 한 시대를 셋으로 나눌 때, 맨 처음의 기간. ^예21세기 ~.

초옥【草屋】 지붕을 풀로 이은 집.

초원【草原】 풀만 자라는 넓은 평

지. 비풀밭. 풀이 무성한 들판.

초원들꿩 나뭇잎, 곡식, 열매를 먹으며 여름에는 메뚜기와 곤충을 잡아먹고, 수놈은 목에 달린 주황색 주머니를 크게 하여 암컷을 유혹하며 알은 10~15개를 낳는다.

초월【超越】 어느 한도나 표준을 뛰어 넘음. 예상상을 ~하다. -하다.

초음속【超音速】 소리보다 빠른 속도.

초음파【超音波】 진동 수가 너무 크기 때문에 사람의 귀에는 들리지 않는 음파. 예~탐지기.

초인적【超人的】 보통 사람보다 뛰어난 능력을 가지고 있는 모양.

초인종【招人鐘】 사람을 부르기 위한 신호로 울리도록 하는 종.

초저녁 ①이른 저녁. ②날이 어두워진지 얼마 안 되는 때. 반새벽 녘.

초점【焦點】[-쩜] ①사물의 가장 중요한 곳. ②빛이 한 곳에 모이는 점. 예~을 맞추다.

초지 일관 처음 뜻한 바를 굽히지 않고 끝까지 밀고 나감. 한결같음.

초청【招請】 청하여 부름. 예파티에 ~되다. 비초대. -하다.

초췌하다 고생이나 병으로 몸이 여위고 파리하다. 예얼굴이 많이 ~.

초침【秒針】 초를 나타낸 시계 바늘.

초콜릿 코코아 가루에 설탕·향료·우류를 넣어서 굳혀 만든 서양 과자의 하나. 예~도너츠.

초:크 옷감을 자르거나 꿰매고자 할 때 선을 그을 때 쓰는 모서리가 둥근 삼각형 모양의 분필로 주로 양복점이나 양장점에서 사용함.

초토【焦土】 ①불에 타서 검게 된 흙. ②불타서 없어진 자리. 예~화 되었다. 관복구.

초파리 과일이나 발표된 식물성 음식에 모여들며, 날아다니는 작은 검정색 곤충으로 수명이 짧음.

초판【初版】 책을 최초로 인쇄하여 발행한 판. 예~을 내다. 관중판.

초하루 그 달의 첫째 날. 예~에 만나자. 반그믐. 말일. 월말.

초행【初行】 처음 감. 또는 그 길. 예이 길은 ~이다. 처음으로 가는 길.

촉:1 작은 물건이 길게 늘어지거나 처진 모양. 큰축. 예몸이 ~처짐.

촉2【鏃】 긴 물건의 끝에 박힌 뾰족한 물건의 총칭. 예펜~.

촉각【觸覺】 피부 감각의 하나. 물건에 닿았을 때 일으키는 감각.

촉감【觸感】[-깜] 살갗에 닿는 느낌. 손 끝으로 만져 본 느낌.

촉석루 경상남도 진주시 본성동에 있는 누각으로 우리 나라의 3대 누각이며 건축 양식이 뛰어나고 주로 경관이 뛰어나다.

촉수 털이 달린 예민한 수염 혹은 촉수로 모래나 진흙 속에 숨어 있는 무척 주위 환경이나 낮과 밤에 따라 몸 색깔을 바꿀 수 있다.

[촉수]

촉진 재촉하여 빨리 나아가게 함. 예소화를 ~시키다. -하다.

촌:【村】 도시에서 멀리 떨어진 시골의 마을. 비시골. 농촌. 벽촌.

촌:뜨기 시골에 사는 촌스러운 사람의 별명. 반서울뜨기.

촌:수【寸數】[-쑤] 친족 간의 멀고 가까움을 나타내는 수.

촌:충【寸蟲】 기생충의 한 종류로서, 척추 동물의 창자 속에 기생하는 빛의 흰 벌레. 촌백충(寸百蟲).

촐랑이 촐랑거리는 사람. 가벼운 사람.

촘촘하다 빽빽하고 빈 틈이 없다.

촛대 어두운 곳을 밝게 하기 위하여 초를 고정으로 꽂아 바람이 불어도 불이 꺼지지 않게 하는 기구.

촛대승마 여러해살이풀. 깊은 산 및 향로봉, 백두산 고지대에서 자라며 잎이 어긋나고 여름에 흰색의 잔꽃이 이삭 모양으로 피며, 건초를 약초로 쓴다.

[촛대승마]

촛불 양초에 켜 놓은 불. 초의 불.

총₁【銃】 사냥할 때나 전투에서 쓰는 무기. 예기관~.

총:-₂【總】 온통. 모두. 모두를 합함.

총:각【總角】 장가 갈 나이가 되고도 아직 장가 가지 아니한 남자. 예노~. ~이 장가를 간다. 반처녀.

총:계【總計】 전체를 한데 통틀어서 계산하는 것. 예~를 내다.

총:괄【總括】 개별적인 여러 가지를 한데 묶는 것. 예~적. -하다.

총기₁【銃器】 소총·권총 등의 무기. 예~검사를 한다. ~난동.

총기₂【聰氣】 총명한 기질을 가진 것.

총독 식민지를 다스리는 우두머리.

총:력 안보【總力安保】 나라의 모든 힘을 안전 보장에 쏟음.

총:리【總理】 ①국무 위원의 우두머리가 되는 관직. 국무 총리. ②전체를 모두 관리함. 비수상.

총명【聰明】 영리하고 기억력이 좋음. 예~한 아이. -하다.

총:본산【總本山】 우리 나라 불교의 전체 본산을 총괄하는 최고 종교 행정 기관.

총:사령관【總司令官】 전군을 통합 지휘하는 사령관.

총알고둥 헤엄을 치기도 하고 바위에 붙어서 살기도 한다. 밀물과 썰물에도 견딜 수 있게 표면이 단단하다.

[총알고둥]

총:애【寵愛】 특별히 귀엽게 여김.
총:액【總額】 전체를 모아 합한 금액.
총:장【總長】 대학교의 최고 책임자.
총:재 모든 사무를 총괄하여 결재하는 일. 또는 그 사람.
총:점 전체의 점수.
총채갯지렁이 이상하게 생긴 연형 동물로 산호나 바다 밑의 관에 살며 깃털 끝의 아가미 끝으로 먹이를 잡음.

[총채갯지렁이]

총총₁ 일이 매우 급하고 바쁜 모양. 예~히 걸어가다. 흉내말.
총총₂ 나무가 무성히 들어 선 모양.
총통【銃筒】 대포와 비슷한 옛날의 무기. 화전. 화통 등.
총회【總會】 어떤 기관이나 단체 전원의 모임. -하다.
촬영【撮影】 어떤 물체의 형상을 사진이나 영화로 찍음. 예사진 ~.
최:고봉【最高峰】 ①어느 지방이나 산맥 중에서 가장 높은 봉우리. 주봉. 예세계의 ~이다. ②어떤 분야에서 가장 뛰어난 수준의 비유.
최:근【最近】 ①가장 가까움. ②지나간 지 얼마 안 되는 날. 비근래.
최남선[인명](1890~1957) 사학가이며 문학가. 호는 육당. 신문학 운동의 선구자로 잡지「소년」등을 간행하였고, 독립 선언문을 씀.
최:대【最大】 가장 큼. 예~의 행복. 반최소. 가장 큰 것을 말함.
최:대 공약수【最大公約數】 공약수 중 가장 큰 수. 반최소 공배수.
최:대량【最大量】 가장 양이 많은 것.
최면【催眠】 최면술로 잠이 오게 함.
최면술【催眠術】 암시나 명령으로 잠이 오게 하는 술법. 예~을 걸다.
최:상【最上】 맨 위. 지상. 예~의 방법. 반최하. 가장 높은 상태.
최:상급【最上級】 가장 우수한 등급.
최:상품【最上品】 가장 우수한 물건.
최:선 ①가장 착하고도 좋음. 반최악. ②있는 힘을 다함.
최:선봉【最先鋒】 여러 명 중 맨 앞장.
최:소₁【最小】 가장 작음. 예~의 노력. 반최대. 최고로 적음.
최:소₂【最少】 가장 적음. 반최대.
최:소 공배수【最小公倍數】 공배수 중 0을 제외한 공배수로서 가장 작은 수. 반최대 공약수.
최:신【最新】 가장 새로움. 예~유행. 반최고. 가장 앞서 나오는 것.
최:신형【最新型】 가장 새로운 모양.
최:악【最惡】 조건과 상태가 나쁜 것.
최영[인명](1316~1388) 고려 말의 장군. 랴오둥 정벌을 주장하다가 이성계와 대립하여 이성계 일파에게 붙잡혀 귀양 갔다가 죽임을 당하였다.
최:우수【最優秀】 가장 뛰어남. 가장 우수함. 예~상. 영화 ~작품.
최:장【最長】 길이가 최고로 긴 것.
최:저【最低】 가장 낮음. 반최고.
최:저 가격【最低價格】 가장 싼 값.

비최저가. 반최고 가격.

최:적【最適】조건이 가장 알맞음.

최:전방【最前方】적과 가장 가까운 전방. 비최전선. 반최후방.

최:종【最終】맨 나중. 마지막. 맨 끝.

최:첨단【最尖端】유행이나 시대 따위의 가장 선두. 예~을 걷는다.

최:초【最初】어떠한 일들의 맨 처음.

최:하급【最下級】가장 안 좋은 등급.

최:하품【最下品】가장 안 좋은 물품.

최:후【最後】마지막 맨 끝. 종료함.

최:후의 만:찬 예수가 십자가에 매달리기 전 날 밤에 열두 제자와 함께 나눈 마지막 식사.

추【錘】저울 추처럼 끈에 달려 흔들리게 된 물건. 예시계~가 흔들림.

추가【追加】이미 있는 것에 더 보탬.

추격【追擊】상대를 공격하고 쫓음.

추계【秋季】가을의 시기를 말함. 춘계, 하계, 동계의 일년 사계절 중 세 번째인 가을이다. [추계]

추곡【秋穀】가을에 거둬들인 곡식.

추구【追求】끈기 있게 뒤쫓아 구함. 예이상을 ~하다. -하다.

추궁【追窮】잘못한 일을 끝까지 따지어 밝힘. -하다.

추기경【樞機卿】천주교에서 교황 다음 가는 성직.

추녀1 처마 네 끝의 기둥 위에 끝이 번쩍 들린 큰 서까래. 지붕을 떠받치는 나무. [추녀]

추녀2【醜女】얼굴이 못생긴 여자. 추부. 반미녀.

추도【追悼】죽은 사람을 생각하여 슬퍼함. 예~회. 비애도. -하다.

추락【墜落】높은 곳에서 떨어짐. 예비행기가 ~하다. -하다.

추리 이미 아는 사실을 전제로 아직 모르는 사실을 미루어 알아 냄. 예사건을 ~하다. -하다.

추방 죄 지은 사람을 조직 밖으로 멀리 못 쫓아 오게 조치하는 것.

추분【秋分】태양이 적도 위를 직각으로 비추는 날. 양력 9월 21일 경이며, 낮과 밤의 길이가 같음. 반춘분. 24절기 중 16번째 절기.

추사체【秋史體】조선 말기 서예가 추사 김정희의 독창적인 글씨체.

추상【追想】지나간 일을 생각하고 그리워함. 비추억. -하다.

추상화 실제 대상물의 모양에 얽매이지 않고 생각이나 느낌대로 그리는 그림. 예피카소의 ~작품임.

추석【秋夕】우리 나라 절의 하나 음력 8월 15일. 차례를 지내고 성묘 등을 함. 예~에 고향에 가다.
비한가위.

[추석]

추수【秋收】가을에 곡식을 거둬들이는 일. 비가을걷이. 수학. -하다.

추악【醜惡】 더럽고 지저분하여 아주 추함. 예~한 몰골. -하다.
추앙【推仰】 높이 받들어서 우러름.
추억【追憶】 지나간 일을 돌이키어 생각함. 비회상. -하다.
추위 겨울의 차가운 기운. 반더위.
추잡【醜雜】 언행이 더럽고 지저분하고 추함. 예~한 짓. -하다.
추장【酋長】 미개한 종족이 사는 마을의 우두머리. 부족의 우두머리.
추적【追跡】 뒤를 밟아서 쫓아감. 예경찰이 도둑을 ~하다. -하다.
추천【推薦】 ①어떤 조건에 적합한 대상을 책임지고 소개함. ②좋거나 알맞다고 생각되는 물건을 남에게 권함. 예반장에 ~함. -하다.
추첨【抽籤】 공식적 일에 제비뽑기.
추측【推測】 미루어 생각해 헤아림. 비추량. 짐작. -하다.
추켜세우다 위로 치올려 세우다. 예눈썹을 ~. 위쪽으로 서게 하다.
추태【醜態】 지저분하고 창피한 짓.
추파【秋波】 ①가을철의 잔잔하고 맑은 물결. ②사모의 정을 나타내거나 남자의 관심을 끌기 위해 은근히 보내는 여자의 눈짓. 예~를 보내다. 관심을 갖고 행동함.
추풍【秋風】 가을에 불어오는 바람.
추하다 지저분하고 못나고 더럽다.
축1 같은 무리나 또래의 한 동아리. 예우등생 ~에 낀다.
축2 무엇이 아래로 길게 늘어지거나 처진 모양. 예전깃줄이 ~늘어져 있다. 흉내말.

축3【軸】 ①굴대. ②도형 또는 물체의 중심이 되는 부분.
축구【蹴球】 11사람씩 두 패로 갈려 공을 발로 차거나 머리로 받아서 상대방 골에 넣어 득점하는 운동 경기. 예월드컵 ~경기. -하다.
축구공 축구를 할 때 필요한 기구로 발로 차는 관계로 소가죽을 재단하여 둥글게 만든 것으로 상당히 견고하고 오래 사용할 정도로 질기다.

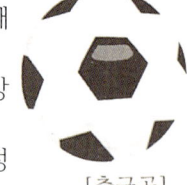
[축구공]

축대【築臺】 높이 쌓아 올린 대.
축복【祝福】[-뽁] 앞날의 행복을 빎. 비축사. 반저주. -하다.
축사1【祝辭】[-싸] 축하하는 글이나 말. 반조사. 축하의 연설. -하다.
축사2【畜舍】 가축을 기르는 건물.
축산【畜産】[-싼] 가축을 기르거나 그것에 의한 생산으로 돈을 범.
축성【築城】 ①성을 쌓음. ②요새·포대·참호 등의 구조물을 통틀어 이르는 말. 예진지를 ~하다.
축소【縮小】[-쏘] 크기를 줄여서 작게 함. -하다.
축음기【蓄音機】 음반에 들어 있는 음을 그대로 사람이 다시 들리게 하는 장치.

[축음기]

축의【祝意】 축하의 뜻을 전하는 것.
축의금【祝儀金】 축하하여 내는 돈.

축이다 물에 적셔 축축하게 하다. ᵉ물로 목을 ~. ᵏ적시다.
축재【蓄財】재물을 모아 쌓음. 또는 모은 재산. ᵉ부정 ~자. -하다.
축적【蓄積】많이 모아서 가지는 것.
축전지【蓄電池】전기 에너지를 화학 에너지로 바꾸어 모아 두었다가 필요한 때에 전기 에너지로 재생하는 장치. ᵉ~를 교체했다.
축제【祝祭】축하하여 벌이는 행사. ᵉ~분위기. 어린이날 기념~.
축조【築造】쌓아서 만드는 것. ᵉ성곽을 ~하다. ᵇ파괴. -하다.
축하【祝賀】일의 잘 됨을 빌고 기뻐함. ᵇ축복. ᵇ애도.
춘계【春季】봄철. 춘기.
춘란【春蘭】뿌리 줄기는 옆으로 뻗고 흰 수염 뿌리가 나며 이른 봄에 뿌리에서 푸르스름한 꽃 줄기가 나와 5~6월에 엷은 녹색의 꽃이 핀다. 관상용으로 집이나 화원에서 많이 기른다. [춘란]
춘부장【春府丈】남의 아버지를 높이어 부르는 말.
춘분【春分】24절기의 하나. 태양이 적도 위를 직각으로 비추는 때. 양력 3월 21일 경이며 낮과 밤의 길이가 같음. ᵇ추분.
춘천[지명] 강원도의 도청 소재지.
춘추【春秋】①봄과 가을. ②어른의 나이를 높여 일컫는 말. ③세월.
춘하추동 봄·여름·가을·겨울. 곧 일년의 계절을 말함.
춘향전【春香傳】[책명] 한국의 대표적인 고대 소설의 하나.
출가₁【出嫁】처녀가 시집을 가는 것.
출가₂【出家】집을 나감. ᵉ~여승.
출격【出擊】항공기가 적을 공격하러 나감. ᵉ~명령. -하다.
출고【出庫】물품을 창고에서 꺼냄.
출생률【出生率】인구 1,000명에 대하여 1년 간의 출생 비율.
출생 신고【出生申告】출생한 사실을 관청에 알리는 일. -하다.
출판【出版】책·그림 등을 인쇄하여 세상에 내놓음. ᵇ간행. -하다.
출판권【出版權】저작권의 기능 중 하나로, 어떤 저작물을 인쇄·간행할 수 있는 독점적·배타적 권리. ᵉ본사가 ~을 가지다.
출판사【出版社】출판을 업으로 삼는 회사. ᵉ유아 전용물 ~.
출품【出品】전람회·전시회 같은 곳에 물건·작품을 내놓음. -하다.
춤 음악에 맞추거나 흥에 겨워 여러 가지 손짓·몸짓을 하며 우쭐거리고 뛰노는 예술적 동작.
춤사위 한국의 전통 춤에서 춤을 이루는 여러 가지 기본적인 몸짓. ᵉ풍악에 맞춰 추는 ~는 산대놀이의 가장 중요한 부분이다. [춤사위]
춥다(추우니, 추워) ①날씨가 차다. ②찬 기운이 느껴지다. ᵇ덥다.

충격【衝激】 서로 세차게 부딪침. 예그 사고는 ~이었다. 비쇼크.

충고【忠告】 참된 마음으로 남의 잘못을 타이름. -하다.

충돌【衝突】 ①서로 부딪침. 예~사고. ②쌍방의 의견이 맞지 아니하여 서로 맞섬. -하다.

충동【衝動】 마음을 들쑤시어 움직이게 함. 예~질. -하다.

충렬사【忠烈祠】 충성을 다하여 바른 도리와 절개를 지킨 사람의 영을 모시는 사당.

충매화【蟲梅花】[식물] 곤충이 꽃가루를 옮겨 주어 열매를 맺는 꽃. 분꽃·호박꽃·무꽃 따위.

충무공【忠武公】 이순신 장군이 죽음 뒤 그 공을 기리는 뜻으로 임금님이 내린 호.

충분【充分】 모자람이 없이 넉넉함.

충성【忠誠】 참마음에서 우러나는 정성. 비충절. 충의. -하다.

충신【忠臣】 나라와 임금을 위하여 충절을 다한 신하. 반역적. 역신.

충실【充實】 ①몸이 굳세고 튼튼함. 예~한 몸. ②내용·설비 등이 알참. 예~한 생활을 하다. 비알참.

충심【忠心】 속에서 우러난 참마음.

충적【沖積】 하천에 의해 운반되어 온 흙과 모래가 퇴적하는 것. 예~평야. ~으로. 운반된 모래.

충전【充電】 전력이 없는 축전지 등에 전력을 채우는 일. -하다.

충족【充足】 ①일정한 분량을 채움. ②분량이 차서 모자람이 없음.

충주댐 충청 북도 중원군에 있는 다목적 콘크리트 댐. 수력 발전을 하며, 경인 지구를 포함한 한강 유역에 물을 대어 줌.

충청도【忠淸道】 충청 남·북도를 합해 부르던 옛날의 행정 구역.

충치【蟲齒】 벌레가 먹은 이. 썩은 이.

충해【蟲害】 해충으로 인한 농작물의 피해. 예~를 방지하다.

충효【忠孝】 나라를 위한 충성과 부모를 섬기는 도리. -하다.

취ː급【取扱】 일을 처리함. 다루어 처리함. 예~물품들이 조작한다.

취나물 잎이 넓고 길며, 조금 쌉쌀하면서 독특한 향기가 있는 나물로 깊은 고산 지대에서 자라며 지금은 사람이 재배도 한다. [취나물]

취ː득【取得】 이익을 얻는 것.

취ː미【趣味】 마음에 당기어서 자꾸 좋아지는 흥미. 예~는 독서다.

취바리 산대 놀음에 쓰이는 괴상한 모양의 남자의 탈.

취ː소【取消】 약속하거나 발표했던 것을 나중에 없었던 것으로 함.

취ː업【就業】 일할 자리를 가지는 것.

취ː임【就任】 맡은 자리에 나아가 임무를 처음 보기 시작함. 예장관으로 ~하다. 반이임. -하다.

취ː주악【吹奏樂】 타악기나 관악기로 구성되어 연주하는 음악.

취ː지【趣旨】 ①어떤 일을 하려고 하는 근본 생각. 예~를 밝히다.

②말이나 글의 요점.

취:직【就職】일자리를 얻음. 비취업. 반실직. 퇴직. 사직. -하다.

취:침【就寢】잠자리에 들어 잠을 잠.

취:하다【醉-】①술 기운이 온 몸에 퍼지다. 반깨다. ②반하여 마음을 빼앗기다. 예술에~.

취:향【趣向】취미가 쏠리는 방향. 예~에 맞게 고친다.

-측【側】어떠한 쪽의 뜻을 나타내는 말. 예상대~. 반대 ~ 의견.

측근【側近】①곁의 가까운 곳. ②가까이 모시는 사람. ③주변 인사.

측량【測量】①물건의 높이·길이·넓이 따위를 잼. ②땅 위의 어떤 위치·각도·거리·방향 따위를 재어 표시함. 또는, 그런 일. 비측정. 예집터를 ~한다. -하다.

측면【側面】물체의 앞에서의 좌우면. 예~공격. 반정면. 사실의 한면.

측면도【側面圖】물체의 측면에서 바라본 도면. 예~를 그리다.

측백나무 두꺼운 작은 잎이 한테 몰려서 손바닥 모양으로 나고 작은 가지가 많고 키가 크지 않아 울타리를 만드는 데 쓰는 좋은 늘푸른 나무. 예~울타리.

[측백나무]

측선【側線】물고기들의 몸 옆구리에 있는, 감각을 느끼는 줄. 옆선.

측우기【測雨器】하늘에서 내리는 비의 강우량을 재기 위하여 만들어 놓은 기구로 농사나 일기에 소중함.

[측우기]

측정【測定】①재어서 정하는 것. ②추측하여 결정하는 것. ③일정한 양을 기준으로 하여 크기를 잼.

측후소【測候所】기상을 관측하여, 예보·정보를 알려 주는 곳.

층【層】①층층대의 계단. 2~ 양옥집. ②여러 층으로 지은 건물에 있어서의 한 층. 비계층.

치 길의 단위. 한 자의 십분의 일. 촌. 약 3cm임.

치과【齒科】[-꽈] 이를 전문적으로 치료·교정·가공하는 의학의 한 분야. 예~의사. 아산~대학.

치다 바람·눈보라·물결·번개 따위가 몹시 일어나다. 예물결~.

치레 잘 손질하여 모양을 내는 일. 예겉~. -하다.

치료 병이나 다친 데를 고침.

치르다 주어야 할 물건 값을 내다.

치리 물이 천천히 흐르는 강이나 냇가 또는 저수지에서 살며 몸 길이 약 15~20cm, 우리 나라의 특산종.

[치리]

치마 여자의 아랫도리에 입는 겉옷. 반저고리. 예여자의 ~저고리.

치마저고리 여자들이 옛날에 일상

복으로 입었고 지금은 한복으로 위의 저고리와 아래 옷 치마를 말한다. 한복의 치마와 저고리.

치:명상【致命傷】 죽을 지경에 이르게 하는 큰 상처. 예~을 입히다.

치밀다 ①아래에서 위로 북받치다. ②욕심·화·불길 따위가 힘차게 일어나다. 반내리밀다.

치사【恥事】 창피하고 남 부끄러운 일. 예~한 일만 한다. -하다.

치석【齒石】 이의 안팎이나 틈 사이에 누렇게 굳어 붙은 단단한 물질.

치수 길이에 대한 몇 자 몇 치의 셈. 예양복 ~를 재다. 옷의 크기.

치아【齒牙】 사람의 「이」를 점잖게 이르는 말. 예~가 튼튼하다.

치약【齒藥】 이를 닦는 데 쓰는 약품.

치열【熾烈】 형세가 세차고 사나움. 예~한 싸움. 비극렬. 매우 세다.

치욕【恥辱】 부끄러움과 업신여김을 당하여 욕됨. 반영광.

치우다 ①물건을 다른 곳으로 옮기다. ②흩어진 것을 정돈하다. 예쓰레기를 ~. ③버리다. 청소하다.

치유【治癒】 치료를 받고 병이 나음.

치읓 한글의 자음 글자. 「ㅊ」의 이름.

치이다 ①무거운 물건의 밑에 내리 눌리거나 깔리다. 예차에 ~. ②덫 따위에 걸리다.

치자나무 늘푸른 떨기 나무. 잎은긴 타원형이고, 여름에 향기가 강한 흰 꽃이 피는데, 시들 무렵 노랗게 변한다. 열매는 약재나 염료로 쓰고 관상수로 심는다.

치장【治粧】 화장해 보기 좋게 꾸밈.

치:중【置重】 어떠한 것에 특히 중점을 두는 일. -하다.

치:즈 우유 중의 단백질을 굳혀 발효시킨 음식. 비한국 ~공장.

치질【痔疾】 항문의 안팎에 생기는 병을 통틀어 이르는 말.

치킨 ①닭고기. ②「프라이드 치킨」의 준말. 서양식 요리의 닭고기.

치:타[동물] 누런 바탕에 검은 얼룩무늬가 있는 사나운 짐승. 아프리카와 인도의 초원 지대에 살며 동물 가운데 가장 빠르게 달린다.

치통【齒痛】 이가 아픈 증세. 아픈 이.

친구 오래도록 친하게 사귀어 온 벗. 비친우. 동무. 벗.

친권【親權】 부모가 미성년자인 자식에 대하여 가지는 재산상의 권리와 의무의 총칭.

친근【親近】 사이가 매우 가까운 것.

친남매【親男妹】 서로 사이가 가까운 것.

친밀【親密】 서로 사이가 가까운 것.

친부모【親父母】 자기를 낳아 준 아버지와 어머니. 반양부모.

친일파【親日派】 ①일본과 친한 파. ②1945년 이전의 일제 때 반민족적 행위를 한 무리.

친절【親切】 매우 고분고분하고 정다움. 비다정. 반불친절. -하다.

친정【親庭】 시집간 여자의 본집. 비친가. 반시댁. 시집. 본친정집.

친척【親戚】 같은 조상의 피를 받아 태어난 자손들. 비친족. 혈족.

친칠라 커다란 눈과 긴 귀. 숱이 많은 꼬리털을 가진 동물이며 100마리 정도가 무리지어 살며, 대개 앞발로 먹이를 들고 먹는다. 암컷이 크고 겨울에 두 번 새끼를 낳는다.

친하다【親-】①사귀는 사이가 두텁다. ②가까이하다.

친형제 한 부모에게서 난 형제 사이.

칠₁【漆】 빛깔이나 광택을 내는 데 쓰는 물감. 「옻칠」의 준말.

칠₂【七】 일곱. 칠. 한자 이름으로 칠.

칠기【漆器】 옻칠과 같이 검은 잿물을 입힌 도자기. ᵉ나전~.

칠교놀이 조각판이 모두 일곱 개로 정사각형, 이등변 삼각형, 평행 사변형 모양을 하고 일곱 조각을 씀.

칠레 남아메리카 대륙 서쪽 태평양을 끼고 남쪽으로 뻗어 있는 나라. 수도는 산디아고. [75만 7천km²].

칠면조 [동물] 닭과 비슷한 새. 꼬리를 벌리면 부채 모양으로 되고 때때로 볏빛이 빨강·파랑 색으로 변함.

칠석【七夕】[-썩] 음력 칠월 칠일. 견우성과 직녀성이 오작교에서 만난다는 날. 칠월 칠석날.

칠순【七旬】 일흔 살. 칠십세.

칠전 팔기【七顚八起】 일곱 번 넘어져도 여덟 번 일어난다는 뜻.

칠중주【七重奏】[-쭝-] 일곱 사람이 각기 다른 악기로 하는 연주.

칠판【漆板】 검정이나 녹색 칠을 하여 분필로 글씨를 쓰게 만든 널 조각. ᵇ흑판. ᵉ~에 글씨를 씀.

칠현금【七絃琴】 일곱 줄로 된 악기. 거문고 비슷함.

칠흑【漆黑】 검고 광택이 있음. 또는, 그 빛깔. ᵉ~같이 어두운 밤.

칡 [칙][식물] 콩과의 여러해살이 덩굴진 풀. 뿌리는 먹고 줄기는 끈으로 씀. 뿌리의 즙은 약용임.

칡부엉이 머리 위 삐죽한 것은 깃털이며 귓구멍은 따로 있다. 청각이 예민하여 밭쥐나 생쥐를 잘 잡아 먹으며 까마귀 둥지에 알을 낳는다.

침₁ 입 속의 타액선에서 분비되는 끈기있는 소화액. ᵉ군 ~이 돈다.

침₂【鍼】 병을 고치는 데 쓰는 바늘. ᵉ~을 놓다. 한방~ 전문 기관.

침개미 아프게 물기 때문에 사람도 물리면 매우 아프다. 개미 일종.

침:대【寢臺】 사람이 누워 자는 서양식 잠자리. ᵇ침상.

침략【侵略】[-냑] 남의 영토를 침범하여 빼앗음. ᵇ침범. ᵃ방어.

침몰【沈沒】 배가 물 속에 가라앉음.

침묵【沈默】 말 없이 가만히 있음.

침범【侵犯】 남의 나라를 처들어감. ᵇ침노. 침략. 침공. -하다.

침샘 침을 내보내는 샘.

침수【浸水】 큰 비로 물에 잠긴 것.

침술【鍼術】 침을 놓아 병을 치료하는 한방의 의술. ᵉ한국~ 학회.

침식【浸蝕】 흐르는 물이 땅을 깎아내거나 무너뜨리거나 하는 작용. ᵉ~작용. -하다.

침식【寢食】잠을 자는 일과 먹는 일.
침엽수【針葉樹】소나무·잣나무·전나무 등과 같이 잎이 바늘처럼 가늘고 긴 나무를 통틀어 이르는 말. 반활엽수. 예산의 ~림.
침입【侵入】함부로 침범해 들어감.
침전【沈澱】액체 속에 섞여 있는 물질이 밑바닥에 가라앉는 일.
침착【沈着】어떤 일에 당황하지 아니하고 마음이 가라앉아 있음.
침팬지[동물] 머리가 썩 뛰어난 원숭이의 한 종류. 키는 약1.5m 정도
침해 침범하여 손해를 끼침.
칫솔 이를 닦는 데 쓰는 솔. 관치약.

[침팬지]

칭찬【稱讚】좋은 점이나 착하고 훌륭한 일을 높이 평가함. 참침송.
칭탄【稱歎】칭찬하고 감탄하는 것.
칭하다 일컫다. 논하다. 부르다.
칭호【稱號】어떠한 뜻으로 부르는 이름. 사회의 습관이나 제도에 따라 붙이는 명칭. 비명칭. 호칭.

---

2. '삼가하다'와 '삼가다'

'삼가'에 '하다'를 붙여 쓰면 틀린다.
곧 '삼가해 주십시오'가 아니고, '삼가 주십시오'가 맞다. '삼가'에 '-하다'를 붙여 쓸 수 없다는 것이다.
그러나 이 설명이 무조건 맞다고만 할 수 없다. 변칙 동사라는 것은 '-하다'가 붙는 모든 동사(또는 형용사)의 어미인 '어'가 '여'로 변하는 것을 말하기 때문에 '삼가'에 '-하다'가 붙을 수 있다는 게 성립되는 것이다.

3. '잠간'과 '잠깐'

'잠간'은 한자어인 '暫間'에서 온 말이라 하여 '잠간'으로 표기해야 된다는 주장이 있는가 하면 '잠깐'이라는 습관음 그대로 사용해야 한다는 주장도 함께 있다.
둘 모두 일리가 없는 바는 아니지만, 복잡하게 생각할 것 없이 '잠간'이라 쓰고 발음을 '잠깐'이라 하면 된다. 본래의 표기까지 바꾸어서는 도리어 혼란만 가중시킬 뿐이다.

ㅋ[키읔] 한글 자모의 열한 번째 글자. 이름은 키읔.

카나리아[동물] 되새과의 새. 종달새와 비슷하고, 배와 허리는 누르스름하며 겨드랑이 부분에 검은 얼룩 점이 있음. 방울 소리처럼 울어 가정에서 많이 기름.

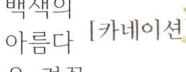
[카나리아]

카:네이션[식물] 석죽과에 딸린 여러해살이풀. 여름에 향기 있는 홍색·백색의 아름다운 겹꽃이 핌. [카네이션]

카누: ①짐승의 가죽·나무껍질·통나무 등으로 만든 작은 배. ②「카누 경기」의 준말.

카:드 어떤 사항을 기록해 자료로 보관하는 작은 종이.

카메라 사진을 찍는 기계. 휴대용 사진기. 들거나 메고 다니며 영화, 비디오 등 여러 사진을 찍는 기구.

카멜레온[동물] 도마뱀과에 딸린 파충류. 몸 길이 약 30cm정도 며, 온도·빛에 따라 몸 색깔이 변하고 주위 환경에 잘 적응한다.

[카멜레온]

카세트 ①녹음을 재생할 수 있도록 만든 녹음기. ②「카세트 테이프」의 준말. 예~로 영어 공부를 한다.

카우보이 ①목동. ②소몰이. 말몰이.

카운슬러 심리적인 문제·고민 등의 상담을 전문으로 하는 사람. 상담원. 예직업이 ~이다.

카운트 ①운동 경기에서 행하는 득점·계산. ②권투에서, 녹다운의 경우에 초를 재는 일. ③계산. 셈.

카자흐스탄 중앙 아시아 북부에 있

카카오 는 나라. 1991년 소련의 해체로 독립국이 되었으며, 수도는 아스타나이다. [271만 7천km^2]

카카오[식물] 카카오 나무의 열매. 오이와 비슷하며, 씨는 가루를 내어 코코아를 만드는 열대 과일임.

카탈로그 ①상품 목록. 영업 안내. ②도서 목록 따위를 수록한 책자.

카틀레아 주로 유럽에서 품종이 개량된 난으로 꽃이 오래 피며 보기에 화려하나 향기가 나지 않으므로 동양난과의 대조적인 난이다. [카틀레아]

칸 ①건물에서 일정한 규격으로 둘러막은 공간. ②사방을 둘러막은 그 선의 안. 칸막이

칸나 줄기는 원통형 모양이고, 잎은 큰 타원형으로 어긋난다. 여름에 붉은 색, 노란 색 등의 꽃이 피고 관상용으로 가꾸는 알뿌리 화초임. [칸나]

칸막이 공간 사이를 막는 일. 또는 물건. 예~방 ~설치 공사.

칼 물건을 베거나 써는 데 사용하는 연장. 예~부엌~. 비검. 반나무.

칼국수 밀가루를 반죽하여 방망이로 얇게 민 후 가늘게 썰어 만든 국수. 손국수. 반틀국수.

칼로리 열량의 단위. 순수한 물 1g을 1기압에서 1℃ 올리는 데 필요한 열량이 1칼로리임.

칼륨 은백색의 연한 알칼리 금속 원소.

칼새 몸 길이가 약 20cm 정도로 큰 새. 날아다니면서 벌레를 잡아 먹고 깊은 산속  [칼새] 에서 주로 생활하며 민가에서는 보기가 어려운 새로 알려졌다.

칼슘 은백색의 가벼운 금속 원소.석회암·뼈·조개 껍데기 등의 주성분.

캄보디아 인도차이나 반도의 동남부에 있는 나라 쌀과 고무를 많이 생산하며, 수도는 프놈펜이다[18만 1천km^2]

캄캄하다 ①매우 어둡다. 반환하다. 큰컴컴하다. ②희망이 없어 앞길이 까마득하다. 참어둡다.

캐나다 북아메리카 대륙의 북부에 있는 나라. 영국 연방에 속해 있다. 수도는 오타와. 면적은 세계에서 두 번째로 크다. [997만 6천km^2]

캐:다 ①땅에 묻힌 물건을 파 내다. ②모르는 일을 더듬어 묻다. 예사건 전말을~묻다. 반심다.

캐러멜 우유·버터·물엿·밀가루 등에 바닐라 따위의 향료를 넣어 고아서 굳힌 서양식 과자.

캐비닛 귀중품이나 사무용품 등을 넣어 보관하는 장. 관장농. 가구.

캐어묻다[-따] 깊이 파고들어 묻다. 예꼬치꼬치.~ 비듣고 있다.

캐주얼 옷 따위를 간편하게 입는 일. ^예~한 옷차림. ~의상실.

캐처 야구의 포수. ^예~를 잘한다.

캐치 잡음. 파악함. ^반놓치다. 잡다.

캐피바라 물돼지라고 하며, 설치류 가운데 가장 크며, 억센 몸과 커다란 머리를 가짐. [캐피바라]

캔버스 유화를 그리는 삼베와 같은 헝겊. ^예~에 6그림을 그린다.

캘린더 달력. 카렌다(×).

캠페인 사회적·정치적 목적을 위해 조직적으로 행하는 운동. ^예~을 벌이다. 걷기~ 운동.

캠프 ①야영. 야숙. ②야영 진지. ^예~생활. ③야외의 임시 거처.

캥거루: [동물] 앞다리가 짧고 뒷다리와 꼬리가 길며, 암컷의 배에 주머니가 있어 새끼를 넣고 다님. [캥거루]

커닝 시험 중에 남의 것을 보고 쓰는 부정 행위.

커:다랗다 매우 크다. 상당히 크다.

커버 덧씌우는 물건. 뚜껑. ^예의자~.

커트 라인 끊어 버리는 선. 합격권의 최저선. ^예~에 못 미치다.

커플 ①한 쌍. ②남녀의 한 쌍. 부부.

커:피 커피나무 열매의 씨를 볶아서 만든 가루. 향기가 좋고 카페인이 많음. 커피로 만든 갈색의 차.

컨디션 몸이나 마음의 상태.

컨테이너 화물 수송에 쓰이는 쇠붙이로 만든 커다란 상자. [컨테이너]

컬러 색깔. 천연색. 자연색을 말함.

컴퍼스 제도 용구. 선의 길이를 재거나, 나누건, 원을 그리는 데 씀.

컴프리 밭에서 재배하며, 잎이 어긋나고, 초여름에 연한 자주색이나 흰색 꽃이 피고 약용으로 쓰거나 차로 끓여 마시는 여러해살이풀이다. [컴프리]

컴퓨:터 전자 장치를 이용하여 복잡한 계산을 하며, 많은 자료를 기억하고, 판단 능력이 있는 기계. 다른 기계를 다스리는 전자 기계임.

케냐 아프리카 대륙 동부의 적도에 있는 나라. 지하 자원이 풍부하고 500m 고원이며, 야생 동물의 낙원으로 수도는 나이로비이다.[58만 km^2]

케이블카: 공중을 건너지른 강철선에 운반차를 달아 사람이나 짐을 나르는 장치.

[케이블카]

케이비:에스 「한국 방송공사」란 영어의 준말. [KBS]의 한글 표기.
케이스 「한국 공업 규격」의 약호.
케이 오: 넉아웃. 권투에서 상대자가 10초 안에 다시 일어나지 못하게 때려 눕히는 일. [KO]영어.
케이오:시: 한국 올림픽 위원회 예그는 ~의 위원이다.[KOC]영어.
케이크 밀가루·달걀·버터·우유·설탕 등을 주재료로 하여 만든 서양 과자의 총칭.
케일 밭에서 재배하는 채소로 잎이 오글쪼글하고 겹으로 포개지지 않는다. 비타민과 무기염류가 많아 야채 주스로 만드는 데 주로 쓰인다. [케일]
케첩 과일·채소 등을 끓여서 농축한 것에 감미료·식초 등을 섞어 만든 소스의 한 가지. 케챂(×).
케케묵다 일이나 물건이 매우 오래 묵어서 쓸모가 없다. 아주 낡은 것.
켄트지 그림이나 제도용 등으로 쓰이는 흰색의 빳빳한 종이.
켜다 ①불을 붙이다. 톱으로 나무를 썰어 쪼개다. ③기지개를 하다. 예기지개를 ~. 반끄다. 끈다.
켤레 신·버선 따위의 두 짝으로 된 것의 한 벌을 세는 말. 예신한~.
코 ①숨쉬는 것과 냄새를 맡는 일을 하나 오관의 하나. ②코에서 나오는 진득진득한 점액. 비콧물.

코끼리[동물] 몸이 크고, 눈은 작고, 코는 긴데 자유스럽게 놀릴 수 있으며, 육지 [코끼리] 에서 사는 동물 중 가장 큰 짐승.
코:너 일정한 공간의 구석. 구석이나 모퉁이. 예~를 돌다. 스낵 ~.
코:드 전등 또는 전기 기구에 접속하는 전선. 예전기 ~를 연결함.
코뚜레 소의 코청을 꿰뚫어 끼고 고리 모양의 나무. 다 자란 송아지 때부터 고삐를 매는 데 씀.
코리아 한국. 고려 때 외국인이 부름.
코리언 한국인. 한국어. 한국적인 것.
코미디 희극. 반비극.
코브라[동물] 머리가 납작하게 옆으로 퍼진 무서운 뱀이다. 맹렬한 독이 있어 뱀에 물리고 속히 치료를 안 하면 생명이 위험하며 인도와 아프리카에 산다. [코브라]
코뿔소[동물] 포유류 코뿔소과에 속하는 동 [코뿔소] 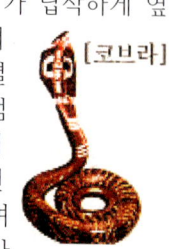 물의 총칭. 몸이 크고 몸 높이 1.2~2m. 머리가 크며 코 위에 하나 또는 두 개의 뿔이 있는 동물.

코:스 ①방향. 진로. ②경주 따위에서 선수가 나가는 길.

코스모스[식물] 국화과의 한해살이풀. 키가 크고 잎이 가늘게 찢어졌으며, 가을철에 여러 가지 빛깔로 떼지어 피는 꽃. [코스모스]

코알라 머리는 곰과 비슷하고 주로 나무 위에서 지내는 오스트레일리아에 사는 주머니에 넣어 키우다. 조금 크면 등에 업고 기른다.

코주부 원숭이 [코주부 원숭이] 수컷은 코가 크며, 우렁찬 소리를 낼 때 코기 우뚝서며 화가 나면 코가 빨개지고 암컷은 코가 작다. 망그로브가 있는 습지에 산다.

코:치 운동 경기의 정신·기술을 지도·훈련시키는 일. 또는 그 사람. 감독 아래 직책. -하다.

코코아 열대 지방에서 자라는 카카오 나무의 열매를 말려 얻은 가루. 음료..·과자·약재로 씀.

코:트 테니스·농구·배구 등의 경기장. 예테니스 ~. 배구~.

코트디부아르 아프리카 서부 기니만에 있고 수도는 아비장이다. [32만 2천km²]

코피 코 안의 혈액이 터져 나온 피.

콘도르 몸 길이가 1.3m정도로 대단히 크고 안데스 산맥에 주로 살며 추위에 강하고 잡식성으로 생명력이 강하다. [콘도르]

콘사이스 휴대용 사전. 소형 사전. 간결·간명이란 뜻임. 예미니 ~.

콘서:트 ①음악회. 연주회. ②연주단체. ③서양 음악 연주회.

콘크리:트 시멘트에 모래·자갈 등을 물과 같이 섞어서 굳힌 것.

콘텍트 렌즈 안경 대신 눈알에 직접 붙이는 렌즈. 예~를 착용했다.

콘테스트 용모·작품·기능 등의 우열을 가리는 대회. 예사진 ~.

콜레라 몹시 열이 나고 설사를 하며, 또 토한 끝에 수분이 말라 죽는 무서운 병.「호열자」라고도 함. 예~ 환자.

콜레스테롤 동물의 신경 조직·혈액 속 등에 함유되어 있는 지방 비슷한 물질.

콜롬비아 남아메리카의 북서부에 있는 나라. 제2의 커피 생산지로 수도는 보고타이다.[114만 2천km²]

콜리 어깨 높이가 56~66cm이며 영리하고 주인의 말을 잘 들으며 목장에서 양이나
[콜리]

소 또는 말을 잘 관리하고 애완견으로도 많이 기르는 개다.

콧노래 기분이 좋아 흥겨워 콧소리로 부르는 노래. -하다.

콧수염 코 아래 윗입술에 난 수염.

콩 [식물] 노랗거나 까만 빛을 내며 동그랗고 낱알로 콩나물, 두부, 된장 따위의 재료가 되는 곡물. [콩]

콩고 아프리카의 중심부에 있는 나라. 적도를 지나고 있으며, 수도는 브라자빌이다. [32만 2천 km²]

콩고 공작 아프리카의 열대 우림 지역 깊숙한 곳에 사는 희귀한 새로 나무 위에서 잠을 자고 주로 나무 열매를 먹음. [콩고공작]

콩나물 ①콩을 시루 같은 것에 담아 그늘진 곳에 두고 콩에 물을 주어 뿌리를 내려 자라게 한 식료품. ②몹시 밀집되어 있는 것의 비유. 예~ 교실에서 공부를 하였다.

콩숭이 여름부터 가을에 볼 수 있으며 풀무치와 비슷하고 가슴과 뒷날개의 무늬로 구별되어 메뚜기와 달리 식용으로 쓰이지 않는다.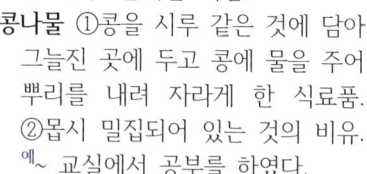
[콩숭이]

콩쥐 팥쥐 [책명] 조선 시대의 한글 소설. 신데렐라와 비슷한 이야기로, 계모의 학대를 그렸음. 지은이와 연대를 모름.

콩쿠:르 음악·무용·연극 등의 재주를 서로 견주는 경연회.

콩트 짧고 재치 있게 쓴 단편 소설.

콩팥 ①콩과 팥. ②동물의 몸 속에서 오줌을 걸러 내는 기관. 신장.

쾌감 【快感】 상쾌하고 즐거운 느낌. 예~을 느끼다. 비쾌락.

쾌락 【快樂】 기분이 좋고 즐거움. 예~에 빠지다. 비쾌감. 몹시 즐겁다.

쾌속 【快速】 속도가 매우 빠른 것.

쾌속선 【快速船】 속도가 매우 빠른 배로 바다에서 주로 경비정으로 많이 사용하고 있다.

쾌유 【快癒】 병이 개운하게 다 나음.

쾌적 【快適】 몸과 마음에 알맞아 기분이 상쾌하다. -하다.

쾌차 병이 다 나음. 완쾌함. -하다.

쾌청 【快晴】 하늘이 푸르고 맑게 갬.

쾌활 【快活】 마음이나 성질 또는 행동이 씩씩하고 활발함. 비유쾌함.

쿠데타 무력에 의해 정권을 빼앗는 일. 예군사 ~로 정권을 빼앗다.

쿠바 중앙 아메리카의 쿠바 섬과 그 주변 섬으로 이뤄진 국가 수도는 아바나이다. [11만 1천km²]

쿠베르탱 [인명] (1863~1937) 근대 올림픽 경기를 부흥시킨 프랑스의 체육인·교육자·남작. 올림픽의 부활을 계획하여 1896년 아테네에서 제1회 대회를 열었다.

쿠웨이트 아바리아 반도의 동북쪽

쿠키 물기가 적게 만든 서양식 과자. 과자의 일종 특히 서양 어린이들의 간식거리로 즐겨 먹는 과자들이다. [쿠키]

퀴즈 문제를 말하고 답을 알아 맞추는 것.

퀸: 여왕. 왕비.

큐:피드 로마의 신화에 나오는 사랑의 신.

크낙새[동물] 딱따구리과의 새. 몸 길이 46cm. 뾰족한 부리로 나무를 찍어 그 속의 벌레를 잡아먹음. 천연 기념물 제 11호임. [크낙새]

크다₁ 자라다. 성장하다.

크다₂ ①작지 않다. 빤작다. ②중대하다. ③심하다. ④세다. ⑤대충.

크라운 관. 왕관. 예그는 ~을 쟁취함.

크래커 얇고 딱딱하고 짭짤한 과자로 어린이들이 주로 먹으며, 외국인이 매우 좋아하는 과자 중의 하나임.

크레인 기중기. 무거운 물건을 들어 올리거나 옮기는 데 쓰이는 기계. 예~을 운전한다.

크레파스 그림을 그리는 용구의 하나. 크레용보다 색의 효과가 많음.

크로커스 알뿌리로 번식하며 사프란이라고도 함. 잎은 꽃이 진후 잘 자라며 가운데에 흰 세로줄이 있고 꽃은 품종에 따라 노란색, 흰색, 보라색 등이 피는 여러해살이풀이다. [크로커스]

크리스마스 예수의 탄생을 기념한 날로 양력 12월 25일. 예~이브. 비성탄절. 성탄일.

크리스마스 트리: 크리스마스에 장식으로 세우는 나무.

크리스천 크리스트 교를 믿는 사람. 기독교 신자. 예~아카데미.

큰가시고기 번식기가 되면 수컷의 배는 선명한 붉은 색이며 끈끈한 분비물을 식물의 줄기에 모아서 보금자리를 꾸민다. [큰가시고기] 알을 낳으면 3주 정도 수컷은 조심스럽게 알을 보살핀다.

큰고니 바다 호숫가에 살며 물고기를 먹고 몸은 온몸이 흰 색이며 가을에 우리 나라에 찾아와 봄에 떠나는 철새로 천연 기념물 제201-2호 임.

큰골 생각하고 외우고 명령을 내리고 보고·듣고·하는 일 등을 맡아 하는 골 중의 하나.

큰따옴표 가로쓰기에 사용되는 따옴표의 하나. 「""」의 기호로 씀.

큰박쥐 박쥐 가운데 날개가 가장 크며, 낮에는 쉬고 밤이 되면 꿀이 있는 꽃이나 수분이 많은 과일을 찾아 먹으며 꽃가루를 옮긴다.

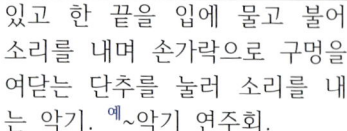
[큰박쥐]

큰북 나무나 쇠붙이로 만든 커다란 원통형의 양쪽에 가죽을 팽팽하고 대고 북채로 쳐서 소리를 내는 북.

[큰북]

큰아버지 아버지의 맏형님. 비백부.

큰악절 두 개의 작은 악절이 합친 것. 보통 8마디·12마디로 이루어짐. 반 작은 악절.

큰어머니 큰 아버지의 부인. 비백모. 반작은어머니.

큰절 어른 앞에 두 손을 바닥에 짚으며 무릎을 꿇고 얌전히 숙이는 절. 관반절. -하다.

큰집 아우나 그 자손이 맏형이나 그 자손의 집을 일컫는 말.

큰허리노린재 만지면 고약한 냄새가 나고 이것은 적으로부터 보호 수단이며 바늘처럼 뾰족하고 긴 입을 풀이나 나무 줄기에 꽂아 즙을 빨아먹는다.

[큰허리노린재]

클라리넷 검은 대롱꼴의 악기로 한 끝이 나팔처럼 벌려 있고

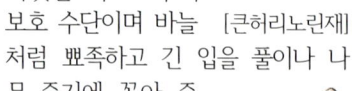
[클라리넷]

한 끝을 입에 물고 불어 소리를 내며 손가락으로 구멍을 여닫는 단추를 눌러 소리를 내는 악기. 예~악기 연주회.

클라이맥스 흥분이나 긴장 따위가 최고조에 이른 상태.

클래식 고전 음악. 서양의 고전 음악.

클로:버[식물] 긴 줄기 끝에 동그란 잎이 세 개씩 나고, 여름에는 흰 꽃이 피는 풀. 토끼풀이라고 함.

클로:즈업 영화에서, 대상의 일부를 화면에 크게 나타내는 일.

큼직하다 꽤 크다.

키₁ 배의 방향을 조절하는 기구.

키₂ ①신장. ②선 물건의 높이. 높이.

키₃ ①열쇠. ②자물통을 여는 물건.

키₄ 곡식에 섞여 있는 돌, 검불, 겨 등 필요 없는 것을 날려 버리고 필요한 곡식만 남게 하는 농촌의 농기구.

[키]

키다리 키가 큰 사람의 별명.

키스 ①입을 맞춤. ②서양 예절에서 인사할 때 뺨·손 등에 입을 대는 일. 비뽀뽀. 입맞춤. -하다.

키우다 ①크게 하다. ②기르다.

키위 과일의 한 가지. 따뜻한 곳에서 재배함. 거죽은 녹갈색이며 잔털이 있음.

[키위]

키읔 한글 닿소리 자모 「ㅋ」의 이름.

키친 부엌. 주방. 서방식 부엌.

킥 축구·럭비 등에서, 공을 발로 참. ^예선수가 후리 ~을 하였다.

킥보드 길고 좁은 판에 바퀴. 손잡이. 브레이크가 달려 있고 발로 땅을 차며 굴러 가며 타는 것.

킥복싱 발로 차기도 하고 팔꿈치·무릎을 쓰기도 하는 태국 특유의 권투. ^관복싱.

킨카주 몸 길이가 50cm이며 나무 위에 살고 과일이나 벌레를 잡아 먹고 단 것을 좋아하는 동물로 혀가 길어 숲속에서 생활하는 데 도움이 된다. [킨카주]

킬러 살인자.

킬로 천의 뜻을 미터법의 기본 단위 이름 앞에 붙여 1,000배의 단위를 나타냄. ^예체중이 몇~ 입니까.

킬로그램 무게의 단위. 1kg은 1,000g임. (kilogram)영문.

킬로미ː터 길이의 단위. 약호는 km. 1km는 1,000임. (kilometer).

킬로와트 전기의 세기를 나타내는 단위. 1와트의 천 배.

킬리만자로 아프리카 대륙의 탄자니아와 케냐 국경 높이 5895미터.

ㅌ[티읕] 한글 자모 중의 열두째 닿소리 글자. 이름은 티읕.

타:개【打開】 어렵고도 막혀 있는 일을 잘 처리함. -하다.

타:격【打擊】 ①때려 침. ②손해를 당함. 예농가의 ~이 크다. -하다.

타계【他界】 ①다른 세계. ②어른이나 귀한 분의 죽음. -하다.

타고나다 선천적으로 지니고 태어나다. 날 때부터 지니고 있다.

타관【他官】 다른 고을. 예~에서 옴.

타구【打球】 야구에서 공을 치는 일.

타국【他國】 내 나라가 아닌 남의 나라. 예~의 서러움. 비외국. 반고국.

타다1 ①불이 붙다. ②가슴 속에 불이 붙는 듯하다. ③안타까워하다.

타다2 ①물에다 섞다. ②얼음 위에 미끄러져 닫다. ③움직여 가다.

타:당성[-썽] 타당한 성질. 정당성.

타:도【打倒】 쳐서 부숨. 예적을 ~함.

타:락【墮落】 품행이 좋지 못하여 나쁜 곳에 빠짐. 반반성. -하다.

타래 실 등을 틀어 놓은 분량의 단위. 실을 감아 놓은 뭉치. 예실~.

타:령 ①음악 곡조의 한 가지. ②광대의 판소리나 민요 중 잡가를 함께 이르는 말. 예각설이 ~.

타:박상【打撲傷】 매를 맞거나 부딪쳐서 생긴 상처. 예~을 입다.

타살【他殺】 남이 죽임. 반자살.

타:악기 두드려 소리를 내는 악기.

[타악기]

타:원 길쭉하게 둥근 원.

타월 무명실로 짠 천. 또는 그 천으로 만든 수건. 예~로 땀을 닦다.

타이 인도차이나 반도 가운데에 있는 나라. 태국이라고도 하며 수도는 방콕이다. [51만 3천km^2]

타이완 중국 남동쪽에 있는 섬나라.

중국 국민당 장부가 1949년에 중국 본토에서 이 곳으로 왔다. 대만이라고도 하며 수도는 타이베이이다. [3만 6천 km²]

타의【他意】①다른 생각. 딴 마음. ②다른 사람의 뜻. ᵇᵃⁿ자의. 본의.

타이르다 잘 하도록 가르치다. 알아듣도록 말하다. ᵉˣ동생들을 ~.

타이머 ①운동 경기 등에서 시간을 재는 사람. ②타임 스위치.

타인【他人】다른 사람. 내가 아닌 남.

타임 ①때. 시간. ②걸리는 시간. ᵉˣ~이 정확하다. ③일을 할 시간.

타임 머신: 과거나 미래로 갈 수 있다는 공상의 기계.

타임 캡슐 한 시대를 대표하거나 기념하는 자료. 물건 따위를 넣어서 후세에 그대로 전하기 위하여 땅 속에 묻어 두는 특수한 그릇.

[타임캡슐]

타입 모양. 유형. ᵉˣ예술가~. ᵇᵃⁿ전형.

타자기 손가락으로 키를 눌러서 글자를 찍는 기계. ᵇⁱ타이프라이터. ᵉˣ한글을 ~로 치고 있다.

타:작【打作】곡식의 이삭을 떨어서 알을 거두는 일. 떨어서 거둠.

타전【打電】상대방에게 전보를 침.

타:조[동물] 아프리카·아라비아 사막에 사는 큰 새. 키는 2m 가량이고 날지는 못하나 매우 잘 달리어 시속 90km를 갈 수 있는 조류 중에 가장 큰 새.

[타조]

타종【他種】다른 종류. 다른 품종들.

타:진【打盡】모조리 잡는 것. ᵉˣ간첩망을 일망 ~하다.

타향【他鄕】제 고향이 아닌 고장. ᵉˣ~살이. ᵇⁱ객지. ᵇᵃⁿ고향.

타:협【妥協】두 편이 좋도록 서로 의논하여 일을 처리함. -하다.

탁구 네모난 상 가운데에 낮은 그물을 치고 둘 또는 네 사람이 마주 서서 작고 가벼운 공을 채고 쳐서 넘기고 받아치는 실내 경기.

[탁구]

탁상【卓上】책상이나 식탁 등 탁자의 위. ᵉˣ~시계.

탁상 시계【卓上時計】책상 따위의 위에 놓고 보는 시계. ᵇᵃⁿ괘종 시계.

탁아소 부모들이 일하는 시간 동안 아이들을 맡아 보살피는 곳.

탁자【卓子】물건을 올려 놓도록 만들어진 가구의 총칭. ᵇⁱ테이블.

탁하다 맑지 않고 흐리다. ᵇᵃⁿ맑다.

탄:광【炭鑛】석탄을 캐내는 광산.

탄력【彈力】어떤 힘에 의해 변화가 생겼다가 그 힘이 없어지자, 그 전 상태로 돌아가는 힘. ᵉˣ~성.

탄로【綻露】비밀이 모두 드러난 것.

탄:복【歎服】깊이 감탄하여 마음을 굽힘. ᵉˣ~한 일이다. -하다.

탄ː산가스 이산화탄소와 같은 말.
탄ː생【誕生】 사람이 태어남. 특히 귀한 사람에게 씀. ᵇⁱ출생. ᵇᵃⁿ사망.
탄수화물【炭水化物】 탄소와 수소·산소의 화합물. 녹말·설탕 등이 이에 속함. 3대 영양소의 하나.
탄식【歎息】 한숨을 쉬며 한탄하다.
탄ː압【彈壓】 남을 무력이나 권력으로 억누르는 것. ᵉˣ언론 ~. -하다.
탄ː약【彈藥】 탄환을 발사하기 위한 화약의 총칭. ᵉˣ~창고.
탄탄하다 모양새가 굳고 단단하다. ᵏᵘⁿ튼튼하다. ᵇᵃⁿ허술하다.
탄환【彈丸】 총탄·포탄 등을 통틀어 일컫는 말.
탈₁ 종이·나무 따위로 만든 얼굴의 모양. ᵉˣ~춤. ᵇⁱ가면.
탈₂ 뜻밖에 일어난 사고나 변고. ᵇⁱ고장. 사고.
탈놀음 꼭두각시놀음이나 산대놀이 따위와 같이 탈을 쓰고 하는 연극. ᵇⁱ가면극.
탈락【脫落】 떨어짐. ᵉˣ예선에 ~하였다. -하다.
탈모【脫毛】 몸의 털이 빠지는 것. 또는 그 털. ᵉˣ~현상이 시작됐다.
탈ː바가지 ①바가지로 만든 탈. ②「탈₁」의 낮춤말.
탈상【脫喪】 부모의 삼년상을 마침.
탈선【脫線】[-썬] ①차가 선로를 벗어나는 사고. ②언행이나 글 따위가 나빠짐. ③나쁜 방향으로 감.
탈옥【脫獄】 죄수가 감옥에서 빠져나와 도망함. ᵉˣ~수. -하다.
탈의【脫衣】 옷을 벗거나 갈아 입음.
탈의실【脫衣室】 온천이나 목욕탕 등에서 옷을 벗는 방.
탈지면【脫脂綿】[-찌-] 지방분과 깨끗하지 못한 것을 빼고 소독한 솜. 소독면. ᵇⁱ약솜.
탈진【脫盡】 기운이 다 빠져 없어짐.
탈춤 놀이 얼굴에 탈을 쓰고 춤을 추는 놀이. 가면무놀이. -하다.
탈취【奪取】 남의 것을 빼앗아 가짐.
탈퇴【脫退】 가입한 정당이나 단체에서 관계를 끊고 나옴. ᵉˣ모임에 ~함. ᵇⁱ이탈. ᵇᵃⁿ가입. -하다.
탐【貪】 가지거나 차지하고 싶은 마음.
탐관 오ː리 탐욕이 많고 행실이 깨끗하지 못한 관리. ᵇᵃⁿ청백리.
탐구【探究】 진리 따위를 찾아 구함.
탐구심【探究心】 깊이 살피어 사리를 밝히려는 마음. 연구하는 마음.
탐내다 몹시 가지고 싶어 욕심을 내다. ᵇⁱ탐을 내다. ᵇᵃⁿ마음을 비우다.
탐독【耽讀】 다른 일을 잊을 정도로 집중하여 책을 읽음. ᵇᵃⁿ속도.
탐라【耽羅】「제주도」의 옛 이름.
탐문【探問】 아직 알려지지 않은 것을 찾아가 그 말을 들음.
탐스럽다 마음이 끌리도록 좋다.
탐욕【貪慾】 지나치게 탐하는 욕심.
탐정【探偵】 어떤 사건을 부탁받아 비밀리에 살펴 알아냄. 또는 그 사람. ᵉˣ~소설 작가로 알려졌다.
탐조등【探照燈】 밤에 무엇을 찾거나 비추기 위하여 멀리 비출 수 있는 커다란 조명 장치.
탐지【探知】 더듬어 알아냄. -하다.

[탐조등]

탐하다 지나치게 욕심을 부려 자기 것으로 하려 하다. 예물건을 ~.

탐험【探險】 위험과 어려움을 무릅쓰고 찾아 다니며 살핌. 예동굴 ~. 비모험. 탐색. -하다.

탑【塔】 돌이나 벽돌로 여러 층을 쌓아 만든 집 모양의 건축물.

탓하다 잘못된 것을 남에게 원망함.

탕:진하다 재산을 모두 써 버리다.

태【胎】 태아를 싸고 있는 조직. 난막·태반·탯줄을 통틀어 이르는 말. 예간호사가 ~를 자른다.

태고【太古】 아주 오랜 옛날. 먼 옛날.

태권도【跆拳道】 손과 발을 이용하는 우리 나라 고유의 무술.

태극기 우리 나라의 국기. 흰 바탕의 한 가운데 양은 붉은 빛, 음은 남빛의 태극을 그리고, 검은 은빛으로 건·곤·감·이의 네 괘를 사방 대각선 상에 그렸음.

[태극기]

태껸 우리 민속 고유의 전통 무예 가운데 하나. 몸을 부드럽게 움직이다가 순간적으로 손질이나 발질을 하여 그 탄력으로 상대편을 공격하고 자기 몸을 방어한다. 중요 무형 문화재 제76호.

[태껸]

태:도【態度】 ①몸가짐과 마음가짐과 맵시. ②대상에 대한 자신의 생각이나 감정을 나타내는 외적 표현. 예학습 ~. 비자태. 자세.

태만【怠慢】 게으르고 느림. -하다.

태몽【胎夢】 어머니가 아기를 가질 징조의 꿈. 예~을 꾸다.

태백 산맥【太白山脈】 철령 부근에서 낙동강 어귀에 이르는 우리 나라에서 가장 긴 산맥. 길이 600km.

태산【泰山】 아주 크고 상당히 많음.

태산목 잎은 타원형이며 표면에 윤기가 있고 봄에 향기가 짙은 흰 꽃이 피며, 열매는 짧은 털로 덮히고 붉은 씨가 두 개씩 나오는 늘 푸른 큰키나무.

[태산목]

태생【胎生】 ①사람이 일정한 곳에서 태어남. ②모체 안에서 어느 정도의 성장한 후에 태어남.

태아【胎兒】 어미의 태 안에서 자라고 있는 아기. 예~가 논다.

태양계【太陽系】 태양의 둘레를 돌고 있는 모든 별. 비은하계.

태양새 인도 지방에서 주로 볼 수 있으며 곤충을 잡아 먹고, 과일이나 꽃의 꿀을 빨아먹는다. 꽃의 바닥에 고인 꿀을 먹을 때는

태양열 태양으로부터 나오는 열.
태어나다 처음으로 세상에 나오다. 예12월에 아기가 ~.
태연【泰然】놀랄 만한 일에도 태도나 기색이 아무렇지도 아니하고 예사로움. 반불안. -하다.
태우다¹ 수레 등에 몸을 얹게 하다. 예아기를 차에 ~. 반내리다.
태우다² ①불에 타게 하다. ②마음을 졸이다. 예애를 ~. ③타게 하다.
태자【太子】황태자의 준말. 황제의 자리를 이어받을 아들.
태초【太初】하늘과 땅이 맨 처음 생겨났을 때를 말함.
태평소【太平簫】여덟【태굉소】개의 구멍이 뚫린 목관 끝에 깔때기 모양의 놋쇠를 단, 나팔과 비슷한 국악기.
태평양 3대양의 하나. 아시아와 남·북 아메리카 및 오스트레일리아에 둘러싸인 넓은 바다.
태풍【颱風】남태평양 열대 지방에서 생겨 아시아 대륙·일본 열도·동지나 바다 동쪽 방면으로 불어오는 초속 20~60m의 맹렬한 바람. 예사라호 ~이 지금 몰려 온다.
택시 손님을 목적지까지 태워 다 주고 돈을 받는 영업용 승용차. [택시]

택일 여럿 가운데서 하나를 고름.
택지【宅地】주택을 짓기 위한 땅. 비집터. 예~조성. 대전 지역~.
택하다 여러 개 가운데에서 고르다.
탤런트 텔레비전, 연속극 등에 출연하는 직업 연기자. 연기가 직업임.
탬버린 금속 또는 나무로 만든 테의 한 쪽에 가죽을 입히고 둘레에는 작은 방울을 단 타악기.[탬버린]
탱자 탱자나무의 열매. 향기가 좋고 약으로도 쓰임.
탱자나무[식물] 가시가 많으므로, 흔히 울타리 대용으로 심음. 운향과의 낙엽활엽 교목. [탱자나무]
터 ①건축물을 지을 땅. ②일이 이루어진 밑자리. ③물건이 있던 곳.
터널 땅 밑을 뚫어 차나 사람이 다닐 수 있게 만든 통로. 비굴.
터:득 생각이나 이치를 깨달아 알아냄. 깨달아서 스스로 알다.
터:뜨리다 터지게 하다.
터무니없다 ①허황하여 근거가 없다. ②이치나 도리가 맞지 않다.
터:미널 버스·열차 등의 출발점이나 종점. 예고속 버스 ~휴게실.
터울 한 어머니에게서 난 자녀의 나이 차이. 예두 살 ~이 지다.
터전 밑바탕이 되는 자리. 집터가 되는 땅. 예생활~. 비기반. 토대.

터:지다 ①사건이 갑자기 벌어지다. 예싸움이 ~. ②한 덩이로 된 것이 갈라지다. ③갑자기 일어나다.

터키 아시아 대륙 서쪽 끝과 유럽의 동쪽 끝에 있는 나라. 아시아 유럽을 있는 교통 요지로 수도는 앙카라이다. [76만 9천km²]

턱₁ ①사람이나 동물의 입의 위 아래가 있어서 발성이나 씹는 일을 하는 기관. ②평평한 곳의 어느 한 부분이 갑자기 조금 높이 된 자리. ③숨이 막히는 모양을 말함.

턱₂ ①자연스럽게 동작을 취하는 모양. ②긴장이 풀리는 모양.

턱걸이 ①철봉 따위를 손으로 잡고 몸을 달아 올려 턱이 그 위까지 올라가게 하는 운동. ②어떤 기준에 겨우 미침. 예대학에 간신히 ~하여 입학의 기회를 얻었다.

턱받이 어린아이의 턱 아래에 대어 음식물이나 침을 받아 내는, 헝겊으로 만든 물건.

턱수염 아래턱에 난 수염.

털 ①사람이나 동물의 몸에 나는 가느다란 실 모양의 것. ②물건의 거죽에 부풀어 일어난 실 모양의 것. 예강아지의 ~을 쓰다듬었다.

털갈이 짐승이나 조류가 털이나 것을 가는 일. -하다.

털:다 ①흩어지거나 떨어지도록 하다. ②지닌 물건을 모조리 내놓다. 예주머니를 몽땅 ~.

털보 수염이 많거나 몸에 털이 많은 사람. 비털복숭이.

털실 짐승의 털로 만든 실. 예~옷.

텁텁하다[-터파-] ①입맛이나 음식맛, 또는 입 안이 시원하거나 깨끗하지 않다. ②성미가 소탈하여 까다롭지 않다.

텃밭 집터에 딸리거나 집 가까이에 있는 밭. 집 근처에 딸린 작은 밭.

텃새[동물] 계절과 관계 없이 한 고장에 머물러 사는 새. 반철새.

테 ①그릇의 조각이 어그러지지 못하게 단단히 둘러맨 줄. ②「테두리」의 준말.

테너 노래를 부를 때 남자의 가장 높은 소리를 말함. 관바리톤. 베이스.

테니스 직사각형 운동장 가운데 허리 높이의 그물을 치고 양쪽으로 채로 공을 쳐서 넘기는 경기. 비정구.[테니스]

테두리 ①둘레의 줄. ②일정한 범위나 한계. 준테.

테:마 주제, 제목, 문제, 논문의 내용.

테스트 검사. 시험. 예품질 ~. -하다.

테이블 물건을 올려 놓는 서양식 탁자. 서양식의 탁자나 의자.

테이프 ①가늘고 길게 만든 종이나 헝겊의 오라기. ②녹음기에 쓰이는 긴 필름. ③육상 경기에 치는 끈.

텐트 산이나 들에서 쓰는 작은 천막.

텔레비전 실지의 광경을 전파를 통해 먼 곳에서 보낸 것을 그대로 볼 수 있도록 꾸며진 기계.

텔레파시 감각 기관에 대한 자극이

템포 없이, 한 생명체로부터 다른 생명체로 관념이나 인상이 전달되는 것. 예 나와 친구는 ~가 통했다.

템포 ①악곡의 진행 속도, 또는 박자. ②사물의 진행 속도와 진도. 예 느린 ~로 노래 함.

토굴 ①흙을 파낸 큰 구덩이. ②땅 속으로 뚫린 큰 골. 비 땅굴.

토기【土器】 진흙으로 만들어 불에 구운 그릇. 예 ~ 그릇.

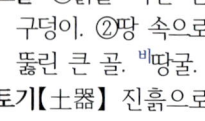
[토기]

토끼[동물] 귀가 길고 눈알이 붉으며 수염이 긴 온순한 동물. 집토끼와 산토끼로 나눔. [토끼]

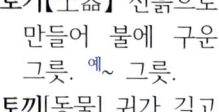

토끼풀[식물] 긴 줄기 끝에 동그란 잎이 세 개씩 나고, 여름에 흰 꽃이 피는 꽃. 토끼의 먹이로 아주 인기가 있는 풀이다. 클로버.

[토끼풀]

토닥거리다 소리가 들릴 만큼 가볍게 몸을 두드린다. 큰 투덕거리다.

토담【土-】 흙을 쌓아 만든 담.

토대 ①흙으로 쌓아 올린 높은 대. ②모든 건물의 가장 아래의 부분.

토란[식물] 땅 속에 살이 많은 알줄기가 있으며, 잎은

[토란]

두껍고 넓음. 뿌리줄기는 잎자루와 함께 식용하는 여러 해살이풀.

토론【討論】 어떤 논제를 가지고 여러 사람이 모여서 비평하고 의논함. -하다.

토마토[식물] 가지과의 한해살이풀. 높이 1.5~2m 가량이며, 여름에 노란 꽃이 피고 붉은 열매가 열리는 나무.

[토마토]

토막 ①크고 작은 동강. ②덩어리가 진 도막을 세는 말. 비 도막.

토목【土木】 ①흙과 나무. ②「토목공사」의 준말. 예 ~공사 현장.

토박이 일정한 곳에서 오래 살아온 사람. 「본토박이」의 준말.

토벌【討伐】 군대를 보내어 반란자의 무리를 무찌름. -하다.

토산물【土産物】 한 고장에서만 생산되는 특수한 산물. 비 토산품.

토성【土星】 태양계 중의 한 혹성. 태양에서 여섯 번째로 먼 행성. 고리 모양의 테가 있음.

토속【土俗】 그 지방의 특유한 풍속. 예 ~신앙. ~음식점.

토시 팔뚝에 끼워 추위나 더위를 막는 제구. 한 끝은 좁고, 다른 한 끝은 넓게 만들어졌음.

토양【土壤】 식물이 자랄 수 있는 흙.

토옥【土沃】 땅이 걸고 기름짐. 예 ~한 논에 벼를 심어 잘 자란다.

토요일【土曜日】 칠요일의 마지막

날. 일요일의 전날. ⁽준⁾토.
토:의【討議】 어떤 문제에 대하여 토론하여 희논함. -하다.
토종 그 땅에서 나는 종자. 재래종.
토지【土地】 집터. 밭. 논과 같은 땅.
토질【土質】 흙이 지닌 화학적 성질. ⁽예⁾화학 비료는 ~을 산성화 시킴.
토픽 화제가 될 수 있는 이야기. ⁽예⁾해외 ~난의 세계적인 큰 사건들.
토:함산【吐含山】 경상 북도 경주시에 위치한 산. 불국사 뒤에 있음. 높이 745m이다.
톤 ①무게의 단위. 1톤은 1,000킬로그램. ②목소리가 주는 분위기.
톨:게이트 고속 도로나 유료 도로에서 통행료를 받는 곳.
톱₁ 나무나 쇠붙이 등을 켜거나 자르는 데 쓰는 연장. ⁽예⁾쇠~.
톱₂ 수석. 꼭대기. 맨 앞. 우두머리.
톱뉴:스 가장 중요한 뉴스. 빅뉴스.
톱니바퀴 톱₁처럼 되어서 맞물려 돌아가며 동력이 전달되는 장치.
톱밥[-빱] 톱질할 때 나무 등에서 나오는 아주 작은 나무 조각들.
통【桶】 물 따위를 담는 데 쓰는 둥근 나무 그릇. ⁽예⁾우유 한 ~을 먹었다.
통 ①바짓가랑이나 소매 등의 속의 넓이. ⁽예⁾~이 좁은 청바지. ②사람의 도량이나 씀씀이. ⁽예⁾그는 ~이 작다. ③행정 단위. 여러 개의 반.
통가리 깨끗한 강이나 시냇물에서 자라는 민물

[통가리]

고기로 우리 나라에서만 자라는 토종 어류. 통가리한테 쏘이면 피가 난다. 살갗이 미끈미끈하며 수염이 네쌍이다.
통:계【統計】 한데 모아서 계산함. ⁽예⁾~를 내다. ~에 따른면.
통고【通告】 글이나 말로 알리어 줌. ⁽비⁾보고. -하다.
통:곡【痛哭】 큰소리로 슬피 욺.
통과【通過】 ①통하여 지나가거나 옴. ②결정이 됨. -하다.
통나무 톱으로 켜거나 쪼개지 아니한 통째의 나무. ⁽비⁾원목.
통나무배 통나무 속을 파서 만든 작은 배. ⁽예⁾~를 타고 간다. ⁽반⁾유람선.
통나무 집 기둥이나 벽 및 지붕을 나무로만 지은 집으로 주로 깊은 산 속에서 나무를 쉽게 구할 수 있고 건축하기 쉬우므로 지은 집이다.

[통나무집]

통로【通路】 다닐 수 있게 확 트인 길.
통보【通報】 통지하여 보고함. 또는, 그 보고. ⁽예⁾~를 꼭 해라. -하다.
통분【通分】 분모가 다른 두 개 이상의 분수와 각 분모를 그 최소공배수를 만들어 같은 분모로 만드는 일. -하다.
통속【通俗】 일반 세상에 널리 통하는 풍속. ⁽예⁾~소설. 전문적이 아닌 일반적인 것.
통:솔【統率】 조직체를 거느리는 것.
통신【通信】 우편·전신 따위로 소

식을 전함. 예~위성.

통신망【通信網】소식을 보내는 사람을 여러 곳에서 보내어 통신하도록 하는 조직. 예비상 ~.

통신용【通信用】소식을 전하는 일에 쓰임. 예~인공 위성.

통신 위성 원거리 사이의 전파 통신의 중계에 쓰이는 인공 위성.

통역【通譯】통하지 않은 한 나라의 말을 다른 나라의 말로 옮겨 통하게 하여 주는 일이나 그 사람. 통역을 하는 사람. 예~관. -하다.

통영오광대 통영 지방의 가면극으로 우리 나라 가면극 중에서 양반에 대한 풍자와 조롱이 가장 신랄한 것이 특징이며 춤이 주가 되고 재담과 노래와 동작이 따른다.

[통영오광대]

통용【通用】널리 두루 사용되는 것.

통운【通運】주로 큰 물건을 실어서 운반하는 곳. 예대한 ~ 회사.

통:일【統一】여럿을 모아 하나로 만드는 일. 예평화 ~. 남과 북의 ~. 비통합. 반분산. 분열. -하다.

통장₁【通帳】은행이나 우체국 등에서 예금을 하거나 찾은 후에 그 상태를 기록해 주는 장부. 예예금 ~에 기입을 하다. 우리 은행 ~.

통:장₂【統長】통에 관한 사무를 맡아 보는 책임자. 예12통 ~님에게.

통조림【桶-】고기·과실 따위를 오래 보존하기 위하여 양철통에 넣고 봉한 물건.

통:증【痛症】아픈 증세를 느끼는 것.

통지【通知】정식으로 사실을 알림.

통:찰【洞察】사물의 깊이를 확인함.

통:치【統治】①도맡아 다스림. ②한 나라의 우두머리가 그 나라를 다스림. -하다.

통:쾌【痛快】뜻대로 잘 풀리어 썩 기분이 좋음. 예~한 승리. -하다.

통통배 작은 발동기가 배 뒤에 설치되어 있는 배로 엔진 소리가 통통하며 소리를 내어 통통배라고 함.

[통통배]

통틀어(통틀어서) 있는 대로 모질. 예~몇 개냐? 모두 합하여.

통풍【通風】문을 열어 바람을 통하게 함. 예~을 시키다. -하다. 통하다

통학【通學】학생이 집에서 먼 학교에 다님. 예걸어서 ~한다. -하다.

통:합【統合】모두 몰아서 하나로 모음. 예조직을 ~하다. 반분산.

통행【通行】①지나다님. ②길로 오고 가고 함. 예~금지. -하다.

통행증【通行證】어떤 지역이나 특정 시간에 통행을 허가하는 증서.

통화₁【通貨】한 나라 안에서 일반적으로 유통되고 있는 화폐.

통화₂【通話】전화 따위로 말을 서

퇴:각【退却】 뒤쪽으로 물러 나감.
퇴:근【退勤】 근무처에서 일 보는 시간을 마치고 나옴. ᵇᵃⁿ출근.
퇴비【堆肥】 풀·짚·낙엽 등을 쌓아서 썩힌 거름. 두엄.
퇴:색【退色】 본래의 색이 변하는 것.
퇴:원 병원에서 건강을 회복하고 집으로 나옴. ᵇⁱ입원. -하다.
퇴:장【退場】 ①회의 장소에서 물러나옴. ②연극 무대 등에서 등장 인물이 밖으로 나감. ᵇᵃⁿ입장.
퇴적암【堆積巖】 물에 떠내려간 진흙·모래·자갈 등이 바다 밑에 쌓인 다음에 큰 압력을 받아 암석으로 굳어진 것.
퇴적 작용【堆積作用】 흐르는 물에 의하여 운반된 흙이나 돌 등이 쌓이는 현상. ᶻᵘⁿ퇴적.
퇴:직【退職】 다니던 근무처를 그만 둠. ᵇᵃⁿ취직. -하다.
퇴:짜 물품 따위가 수준에 이르지 못하여, 받아들이지 않고 물리치는 일. 또는 그 물품. ᵇᵃⁿ합격.
퇴:치【退治】 물리쳐 없애 버림. ᵉ전염병이 ~되다. -하다.
퇴:학【退學】 학생이 학교를 그만두거나 학교에서 학생을 그만 다니게 함. ᵇⁱ퇴교. ᵇᵃⁿ입학. -하다.
퇴:행【退行】 ①뒤로 물러남. ②퇴화. ③다른 날로 물러서 행하는 것.
퇴:화 진보 이전의 상태로 돌아감.
툇:마루 원마루 밖에 좁게 달아낸 마루. ᵉ~에서 논다. ᵇᵃⁿ대청마루.

끼리 싸움을 시킴. ᵇᵃⁿ애완견.
투구₁ 옛날 사람들이 전쟁할 때에 쓰던 쇠로 만든 모자.
투구₂【投球】 투수가 공을 던지는 것.
투기【投機】 요행을 바라보고 큰 이익을 보려고 하는 것. ᵉ부동산 ~.
투덜거리다 혼자 자꾸 불평의 말을 중얼거리다. ˢᵉⁿ뚜덜거리다.
투망【投網】 물고기를 잡기 위해 그물을 물 속에 던지는 일.
투명【透明】 말갛게 비쳐 보이는 것.
투박하다 ①생김새가 볼품 없이 둔하고, 튼튼하기만 하다. ②거칠고 다소곳하지 못하다.
투병 적극적으로 질병과 싸우는 것.
투사【鬪士】 ①경기장이나 싸움터에 싸우려고 나선 사람. ②사회 운동 등에서, 나서서 투쟁하는 사람. ᵇᵃⁿ애국.
투서【投書】 자기의 생각이나 남의 잘못을 알리려고 글로 적어 이름을 감추고 몰래 편지를 보내는 것.
투수【投手】 야구에서 내야 중앙에 서서 타자에게 공을 던지는 사람. 피처. ᵇᵃⁿ포수.
투시【透視】 물체를 꿰뚫어 보는 것.
투시도【透視圖】 어떤 시점에서 투시하여 본 물체의 형태를 눈에 보이는 그대로 나타낸 그림.
투약【投藥】 병에 알맞은 약을 지어 주거나 씀. ᵉ환자에게 ~하다.
투옥【投獄】 죄를 져 감옥에 들어감.
투우【鬪牛】 소와 사람이 싸우는 경기.
투우사【鬪牛士】 투우 경기에 나와

투입【投入】 ①물자나 자금을 들여 넣음. ②정원 외에 사람을 충당해 넣음. 예동전~. -하다.

투자【投資】 이익을 목적으로 사업의 밑천을 댐. 비출자. -하다.

투쟁【鬪爭】 목적을 위해 힘을 씀.

투지【鬪志】 싸우고자 하는 의지.

투척 경:기 필드 경기 중에서, 포환 던지기·원반던지기·창던지기 따위를 통틀어 일컫는 말.

투표권 투표를 할 수 있는 권리.

투항【投降】 적에게 항복함. 예적에게 ~하다. 비항복.

투호【投壺】 조금 떨어진 곳에 놓인 병 속으로 화살을 던져, 많이 넣는 편이 이기는 놀이.

[투호]

투혼【鬪魂】 끝까지 투쟁하려는 기백.

툰드라 기온이 0℃ 이하로 눈과 얼음이 덮여 있고 여름이 짧으며, 이끼가 끼는 유라시아·북아메리카 북부의 대평원. 동토.

툴툴거리다 짧게 자꾸 말하다.

퉁기다 ①버티어 놓은 물건을 빠져 나오게 건드리다. ②뼈의 관절이 어긋나게 하다. ③기회가 어그러지게 하다. ④당겼다 놓다.

퉁명스럽다 불쑥 하는 말이 듣기에 불쾌한 빛이 있다. 예말씨가 ~.

퉁소 앞에 구멍이 다섯 개 있고 뒤에 하나가 있으며 옆으로 부는 대로 만든 악기의 하나. 민속 피리.

튀김 요리의 한 가지. 생선·고기 따위에 밀가루를 묻혀 끓는 기름에 튀긴 것.

튜바 잎으로 불어 소리가 나는 악기 중에 큰 악기에 속하며 소리는 굵고 저음의 소리가 나는 악기로 사용한다.
[튜바]

튤립 양파처럼 생긴 땅 속 비늘 줄기에서 파란 긴 잎과 긴 꽃대가 나와 늦봄에 뒤집어 놓은 종 모양의 빨강. 노랑꽃이 피는 여러해살이 풀.
[튤립]

트다(트니, 터) 막힌 것을 통하게 하다. 예칸을 ~. 친하게 사귀다.

트다2 ①꽃봉오리나 싹이 벌어지다. ②새벽에 동쪽 하늘이 밝아지다. 예동이 ~. 돋아나거나 벌어지다.

트라이앵글 타악기의 하나. 삼각형으로 구부린 것으로 강철봉을 쇠막대로 침.

[트라이앵글]

트랙 육상 경기장 또는 경마장의 달리는 길

트럭 짐을 나르는 데 쓰는 자

[트럭]

동차로 힘이 세고 짐을 많이 실을수 있어 주로 공장에서 생산되는 물품을 운반하는 데 쓰인다.

트럼본 금관 악기의 하나. 두 개의 (U)자 모양의 관을 맞추어 만들며, 슬라이드 장치로 음의 높이를 변화시킴.

트럼펫 금관 악기의 한 가지. 음색은 대단히 날카롭고 쾌활함. [트럼펫]

트렁크 들고 다닐 수 있는 커다란 가방.

트레이닝 주로 체력 향상을 위한 훈련. 예~캠프. -하다.

트로피 우승한 사람이나 단체에게 주는 우승컵. 예우승 ~ 증정.

트리오 ①삼중주. 예피아노 ~. ②삼인조. ③삼중창.

특권 계급【特權階級】일반 또는 특정 사회에서 우월권이나 지배권을 가지는 사람들. 또는 그 신분.

특권【特權】[-꿘] 특별한 등급이나 계급. 예~ 호텔. 반하급.

특기【特技】특별한 기술이나 재간.

특대【特大】특별히 큼. 또는, 그 물건. 킹사이즈. 반특소.

특명【特命】①특별히 내리는 명령. ②특별히 임명함. -하다.

특별【特別】수준과 질이 보통과 다름. 비특수. 반보통. -하다. -히.

특별 활동【特別活動】학교 교육과정의 하나. 학생의 자치적인 활동을 주로 하는 자치회 활동·클럽 활동 따위. 준특활. -하다.

특사【特使】[-싸] 나라의 특별한 임무를 띠고 파견되는 사절. 예영국에 ~로 나가다.

특산물【特産物】[-싼-] 그 지방에서만 나는 독특한 산물. 특산품.

특색【特色】[-쌕] 특히 눈에 뜨이는 점. 비특징. 특성. 반보편.

특선 ①특별히 골라 뽑음. ②특히 우수하다고 인정되는 작품.

특성【特性】특징을 나타내는 성질.

특수【特殊】보통과는 특별히 다름.

특약【特約】특별한 조건의 약속. 예냉장고를 ~ 판매한다. -하다.

특용 작물【特用作物】목화·삼·담배·인삼·박하 등과 같이 식용 이외의 특별한 데에 쓰이는 농작물. 공계작물. 예~을 재배함.

특이【特異】다른 것과는 특별히 다름. 예~체질. 비특수. -하다.

특정【特定】[-쩡] 특별히 정함. 예~지식인. ~시역. 반불특징.

특집【特輯】신문·잡지 따위를 특별한 문제를 중심으로 엮음.

특파【特派】특별한 임무를 띠고 파견하는 일. 예해외 ~원 생활.

특허【特許】[트커] ①특별히 허락함. ②어떤 사람의 창안으로 이루어진 공업적 발명의 전용권을 본인 또는 그 승계자에게만 부여하는 행위. 예신약을 ~출원 중.

틈 ①벌어져 사이가 뜬 자리. ②겨를. ③시간적 여유. 비간격.

티₁ 고체의 극히 잘게 부스러진 조

각. ^예눈에 ~가 들어가다.
티₂ 눈에 띠는 어떤 기색이나 태도.
티끌 아주 작은 먼지.
티나무 열대의 밀림 지대에서 사는 이 새는 큰 도요. 타조라고도 한다. 날 수는 있지만 주로 땅에서 생활하며 씨앗, 곤충, 열매를 먹고 알은 녹색, 푸른색, 보라색을 띠고 있어 새 알 중에 제일 아름답다. [티나무]
티눈 발가락 사이에 생기는 사마귀 비슷한 굳은 살. ^예발에 ~이 박히다. 아픈 굳은 살. 굳은살.

티:셔츠 「T」자 모양으로 생긴 반소매의 셔츠. T-shirt에서 온 말.
티:스푼: 차를 저을 때 쓰는 작은 숟가락. ^예탁자에 ~이 없다.
티켓 입장권·승차권·구매권 등의 표. ^예고속 버스 ~을 샀다.
틴:에이저 십대의 소년 소녀. ^예그들은 ~이다. 젊은 청소년.
팀: 운동 경기의 단체. 함께 하는 것.
팀파니 남비 모양의 북. 둘레에 있는 나사로써 소리를 조절하는 타악기.

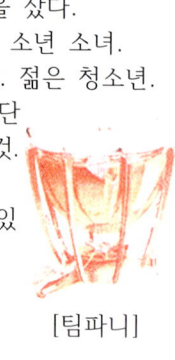
[팀파니]

ㅍ [피읖] 한글 자모의 열셋째 글자. 이름은 피읖.

파 [식물] 백합과의 여러해살이풀. 양념으로 쓰는 채소의 한 가지. [파]

파견【派遣】일정한 임무를 띠게 하여 사람을 보냄. 예현장에 ~하다. 비파송. -하다.

파고들다 ①깊숙이 안으로 들어가다. ②깊이 캐어 알아 내다.

파:괴【破壞】깨뜨리어 헐어 버림.

파급【波及】어떤 일의 영향이나 여파가 먼 데까지 미침. -하다.

파:기 ①깨뜨리거나 찢어서 내버림. 예문서 ~. ②계약 등을 지키지 아니하고 깸. 예계약 ~. -하다.

파나마 중앙 아메리카 남쪽 끝에 있는 나라. 파나마 운하로 유명하며 수도는 파나마이다. [7만 7천km^2]

파나마 운하 중앙 아메리카의 파나마 지협에 있는 태평양과 대서양을 잇는 운하. 길이는 64 킬로미터.

파다 ①긁거나 쪼아 내다. ②도장을 새기다. 예웅덩이를 ~. ③만들다.

파도【波濤】크고 센 물결. 큰 물결.

파동【波動】①물결의 움직임. ②사회적으로 어떤 현상이 퍼지어 주위에 그 형향이 미치는 일. 예물가 ~이 심하다. 반안정.

파라과이 남아메리카 대륙의 중남부에 있는 나라. 수도는 아순시온이다. [40만 7천km^2]

파라솔 햇빛을 가릴 수 있도록 펼쳐 놓은 커다란 양산. 또는 햇볕을 가리는 데에 쓰는 양산.

[파라솔]

파랑새 [동물] 파랑새과의 새. 몸빛은 암녹색이고 큰 나무의 높은 곳에 집을 짓고 살며, 겨울에는 말레이시아, 미얀마 등지에서 월동함.

[파랑새]

길조를 상징함.

파:랗다 아주 푸르다. 추운 듯하다. [파래]

파래[식물] 파래과의 바닷말. 짠물 섞인 바다에 나며, 김 비슷함. 푸른 빛깔을 내며 옛날부터 식용으로 널리 쓰임.

파:래지다 ①파랗게 되다. ②창백하게 되다. 큰퍼래지다.

파:렴치 염치를 모르고 뻔뻔스러움. 예~한 놈. -하다.

파:리[동물] 파리목의 곤충. 잘 발달된 한 쌍의 날개가 있고 주둥이가 뾰족하게 나옴. [파리]

파:멸 깨어져 멸망함.

파문【波紋】 ①잔 물결. ②어떤 일이 미치는 영향. 예큰 ~이 일어나다.

파묻다(파묻어, 파묻으니) ①땅 속에 묻다. ②깊이 숨기다. 반캐내다.

파발【擺撥】 조선 시대에 공문서를 빠르게 전달하기 위하여 설치했던, 역마를 갈아 타던 곳. 역참.

파병【派兵】 군대를 외국에 파견함.

파브르[인명](1823~1915) 프랑스의 곤충 학자. 곤충기 10권을 냄.

파:상풍【破傷風】 상처로부터 파상풍균이 몸 안에 들어가서 일으키는 급성 전염병. 예~에 조심해라.

파생【派生】 사물의 주체로부터 다른 사물이 갈려 나와 생김. -하다.

파손【破損】 깨어져서 못 쓰게 된 것.

파수꾼 파수를 보는 사람. 경비인.

파스텔 크레용의 한 가지. 빛깔이 있는 가루 원료를 굳힌 그림 도구.

파슬리[식물] 미나리과의 두해살이풀. 줄기에서 많은 가지를 내며 잎은 짙은 녹색, 전체에 향기가 있어 식용함. 양미나리.

파악【把握】 어떠한 대상의 내용을 확실하게 이해하여 바로 앎. 예주제~. -하다.

파업【罷業】 하던 일을 중지하는 것.

파열【破裂】 터져서 갈라지는 현상.

파울 경기의 규칙들을 어기는 것.

파이 밀가루와 버터를 반죽하여 과일·고기 등을 넣어서 구운 서양 과자. 예애플 ~를 친구들과 먹었다.

파이프 오르간 소리를 내는 여러 가지 파이프를 많이 갖추어 소리를 내는 오르간.

파인애플 땅에 붙어서 길쭉하게 크게 자라며, 맛과 향기가 좋아 그냥 먹거나 통조림으로 만들어 먹는 열대와 아열대 과일. [파인애플]

파일럿 비행기를 조종하는 사람.

파장【波長】 파동에서 같은 위상을 가진 서로 이웃한 두 점 사이의 거리. 한 끝에서 다음 끝까지의 거리.

파종【播種】 논밭에 곡식의 씨앗을 뿌림. 비종파. 반수확. -하다.

파출부【派出婦】 임시로 남의 집안일 따위를 돌봐 주는 직업 여성.

파출소 경찰관이 파견되어 관할 구역의 치안을 맡아 보는 곳.

파충류【爬蟲類】외부는 각질의 비늘 따위로 되어 있고 냉혈이며 허파로 호흡하는 동물. 거북·뱀 등.

파초 덩이 뿌리로 자라며, 잎은 길고 사방으로 퍼지는데 밑에서는 서로 붙어 굵은 줄기처럼 보인다. 꽃은 여름에 피며 관상용으로 가꾸는 여러해살이풀이다.

파키스탄 인도 반도의 북서쪽에 있는 나라. 수도는 이슬라마바드이다. [79만 6천km^2]

파:티 친목을 목적으로 여러 사람이 모여 즐기는 모임.

파파야 열대 지방에서 자라는 과일로 품종에 따라 모양. 색깔. 크기 등이 다르며 대체로 타원형이고 황갈색. 황록색을 띠는 열대 과일이다. [파파야]

파:편【破片】깨어져 부서진 조각들.

파푸아뉴기니 오스트레일리아 북쪽 뉴기니 섬의 동쪽과 근처 섬들로 이루어진 나라. 영국 연방에 속하며 수도는 포트모르즈비이다. [46만 3천km^2]

파:하다 일을 다 하다. 마치다. 끝냄.

파헤치다 안에 있는 것이 드러나도록 파서 젖히다. ^반메우다.

판 ①일이 일어난 자리. ②처지. ③승부를 겨루는 일의 수효를 세는 말. ^예씨름 한 ~을 승리하였다.

판가름 옳고 그름을 판단하여 가름. ^예승리로 ~났다. -하다.

판검사【判檢事】판사와 검사를 말함.

판결【判決】①잘잘못을 가리어 결정함. ②법원에서 법률을 적용하여 소송 사건에 대해 결정함.

판관【判官】①심판관. 재판관. ②조선 시대 중앙 여러 관아의 정오품의 벼슬. ③지금의 판사 역할을 함.

판다 눈 가장자리, 귀, 가슴 둘레, 네 발의 털은 검고, 그 밖의 부분은 흰 빛깔인, 곰과 비슷하며 중국 북서부 높은 산에 살며 죽순과 대잎 등을 먹고 사는 희귀 동물이다.

[판다]

판단【判斷】옳고 그름을 가리어 냄. ^예~에 맡기겠다. ^비판별.

판독【判讀】뜻을 헤아려 글을 읽음.

판로【販路】[팔-] 상품이 팔려 나가는 길. ^예~가 좋다. ^반구입.

판매【販賣】상품을 파는 일. ^예~구역. ^반구입. -하다.

판명【判明】분명하게 드러나는 것.

판문점[지명] 경기도 개성시 동쪽에 있는 마을. 유엔군과 북한 공산당의 군사 연락 장교와 군사 정전 위원회 회의장이 있음.

판별【判別】판단하여 구별하는 것.

판본체【板本體】한글 서체의 하나. 한글 창제직후에 나온(훈민정음, 용비어천가, 월인천강지곡, 석보상절, 동국정운) 따위의 판본에 쓰인 글자를 기본으로 한

붓글씨의 글자 꼴이다.
판사【判事】 재판을 맡아 보는 대법관 이외의 법관. ^반검사.
판소리 조선 중기 이후에 발달한 민속 예술 형태의 하나. 광대 한 사람이 북 장단에 맞추어서 줄거리가 있는 이야기를 노래로 부르는 형식임. ^예명창 한마당. -하다.
판옥선【板屋船】 조선 시대 해전에 쓰던, 나무판으로 지붕을 덮은 배. 명종 때에 개발하여 임진왜란 때에 크게 활약하였다.
판이하다 아주 다르다. 전혀 다르다.
판자【板子】 나무로 된 널 조각판대.
판정【判定】 옳고 그름을 가려서 결정함. ^예~승. -하다.
판지【板紙】 널빤지처럼 단단하고 두껍게 만든 종이.
판치다 어떤 판에서 그 판을 지배할 만큼 무엇을 잘 하다.
판판하다 물건의 겉면이 높고 낮은 데가 없이 고르고 넓다.
판화【版畵】 판에 새겨서 먹물이나 그림 물감 등을 묻혀 종이나 천 따위에 찍어 낸 그림. ^예피카소는 ~도 제작했다.
팔 사람의 손목과 어깨 사이의 부분. ^예~과 다리. 오른 ~왼 ~사이.
팔각형【八角形】[-가켱] 여덟 개의 변으로 이루어진 다각형.
팔관회 고려 시대의 신에게 제사 지내던 국가적 행사의 하나.
팔다 ①돈을 받고 물건을 남에게 주다. ^반사다. ②눈이나 정신을 다른 곳으로 돌리다. ③곡식을 팔다.
팔도【八道】 ①조선 시대에 전국을 8개의 행정 구역으로 나눈 것. 경기도·충청도·경상도·전라도·강원도·황해도·평안도·함경도. ②우리 나라 전체를 이르는 말. ^예우리 ~강산은 아름답다.
팔뚝 팔꿈치로부터 손목까지의 부분. ^예역도 선수들은 ~이 굵다.
팔랑개비 어린이 장난감의 한 가지. 종이 따위로 바람을 받아 잘 돌게 만든 장난감. 바람개비.

[팔랑개비]

팔레트 그림 물감을 섞어서 필요한 색깔을 내는 데 쓰는 그림 도구.
팔리다 ①물건 등을 다른 사람이 구입하는 것. ②정신이 한 쪽으로 쏠리다. ③시장에서 소를 사 오다.
팔만 대:장경 고려 고종 때 최우가 대장도감을 설치하여 15년 만에 완성 간행한 불경. 관목이 총 8만여 장이나 되며 경남 합천 해인사에 보관되어 있음.
팔매 조그만 돌 따위를 멀리 내던지는 일. ^예~질을 친구들과 하였다.
팔면체【八面體】 여덟 개의 평면으로써 이루어진 입체.
팔목 팔과 손을 잇는 부분. ^비손목.
팔방【八方】 팔과 손을 잇는 부분.
팔분 음표 온음표의 8분의 1의 길이를 가진 음표. 부호는 「♪」.

팔색조 땅 위를 걸으며 먹이를 찾고 지렁이를 즐겨 먹으며 짧은 꼬리를 위아래로 까딱까딱 움직이는 습성이 있다. 몸 길이가 18 cm인 천연기념물 제204호임. [팔색조]

팔씨름 상대와 팔의 힘을 겨룸.

팔자【八字】[-짜] 한 평생의 운수. 예~가 사납다. 이제 ~가 좋아짐.

팔짱 두 팔을 엇걸쳐 손을 겨드랑 밑에 끼는 것. 예~을 끼고 본다.

팔찌 ①「팔가락지」의 준말. ②활을 쏠 때에 활을 쥐는 쪽의 팔소매를 걷어 매는 띠. ③팔목에 끼는 장식.

팜플렛 간단하게 엮은 작은 책자들.

팝콘: ①옥수수의 한 품종. ②옥수수에 간을 하여 튀긴 식품.

팡파:르 축하 의식 등에 쓰이는, 삼화음을 쓰는 트럼펫의 신호음 들.

팥[식물] 콩과 같이 열매는 꼬투리이며 씨는 밥에 넣거나 죽을 쑤거나 떡을 만들어 먹음. [팥]

패 ①이름·특징 따위를 알리기 위하여 글씨를 쓰거나 그리거나 새긴 작은 종이나 나무의 조각. ②몇 사람이 모인 동아리나 무리. 예몇 ~로 나누다.

패거리「패」의 낮은말. 떼거리.

패:기【覇氣】 뜻을 이루려는 씩씩한 기운. 예~가 넘치다.

패:다₁ 인정 사정 없이 마구 때리다.

패:다₂ 도끼로 장작 등을 쪼개다.

패랭이 꽃 산이나 들에 저절로 나서 자라며 여름에 희거나 붉은 꽃을 피우는 풀로 동물의 사료로는 사용하지 않는다. [패랭이 꽃]

패:류【貝類】 여러 가지 조개의 종류.

패:륜【悖倫】 사람으로서 지켜야 할 도리에 어긋남. 예~아. 비파륜.

패:망【敗亡】 싸움에 져서 망하는 것.

패:물【佩物】 몸과 옷에 장식함.

패:배【敗北】 싸움이나 경쟁에 진 것.

패션모델 유행하는 옷을 입고 관객에게 선 보이는 것을 업으로 하는 사람. 예누나는 유명한 ~이다.

패스 ①시험에 합격함. ②무임 승차권. 정기권. ③구기에서 같은 편끼리 공을 주고 받는 일. -하다.

패스포:트 ①나라에서 외국 여행자에게 주는 증명서. ②통행증 따위의 증명서. ③여행 중.

패:자【敗者】 싸움이나 경기에 진 사람. 패배자. 반승자.

패:진【敗陣】 전쟁에서 진 진영.

패키지 ①소포 우편물. ②물건의 포장용기. 예~상품 광고.

패:하다 싸움에 지다. 반승리하다.

팩시밀리 문서나 도형 등을 점으로 분해하여 전송하고 수신측에서 원 상태로 재생하는 통신 방식.

팬 연예인 따위를 좋아하는 사람.

팬지 잎의 가장자리가 톱니 모양

팬터마임 표정과 몸짓만으로 하는 무언극. 예강남 ~소극장.

팬티 다리 부분은 거의 없는 허리에 꼭 붙는 속옷. Panties에서 온 말.

팻말 패를 붙였거나 거기에 글을 써 놓은 나무 조각.

팽나무 주로 동네 입구에 자라며 껍질은 회색이고 잎은 작고 나무는 단단하여 건축이나 가구 재료로 좋으며 몇 백 년씩 자라는 잎지는 큰키나무 임.

[팽나무]

팽이 채찍으로 쳐서 돌리는, 나무로 만든 어린이의 장난감이다. 뾰족한 끝이 평평한 바닥에서 돌아가는 물건.

[팽이]

팽창【膨脹】①부풀어서 크게 퍼짐. 늘어남. ②세력·현상 등이 크게 늘어남. 예인구~. 반수축. -하다.

퍼내다 깊숙한 데에 담긴 것을 떠내다. 예고인 물을 ~. 반넣다.

퍼렇다 매우 푸르다. 멍이 퍼렇게 들다. 예물빛이 ~. 작파랗다.

퍼레이드 축제나 축하 의식 등에서 많은 사람들이 시가지를 화려하게 행진하는 일 또는 그 행렬.

퍼붓다 ①퍼서 붓다. ②비나 눈이 억세게 쏟아지다. 예비가 ~.

퍼:센트 100을 기준으로 하였을 때 어떤 양의 비율. 기호는 「%」.

퍼즐 ①수수께끼. 알아맞히기. ②어려운 문제, 또는 생각하게 하는 문제. 비수수께끼. -하다.

퍼:지다 ①넓은 범위에 미치다. ②한쪽 끝이 넓어지다. ③수효가 많이 늘다. 예자손이 ~. 밥이 ~.

퍼치 물살이 느린 곳에서 물고기를 먹고 살며 봄에 얕은 물에서 번식하며 알은 8일 만에 깬 새끼 물고기는 플랑크톤을 먹으며 큰다.

[퍼치]

퍽 썩. 많이. 매우. 맥 없이 무너짐.

펄 ①바닷가나 강가의 개흙이 질척질척한 곳. 개펄의 준말. ②아주 넓고 평평한 땅. 예게는 ~에 산다.

펄프 나무나 짚 등에서 얻는 종이 등의 원료. 예종이는 ~로 만듦.

펌프 물을 빨아 올리거나 또는 이동시키는 기계. 예물을 ~로 올린다.

펑펑 물을 빨아올리거나 또는 이동시키는 기계. 예물을 ~로 올린다.

페가수스자리 북쪽 하늘의 가을 별자리. 안드로메다 자리의 남서쪽, 백조자리의 남동쪽에 있음.

페니실린 푸른 곰팡이 일종에서 얻은 항생 물질. 1929년 영국의 플

[팬지]

의 긴 타원형으로 봄부터 여름에 걸쳐 흰색, 붉은색, 보라색, 노랑색 등의 꽃이 피는 화초. [팬지]

페달 피아노·풍금·재봉틀 등의 발판. 또는 자전거 등의 발걸이.

페루 남아메리카 대륙 서북부에 있는 나라. 옛날 잉카 제국의 중심지이며 수도는 리마이다. [128만 5천km²]

페스탈로치 [인명](1746~1827) 근대 새 교육의 싹을 트게 한 스위스의 교육자이며, 교육학자. 빈민 학교와 고아원을 경영했으며, 처음으로 초등학교를 세웠음.

페이지 책이나 장부의 한 쪽 면.

페인트 고운 빛깔을 내는 화학 물질.

펜 잉크나 먹물을 찍어서 글씨를 쓰는 기구의 한 가지.

펜싱 서양식 검도. 에페와 사브르 두 종목이 있음.

펜치 철사를 구부리거나 끊는 데에 쓰는 연장의 한 종류로 혹은 못을 빼는데 공사를 하는 데 필요한 공구 세트 중 한 품목. 예못을 ~로 빼다. [펜치]

펜팔 편지로서 우정을 맺고 사귀는 벗. 예~로 사귄 여자와 결혼함.

펭귄 [동물] 펭귄과의 바다새. 남극 지방에 떼지어 사는데, 날개는 짧고 지느러미 모양이며, 전혀 날지 못하고 곧게 서서 걸음.

[펭귄]

퍼내다 ①널리 퍼뜨리다. 반포하다. ②잡지·책 등을 발행하다. 예학급 신물을 ~.

편₁【篇】 책이나 시문을 세는 단위. 예책 한 ~. 책의 내용을 크게 가른 것.

편₂【便】 ①일정한 방향. 예바깥 ~으로 돌아라. ②패로 나눈 한 쪽. 예이쪽이 이긴 ~이다.

편 가르다 사람을 몇 패로 나누다.

편견【偏見】 공정하지 못하고 한 쪽으로 기울어진 견해. 예그것은 ~.

편경【編磬】 아악기의 한 가지. 두 층으로 된 걸이에 한 층에 여덟 개씩 경쇠를 매어 달았음.

편곡【編曲】 어떤 곡을 다른 형식으로 바꾸어 꾸며서 연주 효과를 달리 하는 일. 또는, 그 곡. -하다.

편도선염【扁桃腺炎】 [-념] 편도선에 생기는 염증. 예~으로 고생함.

편두통【偏頭痛】 갑자기 일어나는 발작성의 두통. 예~으로 고생함.

편들다 한 편이 되어 거들거나 도움을 주다. 예동생을 ~.

편리【便利】 힘이 들지 않고 쉬운 것.

편:마암 장석·운모·석영 등으로 이루어진 변성암. 수성암과 화성암의 두 종류가 있음.

편법【便法】 간편하고 손쉬운 방법.

편성【編成】 ①엮어 모아서 만듦. ②조직 등을 짜서 이룸. -하다.

편식【偏食】 입에 맞는 음식만을 가려서 즐겨 먹는 일. -하다.

편안【便安】 불편하지 않고 한결같

이 좋음. 비평안. 반불안. -하다.

편애【偏愛】 어느 한 사람이나 한 쪽만을 매우 사랑함. -하다.

편의【便宜】 어려움이 없이 편안함.

편종【編鐘】 두께가 다른 16개의 작은 종을 소리의 높낮이의 차례로 틀에 매달아 놓고, 쇠방망이로 쳐서 소리를 내는 국악기.

[편종]

편중【偏重】 ①치우치게 무거움. ②어느 한 쪽만 소중히 여김. -하다.

편:지 소식을 알리거나 어떤 용건을 적어 보내는 글. 비서신. -하다.

편집【編輯】 여러 가지 재료를 모아서 신문이나 책을 만듦. -하다.

편찬【編纂】 여러 종류의 재료를 모아 책의 내용을 꾸며 냄. -하다.

편찮다 ①병으로 앓고 있다. ②「편하지 아니하다」의 준말.

편충【鞭蟲】[동물] 선충류 편충과의 선형 동물의 하나. 사람의 장, 특히 맹장에 기생함.

편하다 ①근심이 없다. ②거북하거나 근심·걱정이 없다. 펼치다. 넓게 펴다. ③힘이 안 들어 쉽다.

평1【評】 옳고 그름·좋고 나쁨·되고 못됨 등을 가려서 느낀 생각을 말하는 일. 예~이 좋다.

평2【坪】 땅 넓이의 단위로 사방 6자. 1평은 약 $3.3058m^2$.

평각【平角】 한 점에 나간 두 반직선이 일직선을 이룰 때 그 두 반직선이 만드는 각. 곧 180°인 각.

평균값【平均-】 수치들의 합을 그 수치의 개수로 나눈 값. 고른 값. 고른 수.

평균대【平均臺】 ①체조에서 신체의 평균을 취하는 운동을 할 때의 기구. ②여자 체조 경기 종목의 하나. 예~ 운동.

[평균대]

평균점【平均點】 각 학과의 점수 총계를 과목의 수로 나눈 수.

평당 한 평에 대한 값이나 수량.

평등권【平等權】 모든 국민이 차별이 없이 갖는 동등한 권리.

평:론【評論】 사물의 가치·우열 등을 비평하여 논하는 글. -하다.

평면【平面】 평평한 면. 반듯한 면.

평면각 한 평면 위에 있는 각.

평면도【平面圖】 건물이나 물체 등을 똑바로 위에서 보고 그린 그림.

평민【平民】 벼슬이 없는 사람. 보통 사람. 비상민. 반귀족.

평방【平方】 ①제곱한 수. ②네모꼴의 넓이. 예1킬로 ~.

평방형【平方形】 네 변과 네 각이 똑같은 네모꼴.

평범【平凡】 뛰어난 점이 없이 보통임. 예~한 사람. 반비범. -하다.

평상【平床·平牀】 밖에다 내어 앉거나 드러누울 수 있도록 만든, 나무로 된 침상의 한 가지. 살평상과 널평상이 있음.

평생【平生】태어나서 죽을 때까지.
평소【平素】일상 생활의 보통 때.
평시조【平時調】초장·중장·종장으로 되어 있는 보통 시조. 글자 수가 45자 안팎으로 가장 기본적이고 대표적인 시조임.
평안【平安】걱정이나 괴로움이 없이 편함. ^비편안. -하다.
평안도【平安道】평안 남도와 평안 북도를 이르는 말.
평야【平野】아주 넓은 들. ^예나주 ~.
평영【平泳】수영 기법의 한 가지. 개구리 헤엄. -하다.
평온【平溫】①평상시의 온도. ②평균 온도. ^예~이 낮다. -하다.
평원【平原】평평하고 너른 들판. ^예호남 ~. ^비평야. ^반협곡.
평일【平日】①평상시. 일상. ②보통 날. ^비상일. ③휴일이 아닌 날.
평작【平作】①고랑을 치지 아니하고 작물을 심어 가꾸는 방법. ②「평년작」의 준말.
평정【平靜】마음이 평안하고 고요함. ^예마음의 ~. -하다.
평지【平地】땅바닥이 편편한 땅.
평탄【平坦】①땅이 넓고 평평함. ②일이 순조롭게 되어 나감. -하다.
평:판【評判】세상 사람의 비평. 세간의 비평. ^예~이 나쁘다.
평:하다 사물의 시비·선악·우열 등을 논하는 것.
평행봉 기계 체조 용구의 하나. 두 개의 평행한 가로대를 버티어 놓은 것으로, 그 위에서 여러 가지 동작의 운동을 함.

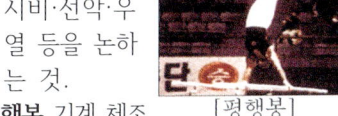
[평행봉]

평행 사:변형【平行四邊形】마주 보는 두 쌍의 대변이 서로 평행한 사각형. 나란한 꼴.
평행선【平行線】같은 평면 위에서의 서로 평행하는 선. ^반수직선.
평화【平和】①평온하고 조용함. ②전쟁이 없이 세상이 평온함. ^예마음의 ~를 얻는다. ^비평온. ^반전쟁.
폐:1【弊】남에게 큰 손해나 괴로움을 끼침. ^예~를 끼치다. ^반도움.
폐:2【肺】허파. 물에 사는 동물의 호흡기의 주요 부분. ^비허파.
폐가【廢家】버려 두어 낡아빠진 집.
폐간【廢刊】정기 간행물을 못 낸 것.
폐:결핵【肺結核】결핵균의 침입으로 생기는 허파의 병. 기침·열·호흡 곤란 등의 증세가 일어나고 심하면 피를 토하는 전염병.
폐교【閉校】학교의 운영을 폐지하는 것. 또, 그 학교. ^반개교. -하다.
폐기【廢棄】못 쓰게 된 것을 버림. ^예~ 처리장. -하다.
폐:단【弊端】①괴롭고 번거로움. ②좋지 못하고 해로운 점. ^비결점.
폐:렴【肺炎】폐렴균의 침입으로 일어나는 폐의 염증. 오한·고열 등의 증상으로 보임.
폐:막【閉幕】①연극을 마치고 막을 내림. ②어떤 일이 끝남의 비유. ^반개막. -하다.

폐:백【幣帛】 신부가 처음으로 시부모를 뵐 때 큰절을 하고 올리는 대추나 포 따위 음식의 총칭. -하다.

폐:쇄【閉鎖】 자물쇠를 꼭 채워 문을 닫음. 예입구를 ~하다. -하다.

폐:수【廢水】 사용하고 난 뒤에 버린 물. 예~처리장. 공장의 ~시설.

폐:업【閉業】 문을 닫고 영업을 쉼. 비폐점. 반개업. -하다.

폐:인【廢人】 ①병으로 몸을 망친 사람. ②남에게 버림을 받아 쓸모 없게 된 사람. 예그는 ~이 되다.

폐:지₁【廢止】 실시하던 제도·법규·일 등을 그만 두거나 없앰.

폐:지₂【廢紙】 못 쓰게 된 종이. 예~를 활용하자. 비휴지. 버려진 종이.

폐:품【廢品】 못 쓰게 되어 버린 물품. 예~활용. ~도 자원이다.

폐:허【廢墟】 건물이나 성이 재해로 황폐하게 된 터. 허물어져 못 쓰다.

폐:회【閉會】 집회 또는 회의를 마침. 반개회. -하다.

포:【砲】 화약 폭발로 무기를 쏘는 것.

포개다 위에다 여러 겹으로 겹치다.

포:경선【捕鯨船】 고래만을 잡는 배.

포괄【包括】 사물·현상 따위를 온통 하나로 휩쓸어 쌈.

포근하다 ①감정이나 자리 따위가 따뜻하고 편안한 느낌이 있다. ②겨울철 날씨가 바람도 없이 따뜻하다. 예날씨가 ~.

포기₁ 풀이나 나무의 뿌리를 단위로 한 낱개. 예풀 한 ~를 뽑아 내다.

포:기₂【抛棄】 하던 일을 도중에 그만 두어 버림. -하다.

포도[식물] 포도 나무의 열매. 덩굴이 길게 뻗어 가며, 한 송이에 여러 개의 열매가 달림.

[포도]

포도당 포도 열매·꿀 등에 많이 들어 있는 당분의 한 가지. 영양제.

포:도 대:장【捕盜大將】 조선 시대 포도청의 우두머리.

포:도청【捕盜廳】 조선 시대에 범죄자를 잡기 위하여 설치한 관청.

포:로【捕虜】 전투 중에 사로 잡힌 적의 군사. 예~수용소.

포르테 악보에서 셈여림을 나타내는 말. 「강하게」의 뜻. 기호는 「∫」. 예악보에서 ~가 빠졌다.

포르투칼 유럽 남부의 이베리아 반도의 서쪽 끝에 있는 나라. 수도는 리스본이다. [9만 2천km^2]

포목【布木】 베나 무명 따위의 옷감.

포:물선【抛物線】[-썬] 비스듬히 던져진 물체가 떨어질 때까지의 통과 경로와 같은 곡선.

포:병【砲兵】 대포 종류로 무장된 군대. 또는 그에 딸린 군인.

포:부【抱負】 마음 속에 지닌 희망이나 자신. 예~가 크다. 비소신.

포상【褒賞】 칭찬하여 상을 주는 것.

포석정【鮑石亭】 신라 시대 왕실의 포

[포석정]

별궁으로 왕과 신하가 흐르는 물에 술잔을 띄우고 시를 읊으면서 즐기던 곳으로 경주시 배동에 남아 있다.

포:섭【包攝】 상대를 자기 편에 받아들여 가담시킴. -하다.

포:수₁【捕手】 야구에서 본루를 지키는 선수. ^반투수.

포:수₂【砲手】 총으로 짐승을 잡는 사냥꾼. ^예호랑이 ~꾼 이었다.

포스터₁[인명] 미국의 가곡 작곡가. 「미국 민요의 아버지」라고 불림. 작품에는 「스와니강」·「오, 수재너」·「켄터키의 옛집」등이 있음.

포스터₂ 광고나 선전을 하기 위하여 내붙이는 그림 따위

포:식자 생태계에서, 다른 생물을 식용하는 생물을 이르는 말.

포악【暴惡】 성질이 사납고 악함. ^예~을 부리다. ^비흉악. -하다.

포:옹【抱擁】 서로 품안에 껴안은 것.

포:용【包容】 너그럽고 아량 있게 다른 이를 감싸 받아들임. -하다.

포:위【包圍】 삥 둘러 에워쌈. ^예강도를 ~하다. -하다.

포:유류【哺乳類】 가장 고등한 동물군으로 새끼를 낳아서 젖을 먹여 기름. 젖먹이 동물.

포인터 어깨 높이가 60cm 정도이며 영국이 원산지이고 사냥

[포인터]

사냥개로 세계적인 명견이다. 사냥을 할 때 주인의 말을 잘들어 사냥개로 널리 애용된다.

포인트 점·요점·목적·득점 따위의 뜻. ^예두 ~ 앞서다.

포자【胞子】 민꽃 식물이 번식할 때에 모체를 떠나서 번식을 맡은 세포. 홀씨.

포장지 포장을 하는 데 쓰이는 종이.

포:졸【捕卒】 포도청의 군졸.

포즈 몸의 자세. 몸을 가지런히 함.

포착【捕捉】 ①붙잡음. ^예기회를 ~하다. ②요량을 얻음. -하다.

포커 카드놀이의 한 가지. 미국에서 비롯됨. ^예친구와 ~놀이를 함.

포크 양식에서 고기나 생선 또는 과일을 찍어 먹는 식탁 용구. 삼지창. 작은 창 모양의 서양식 수저.

포:크 댄스 전통적인 민속 무용. 향토 무용.

포클레인 땅 바닥을 고르게 하거나 높은 곳을 낮게 또는 낮은 곳을 높게 흙을 밀

[포클레인]

어서 운반하는 중장비로 특히 건설 현장이나 도로를 내는데 꼭 필요한 장비이다.

포플러[식물] 길가에 30m 정도 이르는 나무로 미국에서 들어와 미루나무라고

[포플러]

도 함.
포학【暴虐】 몹시 사납고 험악한 것.
포함【包含】 ①속에 들어 있음. ②어떤 무리에 다른 것을 보탬. ③둘러싸임. -하다.
포:화 상태【飽和狀態】 더 이상의 양은 수용할 수 없는 상태.
포화 용액【飽和溶液】 일정한 온도와 압력에서 용매에 용질을 녹일 수 있을 만큼 녹였을 때의 용액.
포환 던지기 던지는 운동의 한 가지. 지름 2.135m의 원 안에서 일정한 무게의 포환을 한 손으로 던지어 그 거리를 겨루는 경기. 투포환. 예~대표로 출전한다.
포:획【捕獲】 ①적병을 사로잡음. ②짐승이나 물고기를 잡음. 반석방.
폭【幅】 ①가로의 길이. ②피륙 따위의 넓이. 예~이 넓다. ③그림, 족자를 셀 때 쓰는 말. ④무엇의 범위.
폭격 비행기에서 폭탄을 떨어뜨려 적 진지나 시설물을 부수는 일.
폭동【暴動】 여러 사람이 떼를 지어 난폭한 행동으로 질서를 어지럽히고 소동을 일으킴. 비난동.
폭등【暴騰】 [-뜨] 물건 값이 갑자기 뛰어 오름. 반폭락. -하다.
폭락【暴落】 물건 값이 별안간 떨어짐. 반폭등. -하다. 예주가가 ~함.
폭력【暴力】 [퐁녁] 사나운 힘. 억지로 윽박지르는 힘. 비완력.
폭로【暴露】 [퐁노] 음모·비밀 등의 감추어진 일을 드러냄. -하다.
폭발【爆發】 [-빨] 불꽃을 일으키며 갑작스럽게 터짐. -하다.
폭설【暴雪】 갑자기 많이 내리는 눈.
폭소【爆笑】 별안간 터져나온 웃음.
폭약【爆藥】 폭발 약의 준말.
폭언【暴言】 거칠고 사납게 하는 말.
폭우【暴雨】 갑자기 많이 내리는 비.
폭죽【爆竹】 가는 대통에 불을 지르거나, 화약을 재어 터뜨리어서 소리가 나게 하는 물건.
폭탄【爆彈】 화약을 써서 사람이나 물건을 파괴하는 폭발물.
폭파【爆破】 폭발시켜 부수어 버림.
폭포【瀑布】 벼랑에서 떨어지는 물.
폭풍【暴風】 사납고 세찬 힘으로 부는 바람. 예~이 거세다.
폭행【暴行】 남에게 폭력을 쓰는 것.
폴란드 유럽 대륙의 동북부에 있는 나라. 수도는 바르샤바이다. [31만 3천km²]
폼 모습. 자태. 곁에 나타난 모양새.
표결【票決】 여러 사람이 회의할 때 찬성과 반대의 의사를 표시하여 결정함. 예후보를 ~로 뽑다. -하다.
표고[식물] 송이과의 버섯. 밤나무·떡갈나무 등의 고목에 붙어 살며, 인공 재배도 함.

[표고]

표구【表具】 병풍·족자 따위를 꾸미는 일. 예~점. -하다. 장황.
표기 ①겉으로 표시하여 기록함. 또는, 그런 기록. ②글자 또는 음성

기호로 언어를 표시하는 일. -하다.
표독【慓毒】사납고 독살스러운 것.
표면【表面】겉으로 드러난 면.
표명【表明】드러내어 명백히 하다.
표방【標榜】①어떤 명목을 세워 자기 주장을 내세움. ②남의 선행을 기록하여 널리 여러 사람에게 보임. -하다.
표백【漂白】깨끗이 빨아 희게 한 것.
표범[동물] 범과 비슷하게 생겼으며 온 몸에 검은 점이 찍혀 있고 꼬리가 길며, 성질이 매우 사나운 짐승. [표범]
표본【標本】본보기나 표준이 된 것.
표상【表象】①상징. ②외적 자극과는 관계없이 과거의 경험에 기초하여 구체적·감각적으로 마음속에 재생되는 상. ᵉ나라의 ~.
표시【表示】감정을 겉에 알 수 있도록 나타내어 보임. ᵇ표면. -하다.
표어【標語】어떤 생각이나 이상 등을 짧막하고 간단하게 나타낸 말. ᵉ반공 ~. 모집 공고.
표음 문자【表音文字】말의 소리를 기호로 나타낸 글자. 기음 문자.
표의 문자【表意文字】하나하나의 글자가 일정한 뜻을 나타낸 글자.
표적【標的】목표가 되는 물건.
표절【剽竊】남의 시나 문장·학설 따위를 자기의 것으로 발표한 일.
표주박 줄기의 각 마디에서 많은 결가지가 나오며, 잎은 심장 모양으로 어긋나고 흰 꽃이 암수 딴 그루에 피는데 저녁에 피었다 아침에 시든다. 박 가운데가 잘록해 표주박이라고 한다. [표주박]
표준말 한 나라의 본보기로 정해 놓은 말. ᵇ표준어. ᵇᵃⁿ사투리.
표지판【標識板】표지를 하거나 표지로 쓰이는 판자. ᵉ안내 ~.
표창₁【表彰】남이 잘 한 일을 칭찬하여 세상에 알림. -하다.
표창₂ 무기로 사용하는 창의 한 가지. 끝이 뾰족하고 잘록하며 앞이 무거워서 던져 맞히기에 편리함.
표창장【表彰狀】표창하는 글발.
표피【表皮】식물체 각 부분의 표면을 덮은 세포층. 겉껍질. ᵇᵃⁿ내피.
표하다【表-】태도·의견 등을 나타내다. ᵉ감사를 ~.
표현【表現】나타냄. 또는 형상이나 모양. ᵉ~의 자유. -하다.
푸근하다 ①물건이 탄력성이 있고 부드러우며 따뜻하다. ②날씨가 바람도 없고 따뜻하다. 포근하다.
푸념 마음에 품은 불평을 퍼부어 말함. ᵉ~하지 ᶜʰ파랗다.
푸르름 빛마라. ᵇ넋두리.
푸다(퍼) 도구를 이용하여 떠내다.
푸대접 아무렇게나 하는 대접. 냉대. 박대. ᵉ~받다. -하다.
푸르다(푸르러) 보통 하늘 빛이나 초록빛과 같다. 깔이 온통 푸르게 되어 있는 것. 예하늘이 ~하게 보인다.
푸른 곰ː팡이 밥, 떡, 메주 등에서 생기는 녹색, 청록색 곰팡이를 통틀어 일컫는 말.
푸른어치 소란스럽게 울며 주로 씨앗과 견과류를 먹고, 겨울을 대비하여 남은 먹이는 땅에 묻어 둔다. 곤충도 잡아먹고 심지어 다른 새의 둥지에서 알·새끼를 훔쳐 먹기도 한다. [푸른어치]
푸석하다 살이 핏기가 없이 조금 부어 오른 듯하다. 예얼굴이 ~.
푸성귀 사람이 가꾼 채소나 저절로 난 나물의 총칭. 비야채.
푸줏간 쇠고기 또는 돼지고기 등을 파는 가게. 비정육점. 고깃간.
푸짐하다 꽤 양이 많아 넉넉하다.
푹신하다 매우 부드럽고 탄력성이 있다. 예침대가 ~. 반딱딱하다.
푼ː 백에 대한 비율로, 할의 10분의 1, 한 치의 10분의 1.
푼ː돈[-똔] 얼마 되지 않은 적은 돈.
풀[식물] ①줄기가 대개 연하고 나무의 형질로 구성이 안 된 초본 식물의 총칭. 예~을 뽑다. 메뚜기는 ~을 먹고 산다. ②「갈풀」의 준말.
풀리다 ①맺힌 것이나 얽힌 것이 풀어지다. ②춥던 날씨가 누그러지다. 예날씨가 ~. ③자유롭게 되다.

풀무치 몸이 메뚜기보다 크고 머리 끝이 둥글며, 몸 빛은 갈색과 녹색이고 앞 날개에 검은 무늬가 있는 메뚜기의 일종. 풀잎이나 농작물을 잘라 먹는다. [풀무치]
풀숲 풀이 많이 자라서 우거진 곳.
풀이 뜻을 쉬운 말로 밝히어 말함. 예어려운 낱말을 ~하다. -하다.
풀이말 문장 중에서 「어찌하다」, 「어떠하다」, 「무엇이다」에 해당하는 말. 서술어.
풀잉어 빠르게 헤엄치고 다니며 물고기와 게를 잡아 먹고 바닷가에 많은 알을 낳고 새끼는 강으로 올라와 자랄 때까지 그 곳에서 머문다.

[풀잉어]

풀잎[-립] 풀의 잎.
품 ①무슨 일에 드는 힘. 또는 수고. 예~을 팔다. ②옷의 넓이. ③가슴. 몸. ④말이나 동작의 됨됨이.
품ː격【品格】사람 된 바탕과 타고난 성품. 인격. 사물의 고상한 분위기.
품ː목【品目】물건의 종류를 나타내는 이름. 예~이 상당히 다양하다.
품ː사【品詞】낱말을 그 성질·구성·형식에 따라 갈라 놓은 갈래. 명사·대명사·수사·조사·동사·형용사·관형사·부사·감탄사 등 9가지로 분류함. ^비씨.

품삯[-싻] 일을 해 주는 값으로 받는 돈. ^비노임. 품값.

품:성【品性】 사람마다 타고난 성질.

품앗이 힘든 일을 서로 거들어, 품을 지고 갚고 하는 일. -하다.

품위 아름다움과 의젓함을 잃지 않는 몸가짐. ^예~를 지켜라.

품:절【品切】 물건이 다 팔리어 없어짐. ^예음료수가 ~되다. ^비절품.

품종【品種】 농작물이나 가축을 그 특성에 따라 나눈 종류. 물품 종류.

품:질【品質】 물건의 좋고 나쁜 바탕이나 성질. 상품의 질. ^예~개량.

품팔다 품삯을 받고 남의 집일하다.

품:평【品評】 물건 등의 품질이 좋고 나쁨을 평하여 정함.

품:행【品行】 타고난 성질과 하는 행동. ~이 단정하다. ^비행실.

풋 명사 앞에 붙어서 「새로운 것」 「처음 나온 것」 「덜 익은 것」 「미숙한 것」을 나타내는 말. ^예~고추. ~사과. ~나물.

풍【風】 중풍·경풍 따위와 같이 정신·근육·감각에 탈이 생긴 병.

풍경₁【風磬】 절 등의 건물 처마 끝에 달아서 바람에 흔들려 소리가 나게 하는 금속 따위로 만든 작은 종 모양의 방울.

풍경₂【風景】 ①산과 물 등의 자연의 아름다운 모습. ^비경치. ②「풍경화」의 준말. ③아름다운 경치.

풍금【風琴】 페달을 밟아 공기를 불어 넣어 소리를 내는 건반 악기. 오르간. ^예~을 치다.

풍기다 냄새를 퍼뜨리다. 나타내다.

풍년【豊年】 곡식이 잘 되어 많은 수확을 거두는 일. ^반흉년.

풍뎅이[동물] 껍데기가 단단하고 몸 길이는 약 2cm 정도이며 몸은 번쩍이는 짙은 녹색인 곤충. [풍뎅이]

풍랑-낭 바람과 물결.

풍력【風力】 바람의 세기.

풍류【風流】 속된 일을 떠나서 풍치가 있고 멋지게 노는 일. ^반노동.

풍속【風俗】 한 사회에 옛적부터 내려오는 습관. ^비풍습.

풍속계【風速計】 풍속을 재는 기구. 바람개비가 바람을 받아 회전한 수로써 풍속을 잼.

풍압계【風壓計】 풍압을 재는 기계.

풍:자 사회·인물의 잘못 등을 재치 있게 빗대어 말함. ^예~만화.

풍조 붉은 비옷 풍조는 꼬리 깃이 코일처럼 둥근 고리 모양으로 생겼으며 모든 풍조류는 새들 중 가장 화려하며 극락조라고도 한다. 털 색깔은 여러 가지며 대부분 머리와 꼬리가 특이하게 생겼다.

[풍조]

풍족【豊足】넉넉하여 만족스럽다.
풍진【風疹】좁쌀 만한 종기가 온몸에 나는 전염병. 어린이가 잘 걸림.
풍차【風車】큰 바람개비가 달려 있어서 바람의 힘을 이용하여 곡식을 찧고 빻는 기계.

[풍차]

풍치 ①아름답고 매우 멋진 경치. 풍경. ②격에 맞는 멋.
풍토【風土】그 지방의 기후와 토지의 상태. 예~에 알맞은 나무 심기.
풍향계 풍향을 관측하는 기계.
풍화【風化】지표면의 암석이 공기나 온도 따위의 작용으로 차차 부스러지는 일. 예~작용. -하다.
퓨마【동물】주로 사슴을 잡아먹고 살며, 낮은 지대의 늪지. 숲. 평원. 높은 산 숲속에서 살며 야생 동물의 맹수답게 사납고 용맹스럽다.

[퓨마]

퓨:즈 센 전류가 흐르면 녹아 떨어져 전류를 끊고 위험을 막는 금속선.
프라이팬 음식을 튀기거나 부치는 데 쓰는, 손잡이가 달리고 밑이 넓적한 그릇. 후라이팬은 틀

[프라이팬]

린 말이다.
프랑스[국명] 유럽 대륙의 서부 중앙에 있는 나라. 지중해와 대서양 사이에 있고 수도는 파리이다. [55만 1천km^2]
프로그램 ①라디오·텔레비전 등의 방송 순서. ②예정. 계획. 진행 등.
프로듀:서 연극·방송 프로 등을 만드는 사람. 준피디(PD).
프로 야:구 직업 선수들이 흥행을 목적으로 하는 야구.
프로판 가스 프로판을 주성분으로 하는 메탄계의 액화 탄산 수소 가스. 가정용의 연료로 많이 쓰임.
프로펠러 비행기·선박 등에서 엔진의 출력을 추진력으로 변환하는 회전 날개. 예~가 돌아간다.
프리뮬러 키가 작고 잎은 타원형이며, 봄에 흰색, 노랑색, 청색, 오렌지색, 분홍색 등 여러 가지 빛깔

[프리뮬러]

의 꽃이 피며 관상용으로 재배하는 한해살이 풀이다.
프리즘 정삼각 기둥, 또는 직각 삼각 기둥 모양으로 만든 유리로서, 빛을 여러 가지 색으로 나눔.
플레밍[인명](1881~1955) 1922년 항생물질 라이소짐을 발견한 영국의 세균 학자. 1928년 푸른곰팡이로부터 페니실린을 발견하여 1945년 노벨 생리·의학상을

받았음.
플루트 입에 가로 대고 불고, 손가락으로 구멍을 열고 막아 소리의 높낮이를 조절하는 서양식 피리. 예나는 ~을 참 잘한다. 플롯(×).
피₁ ①동물의 몸 안을 돌며 영양을 날아 주는 붉은 빛의 액체. 비혈액. ②「혈연」이나「겨레」를 비유하는 말.
피₂ 벼와 비슷하며 논에서 볼 수 있음.
피겨 스케이팅 스케이트를 신고 얼음판에서 여러 가지의 재주를 부리는 스케이팅.
피고름 피가 섞인 고름.
피:고인【被告人】 형사 소송에서, 공소 제기를 당한 사람. 비피고.
[피겨스케이팅]
피곤【疲困】 몹시 지쳐서 피로한 것.
피골【皮骨】 살가죽과 뼈.
피끓다 ①감정이 복받쳐 오르다. ②씩씩하고 힘차다.
피나물 산지의 그늘나무 밑에 자라며 줄기에 상처를 내면 누런 빛의 붉은 즙이 나와 피나물이라 하며 봄에 노랑꽃이 피는 여러해살이풀이다.
[피나물]
피:난【避難】 전쟁 등 재난을 피하여 거처를 옮겨 다님. -하다.
피다 ①꽃봉오리 따위가 벌어지다.

예꽃이 활짝 ~. ②포동포동하게 살이 오르고 혈색이 좋아지다.
피땀 ①피와 땀. ②온갖 정성을 다하여 일할 때 나는 진땀.
피라미【동물】 잉엇과의 민물 고기. 몸길이 10~16cm. 몸빛은 등 쪽이 청갈색, 배쪽은 은백색이며, 암청색의 가로 띠가 있음.
[피라미]
피라미드 기원전 3000년 무렵, 이집트에 세워진 삼각형 모양의 왕의 무덤을 벽돌로 쌓아 만든 것.
[피라미드]
피로【疲勞】 지나친 활동으로 지쳐 있는 상태. 비피곤. 과로. -하다.
피:뢰침【避雷針】 벼락을 피하기 위하여 높은 건물이나 굴뚝 따위에 세워 놓은 뾰족한 쇠붙이.
피리 속이 빈 대에 8개의 구멍을 뚫고 불어서 소리를 내는 악기를 통틀어서 이르는 말.
피마자 아주까리라고도하며, 여름에 꽃이 피고 열매를 익으면 씨에서 짠 기름은 약용. 포마드, 인주 등의 원료로 쓰이는 한해살이풀이다.

[피마자]
피망 아이의 주먹처럼 뭉툭하게 생긴

고추. 서양 요리에 쓰인다. 그러나 요즘은 우리 나라의 음식을 하는데에도 많이 사용 하고 있다. [피망]

피:복선【被覆線】[-썬] 전선 겉을 전기의 부도체로 싼 전선.

피부【皮膚】 동물의 몸 거죽을 싼 껍질. ᵇ살갗. 살가죽.

피살【被殺】 남에게 죽임을 당한 것.

피:서【避暑】 시원한 곳으로 더위를 피하는 일. ᵇ피한. -하다.

피:선거권【被選擧權】 선거에 입후보하여 당선될 수 있는 권리.

피스톤 증기 기관·내연 기관 따위의 실린더 속에서 왕복 운동을 하는 부품을 통틀어 일컬음.

피:신 위급한 상황에서 몸을 피함. ᵉ~처. 은신.

피아노 건반을 누르며 금속 줄(현)을 쳐 소리를 내는 서양식 악기.

피아니스트 피아노를 직업적으로 치는 사람. [피아노]

피:의자【被疑者】 범죄 혐의를 받았으나 아직 기소되지 않은 사람. ᵇ혐의자. 용의자.

피자 밀가루 반죽에 야채·햄·치즈 등을 얹어 구운 파이. 이태리어.

피:제수[-쑤] 나눗셈에서 나눔을 당하는 수. 12÷3=4에서 「12」따위. ᵇ제수.

피:차【彼此】 ①저것과 이것. ②서로.

피콜로 관악기의 하나. 플루트 중에서 가장 높은 음역을 맡는 가장 작은 악기.

피크닉 소풍.

피튜니아 잎이 어긋나고, 여름에 붉은색, 흰색, 홍색 등의 꽃이 피는데 품종이 따라 색깔이 크게 다르며 열매는 받침에 싸여 있고 관상용인 한해살이풀이다.  [피튜니아]

피하 지방【皮下脂肪】 포유류의 피하 조직에 다량으로 들어 있는 지방 조직.

피:해【被害】 재산·명예·신체상의 손해를 보다. ᵉ~를 보다.

핀란드 북유럽의 스칸디나비아 반도에 있는 나라. 수도는 헬싱키이다. [33만 8천km²]

핀셋 작은 물건을 집는 데 쓰는 뾰족한 작은 집게로 특히 병원에서 다양하게 쓰이는 의료 기구의 한 종류이다.  [핀셋]

핀잔 남을 쌀쌀하게 꾸짖고 나무람.

필₁【匹】 말이나 소들을 세는 단위 ᵉ말 두 ~을 시장에서 사 왔다.

필2【疋】 피륙을 셀 때에 쓰는 단위. 예명주 한 ~로 옷을 짓고 있다.

필기【筆記】 ①글씨를 씀. 예~도구. ②만들어진 넓은 경기장.

필드 육상 경기장의 트랙 안 쪽에 만들어진 넓은 경기장.

필드 하키 11명씩으로 구성된 두 팀이 그라운드에서 스틱을 가지고 나무 공을 다루어 더 많은 점수를 내는 것을 겨루는 경기.

필라멘트 전구·진공관 속에 전류를 통하면 열전자를 내는 가느다란 선. 예전구에 ~가 끊어졌다.

필름 투명한 셀룰로이드에 빛을 받으면 변화하는 약을 칠한 것. 영화·사진 등의 촬영에 쓰임.

필리핀 동남 아시아의 남중국해의 오른쪽에 있는 나라. 7000개의 섬으로 이루어져 있으며, 수도는 마닐라이다. [30만 4천km^2]

필명【筆名】 작가가 문학 활동을 할 때에 쓰는 별명.

필사【必死】 있는 힘을 다하여 매우 애쓰는 것. 예~적으로 뛰었다.

필생【畢生】 한평생 동안 애쓰는 것.

필수【必須】 꼭 알아야 하는 것.

필수적【必須的】 반드시 있어야 함.

필수품【必需品】 생활하는 데 꼭 있어야 할 물품. 예생활 ~이다.

필승【必勝】 반드시 경기에 승리함. 예감독이 선수에 ~을 다짐함.

필시【必是】 틀림 없이.

필연【必然】 반드시 그렇게 되는 일.

필요【必要】 꼭 있어야 하거나 갖추어야 할 것. 반불필요. -하다.

필자【筆者】 글이나 글씨를 쓴 사람.

필체【筆體】 글씨의 모양. 비글씨체.

필터 ①불순물을 걸러 내기 위한 장치나 물질. 예정수기 ~. 비여과기. ②어떤 빛만을 통하게 하는 색유리. 예카메라 ~.

필통【筆筒】 붓이나 연필 따위를 넣어 가지고 다니는 작은 상자 또는 그런 것을 꽂아 두는 통.

[필통]

핍박【逼迫】 세력으로 억눌러 괴롭게 하는 것. 예우리를 왜 ~하는지 모르겠다. -하다.

핏기 사람의 얼굴에 드러나는 불그레한 빛깔.

핏발 병. 피로. 흥분 때문에 피가 몰려 눈알이 붉게 된 것.

핏줄 ①몸 속에 피가 흐르는 길. ②한 조상을 가져서 생긴 관계. 비친척. 혈육. 가족.

핑 ①갑자기 눈에 눈물이 어리는 모양을 나타낸 것. ②갑자기 정신이 어찔해지는 모양을 나타낸다. 작팽. 흉내말.

핑계 어떤 일이나 생각을 옳은 것처럼 보이기 위해 내세우는 구실. 예가난을 ~로 부모에게 효도를 하지 않는다. 비구실.

핑계삼다 어떤 행동이나 생각을 진짜 이유인 듯이 꾸며서 내세우다.

핑크색[Pink 色] 분홍색.

ㅎ [히읕] 한글 자모의 열넷째 글자. 이름은 히읕.

하¹ 입김을 크게 벌리고 목구멍으로부터 김을 내어 부는 소리.

하² 기쁨·슬픔·걱정·놀람 따위의 감정을 나타내는 소리. 큰허.

하:³【下】품질에 등급이나 차례를 매길 때 「상」「중」「하」의 맨 끝째. 반상. 중.

하:강【下降】높은 데서 아래로 내려옴. 예비행기가 ~중이다.

하:객【賀客】결혼을 축하는 손님.

하:계 올림픽 여름철에 하는 올림픽. 반동계 올림픽.

하구【河口】바다로 흘러 들어가는 강물의 어귀. 비강 어귀. 강하구.

하:급【下級】낮은 등급. 관상급.

하:급생【下級生】학년이 낮은 학생. 예~모임. 반상급생. 비저학년.

하:기【夏期】여름의 시기. 한복중.

하:기 방학 여름철의 더운 때에 정기적으로 학교에서 수업을 쉬는 일. 여름 방학. 반겨울 방학. -하다.

하나 ①수의 처음. 일. ②오직 그것뿐. ③한 몸. ④일치함과 덩어리.

하나님 기독교에서 오직 하나뿐인 신이라는 뜻으로 하느님을 일컫는 말. 관하느님.

하늘 해와 달과 무수한 별들이 널려 있는 높고 너른 공간. 비하늘 나라.

하늘소[-쏘]【동물】더듬이가 길며, 암컷은 나무나 목재 틈 사이에다 알을 낳고 알에서 깬 애벌레는 나무에 구멍을 뚫고 갉아먹어 큰 해를 끼친다. 나무 뿌리도 먹으며 어른 벌레는 꽃가루와 꿀을 먹는다. [하늘소]

하늘하늘 힘 없이 늘어져서 가볍게 흔들리는 모양. 큰흐늘흐늘.

하늬바람 서쪽 또는 북서쪽에서 불어오는 바람을 말한다. 비서풍.

하다 ①의식적으로 또는 무의식적으로 무슨 목적을 위하여 움직이다. 예독서를 ~. ②표정을 나타내다.

하:드웨어 컴퓨터를 구성하고 있는 기계 장치의 총칭. ^반소프트웨어.

하:등【下等】 품질이 낮은 등급. ^예~동물. ^반상등. 가치 따위가 낮음.

하:락【下落】 ①등급이나 가치가 떨어짐. ^예가치 ~. ^반상승. ②물건 값이 떨어짐. ^반등귀. -하다.

하루속히 하루바삐. 빠른 시일 안에.

하루 종일 하루의 아침부터 저녁까지. ^예~공부를 했다. ^관온종일.

하루살이[동물] 여름철 저녁에 떼지어 날아다니며 몇 시간, 하루 또는 며칠정도로 짧게 사는 벌레. [하루살이]

하룻강아지 ①난 지 얼마 안 되는 어린 강아지. ②세상에 대한 경험이 적고 아는 것도 없는 어린 사람을 이르는 말. ^예~범 무서운 줄 모름.

하룻밤 ①한 밤. ^예묵다. ②어떤 날 밤. ③하루의 밤 시간 동안.

하루방 ①「할아버지」의 제주도 사투리. ②돌하르방. ^예제주도 ~.

하마[동물] 아프리카 열대 지방의 강이나 호수에서 주로 사는 큰 짐승. 몸의 길이가 4m 정도임. [하마]

하마터면 자칫 잘못하였더라면.

하:모니 ①화성. 화음. ②조화. 원만한 일치. ③여러 다른 소리의 조화.

하모니카 입에 물고 공기를 불어 넣고 빨아들여 얇은 금속판을 울려 소리를 내는 작은 악기이다. [하모니카]

하:반기【下半期】 일 년을 둘로 나눈 것의 나중 기간. ^반상반기.

하:반신【下半身】 몸의 아래쪽 절반이 되는 부분. ^반상반신.

하복【夏服】 여름에 입는 곳. ^반동복.

하:복부【下腹部】 척추 동물. 특히 사람의 복부의 가장 밑 부분.

하:사【下賜】 임금이 신하에게 물건을 내려 줌. -하다.

하사관 육·해·공군에서 상사·중사·하사를 통틀어 이르는 말. 부사관.

하:산【下山】 산에서 내려옴. 또는 내려감. ^예산에서 ~중임. -하다.

하:선【下船】 배에서 내림. ^예배에서 ~한다. ^반상선. 승선. -하다.

하:소연 억울하고 딱한 사정을 간곡히 말함. ^예~가 좁다.

하:수구【下水溝】 하수가 흘러 빠지도록 만든 도랑. ^예~가 좁다.

하:수 처:리장【下水處理場】 빗물이나 더러운 물 등을 모아 인공적으로 정화시키는 곳. ^예~을 만들다.

하:숙【下宿】 기간을 정하고 남의 집에 돈을 내고 묵음. -하다.

하:순 그 달 스무하룻날부터 그믐날까지의 열흘 동안. ^반상순.

하안【河岸】 하천 양쪽의 높은 제방.

하여간【何如間】 앞에 말과 상관 없이.

하여금 「로」「으로」로 끝나는 말 아

래 붙인다. 누구를 어떻게 하도록.
하우스 ①집. 주택. ②「비닐 하우스」의 준말. ^예~안에 채소가 자람.
하이든[인명](1732~1809)「교향곡의 아버지」라고도 불리는 오스트리아의 고전파 음악가. 작품에는「군대」·「시계」등의 교향곡이 있고,「사철」·「천지 창조」등의 악곡이 있음.
하이에나 귀가 쫑긋한 개와 비슷하며, 주로 아프리카에 살고 밤에 나다니며 죽은 짐승의 물고기를 먹고 사는 동물이다.

[하이에나]

하:지 일 년 중 낮이 가장 길고, 밤이 가장 짧은 날. 양력 6월 21일 경이다. ^반동지.
하프 세모꼴의 틀에 팽팽하게 걸린 서로 길이가 다른 마흔 일곱 개의 현을 손가락으로 퉁기어 연주하는 악기임.

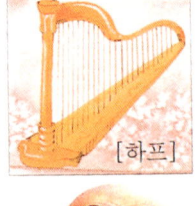
[하프]

하회탈 탈의 한 가지. 우리 나라에서 가장 오래 된 탈놀이로, 하회 별신굿을 할 때 쓰던 나무로 만든 탈.[하회탈]
학【鶴】[동물] 목. 다리. 부리가 가늘고 길며, 온 몸이 흰데 정수리가 빨갛고 날개와 꼬리 끝이 검고 초겨울에 우리 나라에 와 겨울을 나는 철새로 천연 기념물임. 두루미.
학과【學課】학문이나 교육의 과정.
학교【學校】공부를 가르치고 배울 수 있도록 시설해 둔 곳. ^예야간 ~.
학급【學級】같은 교실에서 같이 가르침을 받는 학생의 모임. ^비반.
학기【學期】한 학년 동안을 나눈 기간. 우리 나라에서는 한 학년을 두 학기로 나눔. ^예1학년 1~.
학년【學年】학교에서 공부하는 햇수에 따라 나눈 단위. ^예~이 다름.
학당【學堂】글방. 또는, 학교를 말함.
학대【虐待】[-때] 혹독한 짓으로 남을 괴롭히는 것. -하다.
학력【學力】①학문의 실력. ②학문 쌓은 정도. ^예~검사. 기초~검사.
학부모【學父母】학생들의 보호자.
학비【學費】공부하는 데 드는 비용. ^예~가 모자란다. ^비학자금.
학생 운:동 학생들이 교내 문제, 또는 정치·사회·문화·민족 문제에 관하여 일으키는 운동. -하다.
학술 조사 학술상의 연구나 확인 등을 위하여 실지로 하는 조사.
학습【學習】[-씁] 배워서 익히는 것.
학연【學緣】같은 학교를 나온 관계로 맺어지는 인간 관계. ^비지연.
학예【學藝】예능을 학교에서 배움.
학식【學識】학문을 통하여 얻은 것.
학용품【學用品】연필·노트·지우개 등의 공부하는데 필요한 물품.
학위【學位】어떤 부분의 학술을 닦

아, 그에 능통한 사람에게 주는 칭호. 학사·석사·박사가 있음.

학정【虐政】국민을 괴롭히는 정치.

학질【瘧疾】모기가 옮김. 말라리아.

학질모기[동물] 모깃과의 곤충. 말라리아 원충을 매개함.

학회【學會】학술의 연구·장려를 목적으로 조직된 단체. 예한글 ~.

한₁【限】넘지 못하게 정하여진 정도. 예슬프기 ~이 없다. 관원한.

한₂【恨】오랫동안 마음에 맺힌 원통한 마음. 예맺힌 세월.

한₃「하나」의 뜻으로 쓰는 말. 하나.

한가운데 한복판.

한가위 음력 8월 15일의 명절. 추석 또는 중추절 이라고도 함.

한가지 사물의 형태·성질·동작 등이 서로 같은 종류. [한가위]

한갓지다 ①한가하고 조용하다. ②잘 정돈되어 난잡하지 않다.

한강【漢江】우리 나라의 중부 태백산맥에서 강원도·충청 북도·경기도·서울로 흘러 황해로 들어가는 강. 길이 514km.

한결같다 처음부터 끝까지 변함이 없이 똑같다. 언제나 변함이 없다.

한계【限界】①할 수 있는 범위. ②사물의 정해 놓은 범위.

한고비 가장 중요하거나 긴요한 때.

예병이 ~를 넘기다.

한국【韓國】①우리 나라의 국호. ②「대한 민국」의 준말.

한국어【韓國語】한국인이 쓰는 언어.

한국 은행【韓國銀行】한국 은행권을 발행하고 각 은행에 자금을 빌려 주는 우리 나라의 중앙 은행.

한국 은행권【韓國銀行券】한국 은행에서 발행하는 지폐.

한글 홀소리 10자, 닿소리 14자, 모두 24자로 된 우리 나라 글자의 이름. 본래는「훈민정음」.

한글날 세종 대왕이 훈민정음을 펴낸 것을 기념하기 위하여 제정된 날. 매년 양력 10월 9일이다.

한글 맞춤법 한글을 바르게 적도록 규정한 법칙. 1988년 1월에 교육부에서 확정, 고시하였음.

한글 창제 세종 대왕이 훈민정음을 1443년에 처음 만든 일. -하다.

한기【寒氣】①추위. ②병적으로 몸에 생기는 추운 기운. 비추위.

한꺼번에 모아서 한번에. 예해치우다. 비동시에 여러 가지를 함께.

한껏 할 수 있는 데까지. 최대한의.

한끝 한 쪽의 맨 끝. 한쪽의 마지막.

한끼 한 번의 끼니. 한 차례의 식사. 예점심 ~를 매일 어른들께 드림.

한낮[-낟] 낮의 한가운데. 곧 낮. 열두 시가 되는 때. 정오. 반한 밤.

한낱[-낟] ①오직. 단지 하나뿐인. ②하잘 것 없는. 예병은 ~핑계다.

한눈₁ 한 번에 바라보는 범위. 시계. 예~에 시내가 보인다.

한달음에 중도에 쉬지 않고 계속 달음질하여. 예~올라오다.

한담【閑談】 심심풀이로 하는 이야기. 예~을 나누다. -하다.

한대 기후【寒帶氣候】 한 대에서 볼 수 있는 기후로, 1년의 평균 기온이 빙점 이하이며 매운 추운 지역.

한더위 한창 심한 더위. 예~가지남.

한:데 집채의 바깥. 곧 하늘을 가리지 아니한 곳. 비노천. 다 함께.

한동안 꽤 오랫동안. 한참 만에.

한:되다 마음에 걸려 평생에 원한이 되다. 예지난 일이 ~.

한두해살이꽃 싹이 난 지 한 해나 두 해째에 시들어 죽는 식물.

한때 한동안. 같은 때. 예그 사람은 ~유명했다. 지나간 어느 한 시기.

한 뜻 같은 생각. 여러 사람의 같은 뜻.

한:라산[지명] 국립 공원의 하나. 제주도 중앙에 자리 잡은 높이 1,950m의 산. 漢拏山에서 온 말.

한랭 전선【寒冷前線】[할-] 찬 공기가 따뜻한 공기를 밀고 갈 때에 생기는 전선. 소나기가 내리고 기온이 급격히 내리는 일이 있음.

한:량 없다 그지 없다. 한이 없다.

한려수도【閑麗水道】 경상 남도 한산도에서 전라 남도 여수까지의 뱃길로서 국립 해상 공원.

한류【寒流】[할-] 한대 지방에서 적도 쪽으로 흐르는 찬 바닷물의 흐름. 예난류와 ~가 만남. 반난류.

한:문 한자로 쓴 문장이나 학문.

한:문책【漢文冊】 한자로 씌어진 책.

한민족【韓民族】 한반도와 만주 일대, 제주도 등에 사는 민족.

한 바퀴 한 둘레. 예공원을 ~돌다. 비일주. 일정한 곳의 한 둘레.

한바탕 한 번 일이 크게 벌어진 사건. 예~놀이가 시작되다. -하다.

한반도【韓半島】 우리 나라 국토 전역을 하나로 휩싸고 있는 반도.

한:방약【韓方藥】 「한약」의 본디말.

한방 의학【韓方醫學】 중국에서 발달하여 동양 여러 나라에 퍼진 의학.

한배검 대종교를 믿는 사람들이 단군을 높인 이름.

한번 한 차례.

한복【韓服】 한국의 고유한 의복. 예설에 ~을 입다. 반양복.

[한복]

한복판 복판의 바로 중심이 되는 가운데. 반가장자리.

한산도 대:첩【閑山島大捷】 1592년 임진 왜란 때 이순신 장군이 한산도 해전에서 일본 해군을 쳐부수어 큰 승리를 거둔 싸움.

한세상【-世上】 ①한평생 동안. ②한창 잘 사는 한 때.

한숨에 단숨에. 예~달려가고 있다.

한시【-時】 ①같은 시각. ②잠깐 동안. 예~도 잊지마라. ③짧은 시간.

한시름 큰 시름. 예~놓다. 근심 걱정.

한식【寒食】 동지로부터 105일 째

한:약방【韓藥房】 한약을 지어 파는 약국. 비한약국. 반양약방.

한:양【漢陽】 [지명] 우리 나라 서울의 옛 이름. 한성이라고도 한다.

한얼님 대종교에서 하느님. 곧, 단군을 높여 이르는 말.

한울님 천도교에서 하느님을 말함.

한옥【韓屋】 옛날부터 내려오는 우리 나라의 전통 가옥의 양식으로 지어진 집이며 지금도 건축이 가능하다. 반양옥.

한의원【韓醫院】 한약이나 침 등으로 병을 치료하는 곳. -하다.

한:자【漢字】 중국의 고유한 글자.

한적【閑寂】 사람이 적어 조용한 것.

한:정【限定】 수량·범위를 제한하여 정함. 예~판매. 비제한. -하다.

한:정판【限定版】 책의 부수를 제한하여 펴낸 출판물. 예~을 내다.

한족 중국에서 살아온 종족. 인종적으로는 황색 인종에 속함.

한줌 손아귀에 들어갈 만한 분량. 예~의 흙. 아주 적은 분량을 말 함.

한중록 [책명] 조선 제22대 정조의 어머니이며, 사도 세자의 부인인 혜경궁 홍씨가 쓴 내간체의 책.

한 집안 ①같은 집의 안. 예~식구. ②같은 일가 친척. ③가까운 친척.

한쪽 한편 쪽. 예~손을 들다.

한창 가장 성하고 활기가 있을 때. 예꽃이 ~이다. 가장 왕성할 때.

한창 나이 기운이 한창 성할 때의 젊은 나이. 예~의 젊은이들.

한철 ①봄·여름·가을·겨울 중의 한 계절. ②가장 성한 시기.

한:탄【恨歎】 원통하거나 뉘우침이 있을 때에 한숨 쉬며 탄식함.

한편 ①한쪽. 일방. ②한짝. 같은 편.

한평생 살아 있는 동안. 예~농사를 지었다. 비일평생. 살아 가는 기간.

한푼 돈 한 닢. 적은 돈. 소량인 돈.

한:풀이 원한을 푸는 일. -하다.

한해살이풀 한 해 동안 싹터 자라고 열매 맺고 말라 죽는 풀.

할당【割當】 몫을 갈라서 나누는 것.

할머니 아버지의 어머니. 늙은 여자를 말함. 비조모. 반할아버지.

할미 ①늙은 여자. ②「할머니」를 낮추어 일컫는 말.

할미꽃 [식물] 온 몸에 흰털이 많이 있으며 이른 봄에 자줏빛의 꽃이 피는 여러해살이풀. 흔히 백발 노인에 비유함.

[할미꽃]

할부 판매【割賦販賣】 대금을 여러 번에 나누어 내게 하는 판매 방식. 예냉장고를 ~하고 있다.

할아버지 ①아버지의 아버지. 비조부. 반할머니. ②나이 많은 남자를 높이어 일컫는 말.

할·푼·리·모 비율을 「할·푼·리·모」로 나타내는 방법. 비율을 소수 첫째

자리를 「할」, 둘째자리를 「푼」, 셋째자리를 「리」, 넷째자리를 「모」로 나타냄.

함께 서로 더불어. 여럿이. ⁽반⁾따로.

함락【陷落】①땅이 무너져 내려앉음. ②적진을 쳐서 빼앗음. -하다.

함량【含量】어떤 물질 속에 함유하고 있는 분량. ⁽예⁾~미달.

함박꽃 굵은 뿌리에서 싹이 돋으며, 줄기가 많은 잎 사이에 피는, 짙은 자주빛 또는 흰 빛의 큰 꽃.

[함박꽃]

함양【涵養】능력이나 품성을 기르고 닦는 것. ⁽예⁾애국심을 ~하다.

함지 나무로 네모지게 짜게 만든 그릇. 함지박.

함지박 통나무의 속을 파서 바가지나 양푼처럼 만든 그릇.

[함지박]

함축【含蓄】①깊이 간직하여 드러나지 아니함. ②의미 심장함. -하다.

합【合】①여럿을 한데 모음. ②덧셈을 하여 나오는 답. -하다.

합격【合格】시험이나 검사에 통과함. ⁽반⁾불합격. 낙방. -하다.

합계【合計】수를 한데 합하여 셈함.

합당【合當】꼭 알맞음. ⁽예⁾~하게 처리하다. ⁽비⁾적당. ⁽반⁾부당. -하다.

합방【合邦】두 나라를 한 나라로 합침. ⁽비⁾합병. ⁽반⁾분할. -하다.

합법【合法】법령에 맞음. ⁽반⁾불법.

합병증【合併症】[-쯩] 어떠한 병에 관련하여 일어나는 다른 병.

합성【合成】두 가지 이상의 것이 합쳐서 한 개로 됨. ⁽예⁾~수지. -하다.

합주【合奏】[-쭈] 많은 종류의 악기로 동시에 연주함. ⁽반⁾독주.

합죽선【合竹扇】[-쭉썬] 얇게 깎은 댓조각을 맞붙인 것을 부채의 살로 하여 만든 부채.

[합죽선]

합집합[-찌팝] 두 집합의 모든 원소로 이루어진 집합으로, 기호는 U로 나타냄.

합창【合唱】여러 사람이 소리를 맞추어 같은 노래를 부름. ⁽반⁾독창.

합판【合板】여러 개의 얇은 판자를 붙여서 만든 넓은 널빤지.

합하다[하파-] ①여럿이 하나가 되다. ⁽예⁾두 반이 ~. ②마음에 들어맞다. ⁽예⁾마음을 ~. ⁽반⁾나누다.

핫- 솜을 둔 것을 나타내는 말. ⁽예⁾~이불. ~바지. ~저고리.

항ː공【航空】항공기를 타고 하늘을 날아가는 것. ⁽예⁾~우편. -하다.

항ː공기 사람·화물을 싣고 하늘을 날

수 있는 교통기관.

항:공 모:함【航空母艦】 항공기가 이륙·착륙할 수 있는 넓은 갑판을 가진 큰 군함.

[항공모함]

항:공 우편 항공기를 이용하는 우편. 특수 취급 우편물의 하나.

항:구【港口】 바닷가에 배가 드나들 수 있도록 시설을 갖추어 놓은 곳. ᅁ부산은 ~도시.

항:균성[-썽] 항생 물질 등이 세균의 발육을 저지하는 성질.

항:목【項目】 조목. 낱낱이 들어 벌인 일의 가닥. ᅁ각 ~마다 적어라.

항문【肛門】 똥구멍. 고등 포유 동물의 소화기의 끝 부분. ᅢ분문.

항복【降伏】 힘에 눌려서 상대방이나 적에게 굴복함. ᅢ굴복. ᅣ저항.

항상【恒常】 늘. 언제나. ᅁ넌 ~ 웃는 얼굴이다. ᅢ항시. ᅣ가끔.

항:생 물질【抗生物質】[-찔] 미생물이나 세균의 발육을 막거나 살균하는 물질. 페니실린·스트렙토마이신·테라마이신 따위.

항:생제 항생 물질로 된 약제.

항성【恒星】 천체상에서 서로의 상대 위치를 바꾸지 않고 일정한 곳의 별자리를 구성하는 별. ᅣ행성.

항아리 위와 아래가 좁고 가운데가 불룩한 독으로 김치를 저장하거나, 고추장, 된장을 담그며 보관하는 부엌 가구의 한 품목.

항:의【抗議】 그렇지 아니하다고 반대의 뜻을 주장함. ᅣ순응. -하다.

항:일 운:동【抗日運動】 일본 제국주의에 대해 항거하고 투쟁한 운동.

[항아리]

해[1] ①태양. ②지구가 태양을 한 바퀴 도는 동안. ᅢ태양. 햇볕. 햇빛.

해:[2]【害】 아끼는 것을 손해 보는 것.

해:갈 ①목마름을 풀어 버림. ②비가 내려 가뭄을 면함. -하다.

해:결【解決】 어려운 일이나 문제를 풀어서 처리함. ᅣ미결. 미해결.

해:고【解雇】 고용주가 고용한 사람을 내보냄. ᅁ~되다. -하다.

해골【骸骨】 ①몸을 이루고 있는 뼈. ②살이 전부 썩고 남은 송장의 뼈. 또는 그 머리뼈.

해괴 망측하다【駭怪罔測】 말할 수 없이 해괴하다. ᅁ꼴이 ~.

해:구【海溝】 바다의 밑바닥에 좁고 깊게 움푹 들어간 곳. 보통 깊이 6,000m 이상임.

해금【奚琴】 한국의 현악기 중의 하나. 둥근 나무통에 긴 막대를 달고 두 가닥의 명주실로 팽팽하게 메어 활로 비벼서 켠다.

[해금]

해:내다 맡은 일을 거침없이 치러내다. ᅁ어려운 일을 ~.

해:녀【海女】 바다 속에 들어가 해삼·전복·미역 등을 따는 사람.

해달 몸 길이가 1m 정도 되며 거의 바다위에서 생활하며 게, 성게, 조개 등을 먹고 삶.

해:당화【海棠花】 장미과의 낙엽 관목. 해변의 모래 땅이나 산기슭에서 잘 자라는 야생 장미 꽃. [해당화]

해:독₁【害毒】 몸에 나쁜 성분의 영향.

해:독₂【解讀】 읽어서 내용을 아는 것.

해돋이[-도지] 해가 막 돋아오르는 때. 예~구경. 비일출. 반일몰.

해:동【解凍】 얼었던 것이 녹아서 풀리는 것. 예~기가 오고 있다.

해:리 바다 위의 거리를 나타내는 단위. 1해리는 약 1,852m이다.

해마 해마는 특이한 방법으로 새끼를 기르는 것도 있으며, 실고기과의 한 종류이며 알이 자라서 깰 때까지 수컷이 자신의 몸 안에 있는 작은 육아 주머니에 알을 넣는다. [해마]

해마다 그 해 그 해. 매년마다. 연년.

해맑다 빛. 소리가 매우 희고 맑다.

해머 쇠망치. 예돌을 ~로 깨고 있다.

해:먹다 ①음식을 만들어 먹다. ②나쁜 짓으로 재물을 모으다.

해:면【海面】 바닷물의 표면. 예물고기가 ~위로 뛰어오르고 있다.

해:명【解明】 의문을 풀어 분명히 함.

해:몽【解夢】 꿈에 나타난 일을 풀이.

해:물【海物】「해산물」의 준말. 어물.

해바라기[식물] 높이가 2m 이내로 자라는 한해살이풀. [해바라기]

해박【該博】 여러 방면으로 아는 것이 많음.

해:부【解剖】 생물의 일부 또는 전부를 쪼개어 그 구조나 각 부분 간의 관계를 연구하는 일. -하다.

해:빙【解氷】 얼음이 풀림. 반결빙.

해:산₁【解散】 모였던 사람이 흩어짐. 비분산. 반집합. -하다.

해:산₂【解産】 아이를 낳음. 예딸을 순조롭게 ~하다. 비분만. -하다.

해:산물 물고기·조개·소금 등 바다에서 나는 것.

해:삼[동물] 바닷속 바위에 붙어 사는 긴 원통형 동물. [해삼]

해:석【解釋】 어려운 내용이나 뜻을 알기 쉽게 풀어 설명함. -하다.

해:설【解說】 어떤 문제를 알기 쉽게 풀어서 설명함. 예스포츠~.

해:수면【海水面】 바닷물의 표면.

해:수욕【海水浴】 바닷물에 수영함.

해:수욕장 해수욕하기에 알맞은 환경과 설비가 갖추어진 바닷가의 해수욕 장소.

해시계 햇빛에 의한 그림자로 시작을 헤아리는 옛날 시계.

[해시계]

해쓱하다 얼굴에 핏기가 없고 창백하다. 예얼굴이 ~. 비창백하다.

해:안【海岸】 바닷가. 바닷가의 기슭. 예흑산도 ~은 홍어로 유명함.

해:양 자원【海洋資源】 바다에서 얻어지는 여러 가지 자원.

해지다 닳아서 찢기고 떨어지다.

해:연 해구 중에서 특히 깊은 곳.

해:열【解熱】 몸의 열기를 풀어 내리게 하는 것.

해오라기 강이나 논에서 살며, 낮에는 나무 위에서 잠을 자고 밤이 되면 물가에서 물고기, 개구리, 가재, 새우 등을 잡아먹고 과과 하고 울어 해오라비라고도 한다.

[해오라기]

해:왕성【海王星】 태양에서 여덟 번째로 멀리 떨어져 있는 태양계의 한 행성. 예하늘의 ~은 멀리 있다.

해:외【海外】 바다를 사이에 둔 다른 나라. 비외국. 국외. 반국내.

해:외 이민【海外移民】 다른 나라의 영토에 이주하는 일. 예~을 떠남.

해:일【海溢】 지진이나 화산의 폭발, 또는 폭풍우로 바다의 큰 물결이 일어 갑자기 육지로 넘쳐 들어오는 일. 예어제 저녁에 ~이 일다.

해:저【海底】 바다의 밑바닥. 반해상.

해:저 자:원【海底資源】 바다 밑에 있는 광물이나 수산물 따위.

해:적 배를 타고 다니면서 다른 배를 습격하여 재물을 빼앗는 도둑.

해:치다 ①해롭게 만들다. ②남을 상하게 하거나 죽이다. 반살리다.

해:파리[동물] 강장동물 해파리류를 통틀어 이르는 말. 몸은 우산 모양임. 조류에 따라 움직이며, 주로 플랑크톤을 먹음. 여러 개의 촉수가 있음.

[해파리]

해:풍【海風】 바다에서 육지로 불어오는 바람. 비바닷바람. 반육풍.

해:협【海峽】 육지와 육지 사이의 넓은 바다로 통한 좁고 긴 바다.

해:후【邂逅】 오랫동안 헤어졌다가 우연히 만나는 것. 예~상봉.

핵【核】 ①세포의 중심이 되는 알갱이 ②사물이나 행동의 중심이 되는 곳. ③원자핵. ④중심이 되는 곳.

핵가족【核家族】[-까-] 한 쌍의 부부와 그 미혼 자녀로 구성된 가족.

핵무기【核武器】 원자 폭탄·수소 폭탄 등 원자 핵이 분열하거나 융합할 때 생기는 힘을 이용한 무기.

핵 발전소【核發電所】 원자력 발전 방식에 의한 발전소.

핵심【核心】 사물의 중심이 되는

핸드백 가장 중요한 부분. 비중심. 중앙.

핸드백 여성들이 들고 다니는 작은 손가방. 여성 가방.

핸드볼: 구기 운동의 하나. 비송구.

햄버거 둥근 빵에 햄버거 스테이크를 끼운 음식.

햅쌀 그 해에 난 쌀.

햇- 주로 농산물 이름 앞에 붙어서, 「그 해에 새로 나온」의 뜻을 나타내는 말. 예~과일. ~곡식. ~보리.

[햄버거]

햇발 사방으로 뻗친 햇살. 예~이 눈부셔 색안경을 쓰고 다닌다.

햇볕 해에서 쬐는 따뜻한 기운. 예따가운 ~이 농작물을 이롭게 함.

햇수 해의 수. 연수. 예여러 ~가 됐다.

행【行】 글의 세로 또는 가로의 줄. 예~을 바꾸다.

행군【行軍】 군대나 학생이 대열을 지어 계속 걸음. -하다.

행글라이더 알루미늄 등으로 만든 틀에 화학 섬유의 천을 발라 만든 활공기의 한 가지. 예~를 탄다.

행동【行動】 몸을 움직여 어떠한 짓을 하는 동작. 비행위. -하다.

행랑채 행랑으로 쓰는 따로 지은 집.

행렬 여러 사람이 줄을 지어 가다.

행선지【行先地】 떠나가는 목적지. 가는 곳. 예~가 어디냐?

행성【行星】 지구처럼 태양의 둘레를 도는 별들. 수성·금성·지구·화성·목성·토성·천왕성·해왕성·명왕성 등 9개의 별.

행세【行世】 ①사회에서 사람답게 행함 또는 그 태도. ②제법 그럴 듯한 노릇을 하는 것. -하다.

행:실【行實】 일상의 행동이 드러남.

행운목 행운목은 백합과에 속하며 꽃은 저녁에 피어 아침에는 시드는 것을 반복하며 향기가 매우 좋고 관상수로도 재배한다.

[행운목]

행:여 만일에. 바라건대. 어쩌다가.

행정【行政】 ①정치를 행함. ②3권의 하나. ③관리하고 운용함.

행정 기관【行政機關】 행정 사무를 그 대상으로 하는 국가의 기관.

행정부 입법·사법 이외의 행정을 맡아 보는 국가 기관. 비정부.

행:주 대:첩【行州大捷】 임진왜란 때 권율 장군이 행주 산성에서 1만의 군사로 3만이나 되는 왜군을 무찔러서 대패시킨 싸움.

행주치마 여자들이 부엌 일을 할 때 치마 위에 덧입는 짧은 치마.

행차【行次】 웃어른의 길을 나서는 것을 높여서 일컫는 말. -하다.

행패【行悖】 버릇이 없는 못된 행동.

향【香】 ①향내를 풍기는 물건. ②향기로운 냄새. ③향기의 준 말.

향로【香爐】 향을 피울 때 사용하는 작은 화로로 안에 장작불을 넣고 위에다 향을 넣어 냄새가 계속 나

향:하다 ①바라보다. ②마주서다. ③마음을 기울이다. ④바로 가다.

허1 가볍게 감탄할 때 쓰이는 말. [향로]

허2 입을 벌리고 입김을 한 번 내부는 소리. 또는, 그 모양.

허가【許可】 법령에 희한 어떤 행위를 적법하게 할 수 있도록 하는 행정 행위. 비승낙. 반불허. -하다.

허겁하다 마음이 실하지 못하다.

허겁지겁 마음이 아주 급해서 허둥거리는 모양. 비허둥지둥. 흉내말.

허공【虛空】 아무것도 없이 텅 빈 공간. 예기러기들이 ~을 날다.

허기1【虛氣】 ①속이 비어 허전한 기운. ②기운을 가라앉힘. 반포만.

허기2【虛飢】 굶어서 몹시 심한 시장기. 예힘든 일을 하여 ~가 들다.

허니문 ①결혼한 첫 한 달 동안. ②신혼 여행. 예오늘 ~을 떠났다.

허둥지둥 다급하여 정신을 못 차리고 몹시 허둥거리는 모양. 흉내말.

허드레 허름하여 함부로 쓸 수 있는 물건이나 일. 예~물로 씻다.

허드렛일 중요하지 않은 하찮은 일.

허락【許諾】 청하고 바라는 바를 들어 줌. 비승낙. 반거절. -하다.

허례【虛禮】 실속 없이 겉으로만 꾸미는 번거로운 예정. 예~허식.

허리 사람의 몸의 갈빗대 아랫배 옆의 잘록한 부분. 예~운동을 한다.

허무 맹랑【虛無孟浪】[-낭] 온통 거짓되고 터무니 없음. -하다.

허물1 ①그릇된 실수. ②비웃을 만한 거리. ③저지른 잘못. 비흉.

허물2 ①살갗의 꺼풀. ②뱀·매미 따위가 벗는 껍질. 예손에 ~이.

허벅 제주도에서 물을 길어 등에 지고 다니는 물 항아리.

허벅지[-찌] 허벅다리의 안쪽 부분.

허비【虛費】 헛되게 써서 없애다.

허사【虛事】 쓸데 없는 일.

허세【虛勢】 겉으로 있는 척 자랑함.

허송【虛送】 세월을 헛되게 보낸 것.

허송 세:월 하는 일 없이 세월만 헛되이 보냄. 예젊어서 ~을 보내다.

허수아비 논밭에 있는 고식을 먹으러 오는 참새나 짐승들을 쫓아 버리도록 사람 모양으로 만들어 세운 것.

[허수아비]

허심 탄:회【虛心坦懷】 마음에 거리감이 없이 솔직함. 예~하게 말함.

허약【虛弱】 몸이 대단히 병약한 것.

허영【虛榮】 필요 이상으로 하는 겉치레. 예~에 가득찬 사람.

허영심【虛榮心】 허영에 들뜬 마음. 허울 겉 모양. 실속 없는 겉치레. 예~이 멀쩡한데 차비도 없나 보다.

허위1【虛僞】 진실이 아님을 알면

서 진실인 것처럼 보이는 일. ^반진실.
허위²【虛威】겉으로만 꾸민 위세. ^예~로 진술하다. ^비허세.
허탈【虛脫】정신이 멍하여 손에 잡히지 않는 몽롱한 상태. -하다.
허탕 바라던 일들이 쓸데 없게 된 일.
허튼 명사 위에 써서「헤프게·함부로」등의 뜻을 나타내는 말. ^예~수작을 부리다.
허파 가슴의 양쪽에 들어 있는 호흡을 맡아 하는 기관. 폐.
허풍【虛風】실제보다 지나치게 과장하는 말과 행동. ^예~이 센 친구.
허허 기뻐 크게 웃는 소리. 흉내말.
허허벌판 넓고 큰 벌판. 평야 지대.
허황【虛荒】헛되고 황당하여 미덥지 못함. ^예터무니 없이 ~된 사람.
헌: 명사 위에 붙어서「성하지 아니한」「낡은」등의 뜻을 나타내는 말. ^예~옷. ^비낡은. ^반새.
헌:것 성하지 못하고 낡은 물건. 또는, 오래 되어 허술한 물건. ^반새것.
헌:금【獻金】돈을 바침.
헌:법【憲法】나라를 다스리는 데에 바탕이 되는 법. 국가의 최고 법규임. ^예~제정. ~재판관.
헌:병【憲兵】군대에서 경찰과 같은 구실을 하는 군인. 군사 경찰.
헌:신【獻身】자기의 이익을 생각지 않고 몸을 바쳐 있는 힘을 다함.
헌:신적【獻身的】헌신하는 정신으로 일하는 상태. ^예~인 사랑.
헌:장【憲章】국가 따위가 어떤 행동의 기준으로 삼기 위하여 의논하여 정한 규범. ^예국민 교육 ~.
험:난【險難】①몹시 어려움. ②몹시 험함. ^예산길이 ~하다. -하다.
험:악【險惡】성질이 난폭하고 악함.
헛배 음식을 먹지 않아도 부른 배. ^예오늘은 ~가 상당히 부르다.
헛소리 ①정신 없이 중얼거리는 말. ②실속 없는 말. 군소리. -하다.
헛소문 헛되이 항간에 떠도는 소문.
헛수고 아무 보람이 안 나는 수고.
헛일[헌닐] 노력의 결과가 없는 일.
헝가리 유럽의 중동부에 있는 나라. 루마니아. 유고 슬라비아. 오스트리아와 이웃에 있고, 수도는 부다페스트이다. [9만 3천km^2].
헤: 입을 조금 벌리고 힘 없이 웃는 모양. ^예~, 좋다! ^작해.
헤드라이트 기차·자동차 등의 앞에 단 등. 전조등 ^예~가 꺼졌다.
헤드폰: ①라디오를 들을 때, 또는 녹음이나 방송을 할 때 모니터로 쓰는 두 귀를 덮는 작은 스피커. ②두 귀에 고정시키는 전화 수신기. ^예귀에 ~을 고정시켰다.
헤딩 ①표제. 제목. ②공을 머리로 받아 치는 것. ③박치기. -하다.
헤매다 ①이리저리 돌아다니다. ②갈피를 잡지 못하다.
헤벌어지다 어울리지 않게 넓게 벌어지다. ^작해바라지다.
헤:아리다 ①수량을 세다. ^예별을 ~. ②미루어 생각하다.
헤:어나다 벗어나다. 어려움이 지남.
헤어지다 ①이별하다. ②살이 갈라지

다. ᵕ헤지다. ᵇ갈라서다.
헤엄 손과 발을 놀리어 물 속에 몸을 뜨게 하는 짓. ᵇ수영.
헬리콥터 활주로 없이 곧장 뜨고 내릴 수 있는 비행기의 일종.

[헬리콥터]

헬멧 머리를 보호하기 위하여 쓰는 투구 모양의 모자. 안전모.
혀 동물의 입 안의 아래쪽에 붙어 자유로이 움직이는 살덩이로 된 기관. 맛을 구별하고 음식을 삼키며, 특히 사람에게 있어서는 발음을 하는 데에 일정한 구실을 함.
혁신【革新】 묵은 것을 고쳐 아주 새롭게 함. ᵇ보수. -하다.
현:₁【懸】 옛날에 두었던 지방 행정 구역의 하나로 작은 단위의 고을.
현:₂【絃】 현악기에 켕겨 맨 줄.
현:₃【現】 명사 앞에 붙어, 「현재의」 「지금의」뜻을 나타내는 말.
현:격【懸隔】 동떨어져서 차이가 큼.
현관【玄關】 서양식 집의 정면 문간.
현금【現金】 ①현재 가지고 있는 돈. ②수표나 어음이 아닌 곧 쓸 수 있는 돈. ᵇ현찰. 지폐.
현:기증【眩氣症】[-쯩] 눈이 아찔하고 머리가 어지러워지는 증세.
현:대【現代】 근대 이후부터 오늘 날.
현:대화【現代化】 현대에 알맞은 새로운 것으로 하는 것. -하다.
현:란【絢爛】[혈-] 눈이 부시도록 휘황 찬란함. ᵉ~한 서울 거리.
현모 양처【賢母良妻】 어진 어머니이면서 또한 착한 아내.
현:몽【現夢】 죽은 사람이나 신령 등이 꿈에 나타남. ᵉ~을 꾸다.
현미【玄米】 벼의 껍질만 벗기고 등겨가 그대로 남아 있는 쌀. ᵇ백미.

현:미경 눈으로는 볼 수 없는 몹시 작은 물체를 확대하여 크게 보려고 만든 기계. [현미경]
현:상【現狀】 현재의 상태. 지금의 형편. ᵉ금년은 ~대로 유지하라.
현수막【懸垂幕】 ①방이나 극장 따위에 드리운 막. ②선전문 등을 적어 드리운 막. ᵇ플래카드.
현숙【賢淑】 여자의 마음이 어질고 정숙하다. ᵉ~한 부인.
현실【現實】 지금 사실로 나타나 있는 그 일이나 상태. ᵉ~주의자.
현악기【絃樂器】 가야금·바이올린·첼로 따위와 같은 악기에 붙어 있는 줄을 타서 연주하는 악기.
현:장【現場】 ①사물이 현재 있는 곳. ②사건이 발생한 곳.
현:재【現在】 ①지금의 시간. ②이 세상. ᵏ과거. 미래.
현저하다【顯著】 드러나게 두드러지다.
현제명[인명](1902~1960) 우리나라의 테너 가수이며 작곡가.
현:존【現存】 현재 존재하는 것.

현:주:소【現住所】 자기가 지금 살고 있는 곳의 주소. 지금 사는 주소.

현:지【現地】 현장.

현:지 답사【現地踏査】 현지에 직접 가서 조사하는 일. 실지 답사.

현:충사【顯忠祠】 충청 남도 아산시에 있는 이순신 장군의 난중일기와 유품 등 위패를 모신 사당.

[현충사]

현:충일【顯忠日】 나라를 위하여 싸우다 순직하신 그 뜻을 기리기 위하여 제정한 날. 양력 6월 6일.

혈압【血壓】 혈관 속으로 흐르는 피의 압력. 예정상 ~을 유지한다.

혈액【血液】 피. 예오늘 ~검사이다.

혈액 검:사 피를 뽑아서 하는 검사법을 통틀어 이르는 말.

혈액형 사람의 혈액 중에서 볼 수 있는 여러 가지 피의 분류형. O·A·B·AB·RH(+)·RH(-) 등.

혐오【嫌惡】 싫어하고 미워하는 것.

혐오감 싫어하고 미워하는 감정.

혐의【嫌疑】 죄를 지었으리라고 생각되는 의심. 예저자는 ~가 있다.

협동【協同】 여러 사람들이 힘과 마음을 함께 합함. 예~정신. -하다.

협박【脅迫】 윽박지르고 억누른 것.

협상【協商】 협의하여 의논함. 예남북 ~. 비협정. 약정. -하다.

협의【協議】 의견을 모으도록 서로 의논함. 예~를 통해 결정하다.

협정【協定】 문제를 의논하여 결정함. 예~을 맺다. 비약정. -하다.

협주곡【協奏曲】 ①독주 악기를 관현악의 반주로 연주하는 곡. ②두 가지 이상의 악기로 연주하는 곡.

협죽도 잎은 긴 타원형으로 돌려 나고 약간 두껍다. 여름에 홍색 또는 흰색의 꽃이 피며 열매는 10월에 익고 집안에 관상수로 재배하는 늘 푸른 떨기나무다.

[협죽도]

협찬【協贊】 찬동하여 돕는 일.

협회【協會】 어떤 사업을 하기 위하여 같은 목적을 가진 사람들이 모여서 이룬 단체. 예배구 ~. 농구~.

혓바늘 혓바닥에 좁쌀처럼 돋아 오르는 붉은 것. 예~이 돋다.

형1【兄】 형제 중에 자기보다 나이가 많은 사람. 예~이 최고다. 비언니. 반동생. 아우. 높형님.

형2【型】 어떠한 특징을 형성하는 형태. 예나는 노력 ~이다. 비타입.

형벌【刑罰】 죄를 지은 사람에게 법에 따라 주는 벌. 예~을 가하다.

형부【兄夫】 언니의 남편.

형사 사복으로 수사·정보를 담당하는 경찰관의 통칭. 사복 경찰관.

형:설지공【螢雪之功】 고생을 하면서 꾸준하게 공부하여 얻은 보람.

형성【形成】 어떤 모양을 이루는 것.

형세【形勢】 일이 되어 가는 상황.

형식【形式】 바깥으로 나타나 보이는 격식. ᵇ격식. ᵖ내용.

형제【兄弟】 형과 아우.

형제 자매【兄弟姉妹】 형제와 자매.

형체【形體】 눈에 보이는 사물의 꼴.

형편【形便】 ①일이 되어 가는 모양. 형세. ②살림살이의 되어 가는 모양. ᵉ요즈음 ~이 어렵다.

형형색색【形形色色】 가지각색.

혜:성【彗星】 ①긴 꼬리는 날리며 태양의 둘레를 도는 별. ②어떤 분야에서 갑자기 나타나 두각을 나타냄을 비유하는 말.

혜:택【惠澤】 베풀어 주는 고마움. ᵉ원호처의 ~을 받다. ᵇ은혜.

호:【戶】 집의 수효를 나타내는 말. ᵉ10~ 남짓한 마을에서 산다.

호가【胡笳】 ①날라리. 또는 풀잎 피리. ②태평소. ᵉ어린이가 ~를 붐.

호:각【號角】 입으로 불어서 소리를 내는 물건. ᵇ호루라기.

호:국【護國】 나라를 외적으로부터 지킴. ᵉ~정신을 가지다. -하다.

호:기【好機】 일을 하기에 좋은 기회.

호:기심【好奇心】 새롭고 이상한 것을 좋아하는 마음. ᵉ~이 많다.

호:남【湖南】 전라 남·북도 지방을 일컫는 말. ᵉ~지방. ~평야.

호돌이 제24회 서울 올림픽 대회의 마스코트. 새끼 호랑이 모양이다.

호두 호두나무

[호두나무]

의 열매는 쭈글쭈글하게 생긴 껍질로 단단하며, 속은 지방질이 많고 맛이 고소한 둥근 열매다.

호:랑나비[동물] 날개의 무늬가 담녹황색이나 암황색에 검은점이 있는 큰 나비.

[호랑나비]

호:랑이[동물] 큰 고양이처럼 생겼고 누런 바탕에 검은 줄 무늬가 세로로 나 있으며, 다른 동물을 잡아먹고 사는 사나운 짐승.

[호랑이]

호:령【號令】 ①지휘하여 명령함. ᵇ구령. ②큰 소리로 꾸짖음.

호롱 석유등에 석유를 담는 그릇. 사기·유리 등으로 작은 병처럼 만듦. 옛날에 불을 밝히는 도구.

호롱불[-뿔] 호롱에 켠 불. 등잔불.

호루라기 신호용으로 쓰는, 불어서 소리를 내는 물건. 호각. ᵇ휘슬.

호르몬 동물의 몸 속에서 나오는 내분비물. 몸 안을 돌며 여러 가지 중요한 작용을 하는 물질의 총칭. ᵉ~분비물.

호른 금관 악기의 하나. 활짝 핀 나팔꽃 모양이며, 음색은 부드럽고 윤택이

[호른]

있음.
호리호리하다 키가 날씬하게 좀 크다. 예~한 몸매.
호리병 중간 부분이 잘록하게 들어가게 만들어 주로 술이나 약을 담는 데 쓰는 병.

[호리병]

호명【呼名】공적인 장소나 교실에서 이름을 부름. 예선생님이 내 이름을 ~하셨다.
호미 김을 맬 때 쓰는 농기구의 일종.
호:박[식물] 박과에 속하는 일년생 식물. 여름에 노란 꽃이 피며, 크고 긴 담홍색의 열매를 맺음. 열매로 여러 가지 요이를 하여 먹으며, 잎과 순도 먹는다.

[호박]

호반새 강이나 물가에서 물고기, 종류를 먹고 살며 우리 나라에는 여름에 오는 철새로 비르르비르르 소리를 내며 울고 가을이면 따뜻한 지방으로 날아가는 철새다.

[호반새]

호사₁【好事】①좋은 일. ②일을 벌이기를 대단히 좋아하는 것.
호사₂【豪奢】호화롭고 사치스럽게 사는 것. 또는, 그 사치. -하다.
호패【號牌】옛날에 열여섯 살 이상 되는 남자가 차던 길쭉한 패.
호평【好評】좋은 평판을 내리는 것. 또는 그 평판. 반악평. -하다.
호화 찬란【豪華燦爛】매우 화려하고 눈부심. 예~한 거리. -하다.
호황【好況】장사가 아주 잘 된 것.
호흡【呼吸】공기 속의 산소를 몸 속으로 받아들이고, 활동할 때 생긴 이산화탄소를 몸 밖으로 내보내는 일. 비숨. 숨쉬기. -하다.
혹【或】어쩌면. 만일. 어쩌다 한번씩.
혹독【酷毒】①정도가 매우 심함. ②성질·행동 따위가 매우 나쁨.
혼【魂】정신과 몸의 작용을 다스림.
혼나다 ①몹시 놀라다. 예길을 잃어 ~났다. ②야단맞다. 꾸지람 듣다.
혼동【混同】①이것 저것을 뒤섞음. ②뒤섞어 보거나 잘못 판단함.
혼란₁【混亂】①한데 뒤죽박죽이 됨. ②뒤범벅이 되어 질서가 없음. 비문란. 반정연. 가지런함. -하다.
혼란₂【昏亂】정신이 흐리고 어지러움. 예정신이 ~해지다. -하다.
혼령【魂靈】죽은 사람의 넋. 영혼.
혼례【婚禮】[홀례] 혼례식의 준말.
혼선【混線】①전신·전화 따위의 선이 서로 닿아 신호·통신이 엉클어지는 것. ②언행이 앞뒤가 안 맞아 종잡을 수 없는 것.
혼:성【混聲】①뒤섞인 소리. ②남녀의 목소리를 혼합하여 노래하는 일. 예~합창. ~그룹을 결성한다.

혼연일체【渾然一體】여러 사람의 마음과 행동이 하나로 뭉친 상태.

혼천의【渾天儀】고대 중국에서 별들의 운행과 위치를 관측하던 기계.

[혼천의]

홀아비 꽃대 산이나 숲속 나무 밑 그늘에 자라며 줄기에 마디가 있고 잎은 4장이 서로 마주 나며, 봄에 흰 꽃이 핀다. 꽃과 뿌리는 약용하며 여러해살이풀이다.

홍난파[인명](1898~1941) 우리 나라의 음악가. 본 이름은 영후. 난파는 호. 와이엠시에이를 중심으로 음악계에서 크게 활약하였음. 작품에는「봉선화」·「옛 동산에 올라」·「성불사의 밤」등이 있음.

홍어[동물] 가오릿과에 속하는 바닷물고기. 몸길이 약1.5m. 몸이 넓고 등은 갈색 바탕이며, 배는 흼. 예~회.

[홍어]

홍역【紅疫】열이 많이 오르고 온몸에 좁쌀 같은 것이 돋으며 기침이 나는 어린이의 전염병. -하다.

홍익【弘益】①매우 큰 이익. ②널리 이롭게 함. 예~인간.

홍익 인간【弘益人間】널리 인간 세계를 이롭게 한다는 뜻.

홍일점【紅一點】[-쩜] ①많은 남자들 속에 하나뿐인 여자를 이르는 말. ②여럿 가운데 오직 하나 이채를 띠는 것. 예회사에서 ~이다.

홍차 달인 물이 붉은 빛깔을 띠고 향기가 있는 차의 한 가지. 차나무의 잎을 발효시켜 말린 것.

홍학 다리가 길어 다른 새보다 깊은 물에 걸어 다니며, 부리 옆쪽에 있는 뻣뻣한 털이 난 판으로 작은 생물만 걸러내고 나머지는 뱉는다. 진흙으로 집을 짓고 무리를 지어 삼.

홍합【紅蛤】얕은 바다 바위에 여럿이 함께 붙어 살며 껍데기는 검고 길쭉하고 살이 붉은 조개.

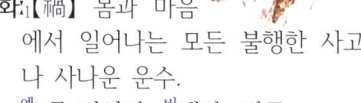
[홍합]

화₁【禍】몸과 마음에서 일어나는 모든 불행한 사고나 사나운 운수. 예~를 당하다. 비재앙. 변곡.

화₂【火】몹시 못마땅하거나 언짢아서 나는 성. 화요일의 준말.

-화₃【畫】그림의 뜻을 나타내는 말. 예인물~를 그리다. 관그림.

화:가【畫家】그림 그리기를 직업으로 삼는 사람. 또는 취미로 하는 사람. 비화백.

화공 약품【化工藥品】화학 공업에서 만들어 내는 약품. 예~회사.

화교【華僑】중국 사람이 외국에 가서 생활하는 사람. 국내 중국 사람.

화급【火急】걷잡을 수 없이 타는

불과 같이 매우 급함. -하다.

화:기₁【火氣】①불의 뜨거운 기운. ②몹시 화를 낸 기운.

화:기₂【火器】화약의 힘으로 탄알을 멀리 쏘는 병기. ᵇ무기. 병기.

화기 애애【和氣靄靄】여럿이 모인 자리에 온화한 기색이 가득한 것.

화끈 뜨거운 기운을 받아서 몸이나 쇠 따위가 갑자기 몹시 달아오르는 모양. ᵏ후끈. 흉내말. -하다.

화:나다【火-】①몹시 못마땅하여 노하다. ②큰 근심이 있어 마음이 답답하다. ᵇ노하다. 성내다.

화답【和答】시나 노래에 대하여 대답함. 어울리게 응답하다. -하다.

화:랑【畫廊】그림 따위를 진열하여 전시하고 파는 곳. 갤러리.

화랑도 화랑이 지켜야 할 도리.

화려【華麗】빛나고 매우 고움. 찬란. 소박. 호화 찬란하다. -하다.

화:력【火力】①불에 타서 내는 힘. ᵉ~이 강하다. ②총포의 위력.

화:력 발전소[-쩐-] 불을 때서 물을 끓여 수증기의 힘으로 발전기를 돌려 전기를 일으키는 곳.

화:로【火爐】더운 재와 숯불을 담아 방을 덥게 하는데 쓰는, 흙이나 쇠붙이로 만든 그릇.

[화로]

화:물선 짐을 실어 나르는 배.

화:물 열차【貨物列車】[-렬-] 짐만을 실어 나르는 열차.

화:물차【貨物車】짐을 싣는 자동차.

화:백【畫伯】「화가」의 높임말. 화가.

화병₁【花瓶】볼거리로 꽃을 꽂는 병.

화병₂【火病】속이 답답하여 생기는 병. ᵉ~으로 죽다. ᵇ울화병.

화:보【畫報】어떤 일에 대하여 여러 가지 그림을 모아 만든 책자.

화사【華奢】화려하고 사치스러움. ᵉ여자들의 ~한 옷차림. -하다.

화:산【火山】땅 위로 흘러나온 마그마가 식은 용암과 뿜어 나온 암석의 크고 작은 알갱이들이 쌓여서 이루어진 산. ᵉ~이 폭발했다.

화:산 활동【火山活動】[-똥] 지구 내부에서부터 용암이나 가스 따위가 분출하는 활동. ᵉ~시작.

화살 가는 대에 위에는 새 깃을 꽂고 아래는 쇠촉을 박은 무기.

화살나무 산기슭에 자라며 어린 가지에 2~4줄의 날개가 있고, 잎은 긴 타원형으로 마주 나며 봄에 황록색 꽃이 핀다. 줄기는 지팡이·화살 재료로 쓰임.

[화살나무]

화살표 ①방향을 나타내는 화살꼴의 부호. ②부호「→」「←」의 인쇄상의 이름. ③화살 모양의 표시.

화:상₁【畫像】사람의 얼굴을 그림으로 그린 초상.

화:상₂【火傷】불에 데어 생긴 상처

화:상 ^예뜨거운 물에 ~을 입다.

화:상₃【畫商】 그림을 사고 파는 사람. 또는 사고 파는 일. -하다.

화:석【化石】 지질 시대에 살던 동·식물이 오래 땅 속에 묻히어 돌에 박힌 채로 남아 있는 것.

화선지【畫宣紙】 종이의 한 가지. 붓글씨 쓸 때 주로 사용하는 종이.

화:성【火星】 붉은 빛을 내는 행성. 태양 둘레를 687일 만에 한 바퀴 돌고 있는 떠돌이 별.

화실【畫室】 화가 또는 조각가가 일을 하는 방. 그림을 가르치는 곳.

화승총【火繩銃】 옛날에 심지에 불을 붙여 화약을 터지게 하는 총으로 그 당시에는 매우 위협적인 살상 무기.

[화승총]

화씨 온도계 독일의 파렌하이트가 만든 온도계. 어느 점을 32°F, 끓는 점을 212°F로 하고 그 사이를 180등분하여 만듦. ^반섭씨 온도계.

화:약【火藥】 열이나 압력을 받으면 큰 소리를 내면 터지면서 한꺼번에 높은 열과 많은 가스와 에너지가 생기는 화학 물질.

[화약]

화:염【火焰】 불꽃.

화요일【火曜日】 7요일의 하나. 일요일부터 셋째날. 한 주의 셋째날.

화원【花園】 화초나 나무를 파는 곳.

화음【和音】 높낮이가 다른 둘 이상의 소리가 함께 어울리는 소리.

화:장【化粧】 분 따위를 발라 얼굴을 곱게 꾸밈. ^예얼굴에 ~을 한다.

화:장품【化粧品】 화장할 때 쓰는 물건. 크림·분·연지·향수 등.

화:재【火災】 ①불. ②불이 나서 당하는 불행. ^비불. ^반수재.

화재 보:험【火災保險】 화재로 생긴 손해를 보상해 주는 손해 보험.

화:전민【火田民】 화전을 하는 사람.

화차【貨車】 짐을 실어 나르는 기차. ^예서울 역에는 ~가 들어온다.

화창【和暢】 날씨가 따뜻하며 맑음.

화채【花菜】 꿀·설탕물 등에 과일을 썰어 넣어 만든 음료.

화초【花草】 보기 위해서 심는 꽃과 풀. ^예~를 가꾸다. 화훼. 꽃.

화촉【華燭】 ①혼례. ②색을 들인 밀초. ^예신혼 부부가 ~를 밝히다.

화친【和親】 ①서로서로 의좋게 지내는 정분. ②나라와 나라 사이의 친밀한 교류. ^반단절. -하다.

화평【和平】 ①마음이 편안함. ②나라 사이가 화목하고 평온함.

화:폐【貨幣】 물건을 사거나 팔거나 할 때 쓰이

[화폐]

는 지폐나 주화로 한국 은행에서 발행한다. 비금전. 돈.

화풀이 화를 다른 사람이나 딴 일에 내는 것. -하다.

화:학【化學】 모든 물질의 성질·변화·법칙 등을 연구하는 학문.

화해【和解】 싸움을 그치고 서로 양보하여 다시 친함. -하다.

확고부동【確固不動】 확실하고 견고하여 흔들리거나 움직이지 않음.

확답【確答】 분명하고 확실한 대답.

확산【擴散】 ①흩어져 번지는 것. ②서로 농도가 다른 물질이 혼합함.

확실성【確實性】 분명하고 확실함.

확약【確約】 확실하게 약속하는 것.

확언【確言】 틀림 없는지를 알아봄.

환【換】 현금을 쓰지 않고 어음·수표 따위로 돈을 주고받는 방법.

환각【幻覺】 자극을 받지 않아도 받은 것처럼 느끼는 정신 상태임.

환갑【還甲】 나이 예순한 살을 가리키는 말. 비회갑. 만60세 생일.

환경【環境】 자기를 둘러싸고 있는 모든 것. 자기가 살아가는 주위의 사정. 예~미화. 자연~. 비주의.

환경 오:염 동식물이나 인간의 생활 환경이 악화되어 있는 상태.

환급【還給】 받은 것을 도로 돌려 줌.

환:기₁【喚起】 생각이 나도록 함.

환:기₂【換氣】 탁한 공기와 새 공기를 바꾸어 넣음. 관순환. -하다.

환:난【患難】 불행한 일로 말미암은 근심과 걱정. 예집에 ~중이므로 가족들이 모두 걱정을 하고 있다.

환담【歡談】 여럿이 정답고 즐겁게 이야기를 함. 또는 그런 이야기.

환:등기【幻燈器】 강한 불빛을 사진 필름에 비추어 확대경을 통해 흰 막이나 벽에 영상이 크게 보이게 하는 장치.

[환등기]

환락【歡樂】 기뻐하고 즐거워한다.

환:멸 이상이나 공상이 깨어질 때 느끼는 허무감 또는 실망감.

환:부【患部】 병이나 상처가 난 곳.

환산【換算】 어떤 단위로 표시된 수량을 다른 단위로 고쳐 계산함.

환상₁【幻像】 없는 것이 있는 것처럼 보이는 상태. 예경치가 ~적임.

환상₂【幻想】 현실적으로 있을 수 없는 여러 가지 사물을 상상하는 일. 예~의 세계로 빠짐. 비공상.

환:영【幻影】 눈앞에 있지 않은 사람이나 물건의 모습이 있는 것처럼 보이는 형상. 예나는 ~에 빠져 들었다. 비허깨비. 환상.

환영【歡迎】 기쁘고 반갑게 맞이함.

환:자【患者】 몸을 다치거나 병든 자.

환:전【換錢】 돈을 교환하는 것.

환:절【換節】 계절이 변한 것.

환하다 ①앞이 막힌 것이 없다. 비밝다. ②매우 밝다. ③얼굴이 잘 생기다. ④사리가 분명하다.

환호성【歡呼聲】 기뻐 외치는 소리.

환희【歡喜】 즐겁고 아주 기쁜 것.

활 댓개비·나무로 만들어, 시위에

걸어 화살을 쏘는 무기.
활개 ①새의 두 날개. ②사람의 두 팔. 예불한당 녀석이 ~를 치다.
활동력【活動力】 목적을 위해 뛴다.
활동 사진【活動寫眞】[-똥-] 계속적으로 이어 나오는 사물의 활동 상태를 비치는 환등의 한 가지. 움직이는 사진이라는 뜻. 비영화.
활력소【活力素】 활동하는 본바탕.
활보【闊步】 큰 걸음으로 힘차게 당당하게 걷는 것. 또는, 그 걸음.
활약【活躍】 ①기운차게 뛰어다님. ②눈부시게 활동함 -하다.
활엽수【闊葉樹】 잎이 넓고 편편한 나무의 종류. 떡갈나무·오동나무 등. 반침엽수.
활용【活用】 여러 가지로 잘 응용함. 예폐품 ~공장이 착공됨. -하다.
활자【活字】[-짜] 인쇄에 쓰는 글자 모양의 쇠붙이. 반필사본.
활주로【滑走路】[-쭈-] 비행장 안에 닦아 놓은, 비행기가 뜨고 앉을 수 있도록 만든 길. 예공항 ~.
활짝 ①생각보다 매우 크고 넓게. ②매우 넓게 벌어진 모양. 예문을 ~ 열고 방을 청소했다. 큰훨쩍.
활화산【活火山】 지금도 불을 내뿜고 있는 화산. 반사화산. 휴화산.
황【黃】 낮은 온도에서 녹고, 독특한 냄새를 내며 타는 물질. 노란 색의 고체로, 반들거리며 잘 부서짐.
황공 무지【惶恐無地】 황공하여 몸둘 데가 없음. 예~로소이다.
황금【黃金】 빛이 누렇고 아름다운 귀한 쇠붙이. 금. 비순금. 돈. 금전.
황급【遑急】 어리둥절하고 급함. 예전보를 받고 ~히 달려갔다. 비황망. 찾을 시간도 없이 급함. -하다.
황당【荒唐】 이치와 상식에 벗어남.
황당 무계【荒唐無稽】 말과 행동이 터무니 없고 허황함. -하다.
황무지【荒蕪地】 손을 대어 거두지 아니하여 거칠어진 땅. 예~를 개척하다. 비불모지. 반옥토.
황산벌[-뻘] 지금의 충청 남도 연산 벌판. 백제 의자왕 때 계백 장군이 결사대 5천 명을 거느리고 신라의 5만 대군을 맞아 겨루었던 곳.
황새[동물] 두루미과에 속하는 새. 온 몸이 희고 부리는 흑색. 눈 가장자리의 살갗이 빨간 색임. 천연 기념물 199호이며 희귀 새로 보호함.

[황새]

황색【黃色】 누른 빛.
황색 인종【黃色人種】 살갗이 누른 빛이고 머리털이 검은 인종.
황소[동물] ①털빛이 누르고 큰 숫소. ②미련하거나 기운이 세거나 많이 먹는 사람의 비유. 반암소.
황소개구리 몸이 어른 손 [황소개구리]

바닥 만한 개구리. 외국에서 들어와 퍼졌으며, 그 고기는 먹을 수 있다.

황소 걸음 황소처럼 느리게 걷는 걸음. ^예형은 ~으로 온다.

황소바람 심한 외풍이나, 좁은 곳으로 불어드는 센 바람. ^비거센 바람.

황조롱이 들이나 숲에 살며 쥐나 메뚜기를 즐겨 먹고 키키 하고 울며 날개를 움직여 공중에 정지하 면서 사냥감을 찾는다. 천연기념 물 제323 호 임.

[황조롱이]

황족【皇族】 황제의 친족.

황천【黃泉】 죽으면 간다는 저승길.

황태자【皇太子】 황위를 이을 황자. 동궁. ^준태자. 황사. 저군. 저궁.

황토【黃土】 누르고 거무스름한 흙.

황폐【荒廢】 땅이나 집 등을 그냥 두어 거칠고 못 쓰게 됨. -하다.

황해【黃海】 우리 나라 서쪽에 있는 바다. 서해. ^예~바다. ^반동해.

황해안 한반도 서쪽과 중국 대륙과의 사이에 있는 바다의 연안.

황혼【黃昏】 ①해가 지고 어둑어둑할 때. ^예~이 깃들다. ②나이가 들어 늙어진 시기. ^예~기에 접어든 노인들. ^예~무렵에 이르렀다.

황홀【恍惚】 정신이 홀릴 만큼 찬란함. ^예경치가 너무나 ~하다.

홰 새장이나 닭장 속에 새나 닭이 올가서 앉도록 가로지른 나무 막대. ^예닭이 저녁에 ~에 오른다.

-회:₁【會】 같은 목적을 위한 여러 사람의 모임. 또는 그 단체.

회₂【回】 몇 번임을 세는 말. ^예제10~ 동창회. 제12~ 올림픽 대회.

회:₃【膾】 고기·물고기·푸성귀 따위를 날로 먹게 한 음식.

회갑【回甲】 나이 예순한 살을 가리키는 말. ^예~연. ^비환갑. ^예~연.

회갑연 환갑 잔치. 61세 생일에 베푸는 잔치. ^예~을 가지다. -하다.

회:계【會計】 잘못을 뉘우치고 고침. ^예잘못을 ~하다. ^비참회하다.

회고₁【回顧】 ①지난 일을 돌이켜 생각함. ②돌아다봄. ^비회상. -하다.

회고₂【懷古】 옛 자취를 돌이켜 생각함. ^예옛 자취를 ~하다. -하다.

회고록【回顧錄】 지난 일을 회고하여 적은 기록. ^예처칠 ~집필자.

회:관【會館】 여러 사람이 모여서 회의를 할 수 있도록 만든 집.

회:담【會談】 만나서 의논함. 또는 그 일. ^예남북 ~. ^비회의. -하다.

회답【回答】 묻는 말에 답을 보낸 것.

회:동 여러 사람이 같은 목적으로 모이는 것. ^예여야 대표의 ~임.

회로【回路】 전류가 흘러서 도체를 돌아 다시 제자리로 되돌아오기.

회:보【會報】 회에 관계되는 일을 회원에게 알리는 보고 간행물. ^예~를 발행하기. ~를 발송하였다.

회복【回復】 전과 같은 상태로 된 것.

회:비【會費】 회의 경비에 쓰려고 회원에게 또는 참가자에 걷는 돈.

회상【回想】 지난 일을 돌이켜 생각함. 비회고. 돌아보다. -하다.

회양목 작은 잎은 두껍고 둥글며, 나무는 단단하여 조각. 도장 따위의 재료로 쓰이는 늘 푸른 덤불나무. 주로 뜰에 볼거리로 심는다. 도장나무. [회양목]

회오리바람 바람이 갑자기 빙빙 돌면서 사납게 일어나는 바람. 돌개바람. 예아침에 ~이 많이 불었다.

회:원【會員】 어떤 모임을 이루는 사람들. 예~권. 비멤버.

회:의【會議】 여러 사람이 모여서 의논함. 예학급 ~. -하다.

회전【回轉】 어떤 축을 중심으로 하여 빙빙 돎. 또는 빙빙 돌림. -하다.

회진【回診】 의사가 환자의 병실을 돌아다니며 진찰함. -하다.

회충[동물] 회충과에 속하는 기생충의 총칭. 알이 채소나 물 따위에 섞여 몸에 들어와 기생함.

회포【悔抱】 마음 속에 품어 잊혀지지 않는 생각. 예~를 풀다. 비감회.

회피【回避】 ①몸을 피하여 만나지 아니함. ②책임을 지지 아니하고 피함. 예책임을 안 지려고 ~하다.

회:합【會合】 여러 사람의 모임.

획 ①그림이나 글씨에서 한 번 붓을 움직여 그은 줄이나 점. ②주역에서 괘를 나타내는 가로줄. ③글자의 선이나 점을 셀 때 쓰임.

획기적【劃期的】 어떤 과정에서 전혀 새로운 시대가 열릴 만큼 뚜렷이 구분되는 것. 예성과가 ~이다.

횡단 보:도【橫斷步道】 보행자가 차도를 횡단할 수 있도록 안전 표지나 도로 표지로써 표시한 도로의 부분. 사람이 건너다니는 길. 예길을 ~로 건너다. 비건널목.

횡설수설【橫說竪說】 조리에 안 맞는 말을 마구 지껄임. -하다.

효:【孝】 부모를 잘 섬기는 일. 예~자. 반불효. 비효성. 효심.

효:녀【孝女】 부모를 정성스럽게 잘 섬기는 딸. 예~심청. 관효자.

효:능【效能】 효험이 나타나는 능력. 예꿀은 피로에 ~이 좋다. 비효력.

효:도【孝道】 부모를 정성껏 잘 섬기는 도리. 비효심. 효성. -하다.

효:력【效力】 ①보람. ②효과를 나타내는 힘. 예~이 뛰어나다.

효:부【孝婦】 부모를 잘 모시는 효성스러운 며느리. 예~상을 받다.

효:심【孝心】 부모에 대하여 지성으로 섬기는 마음. 비효성. 효.

효:율 기계가 하는 일과 기계에 공급된 모든 에너지와의 비율.

[효자문]

효:자문 지난 날, 효자를 표창하여 기리고자 세우는

붉은 문.

효:자비【孝子碑】지난 날, 효자를 표창하여 기리고자 세우는 비.

효:행【孝行】부모를 효성으로 잘 섬기는 행실. ᵉ~이 지극하다.

효:험【效驗】일의 좋은 효과. ᵉ약의 ~이 크다. 약을 쓴 좋은 결과.

후:【後】①다음. ②뒤. ᵇ전. 앞.

후:기【後期】①「후반기」의 준말. ②뒤의 시기. 도는 기약. ᵇ전기.

후끈 뜨거운 기운을 받아 갑자기 달아오르는 모양. ᵃ화끈. -하다.

후:대₁【厚待】잘 대접함. -하다.

후:대₂【後代】앞으로 올 세대. ᵉ아름다운 강산을 ~에 잘 물려 주다.

후:덕【厚德】언행이 어질고 두터움.

후련하다 답답하던 마음이 거뜬하고 시원하다. 시원스럽다.

후련히 후련하고 시원스럽게 된 것.

후:렴【後斂】노래 끝에 붙어서 같은 가락으로 되풀이하여 부르는 짧은 가사. ᵉ~이 재미있다.

후리후리하다 키가 늘씬하게 크다. ᵃ호리호리하다. ᵉ친구는 키가 ~.

후:면【後面】뒤쪽에 있는 면. 뒷면.

후박나무 바닷가나 산기슭에 자라며 잎은 긴 타원형이고 봄에 연두빛 꽃이 피고 열매는 둥글고 자주빛이며 관상수로 가꾸는 늘 푸른 큰 키나무임.

[후박나무]

후:방【後方】일선보다 훨씬 뒤쪽의 안전한 곳. 뒤쪽. ᵇ전방. 앞쪽.

후:배【後輩】①경험·나이 등이 자기보다 낮거나 늦은 사람. ②학교 따위를 자기보다 뒤에 나온 사람. ᵉ대학 ~. ᵇ선배. 나중에 온 사람.

후보【候補】①어떤 자리에 나아가기를 바람. 또는 그 사람. ②장래에 어떤 자리에 나아갈 자격이 있음. 또는 그 사람. ᵇ주자.

후:사【厚謝】물품 따위를 후하게 내려 주는 것. 고마워 돈을 줌. -하다.

후:세【後世】①뒤의 세상. ᵉ~에 이름이 나다. ②죽은 뒤에 오는 세상. ᵇ내세. 후대. ᵇ전세.

후:손【後孫】몇 대가 지나간 뒤의 자손. ᵇ선조. ᵉ그 집 ~들이다.

후:송【後送】①전쟁터에서 후방으로 보내는 것. ②뒤에 보내는 것.

후:원【後援】어떤 사람들이 뒤에서 도와 줌. ᵇ응원. 원조. -하다.

후:유증【後遺症】[-쯩] ①병을 앓다가 다 나은 뒤에서 남아 있는 병적 증세. ②일을 치르고 난 뒤에 생기는 여러 가지 부작용.

후:의【厚意】두텁고 인정 있는 마음.

후:진국【後進國】산업·기술·학문 등 문명이 다른 나라보다 뒤떨어진 나라. ᵇ선진국.

후투티 나무나 땅에서 곤충 등의 작은 생물을 잡아먹고 나무나 벽 또는 땅에

[후투티]

난 구멍에 보금자리를 짓고 암컷은 2~9개의 알을 낳아 17일 동안 품는다. 수컷은 그 동안 암컷에 먹이를 물어다 준다.

후:퇴【後退】 전쟁터에서 뒤로 물러남. 비퇴각. 반전진. -하다.

후:하다 ①인심이 좋다. 반박하다. ②얇지 않고 두껍다. 넉넉하다.

후:환【後患】 뒷날의 걱정과 근심. 예앞으로 닥칠 ~이 걱정이다.

후:회【後悔】 이전의 잘못을 깨닫고 뉘우침. 비참회. 뉘우치다. -하다.

훈:계【訓戒】 가르치고 타이르는 것.

훈:련【訓練】 어떤 능력이나 기술을 배우기 위해 연습을 되풀이함. 예민방위 ~을 받았다. -하다.

훈:련병【訓練兵】 훈련을 받는 병사.

훈:련소【訓練所】 여러 사람을 모아 훈련을 받기 위하여 마련한 처소.

훈:민정:음【訓民正音】 조선 4대 세종 대왕이 지은 우리 나라 글자. 주시경 선생이 「한글」로 바꿈. 모음(홀소리)11자, 자음(닿소리) 17자로 되었음.

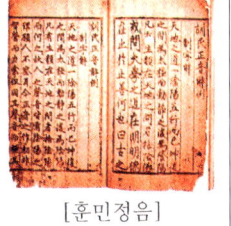
[훈민정음]

훈:방【訓放】 죄가 가벼운 경범자를 훈계하여 놓아 주는 일. -하다.

훈:수【訓手】 바둑·장기 따위에서 옆에서 방법을 가르쳐 줌.

훈:시【訓示】 ①가르쳐 보임. ②아랫사람에게 주의 사항을 일러 줌.

훈:장₁【訓長】 한문을 가르치는 스승.

훈:장₂【勳章】 나라에 공을 세운 사람에게 정부로부터 주는 휘장.

훈제【燻製】 소금에 절인 고기 등을 그슬러 건조시킴과 동시에 그 연기의 성분을 흡수시킨 식품.

훔쳐먹다 남의 것을 주인 몰래 먹다.

훔쳐보다[-처-] ①몰래 엿보다. ②남모르게 흘깃흘깃 몰래 보다.

훔치다 ①물기나 때를 닦다. 비닦다. ②남의 물건을 몰래 가지다.

훗:날 뒤에 올 날. 비뒷날. 후일.

훗:일 뒤에 일어날 우리도 모를 일.

훤:하다 ①앞이 탁 틔어 넓고 시원하다. ②일의 이치나 속내가 분명하다. ③얼굴이 잘생겨 보기에 시원하다. 예인물이 ~. 작환하다.

훤:히 빛이 비추어 밝게. 작환히.

훼:방【毀謗】 남의 일을 헐뜯거나 잘못하게 방해함. 비방해. -하다.

훼:손【毀損】 ①헐거나 깨뜨리어 못 쓰게 함. ②체면이나 명예를 손상함. 예산림을 ~시킨다. -하다.

휘감다[-따] 휘둘러 감다. 예올 겨울 중 가장 추워서 목도리를 ~.

휘날리다 ①깃발 따위가 바람에 펄펄 날리다. ②명성·이름 등을 널리 떨치다. ③흩어져 펄펄 난다.

휘다 꼿꼿하던 것을 어떤 힘을 받아 구부러지게 하다. 예철사줄을 ~.

휘덮다[-덥따] 온통 뒤덮다.

휘돌다 ①휘감고 흐르다. ②마구 돌다. ③공기가 휘몰아치다.

휘두르다 ①물건을 들고 둥그렇게 돌리다. ②남의 얼을 빼다. ③흥청거리다. 예권력을 ~.

휘둥그러지다 뜻밖에 놀라거나 두려운 일이 있어 눈이 둥그렇게 되다. 예놀라서 눈이 ~.

휘몰다 한 군데로 몰다. 예소를 외양간으로 ~. 세차게 불어 대다.

휘몰아치다 비·바람 등이 휘몰아치다. 한 곳으로 세게 불어 대다.

휘발성【揮發性】휘발하는 성질.

휘발유【揮發油】[-류] 원유를 정제하여 얻은 불을 잘 붙는 기름. 예~차. 기체로 변하는 성질이 강함.

휘슬 호루라기. 예주심이 ~을 분다.

휘어잡다 ①구부려 거머잡다. 예팔을 ~. ②사람을 손아귀에 넣고 부리다. 예부하 직원을 ~.

휘어지다 꼿꼿하던 것이 힘을 받아 구부러지다. 곧지 않고 굽어지다.

휘영청 달이 높이 떠서 넓게 고루 밝게 비치는 모양. 흉내말.

휘장【揮帳】넓은 천막을 사방에 둘러치는 장막. 예~을 치다. 비포장.

휘젓다(휘저으니, 휘저어서) ①골고루 섞이게 마구 젓다. ②팔을 심하게 뒤흔들다. ③마구 흔들어 어지럽게 만들다.

휘청거리다 ①가늘고 긴 물이 휘어지며 흔들리다. ②다리에 힘이 없어 똑바로 가누지 못하고 흔들거리다. 예다리가 ~. 비휘청대다.

휘파람 입술을 오므리거나 손가락을 입 속에 넣고 입김을 내불어 소리를 내는 짓. 예~을 잘 분다.

휘파람새 숲이나 갈대밭에 살며 곤충 등을 먹고 나무에 앉아 호로르륵하고 울어 휘파람새라 하며 5월에 우리
[휘파람새]
나라에 와 11월에 떠나는데, 일본에서는 일년 내내 텃새로 자리를 잡았다.

휘호【揮毫】붓을 휘둘러 글씨를 쓰거나 그림을 그림. 휘필. -하다.

휘황 찬:란하다 광채가 빛나서 눈이 부시다. 예네온 사인이 ~.

휠체어 몸이 불편하거나 장애가 있는 사람이 앉은 채로 다닐 수 있도록 바퀴를 단 의자.

휩쓸다 ①모조리 쓸다. ②행동을 제 마음대로 하다. ③다 차지하다.

휩쓸리다 힘센 것에 한데 몰려들어 가다. 예파도에 ~. 몰리어 휩쓸림.

휴가【休暇】①얼마 동안 직장에 나가지 않고 쉬는 일. ②말미.

휴게【休憩】일을 하거나 길을 걷다가 잠깐 쉬는 것. 휴식. 예~실.

휴교【休校】학교나 과업이나 수업을 한동안 쉼. 또는 그런 일.

휴대【携帶】손에 들거나 몸에 지님.

휴식【休息】일을 하다가 잠깐 쉼. 예~을 취하다. 비휴게. -하다.

휴양【休養】피로나 병의 회복을 위하여 몸을 편히 쉬는 일. 비정양.

휴일【休日】일을 하지 않고 쉬고

노는 날. 예~에 산에 갔다. 비공일.
휴전【休戰】전쟁을 하다 한때 싸움을 멈추는 일. 예~협상. -하다.
휴지【休紙】①못 쓰게 되어 버린 종이. 예~통. ②밑을 닦거나 코를 푸는 데 쓰이는 종이. 화장지.
휴지통【休紙桶】휴지를 넣는 그릇.
휴직【休職】봉급 생활자가 그 신분과 자격을 유지하면서 일정한 기간 직무를 쉬는 것. 반복직. -하다.
휴학【休學】학교를 다니지 않고 쉼.
흉 ①다친 곳의 나은 자리. ②비난을 받을 만한 점. 예그의 ~을 보다. 비결점. 흠. 허물.
흉기【凶器】사람을 다치게 하거나 죽이는 데 쓰이는 기구.
흉내 남이 하는 말이나 행동을 그대로 따라서 하는 짓. 예가수의 ~를 가수와 같게 내다. 비모방.
흉년 농작물이 잘 되지 못한 해. 예작년과 올해는 ~이다. 반풍년.
흉복【胸腹】가슴과 배.
흉부【胸部】가슴 부분. 예~외과.
흉상【胸像】가슴 윗부분의 사람 형상을 나타낸 조각상이나 초상화.
흉악【凶惡】성질이 거칠고 사나움. 예~한 인상. 비범. -하다.
흉악범【凶惡犯】흉악한 범죄를 저지르는 사람. 예~을 잡다.
흉터 상처가 아문 자리. 비흉.
흐느끼다 설움이 복받쳐 올라서 흑흑 느끼어 울다. 예큰 누나가 ~.
흐드러지다 ①썩 탐스럽다. ②잘 익어서 무르녹다. ③물에 불어서 썩

무르다. ④꽃이 아주 보기 좋다.
흐려지다 흐리게 되다. 잘 안 보인다.
흐르다(흐르다, 흘러서) ①물이 내려가다. ②세월이 가다. ③액체가 넘치어 떨어지다. ④어느 방향으로 쏠리다. ⑤이어서 지나가다.
흐리다 ①기억력·판단력 따위가 분명하지 않다. ②더러운 것이 섞이어 맑지 못하다.
흐림 하늘의 70% 이상을 구름이 덮고 있을 경우의 날씨를 나타내는 말. 반갬. 맑음.
흐릿하다 조금 흐리다. 밝지 않다.
흐물흐물 ①푹 익어서 매우 무른 모양. ②엉길 힘이 없어 아주 흐무러진 모양. 흥내말.
흐뭇하다 마음에 가득차서 모자람이 없어 기분이 좋다. 비흡족하다.
흐지부지 결과를 맺지 못하고 흐리 멍텅하게 넘겨 버리는 모양.
흑【黑】「흑색」의 준말. 반백. 하양.
흑갈색【黑褐色】검은 색이 도는 짙은 갈색. 예그림에 ~이 많이 보임.
흑두루미 몸 길이가 97cm 정도이며 논. 밭. 초원 등에서 30~50 마리가 무리지어 생활하며 가을에 우리 나라를 찾아와 겨울을 나고 봄에 날아가는 철새로 천연 기념물 제 228호이다.

[흑두루미]

흑백 사진【黑白寫眞】 실물의 형상이 검은 색 하나의 짙고 옅음으로 나타낸 사진. 반천연색 사진.

흑염소 털의 빛깔이 검으며 풀이나 나뭇잎을 잘 먹고 칡넝쿨을 매우 좋아한다. 염소는 원래 높은 산비탈에서 생활하던 동물이다.

[흑염소]

흑판【黑板】 분필로 글씨를 쓰는, 검은 색이나 녹색의 판. 비칠판.

흔들거리다 이리저리 움직이다.

흔들다 위아래나 옆으로 잇달아 움직이게 하다. 크게 움직이다.

흔적【痕迹】 지나고 뒤에 남은 자국.

흔하다 ①사물이 아주 많이 있다. ②얻기 쉽다. 반드물다. 희귀하다.

흔해빠지다 아주 흔하다 얻기 쉽다.

흔히 귀하지 않고 자주 많이. 예~볼 수 있다. 비자주. 일상적인.

흙 ①지구 외각을 이루는 토석의 총칭. ②바위가 부서져서 미생물이 자라서 가루가 된 것. 비토양.

흙더미 흙이 한데 모여 쌓인 곳.

흙덩이 흙으로 뭉쳐진 덩어리.

흙돼지 모양이 이상하며 꼬리는 캥거루 같다. 몸통은 돼지 같고, 귀는 토끼처럼 생겼다.

[흙돼지]

낮에 굴 속에서 지내며 밤에 흰 개미를 잡아 먹고 굴은 복잡하게 들어가도록 되어 있다.

흙투성이 온 몸에 진흙이 묻은 모습. 예흙탕물에 ~가되다.

흠: ①흉. 예명성에 ~이 가다. ②완전하지 못한 것. ③물건이 썩거나 좀먹어서 성하지 않은 부분. 비결점. 결함. 하자.

흠:가다 흠이 생기다. 비흠지다.

흠모【欽慕】 공경하며 사모하는 것.

흠칫 놀라거나 겁이 나서 어깨나 목을 반사적으로 움츠리는 모양.

흡사【恰似】 거의 같음. 비슷비슷함.

흡수【吸收】 ①빨아들임. 예물을 잘 ~한다. ②모여들임. 반방류.

흡족【洽足】 모자람이 없어 아주 넉넉함. 예~하게 여기다. -하다.

흡혈귀【吸血鬼】 사람의 피를 빨아 먹는다는 전설상의 귀신.

흥1 ①업신여기거나 아니꼬울 때 코로 비웃는 소리. ②신이 나서 감탄하는 소리. 흥내말.

흥:2【興】 좋아서 즐거움이나 재미를 느끼는 마음. 예~이 난다.

흥건하다 ①물 같은 것이 잠기거나 많이 괴어 있다. 예물이 ~. ②음식에 국물이 많다. 반메마르다.

흥:겨워하다 크게 흥이 나서 마음이 들뜨고 재미가 있다. 반슬퍼하다.

흥망 성:쇠【興亡盛衰】 흥하고 망함과 성하고 쇠함. 예나라의 ~.

흥:미【興味】 흥미를 느껴서 마음이 쏠리는 것. 예~진진. 비재미.

흥:미롭다(흥미로우니. 흥미로워) 마음이 이끌리는 데가 있다.

흥:미진진【興味津津】 흥취가 넘칠 만큼 많음. 예~한 동화책. -하다.

흥부【興夫】 고대 소설인 흥부전의 주인공. 반놀부. 볼부의 동생.

흥부전【興夫傳】 조선 시대에 나온 소설. 욕심이 많은 형 놀부와 착한 아우 흥부의 이야기. 반놀부전.

흥분【興奮】 ①감정이 복받쳐 일어남. ②자극을 받아 신경이 날카로워짐. 예이일에 ~한다. -하다.

흥선대:원군【興宣大院君】[인명] (1820~1898) 조선 말기의 정치가. 고종의 아버지. 이름은 이하응. 정치를 바로잡기 위하여 과감한 개혁 정치를 펴는 한편, 쇄국 정책을 단행했음.

흥얼거리다 ①흥에 겨워서 입 속으로 노래를 부르다. ②입 속으로 지껄이다. ③중얼중얼 거리다.

흥인지문【興仁之門】 서울 특별시 종로구 종로 6가에 있는 성문으로, 사대문의 하나 보물 제1호. 흔히 동대문이라고 한다.

흥정 상품을 원하는 값으로 사고 팔기 위해 파는 사람과 사는 사람이 서로 의논하여 값을 정하는 일.

흥행【興行】 연극·영화·서커스 등을 하여 값을 받고 여러 사람에게 구경시키는 일. -하다.

희:곡【戲曲】 상연을 목적으로 씌어진 문학의 한 형식. 등장 인물의 대화를 통하여 사건이 전개되고 성격이 나타남. 비극본.

희귀【稀貴】 드물어서 매우 귀함. 예반달곰은 ~ 동물이다. -하다.

희:극【喜劇】 웃음과 즐거움을 주는 연극. 예~배우. 반비극. -하다.

희다 눈이나 우유의 빛깔과 같다.

희디희다 매우 희다 예눈이~.

희:로【喜怒】 기뻐과 노여워하는 것.

희:로 애락【喜怒哀樂】 기쁨과 노여움과 슬픔과 즐거움의 감정들.

희:롱【戲弄】 말이나 행동으로 실없이 놀리는 짓. 비조롱. -하다.

희망【希望】 앞으로 이루고자 하는 일에 대한 바람. 예미래의 ~을 가진다. 비소원. 반절망. 실망.

희박【稀薄】 ①액체나 기체가 짙지 못하고 묽거나 엷음. ②감정이나 정신 상태 같은 것이 엷고 약함. ③일의 가망이 적다. ④낮다.

희:비【喜悲】 기뻐하고 슬퍼하는 것.

희:사【喜捨】 남을 위하여 기쁜 마음으로 재물을 기꺼이 내어 놓음. 예교실 신축 비용을 ~하다.

희:색【喜色】 기뻐하는 얼굴 빛.

희:색만:연【喜色漫然】 얼굴에 기쁜 빛이 가득함. 예~한 얼굴. -하다.

희생【犧牲】 ①하늘에 제사 지낼 때 바치는 산 짐승. 예~물. ②어떤 사물을 위하여 자기 몸을 돌보지 않음. 예자식을 위해 ~하다. 비헌신. ③남을 위해 재물을 모두 바침.

희생 정신【犧牲精神】 남이나 어떤 사물을 위해 자기의 목숨이나 재물을 바치겠다는 마음씨.

희소 가치【稀少價値】드물기 때문에 인정되는 가치. ᵉ~가 높다.

희:소식【喜消息】기쁜 소식.

흰꼬리수리 몸 길이가 95 cm 정도이며 해변이나 큰 호숫가에서 살고 주로 물고기를 잡아먹고 혹 새나 쥐도 잡아먹고 산다. 천연 기념물 제243호로 보호를 받을 정도로 희귀 조류임.

[흰꼬리수리]

히스테리 정신적 원인으로 일시적으로 일어나는 병적인 흥분 상태의 통칭. ᵉ누나가 ~를 부린다.

히야신스 알뿌리로 번식하며 비늘줄기는 흑갈색이다. 잎은 뿌리에서 4~5개가 뭉쳐나며 이른 봄에 붉은색, 보라 색, 파란 색, 흰 색의 꽃이 피고 관상용으로 키우는 여러해살이풀이다.

히:터 난방 장치.   [히야신스]

히트 ①야구에서의 안타. ②명중. ᵉ~치다. ③대성공. 큰 인기. 폭발.

히트 송 인기를 끈 노래. 작품으로 성공한 가요. 음반이 많이 팔린 것.

히프 엉덩이

힌두교 인도에서 많이 믿고 있는 인도 고유의 종교. 인도교.

힌트 어떤 문제의 실마리를 넌지시 깨우쳐 줌. ᵉ~를 주다. ᵇ암시.

힘 ①사람이나 동물이 몸에 갖추고 있으면서 스스로 움직이고 또는 다른 것을 움직일 수 있는 근육의 작용. ②도움이 되는 것. ③능력. 세력. ᵉ역도 선수는 ~이 세다.

힘껏 있는 힘을 다하여. ᵉ준언이는 공을 ~찼습니다.

힘내다 자신감이나 용기를 가지다. ᵉ운동을 계속하며 ~.

힘들다(힘드니) ①힘이 소비되다. ②하기에 어렵다. ③일하기 나쁨.

힘부치다 힘이 모자라다. 힘이 딸림.

힘쓰다 ①힘을 다하다. ②고난을 참아 가며 부지런히 해 나가다. ③남을 도와주다. ④일에 힘을 다하다.

힘 없다 기운이나 세력이 없다.

힘차다 씩씩하고 힘이 넘친다. ᵇ기운차다. 힘이 넘치고 우렁차다.

힘입다 남의 도움을 받다. 신세지다.

힘주다 ①힘을 한 곳에 기울이다. ②어떠한 말이나 일을 강조하다. ᵉ으쓱하며 어깨에 ~.

힘줄[-쭐] ①근육의 밑바탕이 되는 최고 질긴 살의 줄. ②혈관·혈맥 등의 총칭. ᵉ~이 보인다.

힝 코를 세게 푸는 소리를 나타냄.

4. '재미있다'와 '흥미 있다'의 띄어쓰기

　사전적 의미로 두 단어는 거의 같은 뜻을 지닌 말이다.
　그런데 '재미있다'는 붙여 쓰고 '흥미 있다'는 띄어 쓴다.
　또 '가랑비'는 붙여 쓰고 '굵은 비'는 띄어 쓴다.
　또 '내주다'는 붙여 쓰고, '해 주다'는 띄어 쓴다.

부 록(附錄)

◆ 우리말, 글 바르게 쓰기 ◆
◆ 소리가 비슷한 틀리기 쉬운 말 ◆
추록 ◆우리말, 글 바르게 쓰기
1. 문장 부호 바르게 쓰기
1. 문장에서의 호응
1. 문장 표현의 여러 가지
　　◆ 논설문
　　◆ 설명문

⊙ 우리 말, 글 바르게 쓰기 ⊙

1. 소리가 비슷한 틀리기 쉬운 말

가령 가량	가령 내가 대통령이 된다면. 열댓 사람 가량 된다.
가르다 가리다	청·백으로 가르다. ① 치마로 앞을 가리다, ② 나쁜 것만 가려 내다.
가르치다 가리키다	글을 가르치다. 남쪽 방향을 가리키다.
갈음 가름	새 책상으로 갈음하였다. 셋으로 가름하였다.
갖다 갔다 같다	없는 것 없이 다 갖다.(가지다) 집에 갔다. 얼굴 모습이 똑같다.
갑절 곱절	갑절 많다.(수량의 두 배) 두 곱절, 세 곱절.(수량의 두 배, 세 배)
거룩하다 갸륵하다	거룩한 세종 대왕 갸륵하고 기특한 어린이
거름 걸음	밭에 거름을 주다. 걸음이 빠르다.
걷잡다 겉잡다	걷잡을 수 없이 패해 도망치다. 겉잡아 이틀거리다.
걷히다 거치다	외상 값이 잘 걷히다. 대구를 거쳐 왔다.
껍데기 껍질	소라 껍데기, 조개 껍데기 사과 껍질, 수박 껍질
겨루다 겨누다	서로 실력을 겨루다. 총을 서로 겨누다.
고초 고추 곧추	갖은 고초를 겪다. 작은 고추가 맵다. 곧추 안다.
곧 곳	곧 다녀오너라. 우리가 사는 곳

골다 곯다	코를 골다. 배를 곯다, 속이 곯다.
~구료 ~그려	맘대로 하시구료. 갑시다그려.
굳다 궂다 긋다	의지가 굳다. 일기가 궂다. 금을 긋다, 원두막에서 비를 긋다.
그러므로 그럼으로	사과 한 알에 100원, 그러므로 10알은 1,000원. 일을 한다. 그럼으로 즐겁다.
그치다 끝이다	비가 그치다. 이것으로 끝이다.
긷다 깁다 기다 깃다	물을 긷다. 양말을 깁다. 뛰지 못 하고 기다. 논에 풀이 깃다.
낟 낫 낮 낯 낱	낟알(곡식) 낫으로 풀을 베다. 밝은 대낮. 낯을 씻다. 낱개, 낱알.
낫다 났다 낮다 얕다 낳다	병이 낫다[治癒(치유)], 이게 더 낫다. 화재가 났다, 병이 났다. 산 높고 들 낮다. 개울이 얕다. 아기를 낳다.
날다 나르다	비행기가 날아간다. 짐을 나르다.
너머 넘어	산 너머 남촌. 산을 넘고 물을 건너.
넓이 너비 나비	운동장 넓이[面積(면적)] 천의 너비[幅(폭)] 천의 나비[幅(폭)]
~노라고 ~느라고	범을 그리노라고 그렸는데 고양이가 되고 말았다. 책을 읽느라고 정신이 없다.
놀음 노름	즐거운 놀음 좋지 않은 노름판.

놀라다	깜짝 놀라다.
놀래다	친구를 놀래 주다.
느리다	행동거지가 느리다.
늘이다	줄을 늘이다.
늘리다	소득을 늘리다.
다니다	공부하러 다니다.
당기다	줄을 당기다.
댕기다	불을 댕기다.
다치다	손을 다치다.
닫치다	문을 닫치다.
닫히다	문이 닫히다.
달라다	용돈을 달라다.
달랬다	용돈을 달랬다.(달라고 하다)
달래다	아기를 달래다.
달리다	힘이 달린다(힘이 부치다)
딸리다	딸린 식구가 여럿이다.
담다	그릇에 담다.
담그다	젓갈을 담그다.
닿다	손이 닿다.
닫다	문을 닫다.
대로	맘대로 해라.
데로	가는 데로 어디냐?
~던	먹던 밥.
~든	가든 말든 네 맘대로 하여라.
~던지	무척 예뻤던지 반하고 말았구나.
~든지	밥이든지 죽이든지 없다 말고 내어라.
덥다	날씨가 매우 덥다.
덮다	겨울 이불을 벌써 덮다.
돌	우리 아기 세 돌 잔치
돐	콩나물 안친 지 한 돐.
돼	곧 겨울이 돼.
되	콩 한 되.
두루	두루 한 통속이다.
도로	도로 가야겠구나.
두텁다	정의가 매우 두텁다.

도탑다	인정이 도탑다.
두껍다	책이 두껍다.
드리다	인사를 드리다.
들이다	재미를 들이다.
들리다	소리가 들리다.
들르다	외갓댁에 들르다.
띠다	사명을 띠다.
띄다	눈에 띄다('뜨이다'의 준말)
떼다	시치미를 떼다.
뜨이다	눈에 뜨이다.
띄우다	배를 띄우다.
마는	하긴 하지마는……!
만은	너만은 알아야지?
만	너만 알아 둬.('마는'의 준말)
마추다	옷을 마추다.
맞추다	눈을 맞추다.
마치다	일을 마치다.
맞히다	주사를 맞히다.
만나다	사람을 만나다.
맛나다	밥이 맛나다.
맏	맏딸.
맛	맛 좋은 음식.
먹이다	기름을 먹이다.
메기다	화살을 메기다.
목	목을 빼다.
몫	몫을 나누다.
묵다	여러 해 묵다.
묶다	보자기를 묶다.
묻히다	땅에 묻히다.
무치다	나물을 양념하여 무치다.
바치다	세금을 바치다, 술을 바치다.
받치다	기둥을 받치다.
받히다	소뿔에 받히다.
밭이다	체에 밭이다.(밭여지다,피동형>)
밭치다	체에 밭치다.('밭다'의 센말)
반드시	약속은 반드시 지켜야 한다.

반듯이	책과 공책은 반듯이 놓아라.
배다	아이를 배다.
베다	풀을 베다.
비다	집이 텅 비다.
벌이다	가게를 벌이다.
벌리다	두 팔을 벌리다.
뻗다	뻗어 가는 칡도 끝이 있다.
뻗다	다리를 뻗다.
벗다	옷을 벗다.
뻗치다	'뻗다'의 힘줌말.
뻗치다	'뻗다'의 힘줌말.
뻗치다	멀리 뻗쳐 있다.
봉오리	꽃봉오리.
봉우리	산봉우리.
부딪다	자동차끼리 부딪다.
부딪치다	'부딪다'의 힘줌말.
부딪히다	차에 부딪히다.(피동형)
부닥치다	난관에 부닥치다.
부딪치이다	차에 부딪치이다.(피동형)
부리	새부리, 총부리.
뿌리	나무 뿌리.
부수다	쳐부수다.
부시다	눈이 부시다.
부서지다	책상이 부서지다.
부치다	힘에 부치다, 부채를 부치다.
붙이다	흥정을 붙이다, 풀로 붙이다.
부터	지금부터.
붙어	광고가 붙어 있다.
비치다	햇빛이 비치다.
비추다	얼굴을 비추다.
비추이다	햇빛에 비추이어 더욱 빛나다.
비춰다	'비추이다'의 준말.
빗	머리를 빗는 빗.
빚	대추나무에 연 걸리듯한 빚.
빛	빛 좋은 개살구.
빚다	쌀과 누룩으로 술을 빚다
빗다	빗으로 머리를 빗다.

싸이다	산으로 둘러싸인 마을.
쌓이다	낙엽이 쌓여 있는 도로.
싹	새싹.
삯	품삯.
새기다	도장을 새기다.
삭이다	분을 삭이다.
세우다	기둥을 세우다.
새우다	밤을 새우다.
세째	첫째, 둘째, 세째.
셋째	사과를 셋째 먹는 중이다.
~소	있소, 없소?
~오	어딜 가오?
시키다	일을 시키다.
식히다	물을 식히다.
알음	서로 알음이 있다.
아름	나무가 두 아름이나 된다.
앎	앎이 힘이 된다.
아람	아람이 벌다.
안	그 곳에 안 간다.
않	그렇지 않다.
않다	보이지 않다.
앉다	자리에 앉다.
안다	어미새가 알을 품에 안다.
얼음	추워서 얼음이 얼다.
어름	장롱과 책상 어름에 끼워 넣어라.
업다	아기를 업다.
엎다	밥그릇을 뒤집어 엎다.
여위다	몸이 여위다.
여의다	할머니를 여의다.
우거지다	풀이 우거지다.
욱어지다	양철판이 욱어지다.
우기다	고집을 우기다
욱이다	함석의 가장자리를 안으로 욱이다.
웃	웃어른.
윗	윗부분.

~(으)러	공부하러 간다.
~(으)려	서울에 가려 한다.
~(으)로서	너로서는 충분히 할 수 있다.
~(으)로써	닭으로써 꿩을 대신 한다.
이루다	뜻을 이루다.
이르다	집에 이르다.
인제	인제 시작이다.
이제	이제 가도 된다.
익다	과실이 익다.
읽다	책을 읽다.
잇다	줄을 잇다.
이다	지붕을 이다.
있다	돈이 있다.
있다가	있다가도 없는 게 돈이다.
이따가	가서 이따가 다시 오너라.
잊다	할 일을 깜빡 잊다.
잃다	돈을 잃다.
작다	몸집이 작다.
적다	양이 터무니없이 적다.
장사	과일 장사가 잘 된다.
장수	과일 장수 노릇 하기 쉽지 않다.
잦히다	밥을 잦히다.
젖히다	'젖히다'의 큰말.
제치다	거치적거리는 것을 제치다.
제키다	살갗을 제기다.
~째 번	열째 번 사람.
~번 째	세 번째의 일.
절이다	배추를 소금물에 절이다.
저리다	팔 다리가 저리다.
젖	엄마 젖을 먹고 자랐다.
젓	새우젓을 담그다.
좇다	선열의 뜻을 좇다.
쫓다	사나운 개를 쫓다.
주검	그의 주검 앞에 경건한 기도를 올렸다.
죽음	죽음으로 나라를 지킨다.

지나다	내 집 앞을 지나다.
지내다	서로 사이좋게 지내다.
줄이다	쓸데없는 경비를 줄이다.
주리다	배를 굶주리다.
조리다	간장에 조리다.
졸이다	마음을 졸이다.
지긋이	나이가 지긋이 들어 보인다.
지그시	눈을 지그시 감다.
집	우리 집은 기와집이다.
짚	짚으로 지붕을 이은 집은 초가집이다.
짖다	개가 컹컹 짖다.
짓다	집을 짓다.
짙다	안개가 매우 짙다.
찢다	옷을 찢다.
찧다	방아를 찧다.
짚다	지팡이를 짚다.
집다	손으로 집다.
채	옷을 입은 채 잠이 들다.
체	아는 체하지 마라.
하매	형이 공부를 열심히 하매 아우들도 본을 받다.
함에	내 모든 것은 오직 국가를 위함에 있다.
하므로	일을 잘 하므로 이 상을 수여함.
함으로	일을 함으로써 보상을 받는다.

추 록
● 우리 말, 글 바르게 쓰기 ●
소리가 비슷하여 틀리기 쉬운 우리 말

갖은 가진	갖은 고생을 겪다. 가진 거라고는 아무것도 없다.
깍듯이 깎듯이	깍듯이 인사를 드리다. 연필 깎듯이 하다.
귀찮다 귀잖다	성가시어 귀찮다. 멸시 받는 귀잖은 몸.
꾸다 꾸다	돈을 꾸다. 꾸어 온 돈은 언젠가는 갚겠다.
그렇기 그러기	네가 그렇기 때문에 욕을 먹는다. 정말 그러기냐?
그저 거저	그저 잠만 잔다. 거저 먹다.
끗 끝	아홉 끗은 가보. 땅 끝 마을은 해남이다.
나가 나아가	밖으로 나가다. 통일을 위해 나아가다.
날아가다 날라가다	새가 날아가다. 짐을 날라 가다.
닷새 댓새	생일이 초닷새이다. 한 댓새 놀고 먹고 오마.
돌듯이 돌 듯이	지구가 스스로 돌듯이. 빙그르르 돌 듯이 춤을 춘다.
~동이 ~둥이	귀염동이. 바람둥이.
되돌아보다 뒤돌아보다	방 안을 되돌아보다. 길을 가다가 뒤돌아보다.
드날리다 들날리다	태극기가 드날리다. 명성을 전국에 들날렸다.

드러내다 들어 내다	내 마음을 드러내다. 물건을 들어 내다.
~라야 ~래야	너라야 이 일을 해 낼 수가 있다. 용돈이래야 겨우 교통비 정도이다.
몹쓸 못쓸	몹쓸 인간. 아무 데도 못 쓸 재목이다.
박이 배기 뱅이	점박이. 세 살배기. 장돌뱅이.
부푼 부픈	솜털이 부푼었다. 크기는 하나, 무게는 부픈 물건이다.
비키다 비끼다	한 쪽으로 비키다. 저녁 놀이 비끼다.
빌어 빌려	책을 빌어 오다. 돈을 빌려 주다.
살지다 살찌다	매우 살지다. 안 본 사이에 살찌다.
슬다 쓸다	녹이 슬다. 비짜루로 쓸다.
얽매여 얽매어	빚에 얽매여 아무 일도 못 한다. 밧줄로 얽매어 놓다.
잇달다 잇따르다	꼬리에 꼬리를 잇달다. 뒤를 잇따르다.
주워 주어	떨어진 돈을 주워 주인을 찾아 주었다. 이 책을 저 사람에게 주어라.
지어 지워	웃음 지어 끝을 맺다. 너라는 존재를 지워 버리다.

● 문장 부호 바르게 쓰기 ●

1. 쉼표(휴지부)

가장 짧은 휴식을 표시함.
가로쓰기에는 반점(,), 내리쓰기에는 모점(、)을 사용한다.
　(1) 같은 계열을 어구(語句)가 연결될 때 쓴다.
　　예 밥, 옷, 집은 살림살이의 3요소이다.
　　예 남산, 낙산, 북악산, 인왕산, 안산은 서울을 둘러싸고 있다.
　　예 앞집 이쁜이, 뒷집 희숙이는 모두 미인이다.
　　예 맘씨도 고운, 얼굴도 예쁜 그녀가 내 애인이라오.
　　예 눈도 큰, 코도 어여쁜 그 여인을 못 보셨소?

<예외 1.>
같은 계열의 명사가 조사가 붙지 않고 연결될 때, 또는 쌍점(:), 쌍반점(;)을 쓰지 않는 문장에서 명사, 명사 성질을 지닌 말, 예시(例示)하는 단어가 열거될 때, 쉼표 대신 가운뎃점(·)을 쓰기도 한다.
　　예 공작·수리·타조 따위를 조류라 하고, 뱀·도마뱀·악어 따위를 파충류라 한다.
　　예 백두산의 숭고함·금강산의 기이함·한라산의 수려함은 우리나라 산악미의 대표격이다.

<예외 2.>
열거되는 말이라도, 연결 어미나 조사로 결속(結束)되었을 때에는 치지 아니 한다.
　　예 종이와 붓과 먹과 벼루는 문방사우(文房四友)이다.
　　예 둘과 넷과 여섯은 우수(偶數)이다.

　(2) 짝을 지어 구별할 필요가 있을 때에는 쉼표를 친다.
　　예 늙은이와 젊은이, 남자와 여자 할 것 없이 소리내어 다 웃었다.

    예 닭하고 지네하고, 개하고 괭이하고는 상극이다.
(3) 바로 다음의 말을 꾸미지 않을 때 친다.
    예 말은 그 민족과 생사 성쇠를 같이 하는, 끊으려야 끊을 수 없는, 끊는 날에는 저도 죽어 버리는 절대의 관계를 가진 것이다.
    예 중복을 지난 지 겨우 사흘째 되는, 덥다면 더운, 때로 찌는 듯한 무더위가 정히 사람을 열 살(熱殺), 뇌쇄(惱殺)하려 드는 칠월 삼십 일일 밤입니다.
    예 그는 매우, 단 음식을 좋아한다.

<예외 3.>
한 단어의 관형사에는 쉼표를 치지 않고, 둘 이상의 관형사라도 그것이 간단하거나 명백할 때에는 치지 않는다.
    예 그 꽃이 무슨 꽃이오?

<예외 4.>
여러 용언이 서로 잇달아 한 체언 아래에, 같은 자리에 쓰일 때에는 치지 않는다.
    예 아이들이 뛰고 떠들었다.
    예 가을 하늘이 맑고 넓고 높다.

(4) 절(節) 사이에서 절을 떼어 놓는 데 쓴다.
    예 산은 높고, 물은 맑다.
    예 죄는 지은 데로 가고, 공은 닦는 데로 간다.
    예 흰 눈이 내리니, 경치가 아름답다.

<예외 5.>
구절[句(구), 節(절)]과 구절 사이라도, 주어·목적어·서술어의 사이나, 수식하는 말과 수식받는 말 사이에는 찍지 않는다.
    예 마음이 깨끗하기가 흰 눈과 같아 보인다.
    예 저기 보이는 아늑한 데가 우리 마을이다.

<예외 6.>
같은 성질의 구절이 거듭되면 다 찍게 되어 있지만, 다음의 경우

에는 찍지 아니 한다.
　예 큰 사람과 작은 사람이 나란히 걸어간다.

(5) 구절의 내부에는 찍지 않는 것이 좋다.
　예 육당(六堂)은 사학가요 작자요 운동가다.
　예 새야 새야 파랑새야, 녹두밭에 앉지 마라.

(6) 부르는 말이나 대답하는 말 뒤에 친다.
　예 승희야, 이리 오너라.
　예 예, 지금 가겠습니다.
　예 여보, 당신 지금 무얼 하오?

(7) 제시어(提示語) 다음에 친다.
　예 빵, 빵만이 인생의 전부이더냐?
　예 맑게 갠 하늘, 그는 이것을 좋아한다.

(8) 도열된 글에도 쓸 수 있다.
　예 다시 보자, 한강수야.
　예 기울었다, 하이얀 조각달조차.
　예 어서 오너라, 종수야.

(9) 가벼운 감탄을 나타내는 말에 쓴다.
　예 아, 이게 누구야?
　예 참, 세월도 빠르구나.
　예 아, 달도 밝구나.

(10) 글 머리에 나오는 접속 부사, 연결을 나타내는 부사어 다음에 친다.
　예 그러나, 그는 돈을 받지 않았다네.
　예 하지만, 어쩔 도리 있어야지.
　예 바라건대, 우리 모교를 잊지 말아라.
　예 아편 중독은 자신을 철저히 망친다. 뿐만 아니라, 나라도 병들게 된다.

(11) 주어절 앞에 오는 부사어는 흔히 갈라 뗀다.
   예 그가 떠날 적에, 학생들이 정거장에 모였었다.
   예 정말, 그는 벌써 그 일을 단념하였다.
   예 첫째, 비가 그쳐야지 일을 할 수가 있겠어.

(12) 문장 중간에 끼어 든 부사어 앞뒤에 쉼표를 친다.
   예 나는, 터놓고 말하면, 근본부터 반대요.
   예 자네도 특별히 필요하면, 그러할 테지.

(13) 같은 성질의 주어가 잇달아 오면, 첫 주어 다음에 쉼표를 친다.
   예 그는, 종수는 성공할 것이라고 말했다.
   예 그가, 내가 자기를 알아 주지 아니함을 걱정하지 않는다.
   예 코스모스가, 내가 가장 좋아하는 꽃이다.

(14) 되풀이를 피하기 위해, 그 한 부분을 줄일 경우에 쓴다.
   예 형은 딸기를, 나는 사과를 좋아한다.
   예 그는 극장으로, 나는 집으로 갔다.
   예 나는 짜장면을, 그는 짬뽕을 먹었다.

(15) 주어절이 길 때나 책을 읽다가 쉬어야 할 때도 찍을 수 있다.
   예 물 먹은 낙지와 같이 후줄근한 몸과 쓰러질 듯한 피곤한 다리로 오늘도 내일도 지향 없이 터덜터덜 걷고 있던 나그네는, 까마득한 하늘을 한눈 판 채, "휴우." 하고 긴 한숨을 내쉬었다.
   예 여자들이 혼자 있을 때, 대체 그들이 어떤 모양으로 시간을 보내는가를 남자들이 알게 된다면, 남자들은 결코 혼인 같은 것은 하지 않을 것이다.
   예 가슴이 설레는 것은 세모(歲暮)가 가까워져서가 아니라, 떠나야 할 동자(瞳子)들이 내 곁에 있어서입니다.

2. 마침표(종지부)

글월의 끝남을 표시함.
가로쓰기에는 온점(.)을, 내리쓰기에는 고리점(。)을 친다.
(1) 종결 어미의 서술형으로 끝나는 문장 끝에 친다.
  예 아내가 예쁘면 처가(妻家) 말뚝만 봐도 절을 한다. 사람은 자연 가운데 가장 연약한 한 개의 갈대에 지나지 않는다. 무정한 세월은 흐르는 물과 같다.

(2) 종결 어미의 명령형으로 끝나는 문장 끝에 친다.
  예 광복된 조국을 위해 네 몸을 바쳐라. 어서 가시오. 그러나, 부디 잊지는 마시오라. 글을 몇 번이고 읽어라. 그리고 또 몇 번이고 읽어 써라.

<예외 1>
다음과 같은 짧은 글월이 여러 개 겹쳐 있을 때에는 마지막 이외의 글월 끝에는 마침표 대신 쉼표를 친다.
  예 간다, 간다, 나는 간다.

<예외 2>
명령형의 어미 끝에는 느낌표를 쓰기도 한다.
  예 두말 말고 얼른 가시오. 그대 만약 큰일을 하고 싶거든, 먼저 그대의 가장 가까운 의무부터 실행하기 바란다.

(3) 약자 뒤에 친다.
  예 Mr. (Mister)
    No. (Number)
    1955. 3. 17.

<예외 1>
국어의 준말에는 쓰지 않으나, 아래의 경우에는 쓸 수도 있다.
  예 서. 1963. 1. 16. (서기)
    단. 4273. 2. 10. (단기)
    ㅅ. 11 : 30. (상오)
    ㅎ. 11 : 30. (하오)

(4) 표제어(表題語)에는 쓰지 않는다.
  예 서부 전선 이상 없다 (Remarque 作)

3. 가운뎃점(동위부)

(1) 문장의 한 성분이 동등한 둘 이상의 단위로 구성되었을 때, 그 사이에 쓴다. (쉼표 예외 1. 참조)
   예 기러기·왜가리·뱁새 다 날아간다. 강물·산·들·마을을 눈앞에 바라보고 있다.

<예외 1>
조사로 결속되었을 때에는 쓰지 아니한다. (예외 2. 참조)
   예 아이가 잠자리와 나비를 모두 잡았다. 선생이며 학생이며 부모가 모두 한 마음이다.

<예외 2.>
명사나 명사의 성질을 지닌 말, 예시하는 말의 열거가 아니면 쓰지 않는다. (쉼표 예외 1. 참조)
   예 어서 가시오. 그러나, 부디 잊지는 마시오라.

(2) 서양 인명을 우리 글로 표시할 때, 성과 이름 중간에 쓰기도 하나, 성과 이름이 별개로 인식되기 쉬우므로 안 쓰는 것이 좋다. 그러나, 쓸 때에는 대체로 낫표[「 」]로 묶는다. 또 밑줄을 그었을 때는 쓰지 않는다.
   예 「어네스트 헤밍웨이」 아브라함 링컨 라이너 마리아 릴케

(3) 두 숫자로 된 말에 쓴다.
   예 5·16   4·10   3·1

<예외 3.>
가로쓰기 글에서는 가운뎃점 대신 마침표를 쓰기도 한다.
5. 16   4. 19   3. 1

<예외 4.>
같은 계열의 낱말이 열거될 때에는 쉼표나 가운뎃점을 다 쓸 수 있으나, 표제(表題)인 때는 가운뎃점을 쓰는 것이 좋다.
   예 국어·국자(國字)의 변천 말하기·듣기 학습의 중요성

4. 쌍점[중지부]

긴 휴식을 표시함.
어떤 이가는 말을 하고, 그 다음에 그와 같은 것들이 따라옴을 보이기 위해 치는 부호이니, '곧'으로 읽으면 흔히 뜻이 통한다.

(1) 이미 서술한 말의 예를 들 적에 쓴다.
　예 문장을 다음과 같이 나눌 수 있다 : 간결체, 화려체, 우유체, 강건체, 건조체.
　오늘은 친구가 많이 왔다 : 철수, 수길, 상호, 동수.
　시험 날에는 다음 것을 가져오라 : 연필, 지우개, 칼, 삼각자.

(2) 이미 대강 서술한 말에 대하여 다시 그에 대한 자세한 것을 설명하며 나열할 때에 쓴다. 그러므로 쌍점은 위의 설명이 그 아래에 오는 것으로 생각할 수 있다.
　예 정계는 혼란하고, 인심은 불안했다 : 그래서 백성은 갈 바를 모르고 헤맬 뿐이었다. 그는 말했다 : "우리는 어떻게 해서라도 이 일은 성취시켜야 한다."고. 형세는 매우 험악해졌다 : 밤은 깜깜하게 어두워지고, 바람은 자지 않고, 배는 몹시 흔들렸다.

(3) 잔 것을 들어 놓고, 다시 그것을 둘러 묶을 적에도 쌍점을 친다.
　예 분 바르기, 거울 보기 : 이것이 그녀의 아침 일과이다.
　애호박에 말뚝 꽂기, 장독에 돌 던지기, 소의 고삐 끊어 놓기 : 이것이 내 어린 시절의 장난의 한 토막이다.
　물에 들어가 헤엄치기, 바다 위에 나는 갈매기 바라 보기 : 이것이 나의 여름나기의 즐거움이다.

(4) 저자명 다음에 그 저서를 쓸 때 쓴다.
　예 지석영 : 자전석요
　김민수 : 국어 문법론 연구

(5) 문장이 끝나면서, 다음 문장과 의미상 연결됨을 보일 때에 쓴다.
　예 모임에 꼭 나오시오 : 다만, 회비는 각지 부담입니다.

나의 마음 속에 인내를 심어라 : 그 뿌리는 쓰나, 그 열매는 달다.

(6) 내포되는 종류를 들 때에 쓴다.
  예 표음 문자 : 알파벧·한글
     표의 문자 : 한자·이집트 문자

(7) 소표제(小表題)로 내세운 술어를 설명할 때 쓴다.
  예 마침표 : 문장의 주체가 될 수 있는 말이니, 문법상 성질이 같은 명사·대명사·수사 등은 통틀어서 '체언'이라 한다.

(8) 숫자와 함께 쓰여 시(時)와 분(分), 장(章)과 절(節) 따위를 구분한다.
  예 요한 3 : 16(요한 복음 3장 16절)
     ㅎ. 1 : 15(하오 1시 15분)

(9) 공식을 쓰고 그 공식에 쓰인 부호를 풀이할 때에 쓴다.
  예 $y = kr$ 단, k : 비례 상수

(10) 비율을 나타낼 때에 쓴다.
  예 17 : 77

5. 쌍반점(정류부)

쉼표보다 긴 휴식을 표시함.
(1) 쉼표로 병렬된 어구나 절의 짝을 구별하기 위하여 크게 끊을 때에 쓴다. 그러나 쉼표 대신 가운뎃점을 쓴 글에서나, 절의 사이를 쉼표로 갈라 떼지 않은 글에서는 쓰지 아니 한다.

<쉼표 예외 1. 참조, 가운뎃점 (1) 참조>
  예 물오리, 해오리, 비오리 ; 닭, 칠면조, 거위는 모두 조류이다.
     장에는 고등어, 갈치, 전갱이 ; 닭, 토끼, 염소가 있다.
     물이 지나치게 맑으면, 사는 고기가 없고 ; 사람이 지나치게 비판적이면, 사귀는 벗이 없다.

(2) 대등절의 전절(前節)과 후절(後節) 사이에 쓴다.

   예 어린애는 나라의 희망이 되고 ; 청년은 나라의 방패가 된다. 진실한 사람은 인격을 높이고 ; 천박한 사람은 명예와 재물을 탐낸다. 의리는 태산같이 무겁고 ; 부귀는 구름같이 가볍다.

<예외 1.>
간단한 대등절 가운데에는 쌍점 대신 쉼표를 쓴다.
   예 안개는 걷고, 해는 솟았다. 밤은 가고, 아침은 밝아 온다.

(3) '즉', '곧'으로 설명되는 경우에 쓴다. 다만, 쌍점과 달라, 연결어미로 되었을 때에만 쓰는 것이 좋다.

   예 바로 그 때 두 사람이 왔으니 ; 늙은 사람은 H씨요, 젊은 사람은 그의 아들 L군이다.

6. 물음표(의문부)

(1) 직접 질문할 때에 쓴다.
   예 저기 보이는 것이 설악산인가?
      너는 어디로 갈 테냐?

(2) 반어(反語)나 수사 의문(修辭疑問) 또는 가벼운 감탄을 나타낼 때에 쓴다.
   예 그것이 어찌 그렇지 않겠습니까?
      그가 왜 안 그렇겠습니까?
      아! 그 꽃이 얼마나 아름다우냐?
      얼마나 쓸쓸하고 암담한 시절이었던가?

<예외 1.>
감탄이나 수사 의문을 나타낼 때에는 느낌표를 쓸 수있다.[느낌표 (4) 참조]
   예   얼마나 쓸쓸하고 암담한 시절이었던가!

(3) 특정한 어구, 또는 그 내용에 대하여 의심이나 빈정거림, 비웃음 따위를 나타낼 때, 그리고 적절한 말을 쓰기 어려운 경우에 괄호 안에 쓴다.
   예 거 참, 신사적(?)이로군.
   이번 토요일(?)에 오신다고 했소.
   모종 중대 성명(?)

(4) 한 문장에서 몇 개의 물음이 겹쳤을 때에는 마지막 한 개에만 치나, 그 물음이 각각 독립하여 다르면 물음마다 친다.
   예 이것이 좋으냐 나쁘냐?
   악이란 무엇일까?
   연(軟)함에서 생긴 일체의 것인가?

! 7. 느낌표(감탄부)

(1) 느낌을 힘차게 나타내기 위해 감탄사와 종결 어미의 감탄형 밑에 친다.
   예 아! 달이 떠오른다.
   벌써 가을이 왔구나!

(2) 강한 느낌을 힘차게 나타내는 명령문 또는 꾀는 글에서 쓴다.
   예 빨리 이리 와!
   저리로 가자!

(3) 느낌의 뜻을 가지고 다른 사람을 부를 때 쓴다.
   예 종수! 참 고맙네.

(4) 물음의 말로서 느낌의 뜻을 나타내는 글의 끝에 쓴다. 이 때에는 묻지 않는 말이 되나, 단순히 묻기만하는 글은 물음표를 쓴다. (물음표 예외 1. 참조)
   예 이게 누구요!
   이게 무슨 소리요!
   이게 왜 나빠!

8. 줄표(환언부)

(1) 글 중간에 따옴표 모양으로 어구를 넣을 때, 그 말 뒤에 쓴다. 이 경우에는 괄호의 구실을 한다.
    예 그가 다섯 살 적에 —— 이런 일은 천재가 아니고는 불가능한 일이다. —— 벌써 시를 지었다.
    명령에 있어서의 불확실 —— 단호하지 못한 —— 은 복종에 있어서의 불확실을 낳는다.

(2) 여러 개를 나열하고 하나로 통일시키거나, 하나의 통일된 것에서 여러 개로 나열시킬 때에 쓴다. 이 경우, 쌍점과 쓰임이 대체로 비슷하다. [쌍점 (2), (3) 참조]
    예 그는 복순이의 모습 —— 예쁘고 아리잠직한 얼굴, 이지가 뚝뚝 듣는 눈동자, 방긋이 피어 오를 듯한 볼긋한 입술에 그만 정신이 아찔하였다.

(3) 먼저 말한 것을 되풀이하거나 덧붙여 늘어놓을 때에 쓴다.
    예 이 끔찍한 정경 —— 목석이 아닌 이상 어찌 눈물 없이 볼 것인가?
    그것은 개발에 주석 편자 —— 격에 맞지 않는 짓이다.
    그것은 그림의 떡 —— 아무리 갖고 싶어도 소용 없다.

(4) 끝나는 어구의 강조를 위해 휴식이 필요할 때 쓴다.
    예 말썽꾸러기 종수도 금년에는 졸업을 하겠지요. —— 자그마치 5년 만에. 두 원수가 다시 만났다 —— 외나무다리 위에서.

(5) 앞의 말을 정정 또는 변명할 때에 쓴다.
    예 어머니는 처음, 막내아들의 새살림 구경 —— 이라기 보다 도시(都市) 며느리의 구경을 겸해 돌이에게 와 계셨습니다.
    말하였더니 —— 아니, 말씀 드렸더니……

(6) 문장 가운데에서 갑자기 다른 말로 옮길 때에도 쓴다.
    예 에헤에헤야 어루마둥둥, 내 사랑 —— 이것 무슨 노랜지 아니?

(7) 시작하여 마침까지 나타낼 때에 쓴다. 대신 내지표 (~)를 쓰기도 한다.
  예 9 ; 25 - 11 ; 30

9. 따옴표(인용부)

대화(對話), 인용, 특별 어구 따위를 표시함.

(1) 글월 가운데서 직접 대화를 보이기 위해 쓴다.
  예 "사내가 늦도록 장가 안 가는 거나, 저 여자가 늦도록 시집 안 가는 거나 다 걱정이래."
  "누가 그런 말을 하던?"

(2) 직접 인용한 말에 쓴다.
  예 옛 스님이 말하기를, "공수래 공수거(空手來空手去)"가 인생이라 하였다. 우리 아기가 어제 처음으로 "맘마."라고 하였다.

(3) 특별히 쓰이는 말, 특히 힘을 주어 주의를 돌리려는 말에 쓴다.
  예 절에서는 고기붙이를 '도끼나물'이라 한다.

(4) 신문 이름, 책 이름, 제목 따위를 두드러지게 보일 때에 쓴다.
  예 자네는 '귀의성'을 보았는가? 나는 '삼국유사'를 보았네.

(5) 글월 가운데서 마음 속으로 생각하는 따위를 보일 때에도 쓴다.
  예 한 치 닷 푼 키를 늘여 가지고 이제 저 색시도 멀지 않아 시집을 가겠지……"

<예외 1.>
간단한 따옴이나 따옴 속의 따옴이거나 마음 속으로 생각하는 따위는 외따옴표를 쓸 수 있다.

10. 밑줄

고유 명사 밑에 쓴다.

(1) 가로쓰기에는 밑줄(___), 내리쓰기에는 왼덧줄(│)을 쓴다.
  예 <u>세종</u> 대왕께서 <u>훈민정음</u>을 창제하셨다.
  <u>안성</u>은 유기, <u>양주</u>는 밤, <u>파주</u>는 콩, <u>이천</u>은 쌀이 유명 하다.

11. 붙임표(접합부)

말이 끊긴 자리를 이어 붙일 때에 친다.

(1) 접사(接辭)가 붙었음을 보이는 경우
  예 전-서방   초-음속   슬기-롭다   황폐-하다

(2) 합성어(合成語)임을 보이는 경우
  예 물레-방아   사탕-가루

<예외 1.>
(1), (2)는 말을 분석하여 보일 때나 쓰이는 것으로,
사전에서 주로 사용한다.

(3) 발음상 두 개의 모음을 나눌 경우
  예 co-operation   re-action

(4) 로마자로 된 단어가 행(行) 끝에서 꺾일 때 분절 기호로 윗 행에 친다(단어의 분절 규칙 참조).

12. 긴소리표(장음부)

긴소리임을 나타내는 것으로, 사전이나 참고서에서 사용한다.
  예 광ː주   전ː통   불ː문   최ː고

< | **13. 큰소리표, 작은소리표**

(1) 큰말, 큰 숫자, 작은말, 작은 숫자임을 나타낸다. 터진 쪽이 크고, 합친 쪽이 작다.
  예 쑤군쑤군 > 수군수군   5 > 3
     얌치 < 염치   9 < 10

(2) 말의 변함, 소리의 변함이나 변하여 들림을 나타낸다. 터진 쪽이 본디말이다.
  예 쓰이다 > 씌다   해야로비[白鷺] > 해오라비
     맏아들 > 마다들

() | **14. 괄호**

소괄호, 중괄호, 대괄호
다른 글과 구별하고자 하는 부분의 앞뒤에 쓴다.

(1) 언어, 연대, 주석, 설명 등을 넣을 때 쓴다.
  예 칸트(Kant)는 독일의 세계적 철학자요, 임어당(1895~)은 중국의 문학가이다. 그는 틈만 있으면 약수터(거기서 친구와 마지막으로 헤어졌다.)에 들러 물을 한 그릇 마시고야 내려왔다.

<예외 1.>
대괄호는 괄호 안의 말이 바깥 말과 음이 다르거나, 괄호 속에 따옴표의 괄호가 또 있을 때 쓴다. 또 소괄호, 중괄호를 어울러 묶거나 속성을 가진 수종(數種)을 동등하게 묶어서 보일 때 쓴다.

15. 숨김표 · 빠짐표

(1) 말을 꺼리거나 알리지 않으려 할 때에, 그 글자의 수효만큼 그 자리에 쓴다.

(2) 글자가 빠지거나 미상한 자리를 나타낼 때, 그 글자의 수효만큼 그 자리에 쓴다.

16. 줄임표(생략부)

(1) 할 말을 줄였을 때 쓴다.
  예 "어디 나랑 한번……."
    "이제부터 조심하시오."
    "……."

(2) 도형이나 표식 등에서 밀접한 관계를 표시할 때에 쓴다.
  예 현충일 ………… 6월 6일

● 문장 부호 바르게 쓰기 ●

1 호응(呼應)
 1. 호응의 뜻, 갈래
　부르고 대답한다는 뜻의 호응으로, 문장 안에서 앞에 어떤 말이 오면 반드시 뒤에 특정한 형태의 말이 오게 되는 경우를 말한다.
　예 내일은 <u>아마</u> 그가 <u>올 것이다</u>.
　※ 아마 (호응) 올 것이다
　호응에는 '높임 호응'과 '논리 호응' 등이 있으며, '높임 호응'은 우리 말에서 특히 발달되어 있다.
 (1) **높임 호응**
　① 행위의 주체자에 따른 높임 호응
　　예 <u>어머니께서</u> 시장에 <u>가셨다</u>.
　② 말의 상대에 따른 높임 호응
　　예 <u>선생님</u>, 그 간 <u>안녕하셨습니까</u>?
　③ 높임말에 따른 단어의 호응
　　예 <u>아버지께서</u> 진지를 <u>잡수신다</u>.
 (2) **논리 호응**
　② 시제어에 따른 서술어의 호응
　　예 종수는 <u>어제</u> 강화도에 <u>갔다</u>.
　② 부사어에 따른 서술어의 호응

예 종수는 <u>아마</u> 강화도에 <u>도착했겠지</u>.
③ 의문사에 따른 서술어의 호응
예 나 아닌 <u>누가</u> 이 일을 <u>하리오</u>.

2. 높임 호응

행위의 주체나 듣는 이가 높임의 대상이면, 높임말로 된 서술어가 반드시 따른다.

예 <u>할머니께서</u>　<u>오신다</u>.
　　<높임 주체>　<높임 서술어>
　　　　　　(호응)
예 <u>종수가</u>　　<u>온다</u>.
　<보통 주체>　<보통 서술어>
　　　　(호응)

※ 높임말에 쓰이는 '시' ⇨ 선어말 어미

[높임의 갈래]

격식체	**해라체**(아주 낮춤) ◦ 종수야, 이제 그만 <u>내놔라</u>. **하게체**(보통 낮춤) ◦ 박군, 이제 그만 <u>내놓지</u>. **하오체**((보통 높임) ◦ 저쪽으로 가 <u>보시오</u>. **합쇼체**(아주 높임) ◦ 선생님, 안녕히 <u>가십시오</u>.

비격식체	해체(두루 낮춤) ∘ 종수야, 이리로 와. 해요체(두루 높임) ∘ 엄마, 이리로 오세요.

※ 해체 ⇨ 해라체, 하게체
　해요체 ⇨ 하오체, 합쇼체

3. 논리 호응

문장 안에서 시간을 뜻하는 말, 특수한 부사어, 의문을 뜻하는 말과 서술어가 호응 관계에 놓이는 것을 말한다.

(1) 시제어의 호응

예 나는 어제 **집**에 갔다.[과거]

　나는 지금 **집**에 간다.[현재]

　나는 내일 **집**에 가겠다.[미래]

(2) 부사어의 호응

예 **마치** : 잘 익은 석류알은 마치 홍보석과 같다.[비교]

　결코 : 우리는 결코 일본의 만행을 잊을 수 없다.[부정]

　아마 : 내일 쯤에는 아마 비가 올 것 같다.[추측]

　만약 : 만약 내일 비라도 오게 되면 어쩌나.[가정]

(3) 의문사의 호응

　　예 <u>누가</u> 이 일을 <u>감당하랴</u>.

② 구조에 따른 단어 종류

1. 단어(單語)

자립(自立)하여 쓰일 수 있는 말의 단위나 조사를 말한다.

예 우리 / 는 / 생각할 / 수 / 있다.

　　단어는 원칙적으로 어절을 분석한 단위가 되는 것이지만, '열었다'처럼 하나의 어절이 단어가 되기도 한다.

(1) 어절(語節)

말을 할 때에나 읽을 때 한 덩어리로 붙어 다니는 말의 단위를 말한다.

'체언 + 조사', '용언의 어간 + 어미'의 형태로 나타나기도 하며, 띄어쓰기 단위와 일치한다.

예 우리는 ∥ 생각할 ∥ 수 ∥ 있다.

(2) 형태소

뜻을 지닌 가장 작은 말의 단위

예 배 / 나무/ 에 / 꽃 / 이 / 피 / 었 / 다.

'배·나무·꽃'은 '자립 형태소(자립하여 쓰일 수 있는 말)', '에·이·피·었·다'는 '의존 형태소(의지하여 쓰이는 말)'이다.

(3) 음절(音節)

하나로 뭉쳐 적힌 소리 덩어리. 곧 '국어'는 2개의 음절로 이루어져 있다. '국'은 '첫소리(ㄱ) + 속소리(ㅜ) + 끝소리(ㄱ)'로만 이루어진 음절들이다.

예 밥 ─ ㅂ : 첫소리
 ─ ㅏ : 속소리
 ─ ㅂ : 끝소리

※ 첫소리 에서의 'ㅇ'은 음가(音價)로 인정하지 않음에 유의하자.

2. 단어의 종류

(1) 어근(語根)

단어의 가장 중심이 되는 뜻을 보이는 형태소. 곧 단어를 분석했을 때 실질적인 의미를 나타내는 중심 부분.

예 <u>먹</u>이 <u>사람</u>답다 맏<u>아들</u>

(2) 접사(接辭)

어근에 어떤 뜻을 더해 주거나, 새 말이 이루어지게 하는 형태소.

예 먹<u>이</u> 사람<u>답다</u> <u>맏</u>아들

(3) 파생어(派生語)

어근에 어떤 파생 접사가 결합되어 이루어진 단어. 곧

실질 형태소(어근)와 형식 형태소(접사 : 접두사·접미사)가 결합되어 이루어진다.
예 핫옷 가난뱅이 키다리

(4) 합성어(合成語)
둘 이상의 어근 형태소로 이루어진 단어. 곧 '실질 형태소 + 실질 형태소'
예 물병 밤낮 힘들다 물독

```
단어 - 단일어 : 사람·개·나무·꽃·앉다
     - 복합어 - 파생어 : 맨손·사랑하다
              - 합성어 : 강산·물통·벌집
```

3 품사의 특성

1. 명사(名詞)

문장에서 여러 성분으로 쓰이며 사물의 이름을 나타낸다. 또 '보통 명사, 자립 명사, 의존 명사'로 크게 나뉜다. 그리고 '접사(접두사, 접미사)'가 자유로이 붙을 수 있는 명사는 보통 명사 뿐이다.

(1) **명사의 기능**
  ① **주어 기능** : '가·이·께서·에서' 등과 결합
  예 <u>조카가</u> 우리 집에 왔다.

② **서술어 기능** : '이다(서술격 조사)'와 결합
  예 그것은 나의 <u>책이다</u>.

③ **목적어 기능** : '을 · 를(목적격 조사)'과 결합
  예 내 동생은 <u>바나나를</u> 좋아하고, 나는 <u>꽃을</u> 좋아한다.

④ **보어 기능** : '이 · 가(보격 조사)'와 결합
  예 그 물건은 <u>내 것이</u> 아니다.

⑤ **관형어 기능** : '의(관형격 조사)'와 결합
  예 이 책은 내 <u>친구의</u> 것이다.

⑥ **부사어 기능** : '에 · 에게 · 에서 · 로(부사격 조사)' 등과 결합
  예 내가 연필을 <u>동생들에게</u> 나누어 주었다.

⑦ **독립어 기능** : 명사 단독, 또는 '아 · 어 · 여 · 이여 · 이시여(호격 조사)' 등과 결합, 문장의 처음에 놓임.
  예 <u>님이여</u>, 나에게 등불이십니다.

(1) 명사의 갈래
 ① 보통 명사

고유 명사를 제외한 모든 명사가 이에 속하며, 같은 종류의 사물에 두루 쓰인다. 또한 접사가 붙을 수 있는 특성이 있으며, '용언(동사·형용사)'으로 전성되기도 한다.

예 일 + 하다(명사 ⇨ 동사)
　　사랑 + 스럽다(명사 ⇨ 형용사)

② **고유 명사**

특정 사물 하나만을 가리키는 명사. 보통 명사와 함께 자립 명사이다. 복수형이 없으며[제주도들(×), 김유신 장군들(×)], '이·그·저' 등 지시 관형사와 '온 ·옛' 등 몇 개의 한정된 관형사가 쓰일 뿐, 수량을 나타내는 관형사는 붙지 않는다.

③ **자립 명사**

다른 말의 도움 없이 쓰이는 명사

예 보통 명사, 고유 명사

④ **의존 명사**

독립성이 없고 수식어(관형어) 아래에서만 쓰이는 명사로, '보편성 의존 명사, 부사성 의존 명사, 단위성 의존 명사'로 나뉘어진다.

보편성 의존 명사
여러 성분으로 두루 쓰이는 의존 명사
- 것·바·분·이·데·적·따위 등

부사성 의존 명사
용언의 관형사형 아래 놓여 주로 부사어로 쓰이는 의존 명사
- 체·듯·대로·만큼·양·척 등

단위성 의존 명사
수량을 나타내는 관형사 아래에 쓰여 그 수의 단위를 나타내는 명사
- 섬·말·원·자루·켤레·홉 등

2. 대명사

명사와 마찬가지로 조사와 결합하여 문장의 여러 성분으로 쓰이며, 사람 또는 사물의 이름을 대신 가리키는 말이다. '인칭 대명사'와 '지시 대명사'로 크게 나뉜다.

(1) 대명사의 기능
 ① 주어 기능
  예 <u>그것은</u> 참 좋은 책이다.

 ② 서술어 기능
  예 그 그림이 내가 그린 <u>그것이다</u>.

③ 목적어 기능
   예 너는 <u>그것을</u> 꼭 지녀야 한다.

④ 보어 기능
   내 책은 <u>그것이</u> 아니다.

⑤ 관형어 기능
   너는 <u>그것의</u> 중요함을 알겠지.

⑥ 부사어 기능
   너는 <u>그것으로</u> 말미암아 성공할 것이다.

(2) 대명사의 갈래
   ① 인칭 대명사
      ◦ **제1인칭** : 저(저희), 나(우리),
      ◦ **제2인칭** : 너(너희), 자네, 그대, 임자, 당신, 어른, 어르신
      ◦ **제3인칭** : 이 사람, 그 사람, 저분, 어느 분, 누구, 아무
      ◦ **재귀 대명사** : 저, 자기, 당신
      ※ 한 문장 안에서 앞에 나온 주어를 도로 가리키는 대명사를 '재귀 대명사'라고 한다.

> 예 고슴도치도 <u>제</u> 새끼를 귀여워할 줄 안다.

② 지시 대명사

	사물 지시	처소 지시
근 칭	이, 이것	여기(예)
중 칭	그, 그것	거기(게)
원 칭	저, 저것	저기(제)
미지칭	무엇, 어느 것	어디
부정칭	아무것	아무 데

※ '사물 지시 대명사'는 체언을 꾸밀 때에는 관형사가 된다.

3. 수사(數詞)

사물의 수나 양을 나타내는 말로서, 그 기능은 명사, 대명사와 같이 조사와 결합되어 '주어, 서술어, 목적어, 보어, 관형어, 부사어' 등으로 쓰인다.

(1) 수사 합성어

수사가 둘 이상 결합되어 합성어를 이루는 경우가 많은데, 그 때에는 어림잡아 가리키는 말이 된다.
> 예 한둘, 서너, 너댓, 대여섯, 예닐곱, 서너째, 너댓째 등

(2) 수사의 갈래
① **양수사** : 사물의 수효를 뜻함.

예 하나, 다섯, 열……, 두셋, 너덧, 예닐곱, 여남은…….

② **서수사** : 사물의 차례를 뜻함.
　　　예 첫째, 둘째, 열째……, 제 일, 제 이……, 한두 째, 여남은 째…….

4. 조사(助詞)

　독립적으로 쓰이지 못하고, 체언이나 용언의 명사형에 연결되어 문법적 관계 또는 그 단어들에 어떤 뜻을 더해 주는 구실을 한다. '조사 + 조사'로 결합해 쓰이기도 하며, 체언 + 용언의 명사형에 붙어 그 말의 성분(격)을 결정한다.

(1) **조사의 쓰임**
　① 체언에 연결된 조사
　　　예 **종수가 공부를 매우 잘 한다지?**

　② 부사에 연결된 조사
　　　예 **종수가 공부도 매우 잘 한다지?**

　③ 용언에 연결된 조사
　　　예 **장마비에 냇물이 깊어만 간다.**

　④ 둘 이상 겹쳐 쓰이는 조사
　　　예 **다 참석했는데 너만이 빠졌다.**

(2) 조사의 갈래
① **격조사** : 체언, 용언의 명사형에 붙어 그 단어가 문장 안에서 일정한 성분이 되게 하는 조사

주 격	가, 이,에서, 께서, 께옵서 등
서술격	이다
목적격	을, 를
보 격	이, 가
관형격	의
부사격	에, 에서, 에게, 으로, 로 등
호 격	아, 야, 여, 이여, 이시여 등

※ 이 외에 '보조사'와 '접속 조사'가 있다.

5. 동사(動詞)

 동사는 사물의 움직임을 나타내는 말로, 문장에서 주로 서술어 노릇을 하나, 형태를 바꾸어 여러 가지 성분으로 쓰이기도 한다. 동사의 어미는 '종결 어미, 연결 어미, 전성 어미'로 나뉘며, 어간과 어미 사이에 선어말 어미가 들어갈 수 있다. 또한 '자동사, 타동사'로, '본동사, 보조 동사', '규칙, 불규칙 동사' 등으로 나뉘며, 'ㅅ, ㄷ, ㅂ, 르, 여, 러, 거라, 너라' 등의 불규칙 활용이 있다.
 동사의 기능으로 '서술어, 주어, 목적어, 보어, 관형어, 부사어, 독립어' 등이 기능이 있다.

(1) **사동사(使動詞)**

언어 주체가 아닌 모든 사물로 하여금 움직이게 작용하는 동사.

사동 접사로, '-이-, -히-, -기-, -리-, -우-, -추-' 그리고 '-게 + 하다'가 있다.

(2) **피동사(被動詞)**

남의 힘을 입어 행해지는 동작을 나타내는 동사, 능동사(피동사의 대응)일 때의 목적어가 주어로 바뀐다.

6. 형용사(形容詞)

형용사는 '성상 형용사, 지시 형용사'의 두 갈래가 있으며, 'ㅅ, ㅂ, 르, 여, 러, ㅎ'의 불규칙 활용이 있다.

형용사의 기능으로, '서술어, 주어, 목적어, 보어, 관형어, 부사어, 독립어' 기능이 있다.

7. 부사(副詞)

활용이 없고 문장에서 부사어가 된다. 또 용언이나 다른 부사 앞에 놓여 그 뜻을 분명히 해 준다.

<부사의 특성>
- 부사어로만 쓰이며 형태 변화가 없다. 때로는 조사의 도움을 받는다.

- 문장에서 부사의 위치는 비교적 자유롭다.
- 용언을 꾸미기도 하고, 관형사, 부사, 체언은 물론, 문장 전체를 꾸미기도 한다.
- 용언에 '-이, -히'의 접미사가 붙어 생긴 것을 '파생 부사'라 한다.

8. 관형사(冠形詞)

   관형사에는 '성상 관형사, 수 관형사'가 있으며, 겹쳐 쓰일 때에는 '지시 관형사'가 앞서게 된다.

   <관형사의 특성>
   - 관형사가 없으면 체언의 뜻이 막연해진다. 그러나 체언 앞에 놓이면 그 뜻이 구체적으로 분명해진다.
   - 관형어로만 쓰이며, 형태 변화가 없다. 또한 조사의 도움도 받지 않는다. 만약 조사가 붙으면 '체언'이 된다.

9. 감탄사(感歎詞)

   독립어로 쓰이며, 문장 안에서 '놀람, 느낌, 부름, 대답' 등을 나타내며, 형태 변화가 없다. 또한 조사와 결합되지 않는 특성이 있다.

◉ 문장 표현의 여러 가지 ◉

[비유의 종류]

1. 직유법

'무엇은 무엇이다'의 형식으로 '마치, 처럼, 같이, 인 양, 인 듯' 등의 설명어가 쓰여 둘을 비유하는 문장.
- 선생님의 얼굴은 마치 보름달같이 밝아졌다.
- 아가의 발그레한 뺨은 복숭아꽃처럼 예쁘다.
- 피기 시작한 메밀꽃이 소금을 뿌린 듯이 희다.
- 장승처럼 말도 없이 서 있다.

2. 은유법

'갑은 을이다'의 형식. 원래의 개념은 두고 보조 개념으로 나타내는 문장으로, 글의 뜻이 더욱 강하게 드러난다.
- 내 마음은 호수입니다.
- 그대는 나의 태양입니다.
- 떨어지는 꽃잎은 누구의 하소연입니까.
- 어린이는 나라의 보배.

3. 풍유법

본래의 뜻은 숨어 있고 보조적인 뜻만으로 숨겨진 본래의 뜻을 짐작하게 하는 비유로, 교훈이 담겨 있는 문장.
- 원숭이도 나무에서 떨어질 날이 있다.

- 숭어가 뛰니까 망둥이도 뛴다.
- 가는 날이 장날이로구나.
- 귤이 회수를 건너면 탱자가 된다.

4. 의인법
사람 아닌 사물을 사람인 것처럼, 감정을 넣어 표현하는 비유로 다정한 느낌과 생생한 느낌을 갖게 한다.
- 소나기를 기다리는 파초는 정열의 여인.
- 침묵만 지키는 하늘.
- 종달새는 울타리 너머 아씨같이 구름 뒤에서 반갑다 웃네.
- 나비야 청산 가자, 범나비 너도 가자.
  가다가 저물거든 꽃에 들어 자고 가자.
  꽃에서 푸대접하거든 잎에서나 쉬고 가자.

5. 대유법
사물의 일부로써 전체를 나타내거나, 관계 있는 것으로 그 사물을 나타내는 표현 방식, 재미와 신선한 느낌을 갖게 한다.
- **빵만으로 살 수 없다.** [빵 ⇨ 식량]
- **홍도에 서울의 종로를 옮길 수 없다.** ['서울의 종로' ⇨ 근대 도시 문명]
- **머리로 말하지 말고 가슴으로 말하자.** [머리 ⇨ 지혜, 가슴 ⇨ 풍부한 감정]

6. 의성법
사물의 소리를 그대로 시늉하며 나타내는 방법, 실감을 갖게 한다.
- 개구리가 공부한다. '가갸 거겨 고교 구규…….'
- 개울물 돌돌돌 길섶으로 흘러가고.
- 둥기둥 줄이 울면 초가 삼간 달이 뜨고.

7. 활유법
생물 아닌 것을 생물로 나타내는 표현 방법.
- 파도는 흰 이빨을 드러내며 으르렁거리고.
- 마침내 남은 한 잎이 마지막 떨고 있는 고비.
- 모든 산맥이 바다를 연모해 휘달릴 때.

8. 의태법
사물의 모습을 그대로 시늉하며 나타내는 의태어를 써서 실감나게 표현하는 비유.
- 매끈매끈한 조약돌이 깔려 있다.
- 화로에 숯불이 이글이글 타오른다.
- 이가 스멀스멀 기어다닌다.

9. 상징법
원래의 관념은 내세우지 않고 보조적인 곤념만으로 표현

하는 방법.
- 세계 곳곳에서 태극기의 물결이 출렁인다. [태극기 ⇨ 대한민국을 상징]
- 서리 내리는 가을에 국화 향기 가득하니. [국화 향기 ⇨ 강인하고 고고한 정신 상징]
- 지금은 남의 땅 - 빼앗긴 들에도 봄은 오는가. [봄 ⇨ 조국 광복의 상징]
- 백마 타고 오는 초인. [초인 ⇨ 인류 구원의 상징]

10. 경구법
어떤 진리나 교훈을 깨우쳐 주는 표현 방법
- 웅변은 은이고 침묵은 금이다.
- 하루는 너의 인생이다.

11. 비약법
평탄한 문장이 급한 변화를 일으켜 시간과 공간을 뛰어넘거나 순서를 무시하는 표현 방법
- 어둡다, 요란하다, 우레 소리, 번갯불, 바람은 천지를 쓸어 가려는 건가, 차라리 쓸어 가 버려라, 집까지 섬까지 한 묶음에 삼켜 버려라.

12. 도치법
문장 배열 순서를 바꾸는 표현 방법으로, 생동감을 준다.

- 이리 와, 어서.
- 어질도다, 안회여.
- 안녕히 계셔요, 선생님.
- 아, 누구인가, 이토록 나를 도와 주는 이는.

13. 인용법
　격언이나 옛 사람들이 남긴 말을 몇 구절 끌어다 씀으로써 내용의 충실을 더하는 표현 방법. '직접 인용'과 '간접 인용'이 있다.
- 모방은 '창조의 어머니'라고 한다. [직접]
- 책을 백 번 읽으면 저절로 뜻이 통한다는 말이 있다. [간접]

14. 설의법
　묻는 형식을 빌어 읽는 사람 스스로 답을 알게 하는 표현 방법.
- 하늘의 도도 그러하거든, 하물며 세상 인정에 있어서이랴?
- 시절 탓일까? 깊어 가는 가을, 이 벌거숭이의 뜰이 한층 산 보람을 느끼게 하는 탓일까?
- 꽃 피고 새 우는 봄날의 천지는 얼마나 기쁘며 얼마나 아름다우냐?

15. 반어법
　나타내고자 하는 내용과 반대가 되는 표현을 써서 읽는

이에게 강한 느낌을 받도록 하는 방법.
- **참 밉게 생겼구나.** [아기가 귀엽다는 표현]
- **얄밉다.** [아주 '예쁨'의 의미]
- **말씀 좀 낮추시지.** [왜 낮추어 말하느냐의 뜻]
- **잘 한다.** [남이 실수하는 것을 비꼬는 뜻]

16. 문답법
　등장 인물을 내세워 서로 묻고 답하게 함으로써 글에 생동감을 주려는 표현 방법
- 그것은 누구일까요? 천만 뜻밖에도 바로 우리 아가씨였습니다.

17. 대구법
　대조법과 비슷하지만 조금 다르다. 대조법은 상반된 사물을 대조시키지만, 대구법은 내용의 상관을 가리지 않고 가락이 비슷한 구절을 나란히 늘어 놓아 흥미를 주는 표현 방법.
- 강물 푸르니 새 더욱 희고
  산이 푸르니 꽃이 불 붙는 듯하다.
- 이성은 투명하되 얼음과 같으며,
  지혜는 날카로우나 갑 속에 든 칼이다.

18. 생략법
　말을 줄임으로써 더욱 효과적인 표현을 이루려는 방법.

- 나도 자전거를 하나 가졌으면…….
- 나의 밤길을 비추어 주는 가로등에 축복 있기를…….

19. 돈호법
　사람 또는 사물을 불러 독자의 주의를 환기시키는 표현 방법.
- 국민 여러분, 외화 낭비 풍조를 일소합시다.
- 아희야, 구럭망태 내어라. 고기 잡기 저물었다.
- 가노라, 삼각산아.
- 두어라, 일반 비조니 내오 제오 다르랴.
- 청산아, 왜 말이 없이 학처럼만 여위느냐.
- 조국아, 목 메이도록 불러 보는 강산아.

20. 역설법
　겉으로 보기에는 이치에 전혀 맞지 않는 것 같으나, 실제로는 절실한 의미가 담기게 하는 표현 방법.
- 나 보기가 역겨워 가실 때에는
  죽어도 아니 눈물 흘리오리다.
- 향기로은 님의 말소리에 귀먹고 꽃다운 님의 얼굴에 눈 멀었습니다.

21. 과장법
　실제 사실보다 부풀려서 또는 그 반대로 나타내는 방법.

- 통곡도 다 못하여 하늘은 멍들어도
- 손바닥만 한 땅은커녕, 송곳 꽂을 땅도 없네.
- 대붕을 한 손에 잡아 번갯불에 구워 먹고
  곤륜산 옆에 끼고 북해로 건너 뛰니
  태산이 발길에 채여 왜각대각 하더라.

22. 미화법
  사실보다 아름답게 나타내는 방법
- **백의의 천사**[간호사]
- **지상의 왕자**[탱크]
- **거리의 천사**[거지]
- **양상 군자**[들보 위의 군자 ⇨ 도둑놈]

23. 억양법
  추어올린 후 깎아내리거나 또는 그와 반대로 나타내는 방법.
- 그 사람 성격은 날카롭지만, 재주는 있어.
- 그 사람 재주는 있지만, 성격은 날카로워.
- 네 아무리 기골이 장대하고 위풍이 있다 하나, 언변이 없고 의사 부족하니……

24. 반복법
  같은 말을 두 번 이상 거듭 사용하여 의미를 강조하는 표현 방법.

- 산에는 꽃 피네
  꽃이 피네
  갈 봄 여름 없이
  꽃이 피네
- 조기 조기 조 도령,
  글 읽는 도령.

25. 영탄법

　　놀라움, 기쁨, 슬픔 등의 감정을 나타낼 때 쓰는 표현 방법.
- 내 누님같이 생긴 꽃이여.
- 어머나, 이런 일이 생기다니!

26 열거법

　　비슷한 종류나 말을 나열하여 뜻을 강조하는 방법.
- 운동모에 운동복에 운동화를 신고 운동장으로 뛰어나갔다.
- 사과와 밤, 대추, 곶감 등을 차려 놓고 추석 차례를 지냈다.

27. 대조법

　　서로 반대 되는 사물을 대조, 비교하여 그 차이에 의하여 뜻을 강하게 표현하는 방법.
- 산이 푸르니 꽃이 불 붙는 듯하다.

28. 비교법

　둘 이상의 모양이나 성질을 비교하는 방법.
- 네 모습은 장미보다 아름답다.
- 천금의 재산이 한 자식을 가르치는 것만 못 하다.

29. 명령법

　격한 감정의 표현
- 보라, 저 울멍줄멍한 산세들.

논 설 문

1. 논설문이란?

글쓴이의 생각이나 의견을 논리적(알고 있는 사실을 바탕으로 하여 알지 못하는 사실을 미루어 생각하는 형식에 알맞은 상태)으로 펴나가되, 무엇이 사실이라거나 사실이 아니라고 생각하는 것 또는 무엇이 옳거나 옳지 않다고 믿는 것에 대한 자신의 주장을 뚜렷이 하여 널리 동의를 얻기 위한 글이다.

2. 논설문이 갖추어야 할 조건

(1) 주장하는 내용이 뚜렷해야 한다.
(2) 견해가 이치에 맞아야 한다.
(3) 자신의 주장이 옳다는 것을 밝히기 위해 특정한 사실을 구체적으로 밝혀야 한다.
(4) 뜻이 분명한 글이어야 한다.

3. 설명문·논설문과의 비교

(1) **설명문** : 있는 것을 대상으로 하여 사물이 '무엇'임을 밝힘.

한글은 세종 임금이 1443년에 창제하여 1446년에 반포한 이후, 우리말을 적는 데에 사용되어 온 글자이다. 그러니까 한글의 역사는 약 550년이나 된다.

한글이 만들어지기 이전에도 우리말은 있었지만, 그 말을 적는 우리 고유의 글자는 없었다. 그래서 처음에는 중국의 한자를 가지고 우리말을 적었는데, 이런 글자 표기를 '향찰' 또는 '이두'라고 한다. 그러나 남의 나라 글자를 빌려서 우리말을 적으려고 하였기 때문에 매우 불편하고 어려웠다. 이런 불편함과 어려움은 한글이 만들어진 이후에야 비로소 없어지게 되었다.

(2) **논설문** : '당연히 그러함'을 대상으로 하여 사물이 '어떠해야 함' 또는 사람이 '어떻게 해야 하는가'를 주장, 설득함.

교통 질서를 지키자

오늘날, 우리는 자동차의 홍수 시대에 살고 있다. 이에 따라 우리의 생명도 크게 위협 받고 있다. 운전하는 사람이나 걸어다니는 사람 모두가 생명의 소중함을 깨닫고 교통 질서를 잘 지킨다면, 교통 사고로 목숨을 잃는 일은 거의 없을 것이다.
 그러나 관계 기관의 발표에 의하면 교통 사고는 해마다 늘어나고 있으며, 그 교통 사고 중에서 어린이가 당하는 교통 사고는 매우 높은 비중을 차지하고 있다고 한다. 이처럼 많은 어린이가 교통 사고로 다치거나 심지어 목숨까지 잃고 있는데, 이는 본인에게는 말할 것도 없고, 그 가족과 친구들에게도 매우 불행한 일이다.
 교통 질서를 지키는 것은 나이의 많고 적음이나 남녀의 차이를 두어서 말할 수는 없다. 그러므로 어른들과 같이 우리 어린이들도 교통 질서에 대한 의식을 철저하게 가질 때 교통 사고로 인한 불행은 많이 줄어들 것이다.

4. '논증'의 3 요소

 '논증'이란, 확실하지 않은 사실이나 원칙을 밝혀 진실을 찾아 냄으로써 읽는 사람으로 하여금 그것이 옳다고 믿게 하는 글 쓰는 방법, 나아가 증명된 대로 실제 행동을 할 수 있도록 이끄는 서술 방식이다.

 (1) 명제
  ① '무엇은 무엇이다' 또는 '무엇은 무엇이 아니다'라는 판단을 제시하는 것.
  ② 종류

- **사실 명제** : 어떤 사실을 제시하는 명제
  예 물은 우리의 생명이다.
- **정책 명제** : 어떤 대상에 대한 의견을 내세운 명제
  예 불우 이웃을 보살피자.
  학생들의 교복 착용을 실시하자.
- **가치 명제** : 어떤 대상에 대한 가치 판단을 내린 명제
  예 남대문을 돈으로만 따질 수 없다.
  연산군을 나쁜 임금으로만 볼 수 없다.

(2) 논거

자신의 주장이 옳다는 것을 밝히기 위해 근거로 제시한 특정한 사실로, 확실하고 믿을 수 있는 것이어야 설득력이 커진다.

① **예시** : 일반적이거나 알기 어려운 것을 예로 들어 보임.
② **인용** : 믿을 만한 다른 사람의 말이나 이론을 끌어다 보임.
③ **비교** : 어떤 사실에 견주어 보임.
④ **비유** : 어떤 사실에 빗대어 보임.

(3) 추론

어떤 것을 근거로 삼아 다른 문제에 관한 결론을 이끌

어 내는 것을 말한다.

예 근거 : 기후가 몹시 건조하다.
　추론 : 불이 많이 날 것이다.

① 귀납법 : **개별적인 예들**에서 **공통된 일반 원리**를 이끌어 내는 방법

예 식물은 수분을 섭취해야 살 수 있다.
　동물도 수분을 섭취해야 살 수 있다.
　그러므로 모든 생물은 수분을 섭취해야 살 수 있다.

<귀납법의 오류>

예 나는 짜장면을 좋아한다.
　종수도 짜장면을 좋아한다.
　그러므로 모든 사람들은 짜장면을 좋아한다.

<예문 ①>
할아버지께서도, 이웃집 아저씨도, 초등 학교 3학년인 종수도 통일을 원한다. 따라서 우리 민족은 모두 통일을 원한다고 할 것이다.

<예문 ②>
지도를 펴 놓고 보면, 우리가 살고 있는 한국은 지구의 동녘 끝 궁벽한 지역에 자리잡은 작은 나라에 지나지 않는다.

> 그러나 최근에 와서 이 작은 나라의 사람들이 세계 곳곳에 진출하여 그 존재를 만만치 않게 과시하기 시작했으며, 한국은 세계 150여 개국으로부터 주목 받는 세계 선발 중진국으로서, 그 기세를 떨치고 있다.
> 우리가 새 역사의 장을 여는 민족 웅비의 이 시점에서 세계 진출에 대한 시대적 요청과 그 실상 및 진출의 경로, 그러한 꿈을 실현할 수 있게 한 민족의 잠재력을 확인하는 것은, 앞으로 막강한 국력을 길러 '세계 속의 한국'을 건설하는 데 참으로 소중한 일이다.

② **연역법** : 일반적인 원리에서 시작하여 특수한 사실을 알아 내는 방법으로, 문장 구성에 있어서는 결론을 앞에 놓고 그것이 옳다는 사실을 증명해 나가는 방식이다. 3단 논법이 그 대표적이다.

예 **사람은 먹어야 산다.** [대전제]
　　나도 사람이다. [소전제]
　　그러므로 나는 먹어야 산다. [결론]

> <예문 ①>
> 사람은 신의가 있어야 한다. 신의는 곧 믿음이다. 사람에게 믿음이 없으면 가족 관계도 친구 관계도 이루어질 수 없는 것이요, 사회도 유지될 수 없을 것이다.

<예문 ②>

우리가 당부하고자 하는 바 첫째의 것은 길가에 구르는 돌 한 덩이, 들에 핀 어린 꽃 한 송이도 가볍게 보지 말아 달라는 것이다.

민족사 5천 년이 어디서 이룩되었으며, 우리 자손 억만 대의 행복이 또한 어디서 이루어질 것인가? 이 돌 한 덩이, 저 꽃 한 송이가 바로 우리 국토를 구성하는 요소이다.

그러므로 이제 창천에 계시는 우리 조상은 이를 지키기에 신명을 다하였으니, 이 돌을 가슴에 대보고, 저 꽃에 뺨을 비벼 보라. 그러면 그 돌 속에 흐르는 뜨거운 피의 흐름을 느낄 것이다.

※ 3단 논법

5. 구성

2단 구성, 3단 구성, 4단 구성 등이 있으나, 3단 구성이 가장 대표적인 구성이다.

<3단 구성 방식>

서론(처음)	하고자 하는 내용의 실마리
본론(중간)	서론에서 제시된 내용의 해명과 증명 (주장과 중심)
결론(끝)	본론에서 보인 내용의 요약 또는 보충

※ 글의 주제가 어디에 놓이는가에 따라 다음과 같이 분류된다.
　① 두괄식 : 글의 앞 부분에　② 미괄식 : 글의 뒷부분에
　③ 양괄식 : 글 앞 뒤에　　　④ 병렬식 : 글 문단마다에
　⑤ 중괄식 : 글 중간에　　　　⑥ 순차식 : 시간적 흐름에

[논설문의 예]

책을 읽자

[서론]
　책을 읽는 사람의 모습은 참으로 아름답다. 많은 책을 읽으면서도, 우리는 그 동안 독서의 여러 가지에 대해 너무 소홀히 해 왔다.
　독서는 즐거움, 교훈, 지식과 정보를 얻기 위하여 반드시 필요하다. ⇨ **독서가 반드시 필요한 이유**

[본론 ①]
　우리는 '흥부와 놀부'를 읽으면서, 흥부네 식구가 가난하여 고생하는 것을 보고 안타까워했을 것이고, 그런 어려운 환경 속에서도 정직하게 살려고 노력하다가 드디어 복을 받아 잘 살게 된 것을 보고 더없이 기뻐했을 것이다.
　처음에는 '흥부와 놀부'와 같은 쉬운 예날 이야기에서 즐거움을 느끼지만, 독서를 많이 하다 보면, 어려운 글 속에서도 새로운 사실을 알게 되는 즐거움을 점차 느끼게 된다. 독서는 이렇게 즐거움을 느낄 수 있기 때문에 하는 것이다. ⇨ **독서를 하는 이유**

[본론 ②]

그런데 독서에서는 단순히 즐거움만 얻는 것은 아니다. '흥부와 놀부'에서는 놀부와 같이 인정 없고 자신만 아는 사람이 되어서는 안 된다는 것과, 흥부와 같이 따뜻하고 착한 마음을 가지고 살아야 한다는 것을 배우게 된다. '톰 아저씨'에서는 모든 사람은 다 고귀한 존엄서을 지니고 있으므로 사람을 차별하거나 괴롭히면 안 된다는 것과, 서로 존중하는 마음을 가져야 한다는 가르침을 얻게 된다. 독서는 이렇게 교훈을 주므로 그 값어치가 큰 것이다.

[본론 ③]

또 독서를 하면 지식을 넓힐 수 있다. 책 속에는 자기가 살고 있는 시대만이 아니라 과거나 미래에 관한 것도 있고, 자기가 살고 있는 나라만이 아니라 세계 여러 나라 사람들의 생활과 생각도 들어 있으므로, 독서를 하면 공범위한 지식을 얻을 수 있다. 지식을 많이 얻음으로써 우리는 폭 넓고 유능한 사람이 될 수 있다. 현대 사회는 우리가 상상할 수 없을 정도로 그 발전 속도가 빨라지고 있다. 새로운 지식과 정보를 모르면, 시대에 뒤떨어진 사람이 되고 만다. 우리는 자신이 필요로 하는 지식과 정보를 책을 통하여 얻을 수 있다.

[본론 ④]

우리가 독서의 필요성, 책을 선택하는 요령, 읽는 방법 등을 잘 알고 책을 읽으면, 훨씬 효과적인 독서를 할 수 있다. 도서관의 수많은 책과 신간 서적들을 다 읽을 수는 없다. 자기의 취미나 나이에 따라 알맞은 책을 고르는 것은 독서 생활에서 아주 좋은 책들을 골고루 읽는 것이 좋다. 그러기 위해서는 선생님의 지도를 받거나 양서 목록을 참고하는 것이 좋으며, 지은이를 보고 선택하는 것도 도움이 된다.

[본론 ⑤]
　책을 일단 선택했으면 바르게 읽어야 한다. 바르게 읽으려면 차근차근 읽어야 한다. 그래야만 내용을 잘 파악할 수 있을 뿐 아니라, 재미도 느낄 수 있다. 건성으로 읽으면 머리에 남는 것도 없고, 감동도 받을 수 없다. 쥐가 물건을 쏠듯이 띄엄띄엄 읽어도 안 되고, 중단했다가 읽는 것도 바람직하지 않다. 다만, 읽기 쉽고 이해하기 쉬운 동화나 소설과 같은 책은 빨리 읽어도 좋을 것이다.

[결론]
　이와 같이 책을 읽으면 즐거움이나 교훈, 지식, 정보 등을 얻을 수 있으므로, 독서는 매우 중요하다. ⇨ **거듭 강조**
　시간이 없다고 핑계를 대지 말고, 조그만 틈이라도 있으면 좋은 책을 찾아 차근차근 읽는 습관을 붙이도록 하자.

● 설 명 문 ●

1. 설명문이란?

읽는 이에게 어떤 사물이나 사실을 알기 쉽게 일러 주기 위하여 쓴 글이다.

곧 '그것은 무엇인가?', '그것의 뜻은 무엇인가?'와 같은 질문에 대답하는 식의 글을 말한다.

2. 설명문의 특징

(1) 객관성을 띠고 있다.
(2) 쉽고 알기 쉬운 문장으로 되어 있다.
(3) 일정한 순서에 따라 자세히 풀이되어 있다.
(4) 원칙적으로 '서두 - 본문 - 결말'의 세 부분으로 구성되어 있다.

3. 설명 방법

(1) **예시** : 일반적이거나 관념적인 것 또는 아직 어려운 것을 예로 들어 설명하는 방법

<예문 ①>
우리 민족에게는 뛰어난 외래 문화의 창조적 수용 능력이 있었으니, 고려 청자나 마고자 등이 그 예가 될 것이다.

<예문 ②>

　이 땅에서도 이미 상고 시대부터 사람들이 날을 정하여 한 자리에 모여서 춤을 추고 노래하며 하늘에 제사 지냈다는 기록이 옛 문헌에 실려 있다.
　처음에는 노래가 중요한 부분을 차지했던 종교 의식이 차차 발전하게 되자, 여기에 신을 모방하는 동작과 신과 주고 받는 대화가 따르게 되었다. 두말 할 것 없이 동작과 대화는 연극에서 가장 중요한 요소다. 오늘의 연극은 곧 동작과 대화를 예술적으로 완성한 '놀이'라고 해도 지나친 말은 아니다.

(2) 비교 · 대조
　① **비교** : 두 사물이나 현상 등을 비기면서 공통점이나 유사점을 찾아 설명하는 것.
　② **확인 · 지정** : 그것은 무엇인가?', '그 곳은 어떤 곳인가?', '저 사람은 누구인가?'와 같은 질문의 대답으로, 하나의 대상을 손가락으로 가리키듯 지정하거나 확인, 설명하는 것.
　　예 김난기는 어떤 여자인가?
　　⇨ 키가 늘씬하게 크고 머리카락이 길며, 코도 오똑하고 얼굴이 예쁘게 생겼다. 출생은 서울에서 하였으나, 자라기는 군산에서 자랐다. 학교에 다닐 때는 줄곧 장학생이었다.

(4) **분류ㆍ구분**
　① **분류** : 작은 것들을 일정한 기준에 따라 큰 것을 향해 단계적으로 나아가며 설명하는 것.
　　예 시조
　　　단형 시조(평시조)
　　　중형 시조(엇시조)
　　　장형 시조(사설 시조)

　② **구분** : '분류'의 반대 방향
　　만물 ⇨ 생물[동물, 식물]
　　　　　　무생물

　　품사 ⇨ 명사, 대명사, 수사
　　　　　　동사, 형용사
　　　　　　관형사, 부사
　　　　　　조사, 감탄사

(5) **분석** : 한 대상을 그 구성 요소들로 나누어 설명하는 것.
　　예 집 ⇨ 지붕, 바닥, 벽, 굴뚝, 부엌 등
　　예 물고기 ⇨ 머리, 몸통, 지느러미, 꼬리

(6) 정의 : 어떤 말이 지니고 있는 뜻을 설명
　　<u>얼음은</u>　　<u>물이 얼어서 굳어진 물건이다.</u>
　　<정의되는 부분>　　<정의하는 부분>

> 예 **전화기는**
> ⇨ 말(음성)을 전파나 전류로 바꾸어 이것을 멀리 떨어져 있는 사람과 말을 주고받을 수 있게 하는 장치이다.

4. 쓰는 요령

(1) **글쓴이의 주관적 느낌이 들어가서는 안 된다.**
   설명문은 어떤 사실이나 지식을 알기 쉽게 풀이하는 글이므로 객관성을 지녀야 한다.

(2) **알아보기 쉬운 문장으로 표현하여야 한다.**
   설명문은 사실이나 지식을 독자가 쉽게 이해하도록 하는 데 그 목적이 있으므로, 쉬운 문장이어야 한다.

(3) **정확한 내용이어야 한다.**
   설명문은 사실이나 지식을 독자가 쉽게 이해하도록 하는 데 그 목적이 있으므로, 쉽고 정확한 문장이어야 한다.

(4) **호응 관계에 유의하여야 한다.**
   특히 임자말(주어)과 풀이말(서술어)에 유의하여야 한다. 하나의 문장 안에서 임자말이 너무 많이 쓰이면 뜻이 분명해지지 않기 때문에 문장의 초점이 흐려지기 쉽다.

(5) 가리키는 말(지시어)을 바르게 써야 한다.

(6) **흥미롭게 설명하여야 한다.**
　　설명문 그 자체가 딱딱하기 때문에 지루한 느낌을 주기 쉽다. 알맞은 비유나 예를 들어 가면서 재미있게 이끌어 나가야 한다.

(7) **체계적으로 순서에 맞게 써 나가야 한다.**

5. 글 쓰는 여러 가지
(1) **설명** : 어떤 사물이나 사실을 쉽게 알리고자 하는 것.

> 　농악대는 마을의 상징인 농기, 악기를 연주하는 사람, 그리고 영기 한 쌍으로 이루어지는데, 꽃나비라고도 하는 무동 등 흥을 돋우는 사람들이 10여 명에서 20여 명이 따르게 된다.

(2) **논증** : 자기가 믿는 바에 따라 근거를 들면서 주장을 펼쳐 나감.

> 　농악은 옛날 전쟁 때의 진군악으로서, 사기를 북돋우기 위해서 생긴 것이라고 말하는 이도 있다. 그러나 그

보다는 농사지을 때 따르는 어려움을 덜고 작업의 능률을 올리기 위한 것이라고 보는 것이 옳을 것이다.

(3) **묘사** : 어떤 사물의 모습, 상황을 감각적으로 제시함.

작은 북을 치는 법고수는 4, 5명에서 10여 명에 이른다. 상쇠와 같이 전립을 쓰고, 그 꼭대기에는 긴 종이끈을 달아, 법고를 치면서 머리를 흔든다. 그러면 긴 종이끈이 멋지게 원을 그린다. 징, 장구, 북을 치는 사람과 적을 부는 사람, 그리고 농기, 영기를 든 사람은 종이로 장식한 고깔을 쓴다.

(4) **서사** : 시간의 흐름에 따른 행위

며칠 전. 외삼촌이 대학의 해양 문화 연구소에 계시는 친구분을 만나러 가시면서, 나에게 함께 가자고 하셨다. 나는 그 곳에 가면, 물고기에 대해 많은 것을 배울 수 있을 것 같아서 외삼촌을 따라 나섰다.
그 대학은 훤히 보이는 곳에 자리잡고 있었다. 잔디가 파랗게 자라고 있는 교문 안을 들어서자, 나는 좀 들뜨기 시작하였다. 별난 물고기들을 구경할 수 있으려니 하는 기대감 때문이었다.

> 그러나 외삼촌이 나를 데리고 가신 곳은 물고기를 기르는 곳이 아니라, 어느 선생님의 연구실이었다.

6. 문장과 문단 사이의 관계

(1) **문장** : 표현의 가장 작은 단위, 핵심 문장과 이를 뒷받침해 주는 보조 문장이 있다.

① 임자말(주어)과 풀이말(서술어)의 호응

예 <u>꽃이</u> 매우 <u>아름답다.</u>
   <주어>   <서술어>

② 꾸밈말(수식어)과 꾸밈을 받는 말(피수식어)의 호응

예 영수는 <u>시원하고</u>, <u>넓고</u>, <u>아름다운</u> <u>정원</u>을 가꾼다.
     <①>   <②>   <③> <피수식어>

※ ① ② ③ ⇨ 수식어

③ 임자말과 임자말, 풀이말과 풀이말의 호응

예 <u>그와</u> <u>나는</u> 함께 나무를 <u>심었다</u>.
※ '그와', '나는'은 '심었다'와 호응

(2) **문단** : 대문 또는 단락이라고도 한다. 하나의 방향을 위하여 연결된 하나하나의 문장 결합체이다.

(3) 문단의 종류
  ① **핵심 문단**(주요 문단) : 주제가 집중적으로 서술되어 있는 문단.
  ② **보조 문단** : 핵심 문단의 내용을 도와 글을 마무리짓는 문단, 보조 문단은 기능에 따라 다음과 같이 나눌 수 있다.
   • **도입 문단** : 내용의 밑바탕이 되는 것을 내세우거나, 문제를 드러내놓음.
   • **부연 문단** : 상세히 서술되는 문단과 연결을 해줌.
   • **연결 문단** : 다음에 서술되는 문단과 연결을 해줌.
   • **강조 문단** : 앞서 서술한 내용을 반복 강조.
   • **첨가 문단** : 새로운 내용을 덧붙이는 문단.

[설명문의 예]

농 악

[머리말]

 농악은 우리 농촌의 가장 대표적이며 보편적인 놀이이다. 이 농악은 우리 나라 곳곳에 퍼져 있는데, 특히 중부 이남 지방에서 성행하고 있다. ⇨ **주장되는 뜻**
 농악은 옛날 전쟁 때의 진군악으로서, 사기를 북돋우기 위해서 생긴 것이라고 말하는 이도 있다. 그러나 그보다는 농사지을 때 따르는 어려움을 덜고 작업의 능률을 올리기 위한 것이라고 보는 것이 옳을 것이다. ⇨ **단정**

농악은 모내기, 김매기 등의 고된 일을 할 때에 베풀어질 뿐 아니라, 정초, 단오, 백중, 추석 같은 명절에도 행해진다. ⇨ 덧보탬(첨가)

[본문]

농악대는 마을의 상징인 농기, 악기를 연주하는 사람, 그리고 영기 한 쌍으로 이루어지는데, 꽃나비라고도 하는 무동 등 흥을 돋우는 사람들이 10여 명에서 20여 명이 뒤따르게 된다.

농악대의 지휘자는 꽹과리를 치는 상쇠이다. 상쇠는 늘 농악대의 선두에 서서 악대의 진형을 일렬 종대, 원형 그 밖의 여러 형태로 변형 시키면서 필요에 따라 악곡을 바꾸게 하기도 한다. ⇨ **상쇠의 구실**

상쇠는 머리에 전립을 쓴다. 전립의 꼭대기에는 끈을 달고, 그 끝에 털뭉치를 달거나 긴 끈을 단다. 이것을 앞뒤로 흔들기도 하고 빙빙 돌리기도 하여, 재주를 부리며 춤을 춘다. 이것을 상쇠놀음이라고 한다.

작은 북을 치는 법고수는 4, 5명에서 10여 명에 이른다. 상쇠와 같이 전립을 쓰고, 그 꼭대기에는 긴 종이끈을 달아, 법고를 치면서 머리를 흔든다. 그러면 긴 종이끈이 멋지게 원을 그린다. 징, 장구, 북을 치는 사람과 호적을 부는 사람, 그리고 농기, 영기를 든 사람은 종이로 장식한 고깔을 쓴다.

농기는 마을 공동 생활의 상징이라고 할 수 있어, 부락마다 이를 소중히 간수한다. 정월 보름날에 농기 세배 행사가 있는데, 이를 통하여 마을 사람들은 서로 단결하고,

이웃 마을과 친목을 도모한다. 이러한 행사는, 농악을 통해서 전해 오는 우리 겨레의 두드러진 미풍이기도 하다.

[맺음말]

　농악은 앞에서 말한 바와 같이 농사짓기에 따른 노고를 잊게 하고, 작업 능률을 높이는 구실을 하지만, 명절에는 훌륭한 농촌 오락이 되기도 한다. 정초에 집집을 돌아다니면서 하는 지신밟기나 샘굿과 같은 민속 신앙 행사에는 농악이 주요 행사의 하나로 들어간다. 이렇듯 농악은 농촌 사람들의 공동 생활의 중심을 이루고 있을 정도로 우리 농민 속에서 자라 왔다.

최신판 초등 새국어사전에 참여 하신분

- 감　　수　류　훈
- 기획·편집　박 종 수
- 한국한자학습개발원 원장 김 영 준
- 한국한자서예오체연구원 원장 송 병 덕
- 유아교실
- 우리글 기획사